Emílio
ou Da educação

O livro é a porta que se abre para a realização do homem.

Jair Lot Vieira

JEAN-JACQUES ROUSSEAU

Emílio ou Da educação

Tradução, introdução e notas
Laurent de Saes

Copyright da tradução e desta edição © 2017 by Edipro Edições Profissionais Ltda.

Título original: *Émile ou De l'éducation*. Publicado originalmente em La Haye [Paris] por Jean Néaulme [Duchesne], em 1762. Traduzido a partir da primeira edição.

Todos os direitos reservados. Nenhuma parte deste livro poderá ser reproduzida ou transmitida de qualquer forma ou por quaisquer meios, eletrônicos ou mecânicos, incluindo fotocópia, gravação ou qualquer sistema de armazenamento e recuperação de informações, sem permissão por escrito do editor.

Grafia conforme o novo Acordo Ortográfico da Língua Portuguesa.

1ª edição, 1ª reimpressão 2022.

Editores: Jair Lot Vieira e Maíra Lot Vieira Micales
Coordenação editorial: Fernanda Godoy Tarcinalli
Tradução, introdução e notas: Laurent de Saes
Produção editorial: Carla Bitelli
Capa: Karine Moreto Massoca
Preparação: Carla Bitelli
Revisão: Flávia Yacubian e Lielson Zeni
Editoração eletrônica: Balão Editorial

Dados Internacionais de Catalogação na Publicação (CIP)
(Câmara Brasileira do Livro, SP, Brasil)

Rousseau, Jean-Jacques, 1712-1778

    Emílio, ou, Da educação / Jean-Jacques Rousseau; tradução, introdução e notas Laurent de Saes. – São Paulo: Edipro, 2017.

    Título original: Émile ou De l'éducation.

    ISBN 978-85-7283-994-5

    1. Educação - Filosofia 2. Pedagogia 3. Rousseau, Jean-Jacques, 1712-1778 I. Saes, Laurent de. II. Título. III. Título: Da educação.

17-00983   CDD- 370.1

Índices para catálogo sistemático:
1. Educação : Filosofia : 370.1
2. Educação : Teorias educacionais : 370.1

São Paulo: (11) 3107-7050 • Bauru: (14) 3234-4121
www.edipro.com.br • edipro@edipro.com.br
@editoraedipro   @editoraedipro

SUMÁRIO

Sobre o autor 7

Introdução 9

Nota sobre a tradução 34

Prefácio 37

LIVRO I 41

LIVRO II 87

LIVRO III 193

LIVRO IV 247
Primeira máxima 261
Segunda máxima 262
Terceira máxima 263
Profissão de fé do Vigário saboiano 310

LIVRO V 415
Sofia, ou a mulher 415
Das viagens 525

SOBRE O AUTOR

Genebrino de origem francesa, Jean-Jacques Rousseau (28 de junho de 1712-2 de julho de 1778) tomou, desde cedo, gosto pelas letras. Tendo perdido a mãe nove dias após seu nascimento, foi criado pelo pai, o relojoeiro Isaac Rousseau, antes de ser confiado aos cuidados de seu tio, um pastor protestante. Ainda adolescente, deixou sua cidade natal e rumou para a Savoia. Sob a proteção da baronesa de Warens, em Chambéry e nas Charmettes, o jovem se dedicou à leitura e aos estudos de música. Após uma breve experiência como preceptor dos filhos do sr. de Mably, instalou-se em Paris em 1742, com o intuito de seguir a carreira de músico. Entre 1743 e 1744, porém, atuou como secretário do embaixador francês em Veneza. A partir de então, levou uma existência difícil ao lado de Thérèse Levasseur, com quem teve cinco filhos. Decidiu não criá-los, deixando-os à assistência pública. Na capital francesa, porém, entrou em contato com o mundo das Luzes. Seu encontro com Diderot o levaria a colaborar com o projeto da *Enciclopédia*. A celebridade como escritor veio com o *Discurso sobre as ciências e as artes* (1750), grande vencedor do prêmio da Academia de Dijon. Um segundo texto, *Discurso sobre a origem e os fundamentos da desigualdade entre os homens* (1755), consolidou a reputação do filósofo como um pensador inovador e controverso. Nos anos seguintes, suas discordâncias com os filósofos de seu tempo assumiriam as feições de uma verdadeira inimizade. Rousseau encontrava, entretanto, amparo em alguns de seus protetores, como o casal Luxembourg, em cuja residência completou *Júlia ou A nova Heloísa* (1761), romance epistolar de imenso sucesso. Então, conduzindo o duplo projeto de definir seu ideal político e de expor suas propostas gerais sobre a pedagogia, ele publicou, em 1762, suas duas obras mais polêmicas: *O contrato social* e *Emílio*. Este último, condenado pelo parlamento, o levaria ao exílio. Desejando justificar-se perante a posteridade, Rousseau ainda compôs, entre 1765 e 1770, uma obra autobiográfica, *As confissões*, publicada postumamente em duas partes, em 1782 e 1789.

INTRODUÇÃO

Apresentado como um tratado de educação, *Emílio* poderia, à primeira vista, ser encarado como um caso à parte na obra de Jean-Jacques Rousseau (1712-1778). Mera aparência, pois, se é possível encontrar alguma síntese para seu pensamento, é precisamente nesta polêmica obra que se deve procurá-la. Afinal, nela perfilam-se todos os diferentes temas do universo rousseauísta; e se apaga a distância que podia separar, de um lado, suas considerações sobre a espécie humana e a organização política e, de outro, seu olhar sobre o indivíduo e seu lugar no mundo.

Longe da frieza dos tratados filosóficos, *Emílio* foi escrito como se o autor o vivenciasse. Não se trata de um mero conjunto de prescrições de caráter didático-pedagógico; Rousseau fala, sobretudo, da vida de um jovem. Em seu relato, o autor recorre a digressões de toda ordem: diálogos, pequenas anedotas e dramas, e mesmo algum humor. Mas isso também não é tudo. Existe algo de desconcertante neste misto de tratado e romance, aparentemente desordenado e fragmentado. Não há um problema filosófico do século das Luzes que não seja contemplado: a liberdade, o conhecimento, a religião, a moral, a matéria, a propriedade, a moeda, a organização política; enfim, tudo que alimentou o debate intelectual da época está presente. Como diz Yves Vargas, *"Emílio* é uma enciclopédia dos temas filosóficos do século XVIII, uma estranha enciclopédia que não segue nem a ordem do alfabeto nem a das matérias, mas a ordem da evolução humana".[1] Acima de tudo, por trás da miscelânea de tópicos abordados, existe um fio condutor que permite costurar todos os fragmentos num único painel: a pedagogia de Rousseau compreende toda a trajetória do homem, que deixa seu estado natural, quando se encontra inteiramente voltado para si mesmo, para lenta e gradualmente tornar-se o cidadão.

O interesse de Rousseau pela pedagogia se revelou bastante cedo na vida dele. O genebrino ambicionara uma carreira de educador, que exerceu, entre 1740 e 1741, na condição de preceptor dos filhos de Jean Bonnot de Mably, chefe de uma prestigiada família da cidade de Lyon. A experiência não encon-

---

1. VARGAS, Yves. *Introduction à l'Émile de Jean-Jacques Rousseau*. Paris: Presses Universitaires de France, 1995, p. 5.

trou o sucesso esperado, mas ainda assim motivou uma primeira contribuição literária ao tema da educação: *Mémoire présenté à monsieur de Mably sur l'éducation de monsieur son fils* [Memorial apresentado ao sr. de Mably sobre a educação do sr. seu filho]. No mesmo ano, Rousseau publicou outro projeto de educação: *Projet pour l'éducation de monsieur de Sainte-Marie* [Projeto para a educação do sr. de Sainte-Marie]. Tais textos revelavam um Rousseau ainda apegado ao pensamento dominante de sua época e distante da educação negativa que proporia em *Emílio*: seguindo uma linha próxima à do jansenista Charles Rollin e de seu *Traité des études* [Tratado sobre os estudos], seu método tinha por objetivo fazer do aluno um homem polido, um bom soldado e um bom cidadão.[2]

Anos mais tarde, Rousseau, já célebre autor dos dois *Discursos* e de *Júlia ou A nova Heloísa*, foi convidado por madame de Chenonceaux, preocupada então com a formação de seu filho, a compor um sistema de educação. Naquela época, Rousseau se dedicava a dois outros projetos que lhe eram então mais preciosos, mas que jamais seriam concluídos: o primeiro, intitulado *La Morale sensitive ou Le Matérialisme du sage* [A moral sensitiva ou O materialismo do sábio], era concebido como uma ponte entre os diferentes escritos do autor, capaz de oferecer uma leitura unificadora de uma obra vista muitas vezes como fragmentada e até mesmo contraditória; do outro, uma obra de conjunto chamada *Institutions politiques* [Instituições políticas], da qual seriam extraídos *O contrato social* e uma larga passagem de *Emílio*. O tratado de educação acabaria, afinal, sendo priorizado por um autor que, a princípio, não atribuía ao projeto uma preferência pessoal. Mas talvez tenha sido precisamente a capacidade desse mesmo projeto de incorporar ideias e temas antes reservados a outros que fez de *Emílio* sua mais rica e instigante obra.

Instalado em Montmorency, próximo de Paris, o filósofo redigiu, ao longo de três anos, seu tratado de educação. Em maio de 1760, o genebrino finalizava o quinto e derradeiro livro da obra, que seria efetivamente publicada dois anos depois. Para um tratado destinado a enunciar os princípios definitivos do autor sobre o tema, não deixa de surpreender a distância que o separa dos demais textos de Rousseau sobre a educação. Alguns anos antes, por exemplo, em seu artigo sobre a economia moral e política (1755), da *Enciclopédia*, o filósofo propusera uma educação pública, regida por regras prescritas pelo governo e dirigida por magistrados estabelecidos pelo Estado. Estabelecera como princípio fundamental do governo popular e legítimo que as crianças fossem

---

2. *Ibidem*, p. 3-4.

educadas em comum, segundo princípios de igualdade, para que assimilassem as leis do Estado e as máximas da vontade geral.[3] Da mesma forma, dez anos após a publicação de *Emílio*, Rousseau abordaria, em suas *Considerações sobre o governo da Polônia* (1772), a educação nacional, destinada fundamentalmente a fazer patriotas, fiéis às leis do país, cientes de sua história e imersos na sociedade.[4] Em *Emílio*, não se trata disso: a obra é permeada pela descrença numa educação nacional; "pois onde não há mais pátria", escreve Rousseau, "não pode mais haver cidadãos" (p. 45). Resta apenas a educação doméstica, a educação da natureza; resta apenas fazer homens.[5] Ou, pelo menos, esse era o princípio, pois as ideias de Rousseau seguem caminhos não raro surpreendentes.

A EDUCAÇÃO NEGATIVA

Na época em que *Emílio* foi escrito, a educação nos colégios franceses ainda se baseava essencialmente no estudo do latim e da retórica, sendo o exame do discurso em francês a verdadeira novidade introduzida pelo século XVIII. Ensinava-se ainda um pouco de história e de matemática, mas, de modo geral, não havia quase espaço para a experiência e para a reflexão pessoal. Apenas os que estavam destinados a se tornar padres, advogados, magistrados ou médicos passavam por dois anos de estudo de filosofia, que abria algum caminho para a ciência e o método experimental. De modo geral, contudo, o ensino permanecia essencialmente fiel à retórica.[6]

Diante desse quadro pouco animador, ao qual vinha juntar-se a decadência das universidades, o tema da educação fazia derramar muita tinta. Pensadores como Morelly, La Beaumelle, La Condamine, Bonnet e Helvétius escreveram sobre o tema, e é possível encontrar nessa volumosa produção literária ideias que antecipavam algumas das considerações de Rousseau. Nota-se, acima de tudo, uma tendência intelectual contra o monopólio da retórica e do latim, assim como uma abertura para a educação experimental. Começava também a prevalecer o entendimento de que a educação deveria ser, na medida do possível, agradável à criança.[7] Entretanto, não se falava ainda de uma educação negativa.

---

3. Cf. *Encyclopédie*, 1755, v. 5, p. 343-344.

4. ROUSSEAU, Jean-Jacques. *Considérations sur le gouvernement de Pologne, et sur sa réformation projetée*. Londres: [s.n]., 1782. p. 30-38.

5. LAUNAY, Michel. *Jean-Jacques Rousseau: Écrivain politique (1712-1762)*. 2. ed. Genebra-Paris: Slatkine, 1989. p. 377.

6. MORNET, Daniel. *Rousseau. L'homme et l'oeuvre*. Paris: Boivin & Cie, 1950. p. 130-131.

7. Ver, nesse sentido, as ideias defendidas por La Condamine, em *Lettre critique sur l'éducation* (Paris: Prault Père, 1751).

Em *Emílio*, Rousseau combate a ideia de uma educação criadora do homem e propõe uma que permite, ao contrário, ao homem se construir naturalmente a partir de si mesmo. É essa a linha mestra que conduz a reflexão do filósofo, especialmente nos dois primeiros livros da obra. A educação que se deve dar à criança, desde sua primeira idade, é a educação da natureza, na qual o adulto deve intervir o mínimo possível. Já em suas primeiras considerações sobre o bebê (*infans*), é a preocupação com a proteção excessiva do corpo que norteia o pensamento do filósofo. Para não interferir no desenvolvimento natural da criança, seus membros não devem ser embaraçados (com o uso do cueiro, por exemplo): a liberdade natural aparece então como uma exigência superior que afasta qualquer forma de sujeição, inclusive física. Rousseau condena também os excessos de cuidados que tornam as crianças tímidas e frágeis, pregando que sejam "endurecidas", isto é, expostas, ainda que moderadamente, às difíceis condições da vida. É preciso deixar que, ao longo de toda a infância, a criança desenvolva seu corpo e suas forças; pois todo risco de ferimento encontra compensação na certeza de que ela desenvolverá coragem e resistência.[8] É preciso deixar que a criança se beneficie da experiência, mesmo que esta seja desagradável, e nesse sentido deve-se interferir o menos possível. Que "sistema" de educação pode admitir semelhante ponto de partida?

Na verdade, em *A nova Heloísa*, Rousseau questionava a própria ideia de um tratado de educação:

> Ainda que todas essas instruções prematuras fossem tão benéficas a seu juízo quanto o prejudicassem, continuaria havendo um grandíssimo inconveniente em dar-lhas indistintamente e sem consideração pelas que convêm preferencialmente ao gênio de cada criança. Para além da constituição comum da espécie, cada uma traz, ao nascer, um temperamento particular que determina seu gênio e seu caráter, e que não cumpre trocar nem constranger, mas formar e aperfeiçoar.[9]

Uma educação dada sempre segundo a mesma fórmula ofereceria, à maioria das crianças, instruções deslocadas e nocivas, que apagariam as verdadeiras qualidades de suas almas para substituí-las por outras aparentes. Assim, o "tratado" de Rousseau não poderia constituir-se de indicações positivas, de regras aplicáveis indistintamente a todas as crianças, pois isso seria impossível. A educação de que ele fala, e que pode servir a todos, deve se compor, essen-

---

8. LAUNAY, Michel. *Op. cit.*, p. 374; MORNET, Daniel. *Op. cit.*, p. 121-122.

9. ROUSSEAU, Jean-Jacques. Julie ou la nouvelle Héloïse. *In: Oeuvres complètes*. Paris: Furne et Cie, 1852, v. 2, p. 285.

cialmente, de observações negativas: isto é, Rousseau diz o que, seja qual forem as particularidades do aluno, não se deve fazer.[10]

Opondo-se a uma educação destinada a formar prematuramente o espírito da criança e a impor-lhe os deveres do homem, Rousseau apresentou, em longa carta a Christophe de Beaumont, arcebispo de Paris, uma definição para a educação negativa:

> Chamo educação negativa à que tende a aperfeiçoar os órgãos, instrumentos de nossos conhecimentos, antes de oferecer tais conhecimentos, e que preparará para a razão pelo exercício dos sentidos. A educação negativa não é ociosa; ela dispõe a criança a tudo que pode conduzi-la ao verdadeiro quando for capaz de aprendê-lo, e ao bem quando for capaz de amá-lo.[11]

No primeiro período da vida da criança, é essa a educação que Rousseau pretende lhe dar. Trata-se, fundamentalmente, de não lhe ensinar nada, e, com isso, torná-la capaz de educar a si mesma. Trata-se de deixar que a criança forme seu espírito pela contemplação das coisas e pelas lições que estas lhe oferecem. Eventuais intervenções podem acontecer, mas apenas para esclarecer, não para instruir.[12] Pode-se, no máximo, organizar as coisas de modo que ofereçam um aprendizado à criança: a obra está, de fato, permeada de episódios em que o preceptor organiza situações das quais a criança extrai alguma lição. É, pois, a experiência vivenciada pela criança que lhe traz ensinamentos; sua educação deve se compor menos de preceitos que de exercícios. Por meio desse método, não se ensina a virtude ou a verdade, mas se protege o coração do vício e o espírito do erro. Essa é a essência da educação negativa.

A educação, diz Rousseau, é um dever dos pais. A mãe deve não apenas amamentar o filho como deve ser sua primeira educadora; sua recusa em fazê--lo marca o início da depravação da criança. Ao pai, cabe fazer do filho um cidadão. O dever de um pai é educar ele mesmo seus filhos, como fizeram Augusto e Catão com sua prole; recorrer a um preceptor, diz Rousseau, seria apenas recorrer a um mercenário. Na especulação de Rousseau em *Emílio*, contudo, os pais são afastados e a criança é confiada a um preceptor, um *governante* virtuoso e inteiramente dedicado ao aluno, desde seu nascimento até a idade do casamento. Rousseau assume o papel desse homem prodigioso,

---

10. FAGUET, Émile. *Rousseau penseur*. Paris: Société Française d'Imprimerie et de Librairie, 1912. p. 192.
11. ROUSSEAU, Jean-Jacques. *Oeuvres*. Paris: E. A. Lequien, 1821, v. 10, p. 29.
12. FAGUET, Émile. *Op. cit.*, p. 192-193.

supondo para si qualidades que sabe não possuir. Com isso, deseja distanciar a criança da educação em comum, nos colégios contaminados pelos vícios da sociedade, mas também da educação em família, que leva a criança a imitar os defeitos dos pais.

Rousseau também escolhe seu aluno: europeu; rico, pois a educação de um rico é mais difícil e mais sujeita aos preconceitos (e deve-se lembrar de que o filósofo escreve, essencialmente, para nobres e burgueses franceses), enquanto o pobre tende a educar-se sozinho; órfão, pois não deve a família intervir em sua formação; de espírito vulgar, mas de saúde robusta. Seu nome é Emílio. Ao longo da obra, ele oscilará entre o aluno ideal e um jovem comum: ora Rousseau insiste no caráter original de seu aluno, que se sobressai à medida que a educação o diferencia do homem educado segundo os preconceitos da sociedade, ora o filósofo o reaproxima dos seres imperfeitos, de modo a tornar seu modelo mais palpável. As contradições da vida social se reproduzem em Emílio, cujos instintos naturais são, por vezes, estimulados e também reprimidos.[13]

A educação que Rousseau quer dar a Emílio não deve ser a mesma das demais crianças, e por isso tampouco deve se dar no mesmo ambiente. Aqui, Rousseau se distancia de um de seus maiores inspiradores, Montaigne, que, ao descrever sua filosofia pedagógica,[14] educou um jovem para ser um fidalgo adaptado ao meio aristocrático a que pertencia. Sua educação era fundamentalmente voltada para a vida social. O aluno de Rousseau, ao contrário, deve ser educado no campo, longe, portanto, da sociedade, palco da degeneração da civilização humana. Isso não significa ignorar a civilização, mas proteger, pela distância, a criança do vício. É numa atmosfera de simplicidade, longe do luxo corruptor, que Emílio é criado.

Segundo o princípio da educação negativa, não deve o governante fazer praticamente nada nessa primeira fase da infância. Deve deixar a criança livre, evitando apenas que abuse de sua liberdade, pois na tirania das crianças reside a fonte de futuras humilhações e zombarias. A criança é feita para ser amada e, diante da necessidade, socorrida, e não para ser obedecida ou temida. Mas, para resistir a sua fantasia, não é preciso argumentar ou ordenar; basta mantê-la na dependência das coisas, confrontá-la ao jugo da necessidade, à lei da natureza. Não são proibições que se devem opor a suas vontades indiscretas, mas obstáculos físicos e punições que emergem como consequências das próprias ações. É a experiência ou a impotência, e não as regras, que devem

---

13. LAUNAY, Michel. *Op. cit.*, p. 410-412.
14. Cf. capítulo xxv do livro i de *Os ensaios*. São Paulo: Companhia das Letras, 2010.

conter o ímpeto da criança. Trata-se de colocá-la diante da necessidade e não do dever; trata-se de impedir em vez de proibir.[15]

Rousseau ressalta a necessidade de tratar a infância como infância, isto é, como uma fase específica do desenvolvimento humano, na qual não deve ser projetado o ponto de vista do adulto. A criança tem suas maneiras de ver, de pensar e de sentir. Na educação negativa, o governante não dá lições às crianças nem explica o porquê do que é exigido delas. Para o filósofo, é um grave erro empregar a razão para instruir as crianças. Ao contrário de Montaigne, que pretendia formar a razão antes das demais faculdades, o genebrino entende que a razão, longe de ser um meio, é um fim. É, portanto, por meio da experiência que o governante deve levar a criança a se instruir.

Dessa perspectiva, cabe ao preceptor apenas criar as condições para que Emílio alcance, por si mesmo, determinadas noções, como a da propriedade. No episódio do jardineiro Roberto, Rousseau introduz seu aluno ao trabalho campestre, colocando-o na condição do homem primitivo, que se vê sozinho no mundo. O mestre diz então a Emílio que tal coisa lhe pertence, precipitando, por meio da linguagem social, a tomada de consciência de que o bem adquirido pela posse se torna uma extensão da própria personalidade do indivíduo e uma condição de sua vida moral e física. Emerge então o conflito, na pessoa do jardineiro Roberto, que protesta contra os danos causados a sua plantação de melões: no encontro das liberdades individuais, desenvolve-se a ideia de que apenas a posse contínua forma o direito de propriedade sobre a coisa. Por meio dessa pequena experiência, a criança vê representadas simbolicamente todas as etapas que, ao longo de milênios, a humanidade teve de percorrer para chegar à concepção de propriedade. Ao adquirir a ideia de domínio, o aluno dá seu primeiro passo na direção do contrato social, entendido como o vínculo que permite a superação das contradições da vida social.[16] Destituída de juízo, a criança não pode ainda receber lições; tudo deve vir do exemplo. Inteiramente voltada para o momento presente, ela não pode compreender a ideia de convenção senão percebendo o seu interesse concreto em cumprir uma promessa. Somente pela experiência a criança adquire a noção clara do que é um contrato.[17]

"Odeio os livros" (p. 216), escreve Rousseau. Estranha afirmação por parte de quem dedicou sua vida a eles. Trata-se de uma das muitas provocações que o autor espalha pela obra. Não obstante, seu aluno lerá muito pouco até o fim

---

15. MORNET, Daniel. *Op. cit.*, p. 122-124; LAUNAY, Michel. *Op. cit.*, p. 379.

16. *Ibidem*, p. 378-384.

17. *Ibidem*, p. 381.

de sua educação; será até mesmo mantido longe dos livros até uma idade mais avançada. O argumento de Rousseau é de que os livros ensinam a falar do que não se sabe, substituindo as coisas pelas representações. É a contemplação da vida, são os exemplos que esta oferece, e não a realidade distorcida dos livros, que devem guiar Emílio; as palavras, os signos devem vir apenas mais tarde, para fixar o que o "livro da natureza" já lhe ensinou. Trata-se, para Rousseau – que, neste ponto, se aproxima de Montaigne e Locke –, de recusar ensinamentos que a criança não é capaz de formar por si própria e de evitar, com isso, o desenvolvimento prematuro e desregrado da imaginação. Daí a condenação que Rousseau faz do ensino, antes dos 12 anos, pela história e por meio de fábulas, tão recomendadas à época para a educação moral das crianças. O filósofo não hesita em ironizar as conclusões que as crianças podem extrair da vida de Alexandre, o Grande ou das fábulas de La Fontaine. As fábulas, mostra Rousseau, pressupõem conhecimentos que a criança não possui e empregam recursos estilísticos e uma linguagem imagética que obscurecem seu sentido ao olhar infantil. Incapazes de lhe transmitir sua moral, as fábulas conduzem frequentemente a conclusões que contrariam as intenções de seu autor: a fábula "O corvo e a raposa" ensina a criança, ainda incapaz de apiedar-se do corvo, a lisonjear e a mentir em seu benefício. Isso não significa que Rousseau seja contrário às fábulas; acredita apenas que devem ser reservadas a uma idade mais avançada, quando a criança for capaz de julgar.

Se a educação intelectual deve ser reduzida tanto quanto possível nessa primeira fase da vida, Rousseau segue a máxima, também defendida por Montaigne, de que um corpo saudável é condição para um espírito são. Deve-se desenvolver, por meio de exercícios e jogos, o físico e a destreza da criança, deixando seu corpo sempre livre, endurecendo-o às intempéries e ao cansaço, desenvolvendo seus membros e exercitando seus sentidos. Para um dia ler o livro da natureza, a criança deve estar fisicamente apta.

Da necessidade à utilidade

Quando se inicia o Livro III, Emílio chegou aos 12 anos de idade. Até então, o adolescente levou uma existência inteiramente física e egoísta; agora é o momento de chamar-lhe a atenção para o que se encontra a sua volta. Nessa idade da força, a criança sente a necessidade de estender-se para fora de si mesma. A educação negativa dá lugar a uma educação progressiva, que acompanha o desenvolvimento lento e gradual das faculdades. A atitude do governante será, doravante, menos passiva e mais sugestiva: buscará conferir à criança o desejo de se instruir, conduzindo-a sutilmente. Deverá o governante indicar-

-lhe os estudos adequados e confrontá-la às questões que estão a seu alcance. Mas isso não significa adotar uma educação inteiramente positiva: não deve a criança saber nada com base na palavra alheia. A ciência não deve ser o ponto de partida, devendo, ao contrário, intervir apenas na medida da exigência dos fatos. A criança não deve partir de abstrações, mas da observação da natureza: "que não aprenda a ciência, mas que a invente" (p. 196). Trata-se, antes, de dar ao aluno o gosto pelas ciências e os meios de aprendê-las.[18]

A anedota do farsista constitui um belo exemplo da educação pelas coisas: por meio dessa pequena desventura, Emílio aprende o funcionamento dos ímãs, aprende a fabricar máquinas, recebe uma aula de astúcia, e, confrontado à situação do farsista, descobre o problema social da luta pela vida. Outro episódio, o do descaminho no retorno a Montmorency, lhe ensina as vantagens do conhecimento do movimento do sol. O interesse real, revelado pela experiência concreta, confere à criança o ânimo de aprender. A criança já não está mais meramente exposta à necessidade das coisas; descobre agora sua utilidade. A inteligência que Rousseau deseja formar em seu aluno não se resume a uma eloquência fútil; é uma inteligência prática.[19]

Nesta fase da vida, Emílio terá acesso a um livro, e um só: *Robinson Crusoé*, de Daniel Defoe. Ao contrário das fábulas, *Robinson Crusoé* não exige grande esforço interpretativo; os motivos da personagem são claros e imediatamente compreensíveis; não envolvem problemas com outros indivíduos, mas apenas a relação com a natureza e as coisas. É por meio do aprendizado da solidão, isto é, de uma vida inocente e selvagem numa ilha deserta, uma vida mais próxima do estado natural, que se prepara a vida social: a criança aprende o valor do trabalho humano não a partir dos preconceitos da opinião, mas a partir de sua utilidade real. Isso a leva a compor um modelo interior que lhe permitirá resistir aos modelos corrompidos da sociedade. Pela escolha de um ofício manual – de preferência, a marcenaria, diz Rousseau –, emerge o problema da distância entre a hierarquia natural dos ofícios e a hierarquia da ordem da sociedade, e, com ele, o problema da desigualdade social. A reflexão sobre os ofícios leva à reflexão sobre a vida social, sobre o comércio, a moeda, e consequentemente sobre a dependência em relação aos outros. Emílio percebe que, para obter o necessário a sua conservação, é preciso oferecer em troca os frutos de sua atividade.[20]

---

18. MORNET, Daniel. *Op. cit.*, p. 125; FAGUET, Émile. *Op. cit.*, p. 192, 198-200.
19. MORNET, Daniel. *Op. cit.*, p. 136.
20. *Ibidem*, p. 126-127; LAUNAY, Michel. *Op. cit.*, p. 388-389.

Quando se encerra o Livro III, Emílio adquiriu poucos conhecimentos, mas aprendeu a julgar. Aprendendo pela experiência, ele aprendeu a aprender: a experiência lhe mostrou como procurar a verdade e como reconhecê-la. Ele chegou à idade da razão.

DA BONDADE À VIRTUDE

Agora com 15 anos, o corpo e o juízo de Emílio estão formados; mas, até o momento, ele agiu apenas em função da necessidade e, em seguida, da utilidade. Não conhece sua obrigação moral. É sua razão que lhe permitirá conhecer o bem e o mal; sem ela, não há moralidade em suas ações. Somente com a razão poderá Emílio formar sua consciência, que lhe permitirá escolher o bem em detrimento do mal. A adolescência é, então, o tempo da moral social. A nova tarefa de seu governante consiste em dar-lhe os meios de exercer por si só as virtudes do estado de sociedade.

Esse germe de moralidade deve iniciar seu desenvolvimento justamente na puberdade, quando irrompem as paixões e a sexualidade: não é possível impedi-las de nascer, mas é preciso saber dirigi-las para que conduzam não aos vícios mas à benevolência, à beneficência e à piedade. Deve-se ensinar ao jovem que cabe ao coração humano colocar-se no lugar não das pessoas mais felizes, mas das que são mais dignas de pena. É na tendência do homem a comover-se com os males de outrem que a moralidade deita suas primeiras raízes.[21]

A piedade nasce como um desenvolvimento do amor de si, que Rousseau vê, aqui, como única paixão inerente ao homem: apiedamo-nos de outrem porque acreditamos não estarmos isentos do mal de que sofrem; apiedamo-nos com base no sentimento que atribuímos àqueles que o suportam. A piedade não é uma criação da sociedade, mas é o que a mantém unida. Para Rousseau, o elemento moral e os fundamentos do direito político estão intimamente vinculados: embora não seja puramente natural, a sociabilidade é a expressão da bondade essencial do homem. Ela deve ser estimulada para neutralizar o efeito do interesse pessoal, cristalizado na propriedade. Este é o papel da educação: desenvolver, em oposição à tendência social ao egoísmo, o amor do gênero humano, fundamental para o funcionamento da máquina social.[22]

A sensibilidade do adolescente pode suscitar paixões de diversas ordens: da benevolência à inveja e à cobiça. Para conduzi-las para o lado certo, é preciso instruir Emílio acerca da vida na sociedade, de suas desigualdades e

---

21. MORNET, Daniel. *Op. cit.*, p. 127.
22. LAUNAY, Michel. *Op. cit.*, p. 399-400, 411-412; FAGUET, Émile. *Op. cit.*, p. 208-209.

de suas crueldades. Impelido na direção dos outros homens, Emílio se torna vulnerável e suscetível de cometer erros: agora é capaz de identificar-se com o corvo e de compreender as fábulas. A leitura, inicialmente nociva, se torna necessária: a criança pode, como espectadora, aprender com as experiências dos outros. É aí que o exemplo de vida dos grandes homens encontra sua utilidade; com isso, o estudo da história, que desvenda os fatos e as ações humanas, adquire valor.

No entanto, a história é, para Rousseau, sempre enganosa, pois se baseia em informações incompletas e deformadas, em virtude da distância dos testemunhos e do juízo do historiador. A história se limita aos efeitos e despreza as causas; focaliza os momentos de infortúnio e decadência, e despreza os momentos de felicidade e prosperidade. Deve-se, assim mesmo, ler a história, julgando-a com a mente sã; a criança deve buscar os fatos para poder julgá-los por si mesma. Rousseau manifesta sua preferência pelas biografias, as vidas particulares dos indivíduos, pois, seguindo o homem em todos os lugares, elas oferecem maiores ensinamentos sobre o coração humano. Não é apenas nos grandes feitos e nos grandes malogros, mas também nos pequenos atos do cotidiano, que reside o homem.[23]

Somente na medida em que é capaz de julgar enquanto aprende que Emílio se torna capaz de conhecer os homens. Até o momento, essa moral nada teve a ver com a religião: Emílio não sabe o que é Deus, nem mesmo o que é a alma. Chegou, entretanto, o momento de levá-lo a compreender que, por trás de tudo, existe um centro.

A PROFISSÃO DE FÉ DO FILÓSOFO GENEBRINO

A "Profissão de fé do Vigário saboiano" talvez seja, no conjunto dos segmentos que formam *Emílio*, aquele que tenha suscitado o maior escândalo. Astuto, Rousseau não assume diretamente o ensino religioso: fala por meio de uma personagem fictícia, o Vigário saboiano, uma provável referência aos abades Gaime e Gâtier, que o filósofo conhecera em Turim e no seminário de Annecy.[24] Com isso, o filósofo lança uma dúvida sobre a real concordância entre suas próprias ideias e as do Vigário; nada, entretanto, nos permite duvidar que sejam de Jean-Jacques as palavras que, no alto de uma colina, o Vigário emprega para expor a um miserável expatriado a religião tal como a concebe.

---

23. *Ibidem*, p. 200-203.
24. MORNET, Daniel. *Op. cit.*, p. 142.

Para Masson, não se pode encarar a "Profissão de fé" como um programa filosófico absolutamente coerente e organizado: a exposição não segue uma ordem lógica; há passagens um tanto deslocadas e mesmo possíveis contradições; alguns temas aparentemente esgotados são depois retomados, enquanto outros são abordados numa direção nova e imprevisível à luz daquilo que os precedeu. Avesso ao espírito de sistema, em princípio Rousseau não busca aqui uma filosofia, isto é, uma exposição racional da questão religiosa; busca uma luz interior capaz de atestar a existência de Deus. Sua "Profissão de fé" é, nesse sentido, como que um "manifesto sentimental", por trás do qual, não deixa de se fazer sentir um esforço de ordenação, uma atitude que confere coerência ao todo.[25]

A novidade da "Profissão de fé" não reside na enunciação de novos dogmas ou preceitos de moral, mas numa atitude cartesiana de desconfiança diante de afirmações que o homem não é capaz de compreender. Mas, ao contrário de Descartes, o Vigário não parte da dúvida como um procedimento de discussão e investigação; a dúvida se impõe a ele como algo inexorável e inerente aos objetos que o ocupam. Rousseau alerta para os erros a que as faculdades intelectuais induzem: os filósofos não seguem princípios, mas sistemas, isto é, os sistemas que eles mesmos formularam. O Vigário, por sua vez, não segue qualquer sistema; apenas assume como evidente o que, sendo sincero consigo mesmo, lhe é impossível não afirmar: sua evidência não é, ao contrário da cartesiana, intelectual; ela vem do coração. Quanto aos demais conhecimentos, ele os deixa na incerteza, sem preocupar-se em esclarecê-los quando não conduzem a nada de útil.

O Vigário se limita, portanto, ao que lhe interessa imediatamente, aceitando sua ignorância quanto ao resto. Sua busca, coerente com o método pedagógico de Rousseau, é utilitária: o que importa para a vida é a verdade "útil", isto é, aquela que as necessidades do homem discernem no universo. Quanto aos problemas metafísicos destituídos de utilidade ou cuja utilidade não se impõe, a atitude mais recomendável diante deles é a indiferença ou a dúvida respeitosa. Esse "ceticismo involuntário" não é penoso, na medida em que não tem consequências práticas e não interfere nos princípios que ordenam os deveres. Em resumo, importa, para Rousseau, saber que existe uma Providência, e isso lhe é evidente porque seu coração o sente. Quanto ao resto, isto é, saber se o mundo foi criado ou se é eterno, ou saber se há castigo para os maus, isso

---

25. MASSON, Pierre-Maurice. *La religion de Jean-Jacques Rousseau.* Genebra: Slatkine Reprints, 1970. p. 82-85.

está além de seu alcance, não tem consequências práticas e, portanto, não lhe importa saber.[26]

A verdade, para o Vigário, não é demonstrada, mas sentida com o coração: o homem deve aceitar os seus sentimentos, que lhe atestam a existência de Deus. É o coração, humilde e sincero, e não a razão, sempre sujeita ao orgulho, que enuncia essa verdade. Não obstante, a "Profissão de fé" está longe de excluir absolutamente a razão. Ela intervém, ao contrário, para mostrar as consequências das noções oferecidas pelo sentimento, confirmando que é a este, mais do que à própria razão, que devemos nos entregar. A razão intervém não para sustentar doutrinas, mas para derrubar dogmas que um coração sensível não poderia admitir. Assim, como diz Masson, o manifesto sentimental de Rousseau é dotado de uma "subestrutura racional".[27]

Mais do que isso, na segunda parte da "Profissão de fé", Rousseau parte para um racionalismo bastante estrito. No diálogo entre o Inspirado e o Raciocinador, o filósofo dissimula mal sua simpatia pelo segundo, o racional. Isso não deixa de surpreender, pois, após ter afastado a razão como indutora de erros, Rousseau assume a condição de racionalista convicto, a ponto de afirmar que submeter a própria razão é "ultrajar seu Autor" (p. 349)! É possível, com isso, encontrar, na "Profissão de fé", argumentos suficientes para satisfazer o mais inflexível dos racionalistas.[28]

Essa não é, contudo, a única reviravolta. Em determinado ponto, o filósofo afirma que "o que há de mais injurioso à Divindade não é o fato de não pensar nela, mas de pensar erroneamente a seu respeito" (p. 323). Essa aparente tolerância para com a irreligião, em oposição ao fanatismo, é negada depois por uma nota (n. 56, p. 364) inteiramente dedicada a denunciar os filósofos ateus e a exaltar o fanatismo: o filósofo sustenta que este, embora cruel e violento quando desenfreado, pode, quando bem dirigido, conduzir o homem a grandes virtudes.[29]

Seria então a "Profissão de fé" um amontoado de incoerências? Para Masson, não; o racionalismo de Rousseau seria um meio empregado pelo filósofo para consolidar uma exposição que, em seu conjunto, é em essência sentimental: o sentimento emancipa da tirania da razão, mas, inversamente, a razão permite emancipar da tirania da autoridade e das imposições do dogma. Nesse duplo

---

26. *Ibidem*, p. 85-91.

27. *Ibidem*, p. 91-93.

28. *Ibidem*, p. 93-94.

29. As considerações de Rousseau contrastam aqui com as críticas muito mais contundentes por ele feitas ao fanatismo em sua *Carta a Voltaire sobre a Providência* (1756).

movimento, o homem se limita a conhecer somente o que lhe cabe conhecer.[30] De modo geral, o conteúdo da "Profissão de fé" assume contornos bastante teístas.

Em sua trajetória de vida, o homem encontra na consciência seu ponto de partida e sua arma contra a armadilha do erro. Por meio dela, expressa-se a voz da natureza, permitindo aos diferentes povos reconhecerem os princípios de moral. Para organizar a vida segunda a ordem verdadeira e se organizar em relação ao todo, é preciso saber que esse todo tem um centro – e a reflexão sobre a matéria e a substância prova que ele existe: a consciência, impondo deveres ao homem e prometendo-lhe recompensas após a morte, permite, assim, conceber um sistema de mundo organizado pela Divindade. A razão intervém, então, apenas para confirmá-lo. Existe uma ordem no mundo governado por Deus, na qual cada coisa e cada ser encontra seu lugar. Nesse sistema, diz Rousseau, manifesta-se uma unidade de intenção, que é necessariamente benfazeja. Como então encarar o mal cometido neste mundo? Para o Vigário, o mal, obra humana, não integra o plano. O justo que o sofre aguarda sua recompensa numa outra vida: a morte do corpo é sua libertação. E quanto ao homem mau: uma punição eterna o aguarda? Para o Vigário, isso não importa saber; o mau é punido por seu remorso e o que lhe acontecerá após a morte não tem consequências práticas. Assim, o triunfo do homem mau e a opressão do homem justo, comuns num mundo desnaturado, implicam, para Rousseau, uma "consolação". Deve haver forçosamente uma distância entre a ordem social e a ordem verdadeira; com a morte, esta última é restabelecida. Não havendo justiça na Terra, é preciso que ela seja feita alhures. É a certeza da sanção de todas as ações humanas que permite ao homem manter-se fiel à exigência interna de justiça. O exame racional justifica, pois, a intuição da consciência que leva Rousseau a crer na bondade de Deus: a razão confere, enfim, uma autoridade ainda maior à consciência.[31]

Rousseau chega, contudo, ao ponto de ressaltar a necessidade de não admitir nada que não possa ser explicado. É aí que se encaixa sua reflexão sobre a religião revelada, que o aproxima consideravelmente dos deístas de sua época e o distancia do teísmo de Samuel Clarke, a quem o Vigário presta homenagem, no entanto. Sem rejeitar em absoluto a revelação, o genebrino afirma tratar-se de uma pergunta que não cabe ao homem responder, pois toda revelação, mesmo possível, seria ao mesmo tempo indemonstrável e, portanto, inútil. A revelação não se ampara em provas, mas em milagres e profecias que não podem ser verificados. Acreditar neles não seria acreditar diretamente em Deus, mas

---

30. MASSON, Pierre-Maurice. *Op. cit.*, p. 95.

31. *Ibidem*, p. 98-102; LAUNAY, Michel. *Op. cit.*, p. 395; MORNET, Daniel. *Op. cit.*, p. 142-143.

na palavra alheia. Rousseau recusa a religião revelada, acima de tudo porque ela implica admitir que apenas os que a receberam e a aceitaram poderiam encontrar a salvação. Dessa forma, apesar dos esforços dos missionários, esta não estaria ao alcance de toda a humanidade. Ora, Rousseau não admite a hipótese de um Deus injusto. O Deus de Rousseau não é o Deus furioso e vingativo do Antigo Testamento, que escolhe um povo e condena o restante do gênero humano. Para ele, é preciso deixar os livros sagrados de lado e se voltar para o único livro aberto a todos: o da natureza. É nele que se pode encontrar seu Autor.[32]

Emerge então nova incoerência no texto: após seu exame racional sobre a inutilidade da revelação, Rousseau afirma seu apego sentimental ao Evangelho, como se toda sua argumentação desabasse sob o peso da revelação cristã, que fala diretamente a seu coração. Para ele, mesmo contendo muitas coisas inacreditáveis, o Evangelho não poderia ser obra humana. O sentimento prevalece, afinal, sobre a razão, e conduz Rousseau a aceitar o Evangelho como verdade revelada. Mesmo não se assumindo explicitamente como cristão, o teísmo de Rousseau é profundamente cristianizado.[33]

No fim, apesar do recurso momentâneo ao arsenal argumentativo da filosofia, a conclusão de Rousseau é a de que a religião é necessária ao homem, pois sem ela não há virtude: para viver ordenadamente, o homem precisa de uma sanção e de uma garantia; a voz da consciência, que dita os deveres do homem, não teria eficácia prática se não estivesse acompanhada da sanção de um poder superior. Nem é preciso pensar no temor do castigo; basta a recompensa do justo para consolidar essa ideia.[34] A sociedade civil encontra, em última instância, seu fundamento na crença na Divindade.

Em resumo, apesar de suas considerações críticas à religião revelada, Rousseau entende que todas as religiões são boas e devem ser respeitadas. Cada um deve praticar a sua em seu país, observando o culto prescrito. Diante da incerteza, é, de certa forma, indesculpável professar outra religião além daquela transmitida pelos pais, e é uma falsidade não praticá-la com sinceridade. A posição final de Rousseau é a da submissão de cada um ao culto e à disciplina religiosa de seu país. O fio condutor da "Profissão de fé" é, por trás de suas possíveis contradições, o da busca de um Deus que corresponda ao coração de cada um e que se revele não por meio de milagres e profecias, mas diretamente a cada ser humano.[35]

---

32. MASSON, Pierre-Maurice. *Op. cit.*, p. 103-107.
33. *Ibidem*, p.107; LAUNAY, Michel. *Op. cit.*, p. 406.
34. *Ibidem*, p. 397.
35. MASSON, Pierre-Maurice. *Op. cit.*, p. 116-120.

O estabelecimento de princípios metafísicos permite a Rousseau buscar os princípios de boa conduta que eles impõem à vida cotidiana, na qual o homem deve se guiar pela consciência. Convencido dos artigos de fé propostos pelo Vigário, Emílio percebe seu próprio interesse em ser bom. Reemerge, assim, o conflito – na verdade, aparente – entre o amor de si mesmo e o amor do gênero humano. Esse debate, longe de se resolver pela fé religiosa, ressurge a partir das tentações que se oferecem às paixões do jovem rapaz. É preciso sublimar o fluxo das paixões por todos os meios possíveis. É preciso levar Emílio a se conscientizar dos perigos que o cercam. Mas isso não é tudo. Rousseau quer, principalmente, conferir a Emílio a ideia da beneficência, da humanidade, dos deveres para com o gênero humano, agora conciliados com o amor bem compreendido de si mesmo.[36] Ciente de que seu interesse e o do gênero humano estão atrelados, Emílio chega à idade adulta.

Sofia e a educação das mulheres

Até aqui, Emílio desenvolveu seu corpo e seus sentidos, aprendeu a conhecer as coisas pela necessidade e pela utilidade, aprendeu a julgar e a ouvir sua consciência. Quando chegamos ao Livro v, Emílio é homem, e como homem ele tem agora de encontrar sua companheira, Sofia. O quinto livro da obra é, sem dúvida, o menos homogêneo de seus segmentos: num mesmo bloco, encontramos um tratado de educação da mulher; o romance de Emílio e Sofia; uma reflexão sobre as viagens – pretexto, na verdade, para outra reflexão, sobre as instituições políticas; e o desenlace.

Após expor seus princípios sobre a formação de um jovem rapaz, Rousseau desloca seu olhar para o sexo feminino. Não obstante, suas preocupações não são, aqui, as mesmas. Como diz Launay, "Sofia ou a mulher" não é um mero tratado de educação feminina; é uma teoria política dos deveres recíprocos dos dois sexos, na qual suas preocupações residem menos no exame das causas naturais da igualdade ou da desigualdade dos sexos do que em preocupações sociais. A educação de Sofia não é a educação ideal de Emílio: é uma educação ditada pelo que Rousseau entende serem as necessidades de seu tempo.[37] A busca de uma suposta complementaridade dos sexos o conduz a uma educação praticamente oposta à que reservou a seu discípulo.

Ao contrário de Fénelon, que em seu *Traité de l'éducation des filles* [Tratado de educação das meninas] (1687) deseja tornar as meninas muito ins-

---

36. LAUNAY, Michel. *Op. cit.*, p. 396.
37. *Ibidem*, p. 414; FAGUET, Émile. *Op. cit.*, p. 229.

truídas e conferir-lhes um papel civilizador, Rousseau manifesta sua repugnância por mulheres eruditas como mademoiselle de l'Enclos, mulheres que ele via como contranaturais por seu esforço em se fazerem homens. Para o filósofo, não cabe à mulher buscar verdades abstratas, pois sua inteligência é meramente prática. Assim, sua Sofia será essencialmente ignorante; saberá apenas o suficiente para saber portar-se na sociedade, para conhecer as instituições, os usos e as conveniências; saberá, enfim, o suficiente para honrar seu marido.[38]

O que se deve, então, ensinar às mulheres? Para Rousseau, a fineza; a coquetaria; as "artes de diversão", isto é, a música, o canto e a dança, mas apenas na medida exata para agradar ao marido. Pois a mulher deve, acima de tudo, agradar; deve viver em função do efeito que produz naqueles que a cercam; ela é, ao contrário do homem, educada segundo a opinião. A pergunta fundamental de uma menina não deve ser "Para que isto serve?", como é a dos meninos, mas "Que efeito produzirá isto?". O talento da mulher deve consistir em reconhecer o que agrada aos outros. "

Para Rousseau, a função social da mulher impõe, portanto, princípios inteiramente diversos em sua educação. Ao contrário do que se deve fazer com os meninos, não se deve reprimir a tagarelice das meninas, devendo-se até mesmo estimulá-la. Da mesma forma, quanto às questões sexuais, não se deve esconder-lhes nada, podendo-se até mesmo prevenir suas perguntas, pois a relação entre os sexos e a maternidade deve ser preparada, sob o risco de se tornarem uma terrível provação. Também em matéria religiosa deve a menina ser, desde cedo, educada na religião de sua mãe. A explicação de Rousseau é a de que, se os meninos chegam apenas lentamente à maturidade do juízo e da razão, as meninas nunca a alcançam. Não haveria, portanto, inconveniente em ensinar-lhes a religião como preconceito: assim como sua conduta deve guiar-se pela opinião pública, sua crença deve sujeitar-se à autoridade.[39]

Quando Rousseau concebe a educação da mulher, pensa no marido e nos filhos que ela terá com ele, assim como no lar que deverá governar. Sua mulher ideal é educada para o homem; suas qualidades devem ser úteis ou agradáveis a este. E o homem de Rousseau não necessita de uma mulher instruída ou de uma hábil artesã; o filósofo sequer concebe a possibilidade do aprendizado de um ofício, pois a mulher é feita, acima de tudo, para o casamento e para a maternidade. Sofia, a jovem ideal, é coquete em sua maneira de vestir e recata-

---

38. *Ibidem*, p. 120, 226-229.
39. *Ibidem*, p. 206-207, 231-234.

da em sua conduta; conhece suficientemente a dança, a música e o canto para agradar ao marido; é religiosa, fiel e capaz de analisar finamente o coração dos homens para não deixar-se enganar por eles.[40]

Ultrajante para o leitor dos dias de hoje, o tratado de educação das meninas de Rousseau também já estava atrasado para sua época, na qual a reivindicação por parte de mulheres de uma instrução equivalente à dos homens já estava avançada. Como diz Faguet, "'Sofia' é o único livro de Rousseau onde se declara esta coisa rara, inesperada e maravilhosa, um Rousseau estúpido".[41] Acima de tudo, a posição de Rousseau sobre a mulher se inscrevia na tradição que impunha a esta uma posição subalterna no quadro social. A mulher de Rousseau é uma mulher pensada para uma sociedade fundada na propriedade, que impõe a estrutura familiar como cimento social e, nesse sentido, atribui à mulher deveres e direitos distintos dos do homem. Não deixa, entretanto, de surpreender o poder que Rousseau reconhece ao sexo feminino: sujeita ao marido, a mulher, mesmo mais fraca, não deixa, contudo, de governá-lo por sua capacidade de excitar seus desejos e de influenciá-lo com seus julgamentos. As mulheres foram, para Rousseau, responsáveis por "todas as grandes revoluções". Mesmo quando expressa os preconceitos de seu tempo, Rousseau extrai de suas ideias conclusões bastante imprevisíveis.

Ao narrar o encontro e as aventuras de Emílio e Sofia, Rousseau transforma decididamente a obra em romance. O autor não abandona suas preocupações pedagógicas e políticas, mas é com dificuldade que incorpora a sua narrativa os objetos de reflexão mais amplos que motivam a obra. Quando se trata, por fim, de abordar frontalmente a questão política, Rousseau decide separar os amantes; imbuído dos sentimentos de humanidade e do amor por Sofia, Emílio é forçado por seu governante a viajar. Parte com um objetivo preciso, de encontrar uma terra onde possa viver em segurança ao lado de sua companheira, contentando-se com sua pequena propriedade e com o fruto de seu trabalho. Mas o tempo das viagens é, para Rousseau, a ocasião para a instrução política: ao viajar, Emílio poderá examinar os diferentes povos, examinar seus modos de viver e suas formas de governo. É o momento da formulação teórica dos princípios de direito político. É o momento de fazer o marido, o pai de família, o cidadão. É o momento do contrato social.[42]

A publicação simultânea de *Emílio* e de *O contrato social* não se deu por acaso: na mente de seu autor, as duas obras formavam um grande bloco. O elo

---

40. *Ibidem*, p. 235, 238-239.
41. *Ibidem*, p. 236.
42. LAUNAY, Michel. *Op. cit.*, p. 415-416; FAGUET, Émile. *Op. cit.*, p. 210-211.

entre elas está explicitado pela inclusão no Livro v de *Emílio* de um resumo da versão preliminar de *O contrato social*. Com isso, evidencia-se a conexão entre as reflexões morais ou psicológicas de Rousseau e suas reflexões políticas: para ele, só é possível estudar a sociedade pelos homens, e os homens pela sociedade.

O governante de Emílio quer explicar-lhe o incontornável paradoxo do contrato social sobre o qual se funda a sociedade civil. Se, no estado de natureza, o homem vive de maneira autônoma, sem relacionar-se com os demais, ao tornar-se sociável ele passa a depender de seus semelhantes, e é dessa dependência que surgem as contradições do sistema social. A única forma de remediar a dependência dos homens, fonte de escravidão, consiste em formar uma sociedade civil onde as relações entre os homens não sejam deixadas ao arbítrio das vontades individuais, e substituir a sujeição de um homem a outro pela sujeição do cidadão à lei, constituindo, dessa forma, uma força superior a toda vontade particular.[43]

O contrato social é um contrato atípico, na medida em que o povo contrata consigo mesmo: isto é, o povo em corpo na condição de soberano com todos os particulares na condição de súditos. Trata-se, assim, de um pacto por meio do qual uma coletividade considerada como uma única pessoa assume compromisso recíproco com seus membros individualmente considerados. O soberano não é um homem, mas um "corpo moral e coletivo" (p. 536), cujos membros são também súditos. A vontade do soberano é a vontade geral, o que não significa a soma das vontades particulares nem um compromisso entre elas, mas a vontade de todo cidadão considerado como membro do soberano, o que supõe uma vontade comum e, portanto, um interesse comum unindo-os como associados. Os atos da vontade geral se aplicam indiferentemente a todos os cidadãos e beneficiam a todos igualmente. Embora os particulares estejam individualmente mais apegados a seu interesse pessoal, o soberano tem o direito de constrangê-los a cumprir seu dever de cidadão e a se submeter à vontade geral.[44]

O contrato tem por objetivo uma espécie de associação por meio da qual cada um, unindo-se a todos, obedece apenas a si mesmo, sem renunciar, portanto, a sua liberdade. A solução de Rousseau não deixa, porém, de surpreender, pois a cláusula essencial do contrato é a alienação total de cada associado e de

---

43. LAUNAY, Michel. *Op. cit.*, p. 379-380.

44. DERATHÉ, Robert. *Jean-Jacques Rousseau et la science politique de son temps.* 2 ed. Paris: Librairie Philosophique J. Vrin, 1995. p. 225-227, 232-233. [DERATHÉ, Robert. *Rousseau e a ciência política de seu tempo.* São Paulo: Barcarolla, 2009.]

seus direitos à comunidade, conferindo ao Estado um poder absoluto sobre seus membros. Nesse sentido, cabe questionar se a distância entre o contratualismo de Rousseau e o de Hobbes é tão grande quanto se diz. Derathé explica, entretanto, que a alienação de que fala Rousseau não acarreta a supressão dos direitos naturais, mas sua conversão em direitos civis: a liberdade natural do homem se transforma em liberdade civil, e o direito precário sobre tudo que o cerca se converte em direito de propriedade sobre o que ele possui. O pacto confere ao indivíduo a segurança de não cair sob a dominação de outro homem, e é nesse sentido que ele garantiria a liberdade.[45] Pois, para Rousseau, a *liberdade* que o homem encontra na sociedade se distingue rigorosamente da *independência* que ele tinha no estado de natureza.

A submissão das vontades particulares à vontade geral é a garantia da liberdade individual; da mesma forma, a submissão de todos os particulares ao soberano é o que os mantém em estrita igualdade. Assim, para Rousseau, a igualdade e a liberdade somente podem existir na sociedade se o soberano detiver autoridade absoluta e igual sobre todos seus membros. Questiona-se se Rousseau não estaria, dessa forma, apenas substituindo uma dominação por outra; se, estabelecendo uma sujeição igual a todos os cidadãos, eles não os estaria privando igualmente de sua liberdade. Derathé entende que não se trata de uma mera submissão, pois a alienação dos direitos de cada um se faz em proveito de todos; cada um obedecendo apenas a si mesmo, não haveria que se falar em verdadeira submissão. A vontade geral, isto é, a vontade do corpo dos cidadãos, é também a vontade de cada associado, não como indivíduo, mas como membro do soberano. O pacto social é um compromisso do povo consigo mesmo: os súditos e o soberano são as mesmas pessoas, embora consideradas de formas diferentes. O instrumento que permite fazer com que todos obedeçam sem que haja um senhor é a lei. Como súditos, obedecem; como membros do soberano, legislam. Nesse sentido, o associado é livre fundamentalmente, porque a vontade soberana a que se submete é sua.[46]

Mas a vontade geral somente será a do particular quando ele for capaz, em relação a assuntos de interesse geral, de abstrair seus preconceitos ou preferências pessoais e manifestar uma opinião condizente com o interesse de todos os associados. Não se trata de exigir do indivíduo que sacrifique seus interesses à coletividade; mas, ao contrário, de levá-lo a compreender que o interesse de cada um está atrelado ao de todos no funcionamento da vida social e que se

---

45. *Ibidem*, p. 227-229.
46. *Ibidem*, p. 231-232.

devotar ao bem público é agir em seu próprio bem. É em seu próprio interesse que o cidadão se submete à vontade geral.[47]

É preciso, portanto, formar um homem capaz de querer o bem de todos, isto é, um homem que domine suas paixões e siga sua consciência. Trata-se de um homem que se mantém, na medida do possível, fiel a sua natureza, mas que encontra, sob o império da lei, o meio de conferir moralidade a suas ações. O pacto social permite, assim, encontrar um compromisso possível entre o estado de natureza e o estado civil: esse compromisso ganha a forma humana do "selvagem feito para viver nas cidades" (p. 242) descrito por Rousseau. Esse homem é Emílio.

Assim, ao contrário do que levam a pensar as primeiras páginas de *Emílio*, há, de fato, uma educação do cidadão na obra. Embora, no mundo visto por Rousseau, o contrato social não seja mais observado, há, ainda assim, governos e simulacros de leis que exigem, por parte do homem de bem, que ofereça algo a seu país. Toda a construção, etapa por etapa, da sociabilidade do jovem conduz ao exercício de uma forma possível de cidadania. É este, afinal, o tema central de seu tratado de educação, que é também um tratado de política: o desafio de ser cidadão no mundo tal como ele se apresenta. Após sua viagem, Emílio retorna para junto de Sofia, pronto para um novo contrato: o de casamento. Ao fazer-se marido e pai de família, ele entra finalmente para a sociedade e pode cumprir os deveres inerentes à condição de cidadão. Sua educação está terminada; iniciar-se-á a de seu filho.[48]

Mas o que é, afinal, *Emílio*? O que realmente pretendia Rousseau com seu tratado de educação? Logo no início da obra, Rousseau alerta o leitor: "Ter--se-á a impressão de ler menos um tratado de educação que os devaneios de um visionário sobre a educação" (p. 38). Em 1770, o filósofo escreveria a um preceptor:

> Se é verdade que adotastes o plano que procurei traçar em *Emílio*, admiro vossa coragem; pois sois esclarecido demais para não ver que, em semelhante sistema, é preciso tudo ou nada, e que seria 100 vezes melhor retomar o curso das educações ordinárias, e fazer um pequeno pretensioso, do que seguir esta pela metade, para fazer apenas um homem mal-acabado. O que designo por tudo não é seguir servilmente minhas ideias; é, ao contrário, corrigi-las com frequência, mas

---

47. *Ibidem*, p. 235-240.

48. Para examinar o sucesso ou não da educação oferecida a Emílio, Rousseau empreendeu um romance epistolar, *Emílio e Sofia, ou Os solitários*, nunca concluído e do qual conhecemos apenas fragmentos.

prendendo-se aos princípios, e seguir exatamente as consequências destes com as modificações que toda aplicação particular necessariamente exige.[49]

Rousseau manifestava, assim, a percepção de que se tratava de um método de educação cuja aplicação tal qual descrita era improvável. Uma educação como a de Emílio implicaria reservar um preceptor – muito qualificado e virtuoso – para cada criança, e inteiramente dedicado a ela. *Emílio* era, acima de tudo, uma espécie de experimento intelectual, ou, como diz Lorvellec, um "ensaio de antropologia especulativa",[50] irrealizável na prática. Não obstante, a tese do "tudo ou nada" defendida por Rousseau na carta citada não foi confirmada pelo extraordinário legado da obra. Seu valor pedagógico era real, e suas ideias eram aplicáveis, ainda que em parte, ao ambiente doméstico e ao ensino público: os cuidados com o bebê, o fortalecimento do corpo desde a primeira idade da criança, o adiamento da exposição aos livros, o aprendizado pela experiência, entre outras ideias, ganharam uma extraordinária longevidade.

No ano de sua publicação, o espírito de reforma já presidia o debate sobre a educação na França.[51] Vale lembrar que, em 1762, a ordem dos jesuítas foi suprimida no país, o que significava reorganizar mais de uma centena de colégios, que se viam então destituídos de professores. Surgiram, pois, textos propositivos, como o *Essai d'éducation nationale* [Ensaio de educação nacional] (1763), de Caredeuc de la Chalotais, que pareciam, ao mesmo tempo, seguir e contradizer *Emílio* de Rousseau. Estavam longe de defender a educação negativa, destinada a proteger a criança da sociedade corruptora, mas manifestavam uma vontade de afastar a criança das abstrações em proveito de um aprendizado dos conhecimentos úteis e de uma educação mais livre e agradável.[52] Até o final do século, e sobretudo sob a Revolução, confor-

---

49. ROUSSEAU, Jean-Jacques. *Oeuvres de J.J. Rousseau, citoyen de Genève*. Paris: Belin, 1817. v. 8, p. 583.

50. LORVELLEC, Yves. *Rousseau, ou l'éducation naturelle*. Disponível em: http://rousseaustudies. free.fr/articleRousseaueteducation.htm. Acesso em: 12 jul. 2016.

51. O debate sobre a educação também foi intenso em outros países da Europa. Em Portugal, desde as décadas anteriores, homens como Martinho de Mendonça de Pina e Proença (*Apontamentos para a educação de um menino nobre*, 1734), Luís Antônio Vernei (*O verdadeiro método de estudar*, 1746) e Antônio Nunes Ribeiro Sanches (*Cartas sobre a educação da mocidade*, 1759) já se haviam manifestado contra a tradição escolástica que dominava a educação das elites. Com a expulsão dos jesuítas do país, esse debate levaria, no quadro da reforma pedagógica empreendida por Pombal desde a década de 1760, à estatização e à secularização da educação, no intuito de formar um corpo de cidadãos ilustrados e capacitados para as tarefas inerentes a um Estado moderno.

52. MORNET, Daniel. *Op. cit.*, p. 146 e 149.

me a condenação pública de *Emílio* se enfraquecia, a obra foi cada vez mais recuperada como uma referência para o debate acerca da educação nacional.

Fora da França, *Emílio* também encontrou adeptos fervorosos. Na Alemanha, por exemplo, reformadores como Johann Bernhard Basedow foram adeptos convictos do método de Rousseau. Goethe chegou a apresentar *Emílio* como "o evangelho da natureza" e escreveu, em 1787, que a obra e seus sentimentos exerceram uma influência universal sobre a mente culta. Diz a lenda que Kant, conhecido pela regularidade de seus hábitos, teria, pela primeira vez, abandonado sua incontornável caminhada diária para poder se dedicar à leitura de *Emílio*.

Acima de tudo, a obra teve forte influência sobre a importante corrente pedagógica que procurou, a partir do início do século xix, renovar os métodos de formação das crianças. Nesse movimento, destacou-se o suíço-alemão Johan Heinrich Pestalozzi (1740-1827), pioneiro da pedagogia moderna e criador de um instituto educacional em Yverdon organizado segundo os princípios de Rousseau. Pestalozzi foi também um dos precursores do movimento da Escola Nova, que, influenciado por ideias rousseauístas, procurou deslocar o foco do processo pedagógico do professor e das instituições para a criança, priorizando o método sobre o conteúdo.[53]

No Japão, estudos sobre a pedagogia de Rousseau começaram a proliferar desde o final do século xix, época do estabelecimento do novo regime imperial e de profundas reformas na educação. Esses estudos se multiplicaram ao longo de todo o século xx, fazendo de *Emílio* uma referência crucial em matéria de pedagogia.[54] Ainda hoje, a autoridade do desenvolvimento da criança impõe a leitura da obra-mestra de Rousseau aos professores de escolas maternais japonesas.

O legado de *Emílio* contrasta violentamente com a acolhida que lhe foi reservada quando de sua publicação. Cientes do conteúdo explosivo da obra, Rousseau e seus protetores a imprimiram em Amsterdã, em dezembro de 1761. A distribuição dos exemplares, que teve início em maio de 1762, foi logo seguida pela de *O contrato social*: a difusão conjunta dos dois livros de conteúdo incendiário se

---

53. GIOLO, Jaime. Rousseau e seu legado pedagógico. *In*: DALBOSCO, Cláudio A. (org.). *Filosofia e educação no Emílio de Rousseau: O papel do educador como governante*. Campinas: Alínea, 2011. p. 205-211.

54. KIKASI, Kiyoji. Jean-Jacques Rousseau au Japon (1876-1983), *Kyoto University Economic Review*, 58(1), 1988, p. 37-84.

tornou um assunto de Estado na França absolutista.[55] Numa época de censura sistemática de obras que atentavam contra as instituições políticas e religiosas vigentes, o parlamento de Paris não pôde ignorar a nova contribuição de Rousseau. A condenação da obra assumiu uma feição bastante religiosa: numa França eminentemente católica, a "Profissão de fé do Vigário saboiano" estava no centro dos ataques dirigidos contra o filósofo genebrino.[56] Para Launay, entretanto, a condenação religiosa poderia ter sido uma forma de dissimular a reprovação real dos princípios de direito político professados por Rousseau e agravados por observações pontuais do autor, tidas como atentatórias à autoridade do rei.[57] Em certo momento, ele chegou a escrever: "se todos os reis e todos os povos fossem dela [de nossa espécie] suprimidos, mal perceberíamos, e as coisas não ficariam piores" (p. 264). O fato é que, incômodo sob mais de um aspecto, *Emílio* se tornou praticamente indefensável. Os parlamentares mais tolerantes se mantiveram silentes; Malesherbes, seu protetor, se ausentou na sessão dedicada ao exame da obra, o que facilitou aos demais a tarefa de censurar o livro e decretar a prisão de seu autor. Rousseau foi convencido a deixar a França por seus amigos, os Luxembourg, que poderiam, aliás, ter sido implicados, caso o filósofo tivesse sido levado a juízo. O parlamento emitiu um mandado de prisão contra o autor em 9 de junho de 1762; no mesmo dia, Rousseau partiu para sua terra natal. Mas a República de Genebra se mostraria tão intolerante quanto a França, condenando a obra e levando Rousseau a refugiar-se em Val-de-Travers.[58]

Como diz Michel Launay, "Rousseau aprendeu a sua custa que corremos o risco de sermos golpeados quando desejamos golpear, ainda que desejemos apenas dar golpes de machado nos galhos podres da árvore, de modo a salvar o tronco".[59] A verdade, porém, é que Rousseau optara por assinar a obra, e sabia que isso lhe traria problemas. Em 7 de junho de 1762, dois dias antes de sua partida de Montmorency, ele escreveu a seu amigo, o pastor Paul-Claude Moultou:

---

55. MORNET, Daniel. *Op. cit.*, p. 121.

56. Rousseau interpretou a perseguição à "Profissão de fé" como uma estratégia do parlamento de justificar a perseguição então conduzida contra os jesuítas: isto é, perseguindo também aqueles que não pensavam como os padres da Companhia de Jesus (cf. Carta a M. Moultou, 7 jun. 1762. *In*: ROUSSEAU, Jean-Jacques. *Oeuvres. Correspondance*. Paris: E. A. Lequien Libraire, 1822. v. 2, p. 121).

57. LAUNAY, Michel. *Op. cit.*, p. 363-365.

58. MORNET, Daniel. *Op. cit.*, p. 143-144.

59. LAUNAY, Michel. *Op. cit.*, p. 363.

Seja qual for a maneira como me tratarem os homens, o que me farão que a natureza e meus males não teriam logo feito sem eles? Poderão privar-me de uma vida que minha condição me torna penosa, mas não me privarão de minha liberdade; conservá-la-ei, façam o que fizerem, em seus laços e em seus muros. Minha carreira está terminada, resta-me apenas coroá-la. Glorifiquei a Deus, falei para o bem dos homens. Ó amigo! Para tão grande causa, nem tu e nem eu recusaremos jamais sofrer.[60]

Se a carreira do grande pensador ainda não estava terminada, *Emílio* foi seguramente sua coroação.

LAURENT DE SAES
Graduado em direito pela USP (2002).
Mestre (2008) e doutor (2013) em história social pela USP

---

60. ROUSSEAU, Jean-Jacques. *Oeuvres. Correspondance*, v. 2, p. 122.

Nota sobre a tradução

A tradução aqui proposta tem por base a edição original de *Emílio* (edição Duchesne, de 1762, com o endereço tipográfico de Néaulme), destituída, portanto, das alterações posteriores feitas no texto por iniciativa dos editores. Não obstante, a tradução para o português exigiu que a pontuação por vezes fosse alterada, de modo a preservar o sentido original e atender, ao mesmo tempo, a exigências de clareza e fluidez. Ademais, outras modificações, concernentes ao uso das maiúsculas e à grafia dos nomes próprios, também se fizeram necessárias. De resto, incluímos na presente edição as notas originais de Rousseau, assim como algumas anotações feitas pelo autor no exemplar da edição original.

Sanabilibus ægrotamus malis;
ipsaque nos in rectum genitos natura,
si emendari velimus, juvat.[1]

Sen: *De ira* I., Il. c. 13

---

1. Epígrafe extraída da obra do orador romano Sêneca *Sobre a ira*: "Sofremos de males curáveis; se desejarmos nos corrigir, virá a natureza em nosso auxílio, pois nascemos para a saúde". (N.T.)

PREFÁCIO

Esta coletânea de reflexões e de observações, sem ordem e quase sem sequência, foi iniciada para agradar a uma boa mãe que sabe pensar.[1] A princípio, eu havia projetado apenas um memorial de algumas páginas; mas tendo sido arrastado pelo assunto a despeito de minha vontade, este memorial se tornou gradualmente uma espécie de obra grande demais, decerto, por seu conteúdo, mas pequena demais pela matéria tratada. Hesitei, por muito tempo, em publicá-la; frequentemente ela me fez sentir, trabalhando nela, que não basta ter escrito algumas brochuras para saber compor um livro. Após esforços vãos para melhorá-la, acredito que devo entregá-la tal como se apresenta, julgando que importa atrair a atenção pública para esse assunto; e que, ainda que minhas ideias sejam ruins, não terei perdido inteiramente meu tempo se fizer nascer algumas boas em outrem. Um homem que, de seu retiro, lança seus escritos ao público, sem preconizadores, sem partido que os defenda, sem sequer saber o que se pensa ou o que se diz a seu respeito, não deve temer que, caso se engane, se admitam seus erros sem crítica.

Falarei pouco da importância de uma boa educação; tampouco me deterei em provar que aquela que se encontra em uso é má; mil outros já o fizeram antes de mim, e não me agrada encher um livro de coisas que todos sabem. Observarei apenas que existe, desde sempre, somente um grito contra a prática estabelecida, sem que ninguém ouse propor uma melhor.[2] A literatura e o saber de nosso século tendem muito mais a destruir que a edificar. Censura-se com um tom professoral; para propor, é necessário adotar outro, em que a altivez filosófica se compraza menos. A despeito de tantos escritos que tiveram, dizem, por único objetivo a utilidade pública, a primeira de todas as utilidades, que é a

---

1. Trata-se de madame de Chenonceau, que, preocupada com a educação do filho, pedira a Rousseau que se dedicasse à composição de um tratado de educação. Chenonceau era nora de Louise Dupin, que contratara, entre 1745 e 1751, os serviços de Rousseau como preceptor de seu filho. Cf. *Archives royales de Chenonceau: pièces historiques à la chastellenie de Chenonceau*. Paris: J. Techener, 1864. p. CLXXI-CLXXII. (N.T.)

2. Críticas aos métodos de educação das crianças não eram raras na época. Nesse sentido, cf. o artigo "Educação", escrito por Dumarsais para a *Enciclopédia* (1 ed., v. 5, p. 397-403). Rousseau pretende, com *Emílio*, superar a mera condenação das práticas contemporâneas a ele e propor uma nova metodologia de educação. (N.T.)

arte de formar os homens, permanece esquecida. Meu assunto era inteiramente novo após o livro de Locke,[3] e temo fortemente que ainda o seja após o meu.

Não conhecemos nada da infância: com base nas falsas ideias que temos dela, quanto mais avançamos, mais nos perdemos. Os sábios atêm-se ao que importa aos homens saber, sem considerar o que as crianças estão em condições de aprender. Procuram sempre o adulto na criança, sem conceber o que ela é antes de tornar-se adulta. Eis o estudo a que mais me dediquei, para que, ainda que todo meu método seja quimérico e falso, se possa sempre tirar proveito de minhas observações. Posso ter vislumbrado mal o que se deve fazer, mas acredito ter enxergado bastante bem o sujeito sobre o qual se deve operar. Começai, então, por estudar melhor vossos alunos; pois muito seguramente não os conheceis. Ora, se lerdes este livro a partir dessa perspectiva, não creio que ele será desprovido de utilidade para vós.

No que se refere ao que se chamará a parte sistemática, que nada mais é aqui do que a marcha da natureza, é o que mais desnorteará o leitor; é também com base nisso que certamente serei mais atacado, talvez não sem razão. Ter--se-á a impressão de ler menos um tratado de educação que os devaneios de um visionário sobre a educação. Que se pode fazer? Não é sobre as ideias de outrem que escrevo, é sobre as minhas. Nada vejo como os outros homens; há muito sou censurado por isso. Mas cabe a mim dar-me outros olhos e atribuir--me outras ideias? Não. Cabe-me nunca aderir plenamente a minhas opiniões e nunca acreditar ser, sozinho, mais sábio que todo mundo; cabe-me não mudar de sentimento, mas desconfiar dele: eis tudo que posso fazer e que tenho feito. Se por vezes adoto o tom afirmativo, não é para impor autoridade ao leitor, mas para falar-lhe tal como penso. Por que propor sob a forma de dúvida aquilo de que eu mesmo não duvido? Digo exatamente o que se passa em minha mente.

Ao expor com liberdade meu sentimento, pretendo tão pouco que se imponha com autoridade que acrescento sempre minhas razões, para que sejam pesadas e eu seja julgado; contudo, embora não queira me obstinar em defender minhas ideias, não me vejo menos obrigado a propô-las, pois as máximas sobre as quais tenho uma opinião contrária à dos outros não são nada indiferentes. São daquelas cuja verdade ou falsidade importa conhecer e que fazem a felicidade ou a infelicidade do gênero humano.

"Proponde o que é factível", dizem-me sem cessar. É como se me dissessem: "Proponde fazer o que se faz; ou, pelo menos, proponde algum bem que se alie

---

3. Trata-se de *Alguns pensamentos sobre a educação* (*Some Thoughts Concerning Education*, 1693). (N.T.)

ao mal existente". Tal projeto, sobre certas matérias, é muito mais quimérico que os meus, pois, nessa aliança, o bem se corrompe e o mal não se cura. Preferiria seguir inteiramente a prática estabelecida a adotar uma que fosse boa pela metade: haveria aí menos contradição no homem; este não pode tender ao mesmo tempo a dois objetivos opostos. Pais e mães, o que é factível é o que desejais fazer. Devo responder por vossa vontade?

Em toda espécie de projeto, há duas coisas que se devem considerar: primeiramente, a bondade absoluta do projeto; em segundo lugar, a facilidade da execução.

Quanto ao primeiro aspecto, para que o projeto seja admissível e praticável em si mesmo, basta que o que tenha de bom esteja na natureza da coisa; neste caso, por exemplo, que a educação proposta seja conveniente ao homem e bem adaptada ao coração humano.

A segunda consideração depende de relações dadas em certas situações: relações acidentais com a coisa e que, consequentemente, não são necessárias e podem variar infinitamente. Assim, uma educação pode ser praticável na Suíça, mas não na França; outra pode sê-lo entre os burgueses, e outra ainda entre os nobres. A maior ou menor facilidade da execução depende de mil circunstâncias, as quais são impossíveis de determinar senão numa aplicação particular do método em um país ou outro, em uma condição ou outra. Ora, todas essas aplicações particulares, não sendo essenciais a meu assunto, não integram meu plano. Outros poderão cuidar delas, se desejarem, cada um para o país ou o Estado que tiver em vista. Basta-me que, em todos os lugares onde nascerem homens, se possa fazer deles o que proponho; e que, tendo feito deles o que proponho, se tenha feito o que há de melhor, para eles mesmos e para outrem. Se não honro tal compromisso, estou decerto enganado; se o cumpro, porém, seria também um erro exigir algo mais de mim; pois isso é tudo que prometo.

LIVRO I

Tudo é bom ao sair das mãos do Autor das coisas; tudo degenera entre as mãos do homem. Este força uma terra a alimentar as produções de outra; uma árvore a carregar os frutos de outra. Mistura e confunde os climas, os elementos, as estações. Mutila seu cão, seu cavalo, seu escravo. Perturba tudo, desfigura tudo: ama a deformidade, os monstros. Não deseja nada como fez a natureza, nem sequer o homem; é preciso adestrá-lo para ele, como um cavalo de picadeiro; é preciso deformá-lo a sua maneira, como uma árvore de seu jardim.

Sem isso, tudo seria ainda pior, e nossa espécie não deseja ser esculpida pela metade. No estado em que se encontram agora as coisas, um homem abandonado desde o nascimento à própria sorte entre os outros seria o mais desfigurado de todos. Os preconceitos, a autoridade, a necessidade, o exemplo, todas as instituições sociais em que nos encontramos submersos sufocariam nele a natureza, e nada poriam no lugar. Ela seria, nele, como que um arbusto que o acaso fez nascer no meio de um caminho e que os transeuntes logo levam a perecer, atingindo-o por todos os lados e dobrando-o em todos os sentidos.

É a ti que me dirijo, terna e previdente mãe,[1] tu que soubeste afastar-te da grande estrada e proteger o arbusto nascente do impacto das opiniões humanas! Cultiva e rega a jovem planta antes que morra; um dia, seus frutos te

---

1. A primeira educação é a que mais importa, e essa primeira educação cabe incontestavelmente às mulheres; se o Autor da natureza tivesse desejado que ela pertencesse aos homens, ele lhes teria dado leite para alimentar os filhos. Falai, portanto, sempre às mulheres, de preferência, em vossos tratados de educação; pois, além de estarem em condições de cuidar das crianças de mais perto que os homens e de sempre exercerem maior influência sobre elas, o sucesso também lhes interessa muito mais, pois a maioria das viúvas se encontra quase à mercê dos filhos, de modo que eles lhes fazem sentir intensamente, para o bem ou para o mal, o efeito da maneira como elas os educaram. As leis, sempre tão preocupadas com os bens e tão pouco com as pessoas, por terem por objeto a paz e não a virtude, não conferem autoridade suficiente às mães. Entretanto, sua condição é mais segura que a dos pais; seus deveres são mais penosos; seus cuidados importam mais à boa ordem da família; e, geralmente, têm mais afeição pelos filhos. Há ocasiões em que um filho que falta com o respeito a seu pai pode, de alguma maneira, ser desculpado; mas se, em qualquer ocasião, um filho fosse desnaturado o bastante para fazê-lo com a mãe, que o carregou em seu seio, que o alimentou com seu leite e que, durante anos, se esqueceu de si mesma para cuidar apenas dele, dever-se-ia sufocar sem demora esse miserável, como um monstro indigno de ver o dia. As mães, dizem, mimam seus filhos. Nisso, certamente, estão erradas; mas menos erradas do que vós, talvez, que os depravais. A mãe deseja que seu filho seja feliz, e que ele o seja desde já. Nisso, ela tem razão; quando se engana a respeito dos meios, é preciso esclarecê-la. A ambição, a avareza, a tirania, a falsa previdência dos pais, sua negligência, sua dura insensibilidade

deliciarão. Forma logo uma cerca em torno da alma de teu filho: outro pode traçar-lhe o circuito, mas apenas tu deves colocar a barreira.[2]

Formam-se as plantas pelo cultivo, e os homens pela educação. Se o homem nascesse grande e forte, seu tamanho e sua força lhe seriam inúteis até que tivesse aprendido a empregá-los; ser-lhe-iam prejudiciais por impedirem os outros de pensar em assisti-lo;[3] e, abandonado à própria sorte, morreria de miséria antes de ter conhecido suas necessidades. Tem-se pena da condição da infância! Não se percebe que a raça humana teria perecido caso o homem não tivesse começado sendo criança.

Nascemos fracos, necessitamos de forças; nascemos desprovidos de tudo, necessitamos de assistência; nascemos estúpidos, necessitamos de juízo. Tudo que não temos ao nascer e de que necessitamos quando adultos nos é dado pela educação.

Essa educação vem da natureza, ou dos homens, ou das coisas. O desenvolvimento interno de nossas faculdades e de nossos órgãos é a educação da natureza; o uso que nos ensinam a fazer desse desenvolvimento é a educação dos homens; e o conhecimento de nossa própria existência sobre os objetos que nos afetam é a educação das coisas.

Cada um de nós é, portanto, formado por três espécies de mestres. O discípulo no qual as diversas lições destes se contrariam é mal-educado e jamais estará de acordo consigo mesmo. Apenas aquele em que todas elas recaem sobre os mesmos pontos e tendem aos mesmos fins ruma para seu objetivo e vive de modo consequente. Apenas este é bem-educado.

Ora, entre essas três educações diferentes, a da natureza não depende em nada de nós; a das coisas depende apenas quanto a certos aspectos; a dos ho-

---

são 100 vezes mais funestas às crianças do que a cega ternura das mães. De resto, é preciso explicar o sentido que dou à palavra "mãe"; é o que será feito logo adiante.

2. [Anotação de Rousseau em exemplar da edição original] Asseguram-me que o sr. Formey acreditou que eu desejava falar aqui de minha mãe, e que ele o afirmou em alguma obra. Isso é zombar cruelmente do sr. Formey ou de mim.

[Pastor e prolífico homem de letras alemão, proveniente de uma família de refugiados huguenotes franceses, Johann Heinrich Samuel Formey foi nomeado, em 1748, Secretário da Academia Real da Prússia, em Berlim. Em meio a suas inúmeras contribuições literárias, notabilizou-se por seu duelo intelectual com Rousseau, a quem acusava de irreligião. *Emílio*, em particular, motivaria Formey a propor uma série de respostas contundentes: em 1763, ele publicaria *Espírito de Júlia*, assim como *Anti-Emílio*; e, no ano seguinte, *Emílio cristão*. Em carta de janeiro de 1763 a Moultou, Rousseau já acusava Formey de tentar mutilar seu tratado de educação, e, em suas *Confissões* (publicadas postumamente em 1782), denunciou-o como um "saqueador". (N.T.)]

3. Semelhante a eles quanto ao exterior e privado da palavra, assim como das ideias que ela expressa, ele se veria incapaz de fazê-los compreender a necessidade que tivesse de seu auxílio, e nada nele manifestaria tal necessidade.

mens é a única de que somos realmente senhores – ainda que o sejamos apenas por suposição, pois quem pode esperar dirigir inteiramente as palavras e as ações de todos os que cercam uma criança?

Portanto, sendo a educação uma arte, é quase impossível que ela tenha êxito, pois o concurso necessário a seu sucesso não depende de ninguém. Tudo que se pode fazer, à força de cuidados, é aproximar-se mais ou menos da meta, mas é preciso sorte para alcançá-la.

Qual é essa meta? É a mesma que a da natureza: isso acaba de ser provado. Na medida em que o concurso das três educações é necessário a sua perfeição, é àquela que foge ao nosso controle que se devem dirigir as duas outras. Mas talvez a palavra "natureza" tenha um sentido muito vago. É necessário aqui defini-lo.

A natureza, dizem-nos, consiste apenas no hábito. O que significa isso? Não existem hábitos adquiridos apenas pela força e que jamais sufocam a natureza? Assim é, por exemplo, o hábito das plantas cuja direção vertical é perturbada. Posta em liberdade, a planta mantém a inclinação que foi forçada a adotar; mas nem por isso a seiva alterou sua direção primitiva, e, se a planta continua a vegetar, seu prolongamento torna a ser vertical. O mesmo ocorre com as inclinações dos homens. Enquanto permanecemos no mesmo estado, podemos manter as que resultam do hábito e que nos são menos naturais; mas basta que a situação se altere para que cesse o hábito e o natural retorne.[4] A educação é certamente apenas um hábito. Ora, não existem pessoas que esquecem e perdem sua educação? E outras que a mantêm? De onde vem essa diferença? Se é necessário restringir o termo "natureza" aos hábitos conformes à natureza, podemos nos poupar deste galimatias.[5]

Nascemos sensíveis, e desde nosso nascimento somos afetados de diversas maneiras pelos objetos que nos cercam. Logo que adquirimos, por assim dizer, consciência de nossas sensações, nos dispomos a procurar ou evitar os objetos que as produzem, primeiramente segundo elas nos sejam agradáveis ou incômodas; em seguida, segundo a conveniência ou a desconveniência que encontramos entre nós e tais objetos; e, finalmente, segundo os julgamentos que fazemos deles com base na ideia de felicidade ou de perfeição que a razão nos confere. Essas disposições se estendem e se fortalecem à medida que nos tornamos mais sensíveis e mais esclarecidos; mas, constrangidas por nossos

---

4. [Anotação de Rousseau em exemplar da edição original] O sr. Formey nos garante que não se diz precisamente isso. Parece-me, contudo, ser muito precisamente o que se diz neste verso a que me proponho responder: "A natureza, crê-me, é apenas o hábito". O sr. Formey, que não deseja engrandecer seus semelhantes, nos oferece a medida de seu cérebro como sendo a do entendimento humano.

5. Galimatias: discurso confuso e intrincado, de difícil compreensão. (N.T.)

hábitos, elas se alteram mais ou menos de acordo com nossas opiniões. Antes dessa alteração, elas constituem o que designo em nós por natureza.

É, pois, a essas disposições primitivas que tudo se deveria conformar, e isso seria possível se nossas três educações fossem apenas diferentes; mas o que se deve fazer quando são opostas? Quando, em vez de criar um homem para si mesmo, deseja-se criá-lo para os demais? O acerto é então impossível. Forçado a combater a natureza ou as instituições sociais, é preciso optar entre fazer um homem ou fazer um cidadão, pois não se pode fazer ao mesmo tempo um e outro.

Toda sociedade parcial, quando é estreita e bem unida, se afasta da grande. Todo patriota é duro com os estrangeiros; são apenas homens, não são nada a seus olhos.[6] Esse inconveniente é inevitável, mas é fraco. O essencial é ser bom com as pessoas com quem se vive. Fora da cidade, o espartano era ambicioso, avaro, iníquo; mas o desinteresse, a equidade e a concórdia reinavam dentro de seus muros. Desconfiai desses cosmopolitas que vão procurar longe em seus livros deveres que desdenham cumprir no próprio entorno. Tal filósofo ama os tártaros para ser dispensado de amar os vizinhos.

O homem natural é tudo para si: ele é a unidade numérica, o todo absoluto que mantém relações apenas consigo mesmo ou com seu semelhante. O homem civil é apenas uma unidade fracionária vinculada ao denominador e cujo valor está em sua relação com o todo, que é o corpo social. As boas instituições sociais são as que mais sabem desnaturar o homem, privá-lo de sua existência absoluta para dar-lhe uma existência relativa, e transportar o *eu* para uma unidade comum, de modo que cada particular não se veja como um, mas como parte da unidade, e seja mais sensível apenas no todo. Um cidadão de Roma não era Caio nem Lúcio; era um romano: amava a pátria até mesmo excluindo-se dela. Régulo pretendia ser cartaginês, como se tivesse se tornado o bem de seus senhores. Em sua qualidade de estrangeiro, recusava-se a sentar-se no Senado de Roma; foi preciso que um cartaginês ordenasse que o fizesse. Indignou-se por terem desejado salvar sua vida. Venceu e retornou triunfante para morrer nos suplícios. Isso não tem grande relação, ao que me parece, com os homens que conhecemos.

O lacedemônio[7] Pedarete se apresenta para ser admitido no Conselho dos Trezentos; é rejeitado. Volta todo satisfeito por terem sido encontrados em Esparta 300 homens mais valorosos que ele. Suponho ser tal demonstração sincera, e é de acreditar que tenha sido: eis o cidadão.

---

6. [Anotação de Rousseau em exemplar da edição original] Por isso, as guerras das repúblicas são mais cruéis que as das monarquias. Mas, se a guerra dos reis é moderada, a sua paz é terrível. É melhor ser seu inimigo que seu súdito.

7. Indivíduo natural ou habitante da Lacedemônia, da Lacônia ou de Esparta. (N.T.)

Uma mulher de Esparta que tinha cinco filhos no exército aguardava notícias da batalha. Chega um hilota; trêmula, ela lhe pergunta se tem alguma nova. "Vossos cinco filhos foram mortos." "Vil escravo, foi isto que lhe perguntei?" "Obtivemos a vitória." A mãe corre para o templo e dá graças aos deuses. Eis a cidadã.

Aquele que, na ordem civil, deseja conservar a primazia dos sentimentos da natureza não sabe o que quer. Sempre em contradição consigo mesmo, sempre hesitando entre suas inclinações e seus deveres, ele jamais será homem ou cidadão; não será bom nem para si nem para os outros. Será um desses homens de nossos dias: um francês, um inglês, um burguês; não será nada.

Para ser algo, para ser si mesmo e sempre uno, é preciso agir como se fala; é preciso estar decidido a respeito do partido que se deve tomar, tomá-lo corajosamente e segui-lo até o fim. Aguardo que me mostrem tal prodígio para saber se é homem ou cidadão, ou como faz para ser um e outro ao mesmo tempo.

Desses objetos necessariamente opostos, resultam duas formas contrárias de instituição: uma pública e comum, outra particular e doméstica.

Desejais ter uma ideia da educação pública? Lede *A república* de Platão. Não se trata, de modo algum, de uma obra de política, como pensam aqueles que julgam os livros apenas por seus títulos. Trata-se do mais belo tratado de educação jamais feito.

Quando se deseja remeter ao país das quimeras, cita-se a instituição de Platão. Se Licurgo tivesse posto a sua apenas por escrito, eu a consideraria muito mais quimérica. Enquanto Platão limitou-se a depurar o coração do homem, Licurgo o desnaturou.

A instituição pública não existe mais, e não pode mais existir; pois onde não há mais pátria não pode mais haver cidadãos. Estas duas palavras, pátria e cidadão, devem ser apagadas das línguas modernas. Conheço bem a razão, mas não desejo dizê-la; ela não guarda qualquer relação com meu assunto.

Não encaro como instituição pública esses risíveis estabelecimentos a que chamam colégios.[8] Tampouco considero a educação do mundo; esta educação, tendendo a dois fins contrários, acaba frustrando a ambos, pois serve apenas para fazer homens duplos, que parecem direcionar tudo aos outros, mas sempre direcionam tudo a si mesmos. Ora, essas demonstrações, sendo comuns a todo mundo, não enganam ninguém. Constituem cuidados perdidos.

---

8. Há, na Academia de Genebra e na Universidade de Paris, professores que aprecio, por quem tenho muita estima e que acredito seriam muito capazes de instruir bem a juventude, caso não fossem forçados a seguir o uso estabelecido. Exorto um deles a publicar o projeto de reforma que concebeu. Então seremos talvez finalmente tentados a curar o mal, vendo não ser ele irremediável.

Dessas contradições nasce aquela que sentimos continuamente em nós mesmos. Arrastados pela natureza e por homens por estradas contrárias, forçados a nos dividir entre esses diferentes impulsos, acabamos seguindo um composto que não nos conduz a nenhum objetivo. Contrariados e hesitantes durante todo o curso de nossa vida, chegamos ao fim sem termos podido nos conciliar com nós mesmos e sem termos sido bons para nós nem para os outros.

Resta, por fim, a educação doméstica ou a da natureza. Mas o que se tornará para os outros o homem unicamente educado para si mesmo? Se o duplo objeto a que nos propomos pudesse talvez ser reunido num só, ao privarmos o homem de suas contradições eliminaríamos um grande obstáculo a sua felicidade. Para poder avaliar, seria necessário vê-lo inteiramente formado; seria necessário ter observado suas inclinações, visto seus progressos, acompanhado sua marcha: seria necessário, em suma, conhecer o homem natural. Creio que se terá dado alguns passos nessas buscas após a leitura deste livro.

O que temos de fazer para formar esse homem raro? Muito, certamente; é preciso impedir que nada seja feito. Quando se trata de avançar contra o vento, bordeja-se; se, porém, o mar estiver agressivo e quisermos permanecer no lugar, será necessário lançar âncora. Toma cuidado, jovem piloto, para que teu cabo não arrie ou que tua âncora não garre, e que o barco não derive antes que o percebas.

Na ordem social, onde todos os lugares estão marcados, cada um deve ser educado para o seu. Se, formado para seu lugar, um particular o abandona, ele não servirá mais para nada. A educação somente é útil enquanto a fortuna se concilia com a vocação dos pais; em qualquer outro caso, ela é nociva ao aluno, mesmo que apenas em razão dos preconceitos que ela lhe deu. No Egito, onde o filho era obrigado a abraçar a condição de seu pai, a educação tinha uma meta assegurada; mas, entre nós, onde apenas as posições sociais permanecem e onde os homens as trocam sem cessar, ninguém sabe, ao educar seu filho para a sua, se não está trabalhando contra ele.

Na ordem natural, sendo os homens todos iguais, sua vocação comum é a condição de homem, e quem quer que seja bem educado para esta não pode cumprir mal aquelas que lhe estão vinculadas. Pouco importa que meu aluno se destine à espada, à igreja ou à advocacia. Antes da vocação dos pais, a natureza o chama para a vida humana. Viver é o ofício que desejo ensinar-lhe. Ao sair de minhas mãos, admito que ele não será nem magistrado, nem soldado, nem padre: será primeiramente homem; tudo que um homem deve ser, ele saberá sê-lo, segundo a necessidade, tanto quanto qualquer outro, e, mesmo que a fortuna o faça mudar de lugar, ele estará sempre no seu. *"Occupavi te, Fortuna, atque cepi: omnesque aditus tuos interclusi, ut ad me aspirare non posses."*[9]

Nosso verdadeiro estudo é o da condição humana. Aquele de nós que mais sabe suportar os bens e os males desta vida é, em minha opinião, o mais bem--educado: disso decorre que a verdadeira educação consiste menos em preceitos do que em exercícios. Começamos a nos instruir quando começamos a viver; nossa educação começa conosco; nosso primeiro preceptor é nossa ama. Ademais, entre os antigos, a palavra *educação* possuía outro sentido, que não lhe atribuímos mais: significava alimento. *"Educit obstetrix"*, diz Varrão; *"educat nutrix, instituit pedagogus, docet magister."*[10] Assim, a educação, a instituição e a instrução são três coisas tão diferentes em seu objeto quanto a governanta, o preceptor e o mestre. Mas essas distinções são mal compreendidas; para ser bem conduzida, a criança deve seguir apenas um guia.

É preciso, portanto, generalizar nossas perspectivas e considerar em nosso aluno o homem abstrato, ou seja, o homem exposto a todos os acidentes da vida humana. Se os homens nascessem apegados ao solo de um país, se a mesma estação durasse o ano todo, se cada um estivesse agarrado a sua sorte a ponto de não poder alterá-la, a prática estabelecida seria boa sob certos aspectos; a criança educada para sua condição, não a deixando jamais, não poderia estar exposta aos inconvenientes de outra. Contudo, dada a mobilidade das coisas humanas e dado o espírito inquieto e agitado deste século que perturba tudo a cada geração, pode-se conceber método mais insensato do que o de educar uma criança como se jamais tivesse de deixar seu quarto, como se tivesse de estar continuamente cercada de sua gente? Se a infeliz der um único passo na Terra, se descer um único degrau, estará perdida. Isso não é ensiná-la a suportar a dor; é prepará-la para senti-la.

Pensa-se apenas em conservar seu filho; não é o bastante: deve-se ensiná-lo a conservar-se sendo homem, a suportar os lances da sorte, a enfrentar a opulência e a miséria, a viver, se preciso, nas geleiras da Islândia ou sobre o ardente rochedo de Malta. Podeis tomar precauções para que ele não morra, mas será preciso que morra; e, mesmo que sua morte não fosse resultado de vossos cuidados, ainda assim estes seriam pouco esclarecidos. Trata-se menos de impedi--lo de morrer do que de fazê-lo viver. Viver não é respirar, é agir; é fazer uso de nossos órgãos, de nossos sentidos, de nossas faculdades, de todas as partes de nós mesmos que nos dão o sentimento de nossa existência. O homem que

---

9. *Thuscul.* V. ["Antecipei-me a ti, fortuna, e te fiz prisioneira: interditei todas as passagens e não podes alcançar-me". (N.T.)]

10. Non. Marcell. ["A parteira traz à luz, a ama alimenta, o pedagogo forma, o mestre ensina." (N.T.)]

mais viveu não é aquele que contou o maior número de anos, mas aquele que mais sentiu na vida. Houve quem, enterrado aos 100 anos, já estivesse morto ao nascer. Teria ganhado ao morrer jovem, pois ao menos até esse momento teria vivido.

Toda nossa sabedoria consiste em preconceitos servis; todos os nossos usos são apenas sujeição, embaraço e constrangimento. O homem civil nasce, vive e morre na escravidão: ao nascer, é costurado num cueiro; ao morrer, é pregado num caixão; enquanto mantém o aspecto humano, é acorrentado por nossas instituições.

Dizem que várias parteiras pretendem, amassando a cabeça das crianças recém-nascidas, dar-lhe uma forma mais conveniente, e nós o permitimos! Nossas cabeças seriam defeituosas por culpa do Autor de nosso ser: devemos modelá-las externamente pelas parteiras e internamente pelos filósofos. Os caraíbas são, quanto a um dos aspectos, mais felizes do que nós.

"Mal deixou a criança o seio da mãe e mal gozou da liberdade de mover-se e de estender seus membros, já lhe são dados novos laços. É enfaixada, deitada com a cabeça fixa e as pernas alongadas, os braços pendentes ao lado do corpo; é cercada de panos e bandagens de toda espécie, que não lhe permitem mudar de posição. No melhor dos casos, não a apertam a ponto de impedi-la de respirar e tomam a precaução de deitá-la de lado, para que os líquidos que deve expelir pela boca possam cair por si próprios; pois ela não teria a liberdade de virar a cabeça de lado, para facilitar sua queda."[11]

A criança recém-nascida tem necessidade de estender e de movimentar seus membros para tirá-los do entorpecimento em que, reunidos como num novelo, permaneceram por tanto tempo. São estendidos, é verdade, mas impedidos de mover-se; até mesmo a cabeça é sujeitada por meio de toucas. É como se temessem que ela pareça estar viva.

Assim, o impulso das partes internas de um corpo que tende ao crescimento encontra, para os movimentos que ele lhe pede, um obstáculo insuperável. A criança faz continuamente esforços inúteis que esgotam suas forças ou retardam-lhes o progresso. Ela se encontrava menos apertada, menos embaraçada, menos comprimida no âmnio[12] do que em suas fraldas; não vejo o que ela ganhou ao nascer.

A inação e o constrangimento em que se mantêm os membros de uma criança podem apenas perturbar a circulação do sangue e dos humores, impedir

---

11. [Buffon], *Hist. nat.* T. IV, p. 190, in-12.
12. Âmnio: parte interna das membranas que contêm o embrião. (N.T.)

a criança de se fortalecer e de crescer, e alterar sua constituição. Nos lugares em que não se adotam tais precauções extravagantes, os homens são todos grandes, fortes e bem proporcionais.[13] Os países em que se enfaixam as crianças são aqueles que abundam em corcundas, em mancos, em cambaios, em nodosos, em raquíticos, em pessoas disformes de toda espécie. Temendo que os corpos se deformem por movimentos livres, procura-se logo deformá-los comprimindo--os. Torná-los-iam, de bom grado, paralíticos para impedir que se estropiassem.

Poderia tão cruel constrangimento não influir no humor das crianças, assim como em seu temperamento? Seu primeiro sentimento é um sentimento de dor e de dificuldade: encontram apenas obstáculos a todos os movimentos de que têm necessidade. Mais infelizes do que um criminoso acorrentado, fazem esforços vãos, irritam-se, gritam. Seus primeiros sons, dizeis, são choros; sim, por certo. Vós as contrariais desde seu nascimento. As primeiras dádivas que recebem de vós são correntes; os primeiros tratamentos que sofrem são tormentos. Encontrando liberdade somente na voz, como poderiam não utilizá-la para se queixar? Gritam em razão do mal que lhes fazeis; amarrados dessa forma, vós gritaríeis mais alto que elas.

De onde vem esse costume insensato? De um costume desnaturado. Desde que as mães, desprezando seu primeiro dever, não desejaram mais amamentar seus filhos, foi preciso confiá-los a mulheres mercenárias que, vendo-se assim mães de crianças estranhas, em relação às quais a natureza não lhes dizia nada, procuraram somente poupar-se do esforço. Teria sido necessário velar incessantemente sobre uma criança em liberdade; mas, estando ela bem atada, basta jogá-la num canto, sem incomodar-se com seus gritos. Contanto que não haja provas de negligência da ama, contanto que o bebê não tenha nem o braço nem a perna quebrados, que importa, quanto ao mais, que ele morra ou que permaneça inválido para o resto de seus dias? Conservam-se seus membros à custa de seu corpo e, aconteça o que acontecer, a ama é desculpada.

Essas doces mães que, livres de seus filhos, se entregam com alegria aos divertimentos da cidade sabem que tratamento a criança em seu cueiro recebe na aldeia? À ocorrência do menor aborrecimento, ela é suspensa por um prego, como uma trouxa de trapos e, enquanto a ama se dedica a seus assuntos, a infeliz permanece assim crucificada. Todas aquelas que foram encontradas nessa situação tinham o rosto arroxeado. Com o peito fortemente comprimido, o sangue não podia circular e retornava à cabeça; e acreditava-se estar o paciente muito tranquilo, por não encontrar forças para gritar. Ignoro quantas horas

---

13. Vede a nota 30 [p. 69].

uma criança pode permanecer nesse estado sem perder a vida, mas duvido que possa ir muito longe. Eis, penso eu, uma das grandes comodidades do cueiro.

Pretende-se que as crianças em liberdade poderiam assumir más posições e adotar movimentos capazes de prejudicar a boa configuração de seus membros. É este um dos raciocínios vãos de nossa falsa sabedoria, o qual nenhuma experiência jamais confirmou. Em meio à multidão de crianças que, entre povos mais sensatos do que nós, são criadas com os membros em plena liberdade, não se vê uma sequer que se fira ou que se estropie; elas não poderiam conferir a seus movimentos uma força capaz de torná-los perigosos e, quando adotam uma posição violenta, a dor as alerta para que logo a alterem.

Ainda não ousamos colocar os filhotes de cães e gatos em cueiros; tem-se observado que resulta para eles algum inconveniente dessa negligência? As crianças são mais pesadas, nisso estamos de acordo; mas, proporcionalmente, são também mais fracas. Se mal podem se movimentar; como poderiam se estropiar? Caso fossem estendidas sobre as costas, morreriam nessa posição, tal como a tartaruga, sem jamais conseguirem se virar.

Não satisfeitas em terem deixado de amamentar seus filhos, as mulheres deixam de querer gerar outros. A consequência é natural. Assim que a condição de mãe se torna onerosa, encontram logo um meio de livrar-se totalmente dela: desejam realizar uma obra inútil, de modo a sempre recomeçá-la, e tornam prejudicial à espécie o atrativo que existe para multiplicá-la. Esse hábito, associado às demais causas de despovoamento, nos anuncia o destino próximo da Europa. As ciências, as artes, a filosofia e os costumes que ela produz não tardarão a transformá-la num deserto. Será povoada de animais ferozes; não terá mudado muito de habitantes.

Vi, por vezes, a pequena artimanha das jovens mulheres que fingem desejar amamentar seus filhos. Sabem como fazer-se convencer a renunciar a tal fantasia: fazem habilmente com que intervenham os esposos, os médicos e, sobretudo, as mães. Um marido que ousasse consentir que sua mulher alimentasse seu filho seria um homem perdido. Seria visto como um assassino, desejoso de livrar-se dela. Maridos prudentes, deve-se sacrificar o amor paterno à paz. Por sorte, no campo encontram-se mulheres mais castas que as vossas! Tereis ainda mais sorte se o tempo que estas ganharem não estiver destinado a outros além de vós!

O dever das mulheres não é duvidoso; discute-se, porém, se, no desprezo que elas têm por ele, é indiferente aos filhos serem alimentados com seu leite ou com outro. Considero essa questão, para a qual os médicos são os juízes, decidida segundo a vontade das mulheres; e, quanto a mim, também me parece que mais vale que a criança mame o leite de uma ama em boa saúde do que o de uma mãe doente, caso houvesse algum novo mal a temer do mesmo sangue de que é formada.

Deve a questão, porém, ser encarada somente pelo aspecto físico, e tem a criança menos necessidade dos cuidados de uma mãe do que de seu seio? Outras mulheres ou mesmo alguns animais poderiam dar-lhe o leite que ela lhe recusa; mas a solicitude materna não se pode suprir. Aquela que amamenta o filho de outra em vez do seu é uma má mãe; como então poderá ser uma boa ama? Poderá vir a sê-lo, mas lentamente; será preciso que o hábito mude a natureza; e a criança malcuidada terá tempo de morrer 100 vezes antes que sua ama tenha desenvolvido por ela uma ternura de mãe.

Dessa mesma vantagem resulta um inconveniente que deveria, por si só, privar toda mulher sensível da coragem de fazer com que seu filho fosse alimentado por outra: é o de compartilhar o direito de mãe, ou, antes, de aliená-lo; de ver seu filho amar outra mulher tanto quanto ela, ou mais; de sentir que a ternura que ainda tem por sua própria mãe é uma graça, e que a que ele tem por sua mãe adotiva é um dever. Pois onde encontro os cuidados de uma mãe, não devo encontrar a afeição de um filho?

A maneira pela qual se remedia esse inconveniente consiste em inspirar às crianças desprezo por suas amas, tratando-as como verdadeiras criadas. Concluído seu serviço, retira-se a criança ou dispensa-se a ama; à força de mal recebê-la, acaba-se por desencorajá-la a vir ver o bebê. Ao cabo de alguns anos, ele não a vê mais, não a conhece mais. A mãe, que acredita substituí-la e reparar sua negligência com sua crueldade, se engana. Em vez de fazer de um bebê desnaturado um filho afetuoso, ela o ensina a desprezar um dia aquela que lhe deu a vida, assim como aquela que o alimentou com seu leite.

Como eu insistiria neste ponto caso fosse menos desencorajador rebater, em vão, assuntos inúteis! Isso se prende a mais coisas do que se imagina. Se quereis restituir a cada um seus deveres primordiais, começai pelas mães; surpreender-vos-eis com as mudanças que produzireis. Tudo resulta sucessivamente dessa primeira depravação; toda a ordem moral se altera; o natural se apaga em todos os corações; o interior das casas adquire um aspecto menos vivo; o espetáculo tocante de uma família nascente já não comove mais os maridos e não impõe mais respeito aos estranhos; respeita-se menos a mãe cujos filhos não são vistos; não há mais vida familiar; o hábito não reforça mais os laços de sangue; não há mais pais, nem mães, nem filhos, nem irmãos, nem irmãs; se todos mal se conhecem, como poderiam se amar? Cada um pensa apenas em si. Quando a casa é apenas uma triste solidão, de fato é preciso buscar alegria em outro lugar.

Entretanto, se as mães se dignarem a amamentar seus filhos, os costumes irão se reformar por si próprios, os sentimentos da natureza irão despertar em todos os corações, o Estado se repovoará; este primeiro ponto, este único ponto irá reunir tudo. A atração da vida doméstica é o melhor antídoto para os maus costumes. A inquietação das crianças, que se vê como inoportuna, se torna agradável; ela torna o pai e a mãe mais necessários, mais preciosos um ao outro; ela estreita entre eles o laço conjugal. Quando a família se encontra viva e animada, os cuidados domésticos constituem a mais preciosa ocupação da mulher e o mais suave divertimento do marido. Assim, desse único abuso corrigido logo resultaria uma reforma geral; a natureza logo teria recuperado todos os seus direitos. Voltando as mulheres a serem mães, os homens logo tornarão a serem pais e maridos.

Palavras supérfluas! Nem mesmo o tédio dos prazeres mundanos reconduz aos do lar. As mulheres deixaram de ser mães; elas não o serão mais; não desejam mais sê-lo. Mesmo que o quisessem, mal poderiam sê-lo. Agora que o uso contrário está estabelecido, cada uma teria de enfrentar a oposição de todas as que a cercam, coligadas contra um exemplo que umas não deram e as outras não desejam seguir.

No entanto, encontram-se ainda algumas jovens de natureza boa que, ousando enfrentar o império da moda e os clamores de seu sexo a esse respeito, cumprem com virtuosa intrepidez este dever tão doce que a natureza lhes impõe. Que seu número possa aumentar pela atração dos bens destinados àquelas que dão tal exemplo! Baseando-me em consequências assinaladas pelo mais simples raciocínio e em observações que jamais vi desmentidas, ouso prometer a essas dignas mães uma afeição sólida e constante por parte de seus maridos, uma ternura verdadeiramente filial por parte de seus filhos, a estima e o respeito do público, felizes partos sem acidente e sem sequelas, uma saúde firme e vigorosa, e, por fim, o prazer de verem-se, um dia, imitadas por suas filhas e citadas como exemplo às de outrem.

Sem mãe, não há criança. Entre elas, os deveres são recíprocos, e, se forem mal cumpridos de um lado, serão negligenciados de outro. A criança deve amar sua mãe antes mesmo de saber que deve fazê-lo. Se a voz do sangue não é fortalecida pelo hábito e pelos cuidados, ela se apaga nos primeiros anos, e o coração morre, por assim dizer, antes de nascer. Eis-nos, desde os primeiros passos, fora da natureza.

Tornamos a deixar a natureza, por uma via oposta, quando, em vez de negligenciar os cuidados de mãe, uma mulher os conduz ao excesso; quando faz de seu filho seu ídolo; quando aumenta e alimenta a fraqueza dele para impedi-lo de sentir, e quando, esperando subtraí-lo às leis da natureza, afasta dele ameaças penosas, sem imaginar, por alguns incômodos de que o preserva no momento, quantos acidentes e perigos ela lhe reserva para o futuro, e até que ponto é uma precaução bárbara a de prolongar a fraqueza da infância em meio aos desgastes dos homens feitos. Para tornar seu filho Aquiles invulnerável, Tétis o mergulhou, segundo a fábula, nas águas do rio Estige. Essa alegoria é bela e clara. As mães cruéis de que falo agem diferente: à força de mergulharem seus filhos na indolência, elas os preparam para o sofrimento, abrem-lhes os poros para males de toda espécie, dos quais eles não deixarão de serem a presa quando adultos.

Observai a natureza e segui a estrada que ela vos indica. Ela exercita continuamente as crianças; endurece seu temperamento por meio de provações de toda espécie; ensina-lhes, desde cedo, o que é sofrimento e dor. Os dentes que nascem lhes dão febre; cólicas agudas lhes dão convulsões; longas tosses as sufocam; os vermes as atormentam; a pletora corrompe seu sangue, no qual diversos germes fermentam e provocam perigosas erupções. A primeira idade quase inteira é doença e perigo: metade das crianças nascidas morre antes do oitavo ano. Passadas as provações, a criança adquiriu forças; e tão logo possa fazer uso da vida, mais certo se tornará o princípio desta.

Eis a regra da natureza. Por que a contrariais? Não vedes que, acreditando corrigi-la, destruís sua obra, impedis o efeito de seus cuidados? Fazer externamente o que ela faz internamente é, segundo vós, redobrar o perigo, quando, ao contrário, é desviar-se dele, é esgotá-lo. A experiência ensina que morrem ainda mais crianças criadas delicadamente do que outras. Contanto que não se ultrapasse a medida de suas forças, corre-se menor risco empregando-as do que as poupando. Preparai-as, portanto, para as ameaças que um dia terão de suportar. Endurecei seu corpo às intempéries das estações, dos climas, dos elementos; à fome, à sede, ao cansaço; mergulhai-as na água do Estige. Antes que o hábito do corpo seja adquirido, damos-lhe o que queremos, sem perigo. Mas, ao alcançar sua consistência, qualquer alteração se torna perigosa para ele. Uma criança suportará mudanças que não suportaria um homem: as fibras da primeira, moles e flexíveis, adquirem, sem esforço, a forma que lhes é conferida; as do homem, mais rígidas, já não alteram mais, senão com violência, a forma que lhes foi dada. Pode-se, portanto, tornar uma criança robusta sem expor sua vida e sua saúde, e, ainda que houvesse algum risco, não se deveria hesitar. Por se tratarem de riscos inseparáveis da vida humana, pode-se fazer algo mais do que restringi-los à época em que são menos desvantajosos?

Uma criança se torna mais preciosa à medida que avança em idade. Ao valor de sua pessoa vem juntar-se o dos cuidados que recebeu; à perda de sua vida vem juntar-se, nela, o sentimento da morte. Portanto, é sobretudo no futuro que se deve pensar ao velar por sua conservação; é contra os males da juventude que se deve armá-la, antes que a alcance: pois, se o valor da vida aumenta até a idade de torná-la útil, não é uma loucura poupar a infância de alguns males para multiplicá-los na idade da razão? São essas as lições do mestre?

O destino do homem consiste em sofrer em todas as épocas. O próprio cuidado com sua conservação está vinculado ao sofrimento. Felizmente, ele conhece na infância apenas os males físicos! Males muito menos cruéis, muito menos dolorosos que outros, e que, muito mais raramente do que estes, nos fazem renunciar à vida. Ninguém tira a própria vida em razão das dores da gota; apenas as da alma produzem o desespero. Apiedamo-nos da condição da infância, mas é a nossa que devemos lamentar. Nossos maiores males vêm de nós mesmos.

Ao nascer, uma criança grita; passa sua primeira infância a chorar. Ora nos inquietamos e a afagamos para tranquilizá-la, ora a ameaçamos e a golpeamos para fazer com que se cale. Ou fazemos o que lhe agrada, ou exigimos dela o que nos agrada. Ou nos submetemos a suas fantasias, ou a submetemos às nossas. Não há meio-termo; é preciso que ela dê ordens ou que as receba. Assim, suas primeiras ideias são as de império e servidão. Antes de saber falar, ela comanda; antes de poder agir, obedece; por vezes, é castigada antes de poder conhecer seus erros ou mesmo cometê-los. É assim que, desde cedo, derramamos em seu jovem coração as paixões que, em seguida, imputamos à natureza, e que, após nos termos esforçado em torná-la má, queixamo-nos por assim considerá-la.

Uma criança passa seis ou sete anos dessa maneira entre as mãos das mulheres, vítima do capricho destas e do seu. Após terem-lhe ensinado uma coisa ou outra, isto é, após terem recheado sua memória seja de palavras que não pode compreender, seja de coisas que não lhe servem para nada; após terem sufocado o natural com as paixões que se fizeram nascer, entregam esse ser factício às mãos de um preceptor, que acaba desenvolvendo os germes artificiais que encontra já inteiramente formados, e lhe ensina tudo, exceto a se conhecer, a tirar proveito de si mesmo, a saber viver e a ser feliz. Por fim, quando essa criança escrava e tirana, repleta de ciência e desprovida de sentido, igualmente débil de corpo e de alma, é lançada no mundo, mostrando sua inépcia, seu orgulho e todos seus vícios, ela faz deplorar a miséria e a perversidade humanas. Enganamo-nos; esse é o homem de nossas fantasias: o da natureza é feito de outra maneira.

Quereis, pois, que a criança guarde sua forma original? Conservai-a desde o instante em que vier ao mundo. Logo que nascer, apropriai-vos dela e não a abandoneis até que seja homem – nunca tereis êxito sem isso. Assim como a verdadeira ama é a mãe, o verdadeiro preceptor é o pai. Que se entendam quanto à ordem de suas funções e também quanto a seu sistema; que das mãos de um a criança passe para as mãos do outro. Será mais bem educada por um pai judicioso e limitado do que pelo mais hábil mestre do mundo; pois o zelo suprirá melhor o talento do que o talento o zelo.

Mas os afazeres, as funções, os deveres... Ah, os deveres! São eles certamente os de pai?[14] Não nos surpreendamos que um homem cuja mulher desdenhou alimentar o fruto de sua união desdenhe educá-lo. Não há quadro mais encantador que o de uma família, mas um único traço falho desfigura todos os demais. Se a mãe carecer de saúde suficiente para ser ama, o pai terá afazeres demais para ser preceptor. As crianças, afastadas, espalhadas em pensões, conventos ou colégios, levarão alhures o amor da casa paterna ou, melhor, trarão a esta o hábito de não se apegar a nada. Os irmãos e as irmãs mal se conhecerão. Quando todos estiverem reunidos em cerimônia, poderão ser muito polidos uns com os outros, mas se tratarão como estranhos. Assim que deixa de haver intimidade entre os parentes, assim que deixa a sociedade da família de fazer a doçura da vida, é preciso recorrer aos maus costumes para supri-la. Onde está o homem estúpido o bastante para não ver o encadeamento que une tudo isso?

Quando gera e cria filhos, um pai cumpre, com isso, apenas um terço de sua tarefa. À sua espécie ele deve homens, deve à sociedade homens sociáveis, deve cidadãos ao Estado. Todo homem que pode pagar essa dívida tripla e não o faz é culpado, e talvez ainda mais culpado quando ele a paga pela metade. Aquele que não pode cumprir os deveres de pai não tem o direito de assumir tal condição. Não há pobreza, trabalho ou respeito humano que o dispensem de criar seus filhos e de educá-los por si próprio. Leitores, podeis acreditar no que digo. Prevejo que todo aquele que possuir entranhas e negligenciar deveres tão santos derramará, por muito tempo e por sua culpa, lágrimas amargas, sem jamais encontrar consolo.

Mas o que faz esse homem rico, esse pai de família tão atarefado, e forçado, segundo diz, a abandonar seus filhos? Paga a outro homem para que proporcione esses cuidados que são de sua incumbência. Alma venal! Acreditas, com dinheiro, dar a teu filho outro pai? Não te enganes; não é sequer um mestre que lhe dás, mas um serviçal. Este não tardará a formar outro.

---

14. Quando se lê, em Plutarco, que Catão, o Censor, que governou Roma com tanta glória, criou ele mesmo seu filho desde o berço, e com tamanho cuidado que abandonava tudo para poder estar presente quando a ama, isto é, a mãe trocava-lhe a fralda ou o lavava; quando se lê, em Suetônio, que Augusto, senhor do mundo, que ele próprio conquistara e administrava, ensinava seus netos a escrever, a nadar, os elementos da ciência, e que ele os tinha continuamente perto de si, não se pode deixar de rir da boa pequena gente daquela época, que se divertia com tamanhas tolices; limitada demais, certamente, para poderem dedicar-se às grandes questões dos grandes homens de nossos dias.

Muito se reflete sobre as qualidades de um bom governante.[15] A primeira que eu exigiria dele, e que supõe muitas outras, consiste em não ser um homem venal. Existem ofícios tão nobres que não podemos fazê-los por dinheiro sem nos mostrarmos indignos de realizá-los: assim é o do homem de guerra; assim é o do professor. "Quem então educará meu filho?" Já te disse, és tu mesmo. "Não o posso fazer." Não podes!... Faz então um amigo. Não vejo outra solução.

Um governante! Ó, que alma sublime... Na verdade, para fazer um homem, é preciso ser pai ou ser mais do que homem. Eis a função que confiais tranquilamente a mercenários.

Quanto mais pensamos nisso, mais percebemos novas dificuldades. Seria necessário que o governante tivesse sido educado para seu aluno, que seus criados tivessem sido educados para seu senhor, que todos aqueles que o frequentam tivessem recebido as impressões que devem comunicar-lhe; seria necessário remontar, de educação em educação, até sabe-se lá quando. Como pode uma criança ser bem educada por quem não foi, por sua vez, bem educado?

Quão difícil será encontrar esse raro mortal? Ignoro-o. Nestes tempos de aviltamento, quem sabe que grau de virtude pode ainda alcançar uma alma humana? Suponhamos, porém, que se encontre tal prodígio. É considerando o que ele deve fazer que veremos o que deve ser. Creio ver de antemão que um pai que reconhecesse todo o valor de um bom governante tomaria a decisão de privar-se dele, pois encontraria maior dificuldade em contratá-lo do que em tornar-se ele próprio governante. Deseja, pois, fazer um amigo? Que eduque seu filho para sê-lo; ei-lo dispensado de procurar em outro lugar, e a natureza já realizou metade do trabalho.

Alguém, que conheço apenas pela posição, mandou que me fosse proposto educar seu filho. Por certo, muito me honrou; mas, longe de lamentar minha recusa, deve contentar-se com minha discrição. Se tivesse aceitado sua oferta e me tivesse equivocado quanto ao método, teria sido uma educação fracassada. Se tivesse obtido êxito, teria sido muito pior. Seu filho teria renegado seu título; não teria mais desejado ser príncipe.

Encontro-me imbuído demais da grandeza dos deveres de um preceptor e sinto demais minha incapacidade para aceitar semelhante emprego, de onde quer que me seja oferecido, e o próprio interesse da amizade constituiria, para mim, apenas outro motivo de recusa. Acredito que, após terem lido este livro, poucas pessoas estarão tentadas a fazer a mesma oferta, e suplico àqueles que

---

15. Do francês *"gouverneur"*, termo que designava então o preceptor encarregado da educação e da instrução de um jovem príncipe ou do membro de uma grande família. (N.T.)

poderiam estar que não se deem mais o inútil trabalho de fazê-lo. Empreendi, no passado, uma tentativa que bastou para assegurar-me de que não sou feito para esse ofício, e minha condição me dispensaria de exercê-lo ainda que meus talentos me habilitassem. Senti dever esta declaração pública àqueles que não parecem conceder-me estima suficiente para acreditar que sou sincero e fundamentado em minhas resoluções.

Sem condições de cumprir a tarefa mais útil, ousarei, pelo menos, tentar a mais fácil; seguindo o exemplo de tantos outros, não meterei mão à obra, mas à pena, e, em vez de fazer o que se deve, esforçar-me-ei em dizê-lo.

Sei que, em empresas semelhantes a esta, o autor, sempre à vontade com sistemas que está dispensado de pôr em prática, oferece, sem dificuldades, muitos belos preceitos impossíveis de serem seguidos, e que, na ausência de detalhes e de exemplos, até mesmo o que diz de praticável permanece sem uso quando não lhe demonstrou a aplicação.

Tomei, portanto, a decisão de dar-me um aluno imaginário, de supor a idade, a saúde, os conhecimentos e todos os talentos convenientes para trabalhar para sua educação, conduzindo-a desde seu nascimento até quando, tornando-se homem-feito, não terá mais necessidade de outro guia além de si mesmo. Esse método me parece útil para impedir que um autor que questiona a si mesmo se perca em visões; pois, assim que se afasta da prática ordinária, resta-lhe testar a sua em seu aluno; ele logo perceberá, ou o leitor perceberá em seu lugar, se está seguindo o progresso da infância e a marcha natural do coração humano.

Eis o que procurei fazer diante de todas as dificuldades que se apresentaram. Para não ampliar inutilmente o livro, contentei-me em enunciar os princípios cuja veracidade cada um deve sentir. Mas, quanto às regras que podiam necessitar de provas, eu as apliquei todas a meu Emílio ou a outros exemplos, e indiquei, em detalhes muito extensos, como o que apresentava podia ser posto em prática: tal é, pelo menos, o plano que me propus a seguir. Cabe ao leitor julgar se obtive êxito.

Disso resultou que eu tenha, de início, falado pouco de Emílio, pois minhas primeiras máximas de educação, embora contrárias às que estão estabelecidas, são de uma evidência a que é difícil para todo homem razoável recusar seu consentimento. À medida que avanço, porém, meu aluno, conduzido de modo diverso dos vossos, não é mais uma criança ordinária; requer um regime especialmente feito para ele. Ele aparece então com mais frequência e, nestes últimos tempos, não o perco mais de vista por um momento sequer, até que, a despeito do que venha a dizer, não tenha mais a menor necessidade de mim.

Não abordo aqui as qualidades de um bom governante; eu as suponho, e suponho a mim mesmo dotado de todas essas qualidades. Lendo esta obra, ver-se-á a liberalidade que emprego para comigo mesmo.

Observarei apenas, contra a opinião comum, que o governante de uma criança deve ser jovem, e mesmo tão jovem quanto pode ser um homem sábio. Desejaria que ele mesmo fosse criança, se isso fosse possível; que pudesse tornar-se companheiro de seu aluno e ganhar sua confiança compartilhando seus divertimentos. Não existem pontos comuns suficientes entre a infância e a idade madura para que se forme, nessa distância, um vínculo bastante sólido. As crianças por vezes lisonjeiam os velhos, mas jamais os amam.

Prefere-se que o governante já tenha empreendido uma educação. É muito; um único homem pode realizar apenas uma: caso fossem necessárias duas para ter êxito, com que direito se empreenderia a primeira?

Com mais experiência, saberíamos melhor o que fazer, mas não conseguiríamos mais fazê-lo. Aquele que já exerceu essa função bem o bastante para sentir todas as suas dificuldades jamais tenta a ela retornar, e se a exerceu mal na primeira vez trata-se de mau antecedente para a segunda.

É muito diferente, admito, acompanhar um jovem por quatro anos e conduzi-lo por 25. Dais um governante a vosso filho já inteiramente formado; quanto a mim, desejo que tenha um antes mesmo de nascer. Vosso homem pode, a cada lustro,[16] mudar de aluno; o meu terá apenas um. Distinguis o preceptor do governante: outra loucura! Distinguis o discípulo do aluno? Existe apenas uma ciência a ser ensinada às crianças: é a dos deveres do homem. Essa ciência é una e, a despeito do que Xenofonte tenha dito sobre a educação dos persas,[17] ela não se divide. De resto, prefiro chamar o mestre desta ciência de governante, e não de preceptor; pois trata-se, para ele, menos de instruir do que de conduzir. Não deve jamais dar preceitos; deve fazer com sejam encontrados.

Se é preciso escolher com tanto cuidado o governante, também é permitido que este escolha seu aluno, sobretudo quando se trata de propor um modelo. Tal escolha não pode incidir no gênio nem no caráter da criança, que se conhece apenas ao término da tarefa, sendo que eu a adoto antes mesmo que tenha nascido. Se eu pudesse escolher, optaria apenas por um espírito comum, tal como suponho meu aluno. Necessitamos educar somente os homens vulgares;

---

16. *Lustro*: período de cinco anos. (N.T.)

17. Rousseau se refere, aqui, à Ciropédia, obra do ateniense Xenofonte sobre a vida do rei da Pérsia, Ciro, o Grande, mas que também se apresentava como um tratado sobre a educação de um homem para o desempenho das funções públicas. (N.T.)

apenas sua educação deve servir de exemplo à de seus semelhantes. Os demais se educam a despeito de nossos esforços.

A região não é indiferente à cultura dos homens; apenas nos climas temperados eles são tudo que podem ser. Nos climas extremos, a desvantagem é visível. Um homem não é plantado como uma árvore num país para sempre nele permanecer, e aquele que parte de um dos extremos para alcançar o outro é forçado a percorrer o dobro do caminho para chegar ao mesmo ponto daquele que parte do meio-termo.

Ainda que o habitante de um país de clima temperado percorra sucessivamente os dois extremos, sua vantagem será evidente; pois, embora se modifique tanto quanto aquele que vai de um extremo ao outro, ele se afasta de metade apenas de sua constituição natural. Um francês vive na Guiné e na Lapônia; mas um negro não viverá da mesma forma em Tornio, nem um samoiedo[18] no Benim. Parece também que a organização do cérebro é menos perfeita nos dois extremos. Os negros e os lapões não possuem o sentido dos europeus.[19] Se desejo, portanto, que meu aluno possa ser habitante da Terra, eu o escolherei na zona temperada, na França, por exemplo, mais do que em outro lugar.

No norte, os homens consomem muito num solo ingrato; no sul, consomem pouco num solo fértil. Nasce daí uma nova diferença, que torna uns laboriosos e outros contemplativos. A sociedade nos oferece, num mesmo lugar, a imagem dessas diferenças entre os pobres e os ricos. Os primeiros habitam o solo ingrato, os demais, o terreno fértil.

O pobre não tem necessidade de educação; a que resulta de sua condição é incontornável; não poderia ter outra. Ao contrário, a educação que o rico recebe em função de sua condição é a que menos lhe convém, para si mesmo e para a sociedade. Aliás, a educação natural deve tornar um homem apto a todas as condições humanas. Ora, é menos razoável educar um pobre para ser rico do que um rico para ser pobre; pois, proporcionalmente aos números dos dois estados, existem mais arruinados do que enriquecidos. Optemos, portanto, por

---

18. Os samoiedos são um povo originário do norte da Sibéria. (N.T.)

19. Neste trecho, manifesta-se um traço sombrio e recorrente da filosofia das Luzes. As considerações de Rousseau sobre os povos dos "extremos" guardam clara proximidade com certas ideias sustentadas, por exemplo, por Voltaire, cuja obra está permeada de considerações que hoje são entendidas como racistas. Em seu *Ensaio sobre os costumes e o espírito das nações* (1756), Voltaire sustenta a ideia de que o mundo é habitado por espécies diferentes de homens, isto é, "raças" com características físicas e capacidades intelectuais distintas. Um trecho em especial se aproxima das palavras empregadas por Rousseau em *Emílio*: "Os samoiedos, os lapões, os habitantes do norte da Sibéria, os do Kamchatka são ainda menos avançados que os povos da América. A maioria dos negros, todos os cafres encontram-se mergulhados na mesma estupidez, e nela apodrecerão" (cf. *Oeuvres complètes – Essai sur les moeurs et l'esprit des nations*. Paris: Stoupe, Servière, 1792. v. 1, p. 22). (N.T.)

um rico: teremos ao menos a certeza de ter feito um homem a mais, ao passo que um pobre pode tornar-se homem por si próprio.

Pelo mesmo motivo, não lamentarei se Emílio for nobre de nascimento. Será sempre uma vítima arrancada do preconceito.

Emílio é órfão. Não importa que tenha pai e mãe. Encarregado de seus deveres, sucedo-lhes em todos os seus direitos. Ele deve honrar seus pais, mas deve obedecer apenas a mim. É minha primeira ou, antes, minha única condição.

Devo acrescentar outra, que nada mais é do que uma consequência da primeira e segundo a qual um não será jamais privado do outro sem nosso consentimento. Essa cláusula é essencial, e desejaria até mesmo que o aluno e o governante se considerassem de tal forma inseparáveis que o destino de seus dias constituísse sempre um objetivo comum entre eles. Basta que considerem sua separação no distanciamento e que prevejam o momento que deve torná-los estranhos um ao outro para que já se tornem assim: cada um constitui seu pequeno sistema à parte e ambos, preocupados com a época em que não estarão mais reunidos, permanecem apenas a contragosto. O discípulo encara o mestre apenas como símbolo e flagelo da infância; o mestre encara o discípulo somente como um pesado fardo do qual anseia por livrar-se; aspiram, juntos, ao momento de verem-se livres um do outro, e como nunca existe entre eles verdadeiro vínculo, um deve ter pouca vigilância e o outro, pouca docilidade.

Quando, porém, se encaram como se tivessem de passar seus dias juntos, importa-lhes fazerem-se amar um pelo outro, e, por esse mesmo motivo, tornam-se preciosos. O aluno não se envergonha por seguir, durante sua infância, o amigo que deve ter quando adulto; o governante se interessa por cuidados cujo fruto deve colher, e todo o mérito que dá a seu aluno constitui um fundo que estabelece em proveito de sua velhice.

Esse acordo celebrado antecipadamente supõe um parto feliz, uma criança bem formada, vigorosa e saudável. Um pai não tem escolha e não deve ter qualquer preferência quanto à família que Deus lhe dá: todos os seus filhos são igualmente seus filhos; deve a todos eles os mesmos cuidados e a mesma ternura. Quer sejam estropiados ou não, quer sejam fracos ou robustos, cada um deles constitui um depósito em relação ao qual ele deve prestar contas à mão que o confiou, e o casamento é um contrato celebrado com a natureza tanto quanto entre os cônjuges.

Mas aquele que se impõe um dever que a natureza não lhe impôs deve garantir, de antemão, meios de cumpri-lo; caso contrário, torna-se responsável até mesmo pelo que não terá podido fazer. Aquele que se encarrega de um aluno enfermo e valetudinário transforma sua função de governante na de enfermeiro. Ao cuidar de uma vida inútil, perde o tempo que destinava a aumentar-lhe o valor; expõe-se a ver, um dia, uma mãe lacrimosa condená-lo pela morte de um filho que ele lhe terá conservado por muito tempo.

Não me encarregaria de uma criança doentia e debilitada, ainda que ela devesse viver 80 anos. Não desejo um aluno sempre inútil para si e para os outros, dedicado apenas a conservar-se e cujo corpo prejudica a educação da alma. O que eu faria com ele, ao esbanjar meus cuidados, senão redobrar a perda da sociedade e privá-la de dois homens em vez de um? Que outro se encarregue desse enfermo na minha ausência, consinto-o e aprovo sua caridade; mas meu próprio talento não é este: não sei ensinar a viver aquele que pensa apenas em impedir-se de morrer.

É preciso que o corpo tenha vigor para obedecer à alma. Um bom servidor deve ser robusto. Sei que a intemperança excita as paixões; com o tempo, ela extenua também o corpo; as macerações e os jejuns frequentemente produzem o mesmo efeito por uma causa oposta. Quanto mais o corpo é fraco, mais ele comanda; quanto mais é forte, mais obedece. Todas as paixões sensuais habitam corpos efeminados; estes tanto mais se irritam com elas quanto menos podem satisfazê-las.

Um corpo débil enfraquece a alma. Decorre disso o império da medicina, arte mais perniciosa aos homens do que todos os males que pretende curar. Quanto a mim, não sei de que doença nos curam os médicos, mas sei que nos dão algumas bastante funestas: a covardia, a pusilanimidade, a credulidade, o terror da morte. Se curam o corpo, matam a coragem. Que nos importa que façam cadáveres andarem? Precisamos de homens, e não vemos nenhum sair de suas mãos.

A medicina está na moda entre nós; é preciso que assim seja. Ela é o divertimento das pessoas ociosas e desocupadas, que, não sabendo preencher seu tempo, passam-no se conservando. Se tivessem tido o infortúnio de nascerem imortais, seriam os mais miseráveis dos seres. Uma vida que nunca tivessem medo de perder lhes seria destituída de valor. Tais pessoas necessitam de médicos que as ameacem para deleitá-las e que lhes deem, a cada dia, o único prazer de que são suscetíveis: o de não estarem mortas.

Não tenho a menor intenção de estender-me aqui sobre a futilidade da medicina. Meu objeto consiste apenas em considerá-la pelo aspecto moral. Não obstante, não posso impedir-me de observar que os homens empregam, acerca de sua utilidade, os mesmos sofismas que aplicam sobre a busca da verdade. Supõem sempre que, tratando um doente, este se cura e que, procurando uma verdade, esta se encontra: não veem que é preciso medir a vantagem de uma cura operada pelo médico pela morte de 100 doentes que ele matou, e a utilidade de uma verdadeira descoberta pelo dano produzido pelos erros que ocorrem ao mesmo tempo. A ciência que instrui e a medicina que cura são certamente muito boas; mas a ciência que engana e a medicina que mata são más. Ensinai-nos, pois, a distingui-las. Eis o nó da questão. Se soubéssemos ignorar a verdade, não nos deixaríamos jamais enganar pela mentira; se soubéssemos não desejar curar contrariando a natureza, jamais morreríamos pela mão do médico. Essas duas abstinências seriam sábias; ganharíamos evidentemente submetendo-nos a elas. Não discuto, portanto, que a medicina seja útil a alguns homens, mas digo que ela é funesta ao gênero humano.

Dir-me-ão, como continuamente fazem, que os erros são do médico, mas que a medicina em si mesma é infalível. Ainda bem; mas que ela venha então sem o médico, pois, enquanto vierem juntos, haverá 100 vezes mais a temer dos erros do artista do que a esperar do socorro da arte.

Essa arte mentirosa, feita mais para os males do espírito do que para os do corpo, não é mais útil a uns do que a outros: cura-nos de nossas doenças menos do que nos faz temê-las. Faz recuar a morte menos do que faz com que se a sinta antecipadamente; desgasta a vida em vez de prolongá-la; mesmo que a prolongasse, ainda assim seria em prejuízo da espécie, pois ela nos subtrai à sociedade pelos cuidados que nos impõe e a nossos deveres pelos temores que nos confere. É o conhecimento dos perigos que nos faz temê-los: aquele que acreditasse ser invulnerável não teria medo de nada. À força de armar Aquiles contra o perigo, o poeta o priva do mérito do valor: qualquer outro em seu lugar teria sido, ao mesmo preço, um Aquiles.

Quereis encontrar homens de verdadeira coragem? Procurai-os nos lugares onde não existem quaisquer médicos, onde se ignoram as consequências das doenças e onde jamais se pensa na morte. Naturalmente, o homem sabe sofrer constantemente e morre em paz. São os médicos com suas receitas, os filósofos com seus preceitos, os padres com suas exortações que aviltam seu coração e fazem com que desaprenda a morrer.

Que me seja dado um aluno que não tenha necessidade de toda essa gente, ou o recuso. Não quero que outros estraguem meu trabalho: desejo educar sozinho ou não me envolver. O sábio Locke, que passara parte de sua vida no estudo da medicina, recomenda fortemente nunca drogar as crianças, nem por precaução, nem por leves incômodos.[20] Irei mais longe e declaro que, não

---

20. Cf. LOCKE, John. *Some Thoughts Concerning Education*. 7. ed. Londres: A. & J. Churchill, 1712. p. 33, § 30. (N.T.)

recorrendo nunca a um médico para mim, tampouco o farei para meu Emílio, a menos que sua vida esteja em perigo evidente, pois, nesse caso, ele não poderá fazer algo pior do que matá-lo.

Bem sei que o médico não deixará de tirar vantagem dessa demora. Se a criança morrer, terá sido chamado tarde demais; se sobreviver, terá sido salva por ele. Ou seja: que o médico triunfe, mas, sobretudo, que seja chamado apenas no último instante.

Na incapacidade de saber se curar, que a criança saiba ser doente; esta arte supre a outra e com frequência tem muito mais êxito; é a arte da natureza. Quando o animal está doente, sofre em silêncio e se mantém tranquilo; ora, não se veem mais animais abatidos do que homens. Quantas pessoas a impaciência, o medo, a inquietude e sobretudo os remédios mataram quando sua doença as teria poupado e apenas o tempo as teria curado? Dir-me-ão que os animais, vivendo de maneira mais conforme a natureza, devem estar sujeitos a menos males que nós. Pois bem, essa maneira de viver é precisamente a que desejo dar a meu aluno; deve, portanto, extrair dela o mesmo proveito.

A única parte útil da medicina é a higiene. Ainda assim, a higiene é menos uma ciência do que uma virtude. A temperança e o trabalho são os dois verdadeiros médicos do homem. O trabalho desperta o seu apetite, e a temperança o impede de abusar dele.

Para saber que regime é o mais útil à vida e à saúde, deve-se apenas saber que regime observam os povos mais saudáveis, mais robustos e que vivem por mais tempo. Se, com base nas observações gerais, não se conclui que o uso da medicina confira aos homens uma saúde mais sólida ou uma vida mais longa, não sendo essa arte útil, ela é, pelo mesmo motivo, nociva, pois desperdiça o tempo, os homens e as coisas. Não deve ser deduzido somente o tempo que se passa conservando a vida, estando perdido para aproveitá-la, mas, quando esse tempo é empregado para nos atormentar, ele é pior do que nulo, é negativo, e para calcular equitativamente deve-se subtrair a mesma quantidade daquele que nos resta. Um homem que vive dez anos sem médicos vive mais para si mesmo e para outrem do que aquele que vive 30 anos como sua vítima. Tendo experimentado ambas as situações, creio ter mais direito do que qualquer um de chegar a essa conclusão.

São essas as minhas razões para desejar apenas um aluno robusto e saudável, e meus princípios para mantê-lo nessa condição. Não me deterei para provar amplamente a utilidade dos trabalhos manuais e dos exercícios do corpo para reforçar o temperamento e a saúde; é algo que ninguém discute: os exemplos das mais longas vidas se extraem quase todos dos homens que mais se exercitaram, que suportaram mais cansaço e mais trabalho.[21] Tampouco entrarei em extensos detalhes sobre os cuidados que eu tomaria para este único objeto. Ver-se-á que eles entram tão necessariamente em minha prática que basta compenetrar-se bem de seu espírito para dispensar outras explicações.

Com a vida, começam as necessidades. O recém-nascido precisa de uma ama. Se a mãe consente em cumprir seu dever, tanto melhor: suas direções lhe serão dadas por escrito; pois essa vantagem tem seu contrapeso e mantém o governante um pouco mais distante de seu aluno. Deve-se, porém, acreditar que o interesse do filho e a estima por aquele a quem ela deseja confiar tão caro depósito tornarão a mãe atenta às opiniões do mestre; e tudo que ela desejar fazer, tem-se certeza de que o fará melhor do que outra. Se precisamos de uma ama estranha, comecemos por bem escolhê-la.

Uma das misérias das pessoas ricas consiste em enganarem-se a respeito de tudo. Devemos nos surpreender se julgam mal os homens? São as riquezas que as corrompem e, por uma justa retribuição, elas são as primeiras a sentir a ausência do único instrumento de que tenham conhecimento. Tudo entre elas é malfeito, exceto o que fazem por si mesmas, e quase nunca fazem nada. Tratando-se de buscar uma ama, mandam que o parteiro a escolha. O que resulta disso? Que a melhor é sempre aquela que o pagou melhor. Não irei, portanto, consultar um parteiro para encontrar a de Emílio; terei o cuidado de escolhê-la eu mesmo. Talvez não possa refletir a esse respeito tão eloquentemente quanto um cirurgião, mas sem dúvida terei melhor fé e meu zelo me enganará menos que sua avareza.

Tal escolha não constitui tão grande mistério; suas regras são conhecidas; mas não sei se não se deveria prestar maior atenção à idade do leite, assim como a sua qualidade. O leite novo é absolutamente seroso; deve quase servir de aperitivo para purgar os restos do mecônio acumulado nos intestinos da criança que acaba de nascer. Pouco a pouco, o leite adquire consistência e fornece um alimento mais sólido à criança, que se tornou mais forte para digeri-lo. Segu-

---

21. Eis um exemplo extraído dos jornais ingleses e que não pude deixar de relatar, tanto ele nos oferece reflexões a serem feitas sobre meu assunto.

"Um particular, chamado Patrice Oneil, nascido em 1647, acaba de casar-se, em 1760, pela sétima vez. Serviu nos Dragões durante o 17º ano do reino de Carlos II, e nos diferentes corpos até 1740, quando obteve sua baixa. Atuou em todas as campanhas do rei Guilherme e do duque de Malborough. Este homem jamais bebeu algo além de cerveja ordinária; alimentou-se sempre de vegetais e comeu carne somente em certas refeições que oferecia à sua família. Seu costume sempre foi o de levantar-se e deitar-se com o sol, a menos que seus deveres o impedissem de fazê-lo. Encontra-se, atualmente, em seu 113º ano, entendendo bem, passando bem e andando sem bengala. A despeito de sua idade avançada, não se mantém ocioso por um momento sequer, e todos os domingos dirige-se à sua paróquia acompanhado de seus filhos, netos e bisnetos."

ramente, há uma razão para que, nas fêmeas de todas as espécies, a natureza altere a consistência do leite segundo a idade do bebê.

Seria, portanto, necessário a uma criança recém-nascida uma ama recém-parturiente. Isso tem, por certo, seus embaraços; mas, assim que se deixa a ordem natural, tudo, para ser bem-feito, tem seus embaraços. O único expediente cômodo consiste em agir mal; é, aliás, este que se tem escolhido.

Seria necessária uma ama sã tanto de coração quanto de corpo: a intempérie das paixões pode, assim como a dos humores, alterar seu leite; além disso, ater-se unicamente ao físico é ver apenas a metade do objeto. O leite pode ser bom e a ama, má; um bom caráter é tão essencial quanto um bom temperamento. Se uma mulher viciosa é escolhida, não digo que o bebê adquirirá seus vícios, mas digo que sofrerá com eles. Ela não lhe deve, com seu leite, cuidados que exigem zelo, paciência, suavidade e limpeza? Se é gulosa e intemperante, terá logo estragado seu leite; se é negligente ou irritável, o que acontecerá com o pobre infeliz que, a sua mercê, não pode defender-se nem queixar-se? Jamais, no que quer que seja, os maus servirão para algo bom.

A escolha da ama é tão importante que o bebê não deve ter outra governanta além dela, assim como não deve ter outro preceptor além de seu governante. Esse era o costume dos antigos, menos raciocinadores e mais sábios do que nós. Após amamentarem crianças de seu sexo, as amas não as abandonavam mais. Eis por que, em peças de teatro, a maioria das confidentes são amas. É impossível que uma criança que passe sucessivamente por tantas mãos diferentes seja bem educada. A cada mudança, faz comparações secretas que tendem sempre a diminuir sua estima por aqueles que a governam e, consequentemente, a autoridade destes sobre ela. Se ela chega uma vez a pensar que existem pessoas adultas que não têm mais razão do que as crianças, toda a autoridade da idade está perdida, e a educação, frustrada. Uma criança não deve conhecer outros superiores além de seu pai e de sua mãe, ou, em sua ausência, de sua ama e de seu governante; mesmo assim, um dos dois já constituirá um excesso. Essa divisão, porém, é inevitável, e tudo que se pode fazer para remediá-la consiste em as pessoas dos dois sexos que a governam concordarem de tal forma a seu respeito que os dois sejam um só para ela.

É preciso que a ama viva um pouco mais comodamente, que ela consuma alimentos um pouco mais substanciais, mas sem alterar inteiramente sua maneira de viver, pois uma mudança repentina e total, mesmo que para melhor, é sempre perigosa para a saúde; e, se seu regime ordinário a deixou ou tornou sadia e bem constituída, para que fazer com que o mude?

As camponesas comem menos carne e mais legumes que as mulheres da cidade; esse regime vegetal parece mais favorável do que contrário a elas e a seus filhos. Quando cuidam de bebês burgueses, servem-lhes cozidos, persuadidos de que a sopa e o caldo de carne lhe rendem um melhor quilo[22] e fornecem mais leite. Não partilho em absoluto desse sentimento e tenho, em meu favor, a experiência que nos ensina que as crianças assim alimentadas estão mais sujeitas à cólica e aos vermes do que as outras.

Isso de modo algum surpreende, pois a substância animal em putrefação abunda em vermes, o que não ocorre com a substância vegetal. O leite, embora elaborado no corpo do animal, é uma substância vegetal;[23] sua análise o demonstra: transforma-se facilmente em ácido e, longe de deixar algum vestígio de álcali volátil, como fazem as substâncias animais, ele oferece, assim como as plantas, um sal neutro essencial.

O leite das fêmeas herbívoras é mais suave e mais salutar que o das carnívoras. Formado por uma substância homogênea a sua, ele conserva melhor sua natureza e se torna menos sujeito à putrefação. Caso se considere a quantidade, cada um sabe que os farináceos produzem mais sangue que a carne; também devem, portanto, produzir mais leite. Não posso crer que esteja um dia sujeita aos vermes uma criança que não se desmame cedo demais ou que se desmame apenas com alimentos vegetais e cuja ama também viva apenas de vegetais.

É possível que os alimentos vegetais ofereçam um leite mais tendente a azedar; mas estou muito longe de encarar o leite azedo como um alimento nocivo, visto que povos inteiros que não possuem qualquer outro o consomem muito bem, e todo esse aparato de adsorventes[24] me parece puro charlatanismo. Existem temperamentos a que o leite não convém e, nesses casos, nenhum adsorvente o tornará suportável; os demais o suportam sem adsorventes. Teme-se o leite talhado ou coalhado; é uma loucura, pois sabe-se que o leite coalha sempre no estômago. É assim que forma um alimento sólido o bastante para alimentar as crianças e os filhotes dos animais: se não coalhasse, limitar-se-ia a passar sem alimentá-los.[25] Pode-se cortar o leite de mil maneiras, empregar mil adsorventes, mas aquele que come leite[26] digere queijo; para isso, não há

---

22. Do francês "chile" (ou "chyle"), substância líquida, rica em lipídios, a que se reduzem os alimentos na última fase da digestão, circulando em canais linfáticos (quilíferos). (N.T.)

23. As mulheres comem pão, legumes, laticínios. As fêmeas dos cães e dos gatos os comem também; até mesmo as lobas pastam. Aí estão sucos vegetais para seu leite; resta examinar o das espécies que podem unicamente alimentar-se de carne, caso elas existam. Disso tenho dúvidas.

24. Do francês "absorbants", termo farmacológico que designa os preparos medicinais destinados a adsorver os ácidos estomacais. (N.T.)

25. Embora os sucos que nos alimentam sejam líquidos, eles devem ser extraídos de alimentos sólidos. Um homem trabalhador que vivesse apenas de caldo faleceria muito rapidamente. Sustentar-se-ia muito melhor com leite, pois este coalha.

26. No rascunho original, Rousseau escrevera bebe leite, alterando a redação posteriormente. (N.T.)

exceções. O estômago é tão adequado a coagular leite que é com o estômago de bezerro que se faz a coalhada.

Entendo, portanto, que, em vez de alterar a alimentação ordinária das amas, basta dar-lhes uma da mesma espécie, porém mais abundante e mais bem selecionada. Não é pela natureza dos alimentos que a alimentação magra constipa; é apenas o tempero deles que os torna nocivos. Reformai as regras de vossa cozinha; não tenhais manteiga derretida nem fritura: que não passem sobre o fogo nem a manteiga, nem o sal, nem o laticínio. Que vossos legumes cozidos na água sejam temperados apenas quando servidos quentes sobre a mesa; o alimento magro, longe de constipar a ama, lhe fornecerá leite em abundância e da melhor qualidade.[27] Seria possível que, sendo a dieta vegetal reconhecida como a melhor para a criança, a dieta animal fosse a melhor para a ama? Existe uma contradição nisso.

É sobretudo nos primeiros anos de vida que o ar age sobre a constituição das crianças. Numa pele delicada e mole, ele penetra por todos os poros, afeta poderosamente esses corpos nascentes e lhes deixa impressões que jamais se apagam. Não creio, pois, que se deva tirar uma camponesa de sua aldeia para trancá-la num quarto na cidade e fazer com que alimente a criança em sua casa. Prefiro que esta vá respirar o bom ar dos campos do que aquela o mau ar da cidade. Ela adquirirá a condição de sua nova mãe, habitará sua casa rústica, e seu governante a seguirá. Por certo, o leitor se recordará que esse governante não é um mercenário; é amigo do pai. Mas, perguntarão, quando não se encontra tal amigo, quando essa mudança não é fácil, quando nada do que aconselhais é factível, o que se deve então fazer?... Já vos disse: aquilo que fazeis. Não há necessidade de conselho para isso.

Os homens não são feitos para serem amontoados em multidões, mas espalhados pela terra que devem cultivar. Quanto mais se agrupam, mais se corrompem. As enfermidades do corpo, assim como os vícios da alma, são o infalível efeito dessa reunião demasiado numerosa. Entre todos os animais, o homem é aquele que menos pode viver em rebanhos. Homens amontoados como carneiros morreriam todos em pouquíssimo tempo. O hálito do homem é mortal a seus semelhantes: isso é verdade tanto no sentido próprio quanto no figurado.

As cidades são o abismo da espécie humana. Ao cabo de algumas gerações, as raças perecem ou degeneram; é preciso renová-las, e é sempre o campo que

---

27. Aqueles que desejarem discutir mais longamente as vantagens e os inconvenientes do regime pitagórico poderão consultar os tratados que os doutores Cocchi e Bianchi, seu adversário, fizeram sobre esse importante assunto.

proporciona essa renovação. Enviai, portanto, vossos filhos para renovarem, por assim dizer, a si mesmos e readquirirem, em meio aos campos, o vigor que se perde no ar nocivo dos lugares muito povoados. As mulheres grávidas que estão no campo se apressam em vir dar à luz na cidade: deveriam fazer exatamente o contrário, em especial as que desejam amamentar seus filhos. Teriam menos a lamentar do que pensam, e, numa residência mais natural à espécie, os prazeres vinculados aos deveres da natureza logo as privariam do gosto daqueles que não se conformam a ela.

Primeiramente, após o parto, lava-se a criança com água morna, à qual se mistura ordinariamente vinho. Essa adição de vinho me parece pouco necessária. Como a natureza não produz nada que seja fermentado, não se deve acreditar que o uso de um licor artificial importe à vida de suas criaturas.

Pela mesma razão, essa precaução de amornar a água tampouco é indispensável e, com efeito, multidões de povos lavam seus filhos recém-nascidos nos rios ou no mar, sem outros cuidados. Mas os nossos, amolecidos antes de nascerem pela moleza dos pais e das mães, trazem, ao virem ao mundo, um temperamento já viciado, o qual não se deve, inicialmente, expor a todas as provações que devem restabelecê-lo. É apenas por etapas que se pode reconduzi-los a seu vigor primitivo. De início, então, começai por seguir o costume e afastai-vos dele somente aos poucos. Lavai as crianças com frequência: sua sujidade indica tal necessidade, pois, quando nos limitamos a enxugá-las, dilaceramo-las. Mas, à medida que se reforçarem, diminuí gradualmente a tepidez da água até que as laveis, tanto no verão como no inverno, com água fria e até mesmo gelada. Para não expô-las, importa que essa diminuição seja lenta, sucessiva e insensível, por isso pode-se empregar o termômetro para medi-la com exatidão.

Uma vez estabelecido, esse costume do banho não deve mais ser interrompido e importa mantê-lo por toda a vida. Considero-o não apenas sob o aspecto da limpeza e da saúde atual mas também como uma precaução salutar para tornar mais flexível a textura das fibras e fazê-las ceder sem esforço e sem risco sob diferentes graus de calor e de frio. Para isso, eu gostaria que, ao crescermos, adquiríssemos pouco a pouco o hábito de nos banharmos, por vezes, em águas quentes a todos os graus suportáveis e, frequentemente, em águas frias a todos os graus possíveis. Assim, após nos acostumarmos a suportar as diferentes temperaturas da água, que, constituindo um fluido mais denso, nos atinge em mais pontos e nos afeta com maior intensidade, tornar-nos-íamos quase insensíveis às temperaturas do ar.

No momento em que a criança respira, ao sair de seu invólucro, não deixeis que lhe deem outros e que a mantenham mais apertada. Nenhuma touca para a cabeça, nenhuma bandagem, nenhum cueiro; e sim fraldas suaves e largas, que deixem todos seus membros em liberdade, e não sejam pesadas a ponto de embaraçar seus movimentos, nem quentes a ponto de impedir que ela sinta as impressões do ar.[28] Colocai-a num grande berço[29] bem estofado, no qual possa mover-se à vontade e sem perigo. Quando começar a se fortalecer, deixai-a rastejar pelo quarto; deixai que desenvolva e estenda seus pequenos membros; vê-los-eis reforçarem-se a cada dia. Comparai-a a uma criança bem enfaixada, da mesma idade, e surpreender-vos-eis com a diferença de seus respectivos progressos.[30]

Devem-se esperar grandes oposições por parte das amas, a quem a criança bem amarrada dá menos trabalho do que a que se deve incessantemente vigiar. Aliás, sua sujidade se torna mais perceptível numa vestimenta aberta; é preciso limpá-la com mais frequência. Por fim, o costume é um argumento que jamais se refutará em certos países, segundo o gosto do povo de todos os estados.

Não argumenteis com as amas. Ordenai, observai como fazem e não poupeis nada para tornar fáceis, na prática, os cuidados que tiverdes prescrito. Por que não os partilharíeis? Nas alimentações ordinárias, em que se considera apenas o físico, contanto que a criança viva e não se enfraqueça, o resto não tem qualquer importância. Mas aqui, onde a educação começa com a vida, a criança já é, ao nascer, discípula, não do governante, mas da natureza. O governante se limita a estudar, sob a autoridade desse primeiro mestre, e a impedir que seus cuidados sejam contrariados. Vela sobre o bebê, observa-o,

---

28. Sufocam-se as crianças nas cidades, à força de mantê-las presas e vestidas. Os que as governam ainda devem aprender que o ar frio, longe de lhes fazer mal, as fortalece, e que o ar quente as enfraquece, dá-lhes febre e as mata.

29. Digo *berço* para empregar a palavra usual, na ausência de outra; pois estou, aliás, persuadido de que jamais é necessário embalar as crianças e de que esse costume lhes é frequentemente pernicioso.

30. "Os antigos peruanos deixavam os braços das crianças livres num cueiro bastante largo; quando as despiam, colocavam-nas em liberdade num buraco feito de terra e forrado com panos, no qual as desciam até a metade do corpo; dessa maneira, tinham os braços livres e podiam movimentar sua cabeça e flexionar seu corpo à vontade, sem caírem e sem se ferirem; assim que pudessem dar um passo, mostravam-lhes o seio a uma pequena distância, como isca para obrigá-los a andar. Os pequenos negros se encontram, por vezes, em situação muito mais cansativa para mamar; agarram uma das ancas da mãe com seus joelhos e seus pés, e a apertam com tanta força que podem sustentar-se sem o auxílio dos braços da mãe; agarram o seio com as mãos e o sugam constantemente sem incomodar-se e sem cair, a despeito dos diferentes movimentos da mãe, que, enquanto isso, trabalha como de costume. Essas crianças começam a andar desde o segundo mês, ou, antes, a arrastar-se sobre os joelhos e sobre as mãos; esse exercício lhes dá, para o futuro, a facilidade de correrem nessa posição quase tão rápido quanto em pé." *Hist. nat.* T. IV, in-12, p. 192.

A esses exemplos, o sr. de Buffon poderia ter acrescentado o da Inglaterra, onde a extravagante e bárbara prática do cueiro se aproxima, a cada dia, de seu desaparecimento. Vede também La Loubère, *Viagem do Sião*, o sr. Le Beau, *Viagem do Canadá* etc. Eu preencheria 20 páginas de citações se tivesse de confirmar isso pelos fatos.

acompanha-o; espia com vigilância o primeiro luar de seu frágil entendimento, assim como, à chegada do quarto crescente, os muçulmanos espreitam o instante do nascer da lua.

Nascemos capazes de aprender, mas sem sabermos nada, sem conhecermos nada. A alma acorrentada a órgãos imperfeitos e parcialmente formados não possui sequer o sentimento de sua própria existência. Os movimentos e os gritos da criança que acaba de nascer constituem efeitos puramente mecânicos, desprovidos de conhecimento e de vontade.

Suponhamos que, ao nascer, uma criança tenha a estatura e a força de um homem-feito; que saia, por assim dizer, totalmente armada do seio de sua mãe, como Palas do cérebro de Júpiter:[31] esse homem-criança seria um perfeito imbecil, um autômato, uma estátua imóvel e quase insensível. Não veria nada, não ouviria nada, não conheceria ninguém, não saberia dirigir os olhos para aquilo que teria necessidade de ver. Não apenas não perceberia nenhum objeto fora de si mesmo como também não levaria nenhum ao órgão do sentido que faria com que o percebesse; as cores jamais estariam em seus olhos, os sons jamais estariam em seus ouvidos, os corpos que tocasse não estariam no seu; ele sequer saberia que o possui: o contato de suas mãos estaria em seu cérebro; todas suas sensações se reuniriam num único ponto; ele existiria somente no *sensorium* comum; teria uma única ideia, a do *eu*, a que reduziria todas as suas sensações, e essa ideia ou, antes, esse sentimento seria a única coisa que teria a mais do que uma criança ordinária.

Esse homem de repente formado tampouco saberia erguer-se sobre os pés; ser-lhe-ia necessário muito tempo para aprender a equilibrar-se neles; talvez sequer tentasse fazê-lo, e veríeis esse corpo forte e robusto permanecer imóvel como uma pedra grande, ou rastejar e arrastar-se como um jovem cão.

Ele sentiria o mal-estar das necessidades sem conhecê-las e sem imaginar qualquer meio de satisfazê-las. Não há nenhuma comunicação imediata entre os músculos do estômago e os dos braços e das pernas que faria com que, mesmo cercado de alimentos, desse um passo para aproximar-se deles ou estendesse a mão para apanhá-los; e como seu corpo teria crescido, como seus membros seriam inteiramente desenvolvidos e como ele não teria, consequentemente, nem as inquietudes nem os movimentos contínuos das crianças, ele poderia morrer de fome antes de ter-se mexido para procurar sua subsistência. Por pouco que se tenha refletido sobre a ordem e o progresso de nossos conhecimentos,

---

31. Segundo a mitologia antiga, Palas (ou Minerva, para os romanos) foi concebida por Júpiter, vindo ao mundo do cérebro deste, armada da cabeça aos pés. (N.T.)

não se pode negar que esse tenha sido, aproximadamente, o estado primitivo de ignorância e de estupidez natural ao homem, antes que tivesse aprendido qualquer coisa com a experiência ou com seus semelhantes.

Portanto, conhecemos, ou podemos conhecer, o primeiro ponto de onde cada um de nós parte para alcançar o grau comum do entendimento; mas quem conhece a outra extremidade? Cada um avança mais ou menos segundo seu gênio, seu gosto, suas necessidades, seus talentos, seu zelo e as ocasiões que encontra para dedicar-se a isso. Não tenho conhecimento de que algum filósofo já tenha sido ousado o bastante para dizer: "Eis o termo que pode o homem alcançar e que não poderia ultrapassar". Ignoramos o que nossa natureza nos permite ser; nenhum de nós mediu a distância que pode separar um homem de outro. Que alma baixa nunca foi animada por essa ideia e, em seu orgulho, não diz, por vezes, a si mesma: "Quantos já não ultrapassei! Quantos ainda posso alcançar! Por que meu igual iria mais longe do que eu?".

Repito: a educação do homem tem início em seu nascimento; antes de falar, antes de entender, ele já se instrui. A experiência precede as lições; no momento em que conhece sua ama, ele já adquiriu muito. Ficaríamos surpresos com os conhecimentos do homem mais grosseiro caso acompanhássemos seu progresso desde o momento em que nasceu até aquele a que chegou. Se a ciência humana fosse dividida em duas partes, uma comum a todos os homens, outra particular aos eruditos, esta seria muito pequena se comparada à outra; mas consideramos pouco as aquisições gerais, porque elas se fazem sem que se pense nelas e antes mesmo da idade da razão; porque, além disso, o saber somente se faz notar por suas diferenças; e porque, assim como nas equações de álgebra, as quantidades comuns não têm qualquer relevância.

Até mesmo os animais aprendem muito. Possuem sentidos e devem aprender a empregá-los; têm necessidades e devem aprender a satisfazê-las. É preciso que aprendam a comer, a andar, a voar. Não é por sustentarem-se sobre os pés desde o nascimento que os quadrúpedes sabem andar; vê-se, quando de seus primeiros passos, que constituem tentativas pouco firmes; os canários que fogem de suas gaiolas não sabem voar, pois jamais voaram; tudo é instrução para seres animados e sensíveis. Se as plantas seguissem um movimento progressivo, seria preciso que tivessem sentidos e que adquirissem conhecimentos, pois, de outro modo, as espécies logo morreriam.

As primeiras sensações das crianças são puramente afetivas; elas percebem somente o prazer e a dor. Não podendo andar nem agarrar, precisam de muito tempo para formar pouco a pouco as sensações representativas que lhes mostram os objetos fora de si mesmas; mas, enquanto esses objetos não se estendem, não se afastam, por assim dizer, de seus olhos e não adquirem para elas dimensões e formas, o retorno das sensações afetivas começa a submetê-las ao império do hábito; vemos seus olhos se voltarem continuamente para a luz e, se esta vem pelo lado, tomam imperceptivelmente essa direção, de modo que se deve ter o cuidado de opor seu rosto ao dia, temendo que se tornem vesgas ou que se acostumem a olhar de esguelha. É preciso também que se acostumem desde cedo às trevas; caso contrário, choram e gritam assim que se encontram no escuro. O alimento e o sono medidos com demasiada exatidão se lhes tornam necessários ao fim dos mesmos intervalos, e logo o desejo não decorre mais da necessidade, mas do hábito, ou, antes, o hábito acrescenta uma nova necessidade à da natureza: eis o que se deve prevenir.

O único hábito que se deve deixar a criança adquirir é o de não contrair nenhum; que não a carreguem mais sobre um braço do que sobre o outro, que não a acostumem a apresentar mais uma mão do que outra, a utilizar-se dela com mais frequência, a querer comer, dormir, agir nas mesmas horas, e a não poder permanecer só nem de noite nem de dia. Preparai, de longe, o reino de sua liberdade e o uso de suas forças, deixando a seu corpo o hábito natural, colocando-a em condições de ser sempre senhora de si mesma e de exercer sobre cada coisa sua vontade, assim que tiver uma.

A partir do momento em que a criança começa a distinguir os objetos, é importante introduzir variedade entre os que lhe são mostrados. Naturalmente, todos os novos objetos interessam ao homem. Sente-se tão fraco que teme tudo que não conhece: o hábito de ver objetos novos, sem ser por eles afetado, destrói esse temor. As crianças criadas em casas limpas, nas quais não se permitem aranhas, têm medo de aranhas, e esse medo frequentemente permanece nelas quando adultas. Nunca vi camponeses, fossem eles homens, mulheres ou crianças, temerem aranhas.

Por que então a educação de uma criança não se iniciaria antes que falasse e que entendesse, visto ser a mera escolha dos objetos que lhe são apresentados capaz de torná-la tímida ou corajosa? Desejo que a acostumem a ver objetos novos, animais feios, repugnantes, estranhos, mas aos poucos, de longe, até que se habitue a eles, e que, à força de vê-los manuseados por outros, ela mesma finalmente os manuseie. Tendo, durante sua infância, visto sem temor sapos, cobras e lagostins, quando adulta, ela verá sem horror qualquer animal que seja. Não existem mais objetos horríveis para quem os vê todos os dias.

Todas as crianças temem as máscaras. Começo mostrando a Emílio uma máscara de aspecto agradável. Em seguida, alguém coloca diante dele a mesma máscara sobre o próprio rosto; ponho-me a rir, todo mundo ri e a criança ri assim como os outros. Pouco a pouco, eu a acostumo a máscaras menos agradáveis e, por fim, a figuras hediondas. Se conduzi bem minha gradação, longe de assustar-se com a última máscara, ela rirá dela assim como riu da primeira. Depois disso, não temo mais que se assuste com máscaras.

Quando, no adeus de Andrômaca e de Heitor, o pequeno Astíanax, assustado com o penacho que paira sobre o capacete do pai, não o reconhece, se joga aos gritos sobre o seio de sua ama e arranca de sua mãe um sorriso mesclado a lágrimas, o que se deve fazer para curar tal medo? Precisamente o que faz Heitor: colocar o capacete sobre o chão e afagar a criança. Num momento mais tranquilo, não nos limitaríamos a isso; aproximar-nos-íamos do capacete, brincaríamos com as penas, faríamos com que a criança as manuseasse e, por fim, a ama tomaria o capacete e o colocaria, aos risos, sobre a própria cabeça; isso, todavia, se a mão de uma mulher ousasse tocar as armas de Heitor.

Tratando-se de acostumar Emílio ao barulho de uma arma de fogo, queimo primeiramente uma escorva numa pistola. Diverte-o essa chama brusca e passageira, essa espécie de relâmpago; faço o mesmo com mais pólvora: pouco a pouco, acrescento à pistola uma pequena carga sem bucha e, depois, outra maior. Finalmente, eu o acostumo aos tiros de fuzil, aos fogos de artifício,[32] aos canhões, às detonações mais terríveis.

Observei que as crianças raramente temem o trovão, a menos que os estrondos sejam terríveis e agridam realmente o órgão da audição. Esse medo somente lhes vem por outro modo quando aprendem que, por vezes, o trovão fere ou mata. Quando a razão começa a assustá-las, esforçai-vos para que o hábito as tranquilize. Com uma gradação lenta e controlada, tornam-se o homem e a criança intrépidos diante de tudo.

No começo da vida, quando a memória e a imaginação ainda estão inativas, a criança está atenta apenas ao que afeta seus sentidos no momento. Por serem suas sensações os primeiros materiais de seus conhecimentos, oferecer-lhas numa ordem conveniente é preparar sua memória para um dia fornecê-las, na mesma ordem, a seu entendimento; mas como ela está atenta apenas a suas sensações, basta, de início, mostrar-lhe bem distintamente o elo entre essas mesmas sensações e os objetos que as causam. Ela deseja tocar tudo, manusear tudo; não vos oponhais a essa inquietude; ela lhe sugere um aprendizado

---

32. Do francês "boetes", grafia antiga para "boîtes" (caixas), palavra empregada então para designar fogos de artifício; mais especificamente um pequeno canhão de ferro que, colocado em posição vertical, era carregado de pólvora granulada e fechado com uma cavilha de madeira para provocar maior detonação quando a pólvora era queimada por trás (cf. FREZIER, Amédée François. *Traité des feux d'artifice*. Haia : J. Neaulme Libraire, 1741. p. 259). (N.T.)

muito necessário, pois é assim que aprende a sentir o calor, o frio, a rigidez, a moleza, o peso e a leveza dos corpos, a julgar sua grandeza, sua forma e todas suas qualidades sensíveis, olhando, apalpando,[33] escutando e, sobretudo, comparando a vista ao tato, avaliando com o olhar a sensação que eles provocariam em seus dedos.

É apenas por meio do movimento que aprendemos que existem coisas distintas de nós, e é apenas por meio de nosso próprio movimento que adquirimos a ideia de extensão. É por não ter essa ideia que a criança estende indiferentemente a mão para agarrar o objeto que a toca ou o objeto que se encontra a 100 passos dela. Esse esforço que faz vos parece um sinal de império, uma ordem que dá ao objeto para que se aproxime ou a vós para que o leveis até ela, mas não se trata disso; é somente que os objetos que antes via em seu cérebro e, depois, em seus olhos, ela agora os vê na ponta de seus braços e não imagina outra extensão além da que pode alcançar. Tende, portanto, o cuidado de passeá-la com frequência, de transportá-la de um lugar para outro, de fazê-la perceber a mudança de local, de modo a ensiná-la a julgar distâncias. Quando começar a conhecê-las, será então preciso mudar de método, e carregá-la apenas como vos agrada e não como lhe agrada, pois, assim que ela deixar de ser iludida pelo sentido, seu esforço mudará de causa. Essa mudança é notável e exige explicação.

O mal-estar das necessidades se expressa por meio de sinais quando o socorro de outrem é necessário para satisfazê-las. Decorrem disso os gritos das crianças. Choram muito, e assim deve ser. Na medida em que todas suas sensações são afetivas, quando estas são agradáveis, gozam-nas em silêncio; quando são penosas, expressam-nas em sua linguagem e exigem alívio. Ora, enquanto se mantêm acordadas, praticamente não podem permanecer num estado de indiferença; dormem ou são afetadas.

Todos os nossos idiomas são obras da arte. Por muito tempo, perguntamo-nos se havia um idioma natural e comum a todos os homens; certamente, existe um, e é o que as crianças falam antes de saberem falar. Esse idioma não é articulado, mas é acentuado, sonoro e inteligível. O emprego dos nossos fez com que o negligenciássemos, ao ponto de esquecê-lo por inteiro. Estudemos as crianças, e logo reaprenderemos esse idioma com elas. As amas são nossas professoras nesse idioma; entendem tudo que dizem os bebês; respondem-lhes; mantêm com eles diálogos muito regulares e, embora pronunciem palavras,

---

33. O olfato é, dentre todos os sentidos, aquele que se desenvolve mais tarde nas crianças; até a idade de dois ou três anos, não parece que elas sejam sensíveis aos bons nem aos maus odores; a esse respeito, possuem a indiferença ou, antes, a insensibilidade que se observa em vários animais.

tais palavras são perfeitamente inúteis, pois não é o sentido da palavra que entendem, mas o acento que a acompanha.

À linguagem da voz vem juntar-se a do gesto, não menos enérgica. Esse gesto não está nas fracas mãos das crianças, mas em seus rostos. É surpreendente a quantidade de expressões que essas fisionomias pouco desenvolvidas já possuem: seus traços mudam de um instante para outro, com inconcebível rapidez. Vedes neles o sorriso, o desejo e o temor nascerem e passarem como relâmpagos; a cada momento, acreditais ver outro rosto. Possuem certamente músculos faciais mais móveis que os nossos. Em contrapartida, seus olhos ternos não dizem quase nada; esse deve ser o gênero de seus sinais, numa idade em que se têm apenas necessidades corporais; a expressão das sensações está nas caretas, a expressão dos sentimentos está nos olhares.

Assim como a primeira condição do homem é a miséria e a fraqueza, seus primeiros sons são a lamúria e os choros. A criança sente suas necessidades e não as pode satisfazer; implora, com seus gritos, pelo socorro de outrem. Se tem fome ou sede, chora; se sente muito frio ou muito calor, chora; se tem necessidade de movimento quando a mantêm inerte, chora; se deseja dormir quando a agitam, chora. Quanto menos sua maneira de ser se encontra a sua disposição, mais ela pede com frequência que a alterem. Possui somente uma linguagem porque possui, por assim dizer, uma única espécie de mal-estar; na imperfeição de seus órgãos, não distingue suas diversas impressões, e todos os males formam para ela apenas uma sensação de dor.

Desses choros, que se teria por tão pouco dignos de atenção, nasce a primeira relação do homem com tudo que o cerca: aqui se forja o primeiro anel dessa longa corrente de que a ordem social é formada.

Quando a criança chora, ela está desconfortável; sente alguma necessidade que não poderia satisfazer; examinamos, procuramos essa necessidade, encontramo-la, satisfazemo-la. Quando não a encontramos ou quando não podemos satisfazê-la, os choros continuam e nos incomodam; afagamos a criança para silenciá-la, ninamo-la, cantamos para que adormeça; se ela persiste ou se impacienta, ameaçamo-la, e por vezes amas brutais a espancam. Essas são estranhas lições para seu início de vida.

Jamais esquecerei ter visto um desses incômodos chorões ser assim espancado por sua ama. Calou-se imediatamente; julguei que estivesse intimidado. Eu me dizia: "Esta será uma alma servil da qual não se obterá nada senão pelo rigor". Estava enganado: o infeliz sufocava de raiva, tinha perdido a respiração; vi-o ficar roxo. Um momento depois, vieram gritos agudos; todos os sinais do ressentimento, do furor, do desespero dessa idade estavam em seus acentos.

Temi que morresse nessa agitação. Ainda que tivesse duvidado que o sentimento do justo e do injusto fosse inerente ao coração do homem, esse único exemplo me teria convencido. Estou certo de que um tição ardente, caindo por acaso na mão dessa criança, lhe teria sido menos sensível do que esse golpe bastante leve, mas dado com a intenção manifesta de ofendê-la.

Essa disposição das crianças ao arrebatamento, ao despeito, à ira requer cautelas excessivas. Boerhaave[34] acredita que suas doenças pertencem, em sua maioria, à classe das convulsivas, porque, sendo a cabeça proporcionalmente maior e o sistema dos nervos mais extenso que nos adultos, o gênero nervoso é mais suscetível de irritação. Afastai delas, com o maior cuidado, os criados que as enervam, as irritam, as impacientam; eles lhes são 100 vezes mais perigosos e mais funestos que as injúrias do ar e das estações. Enquanto as crianças encontrarem resistência apenas nas coisas e nunca nas vontades, elas não se tornarão travessas nem irascíveis e se manterão em melhor saúde. Aqui está uma das razões pelas quais as crianças do povo, mais livres e mais independentes, são geralmente menos inválidas, menos delicadas e mais robustas do que as que se pretende educar melhor, contrariando-as incessantemente; é preciso, porém, sempre lembrar que existe, sim, uma diferença entre obedecê-las e não contrariá-las.

Os primeiros choros das crianças são súplicas; se não tomamos cuidado, convertem-se logo em ordens: começam fazendo-se assistir, acabam fazendo-se servir. Assim, de sua própria fraqueza, da qual provém inicialmente o sentimento de sua dependência, nasce em seguida a ideia de império e de dominação; mas sendo essa ideia estimulada menos por suas necessidades do que por nossos serviços, aqui começam a serem percebidos os efeitos morais cuja causa imediata não está na natureza, e já se vê por que, desde essa primeira idade, é importante desvendar a intenção secreta que dita o gesto ou o grito.

Quando a criança estende a mão com esforço, sem dizer nada, acredita alcançar o objeto, pois não avalia a distância que os separa; está enganada; mas quando se queixa e grita estendendo a mão, ela não se engana mais então sobre a distância: ordena ao objeto que se aproxime, ou a vós que o leveis até ela. No primeiro caso, levai-a até o objeto lentamente e a pequenos passos. No segundo, sequer finjais escutá-la; quanto mais gritar, menos deveis ouvi-la. É importante acostumá-la desde cedo a não comandar, nem aos homens, pois não é seu senhor, nem às coisas, pois estas não a ouvem. Assim, quando uma

---

34. Trata-se do holandês Herman Boerhaave (1668-1738), docente na universidade de Leyde e que foi considerado, em sua época, o maior professor de medicina da Europa. Cf. *Biographie universelle, ou Dictionnaire de tous les hommes qui se sont fait remarquer par leurs écrits, leurs actions, leurs talents, leurs vertus ou leurs crimes.* Bruxelas: H. Ode, 1843. v. 2, p. 363-364. (N.T.)

criança deseja alguma coisa que vê e que se quer dar-lhe, é melhor levar a criança até o objeto do que trazer o objeto até a criança: ela extrai dessa prática uma conclusão que é adequada a sua idade, e não há outro meio de sugerir-lha.

O abade de São Pedro[35] chamava aos homens grandes crianças; poder-se--ia, reciprocamente, chamar às crianças pequenos homens. Essas proposições têm sua veracidade como sentenças; como princípios, necessitam de esclarecimentos; mas, quando Hobbes chamava ao homem mau criança robusta, dizia algo completamente contraditório. Toda maldade vem da fraqueza; a criança é má apenas porque é fraca; tornai-a forte e será boa: aquele que poderia tudo jamais cometeria o mal. De todos os atributos da Divindade todo-poderosa, a bondade é aquela sem a qual menos podemos concebê-la. Todos os povos que reconheceram alguns princípios sempre encararam o mau como inferior ao bom, pois, sem isso, teriam feito uma suposição absurda. Vede, logo adiante, a "Profissão de fé do Vigário saboiano".

Apenas a razão nos ensina a conhecer o bem e o mal. A consciência que nos faz amar um e odiar o outro, embora independente da razão, não pode, portanto, desenvolver-se sem ela. Antes da idade da razão, fazemos o bem e o mal sem conhecê-los e não há qualquer moralidade em nossas ações, embora haja alguma, por vezes, no sentimento das ações alheias que guardam relação conosco. Uma criança deseja deslocar tudo que vê; quebra e despedaça tudo que pode atingir; empunha um pássaro como empunharia uma pedra e o sufoca sem saber o que faz.

Por que isso? Primeiramente, a filosofia irá explicá-lo por vícios naturais: o orgulho, o espírito de dominação, o amor-próprio e a maldade do homem; poderá então acrescentar que o sentimento de sua fraqueza torna a criança ávida de cometer atos de força e de provar a si mesma o próprio poder. Vede, porém, um velho inválido e quebrado, reconduzido pelo círculo da vida à fraqueza da infância; não apenas ele permanece imóvel e tranquilo, mas deseja ainda que tudo assim permaneça a seu redor; a menor mudança o perturba e o inquieta; desejaria ver reinar uma calmaria universal. Como poderia a mesma impotência, associada às mesmas paixões, produzir efeitos tão diferentes nas duas idades se a causa primitiva não fosse distinta? E onde se poderia procurar essa diversidade de causas senão no estado físico dos dois indivíduos? O princípio ativo comum se desenvolve em um e se apaga no outro; um se forma e o outro se destrói; um tende à vida e o outro, à morte. A atividade enfraquecida

---

35. Charles-Irénée Castel de Saint-Pierre (1658-1743), ou abade de São Pedro, foi importante escritor e filósofo de sua época, considerado um dos precursores das Luzes. (N.T.)

se concentra no coração do velho; no da criança, ela é superabundante e se estende para fora; ela sente, por assim dizer, vida suficiente em si mesma para animar tudo que a cerca. Não importa que ela faça ou desfaça; basta que altere o estado das coisas, e toda mudança constitui uma ação. Se parece ter maior inclinação para destruir, não é por maldade; é que a ação formativa é sempre lenta e a destrutiva, sendo mais rápida, convém melhor a sua vivacidade.

Ao mesmo tempo que o Autor da natureza confere às crianças esse princípio ativo, ele toma cuidado para que seja pouco nocivo, deixando-lhes pouca força para entregar-se a ele. Mas, assim que elas percebem as pessoas que as cercam como instrumentos que podem manipular, servem-se delas para seguir sua inclinação e suprir a própria fraqueza. É assim que se tornam incômodas, tiranas, imperiosas, más, indomáveis; progresso que não resulta de um espírito natural de dominação, mas que o introduz nelas; pois não é preciso uma longa experiência para perceber o quanto é agradável agir pelas mãos de outrem e ter apenas de mexer a língua para fazer mover o universo.

Ao crescermos, adquirimos forças, nos tornamos menos inquietos, menos irrequietos, fechamo-nos mais em nós mesmos. A alma e o corpo se colocam, por assim dizer, em equilíbrio, e a natureza já não exige de nós nenhum movimento além do necessário para nossa conservação. Mas o desejo de comandar não se apaga com a necessidade que o fez nascer; o império desperta e anima o amor-próprio, e o hábito o fortalece: assim, a fantasia sucede à necessidade; assim, os preconceitos e a opinião deitam suas primeiras raízes.

Uma vez conhecido o princípio, vemos claramente o ponto em que se abandonou a via da natureza; vejamos então o que se deve fazer para nela permanecer.

Longe de reunirem forças supérfluas, as crianças sequer as têm em quantidade suficiente para tudo que lhes pede a natureza: é preciso, portanto, deixar-lhes o uso de todas que esta lhes dá e das quais não saberiam abusar. Primeira máxima.

É preciso ajudá-las e suprir o que lhes falta, seja em inteligência, seja em força, para tudo que concerne à necessidade física. Segunda máxima.

É preciso, nos socorros que lhes damos, nos limitar unicamente ao útil real, sem concedermos nada à fantasia e ao desejo sem razão, pois a fantasia não as atormentará quando não a tivermos feito nascer, visto que ela não resulta da natureza. Terceira máxima.

É preciso estudar com cuidado a linguagem e seus signos, de modo que, numa idade em que elas não sabem dissimular, distingamos, em seus desejos, o que vem imediatamente da natureza e o que vem da opinião. Quarta máxima.

O espírito dessas regras consiste em conceder às crianças mais liberdade verdadeira e menos império, em deixá-las fazer mais por si próprias e exigir menos de outrem. Assim, acostumando-se desde cedo a limitarem seus desejos a suas forças, elas pouco sentirão a privação daquilo que não estiver em seu poder.

Eis, portanto, uma nova e muito importante razão para deixar os corpos e os membros das crianças absolutamente livres, com a única precaução de afastá-las do perigo das quedas e de afastar de suas mãos tudo que as puder ferir.

Infalivelmente, uma criança cujo corpo e cujos braços estão livres chorará menos que uma criança enfaixada num cueiro. Aquela que conhece apenas as necessidades físicas chora somente quando sofre, e essa é uma grande vantagem, pois se sabe então, precisamente, quando necessita de socorro e, sendo este possível, não se deve tardar um momento sequer para prestá-lo. Mas, se não podeis aliviá-la, permanecei tranquilo, sem afagá-la para acalmá-la: vossas carícias não curarão sua cólica; entretanto, ela se lembrará do que é preciso fazer para ser afagada e, sabendo o que fazer para que cuideis dela segundo sua vontade, terá se tornado vossa senhora; e tudo estará perdido.

Menos contrariadas em seus movimentos, as crianças chorarão menos; menos importunados por seus choros, atormentar-nos-emos menos para fazer com que se calem; ameaçadas ou afagadas com menor frequência, tornar-se-ão menos temerosas ou menos insistentes e permanecerão mais em seu estado natural. É menos deixando as crianças chorarem do que apressando-nos em acalmá-las que fazemos com que adquiram hérnias, e minha prova está no fato de que as crianças mais negligenciadas estão menos sujeitas a elas que as outras. Estou muito longe de querer que, por esse motivo, sejam negligenciadas; ao contrário, é importante prevenir tais necessidades e não ser avisado delas por seus gritos. Mas tampouco desejo que os cuidados que lhes forem administrados sejam equivocados. Por que deixariam de chorar, vendo que seus choros se prestam a tantas coisas? Instruídas sobre o preço que se paga pelo seu silêncio, evitam prodigalizá-lo. Estabelecem, no fim, um preço tão alto que não se pode mais pagá-lo, e é então que, à força de chorarem sem sucesso, se esforçam, se esgotam e se matam.

Os longos choros de uma criança que não está atada nem doente e que não é privada de nada constituem apenas choros de hábito e de obstinação. Não são obra da natureza, mas da ama, que, por não saber suportar a importunidade, acaba multiplicando-a, sem imaginar que, fazendo calar a criança hoje, a estimula a chorar ainda mais amanhã.

O único meio de curar ou prevenir esse hábito consiste em não lhe conceder nenhuma atenção. Não agrada a ninguém, nem sequer às crianças, realizar um esforço inútil. Elas são obstinadas em suas tentativas, mas, se vossa constância é maior do que sua persistência, desencorajam-se e não voltam a tentar. É assim que as poupamos dos choros e que as acostumamos a chorar apenas quando forçadas pela dor.

De resto, quando choram por fantasia ou por obstinação, um meio seguro para impedi-las de continuar consiste em distraí-las com algum objeto agradável e surpreendente, que as faça esquecer que desejavam chorar. A maioria das amas se notabiliza nessa arte e, bem praticada, ela é muito útil; mas é da maior importância que a criança não perceba a intenção de distraí-la e que se divirta sem acreditar que pensam nela: ora, é nesse ponto que as amas são todas desastradas.

Desmamam-se todas as crianças cedo demais. O tempo em que devem ser desmamadas é indicado pela irrupção dos dentes, e tal irrupção é comumente penosa e dolorosa. Por um instinto maquinal, a criança leva frequentemente à boca tudo que segura, para mastigá-lo. Acredita-se facilitar a operação dando-lhe por brinquedo alguns corpos duros, como o marfim ou o dente de lobo. Creio tratar-se de um erro. Esses corpos duros, aplicados sobre as gengivas, longe de as amolecerem, as tornam calejadas, as endurecem, preparam um dilaceramento mais penoso e mais doloroso. Tomemos sempre o instinto como exemplo. Não vemos os jovens cães exercitarem seus dentes nascentes em pedregulhos, no ferro e em ossos, mas na madeira, no couro, em panos, em matérias moles que cedem e onde o dente deixa marcas.

Não sabemos mais sermos simples em nada, nem mesmo perto das crianças. Guizos de prata, de ouro, coral, cristais multifacetados, chocalhos de todos os preços e de todas as espécies. Quantos artifícios inúteis e perniciosos! Nada disso. Nada de guizos, nada de chocalhos; pequenos galhos de árvore com seus frutos e suas folhas, uma cabeça de dormideira na qual se ouvem soar os grãos e uma vara de alcaçuz que possa chupar e mastigar a divertirão tanto quanto essas magníficas bugigangas, e não terão o inconveniente de acostumá-la ao luxo desde o nascimento.

Reconheceu-se que a papa não constitui um alimento muito sadio. O leite cozido e a farinha crua formam muita saburra e convêm mal a nosso estômago. Na papa, a farinha é menos cozida que no pão e, além disso, ela não fermentou; a açorda e o creme de arroz me parecem preferíveis. Caso se deseje absolutamente fazer papa, convém previamente torrar um pouco a farinha. Em meu país, faz-se, com farinha assim torrada, uma sopa muito agradável e muito sadia. O caldo de carne e o de legumes constituem também um alimento medíocre que se deve empregar o menos possível. É importante que as crianças se acostumem logo a mastigar; este é o verdadeiro meio de facilitar a irrupção dos dentes, e, quando começam a engolir, os sucos salivares mesclados aos alimentos facilitam sua digestão.

Eu as faria, portanto, mastigar inicialmente frutas secas e cascas. Dar-lhes-ia, para brincar, pequenas varas de pão duro ou de biscoito semelhante ao pão do Piemonte, a que nessa região chamam *grisses*.[36] À força de amolecer esse pão em sua boca, engoliriam finalmente alguma coisa, seus dentes nasceriam e elas se encontrariam desmamadas praticamente antes que o percebêssemos. Os camponeses têm, ordinariamente, o estômago muito bom e não são desmamados com maior cuidado do que esse.

Desde seu nascimento, as crianças ouvem falar; falamos-lhes não somente antes de compreenderem o que dizemos mas também antes de poderem reproduzir as vozes que ouvem. Seu órgão, ainda entorpecido, apenas aos poucos se presta às imitações dos sons que lhes ditamos, e sequer é certo que esses sons cheguem a seu ouvido tão distintamente quanto ao nosso. Não desaprovo que a ama divirta a criança com cantos e com entoações muito alegres e muito variadas; mas desaprovo que a atordoe constantemente com um amontoado de palavras inúteis, das quais entenderá somente o tom que lhes for conferido. Desejaria que as primeiras articulações que a fizéssemos ouvir fossem raras, fáceis, distintas, frequentemente repetidas e que as palavras que expressassem se referissem apenas a objetos sensíveis que pudéssemos mostrar antes à criança. A infeliz facilidade com que empregamos palavras que absolutamente não compreendemos começa mais cedo do que pensamos. O aluno escuta, na sala de aula, a verborreia de seu professor, assim como escutava, no cueiro, a tagarelice de sua ama. Parece-me que educá-lo para não compreender nada seria instruí-lo muito utilmente.

As reflexões nascem aos montes quando queremos cuidar da formação da linguagem e das primeiras palavras das crianças. A despeito do que façamos, elas aprenderão sempre a falar da mesma maneira, e todas as especulações filosóficas são aqui da maior inutilidade.

De início, elas possuem uma gramática, por assim dizer, própria a sua idade, cuja sintaxe tem regras mais gerais que a nossa, e, se prestássemos muita atenção, surpreender-nos-íamos com a exatidão com que seguem certas analogias, talvez muito viciosas, mas muito regulares e que são chocantes apenas por sua dureza ou porque o uso não as admite. Acabo de ouvir uma pobre criança ser fortemente repreendida pelo pai por ter-lhe dito: *"Mon père, irai-je-t-y?"* ["Meu pai, irei lá?"] Ora, vê-se que essa criança seguia melhor a analogia do que nossos gramáticos; pois, na medida em lhe diziam *"vas-y"* ["vai lá"], por que não teria dito *"irai-je-t-y?"* Observai, além disso, com que destreza evitava

---

36. *Grisse* (ou *grissin*), termo da Savoia para designar uma vara de pão de consistência pouco rígida, que se desmancha com facilidade. (N.T.)

o hiato de *"irai-je-y"* ou *"y-irai-je?"* Deve-se culpar a pobre criança se, sem propósito, privamos a frase deste advérbio determinante, *"y"* ["lá"], por não sabermos o que fazer dele? Constitui uma pedantaria insuportável e um cuidado dos mais supérfluos teimar em corrigir, nas crianças, todos essas pequenas infrações ao uso, que, com o tempo, elas jamais deixam de corrigir por si próprias. Falai sempre corretamente diante delas, fazei com que não apreciem estar com ninguém mais do que convosco e tende certeza que, pouco a pouco, sua linguagem se depurará com base na vossa, sem que jamais as tenhais corrigido.

Mas um abuso de outra importância, e que não é menos fácil prevenir, consiste em ter demasiada pressa em fazê-las falar, como se temêssemos que não aprendessem a falar por si próprias. Essa solicitude indiscreta produz um efeito diretamente contrário ao pretendido. Falam mais tarde e mais confusamente; a extrema atenção que se presta a tudo que dizem as dispensa de articular bem, e, como mal se dignam a abrir a boca, muitas delas conservam por toda a vida um vício de pronúncia e um falar confuso que as torna quase ininteligíveis.

Vivi por muito tempo entre os camponeses e jamais ouvi um deles, homem ou mulher, menina ou rapaz, pronunciar o *r* guturalmente.[37] De onde vem isso? Seriam os órgãos de nossos camponeses formados de outro modo que os nossos? Não, mas são diferentemente exercitados. Diante de minha janela, encontra-se um montículo sobre o qual se reúnem as crianças do lugar, para brincar. Embora estejam bastante longe de mim, distingo perfeitamente tudo que dizem, e frequentemente extraio disso boas lembranças para este livro. Todos os dias, meu ouvido me engana a respeito de sua idade; ouço vozes de crianças de dez anos, olho, e vejo a estatura e os traços de crianças de três a quatro anos. Não limito essa experiência apenas a mim; os citadinos que vêm me ver e que consulto a este respeito caem todos no mesmo erro.

Este ocorre pelo fato de que, até os cinco ou seis anos, as crianças das cidades, criadas dentro do quarto e sob a asa de uma governanta, têm apenas necessidade de resmonear para fazerem-se ouvir; assim que mexem os lábios, toma-se o cuidado de ouvi-las; são-lhes ditadas palavras que reproduzem mal e, à força de dar-lhes atenção, as mesmas pessoas, por estarem continuamente a seu lado, adivinham o que quiseram dizer mais do que de fato disseram.

No campo, a situação é inteiramente diversa. Como uma camponesa não se encontra ao lado de seu filho a todo instante, este é forçado a aprender a dizer muito nitidamente e em voz muito alta o que tem necessidade de fazê-la

---

37. No original, Rousseau emprega o verbo francês *"grasseyer"*, que, com efeito, significa pronunciar de maneira gutural e pouco distinta o *r*. (N.T.)

ouvir. Nos campos, as crianças dispersas, distantes do pai, da mãe e das demais crianças, se exercitam em fazerem-se ouvir e em medir a força da voz com base no intervalo que as separa daqueles por quem desejam ser ouvidas. É assim que se aprende verdadeiramente a pronunciar, e não gaguejando algumas vogais no ouvido de uma governanta atenta. Da mesma forma, quando se interroga o filho de um camponês, a vergonha pode impedi-lo de responder, mas aquilo que ele diz é dito com nitidez; ao passo que a criada deve servir de intérprete à criança da cidade, sem o que não se compreende nada do que murmura entredentes.[38]

Ao crescerem, os rapazes devem corrigir esse defeito nos colégios e as meninas, nos conventos; com efeito, tantos uns como outros falam, de modo geral, mais distintamente que aqueles que foram sempre educados na casa paterna. Mas o que os impede de adquirirem uma pronúncia tão nítida quanto a dos camponeses é a necessidade de decorar muitas coisas e de recitar em voz alta o que aprenderam; pois, ao estudarem, acostumam-se a balbuciar, a pronunciar com negligência e mal; ao recitarem, é pior ainda; procuram suas palavras com esforço, arrastam e alongam suas sílabas; não é possível que, quando vacila a memória, a língua não balbucie também. Assim se adquirem e se conservam os vícios da pronúncia. Ver-se-á, logo adiante, que meu Emílio não os terá, ou pelo menos não os terá adquirido pelas mesmas causas.

Admito que o povo e os aldeões caem em outro extremo; que falam quase sempre mais alto do que o necessário; que, ao pronunciarem com demasiada exatidão, tornam suas articulações fortes e rudes; que possuem um acento forte demais; que escolhem mal seus termos etc.

Mas, primeiramente, este extremo me parece muito menos vicioso que o outro, pois, dado que a primeira lei do discurso consiste em fazer-se compreender, o maior erro que se possa cometer consiste em falar sem ser compreendido. Vangloriar-se por não ter acento é vangloriar-se por privar as frases de sua graça e de sua energia. O acento é a alma do discurso; confere-lhe sentimento e veracidade. O acento mente menos que a palavra; talvez seja por isso que as pessoas bem-educadas tanto o temem. É do costume de dizer tudo com o mesmo tom com que escarnecem das pessoas sem que o percebam. À proscrição do sotaque sucedem maneiras de pronunciar ridículas, afetadas e sujeitas à moda, tais como as observamos entre os jovens da corte. Essa afetação da palavra e

---

38. Existem algumas exceções. Frequentemente, as crianças que de início se fazem menos compreender se tornam, em seguida, as mais prodigiosas quando começam a elevar a voz. Mas, caso tivesse de entrar em todas essas minúcias, eu não conseguiria terminar; todo leitor sensato deve ver que o excesso e a carência derivados do mesmo abuso são igualmente corrigidos por meu método. Considero estas duas máximas inseparáveis: *sempre o bastante* e *nunca em demasia*. Da primeira bem demonstrada decorre necessariamente a outra.

da compostura é o que geralmente torna o trato do francês repulsivo e desagradável às outras nações. Em vez de introduzir acento em seu falar, introduz afetação.[39] Não é assim que predispomos outrem a nosso favor.

Todos esses pequenos defeitos de linguagem que tanto tememos deixar as crianças adquirirem não são nada; previnem-se ou corrigem-se com a maior facilidade. Mas aqueles que as deixamos adquirir, tornando seu falar surdo, confuso, tímido, criticando sem cessar seu tom e debulhando todas suas palavras, jamais se corrigem. Um homem que somente aprendeu a falar nas ruelas se fará compreender mal à frente de um batalhão e inspirará pouco respeito ao povo durante um motim. Ensinai primeiramente as crianças a falarem aos homens; saberão falar bem às mulheres quando necessário.

Criadas no campo, em meio a toda a rusticidade campestre, vossas crianças adquirirão uma voz mais sonora; não contrairão o confuso gaguejar das crianças da cidade; tampouco contrairão as expressões ou o tom da aldeia, ou, pelo menos, elas os perderão facilmente, quando o mestre, vivendo com elas desde seu nascimento e a cada dia mais exclusivamente, prevenir ou apagar, pela correção de sua linguagem, a impressão da linguagem dos camponeses. Emílio falará o francês mais puro que eu possa conhecer, mas o falará com mais distinção e o articulará muito melhor que eu.

A criança que deseja falar deve escutar apenas as palavras que puder compreender e dizer apenas as que puder articular. Os esforços que faz nesse sentido a levam a repetir a mesma sílaba, como que para exercitar-se em pronunciá-la mais distintamente. Quando começa a balbuciar, não vos atormenteis tanto para adivinhar o que diz. Pretender ser sempre ouvido ainda é uma espécie de império, e a criança não deve exercer nenhum. Que vos seja suficiente prover com muito atenção ao necessário; cabe a ela procurar vos fazer compreender o que não o é. Devereis ainda menos vos apressar em exigir que fale: saberá, com efeito, falar de si mesma à medida que perceber a utilidade disso.

Observa-se, é verdade, que aquelas que começam a falar muito tarde jamais falam tão distintamente quanto as demais; mas não é por terem falado tarde que o órgão permanece atravancado; é, ao contrário, por terem nascido com um órgão atravancado que começam a falar tarde. Pois, sem isso, por que falariam mais tarde do que as outras? Encontram menos ocasiões de falar ou são menos estimuladas a fazê-lo? Ao contrário, a inquietude provocada por esse atraso, logo que o percebemos, faz com que nos atormentemos muito

---

39. Do original *il y met de l'air*, que remete à expressão *mettre de l'air dans son parler*, a qual, por sua vez, significa falar com afetação. (N.T.)

mais para fazê-las balbuciar do que as que articularam mais cedo, e essa pressa impertinente pode contribuir muito para tornar confuso seu falar, o qual, com menos precipitação, teriam tido tempo de aperfeiçoar melhor.

As crianças que apressamos demais a falar não têm tempo de aprender a pronunciar bem nem de compreender bem o que as fazemos dizer. Quando as deixamos caminhar por si mesmas, ao contrário, dedicam-se inicialmente às sílabas mais fáceis de pronunciar e, associando-lhes, aos poucos, algum significado que se compreende por seus gestos, elas vos dão suas palavras antes de receberem as vossas, de modo que apenas recebem estas após as terem compreendido; não estando, de modo algum, apressadas em empregá-las, começam por observar bem que sentido vós lhes atribuís e, após terem se certificado dele, as adotam.

O maior mal da precipitação com que fazemos as crianças falarem antes da idade não consiste no fato de os primeiros discursos que lhes fazemos e as primeiras palavras que pronunciam não terem nenhum sentido para elas, mas em terem outro sentido sem que possamos percebê-lo, de modo que, parecendo responder-nos muito exatamente, elas nos falam sem nos compreender e sem que as compreendamos. É, ordinariamente, a tais equívocos que se deve a surpresa que, por vezes, provocam em nós suas palavras, às quais emprestamos ideias que elas nunca lhes associaram. Essa desatenção de nossa parte quanto ao verdadeiro sentido que as palavras têm para as crianças me parece ser a causa de seus primeiros erros, e esses erros, mesmo após terem sido sanados, influem em seu caráter para o resto de sua vida. Terei mais de uma ocasião, na sequência, de esclarecê-lo por meio de exemplos.

Limitai, portanto, tanto quanto possível o vocabulário da criança. É um inconveniente muito grande que ela tenha mais palavras do que ideias, que saiba dizer mais coisas do que as pode conceber. Creio que uma das razões pelas quais os camponeses possuem geralmente o espírito mais exato que as pessoas da cidade consiste em ser o seu dicionário menos extenso. Possuem poucas ideias, mas as comparam muito bem.

Os primeiros desenvolvimentos da infância se fazem quase todos simultaneamente. A criança aprende a falar, a comer e a andar praticamente ao mesmo tempo. É essa, propriamente, a primeira época de sua vida. Antes disso, ela não é nada além do que era no seio de sua mãe; não tem nenhum sentimento, nenhuma ideia; possui, quando muito, sensações; sequer sente sua própria existência.

Vivit, et est vitæ nescius ipse suæ.[40]

---

40. Ovídio. *Tristia.* i. 3. ["Ele vive, inconsciente de sua própria vida." (N.T.)]

LIVRO II

Este é o segundo período da vida, no qual propriamente se encerra a infância. As palavras *"infans"* e *"puer"* não são sinônimas: a primeira está compreendida na outra e significa "que não pode falar"; daí encontrarmos, em Valério Máximo, *"puerum infantem"*. Continuo, porém, a empregar tal palavra segundo o costume de nossa língua, até a idade para a qual esta possui outros nomes.[1]

Quando as crianças começam a falar, choram menos. Esse progresso é natural; uma linguagem substitui a outra. Assim que conseguem dizer com palavras que estão sofrendo, por que o fariam com gritos, senão quando a dor é mais intensa do que a palavra pode expressar? Se continuam então a chorar, a culpa cabe àqueles que se encontram a sua volta. A partir do momento em que Emílio tiver dito "sinto dor", serão necessárias dores muito intensas para forçá-lo a chorar.

Se a criança é delicada, sensível e se põe-se a gritar por nada, ao tornar seus gritos inúteis e sem efeito, seco-lhes sem demora a fonte. Enquanto chora, não vou a seu encontro; corro até ela tão logo se cale. Logo, sua maneira de me chamar consistirá em calar-se ou, no máximo, em lançar um único grito. É pelo efeito sensível dos sinais que as crianças avaliam seus sentidos; não há outra convenção para elas. Seja qual for o mal que uma criança faça a si mesma, é muito raro que chore quando se encontra só, a menos que tenha esperança de ser ouvida.

Se ela cai, se ganha um galo na cabeça, se sangra pelo nariz, se corta os dedos, em vez de acorrer com um semblante alarmado, permanecerei tranquilo, pelo menos por algum tempo. O mal está feito, é uma necessidade que ela suporta; toda a pressa serviria apenas para assustá-la ainda mais e aumentar sua sensibilidade. No fundo, é menos o golpe do que o temor que nos atormenta

---

1. Como assinala Rousseau neste parágrafo, o termo latino *"infans"* designa a criança que ainda não aprendeu a falar, constituindo uma subcategoria de um termo mais abrangente, *"puer"*, o qual compreende todo o desenvolvimento da criança desde o nascimento até a puberdade. Assim se explicaria a mencionada expressão *"puerum infantem"*, referente ao período pré-lingual da vida da criança. A infância propriamente dita se encerraria, portanto, com a aquisição pelo ser humano da habilidade de articular palavras, não se limitando mais à "língua natural" empregada pelos bebês. Não obstante, Rousseau adverte que, segundo o uso corrente da língua francesa, estenderá a infância até os 12 anos de idade, quando, atingida a puberdade, o indivíduo deixa efetivamente de ser considerado como *"enfant"* ("criança"). (N.T.)

quando nos ferimos. Poupar-lhe-ei, ao menos, esta última angústia, pois muito seguramente avaliará sua dor tal como a verá ser avaliada: se me vir acorrer com inquietude, para consolar e apiedar-me dela, considerar-se-á perdida; se observar que mantenho meu sangue-frio, logo recuperará o seu e acreditará estar a dor curada assim que não mais a sentir. É nessa idade que se adquirem as primeiras lições de coragem e que, ao suportar sem temor pequenas dores, aprende-se gradualmente a suportar as grandes.

Longe de manter-me atento para evitar que Emílio se fira, eu ficaria muito contrariado caso nunca se ferisse e crescesse sem conhecer a dor. Sofrer é a primeira coisa que deve aprender e a que terá mais necessidade de saber. Ao que parece, as crianças são pequenas e fracas apenas para receberem essas importantes lições sem perigo. Se uma criança cair de sua própria altura, não quebrará sua perna; se golpear a si mesma com uma vara, não quebrará seu braço; se agarrar um ferro cortante, mal o segurará e não se cortará muito. Não tenho conhecimento de que se tenha jamais visto uma criança em liberdade matar-se, mutilar-se ou fazer-se algum mal considerável, a menos que tivessem sido imprudentes ao deixá-la exposta em locais elevados ou sozinha perto do fogo, ou ainda que instrumentos perigosos tivessem sido deixados a seu alcance. O que dizer desse amontoado de dispositivos reunidos em torno de uma criança para protegê-la totalmente da dor, até que, quando adulta, ela se encontre a sua mercê, sem coragem e sem experiência, e se considere morta desde a primeira mordida e desmaie ao ver a primeira gota de seu sangue?

Temos a mania professoral e pedante de sempre ensinar às crianças o que aprenderiam muito melhor por si mesmas, e de esquecer o que apenas nós poderíamos lhes ensinar. Existe algo mais tolo do que o esforço que fazemos para ensiná-las a andar, como se tivéssemos visto alguém que, por negligência de sua ama, não soubesse andar quando adulto? Ao contrário, quantas pessoas não vemos andarem mal por toda a vida, por terem sido mal ensinadas a andar?

Emílio não terá nem barretinhos,[2] nem cestos com rodas, nem carrinhos, nem andadeiras, ou, pelo menos, assim que aprender a colocar um pé à frente do outro, será carregado apenas sobre locais pavimentados pelos quais nos limitaremos a passar apressadamente.[3] Em vez de deixá-lo estagnar no ar viciado de um quarto, que seja todo dia levado em meio a um prado. Lá, que corra,

---

2. No texto original, *bourrelets*: barretinhos estofados para proteger as crianças dos choques produzidos pelas quedas. (N.T.)

3. Não há nada mais ridículo e menos firme do que o passo das pessoas que foram demasiadamente conduzidas pela andadeira quando crianças; aqui também trata-se de uma dessas observações que, de tão corretas, se tornam triviais, e que são corretas em mais de um sentido.

que brinque, que caia 100 vezes por dia, tanto melhor: aprenderá mais cedo a se reerguer. O bem-estar da liberdade compensa muitas feridas. Meu aluno terá contusões frequentes; em contrapartida, estará sempre alegre: se os vossos as têm em menor quantidade, eles se encontram sempre contrariados, sempre acorrentados, sempre tristes. Duvido que a vantagem esteja do lado deles.

Outro progresso torna a queixa menos necessária às crianças: é o de suas forças. Podendo realizar mais por si próprias, elas têm uma necessidade menos frequente de recorrer a outrem. Com sua força, desenvolve-se o conhecimento que as coloca em condições de dirigi-la. É neste segundo grau que começa propriamente a vida do indivíduo, quando então adquire consciência de si mesmo. A memória estende o sentimento da identidade a todos os momentos de sua existência; ele se torna verdadeiramente um, o mesmo, e consequentemente já capaz de felicidade ou de miséria. É, pois, importante começar a considerá-lo aqui como um ser moral.

Ainda que determinemos aproximadamente o mais longo termo da vida humana, e as probabilidades que temos de nos aproximarmos desse termo a cada idade, nada é mais incerto do que a duração da vida de cada homem em particular; pouquíssimos alcançam esse mais longo termo. Os maiores riscos da vida se situam no seu começo; quanto menos se viveu, menos se deve esperar viver. Entre as crianças que nascem, metade, quando muito, chega à adolescência, e é provável que a vossa não alcance a idade adulta.

O que se deve, portanto, pensar desta educação bárbara que sacrifica o presente a um futuro incerto, que enche a criança de grilhões de toda espécie e começa por torná-la miserável, para prepará-la, com antecedência, para sabe-se lá que pretensa felicidade, da qual se deve crer que jamais gozará? Ainda que eu supusesse essa educação razoável quanto a seu objetivo, como ver sem indignação pobres desafortunados submetidos a um jugo insuportável e condenados a trabalhos contínuos como galerianos, sem qualquer certeza de que tantos cuidados serão um dia úteis? A idade da alegria transcorre em meio a choros, a castigos, a ameaças, à escravidão. Atormentam o infeliz para seu bem, sem verem a morte que chamam e que vai agarrá-lo em meio a essa triste precaução. Quem sabe quantas crianças não falecem vítimas da extravagante sabedoria de um pai ou de um mestre? Mesmo quando sobrevivem a sua crueldade, a única vantagem que extraem dos males que lhes fizeram sofrer é a de morrerem sem lamentar a vida, da qual conheceram apenas os tormentos.

Homens, sede humanos, eis vosso primeiro dever: sede assim para todas as condições, para todas as idades, para tudo que não é estranho ao homem. Que sabedoria existe para vós fora da humanidade? Amai a infância; favorecei seus jogos, seus prazeres, seu amável instinto. Quem de vós nunca não desejou retornar a essa idade em que o riso está sempre nos lábios e a alma está sempre em paz? Por que desejais privar esses pequenos inocentes do gozo de um tempo tão curto que lhes escapa e de um bem tão precioso do qual não saberiam abusar? Por que desejais preencher de amargura e de dores esses primeiros anos tão fugazes que não voltarão para eles mais do que podem voltar para vós? Pais, conheceis o momento em que a morte aguarda vossos filhos? Não preparais vossos lamentos privando-os dos poucos instantes que a natureza lhes dá: logo que puderem sentir o prazer de existir, fazei com o aproveitem; fazei com que, seja qual for a hora em que Deus os chamar, não morram sem ter apreciado a vida.

Quantas vozes se elevarão contra mim! Ouço, de longe, os clamores dessa falsa sabedoria que nos atira sem cessar para fora de nós mesmos, que nunca dá ao presente qualquer valor e que, perseguindo sem trégua um futuro que foge à medida que se avança, à força de nos transportar para onde não estamos, acaba nos transportando para onde jamais estaremos.

"Trata-se", respondeis, "do momento de corrigir as más inclinações do homem; é na idade da infância, na qual os desgostos são menos sensíveis, que se os deve multiplicar para evitá-los na idade da razão." Mas quem vos diz que todo esse arranjo se encontra a vossa disposição e que todas essas belas instruções com que sobrecarregais o frágil espírito de uma criança não lhe serão, um dia, mais perniciosas do que úteis? Quem vos garante que evitais qualquer coisa com as mágoas que lhe conferis? Por que dais mais males que o estado dela comporta, sem assegurar-vos de que esses males presentes serão evitados no futuro? E como me provareis que essas más inclinações de que pretendeis curá-la não resultam de vossos cuidados equivocados mais do que da natureza? Infeliz previdência, que torna um ser miserável pela esperança, bem ou mal fundada, de um dia torná-lo feliz! Se esses falastrões vulgares confundem a licença com a liberdade, e a criança feliz com a criança mimada, ensinemo-los a distingui-las.

Para não correr atrás de quimeras, não nos esqueçamos daquilo que convém a nossa condição. A humanidade tem seu lugar na ordem das coisas; a infância tem o seu na ordem da vida humana; deve-se considerar o homem no homem, e a criança na criança. Atribuir a cada um seu lugar para nele fixá-lo e ordenar as paixões humanas segundo a constituição do homem é tudo que podemos fazer para seu bem-estar. O resto depende de causas estranhas que não se encontram em nosso poder.

Não sabemos o que é a felicidade ou a infelicidade absoluta. Tudo se mistura nesta vida, não experimentamos nenhum sentimento puro, sequer permanecemos por dois momentos no mesmo estado. As alterações da alma, assim como as modificações do corpo, se encontram num fluxo contínuo. O bem e o mal são comuns a todos nós, mas em diferentes medidas. O mais feliz é aquele que sente menos desgostos; o mais miserável é aquele que experimenta menos prazeres. Sempre mais sofrimentos do que prazeres: eis a diferença comum a todos. A felicidade do homem neste mundo é, portanto, apenas um estado negativo; deve-se medi-la pela menor quantidade de males sofridos.

Todo sentimento de desgosto é inseparável do desejo de livrar-se dele; toda ideia de prazer é inseparável do desejo de desfrutar dele; todo desejo supõe privação, e são penosas todas as privações que sentimos. É, portanto, na desproporção entre desejos e faculdades que consiste nossa miséria. Um ser sensível cujas faculdades igualassem seus desejos seria um ser absolutamente feliz.

Em que consiste, portanto, a sabedoria humana ou o caminho da verdadeira felicidade? Não se trata, precisamente, de diminuir nossos desejos, pois, caso estes estivessem abaixo de nosso poder, uma parte de nossas faculdades permaneceria ociosa e não gozaríamos de todo nosso ser. Tampouco se trata de estender nossas faculdades, pois, se nossos desejos se estendessem, ao mesmo tempo, em maior proporção, apenas nos tornaríamos mais miseráveis: trata-se sim de diminuir o excesso dos desejos em relação às faculdades e de colocar em igualdade perfeita o poder e a vontade. Somente então, estando todas as forças em ação, a alma permanecerá tranquila e o homem se encontrará bem ordenado.

É assim que a natureza, que faz tudo da melhor forma, o instituiu a princípio. Dá-lhe imediatamente apenas os desejos necessários para sua conservação e as faculdades suficientes para satisfazê-los. Deixou todas as demais como que em reserva, no fundo da alma, para nela desenvolverem-se segundo a necessidade. É somente nesse estado primitivo que se encontra o equilíbrio entre o poder e o desejo e que o homem não é infeliz. Assim que as faculdades virtuais se põem em ação, a imaginação, a mais ativa de todas, desperta e as supera. É a imaginação que estende, para nós, a medida dos possíveis, para o bem ou para o mal, e que, consequentemente, estimula e alimenta os desejos pela esperança de satisfazê-los. Mas o objeto que parecia estar em nossa mão foge mais rápido do que podemos perseguir; quando acreditamos alcançá-lo, ele se transforma e reaparece, longe, a nossa frente. Não vendo mais a distância percorrida, não lhe damos valor; aquela que nos resta a percorrer se amplia, se estende continuamente; assim, esgotamo-nos sem chegar ao fim, e, quanto mais superamos o gozo, mais a felicidade se afasta de nós.

Ao contrário, quanto mais o homem permaneceu perto de sua condição natural, menor é a diferença entre suas faculdades e seus desejos e, consequentemente, menos longe ele está de ser feliz. Ele nunca é menos miserável do que quando parece desprovido de tudo, pois a miséria não consiste na privação das coisas, mas na necessidade que delas se faz sentir.

O mundo real tem suas fronteiras, o mundo imaginário é infinito; não podendo alargar o primeiro, estreitemos o segundo, pois é somente da diferença entre os dois que nascem todos os sofrimentos que nos tornam realmente infelizes. Eliminai a força, a saúde e o bom testemunho de si, e todos os bens desta vida estarão na opinião; eliminai as dores do corpo e os remorsos da consciência, e todos nossos males serão imaginários. Dirão que esse princípio é comum; admito que sim. Sua aplicação prática, porém, não é comum, e é unicamente da prática que se trata aqui.

Quando dizem que o homem é fraco, o que querem dizer? A palavra fraqueza indica uma relação. Uma relação do ser a quem se aplica. Aquele cuja força ultrapassa as necessidades, seja ele um inseto ou um verme, é um ser forte. Aquele cujas necessidades ultrapassam a força, seja ele um elefante ou um leão, seja ele um conquistador ou um herói, ou até um deus, é um ser fraco. O anjo rebelde que desconheceu sua natureza era mais fraco que o feliz mortal que viveu em paz de acordo com sua própria. O homem é muito forte quando se contenta em ser o que é, e muito fraco quando deseja elevar-se acima da humanidade. Não imagineis, portanto, que, ao estenderdes vossas faculdades, estendeis vossas forças; vós as diminuís, ao contrário, se vosso orgulho se estende mais do que elas. Meçamos o raio de nossa esfera e permaneçamos no centro, como o inseto no meio de sua teia; bastaremos sempre a nós mesmos e nunca teremos de nos queixar de nossa fraqueza, pois jamais a sentiremos.

Todos os animais possuem exatamente as faculdades necessárias para se conservar. Apenas o homem possui algumas supérfluas. Não é estranho que esse supérfluo seja o instrumento de sua miséria? Em todos os países, os braços de um homem valem mais que sua subsistência. Se ele fosse sábio o bastante para não dar a esse supérfluo qualquer valor, teria sempre o necessário, pois jamais teria qualquer coisa em excesso. As grandes necessidades, dizia Favorino,[4] nascem dos grandes bens, e frequentemente o melhor meio de nos darmos as coisas de que carecemos consiste em nos privarmos das que possuímos.[5] É à força de nos alterarmos para aumentar nossa felicidade que a transformamos em miséria. Todo homem que desejasse apenas viver viveria feliz; consequentemente, seria bom, pois onde estaria para ele a vantagem de ser mau?

---

4. *Noct. attic.* L. IX, c. 8.

5. Favorino de Arles (80-160) foi um filósofo cético grego, expoente da chamada Segunda Sofística e apoiado pelo imperador Adriano. (N.T.)

Se fôssemos imortais, seríamos seres muito miseráveis. É certamente duro ter de morrer, mas é agradável saber que não se viverá para sempre e que uma vida melhor porá fim aos sofrimentos desta. Caso nos fosse oferecida a imortalidade sobre a Terra, quem desejaria aceitar esse triste presente? Que recurso, que esperança, que consolo nos restaria contra os rigores da sorte e contra as injustiças dos homens? O ignorante que não prevê nada sente pouco o valor da vida e teme pouco perdê-la; o homem esclarecido vê bens de maior valor, preferindo-os à imortalidade. Apenas o saber parcial e a falsa sensatez, estendendo nossas vistas até a morte e não além, fazem-nos o maior dos males. A necessidade de morrer é, para o homem sábio, apenas uma razão para suportar os sofrimentos da vida. Se não estivéssemos certos de perdê-la um dia, ela custaria demais para ser conservada.

Nossos males morais estão todos na opinião, com a exceção de um, que é o crime, e este depende de nós; nossos males físicos se destroem ou nos destroem. O tempo ou a morte são nossos remédios, mas tanto mais sofremos quanto menos sabemos sofrer, e nos atormentamos mais para curar nossas doenças do que faríamos para suportá-las. Vive segundo a natureza, sê paciente e afasta os médicos; não evitarás a morte, mas a sentirás apenas uma vez, ao passo que eles a levam, a cada dia, à tua imaginação perturbada, e sua arte mentirosa, em vez de prolongar teus dias, te priva de seu gozo. Sempre perguntarei que verdadeiro bem tal arte fez aos homens. Alguns dos que ela cura morreriam, é verdade, mas milhões dos que ela mata permaneceriam vivos. Homem sensato, não aposta nessa loteria em que chances demais estão contra ti. Sofre, morre ou cura-te; mas, sobretudo, vive até tua última hora.

Tudo é apenas loucura e contradição nas instituições humanas. Preocupamo-nos mais com nossa vida à medida que esta perde seu valor. Os velhos a prezam mais do que os jovens; não querem perder os cuidados que tomaram para aproveitá-la; com 60 anos, é bastante cruel morrer antes de ter começado a viver. Acredita-se que o homem nutre um amor intenso por sua conservação, e isso é verdade, mas não se percebe que esse amor, tal como o sentimos, é em grande parte obra dos homens. Naturalmente, o homem somente se preocupa em se conservar na medida em que tem os meios de fazê-lo; assim que esses meios lhe escapam, tranquiliza-se e morre sem se atormentar inutilmente. A primeira lei da resignação nos vem da natureza. Os selvagens, assim como os animais, se debatem pouco com a morte e a suportam quase sem queixas. Uma vez destruída essa lei, forma-se outra que vem da razão; mas poucos sabem deduzi-la, e essa resignação factícia nunca é tão plena e inteira quanto a primeira.

A previdência! A previdência que nos leva incessantemente para além de nós mesmos e com frequência nos coloca onde jamais chegaremos; eis a verdadeira fonte de todas nossas misérias. Que mania tem um ser tão passageiro quanto o homem de olhar sempre para longe num futuro que tão raramente chega e de negligenciar o presente de que está certo; mania tanto mais funesta quanto aumenta continuamente com a idade e quanto os velhos, sempre desconfiados, previdentes e avaros, preferem recusar-se hoje o necessário a carecer dele dentro de 100 anos. Assim, dependemos de tudo, nos apegamos a tudo; os tempos, os lugares, os homens, as coisas, tudo que é e tudo que será importa a cada um de nós: nosso indivíduo já não é senão a menor parte de nós mesmos. Cada um se estende, por assim dizer, sobre a Terra inteira e se torna sensível sobre toda esta grande superfície. Surpreende que nossos males se multipliquem em todos os pontos em que podemos ser feridos? Quantos príncipes se desolam com a perda de um país que jamais viram? Basta lesar quantos mercadores nas Índias, para fazê-los gritar em Paris?

É a natureza que leva, assim, os homens para tão longe de si mesmos? É ela que deseja que cada um conheça seu destino por meio dos outros e, por vezes, o conheça por último, de modo que fulano morra feliz ou miserável, sem jamais ter sabido nada a respeito? Vejo um homem saudável, alegre, vigoroso e em boa forma; sua presença inspira alegria, seus olhos anunciam o contentamento e o bem-estar; carrega consigo a imagem da felicidade. Chega uma carta do correio; o homem feliz a observa; ela lhe é endereçada; ele a abre e a lê. Num instante, seu aspecto muda; empalidece e desmaia. Voltando a si, chora, agita-se, lamenta-se, arranca os cabelos, faz ressoar o ar com seus gritos, parece sofrer de horríveis convulsões. Insensato, que mal te fez então este papel? De que membro te privou? Que crime te fez cometer? Enfim, o que ele alterou em ti para deixar-te no estado em que te vejo?

Se a carta tivesse sido perdida, se uma mão caridosa a tivesse lançado ao fogo, a sorte desse mortal, ao mesmo tempo feliz e infeliz, teria sido um estranho problema, ao que me parece. Sua infelicidade, direis, era real. Pois bem, mas ele não a sentia: onde, portanto, ela estava? Sua felicidade era imaginária. Ou seja, a saúde, a alegria, o bem-estar, o contentamento do espírito não são mais do que visões. Não existimos mais onde estamos; existimos apenas onde não nos encontramos. Vale a pena ter tão grande medo da morte se aquilo em que vivemos subsiste?

Ó homem! Encerra tua existência dentro de ti e não serás mais miserável. Permanece no lugar que a natureza te atribui no encadeamento dos seres e nada poderá fazer com que o deixes; não te oponhas à dura lei da necessidade e não esgotes, no intuito de resistir, forças que o céu não te deu para estender ou prolongar tua existência, mas somente para conservá-la como lhe agrada e o tanto quanto lhe agrada. Tua liberdade e teu poder se estendem apenas tanto quanto tuas forças naturais, e não além; todo o resto é apenas escravidão, ilusão, prestígio. A própria dominação é servil quando se deve à opinião, pois tu dependes dos preconceitos daqueles que governas por meio dos preconceitos. Para conduzi-los como te agrada, deves conduzir-te como lhes agrada. Basta que alterem sua maneira de pensar para que sejas forçado a alterar tua maneira de agir. Resta àqueles que te cercam saberem governar as opiniões do povo que acreditas governar, ou dos favoritos que te governam, ou as de tua família, ou ainda as tuas; esses vizires, esses cortesãos, esses sacerdotes, esses soldados, esses criados, esses tagarelas e até mesmo crianças, quando fores um Temístocles de gênio,[6] irão te conduzir como se tu mesmo fosses uma criança em meio a tuas legiões. Podes tentar, mas tua autoridade real jamais superará tuas faculdades reais. Assim que for preciso ver pelos olhos dos outros, será preciso querer por suas vontades. "Meus povos são meus súditos", me dizes altivo. Assim seja; mas tu, quem és? O súdito de teus ministros; e teus ministros, por sua vez, quem são eles? Os súditos de seus empregados, de suas amantes, os criados de seus criados. Tomai tudo, usurpai tudo e, então, depositai o dinheiro com abundância; preparai baterias de canhões, erguei cadafalsos e rodas;[7] emiti leis e editos; multiplicai os espiões, os soldados, os carrascos, as prisões, os grilhões; pobres pequenos homens, de que vos serve tudo isso? Não sereis, com isso, mais bem servidos, nem menos roubados, nem menos enganados, nem mais absolutos. Sempre direis: nós desejamos, e fareis sempre o que desejarem os outros.

O único que realiza sua vontade é aquele que não tem necessidade, para realizá-la, de colocar os braços de outro na ponta dos seus: resulta daí que o primeiro de todos os bens não é a autoridade, mas a liberdade. O homem verdadeiramente livre deseja apenas o que pode e faz o que lhe agrada. Eis minha máxima fundamental. Trata-se apenas de aplicá-la à infância, e todas as regras da educação lhe serão derivadas.

A sociedade tornou o homem mais fraco, não somente ao privá-lo do direito que tinha sobre suas próprias forças mas sobretudo ao torná-las insuficientes para ele. É por isso que seus desejos se multiplicam com sua fraqueza, e é isso que

---

6. Este rapazinho que vedes, dizia Temístocles a seus amigos, é o árbitro da Grécia; pois governa sua mãe, sua mãe me governa, eu governo os atenienses, e os atenienses governam os gregos. Ó, que pequenos condutores encontraríamos com frequência para os maiores impérios caso descêssemos gradualmente do príncipe até a primeira mão que secretamente dá o primeiro impulso!

7. Rousseau se refere à *roue* (roda), modo de execução reservado aos condenados pelos crimes mais graves. Os membros do condenado eram amarrados à roda e rompidos a golpes de bastão de madeira ou ferro; em seguida, fazia-se girar a roda até que a vida do supliciado expirasse. (N.T.)

faz a fraqueza da infância, comparada à idade adulta. Se o homem é um ser forte e se a criança é um ser fraco, não é porque o primeiro tem mais força absoluta que a segunda, mas porque o primeiro pode naturalmente bastar a si mesmo enquanto a outra não pode. O homem deve, portanto, ter mais vontades e a criança, mais fantasias – palavra pela qual designo todos os desejos que não constituem verdadeiras necessidades e que só podem ser satisfeitos com o auxílio de outrem.

Enunciei a razão para esse estado de fraqueza. A natureza o supre pelo afeto dos pais e das mães; mas tal afeto pode ter seu excesso, sua carência, seus abusos. Pais que vivem no estado civil conduzem seu filho a ele antes da idade. Ao darem-lhe mais necessidades do que tem, não aliviam sua fraqueza, mas a aumentam. Aumentam-na ainda mais ao exigirem dele o que a natureza não exigia; ao submeterem a suas vontades a pouca força que possui para satisfazer as suas; ao transformarem, de um lado ou de outro, em escravidão a dependência recíproca na qual a fraqueza dele o mantém e na qual o afeto deles os mantém.

O homem sensato sabe permanecer em seu lugar, mas a criança que não conhece o seu não saberia guardá-lo. Ela encontra, entre nós, mil caminhos para deixá-lo; cabe àqueles que a governam mantê-la em seu lugar, e essa tarefa não é fácil. Ela não deve ser nem animal nem homem, mas criança; é preciso que sinta sua fraqueza, e não que sofra em razão dela; é preciso que dependa, e não que obedeça; é preciso que peça, e não que ordene. Submete-se aos outros apenas em virtude de suas necessidades e porque, melhor do que ela, eles reconhecem o que lhe é útil e o que pode favorecer ou prejudicar sua conservação. Ninguém, nem mesmo o pai, tem o direito de ordenar à criança o que não lhe serve para nada.

Antes que os preconceitos e as instituições humanas alterem nossas inclinações naturais, a felicidade das crianças, assim como a dos homens, consiste no uso de sua liberdade; mas essa liberdade é, nas primeiras, limitada por sua fraqueza. Aquele que faz o que quer é feliz quando basta a si mesmo; é o caso do homem que vive no estado de natureza. Aquele que faz o que quer não é feliz se suas necessidades ultrapassam suas forças; é o caso da criança no mesmo estado. As crianças gozam, mesmo no estado de natureza, apenas de uma liberdade imperfeita, semelhante àquela de que gozam os homens no estado civil. Não podendo mais prescindir dos outros, cada um de nós volta a ser fraco e miserável. Éramos feitos para sermos homens, as leis e a sociedade nos devolveram à infância. Os ricos, os nobres e os reis são todos crianças que extraem da nossa pressa em aliviar sua miséria uma vaidade pueril e se orgulham de cuidados que não lhe seriam prestados caso fossem homens feitos.

Essas considerações são importantes e servem para resolver todas as contradições do sistema social. Existem duas espécies de dependência: a das coisas, que provém da natureza; e a dos homens, que provém da sociedade. Desprovida de toda moralidade, a dependência das coisas não prejudica a liberdade e não acarreta vícios. Desordenada,[8] a dependência dos homens os acarreta todos, e é por meio dela que o senhor e o escravo se depravam mutuamente. Se existe algum meio de remediar esse mal na sociedade, consiste em substituir o homem pela lei e em armar as vontades gerais com uma força real superior à ação de toda vontade particular. Se as leis das nações pudessem ter, assim como as da natureza, uma inflexibilidade que uma força humana jamais poderia vencer, a dependência dos homens voltaria então a ser a das coisas, reunir-se-iam na república todas as vantagens do estado natural à do estado civil, e se juntaria à liberdade que mantém o homem isento de vícios a moralidade que o eleva à virtude.

Ao manter a criança apenas na dependência das coisas, tereis seguido a ordem da natureza no progresso de sua educação. Oponde a suas vontades indiscretas apenas obstáculos físicos ou punições que nasçam das próprias ações e das quais oportunamente se lembre. Sem proibi-la de errar, bastará impedir que o faça. Somente a experiência ou a impotência devem cumprir, para ela, a função de lei. Não concedais nada a seus desejos porque ela pede, mas porque tem disso necessidade. Que ela não saiba o que é obediência quando age nem o que é império quando agem por ela. Que sinta igualmente sua liberdade em suas ações e nas vossas. Supri a força que lhe falta, o tanto quanto precisar para que seja livre, em vez de imperiosa; que, ao receber vossos serviços com uma espécie de humilhação, ela aspire ao momento em que poderá dispensá-los e em que terá a honra de servir a si própria.

Para fortalecer o corpo e fazê-lo crescer, a natureza dispõe de meios que não se devem jamais contrariar. Não se deve forçar uma criança a permanecer quando ela desejar ir embora, nem a ir quando desejar permanecer. Quando a vontade das crianças não é estragada por nossa culpa, elas não desejam nada inutilmente. É preciso que pulem, que corram, que gritem quando têm vontade. Todos seus movimentos constituem necessidades de sua constituição que procura se fortalecer; devemos, porém, desconfiar do que desejam sem poder fazê-lo por si mesmas e do que outros são obrigados a fazer por elas. Deve-se, então, distinguir com cuidado a verdadeira necessidade – a necessidade natural – da necessidade de fantasia que começa a nascer, ou daquela que vem apenas da superabundância de vida de que já falei.

---

8. Em meus *Princípios do direito político*, está demonstrado que nenhuma vontade particular pode ser ordenada no sistema social. [O título citado é, na verdade, o subtítulo de *O contrato social*. (N.T.)]

Já disse o que se deve fazer quando uma criança chora para obter uma coisa ou outra. Acrescentarei apenas que, assim que puder falar para pedir o que deseja e, de modo a obtê-lo mais rápido ou a vencer uma recusa, reforçar com choros seu pedido, este deve ser-lhe irrevogavelmente recusado. Se a necessidade a fez falar, deveis fazer imediatamente o que ela pede; mas ceder algo a suas lágrimas é estimulá-la a derramá-las, é ensiná-la a duvidar de vossa boa vontade e a acreditar que a importunidade exerce maior poder sobre vós do que a benevolência. Se não crê que sois bom, logo será má; se crê que sois fraco, logo será insistente; é importante conceder sempre ao primeiro sinal o que não se deseja recusar. Não sejais pródigos em recusas, mas nunca as revogais.

Evitai, sobretudo, dar à criança fórmulas vãs de polidez que lhe servem, segundo a necessidade, de palavras mágicas para submeter a suas vontades tudo que a cerca e obter, num instante, aquilo que lhe agrada. Na educação cerimoniosa dos ricos, não se deixa jamais de torná-los polidamente imperiosos, prescrevendo-lhes os termos de que devem servir-se para que ninguém ouse lhes resistir: seus filhos não possuem nem tom nem fórmulas de súplica; são tão arrogantes, ou até mais, ao pedirem quanto ao comandarem, como se estivessem ainda mais certos de serem obedecidos. Vê-se, primeiramente, que, em sua boca, "se vos agrada" significa "me agrada", e que "eu vos peço" significa "eu vos ordeno". Admirável polidez que resulta, para eles, em apenas mudar o sentido das palavras e em nunca poder falar senão com império! Quanto a mim, temendo menos que Emílio se torne grosseiro do que arrogante, prefiro muito mais que diga, ao pedir, "fazei isso" do que, ao comandar, "eu vos peço". Não é o termo que emprega que me importa, mas a acepção que lhe atribui.

Há um excesso de rigor e um excesso de indulgência que se devem igualmente evitar. Se deixais as crianças padecerem, expondes sua saúde, sua vida e as tornais atualmente miseráveis; se as poupais com demasiado cuidado de toda espécie de mal-estar, vós lhes preparais grandes misérias; vós as tornais delicadas, sensíveis e as tirais de sua condição de homens, à qual, um dia, retornarão a despeito de vossos esforços. Para não expô-las a alguns males da natureza, sois o artesão daqueles que esta não lhes deu. Dir-me-eis que caio no caso desses maus pais a quem eu condenava por sacrificarem a felicidade das crianças à consideração de um tempo afastado que pode nunca existir.

De modo algum. Pois a liberdade que dou a meu aluno compensa amplamente as leves incomodidades a que o deixo exposto. Vejo pequenos gaiatos brincarem na neve, arroxeados, transidos e mal podendo mexer os dedos. Dependem apenas de si mesmos para irem se esquentar, mas não o fazem; caso fossem forçados a fazê-lo, sentiriam 100 vezes mais os rigores do constrangimento do que sentem os do frio. De que, portanto, vos queixais? Tornarei vosso filho miserável ao expô-lo apenas às incomodidades que aceita sofrer? Faço seu bem no momento presente, ao deixá-lo livre; faço seu bem no futuro, ao armá-lo contra os males que deve suportar. Se ele pudesse escolher entre ser meu aluno ou o vosso, acreditais que hesitaria por um instante?

Concebeis alguma verdadeira felicidade possível para um ser, fora de sua constituição? E isentar o homem igualmente de todos os males de sua espécie não seria tirá-lo de sua constituição? Sim, eu sustento: para que sinta os grandes bens, é preciso que conheça os pequenos males; esta é sua natureza. Se o físico vai bem demais, o moral se corrompe. O homem que não conhecesse a dor não conheceria nem o enternecimento da humanidade nem a doçura da comiseração; seu coração não se comoveria com nada, ele não seria sociável, mas um monstro entre seus semelhantes.

Sabeis qual o meio mais seguro de tornar vosso filho miserável? É acostumá--lo a conseguir tudo, pois, com seus desejos crescendo continuamente pela facilidade de satisfazê-los, cedo ou tarde a impotência vos forçará a recusá-los contra vossa vontade, e tal recusa inabitual causará maior tormento a vosso filho que a própria privação do que ele quer. Desejará, em primeiro lugar, a bengala que segurais; logo desejará vosso relógio; em seguida, desejará o pássaro que voa; desejará a estrela que vê brilhar; desejará tudo que vir; não sendo Deus, como o contentareis?

É uma disposição natural do homem encarar como seu tudo que está em seu poder. Nesse sentido, o príncipe de Hobbes é verdadeiro até certo ponto; multiplicai com nossos desejos os meios de satisfazê-los e cada um se fará senhor de tudo. Portanto, a criança que tem apenas de querer para obter acredita ser proprietária do universo; vê todos os homens como seus escravos, e, quando finalmente somos forçados a recusar-lhe algo, ela, acreditando ser tudo possível quando comanda, recebe essa recusa como um ato de rebelião; todas as razões que lhe são dadas numa idade incapaz de raciocínio lhe constituem apenas pretextos; vê má vontade por todos os lados: o sentimento de uma pretensa injustiça amargura o seu temperamento; ela passa a odiar a todos e, sem jamais se satisfazer com a complacência, indigna-se com toda oposição.

Como eu poderia conceber que uma criança assim dominada pela ira e devorada pelas paixões mais irascíveis pudesse um dia ser feliz? Feliz, ela! É uma déspota; é, ao mesmo tempo, a mais vil das escravas e a mais miserável das criaturas. Vi crianças educadas dessa maneira que queriam que derrubassem a casa com um golpe de ombro, que lhes dessem o galo que viam sobre o campanário, que detivessem um regimento em marcha para ouvirem os tambores por mais tempo, e que, assim que tardassem a obedecê-las, perfuravam o ar com seus gritos, sem querer ouvir ninguém. Em vão, todos se esforçavam em agradar-lhes; tendo seus desejos estimulados pela facilidade de obter, elas se obstinavam com coisas impossíveis e encontravam, em todo lugar, apenas contradições, apenas obstáculos, apenas sofrimentos, apenas dores. Sempre ranhetas, sempre revoltadas, sempre furiosas, passavam seus dias gritando e se queixando; eram esses seres bem-afortunados? A fraqueza e a dominação reunidas geram apenas loucura e miséria. Havendo duas crianças mimadas, uma baterá sobre a mesa e a outra mandará açoitar o mar; muito terão de açoitar e bater antes de viverem contentes.[9]

Se essas ideias de império e de tirania as tornam miseráveis desde a infância, o que acontecerá quando crescerem e suas relações com os outros homens começarem a se estender e a se multiplicar? Acostumadas a verem tudo ceder diante delas, qual não será sua surpresa quando, ao entrarem no mundo, tudo lhes resistir e se encontrarem esmagadas sob o peso deste universo que pensavam movimentar segundo sua vontade! Sua insolente afetação e sua pueril vaidade suscitam apenas humilhações, desdéns, zombarias; bebem afrontas como se fossem água; cruéis provações logo lhes ensinam que não conhecem nem sua condição nem suas forças; não podendo tudo, acreditam não poder nada; tantos obstáculos inabituais as desencorajam, tanto desprezo as avilta; tornam-se covardes, temerosas, submissas, e rebaixam-se com a mesma intensidade com que se tinham elevado acima de si mesmas.

Retornemos à regra primitiva. A natureza fez as crianças para serem amadas e socorridas; mas ela as fez para serem obedecidas e temidas? Deu-lhes um aspecto imponente, um olhar severo, uma voz rude e ameaçadora para fazerem-se temer? Entendo que o rugido de um leão apavore os animais e que eles tremam ao verem sua terrível cabeça; mas, se jamais houve um espetáculo indecente, odioso e risível, é o de um corpo de magistrados, encabeçados pelo chefe, com trajes de cerimônia, prostrados diante de uma criança num cueiro, para a qual discursam em termos pomposos e a qual grita e baba como única resposta.

Considerando-se a infância em si mesma, existe, no mundo, ser mais fraco, mais miserável, mais à mercê de tudo que o cerca, que tenha a mesma necessidade de piedade, de cuidados e de proteção do que uma criança? Não é de crer que ela exiba uma feição tão doce e um aspecto tão tocante apenas para que quem se aproximar se interesse por sua fraqueza e se apresse em socorrê-

---

9. A imagem da criança que manda açoitar o mar remete a Xerxes, que deu ordens para que o mar recebesse 300 chicotadas como punição por ter destruído uma ponte que uniria a Ásia à Europa. (N.T.)

-la? Existe, portanto, algo mais chocante, mais contrário à ordem do que ver uma criança imperiosa e revoltada comandar tudo que a cerca e assumir impudentemente o tom senhorial com aqueles a quem bastaria abandoná-la para levá-la à morte?

Por outro lado, quem não vê que a fraqueza da primeira idade acorrenta as crianças de tantas maneiras que é bárbaro acrescentar a sujeição de nossos caprichos, tirando-lhes uma liberdade tão limitada, da qual tão pouco podem abusar e da qual é tão pouco útil, para elas e para nós, que sejam privadas? Se não existe objeto tão digno de riso quanto uma criança altiva, tampouco há objeto tão digno de piedade quanto uma criança temerosa. Se, com a idade da razão, começa a servidão civil, por que antecipá-la pela servidão privada? Aceitemos que um momento da vida seja isento deste jugo que a natureza não nos impôs e deixemos à criança o exercício da liberdade natural, que a afasta, pelo menos por um tempo, dos vícios que se adquirem na escravidão. Que venham com suas frívolas objeções tanto esses professores severos como esses pais submetidos a seus filhos, e que, antes de louvarem seus métodos, aprendam de uma vez o da natureza.

Volto à prática. Já disse que vosso filho não deve obter nada porque pede, mas porque precisa,[10] nem fazer nada por obediência, mas somente por necessidade; assim, serão proscritas de seu dicionário as palavras obedecer e comandar, e, ainda mais, as palavras dever e obrigação; mas força, necessidade, impotência e constrangimento devem nele ocupar um lugar importante. Antes da idade da razão, não poderíamos ter qualquer ideia dos seres morais nem das relações sociais; é preciso, portanto, evitar, tanto quanto possível, empregar palavras que os expressem, temendo que a criança inicialmente associe a tais palavras ideias falsas que não desconheceremos ou que não podereremos depois destruir. A primeira falsa ideia a entrar em sua cabeça forma nela o germe do erro e do vício; é sobretudo a este primeiro passo que se deve prestar atenção. Fazei com que, enquanto ela estiver exposta apenas a coisas sensíveis, todas suas ideias se limitem às sensações; fazei com que, em todos os lugares, ela perceba a seu redor apenas o mundo físico: caso contrário, tende certeza de que ela de modo algum vos escutará, ou que formará, a respeito do mundo moral de que falais, noções fantásticas que não apagareis até o fim da vida.

---

10. Deve-se perceber que, assim como o sofrimento é frequentemente uma necessidade, o prazer por vezes também o é. Há, portanto, apenas um desejo das crianças que não se deve jamais satisfazer: é o de se fazerem obedecer. Resulta disso que, em tudo que pedem, é sobretudo ao motivo que as leva a pedir que se deve prestar atenção. Concedei-lhes, tanto quanto possível, tudo que puder lhes proporcionar um prazer real; recusai-lhes sempre o que pedem apenas por fantasia ou para realizar um ato de autoridade.

Razoar com as crianças era a grande máxima de Locke, e é a mais em voga hoje em dia; seu sucesso não me parece, entretanto, muito propício a dar-lhe crédito, e, quanto a mim, não vejo nada mais tolo do que essas crianças com quem tanto se razoou. De todas as faculdades do homem, a razão, que é, por assim dizer, apenas um composto de todas as demais, é a que se desenvolve mais dificilmente e mais tarde, e é esta que se quer empregar para desenvolver as primeiras! A obra-prima de uma boa educação consiste em fazer um homem razoável, e pretende-se educar uma criança pela razão! Isso é começar pelo fim. É querer fazer da obra o instrumento. Se as crianças entendessem a razão, não precisariam ser educadas; mas falando-lhes, desde sua primeira idade, uma língua que não compreendem, acostumamo-las a engolirem as palavras, a controlarem tudo que lhes dizemos, a se considerarem tão sábias quanto seus mestres, a tornarem-se altercadoras e rebeldes, e tudo que acreditamos obter delas por motivos razoáveis jamais se obtém senão pelos motivos de cobiça, de temor ou de vaidade que somos sempre obrigados a acrescentar.

Eis a fórmula a que se podem reduzir praticamente todas as lições de moral que damos e podemos dar às crianças.

O mestre
Não se deve fazer isto.

A criança
E por que não se deve fazer isto?

O mestre
Porque é errado.

A criança
Errado! O que é errado?

O mestre
Aquilo que vos é proibido.

A criança
Que mal há em fazer o que me é proibido?

O mestre
Sois punido por ter desobedecido.

A criança
Agirei de modo que ninguém o saiba.

O mestre
Sereis vigiado.

A criança
Esconder-me-ei.

O mestre
Sereis questionado.

A criança
Mentirei.

O mestre
Não se deve mentir.

A criança
Por que não se deve mentir?

O mestre
Porque é errado etc.

Eis o inevitável círculo. Abandonai-o e a criança não vos compreenderá mais. Não são tais instruções muito úteis? Eu teria grande curiosidade em saber o que se poderia pôr no lugar desse diálogo. Até mesmo Locke teria, seguramente, ficado muito embaraçado. Conhecer o bem e o mal e sentir a razão dos deveres do homem não são tarefas para uma criança.

A natureza deseja que as crianças sejam crianças antes de serem homens. Se desejarmos perverter essa ordem, produziremos frutos precoces que não terão nem maturidade nem sabor e que não tardarão a se corromper: teremos jovens doutores e velhas crianças. A infância tem maneiras de ver, de pensar e de sentir que lhe são próprias; nada é menos sensato do que querer substituí-las pelas nossas, e me agradaria tanto exigir que uma criança tivesse cinco pés de altura[11]

---

11. Cerca de 1,62 metro. Na época de Rousseau, o pé correspondia a aproximadamente 324,839 milímetros. (N.E.)

quanto que tivesse juízo aos dez anos. Com efeito, de que lhe serviria a razão nessa idade? Ela é o freio da força, e a criança não tem necessidade desse freio.

Procurando persuadir vossos alunos do dever de obediência, vós associais a essa pretensa persuasão a força e as ameaças, ou, o que é pior, a bajulação e as promessas. Assim, incitados pelo interesse ou constrangidos pela força, eles simulam estarem convencidos pela razão. Veem muito bem que a obediência lhes é vantajosa e a rebelião nociva, assim que percebeis uma ou outra. Mas como não exigis deles nada que não lhes seja desagradável e como é sempre penoso cumprir as vontades de outrem, escondem-se para realizar as suas, persuadidos de que agem bem quando se ignora sua desobediência, mas prontos para admitir que agem mal quando são descobertos, por temerem um mal maior. Não sendo a razão do dever própria a sua idade, não há homem no mundo que tenha conseguido fazer com que ela se lhes tornasse realmente sensível; mas o temor do castigo, a esperança do perdão, a importunidade e o embaraço de responder arrancam-lhes todas as confissões exigidas, e acredita--se tê-los convencido quando apenas foram importunados ou intimidados.

O que resulta disso? Primeiramente, que, impondo-lhes um dever que não sentem, vós os indispondes contra vossa tirania e os desencorajais de vos amar; que os ensinais a se tornarem dissimulados, falsos e mentirosos para extorquir recompensas ou escapar aos castigos; que, por fim, acostumando-os a cobrir sempre com um motivo aparente um motivo secreto, vós mesmos lhes ofereceis um meio de se aproveitarem continuamente de vós, de vos privarem do conhecimento de seu verdadeiro caráter e de oferecerem, a vós e aos outros, palavras vãs, segundo a ocasião. As leis, direis, embora obrigatórias para a consciência, também empregam o constrangimento com homens feitos. Reconheço-o; mas o que são esses homens senão crianças estragadas pela educação? Eis precisamente o que se deve prevenir. Empregai a força com as crianças e a razão com os homens; essa é a ordem natural: o sábio não tem necessidade de leis.

Tratai vosso aluno de acordo com sua idade. Colocai-o, desde o início, em seu lugar e mantende-o nele de modo que não tente mais deixá-lo. Então, antes de saber o que é a sabedoria, ele porá em prática sua mais importante lição. Nunca lhe ordeneis nada, seja o que for neste mundo, absolutamente nada. Não o deixeis sequer imaginar que pretendeis exercer alguma autoridade sobre ele. Que saiba somente que é fraco e que sois forte e que, por sua condição e pela vossa, ele se encontra necessariamente a vossa mercê; que ele o saiba, que ele o aprenda, que ele o sinta; que sinta, desde cedo, sobre sua cabeça altaneira o duro jugo que a natureza impõe ao homem, o pesado jugo da necessidade, sob o qual todo ser acabado deve ceder. Que veja essa necessidade nas coisas, nunca no capricho[12] dos homens; que o freio que o retém seja a força, e não a autoridade; não proibais aquilo de que deve se abster, mas impedi, sem explicações e sem argumentos, que o faça; o que concederdes, concedei desde sua primeira palavra, sem solicitações, sem súplicas e, sobretudo, sem condições. Concedei com prazer, recusai apenas com repugnância; mas que todas vossas recusas sejam irrevogáveis, que nenhuma importunidade vos abale, que o "não" pronunciado constitua um muro de bronze, não esgotando a criança cinco ou seis vezes suas forças antes de desistir de tentar derrubá-lo.

É assim que a tornareis paciente, estável, resignada e tranquila, mesmo quando não obtiver o que desejou; pois é da natureza do homem suportar pacientemente a necessidade das coisas, mas não a má vontade de outrem. As palavras "não tem mais" constituem uma resposta contra a qual jamais uma criança se rebelou, a menos que acreditasse tratar-se de uma mentira. De resto, não há aqui meio-termo; é preciso não exigir-lhe nada ou submetê-la desde o início à mais perfeita obediência. A pior educação consiste em deixá-la oscilar entre suas vontades e as vossas e em disputar incessantemente quem, entre vós e ela, será o mestre; eu preferiria 100 vezes que ela o fosse sempre.

É bastante estranho que, desde que nos metemos a educar as crianças, não tenhamos imaginado outro instrumento para conduzi-las além da rivalidade, do ciúme, da inveja, da vaidade, da avidez, do temor vil – todas as paixões mais perigosas, as mais capazes de fermentar e de corromper a alma, mesmo antes que o corpo se tenha formado. Para cada instrução precoce que se quer enfiar em sua cabeça, planta-se um vício no fundo de seu coração; professores insensatos acreditam fazer maravilhas ao torná-las más para ensinar-lhes o que é a bondade; e então, nos dizem gravemente: "Assim é o homem". Sim, assim é o homem que fizestes.

Experimentamos todos os instrumentos, exceto um. O único, precisamente, capaz de obter êxito: a liberdade bem regrada. Não devemos nos meter a educar uma criança quando não sabemos conduzi-la até onde desejamos apenas pelas leis do possível e do impossível. Sendo-lhe igualmente desconhecidas as esferas de um e de outro, nós as estendemos ou estreitamos a sua volta, segundo nossa vontade. Acorrentamos, impelimos, detemos a criança apenas com o laço da necessidade, sem que disso se queixe. Tornamo-la flexível e dócil apenas pela força das coisas, sem que nenhum vício tenha a ocasião de nela germinar, pois as paixões jamais se animam enquanto não produzem nenhum efeito.

---

12. Devemos estar certos de que a criança verá como capricho toda vontade contrária à sua e cuja razão não perceber. Ora, em tudo que contraria suas fantasias, uma criança não percebe a razão de nada.

Não deis a vosso aluno nenhuma espécie de lição verbal; ele deve receber lições apenas da experiência; não lhe inflijais nenhuma espécie de castigo, pois não sabe o que é cometer um erro; nunca o obrigueis a pedir perdão, pois não saberia vos ofender. Desprovido de qualquer moralidade em suas ações, nada pode fazer que seja moralmente mau e que mereça castigo ou reprimenda.

Já posso ver o leitor assustado avaliar essa criança a partir das nossas: engana-se. O embaraço perpétuo em que mantendes vossos alunos afeta sua vivacidade; quanto mais constrangidos se encontram sob vossos olhos, mais turbulentos se tornam quando escapam; é preciso, de fato, que compensem, quando possível, o duro constrangimento em que os mantendes. Dois alunos da cidade causarão mais dano numa região do que toda a juventude de uma aldeia. Trancai uma criança abastada e uma criança camponesa num quarto; a primeira terá derrubado e quebrado tudo antes que a segunda tenha deixado seu lugar. Por que isso, senão porque uma se apressa em abusar de um momento de licença enquanto a outra, segura de sua liberdade, jamais tem pressa em aproveitá-la? No entanto, os filhos dos aldeões, frequentemente bajulados ou contrariados, ainda estão muito longe do estado em que desejo que sejam mantidos.

Estabeleçamos como máxima incontestável que os primeiros movimentos da natureza sejam sempre retos: não há qualquer perversidade original no coração humano. Não há nele um vício sequer acerca do qual não se possa dizer como e por onde entrou. A única paixão natural do homem é o amor de si mesmo ou o amor-próprio compreendido num sentido extenso. Esse amor-próprio, em si mesmo ou com relação a nós, é bom e útil, e como não mantém qualquer relação necessária com outrem, ele é naturalmente indiferente; torna-se bom ou mau apenas pela aplicação que se faz dele ou pelas relações que lhe são dadas. Até que possa nascer o guia do amor-próprio, ou seja, a razão, é importante que a criança não faça nada porque é vista ou ouvida; em suma, nada em relação aos outros, mas somente o que a natureza lhe pede, e ela fará então somente o bem.

Não quero dizer que ela jamais causará dano, que nunca se ferirá, que não quebrará talvez um móvel de valor caso este se encontre a seu alcance. Poderia cometer muitos males sem agir mal, pois a má ação depende da intenção de prejudicar e ela jamais terá tal intenção. Caso a tivesse, por uma única vez, tudo já estaria perdido; seria irremediavelmente má.

Uma coisa pode ser má aos olhos da avareza sem sê-lo aos olhos da razão. Ao deixar as crianças em plena liberdade de cometer travessuras, convém afastar tudo que poderia tornar estas custosas e não deixar a seu alcance nada que seja frágil ou precioso. Que seu aposento seja guarnecido de móveis grosseiros e sólidos: nenhum espelho, nenhuma porcelana, nenhum objeto de luxo.

Quanto a meu Emílio, que educo no campo, seu quarto não terá nada que o distinga do de um camponês. Para que decorá-lo com tanto cuidado se ele deve permanecer ali por tão pouco tempo? Engano-me, porém; ele o decorará por si próprio, e logo veremos com o quê.

Se, a despeito de vossas precauções, a criança vier a cometer alguma desordem ou quebrar alguma peça útil, não a punais por vossa negligência nem a repreendais; que ela não ouça nenhuma palavra de censura; não a deixeis sequer entrever que ela vos tenha entristecido; agi exatamente como se o móvel se tivesse quebrado sozinho; acreditai, enfim, ter feito muito se podeis não dizer nada.

Ousarei expor aqui a maior, a mais importante e a mais útil regra de toda a educação? Não se trata de ganhar tempo, mas de perdê-lo. Leitores vulgares, perdoai meus paradoxos. Devemos cometê-los quando refletimos e, a despeito do que possais dizer, prefiro ser um homem de paradoxos a um homem de preconceitos. O mais perigoso intervalo da vida humana é o que vai do nascimento aos 12 anos de idade. É o período em que germinam os erros e os vícios, sem que se tenha ainda qualquer instrumento para destruí-los; e, mesmo quando vem o instrumento, as raízes estão tão profundas que já não se pode mais arrancá-las. Se as crianças saltassem, num único instante, do seio para a idade da razão, a educação que lhes é dada poderia lhes convir; segundo o progresso natural, contudo, elas têm necessidade de outra inteiramente contrária. Seria preciso que não fizessem nada com sua alma até que ela adquirisse todas suas faculdades, pois é impossível que ela perceba a tocha que lhe apresentais enquanto está cega, e que siga, na imensa planície das ideias, um caminho que a razão traça ainda tão levemente para os melhores olhos.

A primeira educação deve, portanto, ser puramente negativa. Ela não consiste em ensinar a virtude ou a verdade, mas em proteger o coração contra o vício e o espírito contra o erro. Se pudésseis não fazer nada e não deixar fazer nada; se pudésseis conduzir vosso aluno saudável e robusto aos 12 anos de idade sem que soubesse distinguir sua mão direita da esquerda, os olhos de seu entendimento se abririam à razão desde vossas primeiras lições; sem preconceito, sem hábito, ele não teria nada em si que pudesse contrariar o efeito de vossos cuidados. Logo, tornar-se-ia, entre vossas mãos, o mais sábio dos homens e, começando por não fazer nada, teríeis feito um prodígio de educação.

Fazei o contrário do costume e quase sempre agireis bem. Como não querem fazer de uma criança uma criança, mas um doutor, os pais e os mestres nunca tardam a ralhar, a corrigir, a repreender, a bajular, a ameaçar, a prometer, a instruir, a falar sensatamente. Fazei melhor, sede razoável e não razoeis com vosso aluno, sobretudo para fazê-lo aprovar o que o desagrada; pois sempre trazer a razão às coisas desagradáveis é apenas torná-la enfadonha e desacreditá-la, desde cedo, num espírito que ainda não está em condições de compreendê-la. Exercitai seu corpo, seus órgãos, seus sentidos, suas forças, mas mantende sua alma ociosa o tanto quanto for possível. Temei todos os sentimentos anteriores ao juízo que os aprecia. Retende, detende as impressões estranhas e, para impedir o mal de nascer, não vos apresseis em fazer o bem; pois ele jamais é como quando a razão o esclarece. Encarai todos os atrasos como vantagens; ganha-se muito avançando rumo ao fim sem perder nada; deixai a infância amadurecer nas crianças; se, por fim, alguma lição se lhes tornar necessária, evitai dá-la hoje se podeis aguardar, sem perigo, até amanhã.

Outra consideração que confirma a utilidade desse método é a do gênio particular da criança, que se deve conhecer bem para saber que regime moral lhe convém. Cada espírito tem sua própria forma, segundo a qual necessita ser governado, e importa ao êxito dos cuidados que se tomam que seja governado por essa forma e não por outra. Homem prudente, espiai demoradamente a natureza, observai bem vosso aluno antes de dizer-lhe a primeira palavra; deixai inicialmente o germe de seu caráter em plena liberdade de se mostrar e não o constranjais de maneira alguma, para melhor vê-lo por inteiro. Acreditais que esse tempo de liberdade estará perdido para ele? Muito pelo contrário, ele será empregado da melhor forma, pois é assim que ensinareis a não perder um momento sequer de uma época mais preciosa; ao passo que, se começardes a agir antes de saber o que se deve fazer, agireis ao acaso; correndo o risco de vos enganar, tereis de voltar atrás; estareis mais distante do objetivo do que se tivésseis tido menos pressa em atingi-lo. Não façais, portanto, como o avaro que perde muito por não querer perder nada. Sacrificai, na primeira idade, um tempo que recuperareis, com benefícios, numa idade mais avançada. O médico sábio não dá irrefletidamente receitas à primeira vista, mas estuda o temperamento do doente antes de prescrever-lhe algo: começa a tratá-lo tarde, mas o cura; enquanto o médico apressado demais o mata.

Mas onde colocaremos tal criança para educá-la como um ser insensível, como um autômato? Mantê-la-emos no globo da lua, numa ilha deserta? Afastá--la-emos de todos os humanos? Não encontrará continuamente no mundo o espetáculo e o exemplo das paixões de outrem? Nunca verá outras crianças de sua idade? Não verá seus pais, seus vizinhos, sua ama, sua governanta, seu lacaio, seu próprio governante, que, afinal, não será um anjo?

Essa objeção é forte e sólida. Mas eu por acaso vos disse que uma educação natural era uma empresa fácil? Ó, homens, é minha a culpa se tornastes difícil tudo que é bom? Sinto essas dificuldades, admito; talvez elas sejam insuperáveis. Mas ainda é certo que, esforçando-nos em preveni-las, nós as prevenimos até certo ponto. Aponto o objetivo que devemos nos propor; não digo que possamos alcançá-lo; mas digo que aquele que mais se aproximar dele terá obtido maior êxito.

Lembrai-vos de que, antes de ousar empreender a formação de um homem, é preciso ter-se feito homem; é preciso encontrar em si mesmo o exemplo que se deve propor. Enquanto a criança ainda se encontra sem conhecimento, há tempo para preparar tudo que a envolve, de modo a expor a seus primeiros olhares apenas objetos que lhe convém ver. Tornai-vos respeitável a todo mundo, começai por vos fazer amar, para que cada um procure vos agradar. Não sereis o mestre da criança se não fordes o de tudo que a cerca, e essa autoridade jamais será suficiente se não estiver fundada na estima da virtude. Não se trata de esvaziar o próprio bolso e de gastar liberalmente o dinheiro; nunca vi o dinheiro fazer amar alguém. Não se deve ser avaro e duro, nem lamentar a miséria que se pode aliviar; mas, se abrirdes vossos cofres sem abrir vosso coração, o dos outros vos permanecerá para sempre fechado. É vosso tempo, são vossos cuidados, vossos afetos, sois vós mesmos que deveis dar; pois, a despeito do que possais fazer, sentir-se-á sempre que vosso dinheiro não se confunde convosco. Há testemunhos de interesse e de benevolência que produzem mais efeito e são realmente mais úteis que todas as doações: quantos infelizes e doentes têm mais necessidade de consolos que de esmolas! E os oprimidos, para quem a proteção tem mais utilidade que o dinheiro! Reconciliai as pessoas que se zangam, preveni os processos, conduzi as crianças ao dever e os pais à indulgência, favorecei casamentos felizes, impedi as vexações, empregai, prodigalizai o crédito dos pais de vosso aluno em favor do fraco a quem se recusa justiça e que o poderoso oprime. Sede justo, humano, benfeitor. Não deis apenas esmola, fazei caridade; as obras de misericórdia aliviam mais males que o dinheiro; amai os outros e eles vos amarão; servi-os e eles vos servirão; sede seu irmão e eles serão vossos filhos.

Trata-se, aqui também, de uma das razões pelas quais desejo educar Emílio no campo, longe da canalha dos criados, os últimos dos homens após seus senhores, e longe dos costumes sombrios das cidades, tornadas sedutoras e contagiosas para as crianças pelo verniz com que são cobertas; ao passo que os vícios dos camponeses, sem afetação e em toda sua grosseria, tendem mais a repelir que a seduzir, quando não se tem qualquer interesse em imitá-los.

Na aldeia, um governante será muito mais senhor dos objetos que desejar apresentar à criança; sua reputação, seus discursos, seu exemplo exercerão uma autoridade que não poderiam ter na cidade: sendo ele útil a todo mundo, todos se esforçarão em lhe agradar, em serem estimados por ele, em se mostrarem ao discípulo tal como o mestre desejaria que de fato fossem; caso não percam o vício, abster-se-ão do escândalo; é tudo de que necessitamos para nosso propósito.

Deixai de julgar os outros por vossos próprios erros; o mal que as crianças veem as corrompe menos do que aquele que lhes ensinais. Sempre pregadores, sempre moralistas, sempre pedantes, dais-lhes, para cada ideia que acreditais ser boa, 20 outras, ao mesmo tempo, que não valem nada; orgulhosos do que se passa em vossa cabeça, não vedes o efeito que produzis na delas. Em meio a esse longo fluxo de palavras, com que as atormentais continuamente, acreditais não haver nenhuma que compreendam erroneamente? Acreditais que não comentam, a sua maneira, vossas explicações difusas e que não se valem delas para constituírem um sistema a seu alcance, que saberão, segundo a ocasião, opor a vós?

Escutai um rapazinho que acabou de ser doutrinado; deixai-o tagarelar, questionar, extravagar à vontade, e ficareis surpreso com o caminho estranho que tomaram vossos raciocínios em seu espírito: confunde tudo, inverte tudo; ele vos impacienta e, por vezes, vos desola com objeções imprevistas. Ele vos reduz a calar-vos ou a mandar que se cale; e o que ele poderá pensar desse silêncio, por parte de um homem que tanto ama falar? Se um dia ele obtiver essa vantagem e aperceber-se dela, adeus à educação; tudo estará acabado desde esse momento; ele não procurará mais instruir-se, procurará vos refutar.

Mestres zelosos, sede simples, discretos, contidos; não tenhais nunca pressa em agir senão para impedir os outros de agirem; repeti-lo-ei sempre: adiai, se possível, uma boa instrução, temendo dar uma má. Nesta terra, da qual a natureza teria feito o primeiro paraíso do homem, temei exercer a função do tentador, querendo dar à inocência o conhecimento do bem e do mal: não podendo impedir que a criança se instrua, lá fora, por meio de exemplos, limitai toda vossa vigilância a imprimir tais exemplos em seu espírito, sob a imagem que lhe convém.

As paixões impetuosas produzem um grande efeito na criança que as testemunha, pois emitem sinais muitos sensíveis que a impressionam e a forçam a prestar atenção. A ira, sobretudo, é tão ruidosa em seus transportes que é impossível não percebê-la quando está ao alcance. Não se deve perguntar se esta é, para um pedagogo, a ocasião de empreender um belo discurso. Sem belos discursos! Nenhum, nem mesmo uma palavra. Deixai vir a criança: espantada com o espetáculo, ela não deixará de vos questionar. A resposta é simples; ela decorre dos próprios objetos que se expõem a seus sentidos. Ela vê um rosto inflamado, olhos cintilantes, um gesto ameaçador, ouve gritos; todos esses são sinais de que o corpo não está em seus dias. Dizei-lhe pausadamente, sem afetação e sem mistério: "Este pobre homem está doente, sofre de um acesso de febre". Podeis encontrar aí a ocasião de dar-lhe, em poucas palavras, uma ideia das doenças e de seus efeitos, pois isso também é da natureza e é um dos laços da necessidade a que se deve sentir sujeita.

Será possível que, com base nessa ideia, que não é falsa, a criança não adquira desde cedo certa repugnância em entregar-se aos excessos das paixões, que verá como doenças? E acreditais que tal noção, dada oportunamente, não produzirá um efeito tão salutar quanto o mais tedioso sermão de moral? Vede, porém, quais serão as consequências futuras dessa noção! Estareis autorizado, se eventualmente fordes obrigado a fazê-lo, a tratar uma criança rebelde como uma criança doente; a prendê-la em seu quarto ou, se preciso, em sua cama; a mantê-la em regime, a assustá-la com seus vícios nascentes, a tornar-lhes odiosos e temíveis, sem que jamais possa encarar como castigo a severidade que sereis talvez forçado a empregar para curá-la. Se acontecer que vós mesmos, em algum momento de vivacidade, abandoneis o sangue-frio e a moderação com que deveis fazer vosso estudo, não procureis dissimular-lhe vosso erro; mas dizei-lhe francamente, com afetuosa repreensão: "Meu amigo, vós me magoastes".

De resto, é importante que todas as ingenuidades que pode produzir, numa criança, a simplicidade das ideias de que ela se alimenta nunca sejam assinaladas em sua presença nem citadas de maneira que o possa perceber. Uma gargalhada indiscreta pode estragar o trabalho de seis meses e causar dano irreparável para toda a vida. Não posso repetir o bastante que, para ser senhor da criança, é preciso ser senhor de si mesmo. Imagino meu pequeno Emílio, no auge de uma rixa entre duas vizinhas, avançando na direção da mais furiosa, dizendo-lhe com um tom de comiseração: "Minha cara, estais doente; lamento-o muito". Com certeza, essa tirada não deixará de produzir efeito nos espectadores e talvez nas atrizes. Sem rir, sem repreendê-lo, sem louvá-lo, levo-o de bom grado ou à força antes que possa perceber esse efeito ou, pelo menos, antes que pense a respeito, e me apresso em distraí-lo com outros objetos que o façam logo esquecê-lo.

Meu intuito não é entrar em todos os detalhes, mas somente expor as máximas gerais e dar exemplos para as ocasiões difíceis. Parece-me impossível que, no seio da sociedade, se possa conduzir uma criança aos 12 anos de idade sem dar-lhe alguma ideia das relações de homem a homem e da moralidade das ações humanas. Basta que se procure dar-lhe essas noções necessárias o mais tarde possível e que, quando se tornarem inevitáveis, elas sejam limitadas à utilidade presente, somente para que não acredite ser senhora de tudo e que não faça mal a outrem, sem escrúpulos e sem o saber. Existem temperamentos doces e tranquilos que podem, sem perigo, ser conduzidos por muito tempo em sua inocência primitiva; mas há também naturais violentos, cuja ferocidade se desenvolve desde cedo e que é preciso transformar em homens o quanto antes para que não se tenha de acorrentá-los.

Nossos primeiros deveres são para conosco; nossos sentimentos primitivos se concentram em nós mesmos; todos nossos movimentos naturais se dirigem inicialmente a nossa conservação e a nosso bem-estar. Assim, nosso primeiro sentimento de justiça não vem da que devemos, mas da que nos é devida, e ainda é um contrassenso das educações comuns o fato de que, falando primeiramente às crianças de seus deveres e nunca de seus direitos, começamos dizendo-lhes o contrário do que deveríamos, o que não poderiam compreender e o que não as pode interessar.

Se tivesse, portanto, de conduzir uma das crianças que acabo de supor, diria a mim mesmo: uma criança não ataca as pessoas,[13] mas as coisas; e logo aprende por experiência a respeitar aquele que a supera em idade e em força; mas as coisas não se defendem sozinhas. A primeira ideia que se lhe deve dar é, portanto, menos a da liberdade que a da propriedade, e, para que possa ter essa ideia, é preciso que possua algo como seu. Falar-lhe de suas roupas, de seus móveis, de seus brinquedos é não dizer-lhe nada, pois, embora disponha dessas coisas, não sabe nem por que nem como as tem. Dizer-lhe que as tem porque lhe foram dadas pouco adianta, pois para dar é preciso ter: eis, portanto, uma propriedade anterior a sua e é o princípio da propriedade que se deseja explicar; sem contar que a doação é uma convenção, e que a criança ainda não pode saber o que é uma convenção.[14] Leitores, peço-vos que observeis neste exemplo e em 100 mil outros, como, enfiando na cabeça das crianças palavras que não têm qualquer sentido a seu alcance, acredita-se, no entanto, tê-las instruído muito bem.

Trata-se, portanto, de remontar à origem da propriedade, pois é daí que deve nascer a primeira ideia que se deve ter dela. Vivendo no campo, a criança terá adquirido alguma noção dos trabalhos campestres; para isso, são necessários apenas olhos e tempo livre, e ela terá ambos. É próprio de todas as ida-

---

13. Não se deve jamais aceitar que uma criança se comporte como as pessoas adultas com seus inferiores ou mesmo como com seus iguais. Se ousar golpear seriamente alguém, ainda que seja seu lacaio ou carrasco, fazei com que lhe sejam devolvidos seus golpes com força ainda maior e de modo a privá-la da vontade de reincidir. Vi imprudentes governantas animarem a rebeldia de uma criança, estimularem-na a bater, deixarem que batesse nelas mesmas e rirem de seus fracos golpes, sem imaginar que estes constituíam tantos homicídios na intenção do pequeno furioso, e que aquele que deseja bater quando jovem desejará matar quando adulto.

14. É por isso que as crianças desejam, na sua maioria, recuperar o que deram, e choram quando não lhes queremos devolver. Isso não ocorre mais quando compreendem o que é uma doação. Mas elas se tornam, então, mais circunspectas ao doarem.

des, sobretudo a sua, desejar criar, imitar, produzir, dar sinais de poder e de atividade. Mal terá visto duas vezes lavrarem uma horta, semearem legumes e estes germinarem e crescerem, ela desejará jardinar.

Pelos princípios anteriormente estabelecidos, não me oponho, de modo algum, a sua vontade; ao contrário, favoreço-a, partilho de seu gosto, trabalho com ela, não para seu prazer, mas para o meu; é, pelo menos, o que ela pensa; torno-me seu empregado jardineiro: enquanto não desenvolve seus braços, lavro a terra para ela; apodera-se dela ao plantar uma fava, e, seguramente, tal posse é mais sagrada e mais respeitável que a que tomava Nuñez Balboa[15] da América meridional, em nome do rei da Espanha, ao plantar seu estandarte nas costas do mar do Sul.

Todos os dias, vamos regar as favas, vemo-las germinarem com transportes de alegria. Aumento essa alegria dizendo-lhe "isto vos pertence"; explicando--lhe então o termo "pertencer", faço-a sentir que depositou nisso seu tempo, seu trabalho, seu esforço, enfim, sua própria pessoa; que há nesta terra algo de si própria que pode reclamar contra quem quer que seja, assim como poderia tirar seu braço da mão de outro homem que desejasse retê-lo contra a vontade dela.

Um belo dia, ela chega apressada, com o regador à mão. Ó, espetáculo! Ó, dor! Todas as favas foram arrancadas, todo o terreno se encontra alterado, sequer se reconhece o lugar. Ah, o que aconteceu com meu trabalho, minha obra, o doce fruto de meus cuidados e de meus suores? Quem arrebatou meu bem? Quem tomou minhas favas? Esse jovem coração se subleva; o primeiro sentimento de injustiça vem depositar nele sua triste amargura. As lágrimas correm como riachos; a criança desolada enche o ar de lamúrias e de gritos. Partilhamos de seu sofrimento, de sua indignação; investigamos, informamo--nos, fazemos perquisições. Descobrimos, finalmente, que o jardineiro cometeu o ato. Mandamo-lo vir.

Mas eis que estamos profundamente enganados. Ao tomar conhecimento do objeto da queixa, o jardineiro começa a queixar-se ainda mais alto do que nós. "Como, senhores! Sois vós que estragastes assim minha obra? Eu semeara ali melões de Malta cujo grão me fora dado como tesouro e com os quais esperava deliciá-los quando estivessem maduros. Mas eis que, para plantar vossas miseráveis favas, destruístes meus melões já inteiramente germinados e que jamais substituirei. Fizestes-me um mal irreparável, e privastes a vós mesmos do prazer de comer requintados melões."

---

15. Trata-se de Vasco-Nuñez de Balboa, explorador espanhol conhecido por ter sido o primeiro a alcançar o oceano Pacífico. (N.T.)

Jean-Jacques

Perdoai-nos, meu pobre Roberto. Depositastes ali vosso trabalho, vosso esforço. Percebo que erramos ao estragarmos vossa obra, mas mandaremos vir outros grãos de Malta, e não mais lavraremos a terra antes de sabermos se alguém a cultivou antes de nós.

Roberto

Pois bem, senhores! Podeis descansar, pois já não há mais terra inculta. Quanto a mim, cultivo a que meu pai bonificou; cada um faz o mesmo com a sua, e todas as terras que vedes se encontram há muito ocupadas.

Emílio

Senhor Roberto, há, portanto, frequentemente grão de melão perdido?

Roberto

Perdoai-me, meu jovem rapaz, pois não vemos com frequência pequenos senhores tão atrapalhados quanto vós. Ninguém toca a horta de seu vizinho; cada um respeita o trabalho dos outros para que o seu esteja em segurança.

Emílio

Mas eu não tenho horta.

Roberto

Que me importa isso? Se arruinardes a minha, não vos deixarei mais passear nela; pois, vede, não desejo desperdiçar meu esforço.

Jean-Jacques

Não poderíamos propor algum arranjo para o bom Roberto? Que nos conceda, a meu pequeno amigo e a mim, um canto de sua horta para cultivá-lo, sob a condição de deixar-lhe a metade do produto.

Roberto

Concedo-o sem condições. Mas lembrai-vos de que irei lavrar vossas favas se tocardes em meus melões.

Neste ensaio da maneira de inculcar nas crianças as noções primitivas, vê-se como a ideia de propriedade remonta naturalmente ao direito do primeiro ocupante pelo trabalho. Isto é claro, nítido, simples e está sempre ao alcance da criança. Daí até o direito de propriedade e até as trocas, vai apenas um passo, após o qual é preciso deter-se de vez.

Vê-se ainda que uma explicação que concentro aqui em duas páginas escritas constituirá talvez, na prática, tarefa para um ano; pois, no curso das ideias morais, não se pode avançar com demasiada lentidão nem firmar-se demais a cada passo. Jovens mestres, peço que penseis nesse exemplo e que vos lembreis de que, para cada coisa, vossas lições devem residir mais em ações do que em discursos; pois as crianças esquecem facilmente o que disseram e o que lhes foi dito, mas não o que fizeram e o que lhes foi feito.

Tais instruções devem ser dadas, como eu disse, mais cedo ou mais tarde, conforme o natural tranquilo ou turbulento do aluno acelere ou retarde sua necessidade; sua utilidade é de uma evidência que salta aos olhos, mas, para não omitir nada de importante em relação às coisas difíceis, vejamos mais um exemplo.

Vossa problemática[16] criança estraga tudo que toca; não vos zangueis; deixai fora do alcance dela tudo que puder estragar. Se quebrar os móveis de que se serve, não vos apresseis em dar-lhe outros; deixai-a sentir o prejuízo da privação. Se quebrar janelas de seu quarto, deixai que o vento sopre sobre ela, dia e noite, sem preocupar-vos com resfriados, pois é melhor que esteja resfriada do que louca. Nunca vos queixeis das incomodidades que ela vos causar, mas fazei com que as sinta em primeiro lugar. No fim, mandai remendar as janelas, ainda sem dizer nada. Se as quebrar novamente, mudai então de método; dizei-lhe secamente, mas sem raiva: "As janelas me pertencem; foram colocadas aí por meus cuidados e desejo protegê-las"; em seguida, trancá-la-eis no escuro, num lugar sem janela. Com este novo procedimento, ela põe-se a chorar e se enfurece; mas ninguém a escuta. Logo se cansa e muda de tom. Queixa-se, lamenta-se; um criado se apresenta, e a revoltada pede que ele a liberte. Sem procurar pretextos para não fazer nada, o criado responde: "Também tenho janelas para conservar", e vai-se embora. Finalmente, após ter a criança permanecido lá por várias horas, tempo suficiente para entediar-se e para lembrar-se do ocorrido, alguém lhe sugerirá que ela vos proponha um acordo por meio do qual lhe devolveríeis a liberdade e ela não quebraria mais janelas; não desejará outra coisa. Fará com que peçam que venhais vê-la, vireis, ela vos fará sua proposta e vós a aceitareis de imediato, dizendo-lhe: "Muito bem pensado, ganharemos ambos com isso; quem dera tivésseis tido esta boa ideia antes!". Então, sem pedir-lhe declaração nem confirmação de sua promessa, beijá-la-eis com alegria e levá-la-eis imediatamente a seu quarto, vendo tal acordo como sagrado e inviolável, como se tivesse sido firmado por juramento. Que ideia

---

16. Do francês *"discole"* (ou *"dyscole"*), isto é, de difícil convívio. (N.T.)

acreditais que ela formará, com base nesse procedimento, acerca da sinceridade dos compromissos e de sua utilidade? Estarei enganado se houver na Terra uma única criança, ainda não mimada, que, submetida ao teste dessa conduta, se atreva em seguida a quebrar intencionalmente uma janela.[17] Segui o encadeamento de tudo isso. O pequeno malvado não imaginava, ao fazer um buraco para plantar sua fava, cavar um calabouço no qual sua ciência não tardaria a trancá-lo.

Eis que nos encontramos no mundo moral; eis a porta aberta ao vício. Com as convenções e os deveres, nascem o engano e a mentira. Assim que se pode fazer o que não se deve, deseja-se esconder o que não se devia ter feito. Assim que um interesse faz prometer, um interesse maior pode fazer violar a promessa; trata-se apenas de violá-la impunemente. O expediente é natural; escondemo-nos e mentimos. Não podendo prevenir o vício, já nos encontramos no caso de puni-lo: eis as misérias da vida humana que começam com seus erros.

Já disse o suficiente para fazer compreender que não se deve jamais infligir às crianças o castigo como castigo, mas que este deve sempre alcançá-las como uma consequência natural de sua má ação. Assim, vós não declamareis contra a mentira e não as punireis precisamente por terem mentido; mas fareis com que todos os maus efeitos da mentira, como o de não acreditarem em nós quando dizemos a verdade e o de sermos acusados do mal que não cometemos, por mais que o neguemos, se reúnam sobre sua cabeça quando mentirem. Mas expliquemos o que é mentir para as crianças.

Existem duas espécies de mentira: a de fato, que olha para o passado; e a de direito, que olha para o futuro. A primeira ocorre quando negamos ter feito o que fizemos ou quando afirmamos ter feito o que não fizemos, e, de modo geral, quando falamos cientemente contra a verdade das coisas. A outra ocorre quando prometemos o que não temos intenção de cumprir, e, de modo geral, quando manifestamos uma intenção contrária à que temos. Essas duas mentiras podem, por vezes, se reunir numa só;[18] mas eu as considero aqui por suas diferenças.

---

17. De resto, mesmo que o dever de cumprir seus compromissos não estivesse consolidado no espírito da criança pelo peso de sua utilidade, o sentimento interno, começando a despontar, logo o imporia como lei da consciência, como um princípio inato que, para desenvolver-se, aguarda apenas os conhecimentos a que se aplica. Este primeiro traço não é marcado pela mão dos homens, mas gravado em nossos corações pelo Autor de toda justiça. Privai a lei primitiva das convenções e da obrigação que ela impõe e tudo se torna ilusório e vão na sociedade humana; aquele que honra sua promessa apenas em proveito próprio não se encontra mais atado do que se não tivesse prometido nada; ou, quando muito, o poder de a violar será como o trunfo dos jogadores que tardam a valer-se dele apenas para aguardar o momento de fazê-lo com maior vantagem. Este princípio é da maior importância e merece ser aprofundado, pois é aqui que o homem começa a entrar em contradição consigo mesmo.
18. Como quando, acusado de uma má ação, o culpado se defende afirmando ser um homem honesto. Mente então quanto ao fato e quanto ao direito.

Aquele que sente a necessidade do socorro dos outros e que jamais deixa de pôr à prova sua benevolência não tem qualquer interesse em enganá-los; ao contrário, tem interesse sensível em que vejam as coisas como são, temendo que se enganem em seu prejuízo. Está, portanto, claro que a mentira de fato não é natural às crianças; é a lei da obediência que produz a necessidade de mentir, pois, sendo a obediência penosa, dispensamo-la em segredo na medida do possível, e o interesse presente de evitar o castigo ou a repreensão prevalece sobre o interesse distante de expor a verdade. Na educação natural e livre, por que então vosso filho vos mentiria? O que tem ele a esconder de vós? Não o corrigis, não o punis por nada e não lhe exigis nada. Por que não diria tudo que fez, tão ingenuamente quanto a seu pequeno camarada? Ele não pode ver, nessa confissão, maior perigo de um lado que do outro.

A mentira de direito é ainda menos natural, pois as promessas de fazer ou de abster-se constituem atos convencionais que saem do estado de natureza e infringem a liberdade. Isso não é tudo; todos os compromissos das crianças são nulos em si mesmos, tendo em vista que, não estendendo sua visão para além do presente, elas não sabem o que fazem ao assumirem um compromisso. A criança mal pode mentir quando se compromete; pois, imaginando apenas sair-se bem no momento presente, qualquer meio que não tiver um efeito presente lhe é indiferente; ao prometer para um tempo futuro, ela não promete nada, e sua imaginação, ainda adormecida, não sabe estender seu ser a dois tempos diferentes. Se pudesse evitar o açoite ou ganhar um cone de confeitos prometendo atirar-se pela janela amanhã, ela o faria num instante. É por isso que as leis não têm qualquer consideração pelos compromissos das crianças; e, quando os pais e os mestres mais severos exigem que elas os cumpram, é somente quanto ao que a criança deveria fazer, ainda que não o tivesse prometido.

Não sabendo o que faz quando se compromete, a criança não pode, portanto, mentir ao comprometer-se. Não ocorre o mesmo quando falta a sua promessa, o que também é uma espécie de mentira retroativa; pois ela se lembra muito bem de ter feito tal promessa, mas o que não vê é a importância de cumpri-la. Incapaz de ler o futuro, ela não pode prever as consequências das coisas e, quando viola seus compromissos, não faz nada contra a razão de sua idade.

Decorre disso que todas as mentiras das crianças são obra dos mestres e que querer ensinar-lhes a dizer a verdade nada mais é do que ensinar-lhes a mentir. Na pressa que temos em regrá-las, em governá-las, em instruí-las, nunca encontramos instrumentos suficientes para obtermos êxito. Desejamos exercer novas influências sobre seu espírito por meio de máximas sem fundamento, por meio de preceitos sem razão, e preferimos que saibam suas lições e mintam a que permaneçam ignorantes e verdadeiras.

Quanto a nós, que damos a nossos alunos somente lições de prática e que preferimos que sejam bons a eruditos, não exigimos deles a verdade, temendo que a dissimulem, e não fazemos com que prometam nada que sejam tentados a não cumprir. Se foi feito, na minha ausência, algum mal cujo autor eu desconheça, evitarei acusar Emílio e perguntar-lhe: "Fostes vós?".[19] Pois, com isso, que outra coisa eu estaria fazendo senão ensinando-o a negar? Se seu natural difícil me forçar a celebrar com ele alguma convenção, tomarei medidas cuidadosas para que a proposta venha sempre dele, e nunca de mim; para que, quando se comprometer, tenha sempre um interesse presente e sensível em honrar seu compromisso, e para que, se o descumprir, essa mentira atraia sobre ele males que verá sair da própria ordem das coisas, e não da vingança de seu governante. Longe de precisar recorrer a tão cruéis expedientes, porém, estou quase certo de que Emílio aprenderá bastante tarde o que é mentir e que, ao aprendê-lo, muito se surpreenderá, não podendo conceber em que pode a mentira ser boa. Está muito claro que, quando mais torno seu bem-estar independente, seja das vontades, seja do julgamento dos outros, mais o privo de todo interesse em mentir.

Quando não se tem nenhuma pressa em instruir, não se tem pressa alguma em exigir, e leva-se o tempo necessário a fim de não exigir nada senão oportunamente. Então, a criança se forma, na medida em que não é estragada. Quando um preceptor desastrado, não sabendo como agir, a faz prometer isto ou aquilo a cada instante e sem distinção, sem critério e sem medida, a criança, aborrecida, sobrecarregada com todas essas promessas, as negligencia, as esquece e por fim as desdenha; e, vendo-as como fórmulas vãs, levianamente as faz e as quebra. Desejais então que seja fiel quanto a manter sua palavra? Sede comedido ao exigi-la.

O detalhe que acabo de abordar sobre a mentira pode, sob vários aspectos, aplicar-se a todos os demais deveres, que somente prescrevemos às crianças tornando-os não apenas detestáveis como também impraticáveis. Para parecer que lhes pregamos a verdade, fazemos com que apreciem todos os vícios. Nós lhos damos, ao mesmo tempo que proibimos que os adquiram. Desejamos torná-las pias? Levamo-las à igreja para se entediarem; fazendo-as resmungar contínuas orações, forçamo-las a aspirar à felicidade de não mais rezar a Deus. Para inspirar-lhes a caridade, fazemo-las dar esmola, como se desdenhássemos

---

19. Não há nada mais indiscreto do que semelhante pergunta, sobretudo quando a criança é culpada: se ela acreditar, então, que sabeis o que fez, verá que lhe preparais uma armadilha, e essa opinião não pode deixar de indispô-la contra vós. Caso não acredite, dirá a si mesma: por que revelaria minha falta? E eis a primeira tentação da mentira tornando-se o efeito de vossa imprudente pergunta.

dá-la nós mesmos. Ora! Não é a criança que deve dar, mas o mestre: a despeito do afeto que tiver por seu aluno, deve recusar-lhe tal honra; deve fazê-lo entender que, em sua idade, não se é ainda digno de fazê-lo. A esmola é uma ação do homem que conhece o valor do que dá e a necessidade que seu semelhante tem dela. A criança que não conhece nada disso não pode ter qualquer mérito em dar; ela dá sem caridade, sem beneficência; tem quase vergonha de dar quando, baseando-se em seu exemplo e no vosso, acredita que apenas as crianças dão e que não se dá mais esmola quando adulto.

Observai que fazemos a criança dar apenas coisas cujo valor ela desconhece; moedas de metal que guarda em seu bolso e que lhe servem apenas para isso. Uma criança preferiria dar 100 luíses a um bolo. Mas obrigai esse pródigo distribuidor a dar as coisas que lhe são preciosas – brinquedos, bombons, sua merenda – e logo saberemos se o tornastes verdadeiramente liberal.

Encontra-se também um expediente para isso: consiste em devolver bem rápido à criança o que ela deu, de modo que se acostume a dar tudo que sabe que lhe retornará. Vi apenas nas crianças essas duas espécies de generosidade; dar o que não tem utilidade para elas ou dar o que estão certas de que lhes será devolvido. Fazei, diz Locke, com que sejam convencidas pela experiência de que o mais liberal é sempre o mais abastado.[20] Isto é tornar uma criança liberal na aparência, e avara de fato. Acrescenta que as crianças adquirirão assim o hábito da liberalidade; sim, de uma liberalidade usurária, que dá um ovo para ganhar um boi. Mas, quando se tratar de dar tudo que é bom, adeus ao hábito; quando deixar de lhes devolver, elas logo deixarão de dar. É preciso considerar o hábito da alma mais que o das mãos. Todas as demais virtudes que se ensinam às crianças se assemelham a esta, e é pregando-lhes essas sólidas virtudes que se consomem seus primeiros anos na tristeza. Não é esta uma sábia educação!

Mestres, abandonai os fingimentos, sede virtuosos e bons; que vossos exemplos fiquem gravados na memória de vossos alunos, na expectativa de que possam entrar em seus corações. Em vez de me apressar em exigir atos de caridade do meu, prefiro fazê-los em sua presença e até mesmo privá-lo do meio de me imitar nisso, como uma honra que não pertence a sua idade; pois é importante que não se acostume a ver os deveres dos homens somente como deveres de crianças. Se ao ver-me assistindo os pobres ele me questionar a respeito, e se for o momento de responder-lhe,[21] eu lhe direi: "Meu amigo,

---

20. Cf. LOCKE, John. *Some Thoughts Concerning Education. Op. cit.*, p. 152, § 110. (N.T.)

21. Deve-se conceber que não respondo a suas perguntas quando quer, mas quando eu quero; caso contrário, isso seria submeter-me a suas vontades e colocar-me na mais perigosa dependência em que um governante poderia estar em relação a seu aluno.

é que, quando os pobres quiseram que houvesse ricos, os ricos prometeram alimentar todos os que não tivessem, nem por seus bens nem por seu trabalho, do que viver". "Então também prometestes isso?", ele retrucará. "Certamente. Sou senhor do bem que passa por minhas mãos apenas sob a condição que está vinculada a sua propriedade."

Após ter ouvido tais palavras (e vimos como podemos colocar a criança em condições de compreendê-las), outro que não Emílio ficaria tentado a me imitar e a conduzir-se como homem rico; em tal caso, eu impediria, pelo menos, que o fizesse com ostentação; preferiria que usurpasse meu direito e se escondesse para dar. É uma fraude de sua idade e a única que lhe perdoaria.

Sei que todas essas virtudes por imitação são virtudes de símio, e que nenhuma boa ação é moralmente boa senão quando se a faz como tal, e não porque outros a fazem. Mas, numa idade em que o coração ainda não sente nada, de fato é preciso fazer com que as crianças imitem os atos cujo hábito se quer que adquiram, enquanto ainda não podem realizá-los por discernimento e por amor ao bem. O homem é imitador, e até mesmo o animal o é; o gosto pela imitação resulta da natureza bem ordenada, mas degenera em vício na sociedade. O símio imita o homem que ele teme, e não os animais que despreza; considera bom o que faz um ser melhor que ele. Entre os homens, ao contrário, nossos arlequins de toda espécie imitam o belo para degradá-lo, para torná-lo ridículo; buscam, no sentimento de sua baixeza, igualar-se ao que vale mais que eles, ou, quando se esforçam em imitar o que admiram, vê-se na escolha dos objetos o falso gosto dos imitadores; preferem muito mais impor respeito aos outros ou fazer aplaudir seu talento a tornarem-se melhores ou mais sábios. O fundamento da imitação entre nós vem do desejo de sempre transportar-se para fora de si mesmo. Se eu tiver êxito em minha empresa, Emílio certamente não terá esse desejo. É preciso, portanto, que dispensemos o bem aparente que ele pode produzir.

Aprofundai todas as regras de vossa educação e as encontrareis todas em sentido inverso, sobretudo no que se refere às virtudes e aos costumes. A única lição de moral que convém à infância e a mais importante para todas as idades é a de nunca fazer mal a ninguém. Se não lhe estiver subordinado, o próprio preceito de fazer o bem é perigoso, falso e contraditório. Quem não faz o bem? Todo mundo faz algum, tanto o homem mau como os outros; ele faz alguém feliz à custa de 100 miseráveis, e daí vêm todas as nossas calamidades. As mais sublimes virtudes são negativas: elas são também as mais difíceis, pois são destituídas de ostentação e se encontram até mesmo acima deste prazer tão doce ao coração do homem, o de tornar outro satisfeito conosco. Ó, se há um homem que nunca faça mal a seus semelhantes, quanto bem ele na verdade faz! De que intrepidez de alma, de que vigor de caráter tem necessidade para isso! Não é refletindo sobre essa máxima, mas tratando de pô-la em prática que se sente o quanto é grande e penoso conseguir fazê-lo.[22]

Eis algumas frágeis ideias sobre as precauções com que eu desejaria que se dessem às crianças as instruções que não se podem, por vezes, recusar-lhes sem expô-las a prejudicarem a si mesmas e aos outros e, sobretudo, a adquirirem maus hábitos que se teria grande dificuldade em corrigir depois. Mas podemos estar certos de que essa necessidade se apresentará raramente às crianças educadas como devem, pois é impossível que se tornem indóceis, más, mentirosas, ávidas, quando não se tiverem semeado em seus corações os vícios que assim as tornam. Desta forma, o que eu disse sobre este ponto serve mais para as exceções do que para as regras; mas tais exceções se tornam mais frequentes à medida que as crianças têm mais ocasiões de deixar sua condição e de contrair os vícios dos homens. É preciso necessariamente dar àquelas que educamos no seio da sociedade instruções mais precoces do que às que educamos no retiro. Essa educação solitária seria, portanto, preferível, ainda que apenas por dar à infância tempo de amadurecer.

Há outro gênero de exceções contrárias para aqueles que, por seu natural feliz, se elevam acima de sua idade. Assim como existem homens que jamais deixam a infância, existem outros que, por assim dizer, nunca passam por ela e são praticamente homens ao nascerem. O mal está em ser esta última exceção muito rara e muito difícil de conhecer, e em cada mãe, imaginando que um filho possa ser um prodígio, não duvidar que o dela o seja. As mães fazem mais que isso, e tomam por indícios extraordinários os mesmos que marcam a ordem costumeira: a vivacidade, os gracejos, o estouvamento, a adorável ingenuidade; todos sinais característicos da idade e que mais mostram que uma criança é apenas uma criança. Surpreende que aquela que fazemos falar muito e a quem permitimos dizer tudo, que não é perturbada por nenhuma consideração e por nenhuma conveniência, por acaso encontre o que procura? Surpreenderia muito mais que jamais o encontrasse, assim como surpreenderia

---

22. O preceito de nunca prejudicar a outrem acarreta o de depender da sociedade humana o menos possível; pois, no estado social, o bem de um faz necessariamente o mal do outro. Essa relação reside na essência da coisa e nada poderia alterá-la; que procurem, com base nesse princípio, quem é melhor entre o homem social ou o solitário. Um autor ilustre diz que apenas o mau é só; eu digo que apenas o bom é só. Se esta proposição é menos sentenciosa, ela é mais verdadeira e mais refletida que a anterior. Se o mau fosse só, que mal faria? É na sociedade que ele prepara suas artimanhas para prejudicar aos outros. Caso se deseje retorquir esse argumento para o homem de bem, respondo por meio do artigo a que se refere esta nota. [Rousseau faz aqui alusão ao *Filho natural*, peça de Diderot, de 1757. (N.T.)]

que, com mil mentiras, um astrólogo nunca predissesse alguma verdade. Tanto mentirão, dizia Henrique IV, que no fim dirão a verdade. Àquele que deseja encontrar algumas palavras certas, basta dizer muitas tolices. Deus proteja as pessoas que seguem a moda e que não têm outro mérito para serem festejadas.

Os pensamentos mais brilhantes podem cair no cérebro das crianças ou, antes, as melhores palavras em sua boca, assim como os diamantes de maior valor em suas mãos, sem que, com isso, os pensamentos ou os diamantes lhes pertençam; não há, para essa idade, qualquer propriedade verdadeira, de gênero algum. As coisas que diz uma criança não são para ela o que são para nós, pois não lhes associa as mesmas ideias. Tais ideias, quando as tem, não encontram em sua cabeça nem sequência nem ligação; não há nada de fixo, nada de certo em tudo que pensa. Examinai vosso pretenso prodígio. Em certos momentos, encontrareis nele uma força de extrema atividade, uma clareza de espírito capaz de atravessar as nuvens. Na maioria das vezes, esse mesmo espírito vos parecerá frouxo, febril e como que envolto por uma espessa névoa. Ora ele vos supera, ora permanece imóvel. Num instante, diríeis "é um gênio" e no instante seguinte "é um tolo". Estaríeis sempre enganado: é uma criança. É um aguioto que, num instante, fende o ar e, no instante seguinte, cai em seu ninho.

Tratai-o de acordo com sua idade, a despeito das aparências, e temei esgotar suas forças por ter desejado exercitá-las demais. Se esse jovem cérebro se inflama, se vedes que começa a fervilhar, deixai-o, inicialmente, fermentar em liberdade, mas nunca o estimuleis, temendo que tudo se esvaia; quando os primeiros humores se tiverem evaporado, retende, comprimi os demais, até que, com o passar dos anos, tudo se torne calor e verdadeira força. Caso contrário, perdereis vosso tempo e vossos cuidados; destruireis vossa própria obra e, após ter-vos indiscretamente embriagado com todos esses vapores inflamáveis, restar-vos-á apenas um bagaço sem vigor.

De crianças estouvadas vêm os homens vulgares; não conheço observação mais geral e mais certa do que essa. Nada é mais difícil que distinguir, na infância, a estupidez real dessa aparente e enganosa estupidez que é o anúncio das almas fortes. Parece inicialmente estranho que os dois extremos tenham sinais tão semelhantes, e, no entanto, assim deve ser; pois, numa idade em que o homem ainda não possui quaisquer verdadeiras ideias, toda a diferença que existe entre aquele que tem gênio e aquele que não tem nenhum é que o último admite apenas falsas ideias enquanto o primeiro, encontrando-as apenas desse tipo, não admite nenhuma; ele se assemelha, portanto, ao estúpido, na medida em que um não é capaz de nada e que, ao outro, nada convém. O único sinal que pode distingui-los depende do acaso, que pode oferecer ao último alguma ideia a seu alcance, ao passo que o primeiro permanecerá o mesmo, para sempre e em todo lugar. Durante sua infância, o jovem Catão parecia um imbecil em casa. Era taciturno e teimoso: eis todo o julgamento que se fazia dele. Foi somente na antecâmara de Sula que seu tio aprendeu a conhecê-lo. Se não tivesse entrado nela, talvez tivesse passado por um bruto até a idade da razão. Se César não tivesse vivido, teríamos talvez sempre tratado de visionário esse mesmo Catão que penetrou seu funesto gênio e previu todos seus projetos de tão longe. Ó, como aqueles que julgam tão precipitadamente as crianças estão sujeitos a se enganar! São com frequência mais crianças que elas. Vi, numa idade bastante avançada, um homem que me honrava com sua amizade passar por um espírito limitado no seio de sua família e entre seus amigos. Essa excelente cabeça amadurecia em silêncio. De repente, revelou-se filósofo, e não duvido que a posteridade lhe reserve um lugar honroso e distinto entre os melhores raciocinadores e os mais profundos metafísicos de seu século.

Respeitai a infância e não tenhais pressa em julgá-la, bem ou mal. Deixai as exceções revelarem-se, provarem-se, confirmarem-se por muito tempo antes de aplicar-lhes métodos particulares. Deixai agir a natureza por muito tempo antes de vos meter a agir em seu lugar, temendo contrariar suas operações. Dizeis conhecer o valor do tempo e não quereis perdê-lo? Não vedes que o perdemos muito mais empregando-o mal que não fazendo nada com ele, e que uma criança mal instruída se encontra mais distante da sabedoria que a que de nenhuma maneira se instruiu? Estais alarmado por vê-la consumir seus primeiros anos não fazendo nada! Como! Ser feliz não é nada? Pular, brincar, correr o dia todo não é nada? Em toda sua vida, ela não estará tão ocupada. Platão, em sua república que acreditam ser tão austera, educa as crianças somente com festas, jogos, canções e passatempos; parece que fez tudo ao ensiná-las a se divertirem. E Sêneca diz, acerca da antiga juventude romana: ela estava sempre em pé, não lhe ensinavam nada que devesse aprender sentada. Tinha ela menor valor ao alcançar a idade viril? Não vos assusteis, portanto, com essa pretensa ociosidade. O que diríeis de um homem que, para tirar proveito de toda a vida, não quisesse nunca dormir? Diríeis: "Este homem é insensato; não usufrui o tempo, priva-se dele; para fugir do sono, corre para a morte". Imaginai, portanto, tratar-se aqui da mesma coisa e ser a infância o sono da razão.

A aparente facilidade de aprender é a causa da ruína das crianças. Não se percebe que essa mesma facilidade é a prova de que não aprendem nada. Seu cérebro liso e polido devolve como um espelho os objetos que lhe são apresentados; mas nada permanece, nada penetra. A criança retém as palavras, mas as ideias se refletem; aqueles que a escutam as compreendem, apenas ela não as compreende.

Embora a memória e o raciocínio sejam duas faculdades essencialmente diferentes, uma somente se desenvolve de verdade com a outra. Antes da idade da razão, a criança não recebe ideias, mas imagens, e umas diferem das outras por serem as imagens apenas retratos absolutos dos objetos sensíveis, e as ideias, noções dos objetos, determinadas por relações. Uma imagem pode encontrar-se sozinha no espírito que a forma, mas toda ideia supõe outras. Quando imaginamos, limitamo-nos a ver; quando concebemos, porém, comparamos. Nossas sensações são puramente passivas, enquanto todas nossas percepções ou ideias nascem de um princípio ativo que julga. Isso será demonstrado logo adiante.

Digo, portanto, que, não sendo capazes de juízo, as crianças não possuem verdadeira memória. Retêm sons, figuras, sensações, mas raramente ideias e ainda mais raramente as ligações entre elas. Objetando que elas aprendem alguns elementos de geometria, acredita-se realmente provar que estou errado, enquanto, ao contrário, prova-se que tenho razão. Mostra-se que, longe de saberem raciocinar por si mesmas, elas sequer sabem reter os raciocínios de outrem: segui, pois, estes pequenos geômetras em seu método; logo vereis que retiveram apenas a exata impressão da figura e os termos da demonstração. À menor objeção nova, já não compreendem mais; invertei a figura e já não compreendem mais. Todo seu saber reside na sensação; nada alcançou o entendimento. Sua própria memória é pouco mais perfeita que suas demais faculdades, pois é quase sempre preciso que voltem a aprender, quando adultos, as coisas cujos termos aprenderam durante a infância.

Estou, entretanto, muito longe de pensar que as crianças não tenham nenhuma espécie de raciocínio.[23] Ao contrário, vejo que raciocinam muito bem sobre tudo que conhecem e que se relaciona com seu interesse presente e sensível. Mas é a respeito de seus conhecimentos que nos enganamos, emprestando-lhes os que não possuem e fazendo-as raciocinar sobre o que não poderiam compreender. Enganamo-nos ainda ao querermos chamar sua atenção para considerações que não as afetam de maneira alguma, como a de seu interesse

---

23. Enquanto escrevia, cheguei por 100 vezes à conclusão de que é impossível, numa longa obra, conferir sempre os mesmos sentidos às mesmas palavras. Não há língua suficientemente rica para fornecer tantos termos, expressões e frases quanto são as modificações que nossas ideias podem sofrer. O método de definir todos os termos e de sempre substituir o definido pela definição é belo, mas impraticável; pois como evitar o círculo? As definições poderiam ser boas caso não se empregassem palavras para compô-las. Não obstante, estou persuadido de que podemos ser claros até mesmo na pobreza de nossa língua; não conferindo sempre as mesmas acepções às mesmas palavras, mas fazendo com que, sempre que empregarmos cada palavra, a acepção que lhe dermos seja suficientemente determinada pelas ideias que se relacionam com ela, e que cada período em que tal palavra se encontra lhe sirva, por assim dizer, de definição. Ora digo que as crianças são incapazes de raciocínio e ora eu as faço raciocinar com bastante sutileza; não creio, com isso, contradizer-me em minhas ideias, mas não posso negar que me contradiga frequentemente em minhas expressões.

vindouro, de sua felicidade quando homens, da estima que se terá por elas quando forem adultas; palavras que, dirigidas a seres desprovidos de qualquer previdência, não significam absolutamente nada. Ora, todos os estudos forçados desses pobres desafortunados tendem a esses objetos inteiramente estranhos a seus espíritos. Que se julgue a atenção que eles lhes podem atribuir!

Os pedagogos que nos expõem, com grande pompa, as instruções que dão a seus discípulos são pagos para empregar outra linguagem; entretanto, vê-se por sua conduta que pensam exatamente como eu; pois o que lhes ensinam afinal? Palavras, mais palavras e sempre palavras. Entre as diferentes ciências das quais se vangloriam por lhes ensinarem, eles não escolhem as que lhes seriam verdadeiramente úteis, pois seriam ciências de coisas e estas estão além de sua capacidade, mas aquelas que parecemos dominar quando conhecemos os termos: a heráldica, a geografia, a cronologia, as línguas etc. Todos esses estudos estão tão distantes do homem e sobretudo da criança que será uma maravilha se algo de tudo isso puder ser-lhe útil uma única vez durante sua vida.

Surpreenderá que eu inclua o estudo das línguas entre as inutilidades da educação; mas é preciso lembrar que falo aqui apenas dos estudos da primeira idade e, a despeito do que se possa dizer, não creio que, até os 12 ou 15 anos de idade, criança alguma, exceção feita aos prodígios, tenha jamais realmente aprendido duas línguas.

Admito que, se o estudo das línguas fosse apenas o das palavras, isto é, das figuras ou dos sons que as expressam, tal estudo poderia convir às crianças; mas, ao modificarem os signos, as línguas modificam também as ideias que eles representam. As cabeças se formam com base nas línguas, e os pensamentos adquirem o aspecto dos idiomas. Apenas a razão é comum, pois o espírito tem, em cada língua, sua forma particular; diferença que poderia realmente ser, em parte, a causa ou o efeito dos caracteres nacionais, e o que parece confirmar essa conjectura é o fato de que, entre todas as nações do mundo, a língua segue as vicissitudes dos costumes e se conserva ou se altera como eles.

O uso confere uma dessas diversas formas à criança, e é a única que ela guarda até a idade da razão. Para ter duas, seria necessário que soubesse comparar ideias; e como as poderia comparar quando mal se encontra em condição de concebê-las? Cada coisa pode ter para ela mil signos diferentes, mas cada ideia pode possuir apenas uma forma; ela pode, portanto, aprender a falar apenas uma língua. Aprendem, contudo, várias, dizem-me; nego-o. Vi alguns desses pequenos prodígios que acreditam falar cinco ou seis línguas. Ouvi-os falar sucessivamente alemão, em termos latinos, em termos franceses e em termos italianos; utilizavam-se, na verdade, de cinco ou seis dicionários, mas ainda falavam apenas o alemão. Em uma palavra, dai às crianças tantos sinônimos quantos quiserdes; mudareis as palavras, não a língua; elas ainda conhecerão apenas uma.

É para dissimular sua inaptidão nesse quesito que as exercitamos preferencialmente nas línguas mortas, para as quais não existem mais juízes irrecusáveis. Tendo há muito sido perdido o uso familiar dessas línguas, contentamo-nos em imitar o que encontramos escrito nos livros, e a isso chamamos falá-las. Se assim são o grego e o latim dos mestres, podem-se imaginar os das crianças! Mal aprenderam de cor o seu rudimento, do qual não compreendem absolutamente nada, já lhes ensinamos, primeiramente, a traduzir um discurso francês em termos latinos e, em seguida, quando estão mais avançadas, a compor, em prosa, frases de Cícero e, em verso, centões de Virgílio. Acreditam, então, falar latim: quem irá contradizê-las?

Em qualquer estudo que se possa imaginar, sem a ideia das coisas representadas, os signos representantes não são nada. Sempre limitamos, no entanto, a criança a esses signos, sem jamais poder fazê-la compreender nenhuma das coisas que representam. Acreditando ensinar-lhe a descrição da Terra, ensinamo-las apenas a conhecer mapas: ensinamos-lhes nomes de cidades, de países e de rios cuja existência ela não concebe senão no papel em que lhe são mostrados. Lembro-me de ter visto em algum lugar um livro de geografia que começava desta forma: "O que é o mundo? É um globo de papelão". Assim é precisamente a geografia das crianças. Estabeleço como fato que, após dois anos de esfera e de cosmografia, não há nenhuma criança de dez anos que, com base nas regras que lhe foram dadas, saiba conduzir-se de Paris a Saint-Denis. Estabeleço como fato que não há nenhuma que, com base num mapa do jardim de seu pai, seja capaz de seguir seus atalhos sem se perder. São esses os doutores que sabem precisamente onde se situam Pequim, Isfahan,[24] México e todos os países da Terra.

Ouço dizer que convém ocupar as crianças com estudos para os quais bastam olhos; poderia ser o caso, se houvesse algum estudo para o qual bastassem olhos; mas não conheço nenhum que seja assim.

Por um erro ainda mais ridículo, fazem-nas estudar história; imagina-se que a história esteja a seu alcance, na medida em que consiste apenas numa compilação de fatos; mas o que se entende pela palavra "fatos"? Acredita-se que as relações que determinam os fatos históricos sejam tão fáceis de compreender quanto as ideias que facilmente se formam a seu respeito no espírito das crianças? Acredita-se que o verdadeiro conhecimento dos acontecimentos seja separável do de suas causas, do de seus efeitos, e que a história deva tão

---

24. Isfahan (ou Isfahã, ou, ainda, Ispaão) é uma das principais cidades do Irã. (N.T.)

pouco ao moral que se possa conhecer uma sem o outro? Se vedes nas ações dos homens apenas os movimentos externos e puramente físicos, o que aprendeis com a história? Absolutamente nada, e esse estudo desprovido de qualquer interesse não vos dá mais prazer do que instrução. Se desejais apreciar essas ações por suas relações morais, procurai fazer com que vossos alunos compreendam essas relações e vereis então se a história é apropriada a sua idade.

Leitores, lembrai-vos sempre de que aquele que vos fala não é nem um erudito nem um filósofo; mas um homem simples, amigo da verdade, sem partido, sem sistema; um solitário que, vivendo pouco com os homens, encontra menos ocasiões de saciar-se com seus preconceitos e mais tempo para refletir sobre o que o impressiona quando se relaciona com eles. Meus raciocínios estão menos fundados em princípios do que em fatos, e creio não poder vos dar melhores condições de julgá-los senão relatando, com frequência, algum exemplo das observações que mos sugerem.

Tinha ido passar alguns dias no campo, na casa de uma boa mãe de família que cuidava com grande zelo de seus filhos e de sua educação. Uma manhã em que eu presenciava as lições do primogênito, seu governante, que o instruíra muito bem a respeito da história antiga, ao retomar a de Alexandre caiu no famoso episódio do médico Filipe, que inspirou um quadro e seguramente o merecia.[25] O governante, homem de mérito, fez sobre o intrépido Alexandre vários comentários que não me agradaram, mas que evitei contestar para não desacreditá-lo no espírito de seu aluno. À mesa, não deixaram, segundo o método francês, de fazer com que o rapazinho tagarelasse. A vivacidade natural de sua idade e a expectativa de um aplauso certo o fizeram dizer mil asneiras, em meio às quais saíam, de tempos em tempos, algumas palavras felizes que faziam esquecer o resto. Veio, finalmente, a história do médico Filipe: ele a contou com grande clareza e com muita graça. Após a ordinária recompensa de elogios exigida pela mãe e aguardada pelo filho, meditamos sobre o que dissera. A maioria condenou a temeridade de Alexandre; alguns, a exemplo do governante, admiravam sua firmeza, sua coragem, o que me fez compreender que nenhum dos presentes

---

25. Rousseau se refere aqui a *Alexandre e o médico Filipe* (1648), quadro de Eustache Le Sueur (1616-1655), conservado, hoje, na National Gallery, em Londres. O quadro em questão retrata um famoso episódio da vida de Alexandre, o Grande: sofrendo de uma doença que todos acreditavam ser incurável, Alexandre depositou suas últimas esperanças em seu fiel médico Filipe, que alegava ter uma poção capaz de curá-lo. Enquanto Filipe preparava o remédio, Alexandre recebeu uma mensagem avisando-o da intenção do fiel médico de envená-lo. Assim mesmo, ao receber deste a referida poção, Alexandre engoliu a bebida de uma vez só, sem transparecer nenhuma inquietação e manifestando confiança absoluta em seu médico. Após alguns dias de convalescença, a doença foi superada e a calúnia, desmentida. (N.T.)

percebia em que consistia a verdadeira beleza daquele episódio. "Quanto a mim", eu disse, "parece-me que, se existe a menor coragem, a menor firmeza na ação de Alexandre, ela nada mais é que uma extravagância". Então, todos se reuniram e reconheceram tratar-se de uma extravagância. Preparava-me para responder e para me enervar quando uma mulher que estava a meu lado e que não tinha aberto a boca aproximou-se de meu ouvido e me disse, em voz baixa: "Cala-te, Jean-Jacques, eles não te entenderão". Olhei-a, espantei-me e me calei.

Após o jantar, suspeitando, com base em vários indícios, que meu jovem doutor não compreendera absolutamente nada da história que relatara tão bem, tomei-lhe a mão, fiz com ele uma volta pelo jardim e, tendo-o questionado à vontade, concluí que ele admirava mais que ninguém a coragem tão louvada de Alexandre; mas sabeis onde via essa coragem? Unicamente no ato de engolir de uma só vez uma bebida de gosto ruim, sem hesitar, sem manifestar a menor repugnância. A pobre criança, a quem mandaram que tomasse remédio havia menos de 15 dias e que o tomara apenas com infinito desgosto, ainda sentia o dissabor na boca. A morte e o envenenamento passavam, em seu espírito, apenas por sensações desagradáveis, e ela não concebia, para si, outro veneno além do sene.[26] É preciso, entretanto, admitir que a firmeza do herói deixara uma forte impressão naquele jovem coração e que, para o próximo remédio que tivesse de engolir, tinha realmente decidido ser um Alexandre. Sem entrar em esclarecimentos que evidentemente ultrapassavam seu alcance, apoiei-o nessas louváveis disposições e retornei rindo comigo mesmo da alta sabedoria dos pais e dos mestres que acreditam ensinar história às crianças.

É fácil colocar em suas bocas as palavras reis, impérios, guerras, conquistas, revoluções e leis; porém, quando se tratar de vincular a essas palavras ideias claras, haverá uma grande diferença entre a conversa com o jardineiro Roberto e todas essas explicações.

Posso prever que alguns leitores descontentes com o "cala-te, Jean-Jacques" perguntarão o que encontro, afinal, de tão belo na ação de Alexandre. Desafortunados! Se é preciso dizê-lo, como o compreendereis? É que Alexandre acreditava na virtude; é que acreditava nela a ponto de sacrificar-lhe sua cabeça, sua própria vida; é que sua grande alma era feita para acreditar nela. Ó, que bela profissão de fé foi engolir esse remédio! Não, nenhum mortal jamais fez outra tão sublime. Se houver algum Alexandre moderno, que mo seja apresentado com semelhantes feitos.

---

26. Sene é o nome dado a uma variedade de plantas medicinais muito utilizadas para tratar problemas intestinais. (N.T.)

Não havendo ciência das palavras, não há nenhum estudo que seja adequado às crianças. Se elas não possuem verdadeiras ideias, não têm verdadeira memória; pois não denomino assim a que retém somente sensações. Para que serve inscrever em sua cabeça um catálogo de signos que não representam nada para elas? Ao aprenderem as coisas, elas não aprenderão os signos? Por que impor-lhes o esforço inútil de aprenderem duas vezes? E, no entanto, que perigosos preconceitos não começamos a lhes inspirar ao fazê-las ver como ciência palavras que não possuem qualquer sentido para elas. É com a primeira palavra que a criança aceitar sem compreender, é com a primeira coisa que aprender com base na palavra de outrem, sem perceber por si mesma sua utilidade, que seu juízo estará perdido: ela brilhará, por muito tempo, aos olhos dos tolos antes de reparar tamanha perda.[27]

Não, se a natureza confere ao cérebro de uma criança esta leveza que o torna apto a receber todas as espécies de impressões, não é para que gravemos nele nomes de reis, datas, termos de heráldica, de esfera, de geografia e todas essas palavras sem nenhum sentido para sua idade e sem nenhuma utilidade para qualquer idade, e com as quais sobrecarregamos sua triste e estéril infância; mas é para que todas as ideias que ela pode conceber e que lhe são úteis e todas as que se relacionam com sua felicidade e que devem um dia esclarecê-la sobre seus deveres sejam nele traçadas, desde cedo, em caracteres indeléveis e lhe sirvam para conduzir-se durante sua vida de maneira conveniente a seu ser e a suas faculdades.

Não é por não estudar com livros que permanece ociosa a espécie de memória que pode uma criança ter; tudo que ela vê, tudo que ela ouve a impressiona, e disso ela se lembra; mantém em si mesma um registro das ações e das palavras dos homens, e tudo que a cerca é o livro com que, sem pensar a respeito, ela enriquece continuamente sua memória, na expectativa de que seu juízo possa se aproveitar disso. É na escolha desses objetos, é no cuidado de apresentar-lhe continuamente os que pode conhecer e de esconder-lhe os que deve ignorar que consiste a verdadeira arte de cultivar nela essa primeira

---

27. A maioria dos eruditos o é à maneira das crianças. A vasta erudição resulta menos de uma grande quantidade de ideias que de uma grande quantidade de imagens. As datas, os nomes próprios, os locais, todos os objetos isolados ou desprovidos de ideias são conservados unicamente pela memória dos signos, e raramente nos lembramos de uma dessas coisas sem vermos, ao mesmo tempo, o rosto ou o verso da página em que a lemos ou a figura sob a qual a vimos pela primeira vez. Essa era, aproximadamente, a ciência em voga nos últimos séculos; a de nosso século é outra coisa. Não se estuda mais, não se observa mais, sonha-se, e nos são apresentados como filosofia os sonhos de algumas noites ruins. Dir-me-ão que também sonho; admito-o; mas, ao contrário dos outros, tomo o cuidado de apresentar meus sonhos como sonhos, deixando que o leitor descubra se têm alguma utilidade para as pessoas acordadas.

faculdade, e é por esse meio que se deve tratar de formar-lhe um armazém de conhecimentos que sirva a sua educação durante sua juventude e a sua conduta em todas as épocas. Esse método, é verdade, não forma pequenos prodígios e não faz brilhar governantas e preceptores; mas forma homens judiciosos, robustos, sãos de corpo e de entendimento e que, sem terem-se feito admirar quando jovens, se fazem honrar quando adultos.

Emílio nunca aprenderá nada de cor, nem sequer fábulas, nem mesmo as de La Fontaine, por mais inocentes e encantadoras que sejam; pois as palavras das fábulas não são mais as fábulas que as palavras da história são a história. Como podemos nos iludir a ponto de designar as fábulas como a moral das crianças? Sem imaginar que, ao diverti-las, o apólogo as engana; que, seduzidas pela mentira, elas deixam escapar a verdade; e que o que fazemos para tornar a instrução agradável as impede de tirar proveito dela. As fábulas podem instruir os homens, mas é preciso dizer a verdade nua às crianças; assim que a cobrimos com um véu, não fazem mais esforço para erguê-lo.

Fazemos todas as crianças aprenderem as fábulas de La Fontaine, e não há nenhuma que as compreenda; caso as compreendessem, seria ainda pior, pois sua moral é de tal forma enredada e tão desproporcional a sua idade que ela as conduziria ao vício mais que à virtude. Estes também são, diríeis, paradoxos; que seja, mas vejamos se constituem verdades.

Digo que uma criança não compreende as fábulas que lhe são ensinadas, pois, sejam quais forem os esforços feitos para torná-las simples, a instrução que se quer extrair delas impõe que se introduzam ideias que a criança não pode compreender, e o próprio estilo da poesia, tornando-as mais fáceis de lembrar, as torna mais difíceis de compreender; de modo que se privilegia o encanto em detrimento da clareza. Sem citar esse amontoado de fábulas que nada têm de inteligíveis ou de úteis para as crianças, e que as fazemos imprudentemente aprender com as outras, por estarem a estas mescladas, limitemo-nos às que o autor parece ter feito especialmente para elas.

Conheço, em toda a coletânea de La Fontaine, apenas cinco ou seis fábulas em que brilha eminentemente a ingenuidade pueril; entre essas cinco ou seis, escolho como exemplo a primeira de todas, por tratar-se daquela cuja moral mais se adequa a todas as idades, aquela que as crianças compreendem melhor, aquela que aprendem com maior prazer, e, por fim, aquela que, por esse mesmo motivo, o autor preferiu inserir no início de seu livro. Supondo-lhe realmente o intuito de ser compreendido pelas crianças, de agradar-lhes e de instruí-las, esta fábula é seguramente sua obra-prima. Que me seja, portanto, permitido segui-la e examiná-la em poucas palavras.

O CORVO E A RAPOSA[28]
FÁBULA

Mestre Corvo, numa árvore empoleirado,
Mestre! O que significa tal palavra em si mesma? O que significa quando anteposta a um nome próprio? Que sentido possui nessa ocasião?

O que é um corvo?

O que é "numa árvore empoleirado"? Não dizemos: "numa árvore empoleirado"; dizemos: "empoleirado numa árvore". Consequentemente, é preciso falar das inversões da poesia; é preciso dizer o que é a prosa e o que são versos.

mantinha um queijo em seu bico.
Que queijo? Era um queijo da Suíça, de Brie ou da Holanda? Se uma criança nunca viu um corvo, que vantagem encontrais em falar-lhe dele? Se viu alguns, como conceberá que mantenham um queijo em seu bico? Façamos sempre imagens segundo a natureza.

Mestre Raposa, pelo odor aliciada,
Mais um mestre! Mas, neste caso, o título é merecido: ela é mestre reconhecida nos truques de seu ofício. É preciso dizer o que é uma raposa e distinguir seu verdadeiro natural do caráter de convenção que lhe é atribuído nas fábulas.

"Aliciada". Esta palavra não é usual. É preciso explicá-la: é preciso dizer que já não se emprega mais senão em verso. A criança perguntará por que se fala diferentemente em verso do que em prosa. O que lhe respondereis?

Aliciada pelo odor de um queijo! Este queijo mantido por um corvo empoleirado numa árvore devia ter um fortíssimo odor para que a raposa o sentisse num mato ou em sua toca! É assim que exercitais vosso aluno nesse espírito de crítica judiciosa que não se inclina senão com boas informações e sabe discernir a verdade da mentira nas narrações de outrem?

dirigiu-lhe mais ou menos estas palavras:
"Estas palavras"! As raposas, portanto, falam? E falam, portanto, a mesma língua que os corvos? Sábio preceptor, toma cuidado: pesa bem tua resposta antes de formulá-la. Ela importa mais do que pensas.

---

28. É preciso observar que a versão que Rousseau insere aqui no texto não corresponde perfeitamente ao original. Recorrendo provavelmente à memória para reconstituir a fábula de La Fontaine, o autor comete pequenas alterações, as quais foram mantidas na presente tradução. (N.T.)

Oh! Bom dia, senhor Corvo!

"Senhor"! Título que a criança vê escarnecido, mesmo antes de saber que se trata de um título de honra. Aqueles que dizem "senhor de Corvo"[29] terão muito trabalho antes de conseguirem explicar o "de".

Como sois encantador![30] Como me pareceis belo!

Cavilha, redundância inútil. Vendo a mesma coisa repetir-se em outros termos, a criança aprende a falar frouxamente. Se disserdes que essa redundância é uma arte do autor e entra no intento da raposa que deseja parecer multiplicar os elogios com as palavras, essa desculpa será boa para mim, mas não para meu aluno.

Sem mentir, se vosso gorjeio

"Sem mentir"! Mentimos, então, por vezes? Como ficará a criança se lhe ensinardes que a raposa diz "sem mentir" apenas porque mente?

correspondesse a vossa plumagem,

"Correspondesse"! O que significa essa palavra? Ensinai a criança a comparar qualidades tão diferentes quanto a voz e a plumagem; vereis como ela vos compreenderá!

seríeis a fênix dos hóspedes destes bosques.

"A fênix"! O que é uma fênix? Aqui nos lançamos, de repente, na mentirosa antiguidade; praticamente na mitologia.

"Dos hóspedes destes bosques"! Que discurso figurado! O bajulador enobrece sua linguagem e lhe confere maior dignidade para torná-la mais sedutora. Uma criança compreenderá essa sutileza? Sabe ela ou, ao menos, pode ela saber o que é um estilo nobre e um estilo baixo?

Ao ouvir tais palavras, o corvo não se contém de alegria.

É preciso já ter experimentado paixões bastante vivas para entender essa expressão proverbial.

---

29. No original, "Monsieur du Corbeau". O emprego da partícula "du" neste caso indica nobreza. (N.E.)

30. Rousseau alterou inadvertidamente o texto de La Fontaine. No original, lê-se *Como sois bonito!*, o que permite, aliás, compreender melhor o comentário de Rousseau ao verso em questão, marcado pela redundância. (N.T.)

E, para mostrar sua bela voz,

Não esqueçais que, para compreender este verso e a fábula como um todo, a criança deve saber o que é a bela voz do corvo.

Abre bem o bico e deixa cair sua presa.

Este verso é admirável; a harmonia basta para compor sua imagem. Vejo um grande e feio bico aberto; ouço cair o queijo por entre os galhos; mas essas formas de beleza se perdem para as crianças.

A Raposa a toma e diz: meu bom senhor,

Eis então a bondade já transformada em tolice: seguramente, não se perde tempo para instruir as crianças.

aprendei que todo bajulador

Máxima geral; já não acompanhamos mais.

vive à custa daquele que o escuta.

Nunca uma criança compreendeu este verso.

Esta lição vale certamente um queijo.

Isto é compreensível, e o pensamento é muito bom. Entretanto, ainda serão pouquíssimas as crianças capazes de comparar uma lição a um queijo e que não prefeririam o queijo à lição. É preciso, portanto, fazê-las compreender que esse comentário é apenas uma zombaria. Quanta sutileza para crianças!

O corvo, envergonhado e confuso,

Outro pleonasmo; mas este é indesculpável.

jurou, embora um pouco tarde, que não mais o enganariam.

"Jurou"! Quem é o mestre tolo que ousa explicar à criança o que é um juramento?

Aí estão muitos detalhes; muito menos, entretanto, do que seriam necessários para analisar todas as ideias desta fábula e reduzi-las às ideias simples e elementares de que cada uma está composta. Mas quem acredita ter necessidade desta análise para fazer-se entender pela juventude? Nenhum de nós é suficientemente filósofo para saber se colocar no lugar de uma criança. Passemos agora para a moral.

Pergunto se é a crianças de seis anos que se deve ensinar que existem homens que bajulam e mentem em proveito próprio. Poderíamos, no máximo, ensinar-lhes que existem zombadores que escarnecem de menininhos e caçoam em segredo de sua tola vaidade; mas o queijo estraga tudo; ensinamo-las menos a não deixá-lo cair de seu bico do que a fazê-lo cair do bico de outro. Aí está meu segundo paradoxo, e não é o menos importante.

Acompanhai as crianças ao aprenderem as fábulas e vereis que, quando se encontram em condições de aplicá-las, fazem-no quase sempre de modo contrário à intenção do autor e que, em vez de observarem a si mesmas à luz do defeito de que se quer curá-las ou preservá-las, tendem a amar o vício com que se tira proveito dos defeitos dos outros. Na fábula acima, as crianças zombam do corvo, mas afeiçoam-se à raposa. Na fábula seguinte, acreditais dar-lhes a cigarra como exemplo; e, muito pelo contrário, é a formiga que escolherão. Ninguém gosta de se humilhar; elas escolherão sempre o papel mais belo; é a escolha do amor-próprio, e uma muito natural. Ora, que horrível lição para a infância! O mais odioso de todos os monstros seria uma criança avara e dura, que soubesse o que lhe pedem e o que recusa. A formiga faz ainda mais, ensina-a a zombar em suas recusas.

Em todas as fábulas em que o leão é um dos personagens, como ele é ordinariamente o mais brilhante, a criança jamais deixa de fazer-se leão, e, quando preside alguma divisão, bem instruída por seu modelo, toma todo o cuidado de apoderar-se de tudo. Mas, quando o mosquito derruba o leão, a situação é diferente: a criança já não é o leão, e sim o mosquito. Aprende um dia a matar com ferroadas aqueles que ela não ousaria atacar de pé firme.

Na fábula do lobo magro e do cão gordo, em vez da lição de moderação que se lhe pretende dar, recebe uma de licença. Jamais esquecerei ter visto chorar consideravelmente uma menininha que tinham desolado com essa fábula, ao mesmo tempo que lhe pregavam sempre a docilidade. Encontraram dificuldade em desvendar a causa de suas lágrimas, mas enfim a descobriram. A pobre criança lamentava estar acorrentada: sentia seu pescoço arranhado; chorava por não ser lobo.

Assim, a moral da primeira fábula citada constitui, para a criança, uma lição da mais baixa bajulação; a da segunda uma lição de inumanidade; a da terceira uma lição de injustiça; a da quarta uma lição de sátira; e a da quinta uma lição de independência. Supérflua a meu aluno, esta última lição tampouco será mais conveniente aos vossos. Se lhes dais preceitos que se contradizem, que fruto esperais obter de vossos cuidados? Mas talvez, com essa exceção, toda essa moral que me serve de objeção contra as fábulas forneça tantas razões para conservá-las. Na sociedade, é preciso uma moral em palavras e uma em ações, e essas duas morais em nada se assemelham. A primeira está no catecismo, onde a deixamos; a outra está nas fábulas de La Fontaine para as crianças e em seus contos para as mães. O mesmo autor basta para tudo.

Conciliemo-nos, senhor de La Fontaine. Prometo, quanto a mim, ler-vos com discernimento, amar-vos e instruir-me com vossas fábulas, pois espero não me enganar quanto a seu objeto. Mas, quanto a meu aluno, permiti que eu não o deixe estudar nenhuma, até que me tenhais provado que lhe faz bem aprender coisas das quais não compreenderá nem uma fração; que, nas que puder compreender, ele jamais se enganará; e que, em vez de se corrigir com base no ingênuo, ele não se formará com base no maroto.

Ao suprimir, assim, todos os deveres das crianças, elimino os instrumentos de sua maior miséria, isto é, os livros. A leitura é o flagelo da infância e praticamente a única ocupação que sabemos lhe dar. Somente quando tiver 12 anos, Emílio saberá o que é um livro. Dir-me-ão, porém, que é preciso que, pelo menos, saiba ler. Admito-o; é preciso que saiba ler quando a leitura lhe for útil; até então, ela servirá apenas para entediá-lo.

Se não se deve exigir nada das crianças por obediência, resulta que não podem aprender nada sem que percebam nisso uma vantagem atual e presente, de diversão ou de utilidade. Caso contrário, que motivo as levaria a aprender? A arte de falar aos ausentes e de ouvi-los, a arte de comunicar-lhes, de longe, sem mediador, nossos sentimentos, nossas vontades, nossos desejos, é uma arte cuja utilidade se pode tornar sensível a todas as idades. Por meio de que prodígio essa arte tão útil e tão agradável se tornou um tormento para a infância? Porque a forçamos a dedicar-se a ela contra sua vontade e porque aplicamos tal arte a usos que de modo algum a criança compreende. Ela não está muito curiosa em aperfeiçoar o instrumento com que é atormentada; mas fazei com que esse instrumento sirva a seus prazeres e ela logo se dedicará a ele, seja qual for vossa vontade.

Atribui-se grande importância a procurar os melhores métodos de ensinar a ler; inventam-se mesas de trabalho, mapas, transforma-se o quarto da criança numa oficina de imprensa. Locke deseja que ela aprenda a ler com dados. Não é esta uma invenção engenhosa? Misericórdia! Um meio mais seguro do que todos esses, e que é sempre esquecido, é o desejo de aprender. Dai à criança esse desejo e deixai então vossas mesas e vossos dados de lado; qualquer método lhe será bom.

O interesse presente: eis a grande motivação, a única que conduz com segurança e para longe. Emílio recebe, por vezes, de seu pai, de sua mãe, de seus parentes e de seus amigos bilhetes de convite para um jantar, para uma caminhada, para um passeio na água ou para ver alguma festa pública. Esses bilhetes são curtos, claros, nítidos e bem escritos. É preciso encontrar alguém que lhos leia; mas ou essa pessoa nem sempre se encontra no momento certo ou então ela devolve à criança a pouca cortesia que esta lhe mostrou no dia anterior. Apresentando-se assim a ocasião, o momento passa. O bilhete é finalmente lido, mas já não há mais tempo. Ah, se nós mesmos soubéssemos ler! Recebemos outros; são tão curtos! O seu assunto é tão interessante! Gostaríamos de tentar decifrá-los; encontramos ora ajuda, ora recusas. Esforçamo-nos; deciframos enfim a metade de um bilhete; trata-se de ir amanhã provar algum creme... Não sabemos onde nem com quem... Quanto esforço fazemos para ler o resto! Não creio que Emílio tenha necessidade da mesa de trabalho. Falarei agora da escrita? Não, tenho vergonha de me divertir com essas asneiras num tratado de educação.

Acrescentarei apenas algumas palavras que compõem uma máxima importante: é que, ordinariamente, obtém-se muito seguro e muito rápido o que não se tem pressa em conseguir. Estou quase certo de que Emílio saberá perfeitamente ler e escrever antes dos dez anos de idade, precisamente porque muito pouco me importa que o saiba antes dos 15; mas eu preferiria que jamais aprendesse a ler a que comprasse essa ciência ao preço de tudo que pode torná-la útil: de que lhe servirá a leitura se lhe tiverem inspirado irremediável repulsa por ela? *"Id in primis cavere opportebit, ne studia, qui amare nondum poterit, oderit, et amaritudinem semel perceptam etiam ultra rudes annos reformidet."*[31]

Quanto mais insisto em meu método inativo, mais sinto as objeções se reforçarem. Se vosso aluno não aprende nada convosco, ele aprenderá com os outros. Se não prevenirdes o erro pela verdade, ele aprenderá mentiras; os preconceitos que temeis transmitir-lhe, ele os receberá de tudo que o cerca; entrarão por todos os sentidos ou corromperão sua razão antes mesmo que esteja formada; ou, ainda, seu espírito entorpecido por uma longa inação será absorvido na matéria. O descostume de pensar durante a infância suprime essa faculdade para o resto da vida.

Parece-me que eu poderia facilmente responder a isso; mas por que sempre respostas? Se meu método por si só responde às objeções, ele é bom; se não responde, não tem nenhum valor. Continuo.

Se, no plano que comecei a traçar, seguirdes regras diretamente contrárias às que estão estabelecidas; se, em vez de levar longe o espírito de vosso aluno; se, em vez de desviá-lo continuamente para outros lugares, outros climas, outros séculos, para as extremidades da Terra e até para os céus, vós vos dedicardes a mantê-lo sempre em si mesmo e atento ao que o afeta imediatamente, encontrá-lo-eis então capaz de percepção, de memória e até mesmo de raciocínio: é a ordem da natureza. À medida que o ser sensitivo se torna ativo, ele adquire um

---

31. Quintiliano. L. I., c. 1. [Citação extraída de *Institutos de oratória*, c. 95, tido como o primeiro manual de ensino já escrito: "Será preciso cuidar para não lhe tornar odiosos os estudos que ainda não puder apreciar e para impedir que tal aversão, quando declarada, não o afaste deles, uma vez superada a época em que era ignorante". (N.T.)]

discernimento proporcional a suas forças, e é apenas com uma força que excede a de que tem necessidade para se conservar que se desenvolve nele a faculdade especulativa própria a empregar esse excesso de força em outros usos. Se desejais, portanto, cultivar a inteligência de vosso aluno, cultivai as forças que ela deve governar. Exercitai continuamente seu corpo, tornai-o robusto e saudável para torná-lo sábio e razoável; que trabalhe, que aja, que corra, que grite, que esteja sempre em movimento; que seja homem pelo vigor e logo o será pela razão.

Embrutecê-lo-íeis, é verdade, com este método caso sempre o dirigísseis e sempre lhe dissésseis: "Vai, vem, fica, faz isto, não faz aquilo". Se vossa cabeça conduz sempre seus braços, a dele se torna inútil. Lembrai-vos, porém, de nossas convenções; se sois apenas um pedante, não vale a pena ler o que escrevo.

É um erro bastante lamentável imaginar que o exercício do corpo prejudica as operações do espírito; como se essas duas ações não devessem andar juntas e como se uma não devesse sempre dirigir a outra!

Existem duas espécies de homens cujos corpos estão em exercício contínuo e que, seguramente, pensam pouco em cultivar sua alma: os camponeses e os selvagens. Os primeiros são rústicos, grosseiros e desajeitados; os outros, conhecidos por seu grande sentido, o são também pela sutileza de seu espírito; geralmente, não há nada mais desgracioso que um camponês, nem mais fino que um selvagem. De onde vem essa diferença? É que o primeiro, fazendo sempre o que lhe ordenam ou o que viu fazer seu pai, ou ainda o que fez por si mesmo desde sua juventude, conduz-se sempre somente por rotina e, em sua vida quase autômata, incessantemente ocupado com os mesmos trabalhos, o hábito e a obediência substituem a razão.

Para o selvagem, é outra coisa; não estando vinculado a lugar algum, não tendo qualquer tarefa prescrita, não obedecendo a ninguém, sem outra lei além da vontade, ele se vê forçado a raciocinar para cada ação de sua vida; não faz um movimento nem um passo sem ter previamente considerado as consequências. Assim, quanto mais seu corpo se exercita, mais seu espírito se esclarece; sua força e sua razão crescem ao mesmo tempo e se estendem uma em função da outra.

Sábio preceptor, vejamos qual dos nossos dois alunos se assemelha ao selvagem e qual se assemelha ao camponês? Submetido, em todos os aspectos, a uma autoridade sempre doutrinadora, o vosso não faz nada sem instruções, não ousa comer quando tem fome, nem rir quando está alegre, nem chorar quando está triste, nem estender uma mão em vez da outra, nem mexer o pé senão como lhe foi prescrito; logo, não ousará respirar senão segundo vossas regras. Em que quereis que pense quando pensais em tudo para ele? Vendo que vos encarregais de sua conservação e de seu bem-estar, sente-se dispensado desse cuidado; seu julgamento depende do vosso; faz tudo que não lhe proibis sem refletir, sabendo que o faz sem riscos. Que necessidade tem de aprender a prever a chuva? Sabe que observais o céu para ele. Que necessidade tem de planejar seu passeio? Não teme que o deixeis perder a hora do jantar. Enquanto não o proibirdes de comer, ele comerá; quando o fizerdes, deixará de comer; não escuta mais os avisos de seu estômago, mas os vossos. Podeis amolecer seu corpo na inação, mas não tornareis seu entendimento mais flexível. Muito pelo contrário, acabais desacreditando a razão em seu espírito ao fazê-lo utilizar o pouco que tem para as coisas que lhe parecem mais inúteis. Não vendo nunca para que ela serve, considera, afinal, que não serve para nada. O pior que poderá lhe acontecer, ao raciocinar mal, é ser corrigido, e ele o é com tanta frequência que sequer pensa nisso; já não o assusta mais um perigo tão comum.

Reconheceis, entretanto, espírito nele, e ele tem algum, para tagarelar com as mulheres no tom de que já vos falei; mas, quando se encontrar na situação de ter de se sacrificar ou de tomar partido em alguma ocasião difícil, vê-lo-eis 100 vezes mais estúpido e mais besta que o filho do mais grosseiro bronco.

Quanto a meu aluno, ou, antes, ao da natureza, acostumado desde cedo a bastar a si mesmo sempre que possível, ele não se acostuma a recorrer continuamente aos outros e ainda menos a expor-lhes seu grande saber. Em contrapartida, julga, prevê, raciocina a respeito de tudo que se relaciona imediatamente com ele. Não palavreia, age; não conhece uma só palavra daquilo que se faz no mundo, mas sabe muito bem fazer o que lhe convém. Como está sempre em movimento, é forçado a observar muitas coisas e a conhecer muitos efeitos; adquire desde cedo uma grande experiência; recebe suas lições da natureza, e não dos homens; instrui-se tanto melhor quanto não vê, em lugar algum, a intenção de instruí-lo. Assim, seu corpo e seu espírito se exercitam ao mesmo tempo. Agindo sempre de acordo com seu pensamento, e não segundo o de outra pessoa, une continuamente duas operações: quanto mais forte e robusto se faz, mais sensato e judicioso se torna. É por esse meio que se obtém um dia o que acreditamos ser incompatível e que quase todos os grandes homens reuniram: a força do corpo e a da alma; a razão de um sábio e o vigor de um atleta.

Jovem preceptor, prego-vos uma arte difícil: a de governar sem preceitos e de fazer tudo sem fazer nada. Tal arte, admito, não cabe a vossa idade; não é adequada a fazer brilhar vossos talentos nem a vos fazer apreciar pelos pais, mas é a única com que se pode alcançar êxito. Jamais conseguireis formar sábios sem antes conseguir fazer garotos. Esta era a educação dos espartanos: em vez de grudá-los em livros, começavam ensinando-os a roubar seu jantar. Isso tornava os espartanos grosseiros quando adultos? Quem não conhece a força e a malícia de suas réplicas? Sempre feitos para vencer, esmagavam seus inimigos em guerras de toda espécie, e os tagarelas atenienses temiam tanto suas palavras quanto seus golpes.

Nas educações mais famosas, o mestre comanda e acredita governar; quem governa, na verdade, é a criança. Ela se serve do que exigis dela para obter de vós o que lhe agrada, e sabe sempre vos fazer retribuir uma hora de assiduidade com oito dias de complacência. A cada instante, é preciso pactuar com ela. Esses tratados que proponde a vossa maneira e que ela executa a sua acabam sempre beneficiando suas fantasias, sobretudo quando se comete o erro de oferecer como condição para seu proveito o que ela está certa de obter, quer cumpra ou não a condição imposta em troca. A criança lê, ordinariamente, muito melhor a mente do mestre do que o mestre lê o coração da criança, e assim deve ser; pois toda sagacidade que teria empregado a criança entregue a si mesma para prover à conservação de sua pessoa, ela a emprega para salvar sua liberdade natural das correntes de seu tirano. Ao passo que este, não tendo qualquer interesse tão imediato em compreender a outra, encontra, por vezes, maior vantagem em deixar-lhe sua preguiça ou sua vaidade.

Segui, com vosso aluno, uma via oposta; que ele acredite sempre ser o mestre e que vós o sejais sempre. Não há sujeição tão perfeita quanto a que mantém a aparência da liberdade; cativa-se, assim, a própria vontade. Não está à vossa mercê a pobre criança que não sabe nada, que não pode nada e que não conhece nada? Não dispondes, em relação a ela, de tudo que a cerca? Não sois capaz de conduzi-la segundo vosso gosto? Seus trabalhos, seus jogos, seus prazeres, seus sofrimentos, não está tudo em vossas mãos sem que ela o saiba? Certamente, ela não deve fazer o que quer; mas deve querer apenas o que quereis que faça; não deve dar um passo que não tenhais previsto, não deve abrir a boca sem que saibais o que vai dizer.

É então que ela poderá, sem embrutecer seu espírito, entregar-se aos exercícios do corpo que sua idade requer; é então que, em vez de aguçar sua astúcia para evitar um incômodo império, vós a vereis dedicar-se unicamente a tirar de tudo que a cerca o partido mais vantajoso para seu bem-estar atual; é então que vos surpreendereis com a sutileza de suas invenções, para apropriar-se de todos os objetos que puder alcançar e para gozar verdadeiramente das coisas, sem o socorro da opinião.

Deixando-a senhora de suas vontades, não fomentareis seus caprichos. Não fazendo nunca senão o que lhe convém, ela logo fará apenas o que deve fazer; e, embora seu corpo esteja em movimento contínuo, enquanto se tratar de seu interesse presente e sensível, vereis toda a razão de que é capaz se desenvolver muito melhor e de maneira muito mais apropriada a ela do que nos estudos de pura especulação.

Assim, não vos vendo preocupado em contrariá-lo, não vos desafiando e não tendo nada a esconder de vós, ela não vos enganará, não vos mentirá e se mostrará, sem temor, tal como é; podereis estudá-la segundo vossa vontade e distribuir a seu redor as lições que desejais lhe dar, sem que ela jamais acredite receber alguma.

Ela tampouco observará vossos costumes com uma curiosa inveja e não sentirá um prazer secreto em surpreender vosso erro. Esse inconveniente que prevenimos é muito considerável. Um dos primeiros cuidados da criança é, como eu já disse, descobrir a fraqueza dos que as governam. Tal inclinação conduz à maldade, mas dela não decorre. Provém da necessidade de evitar uma autoridade que as importuna. Sobrecarregadas pelo jugo que lhes é imposto, procuram abalá-lo, e os defeitos que encontram nos mestres lhes fornecem bons meios para isso. Adquire-se, contudo, o hábito de observar as pessoas por seus defeitos e de divertir-se em encontrá-los. Está claro que aí está outra fonte de vícios obstruída no coração de Emílio; não tendo qualquer interesse em encontrar defeitos em mim, ele não os procurará e estará pouco tentado a também procurar nos outros.

Todas essas práticas parecem difíceis porque não se ousa adotá-las, mas, no fundo, elas não o devem ser. Tem-se o direito de supor que tenhais as luzes necessárias para exercer o ofício que escolhestes; deve-se presumir que conheçais a marcha natural do coração humano, que saibais estudar o homem e o indivíduo, que saibais de antemão a que se sujeitará a vontade de vosso aluno por ocasião de todos os objetos interessantes a sua idade que fareis passar diante de seus olhos. Ora, ter os instrumentos e conhecer bem o seu uso não é fazer-se senhor da operação?

Em vossa objeção, alegais os caprichos da criança; é um erro. O capricho das crianças nunca é obra da natureza, mas de uma má disciplina. É que obedeceram ou comandaram, e já disse 100 vezes que não deve ocorrer nem uma coisa nem outra. Vosso aluno terá, portanto, por únicos caprichos aqueles que lhe tiverdes dado; é justo que sejais punido por vossos erros. Mas, questionareis, como remediar tal situação? Isso ainda é possível, com uma melhor conduta e muita paciência.

Encarregaram-me, durante algumas semanas, de uma criança acostumada não somente a fazer suas vontades mas também a mandá-las fazer por todo mundo; era, então, cheia de fantasias. Desde o primeiro dia, para testar minha complacência, decidiu levantar-se à meia-noite. No auge de seu sono, saltou de sua cama, vestiu seu roupão e me chamou. Levantei-me e acendi a vela; ela não desejava nada mais que isso: ao cabo de 15 minutos, o sono a alcançou e ela tornou a deitar-se, feliz com seu teste. Dois dias depois, reiterou-o com o mesmo sucesso, e sem qualquer sinal de impaciência de minha parte. Ao beijar-me quando voltava a se deitar, eu disse-lhe muito pausadamente: "Meu pequeno amigo, está tudo certo, mas não torneis a fazê-lo". Essas palavras incitaram sua curiosidade e, já no dia seguinte, desejando ver um pouco se eu ousaria desobedecê-la, não deixou de levantar-se à mesma hora e de me chamar. Perguntei-lhe o que queria. Disse-me que não conseguia dormir. "Tanto pior", respondi, e me mantive quieto. Pediu-me que acendesse a vela; "Para quê?", e me mantive quieto. Esse tom lacônico começava a incomodá-la. Partiu às cegas buscar o fuzil que fingiu bater, e eu não consegui me impedir de rir ao ouvi-la golpear seus dedos. Finalmente, bem convencida de que não teria sucesso, trouxe o isqueiro até minha cama: eu disse-lhe que aquilo não me interessava e virei-me para o outro lado. Então, pôs-se a correr estouvado pelo quarto, gritando, cantando, fazendo muito barulho, desferindo na mesa e nas cadeiras golpes que tomava grande cuidado em moderar, mas sem deixar de gritar bem alto, esperando causar-me preocupação. Nada disso surtia efeito, e vi que, prevendo belas exortações ou alguma ira, ela não estava de modo algum preparada para esse sangue-frio.

Entretanto, decidida a vencer minha paciência pela obstinação, continuou sua balbúrdia com tamanho sucesso que, afinal, irritei-me, e pressentindo que ia estragar tudo com uma exaltação fora de propósito, decidi agir de outra maneira. Levantei-me sem dizer nada, dirigi-me até o fuzil que não encontrei; pedi-lhe que mo desse, o que fez, fervilhante de alegria por ter enfim triunfado. Bati o fuzil, acendi a vela, tomei meu rapazinho pela mão, conduzi-o tranquilamente até um cômodo vizinho, cujas persianas estavam bem fechadas e onde não havia nada para quebrar; deixei-o lá sem luz e então, trancando-o no quarto, voltei a me deitar, sem ter-lhe dito uma só palavra. Não se deve perguntar se houve, de início, algazarra; eu a tinha previsto e não me comoveu. Finalmente, o barulho diminuiu; escutei, ouvi-o acomodar-se e me tranquilizei. Na manhã seguinte, entrei com a alvorada no cômodo e encontrei meu pequeno rebelde dormindo profundamente sobre um canapé, do que devia estar muito necessitado após tanto cansaço.

O assunto não se encerrou com isso. A mãe teve conhecimento de que a criança passara dois terços da noite fora da cama. No mesmo instante, tudo estava perdido, era o mesmo que uma criança morta. Vendo tratar-se de boa ocasião para vingar-se, ela simulou estar doente, sem prever que não ganharia nada com isso. O médico foi chamado. Infelizmente para a mãe, esse médico era um brincalhão, que, para divertir-se com seus temores, dedicava-se a aumentá-los. Disse, entretanto, a meu ouvido: "Deixai-me agir; prometo-vos que a criança estará curada por algum tempo da fantasia de estar doente". Com efeito, a dieta e o quarto foram prescritos, e ela foi recomendada ao boticário. Eu suspirava ao ver essa pobre mãe, assim, vítima de tudo que a cercava, exceção feita a mim, a quem odiava, precisamente porque não a enganava.

Após reprimendas bastante duras, disse-me que seu filho era delicado, que era o único herdeiro da família, que era preciso conservá-lo a qualquer preço e que ela não desejava que ele fosse contrariado. Quanto a isso, eu estava inteiramente de acordo com ela; mas ela entendia por contrariá-lo não lhe obedecerem em tudo. Vi que era preciso empregar com a mãe o mesmo tom que com a criança. "Senhora", disse-lhe bastante friamente, "não sei como se educa um herdeiro e, mais que isso, não quero descobri-lo; podeis arranjar-vos a esse respeito". Como tinham necessidade de mim por algum tempo ainda, o pai apaziguou tudo, a mãe escreveu ao preceptor para que apressasse seu retorno e a criança, vendo que não ganharia nada perturbando meu sono ou fazendo-se de doente, tomou a decisão de dormir e de comportar-se bem.

Não se poderia imaginar a quantos caprichos semelhantes o pequeno tirano sujeitara seu desafortunado governante, pois a educação se fazia diante dos olhos da mãe, que não aceitava que o herdeiro fosse desobedecido em nada. Fosse qual fosse a hora em que este desejasse sair, era preciso estar pronto para conduzi-lo ou, antes, para segui-lo, e ele tomava sempre o cuidado de escolher o momento em que via seu governante mais ocupado. Procurou exercer sobre mim o mesmo império, e vingar durante o dia o repouso que era forçado a me proporcionar à noite. Prestei-me de bom coração a tudo e comecei por atestar bem, a seus próprios olhos, o prazer que sentia em lhe agradar. Depois, quando se tratou de curá-lo de sua fantasia, comportei-me de outro modo.

Inicialmente, precisou-se confrontá-lo com seu erro, o que não foi difícil. Sabendo que as crianças pensam somente no presente, tomei sobre ele a fácil vantagem da previdência; tive o cuidado de proporcionar-lhe, em casa, um divertimento que sabia corresponder extremamente a seu gosto, e no momento em que o vi mais entusiasmado com ele, fui propor-lhe uma pequena caminhada; mandou-me que fosse embora; insisti, mas não me escutou; tive de render-me e ele notou preciosamente esse sinal de sujeição.

Na manhã seguinte, foi minha vez. Entediou-se, como eu planejara; eu, ao contrário, parecia profundamente ocupado. Sequer era preciso tudo isso para que se decidisse. Não deixou de vir arrancar-me de meu trabalho para levá-lo a passear o quanto antes. Recusei, mas obstinou-se. "Não", disse-lhe, "ao fazer vossa vontade, ensinastes-me a fazer a minha; não quero sair." "Pois bem", respondeu mordaz, "sairei sozinho." "Como quiserdes"; e retomei meu trabalho.

Vestiu-se um tanto inquieto, vendo que eu não o imitava. Pronto para sair, veio cumprimentar-me, e eu o cumprimentei; cuidou de me alarmar com o relato dos caminhos que iria percorrer; ouvindo-o, era de crer que iria até o fim do mundo. Sem me comover, desejei-lhe boa viagem. Seu embaraço se intensificou. Mostrou, no entanto, presença de espírito e, pronto para sair, ordenou a seu lacaio que o seguisse. Já avisado, o lacaio respondeu que estava sem tempo e que, ocupado com minhas ordens, deveria obedecer a mim antes que a ele. Desta vez, a criança já não compreendia mais. Como conceber que a deixassem sair sozinha, ela que se via como um ser importante para todos os outros e pensava que o céu e a terra estavam interessados em sua conservação? Começou a sentir sua fraqueza; compreendeu que iria encontrar-se sozinho em meio a pessoas que não conhecia; via de antemão os riscos que iria correr: somente a obstinação ainda a sustentava; desceu a escada lentamente e muito perturbada. Enfim saiu pela rua, consolando-se um pouco do mal que podia lhe acontecer pela esperança de que eu seria responsabilizado.

Era aí que eu a aguardava. Tudo estava preparado de antemão, e, como se tratava de uma espécie de cena pública, eu obtivera o consentimento do pai. Mal deu alguns passos, ela ouviu, à direita e à esquerda, diferentes conversas a seu respeito. "Vizinho, vede o senhorzinho! Aonde vai assim sozinho? Vai perder-se: gostaria de convidá-lo a entrar em nosso lar." "Vizinha, não façais isso. Não vedes que é um pequeno libertino que foi expulso da casa do pai porque não desejava prestar para nada? Não se devem receber os libertinos; deixai que vá aonde quiser." "Pois bem, que Deus o conduza; lamentaria que algum infortúnio lhe acontecesse." Um pouco mais longe, a criança encontrou garotos mais ou menos de sua idade, que a provocaram e escarneceram dela. Quanto mais avançava, mais estorvos encontrava. Só e sem proteção, viu-se como joguete de todo mundo e constatou com grande surpresa que seu nó de ombro e seu enfeite de ouro não se faziam mais respeitar.

No entanto, um de meus amigos, que a criança não conhecia e que eu encarregara de velar sobre ela, a seguia passo a passo sem que ela o percebesse e a abordou quando chegou o momento. Esse papel, que se assemelhava ao de Sbrigani em *Pourceaugnac*,[32] exigia um homem de espírito e foi perfeitamente desempenhado. Sem tornar a criança tímida e medrosa provocando-lhe um

---

32. Rousseau faz aqui referência à peça de Molière, *Monsieur de Pourceaugnac*, encenada pela primeira vez em 1669. Na peça, dois jovens amantes, Éraste e Julie, recorrem aos serviços de um velhaco napolitano chamado Sbrigani para frustrar os planos do pai de Julie, que a prometera a Léonard de Pourceaugnac, um burguês da cidade de Limoges. Para livrar-se do pretendente, Sbrigani põe em prática diversos artifícios. (N.T.)

temor demasiado, ele a fez sentir tão bem a imprudência de sua escapada que, após meia hora, ela ma trouxe dócil, confusa e não ousando erguer os olhos.

Para completar o desastre de sua expedição, precisamente no momento em que retornava, seu pai descia para sair e a encontrou na escada. Foi preciso dizer de onde vinha e por que eu não estava com ela.[33] A pobre criança teria desejado estar a 100 pés[34] debaixo da terra. Sem divertir-se fazendo-lhe uma longa reprimenda, o pai lhe disse, mais secamente do que eu teria podido esperar: "Quando quiserdes sair sozinho, sereis senhor da situação; mas, como não desejo encontrar um bandido em minha casa, quando isso ocorrer, tomai o cuidado de não mais retornar".

Quanto a mim, recebi-a sem repreensão e sem troça, mas com alguma gravidade e, temendo que desconfiasse ser tudo que ocorrera apenas um jogo, não quis levá-la para um passeio no mesmo dia. No dia seguinte, vi com grande prazer que passava comigo, com um ar triunfante, diante das mesmas pessoas que a haviam escarnecido no dia anterior, por encontrá-la sozinha. Pode-se imaginar que não ameaçou mais sair sem mim.

É por esses meios e outros semelhantes que, durante o pouco tempo em que estive com ela, consegui fazer com que fizesse tudo que eu queria sem prescrever-lhe nada, sem proibir-lhe nada, sem sermões, sem exortações, sem entediá-la com lições inúteis. Além disso, sempre que eu falava, ela estava contente, mas meu silêncio lhe causava receio; compreendia que algo não estava bem, e a lição sempre lhe vinha da própria coisa; mas voltemos ao ponto.

Não somente esses exercícios contínuos deixados, assim, sob a única direção da natureza, ao fortalecerem o corpo não embrutecem o espírito como também, ao contrário, formam em nós a única espécie de razão a que a primeira idade é suscetível e a mais necessária a todas as idades. Eles nos ensinam a conhecer bem o uso de nossas forças, as relações de nossos corpos com os corpos circundantes, o uso dos instrumentos naturais que estão a nosso alcance e que convêm a nossos órgãos. Existe alguma estupidez igual a de uma criança educada sempre no quarto e diante dos olhos da mãe e que, ignorando o que são peso e resistência, deseja arrancar uma grande árvore ou levantar um rochedo? Na primeira vez em que deixei Genebra, eu desejava seguir um cavalo a galope, e lançava pedras contra a montanha de Saleva, que estava a duas léguas[35] de distância; joguete de todas as

---

33. Em caso semelhante, pode-se, sem risco, exigir de uma criança a verdade, pois ela sabe então que não poderia dissimulá-la e que, se ousasse dizer uma mentira, seria desmascarada num instante.

34. Cerca de 30 metros. (N.E.)

35. Não é possível ter certeza da medida da légua usada por Rousseau, já que, no Antigo Regime, devia haver uma dúzia de definições, variando de acordo com a região. É provável, porém, que o autor esteja empregando a légua de Paris, que, entre 1674 e 1793, correspondia a 3,898 quilômetros. Assim, a distância referida seria cerca de 7,8 quilômetros. (N.E.)

crianças da aldeia, eu era um verdadeiro idiota para elas. Aos 18 anos, aprendemos, em filosofia, o que é uma alavanca: não há nenhuma criança camponesa que, aos 12, não saiba utilizar-se de uma alavanca melhor do que o maior mecânico da academia. As lições que os alunos adquirem uns com os outros no pátio do colégio lhes são 100 vezes mais úteis que tudo que lhes será dito na sala de aula.

Observai um gato entrar pela primeira vez num quarto: ele visita, observa, fareja, não fica parado nem por um momento, não confia em nada sem antes ter examinado e conhecido tudo. Assim faz uma criança quando começa a andar e entra, por assim dizer, no espaço do mundo. Toda a diferença está em que à visão, comum à criança e ao gato, a primeira acrescenta, para observar, as mãos que lhe deu a natureza, e o outro usa o olfato sutil de que esta o dotou. Essa disposição, bem ou mal cultivada, é o que torna as crianças hábeis ou desastradas, lentas ou dispostas, distraídas ou prudentes.

Consistindo, portanto, os primeiros movimentos naturais do homem em medir-se com tudo que o cerca e verificar, para cada objeto que percebe, todas as qualidades sensíveis que podem ter alguma relação com ele, seu primeiro estudo é uma espécie de física experimental relativa a sua própria conservação e da qual é desviado por estudos especulativos antes que tenha reconhecido seu lugar aqui neste mundo. Enquanto seus órgãos delicados e flexíveis puderem ajustar-se aos corpos sobre os quais devem agir, enquanto seus sentidos ainda puros estiverem isentos de ilusões, será tempo de aplicar uns e outros às funções que lhes são próprias, será tempo de aprender a conhecer as relações sensíveis que as coisas têm conosco. Como tudo que entra no entendimento humano chega pelos sentidos, a primeira razão do homem é uma razão sensitiva; é ela que serve de base à razão intelectual: nossos primeiros mestres de filosofia são nossos pés, nossas mãos e nossos olhos. Substituir tudo isso por livros não é ensinar-nos a raciocinar, é ensinar-nos a empregar a razão de outrem; é ensinar-nos a acreditar muito e a nunca saber nada.

Para exercer uma arte, é preciso começar por obter os instrumentos correspondentes e, para poder empregar utilmente tais instrumentos, é preciso torná-los suficientemente sólidos para resistir ao uso. Para aprender a pensar, é preciso, portanto, exercitar nossos membros, nossos sentidos, nossos órgãos, que são os instrumentos de nossa inteligência, e para tirar todo o proveito possível de tais instrumentos, é preciso que o corpo que os fornece seja robusto e saudável. Assim, longe de formar-se a razão do homem independentemente do corpo, é a boa constituição que torna as operações do espírito fáceis e seguras.

Ao mostrar em que deve ser empregada a longa ociosidade da infância, abordo um detalhe que parecerá ridículo. "Agradáveis lições", dir-me-ão, "que, segundo vossa crítica, se limitam a ensinar o que ninguém tem necessidade de aprender! Por que consumir tempo com instruções que vêm todas por si próprias e que não custam esforços nem cuidados? Que criança de 12 anos não sabe tudo que quereis ensinar à vossa, além daquilo que seus mestres lhe ensinaram?"

Senhores, enganai-vos; ensino a meu aluno uma arte muito demorada, muito penosa e que, seguramente, não possuem os vossos: é a arte de ser ignorante. Pois a ciência daquele que acredita saber apenas o que sabe se reduz a pouquíssima coisa. Dais a ciência, ainda bem; quanto a mim, cuido do instrumento adequado para adquiri-la. Dizem que, um dia, ao mostrarem os venezianos, com grande pompa, seu tesouro de São Marcos a um embaixador da Espanha, este, tendo olhado sob as mesas, lhes fez um único elogio: *"Qui non c'è la radice"*.[36] Nunca vejo um preceptor exibir o saber de seu discípulo sem me sentir tentado a dizer-lhe o mesmo.

Todos os que refletiram sobre a maneira de viver dos antigos atribuem aos exercícios da ginástica esse vigor de corpo e de alma que mais os distingue dos modernos. A maneira como Montaigne sustenta esse sentimento mostra que estava fortemente imbuído dele; volta a abordá-lo continuamente e de mil formas quando fala da educação de uma criança. Para fortalecer sua alma, é preciso, diz, endurecer seus músculos; acostumando-a ao trabalho, acostumamo-la à dor; é preciso acostumá-la à rudeza dos exercícios para prepará-la para a rudeza da luxação, da cólica e de todos os males. O sábio Locke, o bom Rollin, o erudito Fleury, o pedante Crousaz,[37] tão diferentes uns dos outros quanto a todo o resto, concordam todos quanto a exercitar bastante os corpos das crianças. É o mais judicioso de seus preceitos, e o que é e sempre será mais negligenciado. Já falei suficientemente de sua importância e, como não podemos oferecer a esse respeito melhores razões ou regras mais sensatas que as presentes no livro de Locke, contentar-me-ei em recomendá-lo, após ter tomado a liberdade de acrescentar algumas observações às dele.

Os membros de um corpo em crescimento devem estar todos soltos em sua roupa; nada deve incomodar seu movimento nem seu crescimento; nada

---

36. "Aqui não está a raiz." (N.T.)

37. Charles Rollin (1661-1741), historiador e professor de retórica, autor do *Traité des études* [Tratado dos estudos], obra que teve grande influência sobre posteriores tratados de educação, como *Emílio* de Rousseau. Claude Fleury (1640-1723), clérigo e advogado, mas também preceptor do filho de Luís XIV e de outros membros da família real, escrevendo obras sobre educação, como *Traité du choix et de la méthode des études* [Tratado da escolha e do método dos estudos] (1686). Jean-Pierre de Crousaz (1663-1750), filósofo suíço, autor de importantes obras sobre educação das crianças, como *Nouvelles maximes sur l'éducation des enfants* [Novas máximas sobre a educação das crianças] (1718) e *Traité de l'éducation des enfants* [Tratado de educação das crianças] (1722). (N.T.)

muito apertado, nada colado ao corpo, nenhuma atadura. O vestuário francês, incômodo e nocivo aos homens, é pernicioso sobretudo às crianças. Os humores, estagnados, interrompidos em sua circulação, apodrecem num repouso ampliado pela vida inativa e sedentária, corrompem-se e provocam o escorbuto, doença a cada dia mais comum entre nós e quase desconhecida entre os antigos, cuja maneira de se vestir e de viver os preservava dela. O vestuário de hussardo, longe de remediar esse inconveniente, o aumenta e, para preservar as crianças de algumas ataduras, as pressiona por todo o corpo. O melhor a fazer é deixá-las de casaquinho o tanto quanto for possível e, em seguida, dar-lhes uma roupa bastante larga, sem nunca ousar apertar sua cintura, o que serve apenas para deformá-la. Seus defeitos de corpo e de espírito resultam quase todos da mesma causa: deseja-se fazer delas homens antes do tempo.

Existem cores alegres e cores tristes; as primeiras correspondem mais ao gosto das crianças; caem-lhes melhor também, e não vejo por que não consultaríamos a esse respeito conveniências tão naturais; mas, a partir do momento em que preferem um tecido porque é caro, seus corações já estão entregues ao luxo e a todas as fantasias da opinião, e esse gosto certamente não veio delas mesmas. Não saberíamos dizer o quanto a escolha das roupas e os motivos dessa escolha influem na educação. Não somente mães cegas prometem a seus filhos adornos como recompensa como veem-se também insensatos governantes ameaçarem seus alunos com uma vestimenta mais grosseira e mais simples como se fosse um castigo. "Se não estudardes mais, se não conservardes melhor vossos trajes, sereis vestido como este pequeno camponês." É como se dissessem: "Sabei que o homem não é nada senão suas vestimentas, e que vosso valor reside inteiramente nas vossas". Deve surpreender que tão sábias lições sirvam à juventude, que esta aprecie somente o adorno e que avalie o mérito apenas com base no exterior?

Se eu tivesse de restabelecer a cabeça de uma criança a tal ponto estragada, tomaria cuidado para que suas roupas mais caras fossem as mais incômodas, que se sentisse sempre incomodada nelas, sempre constrangida, sempre contida de mil maneiras: faria com que a liberdade e a alegria sumissem diante de sua magnificência; se quisesse participar dos jogos de outras crianças vestidas com mais simplicidade, tudo cessaria, tudo desapareceria num instante. Por fim, aborrecê-la-ia, fartá-la-ia a tal ponto com seu fausto, torná-la-ia a tal ponto escrava de sua vestimenta dourada, que faria disso o flagelo de sua vida, e ela veria com menor temor o mais sombrio calabouço que os cuidados com sua aparência. Enquanto não sujeitamos a criança a nossos preconceitos, estar à vontade e livre é sempre seu primeiro desejo; a roupa mais simples, a mais cômoda, a que menos a sujeita lhe é sempre a mais preciosa.

Existe um vestuário conveniente aos exercícios e outro mais conveniente à inação. Este, deixando aos humores um curso igual e uniforme, deve proteger o corpo das alterações do ar, enquanto o primeiro, fazendo-o passar continuamente da agitação para o repouso e do calor para o frio, deve acostumá-lo às mesmas alterações. Resulta disso que as pessoas caseiras e sedentárias devem vestir roupas quentes o tempo todo, a fim de conservar o corpo numa temperatura uniforme – a mesma, aproximadamente, em todas as estações e a todas as horas do dia. Aquelas, ao contrário, que vão e vêm, ao vento, sob o sol, sob a chuva, que são muito ativas e passam a maior parte de seu tempo *sub dio*[38], devem estar sempre levemente vestidas, a fim de habituarem-se a todas as vicissitudes do ar e a todos os graus de temperatura, sem incomodarem-se com eles. Aconselharia uns e outros a não trocarem suas roupas segundo as estações, e essa será a prática constante de meu Emílio, não entendendo com isso que vista durante o verão suas roupas de inverno, como as pessoas sedentárias, mas que vista durante o inverno suas roupas de verão, como as pessoas laboriosas. Este último uso foi o do cavaleiro Newton[39] durante toda sua vida, e ele a viveu por 80 anos.

Em qualquer estação, a cabeça deve estar pouco ou nada coberta. Os antigos egípcios mantinham sempre a cabeça nua; os persas a cobriam com grandes tiaras e ainda a cobrem com grandes turbantes, que, segundo Chardin, são necessários por causa do ar do país. Observei em outro lugar[40] a distinção que Heródoto fez, num campo de batalha, entre os crânios dos persas e os dos egípcios. Como, portanto, é importante que os ossos da cabeça se tornem mais duros, mais compactos, menos frágeis e menos porosos para melhor protegerem o cérebro não apenas contra as feridas mas também contra os resfriados, as fluxões e todas as impressões do ar, acostumai vossos filhos a permanecerem, no verão e no inverno, dia e noite, sempre com a cabeça nua; se, para a limpeza e para manter seus cabelos em ordem, desejardes dar-lhes alguma cobertura durante a noite, que seja um gorro fino, arejado e semelhante à rede com que os bascos envolvem seus cabelos. Sei bem que a maioria das mães, mais impressionada com a observação de Chardin que com minhas razões, acreditará encontrar, em todos os lugares, o ar da Pérsia; quanto a mim, não escolhi meu aluno europeu para fazer dele um asiático.

Em geral, vestimos muito as crianças, sobretudo durante sua primeira idade. Seria necessário endurecê-las antes ao frio do que ao calor; o forte frio nun-

---

38. "Sob o céu", isto é, ao ar livre. (N.T.)
39. Sir Isaac Newton (1642-1727), o famoso físico e matemático. (N.T.)
40. *Lettre à M. d'Alembert sur les spectacles* [Carta ao sr. d'Alembert sobre os espetáculos]. 1 ed. p.189.

ca as incomoda quando as deixamos expostas a ele desde cedo; mas o tecido de sua pele, ainda demasiado frágil e frouxo, abrindo uma passagem livre demais à transpiração as entrega, pelo calor extremo, a um inevitável esgotamento. Além disso, observa-se que elas morrem em maior número durante o mês de agosto do que em qualquer outro mês. Aliás, parece certo, pela comparação entre os povos do Norte e os do Sul, que nos tornamos mais robustos suportando o excesso de frio que o excesso de calor; à medida que a criança cresce e que suas fibras se fortalecem, acostumai-a pouco a pouco a enfrentar os raios de sol; avançando gradualmente, endurecê-la-íeis, sem perigo, aos ardores da zona tórrida.

Locke, em meio aos preceitos viris e sensatos que nos oferece, cai em contradições inesperadas para um pensador tão exato. Esse mesmo homem que deseja que as crianças se banhem durante o verão na água gelada não quer que, ao se aquecerem, ingiram bebidas frescas ou que se deitem ao chão em lugares úmidos.[41] Se ele quer que os sapatos das crianças fiquem encharcados em todos os tempos, como eles o ficarão menos quando a criança tiver calor? E não podemos fazer-lhe do corpo em relação aos pés as mesmas induções que ele faz dos pés em relação às mãos, e do corpo em relação ao rosto? Se desejais, dir-lhe-ia, que o homem seja inteiramente rosto, por que me condenais por desejar que seja inteiramente pés?

Para impedir as crianças de beberem quando têm calor, ele prescreve que as acostumemos a comer previamente um pedaço de pão antes de beber. É bastante estranho que, quando a criança tem sede, se tenha de dar-lhe de comer; preferiria dar-lhe de beber quando tivesse fome. Jamais me convencerão de que nossos primeiros apetites sejam tão desregrados que não possamos satisfazê-los sem nos expormos a falecer. Se fosse o caso, o gênero humano teria sido destruído 100 vezes antes que tivéssemos descoberto o que se deve fazer para conservá-lo.

Sempre que Emílio tiver sede, desejo que lhe deem de beber. Desejo que lhe deem água pura e sem nenhum preparo, sem sequer fazê-la esquentar, quer ele esteja banhado em suor, quer estejamos no coração do inverno. O único cuidado que recomendo consiste em distinguir a qualidade das águas. Se é água do rio, dai-a imediatamente tal como saiu do rio. Se é água da fonte, deve-se deixá-la ao ar por algum tempo antes que a beba. Nas estações quentes,

---

41. Como se pequenos camponeses escolhessem a terra bem seca para nela sentar-se ou deitar-se e como se tivéssemos ouvido dizer que a umidade da terra teria feito mal a algum deles. Ao ouvirmos os médicos a esse respeito, acreditaríamos que os selvagens estariam inteiramente paralisados por reumatismos.

os rios são quentes; o mesmo não ocorre com as fontes, que pouco receberam o contato do ar. É preciso aguardar que estejam na temperatura da atmosfera. No inverno, ao contrário, a água da fonte é, a esse respeito, menos perigosa que a do rio. Mas não é nem natural nem frequente que se transpire no inverno, sobretudo ao ar livre. Pois o ar frio, atingindo continuamente a pele, repercute por dentro o suor e impede os poros de abrirem-se o bastante para dar-lhe passagem livre. Ora, não pretendo que Emílio se exercite, durante o inverno, perto da lareira, mas lá fora, em pleno campo, em meio ao gelo. Enquanto se aquecer apenas fazendo e atirando bolas de neve, deixemo-lo beber quando tiver sede; que continue a se exercitar após ter bebido e não temamos nenhum acidente. Se, por algum outro exercício, ele se puser a transpirar e tiver sede, que beba frio, mesmo nesse tempo. Cuidai apenas de levá-lo para longe e a pequenos passos para buscar sua água. Sob o frio que supomos, estará suficientemente refrescado quando chegar para bebê-la, sem perigo algum. Sobretudo, tomai essas precauções sem que as perceba. Preferiria que estivesse doente por algum tempo a que se preocupasse incessantemente com sua saúde.

As crianças precisam de um longo sono porque fazem um exercício extremo. Um serve de corretivo ao outro; além disso, vê-se que necessitam de ambos. O tempo do repouso é o da noite, assinalado pela natureza. É uma observação constante a de que o sono é mais tranquilo e mais suave quando o sol está sob o horizonte e que o ar aquecido por seus raios não mantém nossos sentidos em tão grande tranquilidade. Assim, o hábito mais salutar consiste certamente em levantar-se ou deitar-se com o sol. Decorre disso que, em nossos climas, o homem e todos os animais têm, em geral, necessidade de dormir por mais tempo no inverno que no verão. Mas a vida civil não é simples o bastante, natural o bastante, isenta o bastante de revoluções e de acidentes para que se deva acostumar o homem a essa uniformidade, a ponto de tornar-lha necessária. Certamente, é preciso sujeitar-se às regras; mas a primeira delas consiste em poder infringi-las sem risco quando a necessidade o exige. Não enfraqueçais, portanto, indiscretamente vosso aluno na continuidade de um sono tranquilo que não seja jamais interrompido. Entregai-o primeiramente, sem cerimônia, à lei da natureza, mas não esqueçais que, entre nós, ele deve estar acima dessa lei; que ele deve poder deitar-se tarde, levantar cedo, ser acordado bruscamente, passar as noites em pé sem ser incomodado. Começando cedo o bastante, avançando sempre com calma e por degraus, forma-se o temperamento para as mesmas coisas que o destroem quando ele se expõe a elas já inteiramente formado.

É importante acostumar-se, desde o início, a estar mal deitado; é o meio de não considerar mais nenhum leito ruim. Em geral, a vida dura, uma vez transformada em hábito, multiplica as sensações prazerosas, enquanto a vida indolente prepara uma infinidade de outras desagradáveis. As pessoas criadas com demasiada delicadeza somente encontram o sono deitadas na penugem, ao passo que as pessoas acostumadas a dormir sobre pranchas o encontram em todos os lugares; não existe cama dura para aquele que adormece ao deitar.

Um leito macio, onde nos enterramos em penas ou no edredom, funde e dissolve o corpo, por assim dizer. Os rins envolvidos demais no calor se aquecem. Disso com frequência resultam a pedra ou outras incomodidades, e inevitavelmente uma compleição delicada que as alimenta todas.

O melhor leito é aquele que proporciona um melhor sono. É este que preparamos, Emílio e eu, durante o dia. Não precisamos que nos tragam escravos da Pérsia para arrumarem nossas camas, pois, ao lavrarmos a terra, sacudimos nossos colchões.

Sei por experiência que, quando uma criança é saudável, tem-se a possibilidade de fazê-la dormir e despertar quase à vontade. Quando a criança está deitada e com sua tagarelice entedia a criada, esta lhe diz: "Adormecei"; é como se dissesse "Estai bem de saúde" quando está doente. O verdadeiro meio de fazê-la dormir consiste em fazer com que ela mesma se entedie. Falai enquanto estiver forçada a calar-se e logo adormecerá: os sermões sempre têm alguma utilidade; terá maior efeito pregar-lhe algo do que niná-la: se, contudo, empregardes tal narcótico à noite, evitai empregá-lo durante o dia.

Por vezes acordarei Emílio, menos por medo de que adquira o hábito de dormir demais do que para acostumá-lo a tudo, mesmo a ser acordado, mesmo a ser acordado bruscamente. Ademais, eu estaria muito pouco qualificado para meu emprego se não soubesse forçá-lo a despertar por si próprio e a levantar-se, por assim dizer, segundo minha vontade, sem que lhe diga uma só palavra.

Se não dorme o suficiente, deixo-o entrever para o dia seguinte uma manhã entediante, e ele mesmo verá como ganho todo o tempo que puder reservar ao sono; se dorme em demasia, mostro-lhe, a seu despertar, um divertimento de seu gosto. Se desejo que desperte na hora certa, digo-lhe: "Amanhã, às seis horas, vamos pescar, vamos passear em tal lugar; quereis participar?". Ele consente e pede-me que o acorde; prometo ou não prometo, segundo a necessidade: se ele despertar tarde demais, já terei partido. Haverá tristeza se não aprender logo a despertar por si próprio.

De resto, se acontecer, o que é raro, que alguma criança indolente tenha uma inclinação a estagnar na preguiça, não se deve, de modo algum, abandoná-la a tal inclinação, na qual se entorpeceria inteiramente, mas administrar-lhe algum estimulante que a desperte. Pode-se imaginar que não se trata de fazê-la agir à força, mas de motivá-la por algum apetite que a leve a isso, e esse apetite, escolhido criteriosamente na ordem da natureza, nos conduz ao mesmo tempo a dois fins.

Não imagino nada cujo gosto, ou mesmo a paixão, não se possa, com um pouco de destreza, inspirar às crianças sem vaidade, sem rivalidade, sem inveja. Bastarão sua vivacidade, seu espírito imitador e sobretudo sua alegria natural, instrumento cujo efeito é certo e do qual jamais um preceptor soube se utilizar. Em todos os jogos que estão bem convencidas tratarem-se apenas de jogos, suportam sem queixar-se e até mesmo rindo o que jamais suportariam de outro modo sem derramar torrentes de lágrimas. Os longos jejuns, as pancadas, a queimadura, os cansaços de toda espécie compõem os divertimentos dos jovens selvagens; prova de que até mesmo a dor tem seu tempero, podendo este privá--la de sua amargura; mas nem todos os mestres poderão preparar esse guisado, nem talvez todos os discípulos poderão saboreá-lo sem careta. Eis que, se não tomar cuidado, me encontrarei novamente perdido nas exceções.

O que, entretanto, não admite exceções é a sujeição do homem à dor, aos males de sua espécie, aos acidentes, aos perigos da vida e, finalmente, à morte; quanto mais o familiarizarmos a todas essas ideias, mais o curaremos da inoportuna sensibilidade que acrescenta ao mal a impaciência de suportá-lo; quanto mais o acostumarmos aos sofrimentos que podem atingi-lo, mais o privaremos, como teria dito Montaigne, do desgosto da estranheza, e também mais invulnerável e dura tornaremos sua alma; seu corpo será a couraça que repelirá todas as flechas que poderiam atingi-lo fundo. Não sendo a aproximação da morte a própria morte, ele mal a sentirá como tal; não morrerá, por assim dizer: estará vivo ou morto, nada mais. É dele que o mesmo Montaigne teria podido dizer, como disse a respeito de um rei do Marrocos, que nenhum homem estendeu tanto sua vida na morte. A constância e a firmeza são, assim como as demais virtudes, aprendizados da infância; mas não é ensinando seus nomes às crianças que fazemos com que as aprendam, e sim fazendo com que as provem sem saberem do que se trata.

Falando em morrer, como nos conduziremos com nosso aluno em relação ao perigo das bexigas? Faremos com lhe sejam inoculadas em idade baixa ou aguardaremos que as adquira naturalmente? O primeiro partido, mais conforme a nossa prática, protege do perigo a idade em que a vida é mais preciosa, colocando em risco aquela em que esta o é menos; isso, todavia, se for possível dar o nome de risco à inoculação bem administrada.

Mas o segundo corresponde mais a nossos princípios gerais de deixar a natureza agir em todos os aspectos, nos cuidados que lhe agrada tomar sozinha e que abandona assim que o homem deseja intrometer-se. O homem da natureza está sempre preparado: deixemo-lo ser inoculado pelo mestre; este escolherá o momento melhor que nós.

Não concluais disso que condeno a inoculação; pois o raciocínio com base no qual isento meu aluno dela se adequaria muito mal aos vossos. Vossa educação os prepara para não escaparem às bexigas quando forem por ela atingidos: se as deixardes vir ao acaso, é provável que elas os matarão. Observo que, nos diferentes países, se resiste tanto mais à inoculação quanto mais ela se torna necessária, e percebe-se facilmente a razão para isso. Da mesma forma, mal ousarei abordar essa questão para meu Emílio. Ele será inoculado ou não o será, segundo o momento, o lugar, as circunstâncias: isso é quase indiferente para ele. Se lhe dermos as bexigas, teremos a vantagem de prever e conhecer seu mal com antecedência; já é alguma coisa. Mas se ele as contrair naturalmente, nós o teremos preservado do médico; e isso vale ainda mais.

Uma educação exclusiva que tende somente a distinguir do povo aqueles que a receberam prefere sempre as instruções mais custosas às mais comuns e, por isso mesmo, às mais úteis. Assim, os jovens educados com cuidado aprendem todos a montar a cavalo porque é bastante custoso fazê-lo; mas quase nenhum deles aprende a nadar, pois isso não tem qualquer custo e um artesão pode saber nadar tão bem quanto qualquer um. Entretanto, sem ter feito sua academia, um viajante monta a cavalo, agarra-se nele e o emprega suficientemente para o necessário; mas, na água, se não nadamos, afogamo-nos, e não nadamos sem termos aprendido a fazê-lo. Por fim, não estamos obrigados a montar a cavalo sob pena de perder a vida, ao passo que ninguém está certo de evitar um perigo a que somos tão frequentemente expostos. Emílio estará na água assim como na terra; que possa viver em todos os elementos! Se pudéssemos ensinar a voar pelos ares, eu faria dele uma águia; faria dele uma salamandra, caso pudéssemos nos endurecer ao fogo.

Teme-se que uma criança se afogue aprendendo a nadar; quer se afogue ao aprender ou por não ter aprendido, a culpa será sempre vossa. É apenas a vaidade que nos torna temerários; não o somos quando não somos vistos por ninguém: Emílio não o seria ainda que fosse visto por todo o universo. Como o exercício não depende do risco, num canal do jardim de seu pai, ele aprenderia a atravessar o Helesponto;[42] mas é preciso acostumar-se ao próprio risco para aprender a não deixar-se perturbar por ele; é uma parte essencial do aprendizado de que falava há pouco. De resto, preocupado em medir o perigo com base em

---

42. Antigo nome do estreito de Dardanelos. (N.T.)

suas forças e em dividi-lo sempre com ele, terei poucas imprudências a temer quando fixar o cuidado de sua conservação com base naquele que devo a minha.

Uma criança é menor que um homem; não tem sua força nem sua razão; mas vê e ouve tão bem quanto ele, ou quase; possui um gosto igualmente sensível, embora menos delicado, e distingue igualmente bem os odores, embora não empregue a mesma sensualidade. As primeiras faculdades que se formam e se aperfeiçoam em nós são os sentidos. São, portanto, as primeiras que se deveriam cultivar; são as únicas que são esquecidas ou as que mais são negligenciadas.

Exercitar os sentidos não consiste apenas em empregá-los; é apender a julgar bem por meio deles, é aprender, por assim dizer, a sentir; pois somente sabemos tocar, ver e ouvir segundo a maneira que nos foi ensinada.

Há um exercício puramente natural e mecânico que serve para tornar o corpo robusto sem dar qualquer ensejo ao julgamento: nadar, correr, pular, girar um pião, lançar pedras; tudo isso é muito bom; mas temos apenas braços e pernas? Não possuímos também olhos e ouvidos? E são esses órgãos supérfluos ao uso dos primeiros? Não exercitai, portanto, somente as forças; exercitai todos os sentidos que as dirigem, tirai de cada um deles todo o proveito possível e, então, verificai a impressão que um produz no outro. Medi, contai, pesai, comparai. Não empregueis a força senão após ter estimado a resistência: fazei sempre com que a estimativa do efeito preceda o uso dos meios. Estimulai a criança a nunca fazer esforços inúteis ou supérfluos. Se a acostumardes a prever, assim, o efeito de todos seus movimentos e a corrigir seus erros pela experiência, não resta claro que, quando mais ela agir, mais se tornará judiciosa?

Tratando-se de deslocar uma massa, se ela escolher uma alavanca demasiado longa, isso lhe custará movimentos excessivos; se escolher uma curta demais, não terá força suficiente: a experiência pode ensiná-la a escolher precisamente a vara de que tem necessidade. Tal sabedoria não está, portanto, acima de sua idade. Tratando-se de carregar um fardo, se desejar pegar algum tão pesado quanto puder carregar e sem experimentar levantá-lo, não será ela forçada a avaliar o peso com a vista? Sabe ela comparar massas da mesma matéria e de diferentes dimensões? Que escolha massas da mesma dimensão e de diferentes matérias; será realmente preciso que se dedique a comparar seus pesos específicos. Vi um jovem muito bem-educado que não quis acreditar, senão após fazer o teste, que um balde repleto de grandes cortes de lenha de carvalho era menos pesado que o mesmo balde cheio d'água.

Não controlamos igualmente o emprego de todos nossos sentidos. Existe um, o tato, cuja ação nunca é suspensa quando se está acordado; ele foi difundido por toda a superfície de nosso corpo como uma guarda contínua, para nos alertar de tudo que possa agredi-lo. É também aquele cuja experiência, por bem ou por mal, mais cedo adquirimos, por esse exercício contínuo, e ao qual, consequentemente, temos menos necessidade de dar uma cultura particular. Observamos, entretanto, que os cegos possuem o tato mais seguro e mais fino que o nosso, pois, não se guiando pela vista, devem aprender a extrair unicamente do primeiro sentido os julgamentos que nos são fornecidos pelo outro. Por que, portanto, não nos exercitamos a andar como eles no escuro, a conhecer os corpos que podemos alcançar, a avaliar objetos que nos cercam, a fazer, em suma, à noite e sem luz tudo que fazem durante o dia e sem olhos? Enquanto brilha o sol, temos sobre eles uma vantagem; nas trevas, tornam-se, por sua vez, nossos guias. Somos cegos durante a metade de nossa vida; com a diferença de que os verdadeiros cegos sabem sempre conduzir-se, enquanto nós não ousamos dar um passo sequer no coração da noite. "Temos luz", dir--me-ão. Como! Ainda as máquinas? Quem diz que elas vos seguirão a todos os lugares, segundo a necessidade? Quanto a mim, prefiro que Emílio tenha olhos na ponta de seus dedos a que os tenha numa loja de velas.

Se estiverdes trancados num edifício no meio da noite, batei palmas; percebereis pela ressonância do local se o espaço é grande ou pequeno, se estais no centro ou num canto. A meio pé de um muro, o ar menos envolvente e mais refletido traz outra sensação ao vosso rosto. Permanecei no lugar e voltai-vos sucessivamente para todos os lados; se houver uma porta aberta, uma leve corrente de ar a indicará. Se estiverdes num barco, identificareis, pela maneira como o ar atinge vosso rosto, não somente o sentido de vosso deslocamento como também se o curso do rio vos conduz lenta ou rapidamente. Essas observações e outras mil semelhantes somente podem ser bem feitas à noite; fosse qual fosse a atenção que desejássemos dar-lhes durante o dia, seríamos auxiliados ou distraídos pela vista, e elas nos escapariam. Não obstante, ainda não há aqui nem mãos nem vara: quantos conhecimentos oculares podemos adquirir pelo tato, mesmo sem tocar absolutamente nada!

Muitos jogos noturnos. Esse conselho é mais importante do que parece. A noite assusta naturalmente os homens e, por vezes, os animais.[43] A razão, os conhecimentos, o intelecto e a coragem isentam poucas pessoas desse tributo. Vi pensadores, espíritos fortes, filósofos e militares, intrépidos durante o dia, tremerem à noite, como mulheres, ao som de uma folha de árvore. Atribuímos esse medo aos contos das amas; enganamo-nos, pois ele tem uma causa natural. Que causa é essa? A mesma que torna os surdos desconfiados e o povo

---

43. Esse temor se torna muito manifesto nos grandes eclipses do sol.

supersticioso: a ignorância das coisas que nos cercam e do que se passa ao nosso redor.[44] Acostumado a perceber de longe os objetos e a prever de antemão suas impressões, como, não vendo mais nada do que me cerca, não suporia mil seres, mil movimentos que podem me prejudicar e contra os quais é impossível que me proteja? Mesmo sabendo estar em segurança no local onde me encontro, jamais o saberei tão bem quanto se o visse atualmente: tenho, portanto, um motivo de temor que não tinha em plena luz do dia. Sei, é verdade, que um corpo estranho não pode agir sobre o meu sem anunciar-se por algum ruído; como mantenho, por isso, meu ouvido sempre alerta! Ao menor ruído cuja causa não possa discernir, o interesse de minha conservação me faz primeiramente supor tudo que mais deve me levar a manter-me em estado de alerta e, consequentemente, tudo que é mais tendente a me atemorizar.

---

44. Eis outra causa bem explicada por um filósofo cujo livro cito com frequência e cujas grandes opiniões me instruem com frequência ainda maior.

"Quando, por circunstâncias particulares, não podemos ter uma ideia precisa da distância e não podemos avaliar os objetos senão pela grandeza do ângulo ou, antes, da imagem que formam em nossos olhos, enganamo-nos então necessariamente sobre as dimensões desses objetos; todos perceberam que, viajando à noite, confundimos um arbusto do qual estamos perto com uma grande árvore da qual estamos longe, ou então confundimos uma grande árvore distante com um arbusto vizinho. Da mesma forma, se não conhecemos os objetos por sua forma e se não podemos ter, por esse meio, qualquer ideia de distância, também nos enganaremos necessariamente; uma mosca que passar com rapidez a alguns polegares de distância de nossos olhos nos parecerá, nesse caso, ser um pássaro que estaria a uma grandíssima distância; um cavalo que estiver imóvel em meio a um campo e que adotar uma atitude semelhante, por exemplo, à de um carneiro, nos parecerá apenas ser um grande carneiro, enquanto não reconhecermos tratar-se de um cavalo; mas, assim que o tivermos reconhecido, ele nos parecerá, no mesmo instante, grande como um cavalo e retificaremos imediatamente nosso primeiro julgamento. Todas as vezes que nos encontrarmos, portanto, à noite em locais desconhecidos, onde não poderemos avaliar a distância e onde não poderemos reconhecer a forma das coisas, em razão da obscuridade, correremos o risco de nos enganarmos, a cada instante, a respeito dos julgamentos que faremos sobre os objetos que se apresentarem; vem daí o medo e a espécie de temor interior que a obscuridade da noite suscita em quase todos os homens; é nisso que está fundada a aparência dos espectros e das figuras gigantescas e medonhas que tantas pessoas dizem ter visto: respondemos-lhes comumente que essas figuras estavam em sua imaginação; elas podiam, entretanto, realmente estar em seus olhos e é muito possível que tenham de fato visto o que dizem ter visto; pois deve necessariamente ocorrer, sempre que não pudermos avaliar um objeto senão pelo ângulo que forma no olho, que esse objeto desconhecido aumente e cresça à medida que nos aproximarmos dele e que, se pareceu inicialmente ao espectador que não pode conhecer o que vê nem julgar a que distância o vê, se pareceu, digo, primeiramente estar a alguns centímetros de altura quando estava a 20 ou 30 passos de distância, ele deve parecer ter vários metros de altura quando já não estiver a mais de alguns centímetros de distância, o que deve realmente surpreendê-lo e assustá-lo, até que, finalmente, venha a tocar o objeto ou a reconhecê-lo, pois, no mesmo instante em que reconhecer o que é, esse objeto que lhe parecia gigantesco diminuirá de repente e lhe parecerá ter então apenas seu tamanho real; mas se fugimos ou não ousamos nos aproximar, é certo que não teremos desse objeto outra ideia além daquela que se formou no olho e que teremos realmente visto uma figura gigantesca ou medonha por suas dimensões e pela forma. O preconceito dos espectros está, portanto, fundado na natureza, e essas aparências não dependem, como acreditam os filósofos, somente da imaginação." *Hist. nat.* T. VI, p. 22. in-12.

Se não ouço absolutamente nada, nem por isso estou tranquilo, pois, afinal, sem barulho ainda é possível me surpreender. É preciso que eu suponha as coisas tais como eram antes, tais como ainda devem ser, e que eu veja o que não vejo. Forçado, assim, a ativar minha imaginação, logo não terei mais controle sobre ela, e o que fiz para me tranquilizar serve apenas para me alarmar ainda mais. Se ouço barulho, ouço ladrões; se não ouço nada, vejo fantasmas: a vigilância que me inspira o cuidado de me conservar me dá apenas motivos de temor. Tudo que deve me tranquilizar se encontra apenas na minha razão; o instinto, mais forte, fala comigo de modo inteiramente diverso. Para que pensar que não há nada a temer quando não se tem, então, nada a fazer?

Encontrada, a causa do mal indica o remédio. Em todas as coisas, o hábito mata a imaginação; apenas os objetos novos a despertam. Naqueles que vemos todos os dias, não é mais a imaginação que age, mas a memória, e essa é a razão do axioma *ab assuetis non fit passio;*[45] pois é apenas o fogo da imaginação que acende as paixões. Não raciocineis, portanto, como aquele que quereis curar do horror das trevas; conduzi-o a isso com frequência e podeis ter certeza de que todos os argumentos da filosofia não valerão tal costume. Os telhadores não viram a cabeça quando se encontram sobre os tetos, e não tem medo do escuro aquele que está acostumado a ele.

Eis, portanto, outra vantagem para nossos jogos noturnos, que vem juntar-se à primeira; mas, para que esses jogos sejam bem-sucedidos, não posso recomendar em demasia a alegria. Nada é tão triste quanto as trevas: não fecheis vosso aluno num calabouço. Que ria ao entrar no escuro; que seja novamente tomado pelo riso antes de deixá-lo; que, enquanto nele se encontrar, a ideia dos divertimentos que estiver deixando e daqueles que irá reencontrar o proteja das imaginações fantásticas que poderiam vir buscá-lo.

Há um termo da vida além do qual retrocedemos ao avançarmos. Sinto que já ultrapassei esse termo. Dou início, por assim dizer, a outra carreira. O vazio da idade madura, que se fez sentir em mim, me relembra a doce época da primeira idade. Ao envelhecer, torno a ser criança e me recordo mais facilmente

---

Procurei mostrar, no texto, como tal preconceito sempre depende em parte da imaginação e, quanto à causa explicada nesse trecho, vê-se que o hábito de caminhar à noite deve nos ensinar a distinguir as aparências que a semelhança das formas e a diversidade das distâncias conferem aos objetos no escuro. Pois, quando o ar ainda está suficientemente iluminado para nos deixar perceber os contornos dos objetos, como há mais ar interposto num maior distanciamento, devemos sempre ver esses contornos menos marcados quando o objeto está mais distante de nós, o que basta, à força do hábito, para nos proteger do erro aqui explicado pelo sr. de Buffon. Seja qual for a explicação preferida, meu método ainda é, portanto, eficaz, e é o que a experiência confirma perfeitamente.

45. "Das coisas costumeiras não nasce paixão." (N.T.)

do que fiz aos dez anos que do que fiz aos 30. Leitores, perdoai-me, portanto, por extrair, por vezes, meus exemplos de mim mesmo, pois, para escrever corretamente este livro, é preciso que eu o faça com prazer.

Eu estava no campo, hospedado na casa de um ministro chamado sr. Lambercier.[46] Tinha por camarada um primo mais rico que eu e que era tratado como herdeiro, enquanto eu, distante de meu pai, era apenas um pobre órfão. Meu grande primo Bernard era singularmente poltrão, sobretudo à noite. Tanto zombei de seu temor que o sr. Lambercier, aborrecido com minhas gabarolices, desejou testar minha coragem. Numa noite muito escura de outono, deu-me a chave do templo e mandou-me ir buscar, na cátedra, a Bíblia que fora deixada lá. Acrescentou, para que me sentisse honrado, algumas palavras que me deixaram na impossibilidade de recuar.

Parti desmunido de luz; caso tivesse alguma comigo, talvez tivesse sido ainda pior. Era preciso passar pelo cemitério; atravessei-o galhardamente, pois, enquanto me sentia ao ar livre, nunca tive medos noturnos.

Ao abrir a porta, ouvi na abóbada certo ruído que acreditei assemelhar-se a vozes e que começou a abalar minha firmeza romana. Com a porta aberta, decidi entrar; mal havia feito alguns passos, detive-me. Ao perceber a obscuridade profunda que reinava naquele vasto local, fui tomado por um terror que fez arrepiar meus cabelos; recuei, saí e, todo trêmulo, pus-me a correr. Encontrei no pátio um pequeno cão chamado Sultão, cujos afagos me tranquilizaram. Envergonhado por meu pavor, voltei atrás, procurando, no entanto, levar comigo Sultão, que não desejou me seguir. Cruzei bruscamente a porta e entrei na igreja. Mal havia entrado e o temor voltou a me dominar, mas com tamanha força que perdi a cabeça, e, embora a cátedra estivesse à direita e eu o soubesse muito bem, tendo girado sem perceber, eu a procurei por muito tempo à esquerda, atrapalhei-me com os bancos, não sabia mais onde estava e, não podendo encontrar nem a cátedra nem a porta, caí numa inexprimível perturbação. Finalmente, percebi a porta, consegui deixar o templo e dele me afastei como na primeira vez, bastante decidido a nunca mais visitá-lo sozinho senão em plena luz do dia.

Retornei à casa. Pronto para entrar, reconheci a voz do sr. Lambercier, às gargalhadas. Acreditei de antemão me serem dirigidas e, desolado por ter-me exposto a elas, hesitei em abrir a porta. Nesse intervalo, ouvi a srta. Lambercier preocupar-se comigo, mandar à criada que pegasse a lanterna, e o sr.

---

46. Entre 1722 e 1724, Rousseau foi confiado aos cuidados do pastor Lambercier, em Bossey, onde gozou da companhia de seu primo Abraham Bernard. (N.T.)

Lambercier se dispor a ir me buscar, escoltado por meu intrépido primo, a quem não teriam, em seguida, deixado de fazer todas as honras da expedição. Num instante, todos os meus temores cessaram, deixando-me apenas o de ser surpreendido em minha fuga: corri, voei até o templo sem me perder e, sem apalpadelas, alcancei a cátedra, subi, peguei a Bíblia, precipitei-me para baixo e, com três saltos, encontrei-me fora do templo, cuja porta até mesmo esqueci de fechar; entrei no quarto ofegante, joguei a Bíblia sobre a mesa, assustado, mas palpitante de alívio por ter prevenido o socorro que me era destinado.

Perguntar-me-ão se ofereço esse episódio como modelo a ser seguido e como exemplo da alegria que exijo nessas espécies de exercícios? Não, mas ofereço-o como prova de que nada é mais propício a tranquilizar aquele que estiver apavorado pelas sombras da noite do que ouvir, num quarto vizinho, uma companhia reunida rir e conversar tranquilamente. Preferiria que, em vez de nos divertirmos assim sozinhos com nosso aluno, reuníssemos à noite muitas crianças de bom humor; que não as enviássemos, de início, separadamente, mas várias em conjunto, e que não aventurássemos nenhuma delas perfeitamente sozinha sem antes nos assegurarmos de que não se assustasse demais.

Não imagino nada tão agradável e tão útil quanto tais jogos, por pouco que se queira empregar destreza para ordená-los. Eu formaria, numa grande sala, uma espécie de labirinto, com mesas, poltronas, cadeiras e para-ventos. Nas inextricáveis tortuosidades desse labirinto, eu arranjaria, em meio a oito ou dez caixas de surpresa, uma caixa semelhante, repleta de doces; designaria, em termos claros, embora sucintos, o local preciso em que se encontra a caixa certa; daria informações para distingui-la que bastassem a pessoas mais atentas e menos estouvadas que crianças;[47] então, após ter mandado sortear os pequenos concorrentes, enviá-los-ia, um após o outro, até que a caixa certa fosse encontrada, o que eu teria o cuidado de dificultar, na proporção de sua habilidade.

Imaginai um pequeno Hércules chegando, com uma caixa nas mãos, todo orgulhoso de sua expedição. A caixa é colocada sobre a mesa e aberta cerimoniosamente. Ouço daqui as gargalhadas e as vaias do bando jovial, quando, em vez dos doces esperados, encontram-se propriamente dispostos, sobre musselina ou algodão, um besouro, um caracol, carvão, glande, um nabo ou algum outro gênero semelhante. Noutras oportunidades, num cômodo recentemente pintado de branco, suspenderemos perto do muro algum brinquedo, algum pequeno móvel que se deverá ir buscar, sem tocar o muro. Mal terá retornado

---

47. Para acostumá-las a prestar atenção, dizei-lhes apenas coisas que elas tenham um interesse sensível e atual em entender corretamente; acima de tudo, nada de discursos longos, nenhuma palavra supérflua. Mas tampouco deixeis em vossos discursos alguma obscuridade ou equívoco.

aquele que o trouxer, por pouco que tiver falhado quanto à condição, e a ponta de seu chapéu branqueada, a ponta de seus sapatos, a aba de sua roupa ou sua manga trairão sua falta de destreza. Isso é suficiente, ou talvez até demais, para fazer entender o espírito dessas espécies de jogos. Se é preciso dizer-vos tudo, não leiais nada do que escrevo.

Que vantagens um homem educado dessa maneira não terá, à noite, sobre os demais homens? Seus pés, acostumados a se fortalecerem nas trevas, e suas mãos, habituadas a aplicarem-se facilmente a todos os corpos circundantes, o conduzirão, sem dificuldades, na mais densa escuridão. Sua imaginação, repleta de jogos noturnos de sua juventude, dificilmente se voltará para objetos apavorantes. Se acreditar ouvir gargalhadas, não serão as de diabretes, mas as de seus antigos camaradas; se imaginar uma assembleia, não será para ele o sabá, mas a câmara de seu governante. Lembrando-lhe apenas ideias alegres, a noite nunca será terrível para ele; em vez de temê-la, amá-la-á. Tratando-se de uma expedição militar, estará pronto, a qualquer hora, quer esteja sozinho ou com sua tropa. Entrará no campo de Saul,[48] percorrê-lo-á sem se perder, irá até a tenda do rei sem acordar ninguém e retornará sem ter sido notado. Se for preciso tomar os cavalos de Reso, recorrei a ele, sem temor; entre as pessoas educadas de outra maneira, dificilmente encontrareis um Ulisses.[49]

Vi pessoas desejarem acostumar, por meio de surpresas, as crianças a não se assustarem com nada à noite. Tal método é muito ruim; ele produz um efeito inteiramente contrário ao pretendido e serve apenas para torná-las sempre mais receosas. Nem a razão nem o hábito podem tranquilizar diante da ideia de um perigo presente cujo grau e cuja espécie não se podem conhecer, nem diante do temor das surpresas que já se provaram com frequência. Entretanto, como ter certeza de manter sempre vosso aluno imune a tais acidentes? Eis, ao que me parece, o melhor aviso que se possa dar-lhe a esse respeito. "Estais então", direi a meu Emílio, "no caso de uma justa defesa; pois o agressor não vos deixa julgar se deseja causar-vos mal ou medo e, como ele já se colocou em situação vantajosa, mesmo a fuga não constitui um refúgio para vós. Agarrai, portanto, intrepidamente aquele que vos surpreende à noite, seja ele homem ou animal; apertai-o, empunhai-o com todas as vossas forças; se ele se debater, golpeai, não economizeis os golpes e, a despeito do que puder dizer ou fazer, não o solteis antes de realmente saber do que se trata: o esclarecimento vos

---

48. Primeiro rei de Israel. (N.T.)

49. Reso era o rei da Trácia, famoso por seus cavalos brancos e velozes. Foi morto durante a Guerra de Troia, por Ulisses e Diomedes, que se infiltraram no acampamento troiano e assassinaram Reso em seu sono, levando como prêmio os cavalos da vítima. (N.T.)

informará provavelmente que não havia muito a temer, e essa maneira de tratar os brincalhões deve naturalmente desencorajá-los a voltar."

Embora o tato seja, de todos os nossos sentidos, aquele que exercitamos de modo mais contínuo, seus julgamentos permanecem, no entanto, como eu disse, mais imperfeitos e grosseiros que os de qualquer outro, pois mesclamos continuamente a seu uso o da visão e, como o olho alcança o objeto mais rápido que a mão, o espírito quase sempre julga sem ela. Em contrapartida, os julgamentos do tato são os mais seguros, precisamente por serem os mais limitados; pois, estendendo-se apenas o tanto quanto podem alcançar nossas mãos, eles retificam o estouvamento dos demais sentidos, que se lançam de longe sobre objetos que mal percebem, ao passo que tudo que o tato percebe ele o percebe bem. Acrescente-se que, juntando, quando queremos, a força dos músculos à ação dos nervos, unimos, por uma sensação simultânea, ao julgamento da temperatura, das dimensões e das figuras, o julgamento do peso e da solidez. Assim, sendo o tato o sentido que mais nos instrui sobre a impressão que os corpos estranhos podem deixar sobre o nosso, ele é aquele cujo uso é mais frequente e nos dá mais imediatamente o conhecimento necessário a nossa conservação.

Como o exercício do tato supre a visão, por que não poderia também suprir, até certo ponto, a audição, posto que os sons estimulam nos corpos sonoros tremores sensíveis ao toque? Ao colocar uma mão sobre o corpo de um violoncelo, pode-se, sem o auxílio dos olhos ou dos ouvidos, distinguir, apenas com base na maneira como a madeira vibra e treme, se o som que produz é grave ou agudo, se é extraído da prima ou do zangão.[50] Acostumando-se o sentido a essas diferenças, não tenho dúvidas de que, com o tempo, seja possível tornar-se sensível a elas a ponto de escutar uma ária inteira por meio dos dedos. Ora, isso suposto, está claro que se poderia facilmente falar aos surdos por meio de música; pois os sons e os tempos, não sendo menos suscetíveis de combinações regulares que as articulações e as vozes, podem ser igualmente tomados por elementos do discurso.

Existem exercícios que enfraquecem o sentido do toque e o tornam mais obtuso. Outros, ao contrário, o aguçam e o tornam mais delicado e mais fino. Os primeiros, associando muito movimento e muita força à contínua impressão dos corpos duros, tornam a pele rude, calosa e privam-na do sentimento natural; os segundos são os que variam esse mesmo sentimento por um tato leve e frequente, de modo que o espírito atento a impressões repetidas sem

---

50. Rousseau se refere aqui à corda mais aguda (prima) e à mais grave (zangão) encontradas no instrumento. (N.T.)

cessar adquire a facilidade de julgar todas as suas modificações. Essa diferença é perceptível no uso dos instrumentos musicais: o toque duro e dilacerante do violoncelo, do contrabaixo, do próprio violino, enquanto torna os dedos mais flexíveis, endurece suas extremidades. O toque liso e polido do cravo os torna igualmente flexíveis e, ao mesmo tempo, mais sensíveis. Sob este aspecto, portanto, o cravo é preferível.

É importante que a pele seja endurecida pelas impressões do ar e que possa enfrentar suas alterações, pois é ela que defende todo o resto. Dito isso, eu não desejaria que a mão aplicada servilmente demais aos mesmos trabalhos viesse a endurecer-se, nem que a pele tornada quase ossuda perdesse esse sentimento delicado que leva a conhecer os corpos sobre os quais a passamos e, de acordo com a espécie de contato, nos faz estremecer de diversas maneiras no escuro.

Por que é preciso que meu aluno seja forçado a ter sempre sob os pés uma pele de boi? Que mal haveria se a sua pudesse lhe servir de solado? Está claro que, nessa parte, a delicadeza da pele nunca pode servir para nada, e pode frequentemente ser muito prejudicial. Acordados à meia-noite, no coração do inverno, pelo inimigo em sua cidade, os genebrinos encontraram seus fuzis mais rapidamente que seus sapatos. Se algum deles tivesse sabido andar descalço, talvez Genebra não tivesse sido tomada.

Armemos sempre o homem contra os acidentes imprevistos. Que Emílio corra descalço, de manhã, em todas as estações, pelo quarto, pela escada, pelo jardim. Longe de repreendê-lo, eu o imitarei; terei o único cuidado de afastar o vidro. Logo falarei dos trabalhos e dos jogos manuais; de resto, que aprenda a dar todos os passos que favoreçam as evoluções do corpo, a tomar, em todas as suas atitudes, uma posição confortável e sólida; que saiba saltar em distância, em altura, subir numa árvore, pular um muro; que encontre sempre seu equilíbrio; que todos seus movimentos e seus gestos sejam ordenados segundo as leis da ponderação antes que a estática se meta a lhas explicar. Pela maneira como seu pé toca o chão e seu corpo incide sobre sua perna, ele deve sentir se está bem ou mal. Um porte firme sempre possui graça, e as posturas mais firmes são também as mais elegantes. Se eu fosse professor de dança, não faria todas as macaquices de Marcel,[51] boas para o país em que as faz; mas, em vez de ocupar eternamente meu aluno com cambalhotas, levá-lo-ia ao pé de um

---

51. Famoso professor de dança de Paris que, conhecendo bem seu mundo, bancava o extravagante por astúcia, e dava à sua arte uma importância que se fingia achar ridícula, mas em virtude da qual se tinha, no fundo, por ele o maior respeito. Em outra arte não menos frívola, vê-se ainda hoje um artista comediante bancar assim o importante e o louco, e ter o mesmo sucesso. Esse método é sempre seguro na França. Lá, o verdadeiro talento, mais simples e menos charlatão, nunca é recompensado. Lá, a modéstia é a virtude dos tolos.

rochedo; lá, mostrar-lhe-ia que atitude se deve tomar, como se deve posicionar o corpo e a cabeça, que movimento se deve fazer, de que maneira se deve pôr ora o pé, ora a mão para seguir ligeiramente as veredas íngremes, ásperas e rudes, e projetar-se, de ponta em ponta, tanto na subida quanto na descida. Faria dele o imitador de um cabrito antes do que um dançarino da Ópera.

Se o tato concentra suas operações ao redor do homem, a visão estende as suas para além dele. É isso que torna estas enganosas; com um olhar, um homem abrange metade de seu horizonte. Nessa quantidade de sensações simultâneas e de julgamentos por elas estimulados, como não enganar-se a respeito de nenhum deles? Assim, de todos os sentidos, a visão é o mais falível, precisamente por ser o mais extenso, e, precedendo de muito longe todos os demais, suas operações são demasiado rápidas e vastas para poderem ser por eles retificadas. Isso não é tudo; as próprias ilusões da perspectiva nos são necessárias para que consigamos conhecer a extensão e comparar suas partes. Sem as falsas aparências, não veríamos nada no distanciamento; sem as gradações de tamanho e de luz, não poderíamos estimar nenhuma distância, ou melhor, não haveria nenhuma para nós. Se, entre duas árvores iguais, a que se encontra a 100 passos de nós nos parecesse tão grande e tão distinta quanto a que está a dez passos, nós as situaríamos uma ao lado da outra. Se percebêssemos todas as dimensões dos objetos em sua verdadeira medida, não veríamos nenhum espaço e tudo apareceria em nossos olhos.

O sentido da visão dispõe de uma única medida para avaliar a dimensão dos objetos e sua distância, isto é, da abertura do ângulo que fazem em nosso olho; e como essa abertura é um efeito simples de uma causa composta, o julgamento que provoca em nós deixa cada causa particular indeterminada ou se torna necessariamente incorreto. Pois como distinguir, apenas com a visão, se o ângulo pelo qual vejo um objeto menor que outro é assim porque o primeiro objeto é de fato menor ou porque está mais distante?

É preciso, portanto, seguir aqui um método contrário ao precedente; em vez de simplificar a sensação, deve-se multiplicá-la, verificá-la sempre por meio de outra; sujeitar o órgão visual ao órgão tátil e reprimir, por assim dizer, a impetuosidade do primeiro sentido pela marcha lenta e regrada do segundo. Por não nos sujeitarmos a tal prática, nossas medidas por estimativa são muito inexatas. Não temos nenhuma precisão no olhar para julgar as alturas,

---

[Marcel (falecido por volta de 1757) foi um famoso dançarino e professor de dança, muito requisitado pela alta sociedade francesa do século XVIII. Mestre no minueto, era também conhecido por suas declarações corrosivas (cf. WEISS, Charles. *Biographie universelle, ou Dictionnaire historique*. Paris: Furnet et Cie., 1841. v. 4, p. 29). (N.T.)]

os comprimentos, as profundidades, as distâncias; e a prova de que a culpa cabe menos ao sentido do que a seu uso está no fato de que os engenheiros, os agrimensores, os arquitetos, os pedreiros e os pintores têm, em geral, o olhar muito mais preciso que o nosso e apreciam as medidas da extensão com maior exatidão, pois, por seu ofício lhes conferirem a experiência que negligenciamos adquirir, eles suprimem o equívoco do ângulo pelas aparências que o acompanham e que determinam mais exatamente, a seus olhos, a relação das duas causas desse ângulo.

Tudo que confere movimento ao corpo sem constrangê-lo é sempre fácil de obter das crianças. Existem mil meios de estimulá-las a medir, a conhecer, a estimar as distâncias. Eis uma cerejeira muito alta; como faremos para apanhar cerejas? A escada da granja é adequada para isto? Eis um regato muito largo; como o atravessaremos? Poderá uma das pranchas do pátio unir as duas margens? Desejaríamos pescar, desde nossas janelas, nos fossos do castelo; quantas braças deve ter nossa linha? Desejaria fazer um balanço entre estas duas árvores; uma corda de duas toesas[52] será suficiente? Dizem-me que, na outra casa, nosso quarto terá 25 pés quadrados;[53] acreditais que ele nos convém? Será ele maior do que este? Temos muita fome, aí estão duas aldeias; a qual delas chegaremos mais cedo para jantar? etc.

Tratava-se de exercitar na corrida uma criança indolente e preguiçosa, que não se dedicava por si mesma a esse exercício ou a qualquer outro, embora estivesse destinada à carreira militar: estava convencida, não sei como, de que um homem de sua posição não devia fazer nada nem saber nada, e que sua nobreza deveria suprir-lhe os braços, as pernas, assim como qualquer espécie de mérito. Para fazer de tal fidalgo um Aquiles ligeiro, até mesmo a destreza de Quíron[54] dificilmente teria bastado. A dificuldade era tanto maior quanto eu não desejava prescrever-lhe absolutamente nada. Eu suprimira de meus direitos as exortações, as promessas, as ameaças, a rivalidade, o desejo de brilhar: como dar-lhe o de correr sem dizer-lhe nada? Pôr-me a correr teria sido um meio pouco seguro e sujeito a inconveniente. Aliás, tratava-se também de extrair desse exercício algum objeto de instrução para ele, a fim de acostumar as operações da máquina e as do julgamento a andarem sempre juntas. Eis a solução que adotei – eu, isto é, aquele que fala neste exemplo.

---

52. Cerca de quatro metros. Cada toesa corresponde a 1,949 metro (ou seis pés). (N.E.)

53. Cerca de 2,5 metros quadrados. (N.E.)

54. Na mitologia grega, Quíron era um centauro conhecido pela nobreza de seu caráter, sua bondade e seus numerosos conhecimentos. Muitos heróis, como Aquiles, lhe foram confiados como discípulos. (N.T.)

Ao passear com ele à tarde, eu por vezes colocava em meu bolso dois bolinhos de uma espécie que muito lhe agradava; cada um de nós comia um durante o passeio[55] e retornávamos muito satisfeitos. Um dia, percebeu que eu trazia três bolinhos; teria podido comer seis deles sem indispor-se: consumiu rapidamente o seu para pedir-me o terceiro. "Não", respondi, "eu mesmo o comeria muito bem ou o dividiríamos; mas prefiro que seja disputado na corrida pelos dois menininhos que aqui se encontram." Chamei-os, mostrei-lhes o bolinho e lhes propus a condição. Aceitaram com prazer. O bolinho foi colocado em cima de uma grande pedra, que serviu de meta. A pista foi traçada e fomos nos sentar; dado o sinal, os pequenos rapazes partiram: o vitorioso agarrou o bolinho e o comeu sem misericórdia, diante dos olhos dos espectadores e do derrotado.

Esse divertimento valia mais que o bolinho, mas, de início, ele não convenceu e não surtiu qualquer efeito. Não desanimei nem me apressei; a instrução das crianças é um ofício em que é preciso saber perder tempo para ganhá-lo. Continuamos com nossos passeios; frequentemente, levávamos três bolos, por vezes quatro e, de tempos em tempos, havia um ou mesmo dois para os corredores. Se o prêmio não era grande, os que o disputavam não eram ambiciosos; aquele que o ganhava era louvado, festejado, tudo se fazia com pompa. Para proporcionar as revoluções e aumentar o interesse, eu traçava uma pista mais longa e aceitava vários concorrentes. Mal entravam estes na liça, todos os transeuntes se detinham para vê-los; as aclamações, os gritos, os aplausos os animavam; via, por vezes, meu pequeno rapaz estremecer, levantar-se, gritar quando um estava perto de alcançar ou ultrapassar outro; eram, para ele, os jogos olímpicos.

Entretanto, os concorrentes recorriam, por vezes, a trapaças; puxavam-se mutuamente ou derrubavam-se, ou então um deslocava pedras sobre a passagem do outro. Isso me dava um motivo para separá-los e fazê-los largar de diferentes pontos, embora igualmente distantes da meta; veremos logo a razão dessa precaução; pois devo tratar deste importante assunto em todos os detalhes.

Aborrecido por ver sempre comerem, diante de seus olhos, bolos que atiçavam seu apetite, o senhorzinho passou a enfim desconfiar que correr podia bem servir para alguma coisa e, vendo que também possuía duas pernas, começou a treinar em segredo. Abstive-me de ver qualquer coisa, mas compreen-

---

55. Passeio campestre, como veremos num instante. Os passeios públicos das cidades são perniciosos às crianças de ambos os sexos. É lá que começam a tornar-se fúteis e a desejarem ser observadas; é no jardim do Luxemburgo, nas Tulherias e sobretudo no palácio real que a bela juventude de Paris adquire esse ar impertinente e pretensioso que a torna tão ridícula e faz com que seja vaiada e detestada por toda a Europa.

di que meu estratagema tivera êxito. Quando acreditou estar suficientemente capacitado, e pude ler antes dele seu pensamento, simulou importunar-me para ganhar o bolo restante. Recusei; ele persistiu, e, com um ar ressentido, finalmente me disse: "Pois bem, colocai-o em cima da pedra, marcai o campo e veremos". "Que bom!", eu disse, rindo, "um cavaleiro sabe correr? Tereis maior apetite, mas não com que satisfazê-lo". Irritado com minha zombaria, superou-se e levou o prêmio tanto mais facilmente quanto eu fizera a liça muito curta e tomara o cuidado de afastar o melhor corredor. Pode-se imaginar como, dado esse primeiro passo, pude facilmente mantê-lo na expectativa. Logo adquiriu tamanho gosto por esse exercício que, sem favores, estava quase certo de vencer meus garotos na corrida, fosse qual fosse o comprimento da pista.

Uma vez obtida, essa vantagem produziu outra, na qual eu não havia pensado. Enquanto ele raramente ganhava o prêmio, comia-o quase sempre sozinho, como faziam seus concorrentes; mas, acostumando-se à vitória, tornou-se generoso e o dividia frequentemente com os vencidos. Isso proporcionou, mesmo a mim, uma observação moral, e aprendi qual era o verdadeiro princípio da generosidade.

Continuando, com ele, a marcar, em diferentes locais, os pontos de que cada um devia largar a cada vez, estabeleci, sem que o percebesse, distâncias desiguais, de modo que um deles, tendo de percorrer um caminho maior que o outro para atingir a mesma meta, tivesse uma visível desvantagem; embora eu deixasse a escolha a meu discípulo, ele não sabia se aproveitar dela. Sem inquietar-se com a distância, ele preferia sempre o belo caminho; de modo que, prevendo facilmente sua escolha, eu me via capaz de fazê-lo perder ou ganhar o bolo segundo minha vontade, e essa habilidade também tinha utilidade, para mais de um fim. Entretanto, como era minha intenção que ele notasse a diferença, procurei tornar-lha perceptível; conquanto fosse indolente na tranquilidade, ele era tão intenso em seus jogos e desconfiava tão pouco de mim que tive toda a dificuldade do mundo em fazê-lo perceber que eu trapaceava. Por fim, tive êxito, apesar de seu estouvamento; repreendeu-me a esse respeito. Disse-lhe: "De que vos queixais? Para uma dádiva que desejo fazer, não sou senhor de minhas condições? Quem vos obriga a correr? Prometi fazer liças iguais? Não tendes escolha? Escolhei a mais curta, nada vos impede de fazê-lo; como não percebeis que sois vós que favoreço, e que a desigualdade de que vos queixais se dá inteiramente em vosso proveito se souberdes aproveitá-la?". Isso estava claro, ele o compreendeu e, para escolher, foi preciso examinar a questão de mais perto. Inicialmente, quiseram contar os passos; mas a medida dos passos de uma criança é lenta e incorreta; além disso, decidi multiplicar as corridas num mesmo dia, e, tornando-se então o divertimento uma espécie de paixão, lamentavam, ao medir as liças, perder o tempo destinado a percorrê-las. A vivacidade da infância se coaduna mal a essas lentidões; esforçamo-nos então em ver melhor e em estimar melhor uma distância com a vista. No fim, alguns meses de provas e de erros corrigidos lhe formaram de tal forma o compasso visual que, quando eu lhe colocava por pensamento um bolinho em cima de algum objeto distante, tinha o olhar quase tão certeiro quanto a corrente de um agrimensor.[56]

Como a visão é, de todos os sentidos, aquele de que menos se podem separar os julgamentos do espírito, é preciso muito tempo para aprender a ver; é preciso ter comparado, por muito tempo, a visão ao tato para acostumar o primeiro desses dois sentidos a nos oferecer um parecer fiel das figuras e das distâncias: sem o tato, sem o movimento progressivo, os olhos de maior alcance no mundo não poderiam nos dar qualquer ideia da extensão. O universo inteiro deve ser apenas um ponto para uma ostra; não lhe pareceria nada além disso, ainda que uma alma humana informasse tal ostra; é somente à força de andar, de apalpar, de enumerar, de medir as dimensões que se aprende a estimá-las. Mas, por isso mesmo, se medíssemos sempre, o sentido, amparando-se no instrumento, não adquiriria nenhuma precisão. Tampouco deve a criança passar, de repente, da medida para a estimativa; primeiramente, é preciso que, continuando a comparar por partes o que não saberia comparar de uma só vez, ela substitua alíquotas precisas por alíquotas por apreciação e que, em vez de aplicar sempre com a mão a medida, ela se acostume a aplicá-la somente com os olhos. Eu gostaria, portanto, que suas primeiras operações fossem verificadas por meio de medidas reais, para que corrigisse seus erros, e que, permanecendo no sentido alguma falsa aparência, ela aprendesse a retificá-la por um juízo melhor. Temos medidas naturais que são aproximadamente as mesmas em todos os lugares; os passos de um homem, a extensão de seus braços, sua estatura. Quando a criança estima a altura de um andar, seu governante pode lhe servir de medida; se estima a altura de um campanário, que ela o meça com base nas casas. Se desejar saber quantas são as léguas do caminho, que conte as horas de caminhada; e, sobretudo, que não façam nada disso em seu lugar, mas que o faça por si mesma.

Não se poderia aprender a avaliar corretamente a extensão e a dimensão dos corpos sem aprender a conhecer também seus aspectos e até mesmo a imitá-los; pois, no fundo, essa imitação depende absolutamente apenas das leis da perspectiva e não se pode estimar a extensão com base em suas aparências sem que se tenha algum sentimento dessas leis. Todas as crianças, grandes

---

56. A corrente de ferro era o instrumento de que se servia o agrimensor para determinar a superfície de uma determinada extensão de terra. (N.T.)

imitadoras, procuram desenhar; eu gostaria que a minha cultivasse essa arte, não precisamente pela arte em si, mas para tornar seu olho preciso e sua mão flexível; em geral, importa muito pouco que saiba um exercício ou outro, desde que adquira a perspicácia do sentido e o bom hábito do corpo que se obtém por meio desse exercício. Abster-me-ei, portanto, de dar-lhe um professor de desenho que a fizesse apenas imitar imitações e que a fizesse desenhar apenas com base em desenhos: quero que não tenha outro mestre além da natureza, nem outro modelo além dos objetos. Quero que tenha diante dos olhos o original, e não o papel que o representa; que esboce uma casa a partir de uma casa, uma árvore a partir de uma árvore, um homem a partir de um homem, de modo a acostumar-se a observar bem os corpos e suas aparências, e não a tomar imitações falsas e convencionais por verdadeiras imitações. Desviá-la-ei até mesmo de traçar qualquer coisa de memória na ausência dos objetos até que, por meio de observações frequentes, suas figuras exatas estejam bem impressas em sua imaginação, temendo que, substituindo a verdade das coisas por figuras estranhas e fantásticas, ela perca o conhecimento das proporções e o gosto pelas belezas da natureza.

Sei que, dessa maneira, ela rabiscará por muito tempo sem fazer algo identificável, que tardará a adquirir a elegância dos contornos e o traço leve dos desenhistas, e talvez nunca obtenha o discernimento dos efeitos pitorescos e o bom gosto do desenho; em contrapartida, contrairá certamente um olhar mais preciso, uma mão mais segura, o conhecimento das verdadeiras relações de grandeza e de fisionomia que existem entre os animais, as plantas, os corpos naturais, e uma mais pronta experiência do jogo da perspectiva: eis precisamente o que desejei realizar, e minha intenção consiste menos em que saiba imitar objetos que em que os conheça; prefiro que me aponte uma planta de acanto e que trace menos exatamente a folhagem de um capitel.

De resto, nesse exercício, assim como em todos os outros, não pretendo que apenas meu aluno encontre divertimento. Desejo torná-lo ainda mais agradável compartilhando-o sempre com ele. Não quero que tenha outro concorrente além de mim, mas serei seu concorrente sem descanso e sem riscos; isso tornará interessantes suas ocupações, sem provocar inveja entre nós. Segurarei o lápis segundo seu exemplo; empregá-lo-ei, de início, tão desajeitadamente quanto ele. Ainda que eu seja um Apeles,[57] apresentar-me-ei como um rabiscador. Começarei por traçar um homem como os criados os traçam nos muros; uma

---

57. Apeles de Cós, célebre artista da Grécia Antiga (século IV, provavelmente), descrito por Plínio, o Velho, como o maior pintor de seu tempo. (N.T.)

barra para cada braço, uma barra para cada perna, e os dedos maiores que o braço. Muito tempo depois, perceberemos, um ou outro, essa desproporção; observaremos que uma perna tem espessura, que tal espessura não é a mesma em todo lugar, que o braço tem seu comprimento determinado em relação ao corpo etc. Nesse progresso, caminharei, quando muito, a seu lado, ou o ultra-passarei tão pouco que lhe será sempre fácil me alcançar e, frequentemente, me superar. Teremos cores, pincéis; procuraremos imitar o colorido dos objetos e toda sua aparência, assim como sua forma. Coloriremos, pintaremos, rabis-caremos; mas, para todos os nossos rabiscos, não deixaremos de observar a natureza; nunca faremos nada senão sob os olhos do mestre.

Faltavam-nos ornamentos para nossos quartos; eis que foram encontrados. Mando emoldurar nossos desenhos; mando que sejam cobertos com belos vi-dros para que não sejam mais tocados e para que, vendo-os permanecer no es-tado em que os pusemos, cada um tenha interesse em não negligenciar os seus. Arranjo-os por ordem ao redor do quarto, cada desenho repetido por 20, 30 ve-zes, mostrando o progresso do autor a cada exemplar, desde o momento em que a casa é apenas um quadrado quase disforme até aquele em que sua faixada, seu perfil, suas proporções, suas sombras correspondem à mais exata verdade. Essas gradações não podem deixar de oferecer continuamente quadros interessantes para nós, curiosos para outros, e de sempre estimular mais nossa rivalidade. Para os primeiros, os mais grosseiros desses desenhos, coloco molduras bem brilhantes, bem douradas, que os ressaltem; quando a imitação se torna mais exata e o desenho é verdadeiramente bom, dou-lhe então apenas uma moldura preta muito simples; ele não tem necessidade de ornamento, e seria uma pena se a borda dividisse a atenção que o objeto merece. Assim, cada um de nós aspira à honra da moldura simples, e quando um quiser desdenhar o desenho do outro, ele o condenará à moldura dourada. Algum dia, talvez, esses quadros dourados se converterão, entre nós, em provérbios, e admiraremos quantos homens serão justos consigo mesmos fazendo-se emoldurar dessa forma.

Eu disse que a geometria não estava ao alcance das crianças; mas a culpa é nossa. Não percebemos que seu método não é o nosso, e que o que se torna, para nós, a arte de raciocinar deve ser para elas apenas a arte de ver. Em vez de dar-lhes nosso método, seria melhor que adotássemos o delas. Pois nosso método de aprender a geometria é realmente tanto uma questão de imaginação quanto de raciocínio. Quando a proposição é enunciada, é preciso imaginar--lhe a demonstração, isto é, encontrar de que proposição já conhecida ela deve ser uma consequência e, de todas as consequências que se podem tirar dessa mesma proposição, escolher precisamente aquela de que se trata.

Dessa maneira, o raciocinador mais exato, se não for inventivo, não saberá o que responder. O que, ademais, resulta disso? Que, em vez de sermos levados a encontrar as demonstrações, elas nos são ditadas; que, em vez de nos ensinar a raciocinar, o mestre raciocina para nós e exercita apenas nossa memória.

Fazei figuras exatas, combinai-as, colocai-as uma sobre a outra, examinai suas proporções e encontrareis toda a geometria elementar avançando de observação em observação sem que se trate de definições, de problemas, ou ainda de qualquer outra forma demonstrativa além da simples sobreposição. Quanto a mim, não tenho qualquer intenção de ensinar a geometria a Emílio, é ele que a ensinará a mim; procurarei as relações e ele as encontrará; pois as procurarei de modo a fazer com que as encontre. Por exemplo, em vez de servir-me de um compasso para traçar um círculo, traçá-lo-ei com um prego na ponta de um fio, girando sobre um eixo. Depois, quando eu quiser comparar os raios entre si, Emílio zombará de mim e me fará compreender que o mesmo fio, sempre estendido, não pode ter traçado distâncias desiguais.

Se desejo medir um ângulo de 60 graus, traço desde o vértice desse ângulo não um arco, mas um círculo inteiro; pois, com as crianças, nunca se deve subentender nada. Constato que a porção do círculo compreendida entre os dois lados do ângulo é a sexta parte do círculo. Em seguida, traço a partir do mesmo vértice outro círculo maior, e constato que este segundo arco ainda é a sexta parte de seu círculo; traço um terceiro círculo concêntrico sobre o qual aplico o mesmo teste, e o reitero sobre novos círculos até que Emílio, chocado com minha estupidez, me avise que cada arco, grande ou pequeno, compreendido no mesmo ângulo será sempre a sexta parte de seu círculo etc. Logo estaremos prontos para empregar o transferidor.

Para provar que os ângulos rasos são iguais a dois retos, traça-se um círculo; eu, ao contrário, faço com que Emílio o note primeiramente no círculo, então lhe pergunto: se suprimíssemos o círculo e deixássemos as linhas retas, os ângulos mudariam de grandeza? etc.

Negligenciam a precisão das figuras, supõem-na e privilegiam a demonstração. Entre nós, ao contrário, nunca será questão de demonstração. Nossa mais importante tarefa consistirá em traçar linhas absolutamente retas, precisas e iguais; fazer um quadrado absolutamente perfeito, traçar um círculo absolutamente redondo. Para verificar a exatidão da figura, examiná-la-emos com base em todas suas propriedades sensíveis, e isso nos dará a ocasião de, a cada dia, descobrir outras novas. Dobraremos pelo diâmetro os dois semicírculos, e pela diagonal as duas metades do quadrado: compararemos nossas duas figuras para encontrar aquela cujas bordas convêm mais exatamente e que é, por consequência, a de melhor acabamento; discutiremos se essa igualdade de divisão deve sempre ocorrer nos paralelogramos, nos trapézios etc. Procuraremos, por vezes, prever o sucesso da experiência antes de realizá-la e cuidaremos de encontrar razões etc.

A geometria é, para meu aluno, apenas a arte de utilizar corretamente a régua e o compasso; não deve confundi-la com o desenho, no qual não empregará nenhum desses instrumentos. A régua e o compasso serão trancados à chave e apenas raramente permitiremos que os empregue, e por pouco tempo, para que não se acostume a rabiscar; mas poderemos, por vezes, levar nossas figuras durante o passeio e conversar sobre o que tivermos feito ou sobre o que quisermos fazer.

Jamais esquecerei ter visto, em Turim, um jovem a quem tinham ensinado, na infância, as relações dos contornos e das superfícies, fazendo com que escolhesse diariamente, entre todas as figuras geométricas, favos isoperimétricos. O pequeno guloso tinha esgotado a arte de Arquimedes para encontrar aquele em que havia mais do que comer.

Quando uma criança brinca com uma peteca, ela exercita o olhar e o braço na precisão; quando gira um pião, aumenta sua força ao empregá-la, mas sem aprender nada. Perguntei, algumas vezes, por que não se ofereciam às crianças os mesmos jogos de habilidade praticados pelos adultos: a pela, a choca, o bilhar, o arco, a bola, os instrumentos musicais. Foi-me respondido que alguns desses jogos estavam acima de suas forças e que seus membros e seus órgãos não estavam suficientemente formados para os demais. Considero essas razões ruins: uma criança não tem a estatura de um homem, mas não deixa de usar uma vestimenta como a sua. Não pretendo que ela jogue com nossos tacos em cima de um bilhar de um metro de altura;[58] não pretendo que ela vá rebater em nossas quadras nem que seja colocada em sua pequena mão uma raquete de mestre,[59] mas que jogue numa sala cujas janelas estejam protegidas, que utilize apenas bolas moles, que suas primeiras raquetes sejam de madeira, depois de pergaminho e, finalmente, de corda de tripa esticada na proporção de seu progresso. Preferis a peteca porque é menos cansativa e não proporciona perigo. Enganai-vos quanto a essas duas razões. A peteca é um jogo de mulheres; mas não há nenhuma que não fuja de uma bola em movimento. Suas peles brancas não devem se endurecer com as contusões, e não são contusões que seus rostos esperam. Mas nós, feitos para sermos vigorosos, acreditamos que o seremos sem dificuldade? E de que defesa seremos capazes

---

58. No original, *trois pieds*, ou seja, três pés. (N.E.)

59. No original, *paulmier* (ou *paumier*), o que pode designar tanto o professor de jogo da pela quanto o fabricante ou vendedor dos acessórios a ele destinados. (N.T.)

se nunca formos atacados? Jogam-se sempre frouxamente os jogos em que se pode ser inábil sem risco; uma peteca que cai não machuca ninguém; mas nada desentorpece os braços como ter de cobrir a cabeça, nada torna o olhar tão preciso quanto ter de proteger os olhos. Projetar-se de uma ponta da sala até a outra, avaliar o trajeto de uma bola ainda no ar, rebatê-la com uma mão forte e firme: tais jogos menos convêm ao homem do que servem para formá-lo.

As fibras de uma criança, dizem, são demasiado fracas; possuem menos força, mas são mais flexíveis; seu braço é frágil, mas é, afinal, um braço; guardadas as proporções, deve-se fazer com ele tudo que se faz com outra máquina semelhante. As crianças não têm nas mãos qualquer destreza; é por isso que desejo que a adquiram; um homem tão pouco treinado quanto elas não a teria em maior quantidade; não podemos conhecer a utilidade de nossos órgãos senão após tê-los empregado. Apenas uma longa experiência pode nos ensinar a tirar proveito de nós mesmos, e essa experiência é o verdadeiro estudo a que nunca é cedo demais para nos dedicarmos.

Tudo que se faz é factível. Ora, nada é mais comum que ver crianças hábeis e flexíveis terem nos membros a mesma agilidade que pode ter um homem. Em quase todas as feiras, encontramos algumas praticando equilibrismo, andando sobre as mãos, saltando, dançando sobre a corda. Por quantos anos tropas de crianças não atraíram, com seus balés, espectadores ao Teatro Italiano? Quem não ouviu falar, na Alemanha e na Itália, da trupe pantomima do famoso Nicolini?[60] Alguém por acaso observou nessas crianças movimentos menos desenvolvidos, atitudes menos graciosas, um ouvido menos exato, uma dança menos ligeira que a dos dançarinos plenamente formados? O fato de termos, de início, os dedos espessos, curtos, pouco móveis, as mãos rechonchudas e pouco capazes de agarrar qualquer coisa, impede que várias crianças saibam escrever ou desenhar na idade em que outras ainda não sabem segurar um lápis ou uma pena? Paris inteira ainda se lembra da pequena inglesa que, aos dez anos, fazia prodígios no cravo. Vi, na casa de um magistrado, seu filho, um menininho de oito anos, colocado sobre a mesa durante a sobremesa, como uma estátua em meio às bandejas, tocar um violino quase tão grande quanto ele e surpreender os próprios artistas com sua execução.

Parece-me que todos esses exemplos e 100 mil outros provam que a inaptidão que se supõe nas crianças para nossos exercícios é imaginária e que, se não as vemos ter êxito em alguns deles, é porque nunca foram exercitadas neles.

---

60. Em meados do século XVIII, o teuto-italiano Filippo Nicolini comandou uma trupe itinerante de crianças a diversos palcos da Europa para apresentar espetáculos em pantomina. (N.T.)

Dir-me-ão que caio aqui, em relação ao corpo, no erro da cultura prematura que condeno nas crianças em relação ao espírito. A diferença é muito grande; pois um desses progressos é apenas aparente enquanto o outro é real. Provei que elas não possuem o espírito que parecem possuir, ao passo que fazem tudo que parecem fazer. Aliás, deve-se sempre pensar que tudo isso é ou deve ser apenas um jogo, direção fácil e voluntária dos movimentos que a natureza lhes pede, arte de variar seus divertimentos para tornar-lhos mais agradáveis sem que a menor imposição os transforme em trabalho; afinal, não há nada que as divirta que eu não possa transformar em objeto de instrução para elas, e, ainda que eu não pudesse fazê-lo, desde que se divirtam sem inconveniente e que o tempo passe, seu progresso em qualquer coisa não importa ao momento presente; ao passo que, quando é preciso necessariamente ensinar-lhes isto ou aquilo, seja qual for o método adotado, é sempre impossível obter sucesso sem constrangimento, sem zanga e sem aborrecimento.

O que eu disse sobre os dois sentidos cujo uso é mais contínuo e mais importante pode servir de exemplo à maneira de exercitar os outros. A visão e o tato se aplicam igualmente sobre os corpos em repouso e sobre os corpos em movimento; mas, como apenas a vibração do ar pode estimular o sentido da audição, somente um corpo em movimento produz barulho ou som e, se tudo permanecesse em repouso, nunca ouviríamos nada. À noite, portanto, quando, movimentando-nos apenas o tanto quanto queremos, temos a temer apenas os corpos que se movem, importa-nos manter o ouvido atento, poder julgar pela sensação que nos atinge se o corpo que a provoca é grande ou pequeno, se está distante ou próximo, se sua vibração é violenta ou fraca. O ar vibrado está sujeito a repercussões que o refletem e que, produzindo ecos, repetem a sensação e fazem ouvir o corpo ruidoso ou sonoro em outro local além daquele em que se encontra. Se colocamos o ouvido sobre o chão numa planície ou num vale, ouvimos a voz dos homens e o passo dos cavalos de muito mais longe do que permanecendo em pé.

Assim como comparamos a visão ao tato, é igualmente bom compará-la à audição e saber qual das duas impressões, partindo ao mesmo tempo do mesmo corpo, alcançará mais cedo seu órgão. Quando vemos o fogo de um canhão, podemos ainda nos colocar ao abrigo do tiro; mas, assim que ouvimos o barulho, já não há mais tempo, a bala está aí. Podemos avaliar a distância em que se produz o estrondo pelo intervalo de tempo existente entre o clarão e o impacto. Fazei com que a criança conheça todas essas experiências; que faça as que estão a seu alcance e que encontre as demais por indução; mas prefiro 100 vezes que as ignore se for preciso relatar-lhas.

Possuímos um órgão que responde à audição: o da voz; não temos nenhum que responda da mesma forma à visão e não devolvemos as cores como fazemos com os sons. Esse é um meio a mais para cultivar o primeiro sentido, exercitando o órgão ativo e o órgão passivo, um pelo outro.

O homem possui três espécies de voz: a voz falante ou articulada, a voz cantante ou melodiosa, e a voz patética ou acentuada, que serve de linguagem às paixões e que anima o canto e a palavra. A criança tem, assim como o homem, essas três espécies de voz, sem saber aliá-las da mesma forma; tem, assim como nós, o riso, os gritos, as lamúrias, a exclamação, os gemidos; mas não sabe mesclar as suas inflexões às duas outras vozes. Uma música perfeita é aquela que reúne melhor essas três vozes. As crianças são incapazes de produzir tal música, e seu canto nunca possui alma. Da mesma forma, na voz falante, sua linguagem não possui acento: gritam, mas não acentuam, e assim como há pouca energia em seu discurso, há pouco acento em sua voz. Nosso aluno terá o falar mais singelo e mais simples ainda, pois suas paixões, não tendo sido despertadas, não mesclarão sua linguagem à dele. Não o mandeis, portanto, recitar papéis de tragédia ou de comédia, nem procureis ensiná-lo a, como se diz, declamar. Ele terá sentidos demais para saber conferir tom a coisas que não pode compreender e expressão a sentimentos que jamais sentiu.

Ensinai-o a falar simples e claramente, a pronunciar com exatidão e sem afetação, a conhecer e a seguir a acentuação gramatical e a prosódia, a sempre erguer suficientemente a voz para ser ouvido, mas a nunca erguê-la mais que o necessário, defeito ordinário nas crianças educadas nos colégios. Em todas as coisas, nada que seja supérfluo.

Também no canto, tornai sua voz afinada, estável, flexível e sonora; e seu ouvido sensível à cadência e à harmonia, mas nada além disso. A música imitativa e teatral não convém a sua idade. Eu sequer gostaria que cantasse letras; caso as desejasse cantar, eu procuraria compor-lhe canções para esse propósito, interessantes para sua idade e tão simples quanto suas ideias.

Pode-se imaginar que, estando tão pouco apressado em ensiná-lo a ler a escrita, tampouco terei pressa em ensiná-lo a ler música. Afastemos de seu cérebro qualquer atenção demasiado penosa e não tenhamos pressa em concentrar seu espírito em signos de convenção. Isto, admito, parece apresentar alguma dificuldade; pois, se o conhecimento das notas não se mostra inicialmente mais necessário para saber cantar do que o das letras para saber falar, existe, no entanto, uma diferença: ao falarmos, expressamos nossas próprias ideias, ao passo que, ao cantarmos, expressamos somente as de outrem. Ora, para expressá-las, é preciso lê-las.

Mas, primeiramente, em vez de lê-las, pode-se ouvi-las, e um canto alcança o ouvido ainda mais fielmente que o olho. Além disso, para conhecer bem a música, não basta reproduzi-la, é preciso compô-la, e uma coisa se deve aprender com a outra, sob pena de nunca a conhecer bem. Exercitai, primeiramente, vosso pequeno músico a fazer frases bem regulares, bem cadenciadas; em seguida, exercitai-o a uni-las entre si por uma modulação muito simples; por fim, a marcar suas diferentes relações por uma pontuação correta, o que se faz por meio da boa escolha das cadências e das pausas. Acima de tudo, nenhum canto estranho, patético ou de expressão. Uma melodia sempre convidativa e simples, sempre derivada das cordas essenciais do tom e sempre indicando a tal ponto a nota baixa que ele a sinta e a acompanhe sem dificuldade; pois, para formar sua voz e seu ouvido, deve apenas cantar acompanhado do cravo.

Para marcar melhor os sons, articulamo-los ao pronunciá-los; donde o costume de solfejar com algumas sílabas. Para distinguir os graus, é preciso dar nomes a esses graus e a seus diferentes termos fixos; daí os nomes dos intervalos e também as letras do alfabeto com que se marcam as teclas do teclado e as notas da escala. C e A designam sons fixos, invariáveis, sempre produzidos pelas mesmas teclas. *Ut* e *la* são algo diferente. *Ut* é constantemente a tônica de um modo maior ou a mediante de um modo menor. *La* é constantemente a tônica de um modo menor ou a sexta nota de um modo maior. Assim, as letras marcam os termos imutáveis das relações de nosso sistema musical, e as sílabas marcam os termos homólogos das relações semelhantes em diversos tons. As letras indicam as teclas do teclado, e as sílabas, os graus do modo. Os músicos franceses estranhamente embaralharam essas distinções; confundiram o sentido das sílabas com o sentido das letras e, multiplicando inutilmente os signos das teclas, não deixaram nenhum para designar as cordas dos tons; de modo que, para eles, *ut* e C são sempre a mesma coisa, o que não são e não devem ser; pois, então, para que serviria C? Ademais, sua maneira de solfejar é de uma dificuldade excessiva sem apresentar qualquer utilidade, sem conduzir nenhuma ideia clara ao espírito, pois, por esse método, as sílabas *ut* e *mi*, por exemplo, podem também significar uma terça maior, menor, supérflua ou diminuta. Por que estranha fatalidade o país que escreve os mais belos livros sobre música no mundo é precisamente aquele em que se a aprende da maneira mais difícil?

Sigamos com nosso aluno uma prática mais simples e mais clara; que não haja para ele mais do que dois modos, cujas relações sejam sempre as mesmas e sempre indicadas pelas mesmas sílabas. Quer cante ou toque um instrumento, que ele saiba estabelecer seu modo para cada um dos 12 tons que podem servir-lhe de base e, quer modulemos em D, em C, em G etc., que o final seja sempre *ut* ou *la*, segundo o modo. Dessa maneira, ele sempre vos compreenderá, as relações essenciais do modo de cantar e tocar corretamente estarão sempre presentes em sua mente, sua execução será mais clara e seu progresso mais rápido. Não há nada mais estranho que o que os franceses designam por solfejar ao natural; isso é afastar as ideias da coisa para substituí-las por outras estranhas que apenas induzem ao engano. Nada é mais natural do que solfejar por transposição quando o modo é transposto. Mas isso é já ir longe demais com a música; ensinai-a como desejardes, desde que nunca seja nada além de um divertimento.

Aqui estamos bem avisados a respeito do estado dos corpos estranhos em relação ao nosso, de seu peso, de sua forma, de sua cor, de sua solidez, de suas dimensões, de sua distância, de sua temperatura, de seu repouso, de seu movimento. Estamos instruídos a respeito daqueles que convém aproximar ou afastar de nós, da maneira que devemos adotar para vencer sua resistência ou para opor-lhes uma que nos preserve de sermos por eles afetados; mas isso não é suficiente; nosso próprio corpo se esgota continuamente e precisa ser continuamente renovado. Embora tenhamos a faculdade de alterar outros corpos em nossa própria substância, a escolha não é indiferente; nem tudo constitui alimento para o homem e, entre as substâncias que podem sê-lo, existem algumas que são mais ou menos convenientes segundo a constituição de sua espécie, segundo o clima sob o qual vive, segundo seu temperamento particular e segundo a maneira de viver que sua condição lhe prescreve.

Morreríamos esfomeados ou envenenados caso tivéssemos de esperar para escolhermos os alimentos que nos convêm, que a experiência nos ensinasse a conhecê-los e a escolhê-los; mas a suprema bondade que fez do prazer dos seres sensíveis o instrumento de sua conservação nos informa, por meio do que agrada nosso paladar, daquilo que convém a nosso estômago. Não existe naturalmente, para o homem, nenhum médico mais seguro que seu próprio apetite e, considerando-o em seu estado primitivo, não duvido que os alimentos que lhe pareciam então os mais agradáveis também lhe fossem os mais sadios.

Isso não é tudo. O Autor das coisas não satisfaz somente as necessidades que ele nos confere mas também as que conferimos a nós mesmos, e é para colocar sempre o desejo ao lado da necessidade que faz com que nossos gostos mudem e se alterem com nossas maneiras de viver. Quanto mais nos afastamos do estado de natureza, mais perdemos nossos gostos naturais; ou, antes, o hábito constitui para nós uma segunda natureza que substitui a tal ponto a primeira que nenhum de nós ainda tem desta qualquer conhecimento.

Resulta disso que os gostos mais naturais também dever ser os mais simples, pois são os que se transformam mais facilmente; ao passo que, avivando-

-se e estimulando-se por nossas fantasias, eles adquirem uma forma que não se altera mais. O homem que ainda não pertence a nenhum país se adequará sem dificuldades aos usos de qualquer outro país, mas o homem de um país não se torna mais o de outro.

Isso me parece verdadeiro em todos os sentidos e muito mais adequado ao gosto propriamente dito. Nosso primeiro alimento é o leite; acostumamo-nos apenas gradualmente aos sabores fortes, que, de início, nos causam repulsa. Frutas, legumes, ervas e, finalmente, algumas carnes grelhadas sem tempero e sem sal fizeram o banquete dos primeiros homens.[61] A primeira vez que um selvagem bebe vinho, faz uma careta e o rejeita, e, mesmo entre nós, aquele que viveu até os 20 anos sem provar licores fermentados não pode mais acostumar-se a eles; seríamos todos abstêmios se não nos tivessem oferecido vinho durante nossos primeiros anos. Enfim, quanto mais nossos gostos são simples, mais eles são universais; as repulsas mais comuns recaem sobre iguarias compostas. Já se viu alguém ter desgosto por água ou pão? Eis o vestígio da natureza e, portanto, também a nossa regra. Conservemos, tanto quanto possível, o gosto primitivo da criança; que seu alimento seja comum e simples, que seu paladar se familiarize apenas com sabores pouco acentuados e não adquira qualquer gosto exclusivo.

Não examino aqui se essa maneira de viver é mais saudável ou não, pois não é assim que eu a concebo. Basta-me saber, para preferi-la, que se trata da mais conforme a natureza e a que pode mais facilmente se curvar a qualquer outra. Parece-me que aqueles que dizem que é preciso acostumar as crianças aos alimentos que consumirão quando adultas não raciocinam corretamente. Por que deveria seu alimento ser o mesmo se sua maneira de viver é tão diferente? Um homem esgotado pelo trabalho, por preocupações ou por sofrimentos necessita de alimentos suculentos que lhe tragam novos ânimos ao cérebro; uma criança que acaba de brincar e cujo corpo está em crescimento necessita de um alimento abundante que lhe forneça muito quilo. Aliás, o homem já constituiu seu estado, seu emprego, seu domicílio; mas quem pode estar certo do que o destino reserva à criança? Para todas as coisas, não lhe atribuamos uma forma tão determinada que lhe custe demais mudar segundo a necessidade. Não façamos com que morra de fome em outros países se não arrastar, por todo lado, um cozinheiro francês, nem que diga que não se sabe comer senão na França. Eis, incidentemente, um agradável elogio! Quanto a mim, diria, ao contrário, que apenas os franceses não sabem comer, visto ser necessária uma arte tão particular para tornar-lhes as iguarias comestíveis.

---

61. Vede a *Arcádia* de Pausânias, assim como o trecho de Plutarco transcrito logo adiante.

Entre nossas diferentes sensações, o paladar produz as que geralmente mais nos afetam. Por isso, temos mais interesse em avaliar bem as substâncias que devem fazer parte da nossa do que as que se limitam a cercá-la. Mil coisas são indiferentes ao tato, à audição, à visão; mas não há quase nada que seja indiferente ao paladar. Além disso, a atividade desse sentido é inteiramente física e material, sendo ele o único que não diz nada à imaginação ou, pelo menos, aquele cujas sensações ela menos penetra, ao passo que a imitação e a imaginação frequentemente mesclam algum elemento moral à impressão de todos os demais. Por isso, os corações ternos e voluptuosos, os temperamentos apaixonados e verdadeiramente sensíveis, fáceis de comover pelos outros sentidos, são bastante mornos em relação a este. Do próprio fato que parece colocar o paladar acima deles e tornar mais desprezível a inclinação que a ele nos entrega, eu concluiria, ao contrário, que o meio mais conveniente de governar as crianças consiste em conduzi-las por sua boca. A motivação da gula é, sobretudo, preferível à da vaidade, na medida em que a primeira é um apetite da natureza, resultando imediatamente do sentido, enquanto a segunda é obra da opinião, sujeita ao capricho dos homens e a todas as espécies de abusos. A gula é a paixão da infância; tal paixão não resiste a nenhuma outra; diante da menor concorrência, ela desaparece. Pois acreditai em mim! A criança deixará muito cedo de pensar naquilo que come e, quando seu coração estiver ocupado demais, ela pouco se ocupará de seu paladar. Quando crescer, mil sentimentos impetuosos substituirão a gula e se limitarão a estimular a vaidade; pois esta última paixão tira, sozinha, seu proveito das outras e as engole todas no fim. Examinei, por vezes, essas pessoas que davam importância aos bons petiscos, que pensavam, ao acordarem, no que comeriam durante o dia e descreviam uma refeição com maior exatidão que a que emprega Políbio na descrição de um combate. Pareceu-me que todos esses pretensos homens eram apenas crianças de 40 anos, sem vigor e sem consistência, "fruges consumere nati".[62] A gula é o vício dos corações que não possuem nenhuma envergadura. A alma de um guloso se encontra inteiramente em seu palato; ele existe apenas para comer. Em sua estúpida incapacidade, encontra seu lugar somente à mesa, sabe julgar apenas pratos; deixemos-lhe tal emprego sem arrependimento: ser-lhe-á melhor este do que outro, tanto para nós como para ele.

Temer que a gula crie raízes numa criança capaz de qualquer coisa é uma precaução de pouca visão. Durante a infância, pensamos apenas no que co-

---

62. De Horácio, *Epístolas*, Livro i, Epístola ii, l.27: "[...] nascidos para consumir os frutos da terra". (N.T.)

memos; na adolescência não pensamos mais nisso, pois tudo nos satisfaz e temos outros afazeres. Eu não gostaria, entretanto, que fizessem um emprego indiscreto de uma motivação tão baixa, nem que apoiassem, por meio de um bom petisco, a honra de uma bela ação. Mas não vejo por que, limitando-se ou devendo limitar-se toda a infância apenas a jogos e brincadeiras, exercícios puramente corporais não teriam uma recompensa material e sensível. Se um pequeno maiorquino, vendo um cesto no alto de uma árvore, o derruba com arremessos de funda, não é justo que o aproveite e que um bom desjejum reponha a força empregada para obtê-lo?[63] Se um jovem espartano, sob o risco de mil chibatadas, se insinua habilmente numa cozinha, rouba um raposinho ainda vivo e, levando-o em sua toga, é arranhado, mordido, ensanguentado e, para não ter a vergonha de ser surpreendida, a criança deixa suas entranhas serem dilaceradas, sem pestanejar, sem dar um grito sequer, não é justo que aproveite, finalmente, sua presa e que a coma após ter sido comida por ela? Nunca deve uma boa refeição ser uma recompensa; mas por que não seria ela o efeito dos cuidados que tomamos para obtê-la? Emílio não vê o bolinho que coloquei sobre a pedra como prêmio por ter corrido bem; sabe apenas que o único meio de obter esse bolo consiste em alcançá-lo mais cedo que outro.

Isso não contradiz as máximas que eu enunciava, há pouco, acerca da simplicidade das refeições; pois, para deleitar o apetite das crianças, não cumpre estimular sua sensualidade, mas somente satisfazê-la; e isso se conseguirá por meio das coisas mais comuns do mundo caso não nos dediquemos a refinar seu gosto. Seu apetite contínuo, atiçado pela necessidade de crescer, constitui um tempero seguro, que lhes supre muitos outros. Frutas, laticínios, algum alimento assado um pouco mais delicado que o pão ordinário e, sobretudo, a arte de dispensar sobriamente tudo isso: é assim que se conduzem exércitos de crianças até o fim do mundo, sem dar-lhes o gosto pelos sabores intensos e sem correr o risco de insensibilizar seu paladar.

Uma das provas de que o gosto da carne não é natural ao homem é a indiferença que as crianças têm por essas iguarias e a preferência que todas dão a alimentos vegetais, tais como o laticínio, a confeitaria, as frutas etc. É, sobretudo, importante não desnaturar esse gosto primitivo e não tornar as crianças carniceiras: se não é para sua saúde, é para seu caráter; pois, seja como for explicada a experiência, é certo que os grandes comedores de carne são, em geral, mais cruéis e ferozes que os outros homens. Essa observação é válida para

---

63. Há muitos séculos que os maiorquinos perderam esse costume; ele remonta à época da celebridade de seus revoltosos.

todos os lugares e todas as épocas: a barbárie inglesa é conhecida;[64] os gáurios, ao contrário, são os mais doces dos homens.[65] Todos os selvagens são cruéis, e não o são por seus costumes; essa crueldade vem de seus alimentos. Partem para a guerra como para a caça e tratam os homens como ursos. Na Inglaterra mesmo, os açougueiros não são aceitos como testemunhas, nem os cirurgiões; os grandes criminosos se endurecem ao assassinato bebendo sangue. Homero faz dos ciclopes, comedores de carne, homens medonhos, e dos lotófagos um povo tão amável que bastava provar do convívio com eles para esquecer-se até do próprio país e ir viver entre eles.

"Tu me perguntas", dizia Plutarco, "por que Pitágoras se abstinha de comer carne dos animais; mas eu te pergunto, ao contrário, que coragem de homem teve o primeiro que aproximou de sua boca uma carne dilacerada, que rompeu com seu dente os ossos de um animal expirante, que mandou servir diante de si corpos mortos, cadáveres e engoliu em seu estômago membros que, no momento anterior, baliam, mugiam, andavam e enxergavam? Como pôde sua mão enterrar um ferro no coração de um ser sensível? Como puderam seus olhos suportar um assassinato? Como pôde ver sangrarem, esfolarem, desmembrarem um pobre animal sem defesa? Como pôde suportar o aspecto das carnes palpitantes? Como o odor destas não fez com que ficasse enjoado? Como não se viu enojado, repelido, horrorizado quando veio a manusear a imundície dessas feridas, a limpar o sangue negro e coagulado que as cobria?

> Sobre a terra rastejavam as peles esfoladas;
> No fogo mugiam as carnes espetadas:
> O homem não as pôde comer sem estremecer,
> E em seu seio as ouviu gemerem.[66]

"Eis o que ele deve ter imaginado e sentido na primeira vez em que superou a natureza para fazer essa horrível refeição, na primeira vez em que teve fome de um animal vivo, em que desejou alimentar-se com um animal que ainda pastava, e em que disse como se devia degolar, esquartejar e cozinhar a ovelha que lambia suas mãos. São os que iniciaram esses cruéis banquetes, e não os

---

64. Sei que os ingleses muito se gabam de sua humanidade e do bom temperamento de sua nação, a que chamam *good natured people*; mas, por mais que o gritem, ninguém repetirá o que dizem.
65. Os banianos, que se abstêm de qualquer carne mais severamente que os gáurios, são quase tão doces quanto eles; mas, como sua moral é menos pura e seu culto menos razoável, não constituem uma gente tão honesta.
66. Trata-se, aqui, de uma adaptação dos versos 395-396 do canto XII de *Odisseia* de Homero. (N.T.)

que os abandonam, que devem causar espanto: os primeiros ainda poderiam justificar sua barbárie por desculpas de que a nossa carece e cuja ausência nos torna 100 vezes mais bárbaros do que eles.

"Mortais bem-amados pelos deuses, dir-nos-iam esses primeiros homens, comparai as épocas; vede o quanto sois felizes e o quanto éramos miseráveis. A terra recentemente formada e o ar carregado de vapores ainda eram indóceis à ordem das estações; o curso incerto dos rios deteriorava suas margens por todos os lados: charcos, lagos, pântanos profundos inundavam três quartos da superfície do mundo, ficando o último quarto coberto de bosques e florestas estéreis. A terra não produzia quaisquer bons frutos; não tínhamos quaisquer instrumentos de lavragem, ignorávamos a arte de empregá-los e o tempo da colheita nunca vinha para quem não tivesse semeado nada. Assim, a fome nunca nos deixava. No inverno, o musgo e a cortiça das árvores eram nossas refeições ordinárias. Algumas raízes verdes de grama e de urze eram, para nós, uma delícia, e quando os homens podiam encontrar bolotas, nozes e glande, dançavam de alegria em torno de um carvalho ou de uma faia, ao som de alguma canção rústica, chamando à terra sua ama e sua mãe; era sua única festa, eram seus únicos jogos: todo o restante da vida humana era apenas dor, sofrimento e miséria.

"Por fim, quando a terra despojada e nua não nos oferecia mais nada, for-çados a ultrajar a natureza para nos preservar, comemos os companheiros de nossa miséria para não morrermos com eles. Mas vós, homens cruéis, quem vos força a derramar sangue? Vede que afluência de bens vos cerca! Quantos frutos produz a terra! Quantas riquezas vos dão os campos e as videiras! Quantos animais vos oferecem seu leite para vos alimentar e sua lã para vos vestir! O que lhes pedis além disso e que fúria vos leva a cometer tantos assassinatos, saciados de bens e abundando em víveres? Por que mentis contra nossa mãe, acusando-a de não poder vos alimentar? Por que pecais contra Ceres, inventora das santas leis, e contra o gracioso Baco, consolador dos homens,[67] como se seus dons prodigalizados não bastassem para a conservação do gênero humano? Como tendes a coragem de mesclar, em vossas mesas, ossadas a seus doces frutos, e consumir, com o leite, o sangue dos animais que vos oferecem? As panteras e os leões, a que chamais animais ferozes, seguem seu instinto por força e ma-tam os outros animais para viverem. Mas vós, 100 vezes mais ferozes que eles, combateis o instinto sem necessidade para entregar-vos a vossas cruéis delí-

---

67. Para os romanos, Ceres era a deusa da agricultura, enquanto Baco era o deus do vinho, dos prazeres e da natureza. (N.T.)

cias; os animais que comeis não são os que comem os outros; não comeis esses animais carniceiros, vós os imitais. Tendes fome apenas de animais inocentes e doces que não fazem mal a ninguém, que se apegam a vós, que vos servem e que devorais como recompensa por seus serviços.

"Ó, assassino contranatural, se tu te obstinas a sustentar que a natureza te fez para devorar teus semelhantes, seres de carne e osso, sensíveis e vivos como tu, sufoca, portanto, o horror que ela te inspira por essas terríveis refeições; mata os animais por ti mesmo, isto é, com tuas próprias mãos, sem ferragens, sem facão; dilacera-os com tuas unhas como fazem os leões e os ursos; morde este boi e rasga-o em pedaços, enfia tuas garras em sua pele; come este cordeiro ainda vivo, devora suas carnes todas quentes, bebe sua alma com seu sangue. Estremeces, não ousas sentir palpitar sob teu dente uma carne viva? Lamentável homem! Primeiro matas o animal e o come em seguida, como para fazê-lo morrer duas vezes. Isso não basta: a carne morta ainda te causa repulsa, tuas entranhas não a podem suportar; é preciso transformá-la pelo fogo, fervê-la, assá-la, temperá-la com drogas que a dissimulem; precisas de charcuteiros, cozinheiros, assadores, pessoas para privarem-te do horror do assassinato e para te vestirem com corpos mortos, de modo que o sentido do gosto iludido por esses disfarces não rejeite o que lhe é estranho e saboreie com prazer cadáveres cujo aspecto o próprio olho mal teria suportado."

Embora esse trecho seja estranho a meu assunto, não pude resistir à tentação de transcrevê-lo, e acredito que poucos leitores me condenarão por fazê-lo.

De resto, seja qual for a espécie de regime que dais às crianças, desde que as acostumeis apenas a alimentos comuns e simples, deixai-as comer, correr e brincar o tanto quanto quiserem, e podeis ter certeza de que jamais comerão em demasia e não terão quaisquer indigestões. Mas, se as esfomeardes durante a metade do tempo e se elas encontrarem um meio de escapar à vossa vigilância, elas se recompensarão com toda a força e comerão até regurgitarem ou até estourarem. Nosso apetite somente é desmedido porque desejamos dar-lhe outras regras além das da natureza. Sempre regrando, prescrevendo, acrescentando, subtraindo, não fazemos nada senão com a balança em nossas mãos; mas tal balança se encontra à medida de nossas fantasias e não à de nosso estômago. Volto sempre aos meus exemplos. Entre os camponeses, a arca de pão e a fruteira permanecem sempre abertas, e as crianças, assim como os homens, não sabem o que são indigestões.

Se acontecesse, entretanto, que uma criança comesse em demasia, o que não creio ser possível com meu método, é tão fácil distraí-la com divertimentos de seu gosto que conseguiríamos esgotá-la por inanição sem que se desse conta.

Como meios tão seguros e tão fáceis escapam a todos os professores? Heródoto relata que os lídios, pressionados por uma extrema penúria, decidiram inventar os jogos e outros divertimentos com que desviavam a atenção de sua fome e passavam dias inteiros sem pensar em comer.[68] Vossos sábios professores talvez leram 100 vezes essa passagem, sem verem a aplicação que se pode fazer dela para as crianças. Algum deles talvez me dirá que uma criança não abandona de bom grado seu jantar para ir estudar sua lição. Mestre, tendes razão; não pensava em tal divertimento.

O sentido do olfato está para o paladar assim como o da visão para o tato: ele o previne, o adverte sobre a maneira como uma substância ou outra deve afetá-lo, e predispõe a procurá-la ou a evitá-la, segundo a impressão previamente recebida. Ouvi dizer que os selvagens tinham o olfato afetado de modo inteiramente diverso do nosso e que julgavam os bons e os maus odores de maneira inteiramente diferente. Quanto a mim, poderia acreditar nisso. Os odores constituem, em si mesmos, sensações fracas; perturbam mais a imaginação que o sentido e não afetam tanto pelo que oferecem quanto pelo que fazem esperar. Supondo que seja assim, os gostos de uns, tornados por suas maneiras de viver tão diferentes dos gostos de outros, devem fazer com que formem julgamentos bem opostos a respeito dos sabores e, consequentemente, dos odores que os anunciam. Um tártaro deve farejar com tanto prazer uma porção fétida de cavalo morto quanto um de nossos caçadores o faria com uma perdiz parcialmente podre.

Nossas sensações inúteis, como a de estarmos cercados pelas flores de um canteiro, devem ser imperceptíveis para homens que andam demais para gostarem de passear e que não trabalham o suficiente para encontrarem grande deleite no repouso. Pessoas sempre esfomeadas não saberão extrair grande prazer de perfumes que não anunciam nada do que comer.

O olfato é o sentido da imaginação. Dando aos nervos uma tonalidade mais forte, ele deve agitar o cérebro de modo considerável; é por isso que ele reanima momentaneamente o temperamento e, com o tempo, o esgota. Ele produz, no amor, efeitos bastante conhecidos. O perfume suave de uma casa de banhos não constitui uma armadilha tão fraca quanto se pensa, e não sei se é preciso felicitar ou deplorar o homem sábio e pouco sensível que nunca se sentiu palpitar pelo odor das flores que sua amante tem no seio.

---

68. Os antigos historiadores estão repletos de opiniões que poderíamos aproveitar, ainda que os fatos que as apresentam sejam falsos. Mas não sabemos tirar nenhum verdadeiro proveito da história; a crítica de erudição absorve tudo, como se importasse muito que um fato fosse verdadeiro, desde que se pudesse extrair dele uma instrução útil. Os homens sensatos devem encarar a história como um tecido de fábulas cuja moral é muito apropriada ao coração humano.

O olfato não deve ser muito ativo durante a primeira idade, quando a imaginação, que poucas paixões então estimularam, é pouco suscetível de emoção e quando não se tem ainda experiência suficiente para prever, com um sentido, o que nos promete outro. Ademais, tal consequência é perfeitamente confirmada pela observação, e é certo que esse sentido ainda é obtuso e quase entorpecido na maioria das crianças. Não porque a sensação não seja nelas tão fina quanto nos homens – talvez seja até mais –, mas porque, não lhe associando nenhuma outra ideia, elas não lhe extraem facilmente um sentimento de prazer ou de sofrimento e não são deleitadas nem ofendidas por ela como nós. Acredito que, sem sair do mesmo sistema e sem recorrer à anatomia comparada dos dois sexos, encontraríamos facilmente a razão pela qual as mulheres em geral são mais facilmente afetadas pelos odores que os homens.

Dizem que os selvagens do Canadá tornam, desde a juventude, seu olfato tão sutil que, embora possuam cães, não se dignam a empregá-los na caça e utilizam a si mesmos. Com efeito, imagino que, se educássemos as crianças para encontrarem seu jantar como o cão encontra a caça, conseguiríamos talvez aperfeiçoar seu olfato no mesmo grau; mas não me parece, no fundo, que se possa, no seu caso, extrair desse sentido um uso muito útil, senão para fazer com que conheçam suas relações com o do gosto. A natureza tomou o cuidado de nos forçar a tomar conhecimento dessas relações. Ela tornou a ação deste último sentido quase inseparável da do outro, tornando seus órgãos vizinhos e colocando na boca uma comunicação imediata entre os dois, de modo que não provaríamos nada sem antes farejá-lo. Eu desejaria apenas que não alterássemos essas relações naturais para enganar a criança, cobrindo, por exemplo, com um condimento agradável o dissabor de um remédio; pois a discordância entre esses dois sentidos é então grande demais para poder iludi-la; o sentido mais ativo absorvendo o efeito do outro, ela não toma o remédio com menos desgosto; esse desgosto se estende a todas as sensações que a atingem ao mesmo tempo; na presença da mais fraca, sua imaginação lhe recorda também a outra; um perfume muito suave se torna para ela apenas um odor repugnante, e é assim que nossas imprudentes precauções aumentam a quantidade das sensações desagradáveis à custa das agradáveis.

Resta-me falar, nos livros seguintes, do cultivo de uma espécie de sexto sentido chamado senso comum, menos por ser comum a todos os homens do que por resultar do uso bem regrado dos demais sentidos e por instruir-nos sobre a natureza das coisas pelo concurso de todas suas aparências. Esse sexto sentido não tem, consequentemente, nenhum órgão particular; reside apenas no cérebro, e suas sensações puramente internas se chamam percepções ou ideias. É pelo número dessas ideias que se mede a extensão de nossos conhecimentos; é sua nitidez, sua clareza que faz a justeza do espírito; é à arte de compará-las entre si que chamamos razão humana. Assim, aquilo que eu designava por razão sensitiva ou pueril consiste em formar ideias simples pelo concurso de várias sensações, e aquilo a que chamo razão intelectual ou humana consiste em formar ideias complexas pelo concurso de várias ideias simples.

Supondo, portanto, que meu método seja o da natureza e que eu não me tenha enganado na aplicação, conduzimos nosso aluno através do país das sensações até os confins da razão pueril; o primeiro passo que daremos além deste ponto deve ser um passo de homem. Antes de iniciarmos este novo trajeto, porém, voltemos por um momento nosso olhar para o que acabamos de percorrer. Cada idade, cada estágio da vida tem sua perfeição conveniente, uma espécie de maturidade que lhe é própria. Ouvimos frequentemente falar de um homem-feito, mas consideremos uma criança-feita: esse espetáculo será mais novo para nós e não será talvez menos agradável.

A existência dos seres acabados é tão pobre e tão limitada que, quando não vemos nada além de nós, jamais nos comovemos. São as quimeras que ornamentam os objetos reais, e, se a imaginação não acrescenta encanto ao que nos atinge, o prazer estéril que sentimos se limita ao órgão e deixa sempre o coração frio. A terra adornada com os tesouros do outono ostenta uma riqueza que o olhar admira, mas essa admiração não é nada comovente; ela vem mais da reflexão que do sentimento. Na primavera, o campo quase despido ainda não se encontra coberto por nada, os bosques não oferecem sombra, a verdura apenas brota, e o coração é comovido por seu aspecto. Ao vermos renascer assim a natureza, sentimos que nós mesmos nos reanimamos; a imagem do prazer nos cerca. Essas companheiras de volúpia, essas doces lágrimas, sempre prontas para se associarem a todo sentimento delicioso, já estão à beira de nossas pálpebras; mas, por mais que o aspecto das vindimas seja animado, vivo e agradável, vemo-lo sempre com um olhar seco.

Por que essa diferença? Porque ao espetáculo da primavera a imaginação associa o das estações que devem segui-la; a esses ternos botões que os olhos percebem, ela acrescenta as flores, os frutos, as sombras e, por vezes, os mistérios que elas podem cobrir. Ela reúne, num mesmo ponto, épocas que devem se suceder, e vê os objetos menos como serão que como os deseja, pois cabe a ela escolhê-los. No outono, ao contrário, basta ver o que existe. Se desejamos chegar à primavera, o inverno nos detém, e, congelada, a imaginação falece sobre a neve e sobre as geadas.

Essa é a fonte do encanto que encontramos ao contemplarmos uma bela infância, preferivelmente à perfeição da idade madura. Quando sentimos um verdadeiro prazer em ver um homem? É quando a lembrança de suas ações nos faz recuar em sua vida e o rejuvenesce, por assim dizer, a nossos olhos. Se somos reduzidos a considerá-lo tal como é ou a supô-lo tal como será na sua velhice, a ideia da natureza declinante apaga todo nosso prazer. Não se encontra nenhum em ver avançar um homem a grandes passos rumo a seu túmulo, e a imagem da morte torna tudo feio.

Mas, quando imagino uma criança de dez a 12 anos, vigorosa, bem formada para sua idade, ela não faz nascer em mim nenhuma ideia que não seja agradável, seja para o presente, seja para o futuro: eu a vejo efervescente, esperta, animada, sem preocupação perturbadora, sem longa e penosa previdência; inteiramente voltada para sua condição atual e gozando de uma plenitude de vida que parece querer estender-se para fora dela. Prevejo-a, numa outra idade, exercendo o sentido, o espírito, as forças que se desenvolvem nela dia a dia e das quais oferece a cada instante novos indícios. Eu a contemplo como criança, e ela me agrada; imagino-a homem, e me agrada ainda mais; seu sangue ardente parece aquecer o meu; acredito viver de sua vida, e sua vivacidade me rejuvenesce.

É chegada a hora, que mudança! Num instante, seu olhar perde o brilho, sua alegria se apaga: adeus à felicidade, adeus às brincadeiras. Um homem severo e zangado a toma pela mão, lhe diz gravemente "Vamos, senhor", e a leva. No quarto em que entram, percebo livros. Livros! Que triste mobília para sua idade! A pobre criança se deixa arrastar, lança um olhar de lamentação sobre tudo que a cerca, se cala e parte com os olhos inchados de lágrimas que não ousa espalhar, e o coração repleto de suspiros que não ousa exalar.

Ó, tu que não tens nada de igual a temer, tu para quem nenhuma época da vida é época de embaraço e de aborrecimento, tu que vês chegar o dia sem inquietação, a noite sem impaciência e que contas as horas apenas por teus prazeres, vem, meu feliz, meu amável aluno, nos consolar com tua presença a partida desse desafortunado, vem... Ele chega, e sinto, quando se aproxima, um transporte de alegria que o vejo compartilhar. É seu amigo, seu camarada, é o companheiro de seus jogos que ele aborda; ele está bem certo, a meu ver, de que não ficará por muito tempo sem divertimento; nunca dependemos um do outro, mas sempre nos conciliamos, e não nos sentimos com ninguém tão bem como quando estamos juntos.

Seu aspecto, seu porte, sua atitude anunciam a segurança e o contentamento; a saúde brilha em seu rosto; seus passos firmes lhe conferem um ar de vigor; sua tez ainda delicada, sem ser deslavada, nada tem de uma indolência efeminada, o ar e o sol já introduziram nela a marca honrosa de seu sexo; seus músculos ainda arredondados começam a marcar alguns traços de uma fisionomia nascente; seus olhos que o fogo do sentimento ainda não anima possuem, pelo menos, toda sua serenidade nativa;[69] longas mágoas não os obscureceram, choros sem fim não percorreram suas bochechas. Vede, em seus movimentos ligeiros, mas seguros, a vivacidade de sua idade, a firmeza da independência, a experiência dos exercícios multiplicados. Possui aspecto aberto e livre, mas não insolente nem fútil; seu rosto, que não foi grudado em livros, não cai sobre o estômago: não precisamos dizer-lhe "Levantai a cabeça", pois a vergonha ou o temor jamais fizeram com que a baixasse.

Coloquemo-lo no centro da assembleia. Senhores, examinai-o, interrogai-o com toda a confiança; não temais nem suas importunidades, nem sua tagarelice, nem suas perguntas indiscretas. Não temais que se apodere de vós, que pretenda que cuideis apenas dele e que não possais mais vos livrar dele.

Tampouco espereis dele palavras agradáveis, ou que vos diga o que eu lhe tiver ditado; esperai dele apenas a verdade ingênua e simples, sem ornamentos, sem afetação, sem vaidade. Ele vos dirá o mal que cometeu ou que estiver em seus pensamentos tão livremente quanto o bem, sem incomodar-se, de maneira alguma, com o efeito que produzirá sobre vós o que tiver dito; utilizar-se-á da palavra com toda a simplicidade de sua primeira instrução.

Gostamos de augurar algo de bom para as crianças e lamentamos esse fluxo de inépcias que vem quase sempre derrubar as esperanças que desejaríamos tirar de algum achado que, por acaso, lhes cai sobre a língua. Se meu aluno raramente dá tamanhas esperanças, ele jamais proporcionará essa lamentação; pois nunca profere uma palavra inútil, e não se esgota com uma tagarelice sabendo que não o escutamos. Suas ideias são limitadas, mas claras; se não sabe nada de cor, sabe muito por experiência. Se não lê tão bem nossos livros quanto outras crianças, lê melhor o da natureza; seu espírito não está em sua língua, mas em sua cabeça; tem menos memória que juízo; sabe falar apenas uma língua, mas entende o que diz, e se não diz tão bem quanto os outros dizem, faz, em contrapartida, melhor do que fazem.

Não sabe o que é rotina, costume, hábito; o que fez ontem não tem qualquer influência no que faz hoje;[70] nunca segue uma fórmula, não cede a qualquer

---

69. "*Natia*." Não encontrando um sinônimo em francês, emprego esta palavra numa acepção italiana. Se estou enganado, pouco importa, desde que me compreendam.

70. A atração do hábito vem da preguiça natural do homem, e essa preguiça aumenta entregando-se a ela: fazemos mais facilmente o que já fizemos; a estrada, tendo sido trilhada, se torna mais fácil de ser seguida. Ademais, podemos observar que o império do hábito é muito grande sobre os velhos

autoridade nem ao exemplo, e não age nem fala senão como lhe convém. Assim, não espereis dele discursos ditados nem maneiras estudadas, mas sempre a expressão fiel de suas ideias e a conduta que nasce de suas inclinações.

Encontrareis nele um pequeno número de noções morais que se relacionam com seu estado atual, nenhuma sobre o estado relativo dos homens; e de que lhe serviriam, não sendo uma criança ainda membro ativo da sociedade? Falai-lhe de liberdade, de propriedade e até mesmo de convenção; até este ponto, poderá saber alguma coisa; sabe por que o que é dele é dele, e por que o que não é dele não é dele. Passado este ponto, não sabe mais nada. Falai-lhe de dever, de obediência, e não saberá o que quereis dizer; ordenai-lhe algo e não vos compreenderá; mas dizei-lhe "Se me fizerdes tal agrado, eu o devolverei quando a ocasião se apresentar" e, num instante, ele se apressará em vos atender; pois tudo que quer é estender seu domínio e adquirir sobre vós direitos que sabe serem invioláveis. Talvez não desgoste de ocupar um lugar, de fazer número, de contar para alguma coisa; se tiver este último motivo, ele já estará fora do estado de natureza, e não tereis trancado bem de antemão todas as portas da vaidade.

Se, por sua vez, tiver necessidade de alguma assistência, ele a pedirá indiferentemente ao primeiro que encontrar; pedi-la-ia ao rei assim como a seu lacaio: todos os homens ainda são iguais a seus olhos. Vedes, pelo ar que assume ao pedir, que sente que não lhe devem nada. Sabe que o que pede é uma graça, sabe também que a humanidade tende a concedê-la. Suas expressões são simples e lacônicas. Sua voz, seu olhar, seus gestos são os de um ser igualmente acostumado à complacência e à recusa. Não é nem a humilhante e servil submissão de um escravo, nem o imperioso acento de um senhor; é uma modesta confiança em seu semelhante, é a nobre e comovente suavidade de um ser livre, porém sensível e frágil, que implora pela assistência de um ser livre, porém forte e benfeitor. Se lhe concederdes o que vos pede, ele não vos agradecerá, mas sentirá que contraiu uma dívida. Se o recusardes, não se queixará, não insistirá, pois sabe que isso seria inútil. Não dirá a si mesmo: "Recusaram-me"; mas dirá: "Não era para ser", e, como eu já disse, pouco nos indignamos contra a necessidade bem reconhecida.

Deixai-o sozinho em liberdade, vede-o agir sem dizer-lhe nada; considerai o que fará e de que modo o fará. Não tendo necessidade de provar a si mesmo que é livre, nunca faz nada por estouvamento, mas somente para realizar um

---

e sobre as pessoas indolentes, e muito pequeno sobre a juventude e sobre as pessoas espertas. Esse regime é bom apenas para as almas fracas, e as enfraquece mais a cada dia. O único hábito útil às crianças consiste em sujeitar-se à necessidade das coisas, e o único hábito útil aos homens consiste em sujeitarem-se sem dificuldade à razão. Qualquer outro hábito constitui um vício.

ato de poder sobre si mesmo; não sabe que é sempre senhor de si? Está alerta, leve, disposto, seus movimentos possuem toda a vivacidade de sua idade, mas não vedes nenhum que não tenha uma finalidade. Faça o que fizer, nunca empreenderá nada que esteja acima de suas forças, pois ele as pôs à prova e as conhece; seus meios são sempre apropriados a seus intuitos e raramente agirá sem estar certo do sucesso. Terá o olhar atento e judicioso; não interrogará tolamente os outros sobre tudo que vir, mas o examinará por si mesmo e se esgotará para encontrar o que deseja aprender antes de perguntar. Se cair em embaraços imprevistos, perturbar-se-á menos do que outro e, se houver risco, também se assustará menos. Como sua imaginação ainda se mantém e como nada foi feito para animá-la, vê apenas o que é, avalia os perigos apenas pelo que valem e mantém sempre seu sangue-frio. A necessidade pesa com demasiada frequência sobre ele para que ainda se revolte contra ela; suporta esse jugo desde seu nascimento e está bastante acostumado a ele; está sempre pronto para tudo.

Quer se ocupe ou se divirta, tanto uma coisa como outra lhe são iguais, seus jogos constituem ocupações e ele não sente qualquer diferença. Introduz em tudo que faz um interesse que faz rir e uma liberdade que agrada, mostrando, ao mesmo tempo, a evolução de seu espírito e a esfera de seus conhecimentos. Não constitui esta idade um espetáculo encantador e doce, ao ver uma bela criança, com o olhar vívido e alegre, o ar contente e sereno, a fisionomia aberta e risonha, fazer, brincando, as coisas mais sérias ou profundamente ocupada com os mais frívolos divertimentos?

Quereis agora julgá-lo por comparação? Misturai-o a outras crianças e deixai que faça o que quiser. Logo vereis quem é mais verdadeiramente formado, quem mais se aproxima da perfeição de sua idade. Entre as crianças da cidade, nenhuma é mais hábil que ele, mas ele é mais forte que qualquer outra. Entre jovens camponeses, ele os iguala em força e os supera em destreza. Para tudo que está ao alcance da infância, ele julga, raciocina e prevê melhor que todos eles. Quando se trata de agir, de correr, de pular, de derrubar corpos, de transportar pesos, de estimar distâncias, de inventar jogos, de conquistar prêmios, a natureza parece estar a suas ordens, tanto ele sabe facilmente dobrar todas as coisas a suas vontades. É feito para conduzir, para governar seus iguais: o talento e a experiência cumprem, para ele, a função de direito e de autoridade. Podeis dar-lhe a vestimenta e o nome que quiserdes, pouco importa; ele prevalecerá em tudo, tornar-se-á em todo lugar chefe dos outros; sempre sentirão sua superioridade. Sem desejar comandar, ele será o senhor; sem acreditarem obedecer, eles obedecerão.

Ele chegou à maturidade da infância, viveu a vida de uma criança; não comprou sua perfeição à custa de sua felicidade: ao contrário, elas concorreram uma para a outra. Ao adquirir toda a razão de sua idade, foi tão feliz e livre quanto sua constituição lhe permite ser. Se a foice fatal vier ceifar nele a flor de nossas esperanças, não teremos de chorar, ao mesmo tempo, sua vida e sua morte; não amarguraremos nossas dores com a lembrança das que nós lhe teremos causado; diremos: "Pelo menos, gozou de sua infância; não fizemos com que perdesse nada que lhe dera a natureza".

O grande inconveniente dessa primeira educação está em ser ela perceptível apenas aos homens clarividentes, e em olhos vulgares verem, numa criança educada com tanto cuidado, apenas um traquinas. Um preceptor pensa em seu interesse mais que no de seu discípulo, dedica-se a provar que não perde seu tempo e que realmente merece o dinheiro que recebe; proporciona-lhe conhecimentos de fácil exposição e que podemos exibir sempre que tivermos vontade; não importa se o que lhe ensina é útil, desde que se possa facilmente ver. Acumula, sem critério e sem discernimento, 100 mixórdias em sua memória. Quando se trata de examinar a criança, fazem com que exiba sua mercadoria; ele a expõe, e ficam satisfeitos; então, embrulha novamente o pacote e vai embora. Meu aluno não é tão rico, não tem nenhum pacote para exibir, não tem nada para mostrar além de si mesmo. Ora, uma criança, assim como um homem, não pode ser vista apenas num instante. Onde estão os observadores que sabem identificar, ao primeiro olhar, os traços que a caracterizam? Eles existem, mas são poucos, e, entre 100 mil pais, não se encontrará nenhum dessa espécie.

Multiplicadas em demasia, as perguntas aborrecem e afastam todo mundo e, com mais forte razão, as crianças. Ao cabo de alguns minutos, sua atenção se cansa, não escutam mais o que um obstinado interrogador lhes pergunta, e não respondem mais senão ao acaso. Essa maneira de examiná-las é vã e pedante; frequentemente, uma palavra tomada ao acaso retrata melhor seu sentido e seu espírito do que o fariam longos discursos, mas é preciso tomar cuidado para que tal palavra não seja nem ditada nem fortuita. É preciso ter muito juízo em si mesmo para apreciar o de uma criança.

Ouvi milorde Hyde[71] contar demoradamente que um de seus amigos, retornando da Itália após três anos de ausência, desejou examinar os progressos de seu filho, que tinha entre nove e dez anos de idade. Uma noite, foram passear

---

71. Trata-se de Henry Hyde, visconde de Cornbury (1710-1753), escritor e político britânico que participou de uma intriga jacobita em 1733. Nas suas frequentes visitas a Paris, conheceu Rousseau. (N.T.)

os dois com seu governante numa planície onde alunos de escola se divertiam empinando papagaios. Incidentemente, o pai disse a seu filho: "Onde se encontra o papagaio cuja sombra aí está?". Sem hesitar, sem erguer a cabeça, a criança respondeu: "Na grande estrada". E, de fato, acrescentava milorde Hyde, a grande estrada se encontrava entre o sol e nós. Ao ouvir tais palavras, o pai beijou o filho e, concluindo com isso seu exame, partiu sem dizer nada. Na manhã seguinte, enviou ao governante a certidão de uma pensão vitalícia, além de sua remuneração.

Que homem era esse pai e que filho lhe estava prometido? A pergunta convém precisamente à idade: a resposta é bem simples; mas vede que nitidez de juízo infantil ela supõe! É assim que o aluno de Aristóteles domesticava esse famoso corcel que nenhum cavaleiro conseguira domar.[72]

---

72. Rousseau se refere aqui a Alexandre, o Grande, discípulo de Aristóteles, e a seu cavalo Bucéfalo. (N.T.)

LIVRO III

Embora todo o curso da vida constitua, até a adolescência, uma época de fraqueza, há um ponto na duração dessa primeira idade em que, tendo o progresso das forças superado o das necessidades, o animal em crescimento, ainda absolutamente fraco, se torna forte de modo relativo. Não estando todas suas necessidades desenvolvidas, suas forças atuais são mais do que suficientes para satisfazê-las. Como homem, seria muito fraco; como criança, é muito forte.

De onde vem a fraqueza do homem? Da desigualdade que se encontra entre sua força e seus desejos. São nossas paixões que nos tornam fracos, pois seria preciso, para contentá-las, mais forças que as dadas pela natureza. Diminuí, portanto, os desejos; é como se aumentásseis as forças; aquele que pode mais do que deseja as tem de sobra. É certamente um ser muito forte: eis o terceiro estado da infância e aquele de que devo agora falar. Continuo a designá-lo como infância, na ausência de um termo próprio para exprimi-lo; pois essa idade se aproxima da adolescência sem ainda ser a da puberdade.

Aos 12 ou 13 anos, as forças da criança se desenvolvem muito mais depressa que suas necessidades. A mais violenta, a mais terrível ainda não se fez sentir nela; mesmo seu órgão permanece na imperfeição e parece aguardar que sua vontade o force a fazê-lo. Pouco sensível às injúrias do ar e das estações, seu calor nascente lhe serve de vestimenta, seu apetite lhe serve de tempero; tudo que pode alimentar é bom para sua idade; se tem sono, estende-se sobre a terra e dorme; vê-se, em todo lugar, cercada de tudo que lhe é necessário; nenhuma necessidade imaginária a atormenta; a opinião não exerce qualquer influência sobre ela, seus desejos não vão mais longe que seus braços: não somente pode bastar a si mesma como também possui mais forças que as de que necessita; é a única época de sua vida em que estará nessa situação.

Pressinto a objeção. Não dirão que a criança tem mais necessidades que as que lhe dou, mas negarão que tenha a força que lhe atribuo: não compreenderão que falo de meu aluno, e não das bonecas ambulantes que viajam de um quarto para outro, que labutam numa caixa e carregam fardos em papelão. Dirão que a força viril somente se manifesta com a virilidade, que apenas os humores vitais elaborados nos vasos convenientes e difundidos por todo o corpo podem conferir aos músculos a consistência, a atividade, o tom e a energia dos quais resulta uma verdadeira força. Eis a filosofia de gabinete, mas eu invoco a experiência. Vejo, em vossos campos, grandes rapazes lavrarem, binarem, segurarem a charrua, carregarem um tonel de vinho e conduzirem a carroça, assim como seus pais; seriam confundidos com homens se o som de sua voz não os traísse. Mesmo em nossas cidades, jovens operários, ferreiros, cuteleiros e ferradores são quase tão robustos quanto os mestres e não seriam menos hábeis se tivessem sido preparados a tempo. Se existe diferença, e admito que existe, ela é muito menor, repito-o, que a que separa os desejos fogosos de um homem dos desejos limitados de uma criança. Aliás, não se trata aqui somente de forças físicas, mas sobretudo da força e da capacidade do espírito que as supre ou que as dirige.

Esse intervalo durante o qual o indivíduo pode mais do que deseja, embora não seja a época de sua maior força absoluta, é, como eu disse, o de sua maior força relativa. É a época mais preciosa de sua vida; época que vem uma única vez; tempo muito curto, e tanto mais curto, como veremos a seguir, quanto mais lhe importa bem empregá-lo.

O que ele fará, portanto, desse excedente de faculdades e de forças que atualmente possui e que lhe fará falta numa outra idade? Procurará empregá-lo em cuidados que possam ser-lhe úteis, segundo a necessidade. Projetará, por assim dizer, no futuro o supérfluo de seu ser atual: a criança robusta fará provisões para o homem fraco, mas não depositará suas reservas em cofres que possam ser roubados nem em granjas que lhe sejam estranhas; para apropriar-se verdadeiramente do que acumulou, é em seus braços, em sua cabeça, é em si mesma que ela o colocará. Eis, portanto, a época dos trabalhos, das instruções e dos estudos; e notai que não sou eu quem faço arbitrariamente essa escolha; é a própria natureza que a indica.

A inteligência humana tem seus limites, e não somente um homem é incapaz de saber tudo como também é de saber integralmente o pouco que sabem os outros homens. Na medida em que a contraditória de cada proposição falsa é uma verdade, o número das verdades é inesgotável, assim como o dos erros. Há, portanto, uma escolha a ser feita quanto às coisas que se devem ensinar, assim como quanto ao tempo adequado para aprendê-las. Entre os conhecimentos que estão a nosso alcance, uns são falsos, outros são inúteis e outros, ainda, servem para alimentar o orgulho daquele que os tem. Apenas o pequeno número dos que contribuem realmente para nosso bem-estar é digno das buscas de um homem sábio e, consequentemente, de uma criança que assim desejamos tornar. Não se trata de saber o que existe, mas somente o que é útil.

Desse pequeno número, é preciso ainda suprimir aqui as verdades que exigem um entendimento já inteiramente formado para serem compreendidas;

as que supõem o conhecimento das relações do homem que uma criança não pode adquirir; as que, embora verdadeiras em si mesmas, induzem uma alma inexperiente a pensar o falso sobre outros assuntos.

Estamos, aqui, reduzidos a um círculo bastante pequeno em relação à existência das coisas; mas como esse círculo ainda forma uma esfera imensa para a medida do espírito de uma criança! Trevas do entendimento humano, que mão temerária ousa tocar o vosso véu? Quantos abismos vejo serem formados por vossas ciências vãs em torno desse jovem desafortunado! Ó, treme tu que o conduzirás por essas perigosas veredas e abrirás diante de seus olhos a cortina sagrada da natureza. Protege bem, primeiramente, a cabeça dele e a tua; teme que uma ou outra se perturbe, ou talvez as duas. Teme a atração especiosa da mentira e os vapores inebriantes do orgulho. Lembra-te sempre de que a ignorância jamais causou mal, que apenas o erro é funesto e que não nos enganamos pelo que não sabemos, e sim pelo que acreditamos saber.

Seus progressos na geometria poderiam vos servir de teste e de medida certa para o desenvolvimento de sua inteligência; mas, logo que puder distinguir o que é útil e o que não é, importa empregar muita cautela e arte para conduzi-lo aos estudos especulativos; quereis, por exemplo, que encontre uma média proporcional entre duas linhas? Começai por fazer com que tenha a necessidade de encontrar um quadrado igual a um retângulo dado; caso se tratasse de duas médias proporcionais, primeiro seria necessário tornar-lhe interessante o problema da duplicação do cubo etc. Vede como nos aproximamos gradualmente das noções morais que distinguem o bem e o mal! Até aqui, não conhecemos outra lei além da necessidade: agora, consideramos o que é útil; chegaremos logo ao que é conveniente e bom.

O mesmo instinto anima as diversas faculdades do homem. À atividade do corpo que procura desenvolver-se sucede a atividade do espírito que procura instruir-se. Inicialmente, as crianças são apenas irrequietas; em seguida, tornam-se curiosas, e essa curiosidade bem dirigida é a força motriz da idade que agora abordamos. Distingamos sempre as inclinações que vêm da natureza das que vêm da opinião. Existe um entusiasmo de saber que está fundado apenas no desejo de ser considerado erudito; existe outro que nasce de uma curiosidade natural ao homem, para tudo que pode interessá-lo, de perto ou de longe. O desejo inato de bem-estar e a impossibilidade de contentar plenamente esse desejo fazem com que ele procure sem cessar novos meios de satisfazê-lo. Esse é o primeiro princípio da curiosidade; princípio natural ao coração humano, mas cujo desenvolvimento se faz apenas na proporção de nossas paixões e de nossas luzes. Suponde um filósofo relegado a uma ilha deserta com instrumentos e livros; certo de passar nela o restante de seus dias, ele não mais se incomodará com o sistema do mundo, com as leis da atração e com o cálculo diferencial; não abrirá talvez nenhum livro até o fim da vida, mas nunca se absterá de visitar até o último recanto de sua ilha, por maior que esta possa ser. Eliminemos, portanto, de nossos primeiros estudos também os conhecimentos cujo gosto não é natural ao homem e limitemo-nos aos que o instinto nos leva a procurar.

A ilha do gênero humano é a Terra; o objeto mais admirável a nossos olhos é o sol. Assim que começamos a nos afastar de nós mesmos, nossas primeiras observações devem incidir sobre a primeira e sobre o segundo. Por isso, a filosofia de quase todos os povos selvagens se baseia unicamente em divisões imaginárias da Terra e na divindade do sol.

"Que guinada!", dirão talvez. Há pouco, cuidávamos apenas do que nos afeta, do que nos cerca imediatamente; de repente, encontramo-nos a percorrer o globo e a saltar até as extremidades do universo! Esta guinada é o efeito do progresso de nossas forças e da inclinação de nosso espírito. No estado de fraqueza e de insuficiência, o cuidado de nos conservar faz com que nos concentremos em nós mesmos; no estado de potência e de força, o desejo de estender nosso ser nos leva além, e faz com que nos precipitemos para tão longe quanto possível; mas como o mundo intelectual ainda nos é desconhecido, nosso pensamento não vai mais longe que nossos olhos, e nosso entendimento se estende apenas com o espaço que ele mede.

Transformemos nossas sensações em ideias, mas não saltemos, de repente, dos objetos sensíveis para os objetos intelectuais. É por meio dos primeiros que devemos alcançar os outros. Nas primeiras operações do espírito, que os sentidos sejam sempre seus guias. Nenhum outro livro além do mundo, nenhuma outra instrução além dos fatos. A criança que lê não pensa, limita-se a ler; não se instrui, aprende palavras.

Tornai vosso aluno atento aos fenômenos da natureza e logo o tornareis curioso; contudo, para alimentar sua curiosidade, nunca vos apresseis em satisfazê-la. Colocai as questões a seu alcance e deixai que as resolva. Que não saiba nada porque lhe dissestes, mas porque compreendeu por si próprio: que não aprenda a ciência, mas que a invente. Se algum dia substituirdes, em seu espírito, a razão pela autoridade, ele não raciocinará mais; será apenas o fantoche da opinião dos outros.

Desejais ensinar geografia a esta criança e lhe trazeis globos, esferas, mapas: quantas máquinas! Por que todas essas representações? Começai por mostrar-lhe o próprio objeto, para que ao menos saiba do que falais.

Uma bela tarde, vamos passear num local favorável, onde o horizonte bem descoberto deixa ver inteiramente o sol poente, e observamos os objetos que tornam reconhecível o local de seu crepúsculo. No dia seguinte, para respirar ar fresco, voltamos ao mesmo local, antes do nascer o sol. Vemo-lo anunciar-se de longe pelos traços de fogo que lança a sua frente. O incêndio aumenta, o oriente parece estar todo em chamas: diante de seu brilho, esperamos o astro por muito tempo antes que se revele; a cada instante, acreditamos vê-lo aparecer e enfim o vemos. Um ponto brilhante parte como um relâmpago e preenche imediatamente todo o espaço: o véu das trevas se apaga e cai. O homem reconhece sua morada e a vê embelecida. A vegetação adquiriu durante a noite um novo vigor; o dia nascente que a ilumina, os primeiros raios que a douram a mostram coberta de uma brilhante camada de orvalho, que reflete ao olho a luz e as cores. Os pássaros se reúnem em coro e saúdam o pai da vida; neste momento, nenhum deles se cala. Sua chilreada fraca é mais lenta e mais suave do que no restante do dia, expressando a languidez de um tranquilo despertar. O concurso de todos esses objetos leva aos sentidos uma impressão de frescor que parece penetrar até a alma. Há, aí, uma meia hora de encanto ao qual nenhum homem resiste: um espetáculo tão grande, tão belo, tão delicioso não deixa ninguém de sangue-frio.

Imbuído do entusiasmo que sente, o mestre deseja comunicá-lo à criança; acredita comovê-la chamando sua atenção para as próprias sensações. Pura tolice! É no coração do homem que está a vida do espetáculo da natureza; para vê-lo, é preciso senti-lo. A criança percebe os objetos, mas não pode perceber as relações que os unem, não pode ouvir a suave harmonia de seu concerto. É preciso uma experiência que ela não adquiriu, são necessários sentimentos que ela não experimentou para sentir a impressão composta que resulta, ao mesmo tempo, de todas essas sensações. Se ela não percorreu planícies áridas por muito tempo, se areias ardentes não queimaram seus pés, se a reverberação sufocante dos rochedos atingidos pelo sol nunca a oprimiu, como poderá apreciar o ar fresco de uma bela manhã? Como o perfume das flores, o encanto da vegetação, o úmido vapor do orvalho, o caminhar mole e suave sobre a grama poderão encantar seus sentidos? Como o canto dos pássaros poderá causar-lhe uma voluptuosa emoção se os acentos do amor e do prazer lhe são ainda desconhecidos? Com que arrebatamentos ela verá nascer tão belo dia se sua imaginação não sabe retratar-lhe aqueles com que se o pode preencher? Enfim, como poderá enternecer-se diante da beleza do espetáculo da natureza se ela ignora a mão que tomou o cuidado de ornamentá-la?

Não façais para a criança discursos que ela não possa compreender. Nenhuma descrição, nenhuma eloquência, nenhuma figura, nenhuma poesia. Não se trata, neste momento, de sentimento ou de gosto. Continuai a ser claro, simples e frio; logo virá o tempo de adotar outra linguagem.

Educada segundo o espírito de nossas máximas, acostumada a extrair todos os instrumentos de si mesma e a nunca recorrer a outrem senão após ter reconhecido sua própria insuficiência, sempre que vê um novo objeto, ela o examina demoradamente sem dizer nada. É pensativa e não questionadora. Contentai-vos, portanto, em apresentar-lhe oportunamente os objetos; então, quando virdes sua curiosidade ocupada o suficiente, fazei-lhe alguma pergunta lacônica que lhe indique o caminho para respondê-la.

Nessa ocasião, após ter contemplado bastante o sol nascente, após fazê-la observar, num mesmo lado, as montanhas e os objetos vizinhos, após tê-la deixado falar inteiramente à vontade sobre o assunto, mantende alguns momentos de silêncio, como um homem que sonha, e então dizei: "Penso que o sol aí se pôs ontem à noite, e aí nasceu esta manhã. Como pode isso ocorrer?". Não acrescenteis mais nada; se vos perguntar algo, não respondais nada; mudai de assunto. Deixai-a por sua conta, e podeis ter certeza de que pensará no assunto.

Para que uma criança se acostume a estar atenta e para que seja realmente atingida por alguma verdade sensível, é preciso que esta lhe dê alguns dias de inquietude antes que a descubra. Não podendo concebê-la suficientemente dessa maneira, existe um meio de torná-la mais sensível ainda, e esse meio consiste em inverter a pergunta. Se não sabe como o sol passa do crepúsculo à aurora, ela sabe, ao menos, como ele passa da aurora ao crepúsculo; seus olhos bastam para lho ensinar. Esclarecei, portanto, a primeira pergunta pela outra: ou vosso aluno é absolutamente estúpido ou a analogia é demasiado clara para poder escapar-lhe. Eis sua primeira lição de cosmografia.

Como procedemos sempre lentamente, de ideia sensível em ideia sensível, como nos familiarizamos por muito tempo com a mesma antes de passar para outra e como, por fim, jamais forçamos nosso aluno a manter-se atento, há uma grande distância entre essa primeira lição e o conhecimento do curso do sol e do formato da Terra; mas, como todos os movimentos aparentes dos corpos celestes resultam do mesmo princípio e como a primeira observação conduz a todas as outras, é preciso menos esforço, embora seja necessário mais tempo, para passar de uma revolução diurna ao cálculo dos eclipses do que para compreender bem o dia e a noite.

Na medida em que o sol gira em torno do mundo, ele descreve um círculo, e todo círculo, já o sabemos, deve ter um centro. Não poderíamos ver esse círculo, pois ele se encontra no coração da Terra, mas podemos marcar na superfície dois pontos que lhe correspondam. Um espeto passando pelos três pontos e prolongado até o céu, de um lado e de outro, será o eixo do mundo e do movimento diário do sol. Uma pitorra redonda, girando sobre sua ponta representa o céu girando sobre seu eixo, as duas pontas da pitorra são os dois polos, a criança facilmente conhecerá um deles; mostro-lhe a cauda da Ursa Menor. Aí está um divertimento para a noite; pouco a pouco, familiarizamo--nos com as estrelas, e daí nasce o primeiro prazer de conhecer os planetas e de observar as constelações.

Vimos o sol nascer no dia de São João, iremos vê-lo nascer também no Natal ou em qualquer outro belo dia de inverno, pois sabemos que não somos preguiçosos e que enfrentar o frio é para nós um jogo. Tomo o cuidado de fazer esta segunda observação no mesmo local em que fizemos a primeira, e, empregando alguma destreza para preparar a observação, um dos dois não deixará de gritar: "Ó! Que engraçado! O sol já não nasce no mesmo lugar. Aqui estão nossas antigas coordenadas, e agora ele nasce ali etc... Existe, portanto, um oriente de verão e um oriente de inverno etc...". Jovem mestre, eis-vos no caminho certo. Esses exemplos devem bastar-vos para ensinar muito clara-mente a esfera, tomando o mundo pelo mundo e o sol pelo sol.

Em geral, nunca substituais a coisa pelo signo, senão quando vos for im-possível mostrá-la. Pois o signo absorve a atenção da criança e faz com que esqueça a coisa representada.

A esfera armilar[1] me parece uma máquina mal composta e executada em más proporções. Essa confusão de círculos e as estranhas figuras que nela se ins-crevem lhe conferem um aspecto ardiloso que intimida o espírito das crianças. A Terra é pequena demais, os círculos são grandes e numerosos demais; alguns, como os coluros, são perfeitamente inúteis; cada círculo é mais largo que a Terra; a espessura do papelão lhes confere um ar de solidez que faz com que sejam confundidos com massas circulares realmente existentes, e, quando dizeis à criança que esses círculos são imaginários, ela sabe apenas o que vê e não compreende mais nada.

Nunca sabemos nos pôr no lugar das crianças, não penetramos suas ideias, emprestamos-lhes as nossas e, seguindo sempre nossas próprias razões, com encadeamentos de verdades apenas amontoamos extravagâncias e erros em suas cabeças.

Debate-se acerca da escolha da análise ou da síntese para estudar as ciências. Nem sempre é necessário escolher. Por vezes, pode-se resolver e combinar nas

---

1. Trata-se de um instrumento de astronomia, empregado na navegação, para a localização dos corpos celestes. Constitui-se de uma esfera e diversas argolas (ou armilas), de modo a compor uma representação do universo. (N.T.)

mesmas pesquisas, e guiar a criança pelo método de ensino quando acredita estar apenas analisando. Empregando ambas de modo simultâneo, elas recorreriam mutuamente a provas. Partindo, ao mesmo tempo, dos dois pontos opostos, sem acreditar percorrer o mesmo caminho, a criança se veria absolutamente surpresa por chegar ao mesmo ponto, e tal surpresa só poderia ser muito agradável. Eu desejaria, por exemplo, tomar a geografia pelos seus dois termos, e acrescentar ao estudo das revoluções do globo a medida de suas partes, começando pelo local onde se vive. Enquanto a criança estuda a esfera e se transporta assim para os céus, reconduzi-a à divisão da Terra e mostrai-lhe antes sua própria morada.

Seus dois primeiros pontos de geografia serão a cidade onde vive e a casa de campo do pai; em seguida, os locais intermediários e, depois, os rios da vizinhança; por fim, o aspecto do sol e a maneira de se orientar. Aqui está o ponto de intersecção. Que faça por si mesma o mapa de tudo isso; mapa muito simples e inicialmente formado de apenas dois objetos, ao qual acrescenta, pouco a pouco, os demais, à medida que aprende ou estima sua distância e sua posição. Já podeis ver que vantagem lhe proporcionamos de antemão ao conferirmos precisão a seus olhos.[2]

Apesar disso, será certamente preciso guiá-la um pouco; mas muito pouco, sem demonstrá-lo. Caso se engane, deixai-a fazer, não corrijais nenhum de seus erros. Esperai em silêncio que esteja em condição de vê-los e de corrigi-los por si mesma, ou, no máximo, trazei, numa ocasião favorável, alguma operação que a leve a percebê-los. Se nunca se enganasse, não aprenderia tão bem. De resto, não se trata, para ela, de conhecer exatamente a topografia da região, mas o meio de instruir-se a seu respeito; pouco importa que tenha mapas na cabeça, desde que compreenda bem o que representam e que tenha uma ideia clara da arte que serve para traçá-los. Vede a diferença existente entre o saber de vossos alunos e a ignorância do meu! Aqueles conhecem os mapas, enquanto este os faz. Aí estão novos ornamentos para seu quarto.

Lembrai-vos sempre de que o espírito de minha instrução não consiste em ensinar à criança muitas coisas, mas em deixar entrar em seu cérebro somente ideias exatas e claras. Se não souber nada, pouco me importa, desde que não se engane, e introduzo verdades em sua cabeça apenas para protegê-la dos erros que aprenderia em seu lugar. A razão e o juízo chegam lentamente, enquanto os preconceitos vêm em massa; é deles que devemos preservá-la. Mas, se observardes a ciência em si mesma, entrareis num mar sem fundo, sem margens, repleto

---

2. No original, *"en lui mettant un compas dans les yeux"* ("colocando-lhe um compasso nos olhos"), expressão que significa conferir precisão na avaliação a olho. (N.T.)

de recifes; jamais conseguireis vos salvar. Quando vejo um homem apaixonado pelos conhecimentos deixar-se seduzir por seu encanto e correr de um para outro sem poder deter-se, creio ver uma criança sobre a margem, recolhendo conchas e começando a sobrecarregar-se com elas, para, então, tentada por outras que ainda vê, jogar algumas, recolher outras, até que, extenuada com a quantidade e não sabendo mais o que escolher, acaba por jogar tudo longe e retornar de mãos vazias.

Durante a primeira idade, o tempo era longo; procurávamos apenas perdê--lo, por temermos empregá-lo mal. Aqui, é exatamente o contrário, e não o temos em quantidade suficiente para fazer tudo que seria útil. Imaginai que as paixões se aproximam e que, assim que baterem à porta, vosso aluno não terá mais atenção senão para elas. A idade tranquila de inteligência é tão curta, passa tão depressa, tem tantos usos necessários, que é uma loucura querer que baste para tornar uma criança erudita. Não se trata de ensinar-lhe as ciências, mas de dar-lhe gosto para amá-las e métodos para aprendê-las quando tal gosto estiver mais desenvolvido. Este é, muito certamente, um princípio fundamental de toda boa educação.

Eis também o momento de acostumá-la pouco a pouco a prestar atenção contínua ao mesmo objeto; mas nunca é o constrangimento, e sempre o prazer ou o desejo, que deve produzir essa atenção; deve-se tomar muito cuidado para que esta não a extenue e não leve ao aborrecimento. Portanto, mantende sempre o olho atento e, aconteça o que acontecer, abandonai tudo antes que ela se entedie; pois nunca importa que aprenda tanto quanto importa que não faça nada contra a vontade.

Se ela mesma vos questionar, respondei apenas o necessário para alimentar sua curiosidade, e não para satisfazê-la; quando virdes que, em vez de questionar para se instruir ela se põe a divagar e a vos atormentar com perguntas tolas, parai imediatamente, pois podeis ter certeza de que não se preocupa mais com a coisa, mas somente em submeter-vos a suas interrogações. É preciso dar menos importância às palavras que ela pronuncia que ao motivo que a leva a falar. Essa advertência, até aqui menos necessária, adquire a maior importância logo que a criança começa a raciocinar.

Há um encadeamento de verdades gerais pelo qual todas as ciências se conformam a princípios comuns e se desenvolvem sucessivamente. Tal enca- deamento é o método dos filósofos; não é dele que se trata aqui. Existe outro, inteiramente diferente, pelo qual cada objeto particular atrai outro e mostra sempre aquele que o segue. Essa ordem, que por uma curiosidade contínua alimenta a atenção que todos exigem, é a que segue a maioria dos homens e é, sobretudo, a que se deve dar às crianças. Ao nos orientarmos para compor nossos mapas, foi preciso traçar meridianos. Dois pontos de intersecção entre as sombras iguais da manhã e da noite oferecem um meridiano excelente para um astrônomo de 13 anos. Mas esses meridianos se apagam; é preciso tempo para traçá-los; eles exigem que se trabalhe sempre no mesmo local; tantos cuidados e tanto incômodo acabariam por aborrecê-la. Nós o previmos e providenciamos de antemão que isso não ocorra.

Aqui me encontro mais uma vez em meus longos e minuciosos detalhes. Leitores, ouço vossos murmúrios e os enfrento; não desejo, de modo algum, sacrificar à vossa impaciência a parte mais útil deste livro. Tomai vosso partido sobre minhas superfluidades; pois eu tomei, por minha vez, o meu sobre vossas lamúrias.

De há muito, percebemos, meu aluno e eu, que o âmbar, o vidro, a cera e diversos corpos friccionados atraíam as palhas e que outros não as atraíam. Por acaso, encontramos um que possui uma virtude ainda mais singular: consiste em atrair, a alguma distância e sem ser friccionado, a limalha e outros raminhos de ferro. Por quanto tempo essa qualidade nos diverte sem que possamos ver nela algo a mais? Finalmente, descobrimos que ela se transmite ao próprio ferro magnetizado num certo sentido. Um dia, vamos à feira; um farsista atrai com um pedaço de pão um pato de cera flutuando numa bacia d'água. Embora muito surpresos, não dizemos "É um bruxo", pois não sabemos o que é um bruxo. Sempre impressionados com efeitos cujas causas desconhecemos, cuidamos de não julgar nada, e permanecemos tranquilos em nossa ignorância até encontrarmos a ocasião de deixá-la.

De volta à residência, à força de falar do pato da feira, acabamos decidindo imitá-lo: pegamos uma boa agulha bem magnetizada, envolvemo-la com cera branca, que moldamos, da melhor maneira possível, segundo a forma de um pato, de modo que a agulha atravesse o corpo e a cabeça represente o bico. Colocamos o pato sobre a água, aproximamos do bico um anel de chave, e observamos, com uma alegria fácil de compreender, que o nosso pato segue a chave precisamente como o da feira seguia o pedaço de pão. Observar em que direção o pato se detém sobre a água quando o deixamos em repouso é o que poderemos fazer em outra ocasião. Naquele momento, absolutamente dedicados ao nosso objeto, não desejamos ir além.

Na mesma tarde, retornamos à feira com pão preparado em nossos bolsos e, logo que o farsista completa seu truque, meu pequeno doutor, que mal se contém, lhe diz que esse truque não é difícil e que ele mesmo o reproduziria: é levado ao pé da letra. Num instante, tira de seu bolso o pão no qual está escondido o pedaço de ferro; ao aproximar-se da mesa, seu coração bate; apresenta o pão quase tremendo; o pato vem e o segue; a criança grita e estremece de contentamento. Ao ouvir os aplausos, as aclamações da assembleia, sua cabeça põe-se a girar, está fora de si. O saltimbanco estupefato vem, assim mesmo, abraçá-la, felicitá-la, e lhe pede que volte a honrá-lo no dia seguinte com sua presença, acrescentando que terá o cuidado de reunir uma plateia ainda maior para aplaudir sua habilidade. Orgulhoso, meu pequeno naturalista deseja tagarelar; mas imediatamente fecho-lhe a boca e o levo, carregado de elogios.

Com risível inquietação, a criança conta os minutos até o dia seguinte. Convida todos que encontra, desejaria que todo o gênero humano fosse testemunha de sua glória: aguarda a hora com dificuldade, antecipa-se a ela, voamos rumo ao local de encontro; a sala já se encontra cheia. Ao entrar, seu jovem coração se alegra. Outros jogos devem preceder o seu; o farsista se supera e faz coisas surpreendentes. A criança não vê nada: agita-se, transpira, mal respira; passa seu tempo remexendo no bolso o pedaço de pão, com a mão trêmula de impaciência. Enfim, chega sua vez; o mestre a anuncia ao público com pompa. Ela se aproxima um tanto envergonhada, tira seu pão... Nova vicissitude das coisas humanas! O pato, tão doméstico no dia anterior, se tornou hoje selvagem; em vez de apresentar o bico, ele gira a cauda e foge, evita o pão e a mão que o oferece com o mesmo cuidado com que os seguia anteriormente. Após mil tentativas inúteis e sempre vaiadas, a criança se queixa, afirma que a enganam, que se trata de outro pato, pelo qual o primeiro foi substituído, e desafia o farsista a atraí-lo.

Sem responder, o farsista pega um pedaço de pão e oferece ao pato; num instante, o pato segue o pão e vem até a mão, que o retira: a criança toma o mesmo pedaço de pão, mas, longe de alcançar maior êxito que antes, vê o pato escarnecer dela e fazer piruetas em volta da bacia; ela se afasta então, absolutamente confusa, e não ousa mais expor-se às vaias.

Então, o farsista pega o pedaço de pão que a criança trouxe e o emprega com tanto sucesso quanto com o seu; extrai-lhe o ferro diante de todos, outro escárnio a nossa custa; com esse pão assim esvaziado, atrai o pato como antes. Faz a mesma coisa com outro pedaço cortado diante de todos pela mão de um terceiro; faz o mesmo com sua luva, com a ponta de seu dedo. Por fim, afasta-se até o centro do recinto e, com o tom de ênfase próprio dessa gente, declarando que seu pato não obedecerá menos a sua voz que a seu gesto, fala e o pato obedece; manda-lhe que vire à direita e ele vira à direita, que volte e ele volta, que gire e ele gira; o movimento é tão rápido quanto a ordem. Os aplausos redobrados constituem tantas afrontas para nós; fugimos sem sermos notados e nos fechamos em nosso quarto, sem relatarmos nossos resultados a todo mundo como havíamos projetado.

Na manhã seguinte, batem a nossa porta; abro: é o farsista. Queixa-se modestamente de nossa conduta; o que tinha feito para nos motivar a querermos desacreditar seus jogos e privá-lo de seu ganha-pão? O que havia, pois, de tão maravilhoso na arte de atrair um pato de cera para comprar tal honra à custa da subsistência de um homem honesto? "Palavra de honra, senhores, se eu tivesse algum outro talento para viver, não me glorificaria deste. Deveríeis ter imaginado que um homem que passou sua vida praticando esta mísera indústria sabe mais a seu respeito que vós, que a exercestes apenas por alguns momentos. Se não vos mostrei de início meus truques de mestre, é porque não se deve ter pressa em expor estouvadamente o que se sabe; tomo sempre o cuidado de conservar meus melhores truques para uma ocasião e, depois deste, ainda tenho outros para deter jovens indiscretos. De resto, senhores, venho de bom coração ensinar-lhes este segredo que tanto vos embaraçou, pedindo que não abuseis dele para prejudicar-me e que sejais mais contidos numa próxima vez."

Mostra-nos, então, seu truque, e vemos, com a maior surpresa, tratar-se apenas de um ímã forte e bem armado, que uma criança escondida sob a mesa movimentava sem que o percebêssemos.

O homem guarda seu aparelho, e, após ter-lhe apresentado nossos agradecimentos e nossas desculpas, desejamos dar-lhe um presente; ele o recusa. "Não, senhores, não tenho de me mostrar suficientemente satisfeito convosco para aceitar vossas dádivas; deixo-vos em dívida comigo, contra vossa vontade; é minha única vingança. Aprendei que existe generosidade em todas as condições sociais; faço com que paguem meus truques, e não minhas lições."

Ao sair, dirige nomeadamente a mim e em voz alta uma reprimenda. "Desculpo de bom grado", diz, "esta criança; pecou apenas por ignorância. Mas vós, senhor, que devíeis conhecer seu erro, por que deixastes que o cometesse? Na medida em que viveis juntos, deveis-lhe, sendo o mais velho, vossos cuidados, vossos conselhos: vossa experiência é a autoridade que deve conduzi-lo. Ao lamentar, quando adulta, os erros de sua juventude, condenar-vos-á certamente por todos aqueles para os quais não a tiverdes alertado."

Ele parte e nos deixa ambos muito confusos. Condeno-me por minha indolente leviandade; prometo à criança sacrificá-la mais uma vez a seu interesse e alertá-la de seus erros antes que os cometa; pois aproxima-se o tempo em que nossas relações vão se alterar e em que a severidade do mestre deve suceder à complacência do camarada: essa mudança deve fazer-se gradualmente; é preciso prever tudo, e prever tudo de muito longe.

No dia seguinte, voltamos à feira para rever o truque cujo segredo aprendemos. Abordamos com profundo respeito nosso saltimbanco-Sócrates; mal ousamos erguer nossos olhos em sua direção: ele nos enche de honestidade e nos instala com uma distinção que nos humilha ainda mais. Faz seus truques como de costume, mas se diverte e se compraz por muito tempo com o do pato, observando-nos frequentemente com um ar bastante altivo. Sabemos tudo e não revelamos nada. Se meu aluno ousasse apenas abrir a boca, ele seria uma criança para ser esmagada.

Todo o detalhamento desse exemplo importa mais do que parece. Quantas lições em apenas uma só! Quantas consequências humilhantes não acarreta o primeiro impulso de vaidade! Jovem mestre, observai este primeiro impulso com cuidado. Se souberdes extrair-lhe, assim, a humilhação e as desgraças, podeis ter certeza de que por muito tempo não haverá outro. Quantos cuidados, direis! Admito-o, e tudo isso para fazer-nos uma bússola que nos sirva de meridiano.

Tendo aprendido que o ímã age através de outros corpos, não temos nada mais urgente do que realizar um truque semelhante ao que vimos. Uma mesa esvaziada, uma bacia muito rasa ajustada a essa mesa e enchida com poucos centímetros[3] de água, um pato feito com um pouco mais de cuidado etc. Continuamente atentos em volta da bacia, observamos enfim que o pato em repouso toma sempre quase a mesma direção: acompanhamos essa experiência, examinamos essa direção, descobrimos que ela vai do Sul para o Norte; não é preciso ir além, nossa bússola foi encontrada, ou quase; entramos agora no campo da física.

Existem diversos climas sobre a Terra e diversas temperaturas nesses climas. As estações variam mais sensivelmente à medida que nos aproximamos do polo; todos os corpos se contraem com o frio e se dilatam com o calor; esse efeito é mais mensurável nos licores e mais perceptível nos licores espirituosos:[4] daí vem o termômetro. O vento atinge o rosto; o ar é, portanto, um corpo, um fluido; sentimo-lo embora não tenhamos meios de vê-lo. Colocai um copo invertido na água, a água não o preencherá, a menos que deixeis ao ar uma saída; o ar é, portanto, capaz de resistência. Afundai ainda mais o copo; a água avançará no espaço do ar sem poder preencher totalmente esse espaço; o ar é, portanto, capaz de compressão até certo ponto. Um balão cheio de ar comprimido salta melhor que repleto de outra matéria; o ar é, portanto, um corpo elástico. Ao tomardes banho, levantai horizontalmente o braço para fora da água e o sentireis carregado de um peso terrível; o ar é, portanto, um corpo pesado. Ao

---

3. No original, *quelques lignes* ("algumas linhas"). Uma linha correspondia então a 2,25 milímetros. (N.T.)

4. Licores alcoólicos. (N.T.)

colocarmos o ar em equilíbrio com outros fluidos, podemos medir seu peso: daí vêm o barômetro, o sifão, o cano de sopro, a máquina pneumática. Todas as leis da estática e da hidrostática são encontradas por meio de experimentos igualmente grosseiros. Não quero que entremos, por nenhuma dessas razões, num laboratório de física experimental. Todo esse conjunto de instrumentos e de máquinas me desagrada. O ambiente científico mata a ciência. Ou todas essas máquinas assustam uma criança, ou suas formas dividem e roubam a atenção que ela deveria prestar a seus efeitos.

Quero que façamos por nós mesmos todas as nossas máquinas, e não quero começar fazendo o instrumento antes da experiência; mas quero que, após termos entrevisto a experiência como que por acaso, inventemos, pouco a pouco, o instrumento que deve verificá-la. Prefiro que nossos instrumentos não sejam tão perfeitos nem tão precisos e que tenhamos ideias mais claras sobre o que devem ser e sobre as operações que devem resultar deles. Como minha primeira lição de estática, em vez de procurar balanças, coloco um bastão transversalmente em cima do encosto de uma cadeira, meço o cumprimento das duas partes do bastão em equilíbrio; acrescento, em ambos os lados, pesos ora iguais, ora desiguais, e, puxando-o ou empurrando-o tanto quanto necessário, descubro que o equilíbrio resulta de uma proporção recíproca entre a qualidade dos pesos e o cumprimento das alavancas. Eis meu pequeno físico já capaz de retificar balanças antes mesmo de ter visto uma.

Incontestavelmente, adquirimos noções bem mais claras e bem mais seguras das coisas que aprendemos por nós mesmos que daquelas que devemos aos ensinamentos de outrem, e, além de não acostumarmos nossa razão a se submeter servilmente à autoridade, tornamo-nos mais engenhosos encontrando relações, associando ideias, inventando instrumentos do que quando, adotando tudo isso tal como nos é dado, deixamos nosso espírito cair na apatia, assim como o corpo de um homem que, sempre vestido, calçado e servido por seus criados e arrastado por seus cavalos, perde, no fim, a força e o uso de seus membros. Boileau se vangloriava por ter ensinado Racine a rimar dificilmente;[5] entre

---

5. O famoso dramaturgo Jean Racine (1639-1699) e o poeta Nicolas Boileau (1639-1711) foram amigos próximos e colaboradores em diferentes projetos. Em 1677, ano da apresentação da mais famosa tragédia de Racine, *Fedra*, os dois escritores foram nomeados historiógrafos do rei Luís XIV, assumindo, portanto, a responsabilidade de narrar a história do reinado do grande monarca – tarefa pela qual foram excepcionalmente bem pagos, aliás. No ano seguinte, acompanharam o rei em sua campanha militar de Gand, durante a guerra na Holanda. Alguns anos mais tarde, Racine e Boileau ainda colaborariam na condição de libretistas, primeiro para um balé e, em seguida, para a ópera *L'Idylle sur la paix* (1685), de Jean-Baptiste Lully (1632-1687).
Nesta passagem de *Emílio*, Rousseau reproduz as palavras do filho de Racine, Louis, que, em suas memórias sobre a vida do pai, falou sobre a tendência deste a, na juventude, entregar-se à facilidade

tantos admiráveis métodos para abreviar o estudo das ciências, teríamos grande necessidade que alguém nos fornecesse um para aprendê-las com esforço.

A vantagem mais sensível dessas lentas e laboriosas pesquisas consiste em manterem, em meio aos estudos especulativos, o corpo em sua atividade, os membros em sua agilidade, e em formarem continuamente as mãos para o trabalho e para os usos úteis ao homem. Tantos instrumentos inventados para nos guiarem em nossas experiências e suprirem a exatidão dos sentidos fazem com que negligenciemos seu exercício. O grafômetro dispensa de estimar a grandeza dos ângulos; o olho que media com precisão as distâncias se fia à corrente que as mede para ele; a balança romana me dispensa de avaliar com a mão o peso que conheço por meio dela; quanto mais engenhosas são nossas ferramentas, mais nossos órgãos se tornam grosseiros e inábeis; à força de reunir máquinas a nosso redor, não encontramos mais nenhuma em nós mesmos.

Quando, porém, para fabricar essas máquinas recorremos à destreza que as supria, e quando empregamos, para fazê-las, a sagacidade de que necessitávamos para dispensá-las, ganhamos sem perder nada, acrescentamos a arte à natureza e nos tornamos mais engenhosos sem nos tornarmos menos hábeis. Em vez de grudar uma criança em livros, se eu a ocupo numa oficina, suas mãos trabalham em proveito de seu espírito, torna-se filósofa e acredita ser apenas operária. Enfim, esse uso tem outros empregos dos quais falarei logo adiante e veremos como, a partir de jogos da filosofia, podemos nos elevar às verdadeiras funções do homem.

Já disse que os conhecimentos puramente especulativos convinham pouco às crianças, mesmo ao se aproximarem da adolescência; mas, sem as fazer entrar muito antes na física sistemática, fazei, contudo, com que todos seus experimentos se vinculem um ao outro por alguma espécie de dedução, para que, com a ajuda desse encadeamento, elas possam situá-los por ordem em seu espírito e relembrá-los segundo a necessidade, pois é bastante difícil que fatos e mesmo raciocínios isolados se mantenham por muito tempo na memória quando se carece da capacidade de reconduzi-los a ela.

Na busca pelas leis da natureza, começai sempre pelos fenômenos mais comuns e mais sensíveis e acostumai vosso aluno a não tomar tais fenômenos por razões, mas por fatos. Pego uma pedra; finjo colocá-la sobre o ar; abro a mão, a pedra cai. Vejo Emílio atento ao que faço e lhe pergunto: "Por que esta pedra caiu?".

Que criança não saberá responder a essa pergunta? Nenhuma, nem mesmo Emílio, se eu não tiver tomado todo o cuidado de prepará-lo para não saber

---

das rimas, até que Boileau o ensinasse a compor rimas mais elaboradas, progresso evidenciado em *Andrômaca* (1667) (cf. *Oeuvres complètes de J. Racine*. Paris: Lefèvre, 1825. v. 1, p. 48-49). (N.T.)

responder. Todas dirão que a pedra cai porque é pesada; e o que é pesado? É o que cai. A pedra cai, portanto, porque cai? Aqui, meu pequeno filósofo se vê sem resposta. Aí está sua primeira lição de física sistemática, e, quer ela lhe seja ou não proveitosa nesse gênero, tratar-se-á sempre de uma lição de bom senso.

À medida que a criança avança em inteligência, outras considerações importantes nos obrigam a escolher melhor suas ocupações. Assim que consegue conhecer suficientemente a si mesma para conceber em que consiste seu bem-estar, assim que pode compreender relações extensas o bastante para avaliar o que lhe convém e o que não lhe convém, ela está, desde esse momento, em condições de sentir a diferença entre o trabalho e o divertimento e de encarar este apenas como o repouso que segue o outro. Então, objetos de utilidade real podem entrar em seus estudos e convencê-la a fazer deles uma aplicação mais constante que a que ela dava a simples divertimentos. A lei da necessidade sempre renascente ensina desde cedo o homem a fazer o que não lhe agrada para prevenir um mal que lhe desagradaria ainda mais. Essa é a utilidade da previdência, e dessa previdência bem ou mal regrada nasce toda a sabedoria ou toda a miséria humana.

Todo homem deseja ser feliz, mas, para chegar a sê-lo, é preciso começar por saber o que é a felicidade. A felicidade do homem natural é tão simples quanto a vida; consiste em não sofrer: constituem-na a saúde, a liberdade e o necessário. A felicidade do homem moral é algo diverso; mas não é dela que se trata aqui. Não poderia repetir o bastante que apenas objetos puramente físicos podem interessar às crianças, sobretudo àquelas cuja vaidade não foi despertada e que não foram corrompidas de antemão pelo veneno da opinião.

Quando, antes de sentir suas necessidades, elas as preveem, sua inteligência já se encontra muito avançada, começam a conhecer o valor do tempo. Importa então acostumá-las a dirigir seu emprego a objetos úteis, mas de uma utilidade sensível a sua idade e ao alcance de suas luzes. Tudo que se prende à ordem moral e ao uso da sociedade não deve ser-lhes apresentado tão cedo, pois não estão em condições de compreendê-lo. É uma inépcia exigir delas que se dediquem a coisas que dizemos vagamente serem para seu bem, sem que saibam de que bem se trata, e das quais lhes asseguramos que tirarão proveito quando adultas, sem que tenham atualmente qualquer interesse nesse pretenso proveito, que não poderiam compreender.

Que a criança não faça nada com base no que dizem os outros; nada é bom para ela senão o que sente como tal. Lançando-a sempre para além de suas luzes, acreditais fazer uso de previdência, mas careceis dela. Para armá-la com alguns instrumentos vãos dos quais talvez nunca faça qualquer uso, vós a privais do instrumento mais universal do homem, que é o bom senso; vós a acostumais a deixar-se sempre conduzir, a não ser nada além de uma máquina nas mãos de outrem. Quereis que seja dócil quando pequena; isso é querer que seja crédula e ingênua quando grande. Dizeis-lhe repetidamente: "Tudo que vos peço é para vosso proveito; mas não estais em condição de conhecê-lo. Que me importa que façais ou não o que exijo? É apenas para vós que trabalhais". Com todos esses belos discursos que lhe fazeis agora para torná-la sábia, preparais o sucesso daqueles que lhe fará algum dia um visionário, um intrometido, um charlatão, um velhaco ou um louco de toda espécie, para fazê-la cair em sua armadilha ou para fazê-la adotar sua loucura.

É importante que um homem saiba bem coisas cuja utilidade uma criança não poderia compreender; mas será preciso e será possível que uma criança aprenda tudo que importa a um homem saber? Cuidai de ensinar à criança tudo que é útil a sua idade e vereis que todo seu tempo estará mais que preenchido. Por que desejais, em detrimento dos estudos que lhe convêm hoje, submetê-la aos de uma idade que é tão pouco certo que alcance? Mas, direis, haverá tempo de aprender o que se deve saber quando chega o momento de utilizá-lo? Ignoro-o; o que sei é que é impossível aprendê-lo mais cedo, pois nossos verdadeiros mestres são a experiência e o sentimento, e o homem somente sente de fato o que convém ao homem nas relações em que ele se encontrou. Uma criança sabe que é feita para tornar-se homem; todas as ideias que pode ter do estado de homem constituem ocasiões de instrução para ela; mas, quanto às ideias desse estado que não estão a seu alcance, ela deve permanecer numa ignorância absoluta. Todo meu livro é apenas uma prova contínua desse princípio de educação.

Assim que conseguimos dar a nosso aluno uma ideia da palavra "útil", adquirimos um novo grande meio para governá-lo; pois essa palavra muito o impressiona, uma vez que para ele tem apenas um sentido relativo a sua idade, e que ele vê claramente a relação existente com seu bem-estar atual. Vossos filhos não são, de modo algum, impressionados por essa palavra, pois não tomastes o cuidado de dar-lhes, a respeito dela, alguma ideia que estivesse a seu alcance e, como outros se encarregam sempre de prover o que lhes é útil, nunca têm necessidade de pensar nisso por si próprios e não sabem o que é utilidade.

"Para que isto serve?" Eis, a partir de então, as palavras sagradas, as palavras determinantes, entre mim e ele, em todas as ações de nossa vida: eis a pergunta que, de minha parte, segue infalivelmente todas as suas perguntas, e que serve de freio a esses amontoados de interrogações tolas e fastidiosas com que as crianças esgotam, ininterrupta e infrutuosamente, todos os que as cercam, mais para exercer sobre eles alguma espécie de império que para extrair disso algum proveito. Aquela a quem se ensina, como lição mais importante, a não desejar saber nada que não seja útil, interroga como Sócrates; não formula uma pergunta sem dar a si mesma a razão que sabe que lhe pedirão antes que aquela seja respondida.

Vede que poderoso instrumento coloco em vossas mãos para agir sobre vosso aluno. Não conhecendo as razões de nada, ei-lo quase reduzido ao silêncio quando quiserdes; e quanto a vós, ao contrário, que vantagem vossos conhecimentos e vossa experiência não vos dão para mostrar-lhe a utilidade de tudo que lhe propondes? Pois, não vos enganeis, fazer-lhe essa pergunta é ensiná-lo a, por sua vez, fazê-la a vós, e deveis confiar que, segundo vosso exemplo, ele não deixará de dizer acerca de tudo que lhe propuserdes em seguida: "Para que isto serve?".

Talvez esteja aqui a armadilha mais difícil de um governante evitar. Se, a respeito da pergunta da criança, procurando apenas sair-vos bem, vós lhe derdes uma única razão que ela não esteja em condições de compreender, vendo que raciocinais com base em vossas ideias, e não nas suas, ela acreditará que o que lhe dizeis é bom para vossa idade, e não para a sua; não confiará mais em vós, e tudo estará perdido. Mas onde está o mestre que aceita não saber o que responder e reconhecer seus erros diante de seu aluno? Todos se impõem a obrigação de não admitir sequer aqueles que cometem; quanto a mim, impor-me-ei a obrigação de admitir até mesmo os que não tiver cometido quando não puder colocar minhas razões a seu alcance: assim, minha conduta, sempre clara em sua mente, não lhe será jamais suspeita, e, supondo ter cometido erros, manterei mais crédito que eles ao esconderem os seus.

Primeiramente, podeis imaginar que raro vos cabe propor-lhe o que deve aprender; cabe a ele desejá-lo, procurá-lo e encontrá-lo, e a vós colocá-lo a seu alcance, fazer habilmente nascer esse desejo e fornecer-lhe os meios de satisfazê-lo. Resulta daí que vossas perguntas devem ser pouco frequentes, mas bem escolhidas, e que, como ele terá muitas mais a vos fazer que vós a ele, estareis sempre menos exposto e mais frequentemente na situação de lhe dizer: "Em que é útil saber o que me perguntais?".

Além disso, como pouco importa que aprenda isto ou aquilo, desde que compreenda bem o que aprende e a utilidade do que aprende, quando não tiverdes para dar-lhe, a respeito do que lhe dizeis, algum esclarecimento que lhe seja bom, não lhe deis nenhum. Dizei-lhe, sem escrúpulos: "Não tenho boa resposta para vos dar; estava enganado, deixemos isto de lado". Se vossa instrução estava realmente deslocada, não há mal em abandoná-la totalmente; se não estava, com algum cuidado logo encontrareis a ocasião de lhe tornar sua utilidade sensível.

Não me agradam em nada as explicações em forma de discurso; os jovens lhes dão pouca atenção e não retêm nada. As coisas, as coisas! Nunca repetirei o suficiente que atribuímos poder demais às palavras: com nossa educação tagarela fazemos apenas tagarelas.

Suponhamos que, enquanto estudo com meu aluno o curso do sol e a maneira de nos orientarmos, ele me interrompa, de repente, para me perguntar para que serve tudo isso. Que belo discurso lhe farei! Quantas coisas aproveito para lhe ensinar ao responder a sua pergunta, sobretudo se temos testemunhas para nossa conversa![6] Falar-lhe-ei da utilidade das viagens, das vantagens do comércio, das produções particulares a cada clima, dos costumes dos diferentes povos, do uso do calendário, da avaliação do retorno das estações para a agricultura, da arte da navegação, da maneira de se conduzir no mar e de seguir exatamente sua rota sem saber onde estamos. A política, a história natural, a astronomia, a própria moral e o direito das gentes entrarão em minha explicação de modo a dar a meu aluno uma grande ideia de todas essas ciências e um grande desejo de aprendê-las. Quando tiver dito tudo, terei me apresentado como um verdadeiro pedante, de cujas ideias ele não terá compreendido nenhuma. Ele teria uma grande vontade de me perguntar, assim como antes, para que serve orientar-se, mas não ousa, temendo que me zangue. Encontra maior proveito em fingir entender o que foi forçado a ouvir. Assim se praticam as belas educações.

Mas nosso Emílio, educado mais rusticamente e a quem oferecemos com tanto esforço uma concepção rígida, não escutará nada disso. À primeira palavra que não compreender, irá fugir, brincar pelo quarto e me deixar discursar sozinho. Busquemos uma solução mais grosseira; meu aparato científico não vale nada para ele.

Observávamos a posição da floresta ao norte de Montmorency[7] quando me interrompeu com sua inoportuna pergunta: "Para que serve isto?". "Tendes razão", digo-lhe, "é preciso pensar nisso sem pressa, e se entendermos que este trabalho não serve para nada, não o retomaremos mais, pois não carecemos de divertimentos úteis. Cuidamos de outra coisa, e não tratamos mais de geografia pelo restante do dia".

Na manhã seguinte, proponho-lhe uma caminhada antes do almoço: era tudo que ele desejava; para correr, as crianças estão sempre prontas, e esta possui boas pernas. Subimos até a floresta, percorremos os prados, perdemo-

---

6. Com frequência observei que, nas doutas instruções que damos às crianças, pensamos menos em nos fazermos ouvir por elas que pelos adultos que estão presentes. Tenho muita certeza do que digo, pois fiz tal observação sobre mim mesmo.

7. Rousseau viveu em Montmorency, entre 1756 e 1762, período durante o qual escreveu *Emílio*. Ficou hospedado na residência de madame d'Épinay, assim como no castelo do marechal de Montmorency-Luxembourg, dois de seus protetores. O ultraje provocado pela publicação de *Emílio* o levaria a deixar a França em junho de 1762, para retornar à Suíça. (N.T.)

-nos, não sabemos mais onde estamos e, chegada a hora de retornar, não conseguimos mais reencontrar o caminho. O tempo passa, vem o calor; temos fome, apressamo-nos, erramos de um lado e de outro, encontramos por todos os lados apenas bosques, pedreiras, planícies e nenhum detalhe que reconheçamos. Bastante irritados, bastante esgotados e bastante famintos, limitamo-nos, com nossas corridas, a nos perder ainda mais. Sentamo-nos, enfim, para descansar e para deliberar. Emílio, que suponho ter sido educado como outra criança, não delibera, chora; não sabe que estamos à porta de Montmorency e que uma simples mata a esconde de nós; mas essa mata é uma floresta para ele; um homem de sua estatura está enterrado em moitas.

Após alguns momentos de silêncio, pergunto-lhe com um ar inquieto: "Meu caro Emílio, como faremos para sair daqui?".

Emílio, banhado em suor e chorando amargamente.
Não tenho a menor ideia. Estou cansado; tenho fome; tenho sede; não aguento mais.

Jean-Jacques
Acreditais que estou em melhor estado que vós, e pensais que eu me privaria de chorar caso pudesse fazer de minhas lágrimas meu almoço? Não se trata de chorar, mas de orientar-se. Vejamos vosso relógio; que horas são?

Emílio
É meio-dia, e estou de jejum.

Jean-Jacques
Isso é verdade; é meio-dia e estou de jejum.

Emílio
Ó, como deveis ter fome!

Jean-Jacques
A desgraça é que meu jantar não virá me procurar aqui. É meio-dia? Trata-se justamente da hora em que, ontem, observávamos a posição da floresta a partir de Montmorency. E se pudéssemos, da mesma forma, observar a posição de Montmorency a partir da floresta?...

Emílio
Sim, mas ontem víamos a floresta e daqui não vemos a cidade.

Jean-Jacques
Aí está o problema... Se pudéssemos nos dispensar de vê-la para encontrar sua posição...

Emílio
Ó, meu bom amigo!

Jean-Jacques
Não dizíamos que a floresta se encontrava...

Emílio
Ao norte de Montmorency.

Jean-Jacques
Consequentemente, Montmorency deve estar...

Emílio
Ao sul da floresta.

Jean-Jacques
Dispomos de um meio para encontrar o norte ao meio-dia.

Emílio
Sim, pela direção da sombra.

Jean-Jacques
Mas e o sul?

Emílio
Como fazer?

Jean-Jacques
O sul é o oposto do norte.

Emílio
Isso é verdade; basta procurar o oposto da sombra. Ó, eis o sul, eis o sul! Seguramente, Montmorency se encontra deste lado; procuremos por este lado.

Jean-Jacques
Podeis ter razão; sigamos este atalho através da floresta.

Emílio, batendo palmas e soltando um grito de alegria
Ah, vejo Montmorency! Aí está diante de nós, inteiramente descoberta. Vamos almoçar, vamos jantar, corramos rápido: a astronomia serve para alguma coisa.

Tomai cuidado para que, se não disser esta última frase, ele a tenha em mente; pouco importa, desde que não seja eu a dizê-la. Ora, podeis ter certeza de que não se esquecerá, por toda sua vida, da lição desse dia; ao passo que, se eu tivesse me limitado a alegar tudo isso em seu quarto, meu discurso teria sido esquecido já no dia seguinte. É preciso falar por meio das ações tanto quanto possível e não dizer nada daquilo que não se saberia fazer.

O leitor não espera que eu o despreze o bastante para dar-lhe um exemplo para cada espécie de estudo; seja qual for o objeto em questão, eu não poderia exortar demais o governante a medir corretamente sua prova com base na capacidade do aluno, pois, mais uma vez, o mal não está no que ele não entende, mas naquilo que acredita entender.

Lembro-me de que, desejando conferir a uma criança o gosto pela química, após ter-lhe mostrado várias precipitações metálicas, eu lhe explicava como se fazia tinta. Dizia-lhe que sua negrura vinha apenas de um ferro muito fracionado, destacado do vitríolo e precipitado por um licor alcalino. Em meio a minha explicação erudita, a pequena traiçoeira simplesmente me interrompeu com a pergunta que eu lhe ensinara: encontrei-me bastante embaraçado.

Após ter meditado um pouco, tomei minha decisão. Mandei que buscasse vinho na adega do senhor da casa e outro vinho a oito soldos no estabelecimento de um mercador de vinhos. Inseri, num pequeno frasco, uma dissolução de álcali fixo; em seguida, tendo diante de mim, em dois copos, esses dois diferentes vinhos,[8] falei-lhe da seguinte maneira:

"Falsificam-se diversos produtos para fazer com que pareçam ser melhores do que são. Essas falsificações enganam o olhar e o paladar, mas são nocivas e tornam a coisa falsificada pior, com sua bela aparência, do que era antes.

"Falsificam-se principalmente as bebidas, sobretudo os vinhos, pois o embuste é mais difícil de descobrir e rende maior lucro ao enganador.

---

8. A cada explicação que se quer dar à criança, uma pequena solenidade que a preceda é muito útil para chamar sua atenção.

"A falsificação dos vinhos ácidos ou amargos se faz com litargo: o litargo é um preparo de chumbo. O chumbo, unido aos ácidos, produz um sal bastante doce que corrige, quanto ao gosto, a acidez do vinho, mas que é um veneno para aqueles que o bebem. É importante, pois, antes de beber vinho suspeito, saber se contém ou não litargo. Ora, eis como raciocino para descobri-lo.

"O licor do vinho não contém somente um fluido inflamável, como vistes pela aguardente que se extrai dele; contém ainda ácido, como podeis constatar pelo vinagre e pelo tártaro que também se extraem dele.

"O ácido guarda relação com as substâncias metálicas e se une a elas por dissolução para formar um sal composto, como, por exemplo, a ferrugem, que é apenas ferro dissolvido pelo ácido contido no ar ou na água, e também como o azinhavre, que é apenas cobre dissolvido pelo vinagre.

"Mas esse mesmo ácido guarda relações ainda maiores com as substâncias alcalinas que com as substâncias metálicas, de modo que, pela intervenção das primeiras nos sais compostos de que acabo de falar, o ácido é forçado a soltar o metal a que está unido para aderir ao álcali.

"Então, a substância metálica, livre do ácido que a mantinha dissolvida, se precipita e torna o licor opaco.

"Se, portanto, um desses dois vinhos contiver litargo, sua acidez manterá o litargo em dissolução. Se eu derramar nele licor alcalino, este forçará o ácido a soltar-se para unir-se a ele; não sendo mais mantido em dissolução, o chumbo reaparecerá, perturbará o licor e por fim se precipitará no fundo do copo.

"Se não houver chumbo[9] ou metal algum no vinho, o álcali se unirá tranquilamente[10] ao ácido, o todo permanecerá dissolvido e não ocorrerá nenhuma precipitação."

Em seguida, derramei meu licor alcalino sucessivamente nos dois copos: o de vinho da casa permaneceu claro e diáfano, o outro se tornou turvo por um momento e, após uma hora, viu-se claramente o chumbo precipitado no fundo do copo.

Continuei: "Eis o vinho natural e puro que se pode beber e eis o vinho falsificado que envenena. Isto se descobre por meio dos mesmos conhecimentos

---

9. Os vinhos que são vendidos a retalho pelos mercadores de vinho de Paris, embora não contenham todos litargo, são raramente isentos de chumbo, pois os entrepostos desses mercadores são revestidos com esse metal e o vinho que se espalha por sua extensão, passando e estacionando sobre esse chumbo, dissolve sempre uma parte dele. É estranho que um abuso tão manifesto e tão perigoso seja tolerado pela polícia. É verdade, porém, que as pessoas abastadas, não bebendo praticamente esses vinhos, estão pouco sujeitas a serem envenenadas.

10. O ácido vegetal é bastante suave. Se fosse um ácido mineral e se fosse menos extenso, a união não se faria sem efervescência.

sobre cuja utilidade me perguntastes. Aquele que sabe bem como se faz tinta também sabe reconhecer os vinhos adulterados".

Eu estava muito satisfeito com meu exemplo e, no entanto, percebi que a criança não se impressionara com ele. Precisei de algum tempo para perceber que eu havia apenas cometido uma tolice. Pois, sem falar da impossibilidade de que, aos 12 anos, uma criança pudesse acompanhar minha explicação, a utilidade dessa experiência não entrava em sua mente, pois, tendo provado os dois vinhos e achando-os ambos bons, ela não associava nenhuma ideia à palavra "falsificação", que eu acreditava ter lhe explicado tão bem; estas outras palavras, "nocivo" e "veneno", sequer faziam algum sentido para ela, que se encontrava, a esse respeito, na situação do historiador do médico Filipe; é o caso de todas as crianças.

As relações entre efeitos e causas cuja ligação não percebemos, os bens e os males dos quais não temos nenhuma ideia, as necessidades que jamais sentimos, tudo isso é nulo para nós; e é impossível que nos interessemos sem fazermos nada que tenha relação com isso. Vê-se, aos 15 anos, a felicidade de um homem sábio como, aos 30, a glória do paraíso. Se não concebemos bem uma coisa e outra, faremos pouco para adquiri-las e, mesmo concebendo-as, ainda assim fa-ríamos pouco, caso não as desejássemos e não as sentíssemos como convenien-tes a nós mesmos. É fácil convencer uma criança de que aquilo que queremos ensinar-lhe é útil, mas convencê-la não é nada se não pudermos persuadi-la. Em vão, a tranquila razão nos faz aprovar ou condenar, pois apenas a paixão nos faz agir; e como entusiasmar-se por interesses que ainda não temos?

Nunca mostreis à criança nada que não possa ver. Enquanto a humanidade lhe for quase estranha, não podendo elevá-la à condição de homem, rebaixai, para ela, o homem à condição de criança. Pensando no que pode ser-lhe útil numa outra idade, falai-lhe apenas daquilo cuja utilidade veja desde já. De res-to, nenhuma comparação com outras crianças, nenhum rival, nenhum concor-rente na mesma corrida, logo que começar a raciocinar: prefiro 100 vezes que não aprenda o que aprenderia apenas por inveja ou por vaidade. Registrarei, entretanto, todos os anos, os progressos que tiver realizado; compará-los-ei àqueles que fará no ano seguinte; dir-lhe-ei: "Crescestes de tantas linhas, essa é a distância a que lançáveis uma pedrinha, a distância que percorríeis num só fôlego etc. Vejamos agora o que fareis". Estimulo-a, assim, sem torná-la invejosa de ninguém; desejará superar a si mesma, e deve fazê-lo; não vejo qualquer inconveniente em ser concorrente de si mesma.

Odeio os livros; ensinam apenas a falar do que não sabemos. Dizem que Hermes gravou em colunas os elementos das ciências, para proteger suas descobertas de um dilúvio. Se ele as tivesse fixado bem na cabeça dos homens, elas se teriam conservado por tradição. Cérebros bem preparados são os monumentos em que se gravam mais seguramente os conhecimentos humanos.

Haveria algum meio de aproximar tantas lições dispersas em tantos livros? De reuni-las sob um objeto comum que pudesse ser fácil de ver, interessante de acompanhar e que pudesse servir de estimulante, mesmo nessa idade? Caso se possa inventar uma situação em que todas as necessidades naturais do homem se mostrem de maneira sensível ao espírito de uma criança e em que os meios de satisfazer essas mesmas necessidades se desenvolvam sucessivamente com a mesma facilidade, é pelo retrato vivo e ingênuo desse estado que é preciso dar seu primeiro exercício a sua imaginação.

Filósofo ardente, já vejo vossa imaginação acender. Poupai vossos esforços; essa situação foi encontrada, está descrita e, sem ser injusto convosco, muito melhor do que vós mesmos a descreveríeis; ou, pelo menos, com mais veracidade e simplicidade. Na medida em que precisamos absolutamente de livros, existe um que fornece, para meu gosto, o mais bem-sucedido tratado de educação natural. Esse livro será o primeiro que meu Emílio lerá; por muito tempo, ele comporá, sozinho, toda sua biblioteca e sempre ocupará nela um lugar distinto. Será o texto para o qual todas as nossas conversas sobre as ciências naturais servirão apenas de comentário. Servirá de teste, durante nossos progressos, para o estado de nosso juízo; enquanto nosso gosto não for estragado, sua leitura sempre nos agradará. Que maravilhoso livro, então, é esse? Trata-se de Aristóteles, de Plínio, de Buffon? Não; é *Robinson Crusoé*.

Robinson Crusoé em sua ilha, sozinho, desprovido da assistência de seus semelhantes e dos instrumentos de todas as artes, provendo, no entanto, sua subsistência, sua conservação e alcançando até mesmo uma espécie de bem-estar: eis um objeto interessante para todas as idades e que temos mil maneiras de tornar agradável às crianças. É assim que concebemos a ilha deserta que me servia inicialmente de comparação. Esse estado não é, admito, o do homem social; provavelmente, tampouco deve ser o de Emílio, mas é a partir desse mesmo estado que ele deve apreciar todos os demais. O meio mais seguro de elevar-se acima dos preconceitos e de ordenar seus julgamentos com base nas verdadeiras relações das coisas consiste em colocar-se no lugar do homem isolado e julgar tudo como esse mesmo homem deve julgar, tendo em vista sua própria utilidade.

Esse romance, livre de todos seus excessos, começando com o naufrágio de Robinson perto da ilha e terminando com a chegada do navio que vem resgatá-lo, constituirá, ao mesmo tempo, o divertimento e a instrução de Emílio durante a época de que trato aqui. Desejo que isso ocupe sua mente, que se dedique continuamente a seu castelo, a suas cabras, a suas plantações, que aprenda em detalhes, não nos livros, mas com base nas coisas, tudo que se deve saber em caso semelhante; que acredite ser o próprio Robinson, que se veja vestido de peles, ostentando um grande barrete, um grande sabre, todo o grotesco equipamento da personagem, exceção feita ao guarda-sol, do qual não terá necessidade. Desejo que se preocupe com as medidas a serem tomadas, se uma coisa ou outra vier a lhe faltar; que examine a conduta de seu herói; que investigue se não omitiu nada, se não havia nada melhor a ser feito; que registre atentamente seus erros e que se aproveite deles para que ele próprio não se encontre na mesma situação; pois não duvideis que ele projete formar um acampamento semelhante; é o verdadeiro castelo no ar[11] dessa idade feliz, na qual não se conhece outra felicidade além do necessário e da liberdade.

Que recurso não constitui essa loucura para um homem hábil que soube fazê-la nascer apenas para aproveitá-la. A criança, apressada em constituir um armazém para sua ilha, estará ainda mais entusiasmada para aprender que o mestre para ensinar. Desejará saber tudo que é útil e nada além disso; não tereis mais necessidade de conduzi-la, mas apenas de retê-la. De resto, apressemo-nos em instalá-la nessa ilha enquanto ela limitar a esta sua felicidade, pois se aproxima o dia em que, se ainda desejar viver nela, não desejará mais viver sozinha, e em que Sexta-Feira, que atualmente pouco a comove, não lhe bastará por muito tempo.

A prática das artes naturais, para as quais pode bastar um único homem, conduz à busca das artes de indústria e que exigem o concurso de várias mãos. As primeiras podem ser praticadas por solitários, por selvagens; mas as outras somente podem nascer na sociedade e a tornam necessária. Enquanto se conhece apenas a necessidade física, cada homem basta a si mesmo; a introdução do supérfluo torna indispensável a divisão e a distribuição do trabalho; pois, embora um homem trabalhando sozinho ganhe apenas a subsistência de um homem, 100 homens trabalhando juntos ganharão o suficiente para fazer subsistirem 200. Logo, portanto, que uma parte dos homens descansa, é preciso que o concurso dos braços daqueles que trabalham supra o trabalho daqueles que não fazem nada.

Vosso maior cuidado deve ser o de afastar do espírito de vosso aluno todas as noções das relações sociais que não estão a seu alcance; mas, quando o encadeamento dos conhecimentos vos forçar a mostrar-lhe a dependência mútua dos homens, em vez de mostrar-lha pelo aspecto moral, dirigi primeiramente toda sua atenção para a indústria e as artes mecânicas que as tornam úteis umas

---

11. Da expressão francesa "*château-en-Espagne*", isto é, um projeto quimérico, ilusório. (N.T.)

às outras. Levando-o de oficina em oficina, não tolereis que veja nenhum trabalho sem pôr ele mesmo mãos à obra, nem que saia sem conhecer perfeitamente a razão de tudo que nelas se faz ou, pelo menos, de tudo que observou. Para isso, trabalhai vós mesmos, dai-lhe sempre o exemplo; para torná-lo mestre, sede sempre aprendiz, e podeis ter certeza de que uma hora de trabalho lhe ensinará mais coisas do que ele reteria em um dia de explicações.

Existe uma estima pública vinculada às diferentes artes, na razão inversa de sua utilidade real. Essa estima se mede diretamente com base em sua própria inutilidade, e assim deve ser. As artes mais úteis são as que pagam menos porque o número de operários é proporcional à necessidade dos homens e porque o trabalho necessário a todo mundo permanece necessariamente a um preço que o pobre pode pagar. Ao contrário, esses arrogantes, a que não chamamos artesãos, mas artistas, trabalhando unicamente para os ociosos e os ricos, estabelecem um preço arbitrário para suas bugigangas, e como o mérito desses trabalhos fúteis reside apenas na opinião, até mesmo seu preço faz parte desse mérito, sendo estimados na proporção do que custam. A consideração que o rico tem por eles não resulta de sua utilidade, mas do fato de que o pobre não os pode pagar. *"Nolo habere bona nisi quibus populus inviderit"*.[12]

O que acontecerá com vossos alunos se deixardes que adotem esse tolo preconceito, se vós mesmos o favorecerdes, se vos virem, por exemplo, entrar com maior deferência na loja de um ourives do que na de um serralheiro? Que juízo farão do verdadeiro mérito das artes e do verdadeiro valor das coisas quando virem, por todos os lados, o preço de fantasia em contradição com o preço extraído da utilidade real e constatarem que quanto maior é o preço da coisa menos ela vale? Desde o primeiro momento em que deixardes entrar essas ideias em sua cabeça, abandonai o resto de sua educação; a despeito de vossa vontade, eles serão educados como todo mundo; tereis perdido 14 anos de cuidados.

Pensando em mobiliar sua ilha, Emílio terá outras maneiras de ver. Robinson teria tido muito mais consideração pela loja de um cuteleiro do que por todas as quinquilharias de Saïde.[13] O primeiro lhe teria parecido um homem muito respeitável, e o outro um pequeno charlatão.

"Meu filho foi feito para viver no mundo; não viverá com sábios, mas com loucos; é preciso, portanto, que conheça suas loucuras, pois é por estas que eles

---

12. Petrônio. ["Desejo possuir como bem apenas aquele que o povo invejar", *Satíricon*, 100. (N.T.)]

13. Trata-se, muito provavelmente, de Marc Saÿde (ou Sayde, ou, ainda, Saïde), ótico do rei e também um dos mais famosos joalheiros de Paris. Sua filha era casada com o ator Joseph Caillot (1733-1816), um amigo de Rousseau. (cf. CAMPARDON, Émile. *Les comédiens du roi de la troupe italienne*. Genebra: Slatkine Reprints, 1970. v. 1, p. 88, nota 1). (N.T.)

desejam ser conduzidos. O conhecimento real das coisas pode ser bom, mas o dos homens e de seus juízos vale ainda mais; pois, na sociedade humana, o maior instrumento do homem é o homem, e o mais sábio é aquele que emprega melhor esse instrumento. Para que dar às crianças a ideia de uma ordem imaginária inteiramente contrária à que encontrarão estabelecida e com base na qual deverão guiar-se? Dai-lhes primeiro lições para serem sábias e, em seguida, lhes dareis outras para que julguem em que os outros são loucos."

Eis as especiosas máximas com base nas quais a falsa prudência dos pais se esforça para tornar seus filhos escravos do preconceito com que os alimentam e eles mesmos fantoches da turba insensata da qual pensam fazer o instrumento de suas paixões. Para chegar a conhecer o homem, quantas coisas se devem conhecer antes dele! O homem é o último estudo do sábio, e pretendeis fazer dele o primeiro de uma criança! Antes de instruí-la a respeito de nossos sentimentos, começai por ensiná-la a apreciá-los; pode-se conhecer uma loucura confundindo-a com a razão? Para ser sábio, é preciso discernir o que não o é; como vosso filho conhecerá os homens se não sabe nem julgar seus julgamentos nem identificar seus erros? É um mal saber o que pensam quando se ignora se o que pensam é verdadeiro ou falso. Ensinai-lhe, portanto, primeiramente o que são as coisas em si mesmas, e lhe ensinareis depois o que são a nossos olhos: é assim que saberá comparar a opinião à verdade e elevar-se acima do vulgar; pois não reconhecemos os preconceitos quando os adotamos e não conduzimos o povo quando nos assemelhamos a ele. Se, porém, começais por instruí-lo a respeito da opinião pública antes de ensiná-lo a apreciá-la, podeis ter certeza de que, a despeito do que puderdes fazer, tal opinião se tornará sua, e não mais a destruireis. Concluo que, para tornar um jovem judicioso, é preciso formar bem seus julgamentos em vez de ditar-lhe os nossos.

Vedes que, até aqui, não falei dos homens a meu aluno; ele teria tido bom senso demais para me ouvir; suas relações com sua espécie ainda não lhe são sensíveis o bastante para que possa julgar os outros com base em si mesmo. Não conhece outro ser humano além de si e, assim mesmo, está bem longe de se conhecer; contudo, se faz poucos julgamentos sobre sua pessoa, os que faz são, pelo menos, exatos. Ignora qual é o lugar dos outros, mas sente o seu e mantém-se nele. No lugar das leis sociais que não pode conhecer, nós o prendemos com os grilhões da necessidade. Ele praticamente é ainda apenas um ser físico; continuemos a tratá-lo como tal.

É pela relação sensível com sua utilidade, sua segurança, sua conservação, seu bem-estar, que deve apreciar todos os corpos da natureza e todos os trabalhos dos homens. Assim, o ferro deve ter, a seus olhos, um preço muito maior que o ouro, e o vidro que o diamante. Da mesma forma, ele honra muito mais um sapateiro, um pedreiro, do que um L'Empereur, um Le Blanc[14] e todos os joalheiros da Europa; sobretudo um confeiteiro é, a seus olhos, um homem muito importante, e trocaria toda a Academia das ciências pelo menor confeiteiro da rua dos Lombardos. Os ourives, os gravadores, os douradores constituem, em sua opinião, apenas preguiçosos que se divertem com jogos perfeitamente inúteis; sequer tem grande consideração pela relojoaria. A feliz criança goza do tempo sem ser seu escravo; aproveita-o e não conhece seu preço. A calmaria das paixões que torna para ela sua sucessão sempre igual lhe serve de instrumento para medi-lo quando necessário.[15] Supondo-lhe um relógio, assim como fazendo-o chorar, eu me daria um Emílio vulgar, para ser útil e me fazer entender; pois, quanto ao verdadeiro, uma criança tão diferente das outras não serviria de exemplo para nada.

Existe uma ordem não menos natural e ainda mais judiciosa pela qual se consideram as artes segundo as relações de necessidade que as unem, colocando na primeira fileira as mais independentes e, na última, as que dependem de um maior número de outras. Essa ordem, que fornece importantes considerações sobre a da sociedade geral, é semelhante à anterior e sujeita à mesma inversão na estima dos homens. De modo que o emprego das matérias-primas se faz em ofícios sem honra, quase sem lucro, e que, quanto mais elas trocam de mãos, mais cara e honrosa se torna a mão de obra. Não examino se é verdade que a indústria é maior e merece maior recompensa nas artes minuciosas, que conferem a derradeira forma a essas matérias, do que no primeiro trabalho que as converte ao uso dos homens; mas digo que, em cada coisa, a arte cujo uso é mais geral e mais indispensável é incontestavelmente a que merece maior estima, e que aquela que menos necessita de outras artes a merece ainda mais que as mais subordinadas, pois é mais livre e está mais perto da independência. Eis as verdadeiras regras da apreciação das artes e da indústria; todo o resto é arbitrário e depende da opinião.

A primeira e mais respeitável de todas as artes é a agricultura; eu colocaria a forja em segundo lugar, a carpintaria em terceiro, e assim por diante. A criança que não terá sido seduzida pelos preconceitos vulgares fará precisamente a mesma avaliação. Quantas reflexões importantes nosso Emílio não tirará, a esse respeito,

---

14. Jean-Daniel L'Empereur (ou Lempereur) e Sébastien-Louis Leblanc eram dois famosos ourives da época, muito requisitados pelas grandes famílias da França. (N.T.)

15. O tempo perde, para nós, sua medida quando nossas paixões querem regular seu curso segundo sua vontade. O relógio do sábio é a igualdade de humor e a paz da alma; está sempre na hora certa e ele a conhece sempre.

de seu *Robinson*! O que pensará ao ver que as artes apenas se aperfeiçoam dividindo-se, multiplicando ao infinito seus respectivos instrumentos? Dirá a si mesmo: todas essas pessoas são tolamente engenhosas. É como se tivessem medo de que seus braços e seus dedos não lhes servissem para nada, tanto inventam instrumentos para dispensá-los. Para exercerem uma única arte, sujeitam-se a mil outras; é preciso uma cidade para cada operário. Quanto a meu camarada e eu, colocamos nosso gênio em nossa destreza; fazemos ferramentas que podemos levar conosco a todos os lugares. Todas essas pessoas tão orgulhosas de seus talentos não saberiam nada em nossa ilha e seriam, por sua vez, nossas aprendizes.

Leitor, não vos limiteis a ver aqui o exercício do corpo e a destreza das mãos de nosso aluno, mas considerai a direção que damos a suas curiosidades infantis; considerai o sentido, o espírito inventivo, a previdência, considerai a cabeça que iremos formar para ele. Em tudo que verá, em tudo que fará, desejará conhecer tudo, desejará saber a razão de tudo: de instrumento em instrumento, desejará remontar ao primeiro; não admitirá nada por suposição; recusar-se-á a aprender o que exigir um conhecimento anterior que não tiver; vendo uma mola ser fabricada, desejará saber como o aço foi extraído da mina; vendo serem juntadas as peças de um baú, desejará saber como a árvore foi cortada. Trabalhando por si próprio, ele não deixará de se questionar, para cada ferramenta empregada: "Se eu não tivesse esta ferramenta, poderia fazer outra semelhante ou poderia dispensá-la?".

De resto, um erro difícil de evitar nas ocupações com que o mestre se entusiasma consiste em sempre supor que a criança possui o mesmo gosto; quando o divertimento do trabalho vos empolgar, atentai para que ela não se entedie sem ousar manifestá-lo. A criança deve dedicar-se inteiramente à coisa; mas vós deveis vos dedicar inteiramente à criança, observá-la, vigiá-la sem descanso e sem demonstrá-lo, pressentir todos seus sentimentos de antemão e prevenir os que não deve ter; ocupá-la, por fim, não somente para que se sinta útil à coisa mas para que se divirta à força de compreender bem para que serve o que faz.

A sociedade das artes consiste em trocas de indústria; a do comércio, em trocas de coisas; a dos bancos, em trocas de sinais e de dinheiro. Todas essas ideias estão relacionadas e as noções elementares já foram adquiridas; lançamos os fundamentos de tudo isso desde a primeira idade, com a ajuda do jardineiro Roberto. Resta-nos agora apenas generalizar essas mesmas ideias e estendê-las a mais exemplos, para fazer com que nosso aluno compreenda o jogo da circulação considerado em si mesmo e tornado sensível pelos detalhes de história natural concernentes às produções particulares de cada país, pelos detalhes de artes e de ciências concernentes à navegação e, por fim, pelo maior ou menor embaraço do transporte segundo a distância dos lugares, segundo a situação das terras, dos mares, dos rios etc.

Nenhuma sociedade pode existir sem trocas, nenhuma troca sem medida comum, e nenhuma medida comum sem igualdade. Assim, toda sociedade tem como primeira lei alguma igualdade convencional, seja entre os homens, seja entre as coisas.

A igualdade convencional entre os homens, bem diferente da igualdade natural, torna necessário o direito positivo, isto é, o governo e as leis. Os conhecimentos políticos de uma criança devem ser claros e limitados: deve conhecer, quanto ao governo em geral, apenas o que se refere ao direito de propriedade, do qual já possui alguma ideia.

A igualdade convencional entre as coisas levou à invenção da moeda. A moeda é apenas um termo de comparação para o valor das coisas de diferentes espécies e, nesse sentido, é o verdadeiro liame da sociedade; mas tudo pode ser moeda; antigamente, o gado o era, conchas ainda o são entre vários povos, o ferro foi moeda em Esparta, o couro o foi na Suécia, o ouro e a prata o são entre nós.

Os metais, sendo mais fáceis de transportar, foram escolhidos como termos médios de todas as trocas; depois, converteram-se esses metais em moeda, para dispensar a medida ou o peso em cada troca, pois a marca da moeda é apenas um atestado de que a peça assim marcada tem o peso em questão, e somente o príncipe tem o direito de cunhar moeda, na medida em que apenas ele tem o direito de exigir que seu testemunho se imponha a todo um povo.

A utilidade dessa invenção assim explicada se faz sentir até ao mais estúpido. É difícil comparar imediatamente coisas de naturezas diferentes: pano, por exemplo, e trigo. Mas, encontrando-se uma medida comum, isto é, a moeda, é fácil para o fabricante e para o lavrador reduzirem o valor das coisas que desejam trocar a essa medida comum. Se uma quantidade de pano vale certa soma de dinheiro e uma quantidade de trigo vale a mesma soma de dinheiro, decorre disso que o mercador, recebendo trigo em troca de seu lençol, faz uma troca equitativa. Assim, é por meio da moeda que os bens de espécies diversas se tornam mensuráveis e podem ser comparados.

Não ides além desse ponto e não entreis na explicação dos efeitos morais dessa instituição. Para cada coisa, importa expor bem os usos antes de apontar os abusos. Se pretendíeis explicar às crianças como os sinais fazem negligenciar as coisas, como da moeda nasceram todas as quimeras da opinião, como os países ricos em dinheiro devem ser pobres em tudo, trataríeis essas crianças não somente como filósofos mas como homens sábios, e pretenderíeis fazer com que entendessem até mesmo o que poucos filósofos compreenderam bem.

Para que quantidade de objetos interessantes não podemos dirigir assim a curiosidade de um aluno, sem nunca abandonar as relações reais e materiais que estão a seu alcance nem tolerar que se eleve em seu espírito uma única ideia que não possa compreender? A arte do mestre consiste em nunca deixar que ele concentre suas observações em minúcias que não se vinculam a nada, mas em aproximá-lo continuamente das grandes relações que deve um dia conhecer para julgar corretamente a boa e a má ordem da sociedade civil. É preciso saber harmonizar as conversas com que o divertimos e o caráter que lhe demos. Uma questão que não poderia sequer roçar a atenção de outro vai atormentar Emílio por seis meses.

Vamos jantar numa casa opulenta; encontramos os preparativos de um banquete, muita gente, muitos lacaios, muitos pratos, um serviço elegante e fino. Toda essa cerimônia de prazer e de festa possui algo de inebriante que sobe à cabeça quando não estamos acostumados a ela. Pressinto o efeito de tudo isso em meu jovem aluno. Enquanto a refeição se estende, enquanto os serviços se sucedem, enquanto em volta da mesa reinam mil conversas barulhentas, aproximo-me de seu ouvido e lhe pergunto: "Por quantas mãos estimaríeis que tenha passado tudo que vedes sobre esta mesa antes de a ela chegar?". Que quantidade de ideias desperto em seu cérebro com essas poucas palavras! Num instante, eis todos os vapores do delírio abatidos. Ele medita, reflete, calcula e se inquieta. Enquanto os filósofos, alegrados pelo vinho e talvez por suas vizinhas, disparatam e agem como crianças, ei-lo filosofando sozinho em seu canto; interroga-me, recuso-me a responder e deixo para depois; impacienta-se, esquece de comer e de beber, anseia por deixar a mesa para interrogar-me à vontade. Que objeto para sua curiosidade! Que texto para sua instrução! Com um juízo sadio que nada pôde corromper, o que pensará ele do luxo quando descobrir que todas as regiões do mundo foram chamadas a contribuir, que talvez 20 milhões de mãos tenham por muito tempo trabalhado, que isso talvez tenha custado a vida de milhares de homens, e tudo para apresentar-lhe ao meio-dia, com pompa, o que ele irá depositar à noite em sua latrina?

Espiai com cuidado as conclusões secretas que extrai em seu coração de todas suas observações. Se não o vigiastes tão bem quanto suponho, ele pode estar tentado a dirigir suas reflexões para outro sentido e a ver a si mesmo como uma personagem importante do mundo, observando tantos cuidados concorrerem para preparar seu jantar. Se pressentirdes esse raciocínio, podeis facilmente preveni-lo antes que ele o faça ou, ao menos, apagar imediatamente sua impressão. Não sabendo ainda apropriar-se das coisas senão por um gozo material, não pode avaliar a conveniência ou a desconveniência destas com ele senão por relações sensíveis. A comparação de um jantar simples e rústico, preparado pelo exercício, temperado pela fome, pela liberdade e pela alegria, a seu banquete tão magnífico e tão regrado bastará para fazê-lo sentir que, não lhe rendendo nenhum proveito real toda a pompa do banquete e seu estômago deixando a mesa do camponês tão satisfeito quanto ao deixar a do financista, um não trazia, em relação ao outro, nada a mais que pudesse considerar verdadeiramente seu.

Imaginemos o que, em semelhante caso, um governante poderá lhe dizer: "Lembrai-vos bem dessas duas refeições e decidi por vós mesmos qual delas fizestes com maior prazer. Em qual delas observastes maior alegria? Em qual delas comeu-se com maior apetite, bebeu-se com maior alegria, riu-se com mais boa vontade? Qual delas durou mais tempo sem aborrecimento e sem precisar ser renovada por outros serviços? Notai, entretanto, a diferença: este pão trigueiro que vos parece tão bom vem do trigo colhido por esse camponês; seu vinho negro e grosseiro, mas refrescante e saudável, vem da colheita de sua vinha; a toalha vem de seu cânhamo, tecido durante o inverno por sua mulher, por suas filhas, por sua criada; nenhuma outra mão além das de sua família fez os preparativos de sua mesa; o moinho mais próximo e o mercado vizinho são, para ele, as fronteiras do universo. Em que, portanto, realmente gozastes de tudo que forneceram a mais a terra distante e a mão dos homens à outra mesa? Se tudo isso não vos proporcionou uma melhor refeição, o que ganhastes com tal abundância? O que havia lá que fosse feito para vós?". "Se tivésseis sido o senhor da casa", ele poderá acrescentar, "tudo isso vos teria permanecido ainda mais estranho, pois o cuidado de expor vosso gozo aos olhos dos outros acabaria privando-vos dele; teríeis tido o desgosto e eles, o prazer."

Essas palavras podem ser belíssimas, mas não valem nada para Emílio, cujo entendimento elas ultrapassam e cujas reflexões não lhe são ditadas. Falai-lhe, portanto, com mais simplicidade. Após esses dois testes, perguntai-lhe, uma manhã qualquer: "Onde jantaremos hoje? Em volta dessa montanha de dinheiro que cobre os três quartos da mesa e desses canteiros de flores de papel que são servidas, como sobremesa, sobre espelhos? Entre essas mulheres em grandes saias que vos tratam como marionetes e que desejam que tenhais dito o que não sabeis? Ou, então, nessa aldeia a duas léguas[16] daqui, na casa dessa boa gente que nos recebe com tanta alegria e que nos oferece um creme tão bom?". A escolha de Emílio não é duvidosa, pois ele não é tagarela nem fútil; não pode suportar o embaraço e todos os nossos guisados finos não lhe agradam em nada; mas está sempre pronto para correr pelo campo e gosta muito das boas frutas, dos

---

16. Cerca de 7,8 quilômetros. (N.E.)

bons legumes, do bom creme e da boa gente.[17] Durante o trajeto, a reflexão vem por si mesma. Vejo que essas multidões de homens que trabalham para essas grandes refeições perdem seus esforços ou pouco pensam em nossos prazeres.

Meus exemplos, bons talvez para um paciente, serão maus para mil outros. Entendendo seu espírito, poder-se-á variá-los segundo a necessidade; a escolha decorre do estudo do gênio particular de cada um, e esse estudo decorre das ocasiões que lhes oferecemos para se mostrarem. Não se imaginará que, no espaço de três ou quatro anos que temos de preencher aqui, possamos dar à criança mais dotada uma ideia de todas as artes e de todas as ciências naturais, suficiente para que ela mesma as ensine um dia; fazendo, assim, passar diante dela todos os objetos que lhe importa conhecer, nós a colocamos em condições de desenvolver seu gosto, seu talento, de dar os primeiros passos na direção do objeto a que seu gênio a conduz e de nos indicar o caminho que lhe devemos abrir para secundar a natureza.

Outra vantagem desse encadeamento de conhecimentos limitados, mas exatos, consiste em mostrar-lhos por suas ligações e por suas relações, em fazer com que todos ocupem seu lugar em sua estima e em prevenir na criança os preconceitos que tem a maioria dos homens em favor dos talentos que cultivam contra os que negligenciaram. Aquele que vê bem a ordem do todo vê o lugar em que deve estar cada parte; aquele que vê bem uma parte e que a conhece a fundo pode ser um homem erudito; o outro é um homem judicioso, e vós vos recordais de que o que propomos adquirir é menos a ciência que o juízo.

Seja como for, meu método é independente de meus exemplos; está fundado na medida das faculdades do homem, em suas diferentes idades, e na escolha das ocupações que convêm a tais faculdades. Acredito que encontraríamos facilmente outro método com que pareceríamos obter melhores resultados; mas, se ele fosse menos apropriado à espécie, à idade e ao sexo, duvido que teria o mesmo sucesso.

Ao iniciarmos este segundo período, aproveitamos a superabundância de nossas forças, em relação a nossas necessidades, para nos transportarmos para fora de nós mesmos: precipitamo-nos rumo aos céus; medimos a Terra; recolhemos as leis da natureza; ou seja, percorremos a ilha inteira. Agora, voltamos

---

17. O gosto que suponho que meu aluno tenha pelo campo é um fruto natural de sua educação. Aliás, não tendo nada desse ar pretensioso e afetado que tanto agrada às mulheres, ele é menos festejado que outras crianças; consequentemente, encontra menor prazer em sua companhia e é menos estragado em seu convívio, cujo encanto ainda não está em condições de sentir. Evitei ensiná-lo a beijar-lhes a mão, a dizer-lhes frivolidades ou mesmo a dar-lhes preferivelmente, em relação aos homens, a atenção que lhes é devida: obriguei-me a não exigir-lhe nada cuja razão não estivesse a seu alcance, e não há, para uma criança, boa razão para tratar um sexo diferentemente de outro.

a nós mesmos; aproximamo-nos lentamente de nossa habitação. Ficaríamos felizes se, ao adentrá-la, não a encontrássemos ainda possuída pelo inimigo que nos ameaça e que se prepara para tomá-la.

O que nos resta fazer após termos observado tudo que nos cerca? Converter ao nosso uso tudo de que podemos nos apropriar e tirar proveito de nossa curiosidade em benefício de nosso bem-estar. Até aqui, fizemos provisões de instrumentos de toda espécie sem saber dos quais teríamos necessidade. Inúteis para nós, talvez os nossos poderão servir a outros; e talvez, por nossa vez, teremos necessidade dos seus. Assim, ficaríamos todos satisfeitos com essas trocas; mas, para realizá-las, é preciso conhecer nossas necessidades mútuas; é preciso que cada qual saiba o que outros têm de útil para ele e o que pode oferecer-lhes em troca. Suponhamos dez homens, dos quais cada um tem dez espécies de necessidades. É preciso que cada qual se dedique, para obter seu necessário, a dez espécies de trabalhos; mas, dada a diferença de gênio e de talento, um terá menos êxito em um de seus trabalhos, outro em outro. Aptos a coisas diferentes, todos farão as mesmas e serão mal servidos. Formemos uma sociedade com esses dez homens, de modo que cada um se dedique, para si mesmo e para os nove outros, ao gênero de ocupação que mais lhe convém; cada qual se beneficiará dos talentos dos outros como se ele sozinho os tivesse todos; cada um aperfeiçoará o seu por um exercício contínuo, e acontecerá que todos os dez, perfeitamente bem providos, ainda terão excedente para os outros. Eis o princípio aparente de todas as nossas instituições. Não integra meu assunto examinar aqui suas consequências; é o que fiz em outro livro.[18]

Com base nesse princípio, um homem que desejasse ver a si mesmo como um ser isolado, não recebendo nada do todo e bastando a si próprio, não poderia ser nada além de miserável. Ser-lhe-ia até mesmo impossível subsistir; pois, encontrando a Terra inteiramente tomada pelo teu e pelo meu e não tendo nada para si além de seu corpo, de onde tiraria seu necessário? Ao deixarmos o estado de natureza, forçamos nossos semelhantes a deixá-lo também; ninguém pode nele permanecer a despeito dos outros; na impossibilidade de viver nele, querer permanecer seria realmente o mesmo que abandoná-lo, pois a primeira lei da natureza é o cuidado de se conservar.

Assim se formam, pouco a pouco, no espírito de uma criança, as ideias das relações sociais, antes mesmo que possa realmente ser membro ativo da sociedade. Emílio vê que, para ter instrumentos que lhe sejam úteis, é preciso

---

18. Rousseau refere-se, aqui, à passagem sobre a divisão das tarefas em seu *Discurso sobre a origem e os fundamentos da desigualdade entre os homens*. (N.T.)

que haja outros que sejam úteis a outras pessoas, por meio dos quais possa obter em troca as coisas que lhe são necessárias e que estão em poder daquelas. Conduzo-o facilmente a sentir a necessidade dessas trocas e a colocar-se em condições de beneficiar-se delas.

"Monsenhor, é preciso que eu viva", dizia um desafortunado autor satírico ao ministro que o repreendia pela infâmia desse ofício. "Não vejo a necessidade disso", respondeu-lhe friamente o dignitário. Essa resposta, excelente para um ministro, teria sido bárbara e falsa em qualquer outra boca. É preciso que todo homem viva. Esse argumento, a que cada um confere maior ou menor força, segundo tem mais ou menos humanidade, me parece indiscutível para aquele que o formula em relação a si mesmo. Na medida em que, de todas as aversões que a natureza nos dá, a mais forte é a de morrer, decorre disso que tudo é por ela permitido àquele que não possui qualquer outro meio possível para viver. Os princípios com base nos quais o homem virtuoso aprende a desprezar sua vida e a sacrificá-la a seu dever estão muito longe dessa simplicidade primitiva. Felizes são os povos entre os quais podemos ser bons sem esforço e justos sem virtude! Se existe algum Estado miserável no mundo, onde ninguém possa viver sem agir mal e onde os cidadãos sejam patifes por necessidade, não é o malfeitor que se deve enforcar, mas aquele que o força a tornar-se assim.

Assim que Emílio souber o que é a vida, meu primeiro cuidado será o de ensiná-lo a conservá-la. Até aqui, não distingui as condições, as posições sociais, as fortunas, e mal as distinguirei na sequência, pois o homem é o mesmo em todas as condições; o rico não tem um estômago maior que o do pobre e não digere melhor que ele; o senhor não tem os braços mais longos nem mais fortes que os de seu escravo; um nobre não é maior que um homem do povo; e, por fim, sendo as necessidades naturais as mesmas em todos os lugares, os meios de satisfazê-las devem ser sempre os mesmos. Adequai a educação do homem ao homem, e não ao que não é ele. Não vedes que, esforçando-vos em formá-lo exclusivamente para um estado, vós o tornais inútil para qualquer outro e que, se a sorte assim decidir, tereis trabalhado para torná-lo infeliz? Há algo mais ridículo que um grande senhor arruinado, que leva para sua miséria os preconceitos de seu nascimento? Há algo mais vil que um rico empobrecido, que, lembrando-se do desprezo que se deve à pobreza, sente-se como se tivesse se tornado o último dos homens? Um tem por único recurso o ofício de patife público; o outro, o de lacaio rastejante, com estas belas palavras: "É preciso que eu viva".

Confiais na ordem atual da sociedade, sem imaginar que esta ordem está sujeita a revoluções inevitáveis e que vos é impossível prever ou prevenir a que pode concernir a vossos filhos. O nobre se torna plebeu, o rico se torna pobre, o monarca se torna súdito: seriam os golpes do destino raros a ponto de vos dar a certeza de estar imune a eles? Aproximamo-nos do estado de crise e do século das revoluções.[19] Quem pode dizer o que acontecerá então convosco? Tudo que os homens fizeram os homens podem destruir: não há traços indeléveis além dos que imprime a natureza, e a natureza não faz nem príncipes, nem ricos, nem grandes senhores. O que fará, portanto, na baixeza, este sátrapa que educastes apenas para a grandeza? O que fará na pobreza este publicano que não sabe viver sem ouro? O que fará, desprovido de tudo, este pomposo imbecil que não sabe utilizar a si próprio e que põe o seu ser apenas naquilo que lhe é estranho? Feliz aquele que sabe abandonar então a condição que o abandona, e permanecer homem a despeito do destino! Que louvem o tanto quanto quiserem este rei vencido que deseja, na sua loucura, ser enterrado sob os escombros de seu trono; eu o desprezo; vejo que ele existe apenas por sua coroa e que não é nada se não for rei; mas aquele que a perde e a dispensa está acima dela. Da posição de rei, que um covarde, um homem mau e um louco podem ocupar tanto quanto qualquer outro, ele se eleva ao estado de homem que tão poucos homens sabem ocupar. Triunfa, então, sobre a sorte, enfrenta-a, não deve nada senão a si mesmo; quando ele é tudo que ainda tem para mostrar, ele não é nulo; é algo. Sim, prefiro 100 vezes o rei de Siracusa, mestre-escola na Coríntia, e o rei da Macedônia, escrivão em Roma, a um infeliz Tarquínio, que não sabe o que fazer se não reinar; ou ao herdeiro e ao filho de um rei dos reis,[20] fantoche de todo aquele que ousa insultar sua miséria, errando de corte em corte, procurando socorros por todos os lados e encontrando em todo lugar afrontas, não sabendo fazer outra coisa além de um ofício que não está mais em seu poder.

O homem e o cidadão, seja ele quem for, não possui outro bem a introduzir na sociedade além de si mesmo; todos seus outros bens nela se encontram a despeito de sua vontade; e, quando um homem é rico, ou ele não goza sua riqueza ou o público a goza também. No primeiro caso, rouba dos demais aquilo de que se priva; no segundo, não lhes dá nada. Assim, a dívida social lhe cabe inteiramente, enquanto pagar apenas com seus bens. Mas meu pai, ao ganhá-los, serviu a sociedade... Pois seja; pagou sua dívida, mas não a vossa. Deveis mais aos outros que se tivésseis nascido sem bens, pois nascestes favorecido. Não é justo que o que um homem fez pela sociedade desobrigue outro do que deve a esta, pois,

---

19. Considero impossível que as grandes monarquias da Europa ainda possam durar muito tempo; todas brilharam, e todo Estado que brilha está em seu declínio. Tenho, de minha opinião, razões mais particulares que essa máxima; não cabe, porém, enunciá-las aqui, e cada um as pode perfeitamente ver.

20. Vorones, filho de Fraates, rei dos partas.

cada um devendo-se inteiramente, ninguém pode pagar senão por si mesmo e nenhum pai pode transmitir a seu filho o direito de ser inútil a seus semelhantes; ora, é, no entanto, o que ele faz, segundo dizeis, ao transmitir-lhe suas riquezas, que constitui a prova e a recompensa do trabalho. Aquele que come, no ócio, o que não ganhou por si próprio o rouba; e um rentista que o Estado paga para não fazer nada pouco difere, a meus olhos, de um bandido que vive à custa dos transeuntes. Fora da sociedade, o homem isolado, não devendo nada a ninguém, tem o direito de viver como quer; na sociedade, porém, onde vive necessariamente à custa dos outros, deve-lhes em trabalho o preço de sua manutenção; isso não admite exceção. Trabalhar é, portanto, um dever indispensável ao homem social. Rico ou pobre, poderoso ou fraco, todo cidadão ocioso é um patife.

Ora, de todas as ocupações que podem fornecer subsistência ao homem, a que mais o aproxima do estado de natureza é o trabalho das mãos: de todas as condições, a mais independente da fortuna e dos homens é a do artesão. O artesão depende apenas de seu trabalho, é tão livre quanto o lavrador é escravo, pois este está vinculado a seu campo, no qual a colheita se encontra à discrição de outrem. O inimigo, o príncipe, um vizinho poderoso ou um processo podem privá-lo desse campo; por meio deste, pode-se humilhá-lo de mil maneiras, mas, em todo lugar que se queira humilhar o artesão, sua bagagem está logo pronta; leva seus braços e parte. Todavia, a agricultura é o primeiro ofício do homem; é o mais honesto, o mais útil e, consequentemente, o mais nobre que possa exercer. Não digo a Emílio: "Aprende a agricultura"; ele a conhece. Todos os trabalhos rústicos lhe são familiares; é por eles que começou; é a eles que continuamente retorna. Digo-lhe, portanto: "Cultiva o patrimônio de teus pais, mas, se o perderes ou se não o tiveres, o que fazer? Aprende um ofício".

"Um ofício para meu filho! Meu filho, artesão! Senhor, pensais nisso?" Penso nisso melhor do que vós, senhora, que desejais reduzi-lo a poder ser apenas um lorde, um marquês, um príncipe e, talvez, um dia, menos que nada; quanto a mim, desejo dar-lhe uma posição que não possa perder, uma posição que o honre em todas as épocas, e, a despeito do que puderdes dizer, ele terá menos pares a este título do que a todos que receber de vós.

"A letra mata e o espírito vivifica."[21] Trata-se menos de aprender um ofício para saber um ofício que para vencer os preconceitos que o menosprezam. Não sereis jamais reduzido a trabalhar para viver. Pois bem! Tanto pior, tanto pior para vós! Mas não importa, não trabalheis por necessidade; trabalheis por glória. Rebaixai-vos à condição de artesão para situar-vos acima da vossa. Para

---

21. 2 Coríntios 3:6. (N.E.)

submeter a fortuna e as coisas a vós mesmos, começai tornando-vos independente delas. Para reinar pela opinião, começai reinando sobre ela.

Lembrai-vos de que não é um talento que vos peço; é um ofício, um verdadeiro ofício, uma arte puramente mecânica, na qual as mãos trabalham mais que a cabeça e que não conduz à fortuna, mas com a qual esta pode ser dispensada. Em casas muito acima do perigo de faltar pão, vi pais levarem a previdência ao ponto de associar o cuidado de instruir seus filhos ao de provê-los de conhecimentos dos quais pudessem, diante de qualquer acontecimento, tirar proveito para viver. Esses pais previdentes acreditam fazer muito, mas não fazem nada, pois os recursos que pensam administrar a seus filhos dependem dessa mesma fortuna acima da qual desejam colocá-los. De modo que, com todos esses belos talentos, se aquele que os tem não se encontra em circunstâncias favoráveis para empregá-los, morrerá de miséria como se não tivesse nenhum.

Logo que se trata de artimanha e de intrigas, dá praticamente no mesmo empregá-las para manter-se na abundância ou para recuperar o suficiente para, do seio da miséria, remontar a sua condição original. Se cultivais artes cujo sucesso se deve à reputação do artista, se vós vos atribuirdes empregos que somente se obtêm por favorecimento, de que vos servirá tudo isso quando, justamente enojado do mundo, desdenhareis os meios sem os quais não se pode alcançar êxito? Estudastes a política e os interesses dos príncipes: isso é muito bom; mas o que fareis com tais conhecimentos se não souberdes alcançar os ministros, as mulheres da corte, os chefes dos gabinetes; se não conhecerdes o segredo para agradar-lhes; se todos virem em vós apenas o patife que lhes convém? Sois arquiteto ou pintor; assim seja, mas é preciso fazer com que vosso talento seja conhecido. Acreditais ir diretamente expor uma obra no salão? Ó, não é assim que funciona! É preciso pertencer à Academia; é preciso até mesmo ser protegido para obter, no canto de um muro, algum lugar obscuro. Deixai a régua e o pincel comigo, pegai um fiacre e correi de porta em porta; é assim que se adquire a celebridade. Ora, deveis saber que todas essas ilustres portas são guardadas por zeladores[22] ou porteiros que compreendem apenas os gestos e cujos ouvidos estão em suas mãos. Quereis ensinar o que aprendestes e tornar-vos professor de geografia, de matemática, de língua, de música ou de desenho? Até mesmo para isso é preciso encontrar alunos e, consequentemente, aduladores. Podeis ter certeza de que mais importa ser charlatão que hábil e que, se não sabeis outro ofício além do vosso, nunca sereis nada além de um ignorante.

---

22. No texto original, Rousseau emprega a palavra *suisses* ("suíços"), termo antigo para designar criados encarregados de guardar a porta de uma habitação. (N.T.)

Vede, portanto, a que ponto todos esses brilhantes recursos são pouco sólidos e quantos outros recursos vos são necessários para tirar proveito deles. E, além disso, o que vos tornareis nesse covarde rebaixamento? Os revezes vos aviltam sem vos instruir; mais do que nunca joguete da opinião pública, como vos elevareis acima dos preconceitos, árbitros de vosso destino? Como desprezareis a baixeza e os vícios de que necessitais para subsistir? Dependíeis apenas das riquezas e, agora, dependeis dos ricos; apenas agravastes vossa escravidão e a sobrecarregastes com vossa miséria. Eis-vos pobre sem serdes livres; é o pior estado em que pode o homem cair.

Contudo, em vez de recorrer, para viver, a esses altos conhecimentos que são feitos para alimentar a alma e não o corpo, se recorrerdes, segundo a necessidade, a vossas mãos e ao emprego que sabeis fazer delas, todas as dificuldades desaparecem, todas as artimanhas se tornam inúteis; o recurso está sempre pronto no momento de empregá-lo; a probidade e a honra não constituem mais um obstáculo à vida; não tendes mais necessidade de ser covarde e mentiroso diante dos nobres, maleável e rastejante diante dos patifes, vil bajulador com todos, devedor ou ladrão, o que é praticamente a mesma coisa quando não se tem nada: a opinião dos outros não vos atinge; não tendes de cortejar ninguém, de bajular nenhum tolo, de aliciar nenhum porteiro, de pagar nenhuma cortesã, nem, o que é pior, de adulá-la. Pouco vos importa que marotos conduzam os grandes negócios; isso não vos impedirá de ser, em vossa vida obscura, um homem honesto e de ter pão. Entrais na primeira loja do ofício que aprendestes. "Mestre, preciso de trabalho"; "Companheiro, instalai-vos aí e trabalhai". Antes que chegue a hora do jantar, tereis ganho vosso jantar; se fordes diligente e sóbrio, antes que transcorram oito dias, tereis ganho o suficiente para viver outros oito dias. Tereis vivido livre, são, verdadeiro, trabalhador, justo: não se perde tempo ganhando-o dessa forma.

Desejo absolutamente que Emílio aprenda um ofício. Um ofício honesto, pelo menos, direis? Que significa tal palavra? Nem todo ofício útil ao público é honesto? Não quero que seja costureiro, nem dourador, nem envernizador como o fidalgo de Locke; não quero que seja músico, nem ator, nem escritor. Exceção feita a essas profissões e àquelas que se assemelham a elas, que escolha a que desejar; não pretendo incomodá-lo em nada. Prefiro que seja sapateiro a poeta; prefiro que pavimente as grandes estradas a que faça flores em porcelana. Mas, direis, os arqueiros, os espiões, os carrascos são pessoas úteis. Dependerá apenas do governo que não o sejam; mas, admitamos, eu estava enganado; não basta escolher um ofício útil; é preciso ainda que não exija das pessoas que o exercem qualidades de alma odiosas e incompatíveis com a humanidade.

Retornando, assim, à primeira palavra, escolhamos um ofício honesto; mas lembremo-nos sempre de que não existe nenhuma honestidade sem utilidade.

Um famoso autor deste século, cujos livros estão repletos de grandes projetos e de pequenos propósitos, manifestara, assim como todos os padres de sua comunhão, o desejo de não ter uma mulher; porém, sendo mais escrupuloso que os outros a respeito do adultério, dizem que tomou a decisão de ter criadas bonitas, com quem reparava da melhor forma possível o ultraje que fizera a sua espécie por esse temerário compromisso.[23] Encarava como um dever de cidadão oferecer outros cidadãos à pátria e, com o tributo que lhe pagava nessa espécie, povoava a classe dos artesãos. Assim que essas crianças alcançavam a idade adequada, fazia com que todas aprendessem um ofício de seu gosto, excluindo apenas as profissões ociosas, fúteis ou sujeitas à moda, como, por exemplo, a de peruqueiro, que nunca é necessária e que pode se tornar inútil de um dia para o outro enquanto a natureza não se recusar a nos dar cabelos.

Eis o espírito que deve nos guiar na escolha do ofício de Emílio; ou, antes, não cabe a nós fazer tal escolha, mas a ele, pois, na medida em que as máximas de que está imbuído mantêm nele o desprezo natural pelas coisas inúteis, ele nunca desejará consumir seu tempo em trabalhos sem nenhum valor, e o único valor que reconhece nas coisas é o de sua utilidade real; necessita de um ofício que pudesse servir a Robinson em sua ilha.

Fazendo com que se examinem, diante de uma criança, as produções da natureza e da arte, estimulando sua curiosidade e seguindo-a até onde esta a levar, tem-se a vantagem de estudar seus gostos, suas inclinações, suas tendências e de ver brilhar a primeira fagulha de seu gênio, se tiver algum que esteja bem decidido. Mas um erro comum e do qual é preciso vos preservar consiste em atribuir ao ardor do talento o efeito da ocasião e em tomar por uma inclinação pronunciada por uma arte ou outra o espírito imitativo, comum ao homem e ao símio e que leva, maquinalmente, ambos a quererem fazer tudo que veem fazer, sem saberem muito bem para que serve. O mundo está repleto de artesãos e, sobretudo, de artistas que não têm talento natural para a arte que exercem, para a qual foram empurrados desde seus primeiros anos, seja por determinação de outras conveniências, seja pelo engano de um zelo aparente que os teria levado, da mesma forma, a qualquer outra arte se a tivessem visto ser praticada na mesma época. Alguém ouve um tambor e acredita ser um ge-

---

23. O homem em questão é o supracitado abade de São Pedro, que escreveu contra o celibato, sustentando tratar-se, no caso dos clérigos, de medida de caráter político (cf. Observations politiques sur le célibat des prètres. *In*: SAINT-PIERRE, Charles-Irénée Castel de. *Ouvrages de politique*. Roterdã: Jean-Daniel Beman, 1733. v. 2, p. 150-183). (N.T.)

neral; outro vê construir e deseja ser arquiteto. Cada um é tentado pelo ofício que vê ser exercido quando acredita ser este estimado.

Conheci um lacaio que, vendo seu senhor pintar e desenhar, resolveu tornar-se pintor e desenhista. Desde o instante em que formou essa resolução, agarrou o lápis, não o abandonando mais senão para tomar o pincel, o qual não abandonará mais até o fim da vida. Sem lições e sem regras, pôs-se a desenhar tudo que caía em suas mãos. Passou três anos inteiros colado em seus rabiscos, sem que nada, além de seu serviço, tenha jamais podido afastá-lo deles e sem nunca desanimar com os poucos progressos que medíocres disposições lhe permitiam fazer. Vi-o, durante seis meses de um verão muito ardente, numa pequena antecâmara que dava para o sol, na qual já se sufocava apenas passando por ela, sentado ou, antes, pregado o dia inteiro em sua cadeira diante de um globo, desenhar esse globo, redesenhá-lo, começar e recomeçar incessantemente, com invencível obstinação, até que tivesse reproduzido o pleno relevo bem o bastante para estar satisfeito de seu trabalho. Enfim, favorecido por seu senhor e guiado por um artista, chegou ao ponto de abandonar o uniforme e de viver de seu pincel. A perseverança supre, até certo ponto, o talento; ele alcançou esse ponto, mas nunca o ultrapassará. A constância e o entusiasmo desse honesto rapaz são louváveis. Será sempre estimado por sua assiduidade, por sua fidelidade, por seus costumes; mas nunca pintará nada além de bandeiras de porta. Quem não teria sido enganado por seu zelo e não o teria tomado por um verdadeiro talento? Existe realmente uma diferença entre apreciar um trabalho e estar apto a exercê-lo. São necessárias observações mais finas do que se imagina para certificar-se do verdadeiro gênio e do verdadeiro gosto de uma criança, que manifesta muito mais seus desejos que suas disposições e a quem julgamos sempre com base nos primeiros, por não sabermos estudar as outras. Eu gostaria que um homem judicioso nos oferecesse um tratado sobre a arte de observar as crianças. Seria muito importante conhecer tal arte: os pais e os mestres ainda não possuem os elementos que a constituem.

Mas talvez atribuamos demasiada importância à escolha de um ofício. Tratando-se apenas de um trabalho manual, essa escolha não é nada para Emílio e mais da metade de seu aprendizado já foi feito pelos exercícios com que o ocupamos até o momento. O que quereis que ele faça? Está pronto para tudo: já sabe manejar a enxada e a sachola; sabe utilizar-se do torno, do martelo, da plaina, da lima; as ferramentas de todos os ofícios já lhe são familiares. Resta-lhe apenas adquirir, de uma dessas ferramentas, um uso ligeiro e fácil o bastante para igualar, em diligência, os bons operários que a utilizam, e a esse respeito ele tem uma grande vantagem sobre todos: é a de ter o corpo ágil, os membros flexíveis para adotar sem dificuldade todos os tipos de postura e prolongar sem esforço todos os tipos de movimento. Além disso, tem os órgãos precisos e bem exercitados; toda a mecânica das artes já lhe é conhecida. Para saber trabalhar como mestre, falta-lhe apenas o hábito, e este somente se adquire com o tempo. A qual dos ofícios, cuja escolha nos resta fazer, ele atribuirá, portanto, tempo suficiente para tornar-se diligente? É apenas disso que se trata agora.

Dai ao homem um ofício que convenha a seu sexo, e ao jovem um ofício que convenha a sua idade. Toda profissão sedentária e caseira que efemina e amolece o corpo não lhe agrada e não lhe convém. Nunca um jovem aspirou, por si mesmo, a ser alfaiate; é preciso arte para conduzir a esse ofício de mulheres o sexo para o qual não foi feito.[24] A agulha e a espada não poderiam ser manejadas pelas mesmas mãos. Se eu fosse soberano, permitiria a costura e os ofícios de agulha somente às mulheres e aos coxos reduzidos a se ocuparem como elas. Supondo serem os eunucos necessários, penso serem os orientais bastante loucos de fazê-los de propósito. Por que não se contentam com os que a natureza fez, com essas multidões de homens frouxos cujo coração ela mutilou? Eles os teriam de sobra para o necessário. Todo homem fraco, delicado e medroso está por ela condenado à vida sedentária; é feito para viver com as mulheres ou a sua maneira. Que exerça um dos ofícios que lhes são próprios, sejam quais forem; se forem absolutamente necessários verdadeiros eunucos, que sejam reduzidos a essa condição os homens que desonram seu sexo, escolhendo empregos que não convêm a este. Sua escolha anuncia o erro da natureza: corrigi esse erro de uma maneira ou de outra e tereis feito apenas o bem.

Proíbo a meu aluno os ofícios insalubres, mas não os ofícios penosos e nem mesmo os ofícios perigosos. Eles exercitam, ao mesmo tempo, a força e a coragem; são adequados apenas aos homens, e as mulheres não pretendem exercê-los. Como eles podem não ter vergonha de usurpar os que elas fazem?

Luctantur paucæ, comedunt colliphia paucæ.
Vos lanam trahitis, calathisque peracta refertis
Vellera...[25]

Na Itália, não se veem mulheres nas lojas e não se pode imaginar nada mais triste que a vista das ruas desse país para aqueles que se acostumaram

---

24. Não havia nenhum alfaiate entre os antigos: as roupas dos homens eram feitas em casa pelas mulheres.

25. Juvenal. *Sátiras*. II. ["Poucas mulheres lutam, poucas comem o pão dos atletas. Vós teceis a lã e, uma vez terminado vosso trabalho, a levais em cestos...". (N.T.)]

com as da França e da Inglaterra. Vendo os mercadores de modas venderem às damas fitas, pompons, redes e passamanes, eu acreditava serem esses delicados adornos bastante ridículos em mãos grandes feitas para soprar a forja e bater na bigorna. Dizia a mim mesmo: neste país, as mulheres deveriam, por represália, abrir lojas de espadeiros e de armeiros. Pois, que cada um faça e venda as armas de seu sexo! Para conhecê-las, é preciso empregá-las.

Jovem, imprime a teus trabalhos a mão do homem. Aprende a manusear, com braço vigoroso, o machado e o serrote, a esquadrar uma viga, a subir sobre o telhado, a colocar a cumeeira, a reforçá-la com pernas e tesouras; grita, então, para que tua irmã venha ajudar-te em teu trabalho, assim como ela te mandava trabalhar em seu ponto de cruz.

Sinto que falo demais para meus agradáveis contemporâneos. Por vezes, deixo-me levar pela força das consequências. Se algum homem qualquer tem vergonha de trabalhar em público armado de uma enxó e envolvido num avental de pele, já não vejo nele nada além de um escravo da opinião, prestes a se envergonhar por agir bem, assim que rirem da gente honesta. Cedamos, todavia, ao preconceito dos pais tudo que não possa prejudicar o juízo das crianças. Não é necessário exercer todas as profissões úteis para honrá-las todas; basta não considerar nenhuma inferior a si mesmo. Quando temos escolha e, além disso, nada nos determina, por que não consultaríamos a aprovação, a inclinação e a conveniência entre as profissões de mesmo nível? Os trabalhos dos metais são úteis, e até mesmo os mais úteis de todos; entretanto, a menos que uma razão particular me leve a isso, não farei de vosso filho um ferrador, um serralheiro, um forjador; não gostaria de ver em sua forja a figura de um ciclope. Da mesma forma, não farei dele um pedreiro e ainda menos um sapateiro. É preciso que todos os ofícios sejam exercidos, mas aquele que puder escolher deve considerar a salubridade, pois não se trata aqui de opinião: a este respeito, os sentidos decidem para nós. Por fim, não desejaria essas estúpidas profissões cujos operários, sem indústria e quase autômatos, aplicam sempre suas mãos ao mesmo trabalho. Os tecelões, os fabricantes de meias, os serradores de pedra; para que serve empregar, a esses ofícios, homens de sentido? É uma máquina que conduz outra.

Tudo bem considerado, o ofício que preferiria fosse do gosto de meu aluno é o de marceneiro. É limpo, é útil, pode ser exercido em casa; mantém suficientemente o corpo em atividade, exige do operário destreza e indústria e, na forma dos trabalhos determinados pela utilidade, a elegância e o gosto não estão excluídos.

Se, por acaso, o gênio de vosso aluno estivesse decididamente voltado para as ciências especulativas, eu não lamentaria, então, que lhe fosse dado um ofício conforme suas inclinações e que aprendesse, por exemplo, a fazer instrumentos de matemática, óculos, telescópios etc.

Quando Emílio aprender seu ofício, desejo aprendê-lo com ele, pois estou convencido de que somente aprenderá bem aquilo que aprendermos juntos. Colocar-nos-emos ambos em aprendizado e não pretenderemos ser tratados como senhores, mas como verdadeiros aprendizes, que não o são por diversão; por que não o seríamos de fato? O czar Pedro trabalhava como carpinteiro na construção e como tambor em meio a suas próprias tropas: acreditais que esse príncipe vos seja inferior por nascimento ou por mérito? Compreendeis que não é a Emílio que digo isso, mas a vós, quem quer que possais ser.

Infelizmente, não podemos passar todo nosso tempo na bancada. Não somos apenas aprendizes de carpinteiro, somos aprendizes de homem, e o aprendizado deste último ofício é mais penoso e mais demorado que do outro. Como faremos então? Contrataremos um mestre de plaina por uma hora por dia assim como contratamos um mestre de dança? Não, não seríamos aprendizes, mas discípulos, e nossa ambição não consiste tanto em aprender a marcenaria quanto em nos elevar à condição de marceneiro. Minha opinião é a de que deveríamos ir, ao menos uma ou duas vezes por semana, passar o dia todo na casa do mestre, levantar à mesma hora que ele, pôr-nos ao trabalho antes dele, comer à sua mesa, trabalhar sob suas ordens e, após ter tido a honra de jantar com sua família, voltar, se quisermos, a dormir em nossos leitos rígidos. É assim que se aprendem vários ofícios ao mesmo tempo e que se pratica o trabalho manual sem negligenciar o outro aprendizado.

Sejamos simples ao agirmos bem. Não reproduzamos a vaidade por nossos cuidados para combatê-la. Orgulhar-se por ter vencido os preconceitos é submeter-se a eles. Dizem que, por um antigo costume da casa otomana, o Grande Senhor é obrigado a trabalhar com as mãos, e todo mundo sabe que os trabalhos de uma mão real só podem ser obras-primas. Ele distribui, então, magnificamente essas obras-primas aos nobres da Porta,[26] e o trabalho é pago segundo a qualidade do operário. O mal que vejo nisso não está nessa pretensa vexação, pois, ao contrário, ela é um bem. Forçando os nobres a dividir com ele os despojos do povo, o príncipe se vê menos obrigado a pilhar o povo diretamente. Trata-se de um alívio necessário ao despotismo, e sem o qual esse horrível governo não poderia subsistir.

---

26. A Porta (ou Sublime Porta) otomana era a designação que se dava então ao governo do Império otomano. (N.T.)

O verdadeiro mal de tal costume está na ideia que dá a esse pobre homem de seu mérito: assim como o rei Midas, ele vê transformar-se em ouro tudo que toca, mas não percebe as orelhas que isso faz crescer.[27] Para manter as de Emílio curtas, preservemos suas mãos desse rico talento; que aquilo que fizer não tire seu preço do operário, mas do trabalho. Não toleremos jamais que o seu seja julgado senão em comparação ao dos bons mestres; que seu trabalho seja prezado pelo trabalho em si mesmo, e não por ter sido feito por ele. Falai daquilo que é bem-feito: "Aí está algo bem-feito"; mas não acrescenteis: "Quem fez isto?". Se ele mesmo disser, com um ar altivo e satisfeito consigo mesmo: "Fui eu quem o fez", acrescentai friamente: "Vós ou qualquer outro, não importa; continua sendo um trabalho bem-feito".

Boa mãe, preserva-te, especialmente, das mentiras que preparam para ti. Se teu filho sabe muitas coisas, desconfia de tudo que sabe: se ele tiver o infortúnio de ser criado em Paris e de ser rico, estará perdido. Enquanto encontrarem-se lá hábeis artistas, ele terá todos seus talentos, mas, longe deles, não terá mais nenhum. Em Paris, o rico sabe tudo; apenas o pobre é ignorante. Essa capital está repleta de amadores e, sobretudo, de amadoras que realizam suas obras assim como o sr. Guilherme[28] inventava suas cores. Conheço, para isso, três exceções honrosas entre os homens; pode haver outras, mas não conheço nenhuma entre as mulheres e duvido que exista alguma. Em geral, adquire-se um nome nas artes assim como na magistratura; tornamo-nos artista e juiz dos artistas assim como nos tornamos doutor em direito e magistrado.

Se, portanto, um dia fosse estabelecido que é bonito saber um ofício, vossos filhos logo o saberiam sem aprendê-lo: tornar-se-iam mestres assim como os conselheiros de Zurique.[29] Nada desse cerimonial para Emílio; nenhuma aparência e sempre a realidade. Que não me digam que ele sabe, mas que aprenda em silêncio. Que faça sempre sua obra-prima e que nunca se torne mestre; que não se mostre operário por seu título, mas por seu trabalho.

Se, até aqui, eu me fiz compreender, deve-se imaginar como, com o hábito do exercício do corpo e do trabalho das mãos, confiro gradualmente a meu

---

27. Rousseau faz referência, aqui, a dois mitos envolvendo o rei Midas: seu poder de transformar em ouro tudo que tocava; e as orelhas de burro que Apolo lhe conferiu, quando Midas, numa disputa entre a flauta de Pã e a lira de Apolo, questionou a decisão que dava a vitória a este. (N.T.)

28. Trata-se de referência à *Farsa do advogado Pathelin*, peça de teatro anônima da segunda metade do século XV e uma das maiores obras do teatro cômico medieval. Rousseau menciona, aqui, uma das personagens: o desonesto, porém tolo, comerciante de tecidos Guilherme (Guillaume) Joceaulme. (N.T.)

29. Em Zurique, o Conselho era eleito, na sua maioria, pelas corporações de ofício, de modo que os conselheiros tendiam a ser majoritariamente mestres de suas respectivas corporações. (N.T.)

aluno o gosto pela reflexão e pela meditação, para compensar nele a preguiça que resultaria de sua indiferença pelos julgamentos dos homens e da tranquilidade de suas paixões. É preciso que ele trabalhe como camponês e que pense como filósofo para que não seja tão preguiçoso quanto um selvagem. O grande segredo da educação consiste em fazer com que os exercícios do corpo e os do espírito sirvam sempre de repouso uns para os outros.

Evitemos, porém, antecipar as instruções que requerem um espírito mais maduro. Emílio não será operário por muito tempo sem sentir, por si próprio, a desigualdade das condições, que de início ele havia apenas percebido. Com base nas máximas que lhe dou e que estão a seu alcance, ele desejará me examinar por minha vez. Recebendo tudo apenas de mim e vendo-se tão perto da condição dos pobres, desejará saber por que me encontro tão longe dela. Far-me-á talvez, de surpresa, perguntas escabrosas. "Sois rico, vós mo dissestes e eu o vejo. Um rico também deve seu trabalho à sociedade, pois é homem. Mas vós, o que fazeis então para ela?" Que resposta daria um bom governante? Ignoro-o. Talvez ele fosse tolo o bastante para falar à criança dos cuidados que lhe presta. Quanto a mim, a oficina resolverá meu problema. "Eis, caro Emílio, uma excelente pergunta. Prometo que a responderei, no que me diz respeito, quando formulardes, no que vos diz respeito, uma resposta que vos satisfaça. Enquanto isso, terei o cuidado de devolver, a vós e aos pobres, o que tenho em excesso e de fazer uma mesa ou um banco por semana, de modo a não ser inteiramente inútil a tudo."

Eis-nos de volta a nós mesmos. Eis nossa criança, pronta para deixar tal condição, de volta a seu indivíduo. Ei-la sentindo, mais que nunca, a necessidade que a vincula às coisas. Após ter começado por exercitar seu corpo e seus sentidos, exercitamos seu espírito e seu juízo. Por fim, reunimos o emprego de seus membros ao de suas faculdades. Fizemos um ser ativo e pensante; resta-nos apenas, para completar o homem, fazer um ser afetuoso e sensível; isto é, aperfeiçoar a razão pelo sentimento. Mas, antes de adentrar essa nova ordem de coisas, voltemos os olhos para aquela que deixamos e vejamos, com a maior exatidão possível, até onde chegamos.

Nosso aluno tinha, inicialmente, apenas sensações; agora tem ideias. Limitava-se a sentir; agora julga. Pois, da comparação de várias sensações sucessivas ou simultâneas e do julgamento que fazemos delas, nasce uma espécie de sensação mista ou complexa a que chamo ideia.

A maneira de formar as ideias é o que confere caráter ao espírito humano. O espírito que forma suas ideias apenas com base em relações reais é um espírito sólido, aquele que se contenta das relações aparentes é um espírito superficial; aquele que vê as relações tais como são é um espírito justo, aquele que as aprecia mal é um espírito falso; aquele que inventa relações imaginárias que não têm nem realidade nem aparência é um louco, aquele que não compara nada é um imbecil. A maior ou menor aptidão em comparar ideias e em encontrar relações é o que confere aos homens mais ou menos espírito etc.

As ideias simples são apenas sensações comparadas. Há julgamentos nas simples sensações tanto quanto nas sensações complexas, a que chamo ideias simples. Na sensação, o julgamento é puramente passivo; ele afirma que sentimos o que sentimos. Na percepção ou ideia, o julgamento é ativo; aproxima, compara, determina relações que o sentido não determina. Aí está toda a diferença, mas ela é grande. A natureza nunca nos engana; nós é que sempre nos enganamos.

Vejo servirem a uma criança de oito anos um pudim de queijo gelado. Ela conduz a colher à boca sem saber o que é e, surpreendida pelo frio, grita: "Ah, isto queima!". Experimenta uma sensação muito intensa; não conhece outra mais intensa que o calor do fogo e acredita sentir a mesma. Ela, porém, se engana; o impacto do frio a fere, mas não a queima, e essas duas sensações não são iguais, pois aqueles que experimentaram ambas não as confundem. Não é, portanto, a sensação que a engana, mas o julgamento que faz dela.

O mesmo ocorre com aquele que vê um espelho ou um aparelho de ótica pela primeira vez, ou que entra num porão profundo no coração do inverno ou do verão, ou que mergulha na água morna uma mão muito quente ou muito fria, ou que faz rolar entre dois dedos cruzados uma pequena bola etc. Se ele se contenta em dizer o que percebe, o que sente, sendo seu juízo puramente passivo, é impossível que se engane; mas, quando julga a coisa pela aparência, é ativo, compara, estabelece por indução relações que não percebe; engana-se, então, ou pode enganar-se. Para corrigir ou prevenir o erro, necessita de experiência.

À noite, mostrai a vosso aluno nuvens passando entre a lua e ele; acreditará que é a lua que passa em sentido contrário e que as nuvens estão imóveis. Acreditará nisso por uma indução precipitada, pois vê ordinariamente os pequenos objetos se moverem preferivelmente aos grandes e as nuvens lhe parecem maiores que a lua, cuja distância não pode estimar. Quando, de um barco que vagueia, observa a margem a alguma distância, cai no erro contrário e acredita ver correr a terra, pois, não se sentindo em movimento, observa o barco, o mar ou o rio e todo seu horizonte como um todo imóvel, do qual a margem que vê correr lhe parece ser apenas uma parte.

A primeira vez que uma criança vê uma vara mergulhada até a metade na água, vê uma vara quebrada; a sensação é verdadeira e não deixaria de sê-lo, ainda que não soubéssemos a razão dessa aparência. Se, portanto, lhe perguntardes o que vê, ela dirá "Uma vara quebrada", e dirá a verdade, pois é muito certo que tenha a sensação de uma vara quebrada. Mas quando, iludida por seu juízo, vai mais longe e, após ter afirmado que vê uma vara quebrada, afirma ainda que o que vê é, de fato, uma vara quebrada, então o que diz é falso. Por quê? Porque ela se torna então ativa e porque não julga mais por inspeção, mas por indução, afirmando o que não sente, isto é, que o julgamento que recebe por um sentido seria confirmado por outro.

Na medida em que todos nossos erros vêm de nossos julgamentos, está claro que, se nunca precisássemos julgar, não teríamos qualquer necessidade de aprender; jamais nos encontraríamos na situação de nos enganarmos; estaríamos mais felizes com nossa ignorância que o podemos ser com nosso saber. Quem nega que os eruditos saibam mil coisas verdadeiras que os ignorantes jamais saberão? Isso faz com que os eruditos estejam mais perto da verdade? Muito pelo contrário; afastam-se dela ao avançarem, pois, fazendo a vaidade de julgar mais progressos que as luzes, cada verdade que aprendem não vem senão com 100 julgamentos falsos. É da maior evidência que as companhias eruditas da Europa constituem apenas escolas públicas de mentiras e, muito seguramente, existem mais erros na Academia das ciências que em todo um pequeno povo de hurões.[30]

Na medida em que quanto mais os homens sabem, mais eles se enganam, o único meio de evitar o erro é a ignorância. Não julgueis nada e nunca vos iludireis. É a lição da natureza, assim como a da razão. Excetuadas as relações imediatas, muito pouco numerosas e muito sensíveis, que as coisas têm conosco, temos naturalmente apenas uma profunda indiferença por todo o resto. Um selvagem não desviaria o passo para ir ver o funcionamento da mais bela máquina e todos os prodígios da eletricidade. "Que me importa isso?" são as palavras mais familiares ao ignorante e as mais convenientes ao sábio.

Infelizmente, porém, tais palavras não nos convêm mais. Tudo nos importa desde que nos tornamos dependentes de tudo, e nossa curiosidade se estende necessariamente com nossas necessidades. É por isso que atribuo uma grandíssima curiosidade ao filósofo e nenhuma ao selvagem. Este não tem necessidade de ninguém; o outro necessita de todo mundo e, sobretudo, de admiradores.

Dir-me-ão que saio da natureza; não acredito nisso. Ela escolhe seus instrumentos e os ajusta, não com base na opinião, mas com base na necessidade. Ora, as necessidades mudam de acordo com a situação dos homens. Há realmente uma diferença entre o homem natural vivendo no estado de natureza e o homem natural vivendo no estado de sociedade. Emílio não é um selvagem a

---

30. Os hurões, ou huronianos, são um povo indígena da América do Norte. (N.T.)

ser relegado aos desertos; é um selvagem feito para viver nas cidades. É preciso que saiba encontrar nelas seu necessário, tirar proveito de seus habitantes e viver, senão como eles, ao menos com eles.

Na medida em que, em meio a tantas relações novas das quais irá depender, será necessário que, a despeito de sua vontade, ele julgue, ensinemo-lo, pois, a julgar bem.

A melhor maneira de aprender a julgar bem é a que mais tende a simplificar nossas experiências e, até mesmo, a fazer com que possamos dispensá-las sem cair no erro. Decorre disso que, após ter verificado, por muito tempo, as relações dos sentidos um com o outro, é preciso ainda aprender a verificar as relações de cada sentido por si mesmo, sem ter de recorrer a outro sentido. Então, cada sensação se tornará, para nós, uma ideia, e essa ideia será sempre conforme a verdade. Essa é a espécie de ganho com que procurei preencher esta terceira idade da vida humana.

Essa maneira de proceder exige uma paciência e uma circunspeção de que poucos mestres são capazes e sem a qual o discípulo jamais aprenderá a julgar. Se, por exemplo, quando este se enganar acerca da aparência da vara quebrada, tiverdes pressa em tirar a vara da água para mostrar-lhe seu erro, desenganá--lo-eis talvez; mas o que lhe ensinareis? Nada que não teria logo aprendido por si próprio. Ó, não é isso que se deve fazer! Trata-se menos de ensinar-lhe uma verdade que de mostrar-lhe como se deve fazer para sempre descobrir a verdade. Para melhor instruí-lo, não se deve desenganá-lo tão cedo. Tomemos Emílio e eu como exemplo.

Primeiramente, à segunda das duas questões supostas, toda criança educada ordinariamente não deixará de responder com uma afirmativa. Trata-se por certo, ela dirá, de uma vara quebrada. Duvido muito que Emílio me dê a mesma resposta. Não vendo a necessidade de ser erudito nem de parecer sê-lo, nunca tem pressa em julgar; julga apenas com base na evidência e está longe de encontrá-la em tal ocasião, ele que sabe o quanto nossos julgamentos baseados nas aparências estão sujeitos à ilusão, mesmo que apenas na perspectiva.

Aliás, como sabe por experiência que minhas perguntas mais frívolas sempre têm algum objetivo que não percebe de início, ele não adquiriu o hábito de respondê-las irrefletidamente. Ao contrário, desconfia delas; dá-lhes atenção; examina-as com grande cuidado antes de respondê-las. Nunca me dá uma resposta que não satisfaça a si mesmo, e é difícil satisfazê-lo. Por fim, não fazemos questão, nem ele nem eu, de saber a verdade das coisas, mas somente de não cair no erro. Ficaríamos muito mais confusos contentando-nos com uma razão que não é boa que não encontrando nenhuma. "Não sei" são palavras que convêm tão bem a nós dois e que repetimos tão frequentemente que não custam mais nada nem a um nem a outro. Mas, quer esse estouvamento lhe escape, quer ele o evite por nosso cômodo "Não sei", minha réplica é a mesma: vejamos, examinemos.

Esta vara mergulhada pela metade na água está fixada numa posição perpendicular. Para saber se está quebrada como parece, quantas coisas não temos de fazer antes de tirá-la da água ou antes de colocarmos a mão nela?

1. Primeiro, giramos em volta da vara e constatamos que a fratura gira assim como nós. É, portanto, apenas nosso olho que a altera, e os olhares não deslocam os corpos.

2. Observamos bem perpendicularmente a ponta da vara que se encontra fora da água; então, a vara já não é mais curva, a ponta próxima de nosso olho nos esconde exatamente a outra. Teria nosso olho endireitado a vara?

3. Agitamos a superfície da água; vemos a vara se dobrar em vários pedaços, se movimentar em zigue-zague e seguir as ondulações da água. Basta o movimento que conferimos a esta água para quebrar, amolecer e fundir assim a vara?

4. Escoamos a água e vemos a vara endireitar-se pouco a pouco, à medida que a água baixa. Não é isso mais que o suficiente para esclarecer o fato e encontrar a refração? Não é, portanto, verdade que a vista nos engana, pois necessitamos apenas dela para retificar os erros que lhe atribuímos.

Suponhamos ser a criança estúpida o bastante para não perceber o resultado dessas experiências; é então que se deve recorrer ao tato para auxiliar a vista. Em vez de tirar a vara da água, deixai-a em sua posição; se a criança deslizar sua mão de uma ponta à outra, ela não sentirá nenhum ângulo. A vara não está, portanto, quebrada.

Direis não haver aqui somente julgamentos, mas também raciocínios formais. É verdade; mas não vedes que, assim que o espírito alcança as ideias, todo julgamento é um raciocínio? A consciência de toda sensação é uma proposição, um julgamento. Portanto, assim que comparamos uma sensação a outra, raciocinamos. A arte de julgar e a arte de raciocinar são exatamente a mesma.

Emílio nunca saberá a dióptrica, a menos que a aprenda em torno desta vara. Não dissecará insetos; não contará as manchas do sol; não saberá o que é um microscópio e um telescópio. Vossos doutos alunos zombarão de sua ignorância. Não estarão enganados, pois, antes de utilizar esses instrumentos, pretendo que ele os invente, e podeis imaginar que isso não ocorrerá tão cedo.

Eis o espírito de todo meu método nesta parte. Se a criança faz rolar uma pequena bola entre dois dedos cruzados e acreditar sentir duas bolas, não permitirei que a observe antes de convencer-se de que há apenas uma.

Tais esclarecimentos bastarão, acredito, para marcar nitidamente o progresso que fez, até aqui, o espírito de meu aluno e o caminho pelo qual seguiu esse progresso. Mas talvez estejais assustados com a quantidade de coisas que fiz passar diante dele. Temeis que eu sobrecarregue seu espírito com esses amontoados de conhecimentos. É exatamente o contrário: ensino-o muito mais a ignorá-los que a tê-los. Mostro-lhe o caminho da ciência, fácil, é verdade, mas longo, imenso e lento de se percorrer. Faço com que dê os primeiros passos para que reconheça a entrada, mas nunca permito que vá longe.

Forçado a aprender por si próprio, utiliza sua razão e não a de outrem; pois, para não conceder nada à opinião, é preciso não conceder nada à autoridade, e a maioria de nossos erros vem muito menos de nós que dos outros. Desse exercício contínuo, deve resultar um vigor de espírito semelhante ao que damos ao corpo pelo trabalho e pelo cansaço. Outra vantagem consiste em não avançarmos senão proporcionalmente a nossas forças. Assim como o corpo, o espírito não carrega o que não pode suportar. Quando o entendimento se apropria das coisas antes de depositá-las na memória, o que ele então extrai disso é seu. Ao passo que, sobrecarregando a memória sem consultá-lo, corre-se o risco de nunca extrair nada que lhe seja próprio.

Emílio tem poucos conhecimentos, mas os que tem são verdadeiramente seus; não sabe nada pela metade. Entre as poucas coisas que sabe, e que sabe bem, a mais importante é o fato de que há muitas que ele ignora e que pode um dia vir a saber, muitas mais que outros homens sabem e que ele não saberá até o fim da vida, e uma infinidade de outras que nenhum homem jamais saberá. Ele tem um espírito universal, não pelas luzes, mas pela faculdade de adquiri-las; um espírito aberto, inteligente, disposto a tudo e, como diz Montaigne, senão instruído, ao menos instruível. Basta-me que saiba encontrar o "para que serve" de tudo que faz e o "porquê" de tudo em que acredita. Mais uma vez, meu objeto não consiste em dar-lhe a ciência, mas em ensiná-lo a adquiri-la segundo a necessidade, em fazer com que a estime exatamente pelo que vale e em fazer com que ame a verdade acima de tudo. Com este método, avançamos pouco, mas nunca damos um passo inútil e não somos forçados a retroceder.

Emílio tem apenas conhecimentos naturais e puramente físicos. Sequer sabe o nome da história, nem o que são metafísica e moral. Conhece as relações essenciais entre o homem e as coisas, mas nada das relações morais de homem a homem. Mal sabe generalizar ideias e fazer abstrações. Vê qualidades comuns em certos corpos, sem raciocinar sobre essas qualidades em si mesmas. Conhece a extensão abstrata com a ajuda das figuras de geometria, conhece a quantidade abstrata com a ajuda dos signos de álgebra. Essas figuras e esses signos são suportes dessas abstrações sobre as quais seus sentidos repousam. Não procura conhecer as coisas por sua natureza, mas somente pelas relações que o interessam. Não calcula o que lhe é estranho, senão em relação a ele; mas essa estimativa é exata e segura. A fantasia e a convenção não intervêm em nada. Faz mais caso do que lhe é mais útil e, não renunciando nunca a essa maneira de apreciar, nunca dá qualquer atenção à opinião.

Emílio é laborioso, moderado, paciente, firme, cheio de coragem. Sua imaginação, de modo algum estimulada, nunca aumenta os perigos; ele é sensível a poucos males e sabe sofrer com constância, pois não tem quaisquer conhecimentos a opor ao destino. Em relação à morte, ainda não sabe bem o que é, mas, acostumado a suportar, sem resistência, a lei da necessidade, quando tiver de morrer, morrerá sem lamentar-se e sem debater-se; é tudo que a natureza permite nesse momento abominado por todos. Viver livre e depender pouco das coisas humanas é o melhor meio de aprender a morrer.

Em suma, Emílio tem, da virtude, tudo que se relaciona com ele mesmo. Para também ter as virtudes sociais, falta-lhe unicamente conhecer as relações que as exigem; faltam-lhe apenas luzes que seu espírito está inteiramente pronto para receber.

Considera-se sem dar atenção aos outros e acha bom que os outros não pensem nele. Não exige nada de ninguém e acredita não dever nada a ninguém: está sozinho na sociedade humana; conta apenas consigo mesmo. Tem também mais direito que os outros de contar consigo mesmo, pois ele é tudo que se pode ser em sua idade. Não comete quaisquer erros ou comete apenas os que nos são inevitáveis; não tem quaisquer vícios ou tem apenas aqueles de que nenhum homem pode se proteger. Tem o corpo saudável, os membros ágeis, o espírito justo e sem preconceitos, o coração livre e sem paixões. A primeira e mais natural de todas, o amor-próprio, mal se encontra nele exaltada. Sem perturbar o repouso de ninguém, viveu tão contente, feliz e livre quanto a natureza permitiu. Acreditais que uma criança que tenha alcançado assim os 15 anos de idade tenha perdido os anteriores?

LIVRO IV

Com que rapidez passamos por esta terra! O primeiro quarto da vida se esgotou antes que viéssemos a conhecer-lhe o uso; o último quarto ainda transcorre após termos deixado de desfrutá-la. De início, não sabemos viver; logo não o podemos mais; e, no intervalo que separa essas duas extremidades inúteis, os três quartos do tempo que nos resta são consumidos pelo sono, pelo trabalho, pela dor, pelo constrangimento, por sofrimentos de toda espécie. A vida é curta, menos por sua pequena duração que pelo fato de, desse pouco tempo, não dispormos de quase nenhum para aproveitá-la. Por mais distante que o instante da morte esteja daquele do nascimento, a vida é sempre curta demais quando esse espaço é mal preenchido.

Nascemos, por assim dizer, em duas vezes: uma para existir, outra para viver; uma para a espécie e outra para o sexo. Aqueles que encaram a mulher como um homem imperfeito estão certamente enganados; mas a analogia exterior lhes dá razão. Até a idade núbil, as crianças dos dois sexos não têm nada de aparente que as distinga: mesmo rosto, mesma fisionomia, mesma tez, mesma voz, tudo é igual; as meninas são crianças, os meninos são crianças; o mesmo nome basta a seres tão semelhantes. Os machos a quem se impede o desenvolvimento posterior do sexo mantêm essa conformidade por toda a vida, permanecem para sempre grandes crianças, e as mulheres, não perdendo essa mesma conformidade, parecem, sob vários aspectos, nunca serem outra coisa.

Mas o homem em geral não é feito para permanecer sempre na infância. Ele a deixa no momento prescrito pela natureza, e esse momento de crise, embora bastante curto, exerce duradouras influências.

Assim como o mugido do mar precede, de longe, a tempestade, essa tumultuosa revolução se anuncia pelo murmúrio das paixões nascentes: uma fermentação surda alerta para a aproximação do perigo. Uma mudança no humor, exaltações frequentes e uma contínua agitação de espírito tornam a criança quase indisciplinável. Torna-se surda à voz que a mantinha dócil: é um leão em sua febre; desconhece seu guia e não deseja mais ser governada.

Aos sinais morais de um humor que se altera, vêm juntar-se mudanças sensíveis na aparência. Sua fisionomia se desenvolve e adquire um caráter; a penugem rala e suave que cresce na parte de baixo de suas bochechas escurece e ganha consistência. Sua voz se altera, ou, antes, ela a perde; não é nem criança nem homem e não pode empregar o tom de nenhum dos dois. Seus olhos, esses órgãos da alma que não disseram nada até aqui, encontram uma linguagem e expressão; um fogo nascente os anima, seus olhares mais vivos ainda possuem uma santa inocência, mas não conservam mais sua imbecilidade original; ela já sente que podem falar demais, então passa a saber baixá-los e a enrubescer; torna-se sensível antes de saber o que sente; é inquieta sem ter razão para sê-lo. Tudo isso pode vir lentamente e vos deixar ainda algum tempo; mas, se sua vivacidade se torna impaciente demais, se sua exaltação se transforma em furor, se ela se irrita e se enternece de um instante para outro, se derrama lágrimas sem motivo, se, perto dos objetos que começam a se tornar perigosos para ela, seu pulso se eleva e seu olhar se incendeia, se a mão de uma mulher, ao colocar-se sobre a sua, a faz estremecer, se se abala ou se intimida perto dela, Ulisses, ó sábio Ulisses, toma cuidado; os odres que fechavas com tanto zelo estão abertos; os ventos já estão enfurecidos: não abandones mais, nem por um momento, o leme, ou tudo estará perdido.[1]

É aqui que se dá o segundo nascimento de que falei; é aqui que o homem nasce realmente para a vida e que nada de humano lhe é estranho. Até aqui, nossos cuidados consistiram apenas em jogos de criança; somente agora eles adquirem uma verdadeira importância. É nesta época, em que findam as educações ordinárias, que a nossa deve propriamente começar. Mas, para expor corretamente este novo plano, retomemos, desde um ponto mais remoto, o estado das coisas que a ele se referem.

Nossas paixões são os principais instrumentos de nossa conservação; é, portanto, uma empresa tão fútil quanto ridícula querer destruí-las; é controlar a natureza, é reforma a obra de Deus. Se Deus ordenasse ao homem que aniquilasse as paixões que lhe confere, Deus, querendo e não querendo, contradiria a si mesmo. Ele nunca deu essa ordem insensata; nada de semelhante está escrito no coração humano; e o que Deus deseja que um homem faça ele não o faz dizer por outro homem; ele próprio o diz e o escreve no fundo de seu coração.

Ora, eu consideraria aquele que desejasse impedir as paixões de nascerem quase tão louco quanto aquele que as quisesse aniquilar, e aqueles que acreditassem que esse foi meu projeto até aqui teriam seguramente me compreendido muito mal.

---

1. Com esta referência à *Odisseia*, Rousseau faz uma analogia entre o mestre-preceptor e a personagem de Ulisses. No canto x do poema de Homero, Éolo lhe oferece odres (peles confeccionadas sob a forma de um saco) contendo todos os ventos que poderiam estorvar sua viagem, com a instrução de mantê-las sempre fechadas. Contudo, a curiosidade leva seus companheiros de viagem a abrirem os sacos enquanto Ulisses dormia, libertando os maus ventos e provocando uma tempestade. (N.T.)

Mas estaríamos raciocinando bem se, do fato de que é da natureza do homem ter paixões, concluíssemos serem naturais todas as paixões que sentimos em nós e que observamos nos outros? Sua fonte é natural, é verdade; mas mil riachos estranhos a ampliaram: é um grande rio que cresce continuamente e no qual se encontrariam somente algumas gotas de suas primeiras águas. Nossas paixões naturais são muito limitadas; elas são os instrumentos de nossa liberdade e tendem a nos conservar. Todas as que nos subjugam e nos destroem vêm de outro lugar; não as recebemos da natureza, apropriamo-nos delas em seu prejuízo.

A fonte de nossas paixões, a origem e o princípio de todas as demais, a única que nasce com o homem e jamais o deixa enquanto este viver é o amor de si; paixão primitiva, inata, anterior a qualquer outra e da qual todas as demais constituem, em certo sentido, apenas modificações.[2] Nesse sentido, todas são, de algum modo, naturais. Mas a maioria dessas modificações tem causas estranhas sem as quais jamais ocorreria, e essas mesmas modificações, longe de nos serem vantajosas, nos são nocivas; alteram o primeiro objeto e vão contra seu princípio; é então que o homem se encontra fora da natureza e se põe em contradição consigo mesmo.

O amor de si mesmo é sempre bom e sempre conforme a ordem. Estando cada qual encarregado especialmente de sua própria conservação, o primeiro e mais importante de seus cuidados é e deve ser o de velar continuamente sobre ela; e como o faria se não tivesse por ela o maior interesse?

É preciso, portanto, que nos amemos para nos conservarmos; e, por uma consequência imediata do mesmo sentimento, nós amamos o que nos conserva. Toda criança se afeiçoa a sua ama; Rômulo devia afeiçoar-se à loba que o amamentara.[3] De início, tal afeto é puramente maquinal. O que favorece o bem-estar de um indivíduo o atrai; o que o prejudica o afasta; trata-se aí apenas de um instinto cego. O que transforma esse instinto em sentimento, o afeto em amor, e a aversão em ódio é a intenção manifesta de nos prejudicar ou de nos ser útil. Não nos apaixonamos por seres insensíveis que seguem apenas o impulso que lhes damos; mas aqueles de quem esperamos o bem ou o mal por sua disposição interior, por sua vontade, aqueles que vemos agir livremente a

---

2. Deve-se notar, aqui, que Rousseau modifica, em alguma medida, suas considerações sobre o amor de si, tal como formuladas no *Discurso sobre a origem e os fundamentos da desigualdade entre os homens*. Neste, o filósofo situava a piedade ao lado do amor de si como duas paixões inerentes ao homem. Em Emílio, apenas o amor de si nasce com o homem, sendo as demais paixões modificações dele. (N.T.)

3. Rômulo foi o primeiro rei de Roma, cidade que fundou ao lado de seu irmão Remo em 753 a.C. Segundo a lenda, ambos teriam sido amamentados por uma loba, que os teria encontrado após terem sido jogados no rio Tibre por Amúlio, que havia tomado o poder em Alba Longa, destronando seu próprio irmão e ordenando a morte de seus descendentes. (N.T.)

favor ou contra nos inspiram sentimentos semelhantes aos que nos mostram. Procuramos o que nos serve, mas amamos o que deseja nos servir; fugimos do que nos prejudica, mas odiamos o que deseja nos prejudicar.

O primeiro sentimento de uma criança consiste em amar a si mesma, e o segundo, que deriva do primeiro, consiste em amar aqueles que a cercam; pois, no estado de fraqueza em que se encontra, não conhece ninguém senão pela assistência e pelos cuidados que recebe. De início, o afeto que tem por sua ama e por sua governanta é apenas hábito. Procura-as porque tem necessidade delas e porque se sente bem na sua presença; trata-se mais de conhecimento que de benevolência. Precisa de muito tempo para compreender que não somente elas lhe são úteis mas também desejam sê-lo, e é então que começa a amá-las.

Uma criança tende, portanto, naturalmente à benevolência, pois vê que tudo que a cerca é levado a assisti-la, e extrai dessa observação o hábito de um sentimento favorável a sua espécie; mas à medida que estende suas conexões, suas necessidades, suas dependências ativas ou passivas, o sentimento de suas relações com outrem desperta e produz o dos deveres e das preferências. Então, a criança se torna imperiosa, ciumenta, enganadora e vindicativa. Se a dobram à obediência, não vendo nenhuma utilidade no que lhe é ordenado, ela o atribui ao capricho, à intenção de atormentá-la, e se rebela. Se lhe obedecem, assim que alguma coisa lhe resiste, vê nisso uma rebelião, uma intenção de lhe resistir, e golpeia a cadeira ou a mesa por terem desobedecido. O amor de si, que diz respeito somente a nós, se contenta quando nossas verdadeiras necessidades são satisfeitas; mas o amor-próprio, que se compara, nunca se contenta e não se poderia contentar, pois este sentimento, preferindo-nos aos outros, exige também que os outros nos prefiram a eles, o que é impossível. Eis como as paixões suaves e afetuosas nascem do amor de si, e como as paixões odiosas e irascíveis nascem do amor-próprio. Assim, o que torna o homem essencial-mente bom é ter poucas necessidades e comparar-se pouco aos outros; o que o torna essencialmente mau é ter muitas necessidades e atentar muito à opinião. Com base nesse princípio, é fácil ver como se podem dirigir para o bem ou para o mal todas as paixões das crianças e dos homens. É verdade que, não podendo viver sempre sozinhos, dificilmente eles se manterão sempre bons: essa mes-ma dificuldade aumentará necessariamente com suas relações, e é sobretudo nesse aspecto que os perigos da sociedade tornam a arte e os cuidados mais indispensáveis a nós, a fim de prevenir no coração humano a depravação que nasce de suas novas necessidades.

O estudo conveniente ao homem é o de suas relações. Enquanto ele se co-nhece somente por seu ser físico, deve estudar-se por meio de suas relações com as coisas: é o emprego de sua infância; quando começa a sentir seu ser moral, deve estudar-se por meio de suas relações com os homens: é o emprego de sua vida inteira, iniciando-se no ponto a que acabamos de chegar.

Assim que o homem tem necessidade de uma companheira, não é mais um ser isolado; seu coração não está mais sozinho. Todas as suas relações com sua espécie, todas as afeições de sua alma nascem com ela. Sua primeira paixão logo faz fermentarem as demais.

A inclinação do instinto é indeterminada. Um sexo é atraído pelo outro: eis o impulso da natureza. A escolha, as preferências e o vínculo pessoal são obra das luzes, dos preconceitos e do hábito; são necessários tempo e conhecimentos para nos tornarmos capazes de amor; ama-se apenas após ter julgado, prefere--se apenas após ter comparado. Esses julgamentos se fazem sem que os percebamos, mas isso não os torna menos reais. O verdadeiro amor, a despeito do que se diz, será sempre honrado pelos homens; pois, embora seus arrebatamentos nos desencaminhem, embora ele não exclua do coração que o sente qualidades odiosas e até mesmo as produza, ele sempre supõe outras, estimáveis, sem as quais não teríamos condições de senti-lo. Essa escolha, que colocamos em oposição à razão, nos vem desta; fizemos o amor cego, pois ele possui olhos melhores que os nossos e porque vê relações que não podemos perceber. Para aquele que não tivesse nenhuma ideia de mérito nem de beleza, toda mulher seria igualmente boa, e a primeira a chegar seria sempre a mais amável. Longe de vir da natureza, o amor é a regra e o freio de suas inclinações: é por meio dele que, com exceção do objeto amado, um sexo não é mais nada para o outro.

Desejamos obter a preferência que concedemos; o amor deve ser recíproco. Para ser amado, é preciso tornar-se amável; para ser preferido, é preciso tornar--se mais amável que outro, mais amável que qualquer outro, ao menos aos olhos do objeto amado. Daí resultam os primeiros olhares sobre seus semelhantes; as primeiras comparações com eles; a concorrência, as rivalidades, a inveja. Um coração repleto de um sentimento que transborda gosta de desabafar; da necessidade de uma amante logo nasce a de um amigo: aquele que sente o quanto é doce ser amado desejaria sê-lo por todo mundo, e todos não poderiam querer a preferência sem que houvesse muitos descontentes. Com o amor e a amizade, nascem as dissensões, a inimizade, o ódio. Em meio a tantas paixões diversas, vejo a opinião adquirir um poder inabalável, e os estúpidos mortais sujeitos a seu império fundarem sua própria existência apenas com base nos juízos de outrem.

Estendei essas ideias e vereis de onde vem a forma que acreditamos ser natural a nosso amor-próprio, e como o amor de si, deixando de ser um sentimento absoluto, se torna orgulho nas grandes almas, vaidade nas pequenas, e se alimenta continuamente, em todas elas, à custa do próximo. As paixões dessa espécie, não tendo seu germe no coração das crianças, não podem nascer por si próprias; somos nós que as levamos até ele, e elas nunca criam raízes senão por nossa culpa; mas esse já não é caso do coração do jovem; a despeito do que possamos fazer, elas nascerão nele contra nossa vontade. É chegado, portanto, o momento de mudar de método.

Comecemos por algumas reflexões importantes sobre o estado crítico de que se trata aqui. A passagem da infância à puberdade não é tão determinada pela natureza a ponto de não variar nos indivíduos segundo os temperamentos, e nos povos segundo os climas. Todo mundo conhece as distinções observadas, a este respeito, entre os países quentes e os países frios, e todos percebem que os temperamentos ardentes são formados mais cedo que os outros; podemos, porém, nos enganar quanto às causas e atribuir frequentemente ao físico o que se deve imputar ao moral: trata-se de um dos abusos mais frequentes da filosofia de nosso século. As instruções da natureza são tardias e lentas; as dos homens são quase sempre prematuras. No primeiro caso, os sentidos despertam a imaginação; no segundo, a imaginação desperta os sentidos; dá-lhes uma atividade precoce que não pode deixar de abater, de enfraquecer, primeiramente, os indivíduos e depois, com o tempo, a própria espécie. Uma observação mais geral e mais segura que a do efeito dos climas é a de que a puberdade e a potência do sexo é sempre mais precoce entre os povos instruídos e policiados que entre os povos ignorantes e bárbaros.[4] As crianças possuem uma sagacidade singular para distinguir, por trás de todas as macaquices da decência, os maus costumes que ela oculta. A linguagem depurada que lhes é ditada, as lições de honestidade que lhes são dadas, o véu de mistério que se procura estender diante de seus olhos constituem muitos estímulos a sua curiosidade. Segundo o método que adotamos, resta claro que o que fingimos

---

4. "Nas cidades", diz o sr. de Buffon, "e entre as pessoas abastadas, as crianças, acostumadas a alimentos abundantes e suculentos, chegam mais cedo a esse estado; no campo e entre o povo pobre, as crianças são mais tardias porque são mal e muito pouco alimentadas; precisam de dois ou três anos a mais." *Hist. nat.* T. IV, p. 238. Admito a observação, mas não a explicação, pois, nas regiões em que o aldeão se alimenta muito bem e come muito, como no Valais e até mesmo em certos cantões montanhosos da Itália, como o Friul, a idade da puberdade nos dois sexos também é mais tardia que nas cidades, onde, para satisfazer a vaidade, se introduz frequentemente na alimentação uma extrema parcimônia e onde a maioria faz, como diz o provérbio, "hábito de veludo e barriga de farelo". Causa surpresa, nas montanhas, ver rapazes grandes e fortes como homens ainda possuírem a voz aguda e o queixo sem barba, e moças grandes, aliás muito desenvolvidas, não terem nenhum sinal periódico de seu sexo. Tal diferença me parece vir unicamente do fato de que, na simplicidade de seus costumes, sua imaginação, mantendo-se tranquila e calma por mais tempo, tarda mais a fermentar seu sangue e torna seu temperamento menos precoce.

esconder-lhes visa apenas a ser-lhes ensinado, e esta é, de todas as instruções que lhes damos, a que lhes traz maior proveito.

Consultai a experiência e compreendereis a que ponto esse método insensato acelera a obra da natureza e arruína o temperamento. Trata-se aqui de uma das principais causas que fazem degenerar as raças nas cidades. Os jovens, esgotados desde cedo, permanecem pequenos, fracos, mal constituídos, e envelhecem em vez de crescerem, assim como a videira forçada a produzir fruto na primavera definha e morre antes do outono.

É preciso ter vivido entre povos grosseiros e simples para saber até que idade uma feliz ignorância pode prolongar a inocência das crianças. É um espetáculo, ao mesmo tempo, tocante e risível ver os dois sexos, entregues à segurança de seus corações, prolongarem, na flor da idade e da beleza, os jogos ingênuos da infância, e mostrarem, por sua própria familiaridade, a pureza de seus prazeres. Quando, finalmente, essa amável juventude vem a se casar, os dois esposos, dando-se mutuamente as primícias de sua pessoa, se tornam mais preciosos um ao outro; multidões de crianças saudáveis e robustas se tornam a garantia de uma união que nada vem alterar e o fruto da sabedoria de seus primeiros anos.

Se a idade em que o homem adquire consciência de seu sexo difere tanto por efeito da educação quanto pela ação da natureza, decorre disso que podemos acelerar ou retardar essa idade segundo a maneira como educamos as crianças, e, se o corpo ganha ou perde consistência à medida que retardamos ou aceleramos esse progresso, decorre ainda que, quanto mais nos esforçamos em retardá-lo, mais o jovem adquire vigor e força. Ainda trato apenas dos efeitos puramente físicos; logo veremos que eles não se limitam a isso.

Dessas reflexões, extraio a solução para esta questão tão frequentemente debatida: convém esclarecer desde cedo as crianças acerca dos objetos de sua curiosidade, ou é melhor enganá-las por meio de modestos erros? Penso que não se deve fazer nem uma coisa nem outra. Primeiramente, essa curiosidade não lhes vem sem que a tenhamos provocado. É preciso, portanto, fazer com que não a tenham. Em segundo lugar, questões que não somos forçados a resolver não exigem que enganemos quem as formula; é melhor impor-lhe o silêncio que responder-lhe mentindo. Ela ficará pouco surpresa com essa lei caso tenhamos tido o cuidado de submetê-la a ela para as coisas indiferentes. Por fim, se tomarmos a decisão de responder, que seja com a maior simplicidade, sem mistério, sem embaraço e sem sorriso. Há muito menos perigo em satisfazer a curiosidade da criança do que em excitá-la.

Que vossas respostas sejam sempre graves, curtas, decididas, e que nunca aparentem hesitação. Não preciso acrescentar que devem ser verdadeiras. Não se pode ensinar às crianças o perigo de mentir aos homens, sem sentir, por parte dos homens, o perigo ainda maior de mentir às crianças. Uma única mentira comprovada do mestre ao aluno arruinaria para sempre todo o fruto da educação.

Uma ignorância absoluta em certas matérias talvez seja o que conviria melhor às crianças; mas que aprendam desde cedo o que é impossível esconder-lhes para sempre. É preciso ou que sua curiosidade não seja despertada de nenhuma maneira ou que seja satisfeita antes da idade em que não estiver mais isenta de perigo. Vossa conduta com vosso aluno depende muito, quanto a este ponto, de sua situação particular, das companhias que o cercam, das circunstâncias nas quais se prevê que poderá se encontrar etc. Importa aqui não deixar nada ao acaso, e, se não estiverdes certo de fazê-lo ignorar até os 16 anos a diferença dos sexos, cuidai para que a aprenda antes dos dez.

Não gosto que se adote com as crianças uma linguagem depurada demais, nem que se façam longos desvios que elas percebam, para evitar dar às coisas seu verdadeiro nome. Os bons costumes nessas matérias sempre têm muita simplicidade; mas imaginações manchadas pelo vício tornam o ouvido delicado e forçam a esmerar continuamente as expressões. Os termos grosseiros não acarretam consequências; são as ideias lascivas que é preciso afastar.

Embora o pudor seja natural à espécie humana, as crianças naturalmente não o possuem. O pudor nasce apenas com o conhecimento do mal; então como as crianças, que não possuem nem devem possuir tal conhecimento, teriam o sentimento que é efeito deste? Dar-lhes lições de pudor e de honestidade é ensinar-lhes que existem coisas vergonhosas e desonestas; é dar-lhes um desejo secreto de conhecer tais coisas. Cedo ou tarde, descobri-las-ão, e a primeira fagulha que estimula a imaginação seguramente acelera a exaltação dos sentidos. Todo aquele que enrubesce já é culpado: a verdadeira inocência não tem vergonha de nada.

As crianças não têm os mesmos desejos que os homens, mas, estando sujeitas, assim como eles, à sujidade que fere os sentidos, elas podem, em razão dessa única sujeição, receber as mesmas lições de conveniências. Acompanhai o espírito da natureza, que, situando nos mesmos lugares os órgãos dos prazeres secretos e os das necessidades repugnantes, nos inspira os mesmos cuidados em idades diferentes, ora por uma ideia, ora por outra; ao homem pela modéstia, à criança pela limpeza.

Vejo apenas um bom meio de preservar a inocência das crianças: consiste em que todos que as cercam a respeitem e a amem. Sem isso, toda a circunspeção que se costuma empregar com elas acaba, cedo ou tarde, sendo desmentida; um sorriso, uma piscadela, um gesto solto lhes dizem tudo que procuramos esconder delas; basta-lhes, para descobri-lo, ver que desejamos ocultá-lo. A delicadeza de frases e de expressões que as pessoas polidas empregam entre si, supondo luzes que não devem as crianças possuir, é totalmente deslocada com estas, mas, quando se honra realmente sua simplicidade, adota-se, ao conversar com elas, a dos termos que lhes convêm. Existe certa ingenuidade de linguagem que se adequa e que agrada a inocência: eis o verdadeiro tom que desvia uma criança de uma perigosa curiosidade. Falando-lhe de tudo com simplicidade, não a deixamos desconfiar que ainda resta algo a lhe dizer. Ao associar às palavras grosseiras as ideias desagradáveis que lhes convêm, sufocamos o primeiro fogo da imaginação; não a proibimos de pronunciar essas palavras e de ter essas ideias, mas lhe damos, sem que o perceba, repugnância em lembrar-se delas. E de quanto embaraço essa liberdade ingênua não poupa aqueles que, tirando-a de seu próprio coração, dizem sempre o que se deve dizer e o dizem sempre como o sentiram!

"Como são feitas as crianças?" Pergunta embaraçosa que vem assaz naturalmente às crianças, e cuja resposta, indiscreta ou prudente, determina, por vezes, seus costumes e sua saúde por toda a vida. A maneira mais curta que uma mãe imagina para livrar-se dela, sem enganar seu filho, consiste em impor-lhe o silêncio; isso seria bom caso o tivessem, de há muito, acostumado a isso para as questões indiferentes e caso ele não desconfiasse haver mistério nesse novo tom. Mas raramente a mãe se limita a isso. "É o segredo das pessoas casadas", ela dirá; "rapazinhos não devem ser tão curiosos". Eis uma boa saída para livrar a mãe de um embaraço; mas que ela saiba que, provocado por esse ar de desprezo, o rapazinho não terá um momento sequer de descanso até descobrir o segredo das pessoas casadas, e não tardará a descobri-lo.

Permitam-me relatar uma resposta bem diferente que ouvi ser dada à mesma pergunta e que tanto mais me surpreendeu quanto vinha de uma mulher tão modesta em seus discursos quanto em suas maneiras, mas que sabia, quando necessário, pisotear, para o bem de seu filho e para a virtude, o falso temor da censura e as palavras vãs dos brincalhões. Não havia muito tempo que a criança expelira pela urina uma pequena pedra que lhe havia rasgado a uretra, mas a dor, tendo passado, fora esquecida. "Mamãe", disse o pequeno tonto, "como são feitas as crianças?" "Meu filho", disse a mãe sem hesitar, "as mulheres as urinam com dores que por vezes lhes custam a vida." Que os brincalhões riam, que os tolos fiquem escandalizados; mas que os sábios reflitam se um dia encontrarão uma resposta mais judiciosa e que mais se adeque a seus fins.

Primeiramente, a ideia de uma necessidade natural e conhecida da criança afasta a de uma operação misteriosa. As ideias acessórias da dor e da morte cobrem a outra com um véu de tristeza que acalma a imaginação e reprime a curiosidade: tudo desvia o espírito para as consequências do parto, e não para suas causas. As enfermidades da natureza humana, objetos repulsivos, imagens de sofrimento: eis os esclarecimentos a que conduz essa resposta, se a repugnância que ela inspira permitir à criança pedi-los. Por onde a inquietude dos desejos terá a ocasião de nascer em conversas assim conduzidas? E, no entanto, vedes que a verdade não foi alterada em nada e que não se teve a necessidade de enganar o aluno em vez de instruí-lo.

Vossos filhos leem; adquirem, em suas leituras, conhecimentos que não teriam se não tivessem lido. Se estudam, a imaginação desperta e se aguça no silêncio do gabinete. Se vivem no mundo, ouvem um jargão estranho; veem exemplos que os impressionam; tanto os persuadiram de que eram homens que, para tudo que fazem os homens em sua presença, pensam imediatamente em como isso pode lhes convir; é preciso que as ações alheias lhes sirvam de modelo quando os juízos de outrem lhes servem de lei. Criados levados a depender deles e, consequentemente, interessados em lhes agradar fazem-lhes a corte em detrimento dos bons costumes; governantas risonhas empregam, quando eles têm quatro anos, palavras que a mais descarada delas não ousaria empregar se tivessem 15. Elas logo esquecem o que disseram, mas eles não esquecem o que ouviram. As conversas licenciosas preparam os costumes libertinos; o lacaio maroto torna a criança debochada, e o segredo de um serve de garantia ao do outro.

A criança educada de acordo com sua idade é solitária. Não conhece outras afeições além das do hábito; ama sua irmã assim como seu relógio, e seu amigo assim como seu cão. Não sente pertencer a nenhum sexo, a nenhuma espécie; o homem e a mulher lhes são igualmente estranhos; não relaciona a si nada que fazem ou que dizem; não vê nada nem ouve, ou não lhe dá nenhuma atenção; suas palavras não lhe interessam mais que seus exemplos: nada disso é feito para ela. Não é um engano artificioso que lhe conferem por este método; é a ignorância da natureza. Chega o tempo em que a própria natureza toma o cuidado de esclarecer seu aluno, e é somente então que ela o coloca em condições de aproveitar, sem riscos, as lições que lhe dá. Eis o princípio; não cabe aqui detalhar as regras, e os meios que proponho na perspectiva de outros objetos também servem de exemplo a este.

Quereis introduzir ordem e regra nas paixões nascentes? Estendei o intervalo durante o qual se desenvolvem, para que tenham tempo de arranjar-se à medida que nascem. Não é, então, o homem que as ordena, mas a própria natureza; vosso cuidado se limita a deixá-la arranjar seu trabalho. Se vosso aluno estivesse sozinho, não teríeis nada a fazer; mas tudo que o cerca incendeia sua imaginação. A torrente de preconceitos o arrasta; para retê-lo, é preciso empurrá-lo em sentido contrário. É preciso que o sentimento domine a imaginação, e que a razão silencie a opinião dos homens. A fonte de todas as paixões é a sensibilidade; a imaginação determina seu rumo. Todo ser que sente suas relações deve ser afetado quando estas se alteram e quando imagina ou acredita imaginar outras mais convenientes a sua natureza. Esses são erros da imaginação que transformam em vícios as paixões de todos os seres limitados e mesmo dos anjos, caso as tenham; pois seria preciso que conhecessem a natureza de todos os seres para saberem que relações convêm melhor a sua.

Eis, portanto, o resumo de toda a sabedoria humana no uso das paixões: 1) sentir as verdadeiras relações do homem, tanto na espécie quanto no indivíduo; 2) ordenar todas as afeições da alma segundo essas relações.

Mas seria o homem capaz de ordenar suas afeições segundo certas relações ou outras? Sem dúvida, se for capaz de dirigir sua imaginação para um objeto ou outro, ou de lhe dar um hábito ou outro. Aliás, não se trata tanto do que um homem pode fazer consigo mesmo quanto do que podemos fazer com nosso aluno pela escolha das circunstâncias em que o colocamos. Expor os meios adequados para mantê-lo na ordem da natureza é dizer o bastante sobre como ele pode deixá-la.

Enquanto sua sensibilidade permanece limitada a seu indivíduo, não há nada de moral em suas ações; é apenas quando ela começa a estender-se para fora dele que o aluno adquire os sentimentos e, em seguida, as noções do bem e do mal que fazem dele um homem de verdade e parte integrante de sua espécie. É, portanto, neste primeiro ponto que se faz necessário fixar inicialmente nossas observações.

Elas são difíceis, na medida em que, para fazê-las, é preciso rejeitar os exemplos que estão diante de nossos olhos e procurar aqueles em que os desenvolvimentos sucessivos se fazem segundo a ordem da natureza.

Uma criança formada, polida, civilizada, que aguarda apenas o poder de executar as instruções prematuras que recebeu não se engana jamais sobre o momento em que tal poder lhe sobrevém. Longe de aguardá-lo, ela o acelera; dá a seu sangue uma fermentação precoce; sabe qual deve ser o objeto de seus desejos até mesmo muito antes de senti-los. Não é a natureza que estimula a criança; é esta que força a natureza: esta não tem mais nada a lhe ensinar ao fazer dela um homem. Ela o era pelo pensamento muito tempo antes de sê-lo de fato.

A verdadeira marcha da natureza é mais gradual e mais lenta. Pouco a pouco, o sangue se exalta, os humores se elaboram, o temperamento se forma. O sábio operário que dirige a fábrica tem o cuidado de aperfeiçoar todos seus instrumentos antes de empregá-los; uma longa inquietação precede os primeiros desejos, uma longa ignorância os dissimula; deseja-se sem saber o quê: o sangue fermenta e se agita; uma superabundância de vida procura estender-se para fora. O olhar se anima e percorre os outros seres; começamos a nos interessar pelos que nos cercam; começamos a sentir que não fomos feitos para viver sozinhos; é assim que o coração se abre para as afeições humanas e se torna capaz de apego.

O primeiro sentimento de que um jovem cuidadosamente educado é suscetível não é o amor, mas a amizade. O primeiro ato de sua imaginação nascente consiste em informá-lo de que tem semelhantes, e a espécie o afeta antes que o sexo. Eis, portanto, outra vantagem da inocência prolongada: trata-se de aproveitar a sensibilidade nascente para lançar no coração do jovem adolescente as primeiras sementes de humanidade; vantagem tanto mais preciosa por ser a única época da vida em que os mesmos cuidados podem alcançar verdadeiro sucesso.

Sempre observei que os jovens corrompidos desde cedo e entregues às mulheres e ao deboche eram inumanos e cruéis; o impulso do temperamento os tornava impacientes, vindicativos, furiosos; sua imaginação, tomada por um único objeto, recusava todo o resto; não conheciam nem a piedade nem a misericórdia; teriam sacrificado o pai, a mãe e o universo inteiro ao menor de seus prazeres. Ao contrário, um jovem educado numa feliz simplicidade é conduzido, pelos primeiros impulsos da natureza, às paixões ternas e afetuosas; seu coração compassivo se comove com os sofrimentos de seus semelhantes; estremece de alegria quando revê seu camarada, seus braços sabem encontrar abraços carinhosos; seus olhos sabem derramar lágrimas de ternura; é sensível à vergonha de desagradar, ao arrependimento por ter ofendido. Se o ardor de um sangue que se exalta o torna impulsivo, irritável, colérico, vê-se, no momento seguinte, toda a bondade de seu coração na efusão de seu arrependimento; chora, lamenta a ferida que provocou; desejaria, ao preço de seu sangue, resgatar aquele que derramou; todo seu arrebatamento se apaga, toda sua altivez se humilha perante o sentimento de seu erro. Se for ele o ofendido, no auge de seu furor, basta uma desculpa ou uma palavra para o desarmar; perdoa as ofensas de outrem com a mesma boa vontade com que repara as suas. A adolescência não é nem a idade da vingança nem a do ódio; é a da comiseração, da clemência, da generosidade. Sim, sustento-o, e não temo ser desmentido pela experiência; uma criança que não é mal nascida e que conservou sua inocência até os 20 anos é, nessa idade, o mais generoso, o melhor, o mais afetuoso e o mais amável dos homens. Nunca vos disseram nada de semelhante; estou certo disso: vossos filósofos, educados em toda a corrupção dos colégios, não o podem saber.

É a fraqueza do homem que o torna sociável: são nossas misérias comuns que conduzem nossos corações à humanidade; não lhe deveríamos nada se não fôssemos homens. Todo apego é um sinal de insuficiência: se cada um de nós não tivesse qualquer necessidade dos outros, mal pensaríamos em nos unir a eles. Assim, de nossa própria enfermidade nasce nossa frágil felicidade. Um ser verdadeiramente feliz é um ser solitário: apenas Deus goza de uma felicidade absoluta; mas quem dentre nós pode concebê-la? Se algum ser imperfeito pudesse bastar a si mesmo, de que, segundo nós, ele gozaria? Seria solitário, seria miserável. Não acredito que aquele que não tem necessidade de nada possa amar alguma coisa; não acredito que aquele que não ama nada possa ser feliz.

Decorre disso que nos apegamos a nossos semelhantes menos pelo sentimento de seus prazeres que pelo de seus sofrimentos, pois percebemos muito melhor nestes a identidade de nossa natureza e as garantias de seu afeto por nós. Se nossas necessidades comuns nos unem por interesse, nossas misérias comuns nos unem por afeição. O aspecto de um homem feliz inspira aos outros menos amor que inveja; acusá-lo-iam de bom grado de usurpar um direito que não possui, constituindo para si uma felicidade exclusiva, e, mais uma vez, o amor-próprio sofre, fazendo-nos sentir que esse homem não tem qualquer necessidade de nós. Mas quem não lamenta pelo infeliz que vê sofrer? Quem não desejaria livrá-lo de seus males, caso um único desejo bastasse para isso? A imaginação nos coloca mais no lugar do miserável que no do homem feliz; sentimos que um desses estados nos comove mais que o outro. A piedade é doce, pois, colocando-nos no lugar daquele que sofre, sentimos, no entanto, o prazer de não sofrermos como ele. A inveja é amarga, na medida em que o aspecto de um homem feliz, longe de colocar o invejoso em seu lugar, o faz lamentar o fato de não encontrar-se nele. Parece que um nos isenta dos males que sofre e outro nos priva dos bens de que goza.

Desejais, portanto, estimular e alimentar, no coração de um jovem, os primeiros impulsos da sensibilidade nascente e conduzir seu caráter rumo à beneficência e rumo à bondade? Não façais germinar nele o orgulho, a vaidade e a inveja por meio da enganosa imagem da felicidade dos homens; não exponhais, inicialmente, a seus olhos a pompa das cortes, o fausto dos palácios, a atração dos espetáculos; não o leveis para os círculos, para as brilhantes assembleias. Mostrai-lhe o exterior da grande sociedade apenas após tê-lo colocado em condições de apreciá-la em si mesma. Mostrar-lhe o mundo antes que conheça os homens não é formá-lo, mas corrompê-lo; não é instruí-lo, mas enganá-lo.

Os homens não são naturalmente nem reis, nem nobres, nem cortesãos, nem ricos. Todos nasceram nus e pobres, todos sujeitos às misérias da vida, às mágoas, às doenças, às necessidades, às dores de toda espécie; enfim, estão todos condenados à morte. Eis o que realmente é o homem; eis aquilo de que nenhum mortal está isento. Começai, portanto, por estudar, quanto à natureza humana, o que é mais inseparável dela, o que constitui melhor a humanidade.

Aos 16 anos, o adolescente sabe o que é sofrer, pois ele mesmo sofreu; mas mal sabe ele que outros seres também sofrem: ver sem sentir não é saber, e como eu disse 100 vezes, a criança, não imaginando o que sentem os outros, não conhece outros males além dos seus; mas, quando o primeiro desenvolvimento dos sentidos desperta nela o fogo da imaginação, ela começa a se sentir em seus semelhantes, a comover-se com seus lamentos e a sofrer com suas dores. É então que o triste quadro da humanidade sofredora deve levar a seu coração o primeiro enternecimento que jamais tenha sentido.

Se não é fácil notar esse momento em vossos filhos, a quem atribuís a culpa? Vós os instruís tão cedo a fingir o sentimento, ensinais-lhes tão cedo o linguajar correspondente que, falando sempre no mesmo tom, eles se valem de vossas lições contra vós mesmos, e não vos resta nenhum meio de discernir quando, deixando de mentir, eles começam a sentir o que dizem. Mas observai meu Emílio: na idade a que o conduzi, não sentiu nem mentiu. Antes de saber o que é gostar, ele não disse a ninguém: "Gosto de ti". Não lhe prescrevemos a postura que devia adotar ao entrar no quarto de seu pai, de sua mãe ou de seu governante doente; não lhe mostramos a arte de simular a tristeza que não tinha. Não fingiu chorar a morte de ninguém, pois não sabe o que é morrer. A mesma insensibilidade que tem no coração também está em suas maneiras. Assim como todas as crianças, indiferente a tudo que está fora de si mesmo, não se interessa por ninguém; tudo que o distingue é que não deseja parecer interessar-se e não é falso como elas.

Tendo refletido pouco sobre os seres sensíveis, Emílio tardará a saber o que é sofrer e morrer. Os lamentos e os gritos começarão a agitar suas entranhas, o aspecto do sangue que escorre o fará desviar os olhos, as convulsões de um animal moribundo lhe darão sabe-se lá que angústia antes que saiba de onde vêm esses novos impulsos. Se tivesse permanecido estúpido e bárbaro, não os teria; se fosse mais instruído, conheceria sua fonte; já comparou ideias demais para não sentir nada, mas não o bastante para compreender o que sente.

Assim nasce a piedade, primeiro sentimento relativo que toca o coração humano segundo a ordem da natureza. Para que se torne sensível e piedosa, é preciso que a criança saiba que existem seres semelhantes a ela, que sofrem o que ela sofreu, que sentem as dores que ela sentiu, além de outras que deve conceber como as podendo sentir. Com efeito, como nos deixaríamos comover pela piedade senão transportando-nos para fora de nós e identificando-nos com o animal sofredor, deixando, por assim dizer, nosso ser para assumirmos o seu? Sofremos apenas o tanto quanto acreditamos que ele sofre; não é em nós, mas nele que sofremos. Assim, ninguém se torna sensível senão quando sua imaginação se anima e começa a transportá-lo para fora de si.

Para estimular e alimentar essa sensibilidade nascente, para guiá-la ou acompanhá-la em sua inclinação natural, o que temos, então, de fazer senão oferecer ao jovem objetos sobre os quais possa agir a força expansiva de seu coração e que o dilatem, o estendam sobre os demais seres, que o façam encontrar-se sempre fora de si e afastar com cuidado aqueles que o comprimem, o concentram e esticam a mola do eu humano? Isto é, em outros termos, estimular nele a bondade, a humanidade, a comiseração, a beneficência, todas as paixões atraentes e doces que agradam naturalmente aos homens, e impedir que nasçam a inveja, a cobiça, o ódio, todas as paixões repulsivas e cruéis que tornam, por assim dizer, a sensibilidade não apenas nula, mas negativa, e fazem o tormento daquele que as sente.

Creio poder resumir todas as reflexões precedentes em duas ou três máximas precisas, claras e fáceis de compreender.

Primeira máxima
Não é próprio ao coração humano pôr-se no lugar das pessoas que são mais felizes que nós, mas somente no das que são mais dignas de pena.

Se encontramos exceções para essa máxima, elas são mais aparentes que reais. Assim, não nos colocamos no lugar do rico ou do nobre a quem nos apegamos; mesmo apegando-nos sinceramente, limitamo-nos a nos apropriar de uma parte de seu bem-estar. Por vezes, amamo-lo em seus infortúnios, mas, enquanto prospera, não tem verdadeiro amigo além daquele que não se deixa enganar pelas aparências e que tem por ele mais pena que inveja, a despeito de sua prosperidade.

Comovemo-nos com a felicidade de certos estados, como, por exemplo, a da vida campestre e pastoral. O encanto de ver essa boa gente feliz não é contaminado pela inveja; interessamo-nos verdadeiramente por ela. Por que isso? Porque nos sentimos capazes de descer a esse estado de paz e de inocência e de gozar da mesma felicidade: é um expediente que oferece apenas ideias agradáveis, visto que basta querer desfrutá-lo para poder fazê-lo. Encontra-se sempre algum prazer em ver seus recursos, em contemplar seus próprios bens, mesmo que não se deseja utilizá-los.

Decorre disso que, para conduzir um jovem à humanidade, longe de fazê-lo admirar o destino brilhante dos outros, é preciso mostrar-lho pelos aspectos tristes, é preciso fazer com que o tema. Então, por uma consequência evidente, ele deve abrir para si um caminho para a felicidade que não siga o rastro de ninguém.

Segunda máxima

Lamentamos em outrem apenas os males de que não acreditamos estar isentos.

"Non ignara mali, miséria succurrere disco."[5]

Não conheço nada tão belo, tão profundo, tão comovente, tão verdadeiro quanto esse verso.

Por que os reis não têm qualquer piedade de seus súditos? É porque esperam nunca serem homens. Por que os ricos são tão duros com os pobres? É porque não temem ser como eles. Por que a nobreza tem tão grande desprezo pelo povo? É porque um nobre jamais será um plebeu. Por que os turcos são geralmente mais humanos, mais hospitaleiros que nós? É porque, em seu governo, absolutamente arbitrário, sendo a grandeza e a fortuna dos particulares sempre precárias e vacilantes, eles não encaram o rebaixamento e a miséria como uma condição estranha a sua;[6] cada um pode ser, amanhã, o que é hoje aquele a quem presta auxílio. Tal reflexão, que retorna continuamente nos romances orientais, dá a sua leitura qualquer coisa de comovente e da qual carece toda a afetação de nossa áspera moral.

Não acostumeis, portanto, vosso aluno a observar do alto de sua glória os sofrimentos dos desafortunados, os trabalhos dos miseráveis, e não espereis ensiná-lo a lamentá-los, caso os considere estranhos a ele. Fazei com que compreenda que a sorte desses infelizes pode ser sua, que todos seus males se encontram sob seus pés, que mil acontecimentos imprevistos e inevitáveis podem, de um momento para outro, mergulhá-lo neles. Ensinai-o a não contar nem com seu nascimento, nem com sua saúde, nem com suas riquezas; mostrai-lhe todas as vicissitudes da fortuna; trazei-lhe os exemplos, sempre demasiado frequentes, de pessoas que de uma condição mais elevada que a sua caíram abaixo desses infelizes; quer seja por sua culpa ou não, não é disso

---

5. Trata-se de citação de Virgílio (*Eneida*, I, 630): "Não ignorando os infortúnios, aprendi a socorrer os infelizes". (N.T.)

6. Isso parece estar mudando um pouco atualmente: as condições parecem tornar-se mais fixas, e os homens também se tornam mais duros.

que se trata agora; sabe ele sequer o que é culpa? Nunca interfirais na ordem de seus conhecimentos e não o esclareçais senão por luzes que se encontram a seu alcance. Ele não tem necessidade de ser muito erudito para sentir que toda a prudência humana não pode lhe responder se, daqui a uma hora, estará vivo ou moribundo; se as dores da cólica nefrética não lhe farão ranger os dentes antes da noite; se, dentro de um mês, ele será rico ou pobre; se, talvez daqui a um ano, ele não estará remando sob o vergalho[7] nas galés de Argel. Acima de tudo, não lhe digais tudo isso friamente, como se fosse seu catecismo: que veja, que sinta as calamidades humanas; abalai, assustai sua imaginação com os perigos de que todo homem está continuamente cercado; que veja a seu redor todos esses abismos e que, ao vos ouvir descrevê-los, ele se agarre a vós, temendo cair neles. "Torná-lo-emos tímido e covarde", direis. Veremos na sequência, mas, no momento, comecemos por torná-lo humano; eis, sobretudo, o que nos importa.

TERCEIRA MÁXIMA

A piedade que temos da dor de outrem não se mede com base na quantidade dessa dor, mas com base no sentimento que atribuímos aos que a sofrem.

Temos pena de um infeliz apenas na medida em que acreditamos que seja digno dela. O sentimento físico de nossas dores é mais limitado do que parece; mas é pela memória que nos faz sentir sua continuidade, é pela imaginação que as estende para o futuro que elas nos tornam realmente dignos de pena. Eis que reflito sobre uma das causas que nos endurecem mais às dores dos animais que às dos homens, embora a sensibilidade comum deva igualmente nos identificar com eles. Temos pouca pena de um cavalo de carroceiro em sua cavalariça, pois não presumimos que, ao comer seu feno, pense nos golpes que recebeu e nos cansaços que o aguardam. Tampouco nos apiedamos de um carneiro que vemos pastar, embora saibamos que será logo degolado, pois acreditamos que não prevê seu destino. Por extensão, endurecemo-nos, assim, quanto à sorte dos homens, e os ricos se consolam do mal que fazem aos pobres supondo-os estúpidos o bastante para não o sentirem. Em geral, avalio o valor que cada um atribui à felicidade de seus semelhantes pela consideração que parece ter por eles. É natural que se dê pouco valor à felicidade das pessoas por quem se tem desprezo. Não vos surpreendais mais, portanto, se os políticos falarem

---

7. O vergalho, ou nervo de boi (em francês, *"nerf de boeuf"*), era o nervo extraído da parte genital do boi e que, depois de seco, era transformado em açoite. (N.T.)

do povo com tanto desdém, nem se a maioria dos filósofos procurar fazer do homem um ser tão mau.

É o povo que compõe o gênero humano; o que não é povo é tão pouca coisa que não vale a pena considerar. O homem é o mesmo em todas as condições; se isso é verdade, as condições mais numerosas merecem o maior respeito. Diante daquele que pensa, todas as distinções civis desaparecem: ele vê as mesmas paixões, os mesmos sentimentos no grosseirão e no homem ilustre; discerne apenas seu linguajar, apenas um colorido mais ou menos afetado, e, se alguma diferença essencial os distingue, ela se dá em prejuízo dos mais dissimulados. O povo se mostra tal como é, e não é amável; mas é preciso que as pessoas da alta sociedade se disfarcem; se se mostrassem tal como são, causariam horror.

Existe, dizem ainda nossos sábios, a mesma dose de felicidade e de sofrimento em todas as condições: máxima tão funesta quanto insustentável, pois, se todos são igualmente felizes, por que deveria incomodar-me com alguém? Que cada um permaneça como está: que o escravo seja maltratado, que o doente sofra, que o pobre morra; não ganhariam nada mudando de condição. Eles enumeram os sofrimentos do rico e mostram a inanidade de seus vãos prazeres: que grosseiro sofisma! Os sofrimentos do rico não resultam de sua condição, mas apenas de si mesmo, que abusa dela. Ainda que fosse até mesmo mais infeliz que o pobre, não se deveria ter pena dele, pois suas dores são todas obra sua e ele depende apenas de si para ser feliz. Mas o sofrimento do miserável resulta das coisas, do rigor da condição que pesa sobre ele. Não tem nenhum hábito que possa privá-lo do sentimento físico do cansaço, do esgotamento, da fome: nem o bom espírito nem a sabedoria lhe servem de nada para isentá-lo das dores de sua condição. O que ganha Epiteto ao prever que seu senhor vai quebrar-lhe a perna?[8] Deixa, com isso, de quebrá-la? Sente, além de sua dor, a dor da previdência. Ainda que o povo fosse tão sensato quanto supomos que seja estúpido, o que poderia ser além do que é? O que poderia fazer além do que faz? Estudai as pessoas dessa ordem e vereis que, com outra linguagem, elas possuem tanto espírito e mais bom senso que vós. Respeitai, portanto, vossa espécie; pensai que ela é essencialmente composta da coleção dos povos, e que, se todos os reis e todos os povos fossem dela suprimidos, mal perceberíamos, e as coisas não ficariam piores. Em suma, ensinai vosso aluno a amar todos os homens, mesmo os que os menosprezam; fazei com que ele não se situe em nenhuma classe, mas que se encontre em todas; falai, diante dele, do gênero

---

8. Grego de origem, Epiteto foi um filósofo estoico que passou grande parte de sua vida na condição de escravo em Roma, a serviço de Epafrodito, secretário de Nero. Diz-se que seu senhor lhe teria quebrado uma das pernas. (N.T.)

humano com ternura e até mesmo com piedade, mas nunca com desprezo. Homem, não desonra o homem.

É por esses caminhos e outros similares, muito contrários aos que estão abertos, que convém penetrar o coração de um jovem adolescente para nele estimular os primeiros impulsos da natureza, para desenvolvê-lo e estendê-lo sobre seus semelhantes; ao que acrescento que importa mesclar a esses impulsos o menor interesse pessoal possível; acima de tudo, nenhuma vaidade, nenhuma rivalidade, nenhuma glória, nenhum desses sentimentos que nos forçam a nos compararmos aos outros; pois essas comparações nunca se fazem sem alguma impressão de ódio contra os que disputam conosco a preferência, mesmo que apenas em nossa própria estima. É preciso, então, cegar-se ou irritar-se, ser mau ou tolo; procuremos evitar essa alternativa. Essas paixões tão perigosas nascerão, dizem, cedo ou tarde, contra a nossa vontade. Não o nego; cada coisa tem seu tempo e seu lugar; digo apenas que não devemos ajudá-las a nascerem.

Eis o espírito do método que se deve prescrever a si mesmo. Aqui, os exemplos e os detalhes são inúteis, pois aqui começa a divisão quase infinita dos caracteres, e cada exemplo que eu desse talvez não conviesse nem mesmo a um sobre 100 mil. É nessa idade também que começa, para o hábil mestre, a verdadeira função de observador e de filósofo que conhece a arte de sondar os corações, trabalhando para formá-los. Enquanto o jovem ainda não pensa em fingir e ainda não aprendeu a fazê-lo, a cada objeto que lhe é apresentado vê-se em seu aspecto, em seus olhos, em seus gestos a impressão que recebe dele; lê-se em seu rosto todos os impulsos de sua alma; à força de observá-los, conseguimos prevê-los e, finalmente, dirigi-los.

Nota-se, em geral, que o sangue, as feridas, os gritos, os gemidos, o conjunto das operações dolorosas, e tudo que leva aos sentidos objetos de sofrimento, alcançam, mais cedo e de modo mais geral, todos os homens. A ideia de destruição, sendo mais complexa, não produz o mesmo impacto; a imagem da morte impressiona mais tarde e com menos força porque ninguém tem, em seu íntimo, a experiência de morrer; é preciso ter visto cadáveres para sentir as angústias dos que agonizam. Mas, quando essa imagem se encontra bem formada em nosso espírito, não existe, a nossos olhos, espetáculo mais horrível; seja em razão dessa ideia de destruição total que ela oferece então pelos sentidos, seja porque, sabendo que esse momento é inevitável para todos os homens, sentimo-nos mais intensamente atingidos por uma situação a que estamos certos de não podermos escapar.

Essas impressões diversas têm suas modificações e seus graus, que dependem do caráter particular de cada indivíduo e de seus hábitos anteriores; mas são universais, e ninguém está inteiramente isento delas. Existem outras mais tardias e menos gerais, que correspondem mais às almas sensíveis. São as que recebemos dos sofrimentos morais, das dores internas, das aflições, dos langores e da tristeza. Existem pessoas que não conseguem comover-se senão com gritos e choros; os longos e surdos gemidos de um coração fortemente angustiado nunca lhes arrancaram suspiros; o aspecto de uma postura abatida, de um rosto pálido e lívido, de um olho amortecido e que não pode mais chorar jamais fez com que elas mesmas chorassem; as dores da alma não são nada para elas; quando as julgam, a sua não sente nada: não espereis delas nada além de rigor inflexível, endurecimento, crueldade. Poderão ser íntegras e justas, mas nunca clementes, generosas ou piedosas. Digo que poderão ser justas se, todavia, um homem puder sê-lo quando não é misericordioso.

Não tenhais pressa, porém, em julgar os jovens por essa regra, sobretudo os que, tendo sido educados como deveriam, não têm nenhuma ideia das dores morais que nunca foram levados a sentir; pois, mais uma vez, somente podem lamentar os males que conhecem; e essa aparente insensibilidade, que resulta apenas da ignorância, logo se transforma em ternura quando começam a perceber que existem, na vida humana, mil dores que não conhecem. Quanto a meu Emílio, se ele teve simplicidade e bom senso na infância, estou muito certo de que terá alma e sensibilidade na juventude, pois a veracidade dos sentimentos se deve muito à justeza das ideias.

Mas por que relembrá-lo aqui? Mais de um leitor me condenará, certamente, pelo esquecimento de minhas primeiras resoluções e da felicidade constante que eu prometera a meu aluno. Infelizes, moribundos, espetáculos de dor e de miséria! Quanta felicidade! Quanto gozo para um jovem coração que nasce para a vida! Seu triste preceptor, que lhe destinava uma educação tão suave, o faz nascer apenas para sofrer. Eis o que dirão; mas o que isso me importa? Prometi torná-lo feliz e não fazer com que o parecesse. Terei culpa se, sempre enganado pela aparência, vós a confundirdes com a realidade?

Consideremos dois jovens saindo da primeira educação e entrando no mundo por duas portas diretamente opostas. Um deles sobe, de repente, até o Olimpo e se integra à mais brilhante sociedade. É apresentado à corte, aos nobres, aos ricos, às belas mulheres. Suponho-o festejado em todo lugar, e não examino o efeito dessa acolhida em sua razão; suponho que esta lhe resista. Os prazeres voam a sua frente; todos os dias, novos objetos o divertem; entrega-se a tudo com um interesse que vos seduz. Vós o vedes atento, solícito, curioso; sua primeira admiração vos impressiona; pensais que está contente, mas vede o estado de sua alma: acreditais que goza; quanto a mim, creio que sofre.

O que ele percebe primeiro ao abrir os olhos? Muitos pretensos bens que não conhecia e que, em sua maioria, ficando apenas por um momento a seu alcance, parecem mostrar-se a ele apenas para fazer com que lamente não possuí-los. Quando passeia por um palácio, vedes, por sua inquieta curiosidade, que se pergunta por que sua casa paterna não é assim. Todas suas perguntas vos dizem que ele se compara continuamente ao senhor dessa casa, e tudo que encontra de humilhante para ele nesse paralelo aguça sua vaidade, revoltando-a. Se vê um jovem mais bem vestido que ele, vejo-o resmungar secretamente contra a avareza de seus pais. Se está mais enfeitado que outro homem, sente a dor de ver tal homem eclipsá-lo por seu nascimento ou por seu intelecto, e ver todo seu luxo humilhado diante de um simples traje de pano. Ele brilha sozinho numa assembleia? Coloca-se sobre a ponta dos pés para que o vejam melhor? Quem não tem uma disposição secreta de rebaixar o ar soberbo e fútil de um jovem vaidoso? Tudo logo se junta como que de concerto; os olhares inquietantes de um homem grave, as palavras escarnecedoras de um homem mordaz não tardam a alcançá-lo; e, ainda que seja desdenhado por um único homem, o desprezo desse homem contamina, num instante, os aplausos dos outros.

Ofereçamos-lhe tudo; prodigalizemos-lhe a satisfação, o mérito; que seja bem constituído, cheio de espírito, amável; será procurado pelas mulheres; mas, ao procurá-lo antes que ele as ame, elas o tornarão antes louco que enamorado; terá aventuras galantes, mas não terá arrebatamentos nem paixão para apreciá-las. Por seus desejos, sempre prevenidos, não terem tido tempo de nascer, ele sente, em meio aos prazeres, apenas o tédio do constrangimento; o sexo feito para a felicidade do seu lhe causa repugnância e o farta antes mesmo que ele o conheça; se continua a vê-lo, é apenas por vaidade; e, ainda que se apegasse a ele por um gosto verdadeiro, ele não seria o único jovem, o único brilhante, o único amável, e não encontraria sempre em suas amantes prodígios de fidelidade.

Não digo nada a respeito das inquietações, das traições, das acusações, dos arrependimentos de toda espécie, inseparáveis de semelhante vida. A experiência da sociedade, como sabemos, causa desgosto; falo apenas dos aborrecimentos vinculados à primeira ilusão.

Que contraste não é, para aquele que, contido até aqui no seio de sua família e de seus amigos, se viu como o único objeto de suas atenções, o fato de entrar de repente numa ordem de coisas onde lhe dão tão pouca importância e de encontrar-se como que afogado numa esfera estrangeira, ele que foi por tanto tempo o centro da sua! Quantas afrontas! Quantas humilhações não deve suportar antes de perder, entre os desconhecidos, os preconceitos de sua importância, adquiridos e alimentados entre os seus! Quando era criança, todos cediam, todos a sua volta eram atenciosos; agora jovem, deve ceder diante de todos; ou, por pouco que se esqueça de si e conserve sua antiga afetação, quantas duras lições não o farão retornar a si mesmo! O hábito de obter facilmente os objetos de seus desejos o conduz a desejar muito e o faz sentir privações contínuas. Tudo que o encanta o tenta; tudo que outros possuem ele desejaria possuir; cobiça tudo, inveja a todos, desejaria dominar em todo lugar; a vaidade o atormenta, o ardor dos desejos desenfreados incendeia seu jovem coração, onde o ciúme e o ódio nascem com eles; todas as paixões devoradoras nele se desenvolvem; leva-lhes a agitação para o tumulto da sociedade, e a traz de volta consigo todas as noites; retorna descontente de si mesmo e dos outros; adormece repleto de mil projetos vãos, perturbado por mil fantasias; e seu orgulho lhe retrata, até mesmo em seus sonhos, os bens quiméricos cujo desejo o atormenta e que não possuirá até o fim da vida. Este é vosso aluno; vejamos o meu.

Se o primeiro espetáculo com que depara é um objeto de tristeza, o primeiro retorno a si mesmo é um sentimento de prazer. Vendo de quantas dores está isento, sente-se mais feliz do que pensava ser. Partilha dos sofrimentos de seus semelhantes, mas essa partilha é voluntária e suave. Goza, ao mesmo tempo, a piedade que tem por suas dores e a felicidade que o isenta delas; sente-se nesse estado de força que nos estende para além de nós mesmos e nos faz levar alhures a atividade supérflua a nosso bem-estar. Para lamentar a dor de outrem, deve-se certamente conhecê-la, mas não senti-la. Quando se sofre e quando se teme sofrer, tem-se pena dos que sofrem; mas, enquanto se sofre, tem-se apenas pena de si mesmo. Ora, se, estando todos sujeitos às misérias da vida, ninguém concede aos outros nada além da sensibilidade de que não tem necessidade atualmente para si mesmo, decorre disso que a comiseração deve ser um sentimento muito doce, pois depõe em nosso favor; enquanto um homem duro é, ao contrário, sempre infeliz, pois o estado de seu coração não lhe deixa nenhuma sensibilidade excedente que possa conceder aos sofrimentos alheios.

Julgamos demais a felicidade com base nas aparências; supomo-la onde menos se encontra; procuramo-la onde não poderia estar: a alegria constitui apenas um sinal muito duvidoso. Um homem alegre é frequentemente apenas um desafortunado que procura enganar os outros e atordoar a si mesmo. Essas pessoas tão risonhas, tão abertas, tão serenas num círculo são quase todas tristes e ralhadoras em seus lares, e seus criados pagam o preço do divertimento que oferecem a suas companhias. O verdadeiro contentamento não é nem alegre nem galhofeiro; ciosos de um sentimento tão doce, ao prová-lo, pensamos nele, saboreamo-lo, tememos que se evapore. Um homem verdadeiramente feliz pouco fala e mal ri; estreita, por assim dizer, a felicidade em torno de seu coração. Os jogos barulhentos, a turbulenta alegria ocultam os desgostos e o tédio. Mas a melancolia é amiga da volúpia: o enternecimento e as lágrimas acompanham os mais doces gozos, e a própria alegria excessiva arranca mais lágrimas que risos.

Se, de início, a quantidade e a variedade dos divertimentos parecem contribuir para a felicidade, se a uniformidade de uma vida igual parece tediosa a princípio, observando melhor conclui-se, ao contrário, que o mais doce hábito da alma consiste numa moderação de gozo, que dá pouco poder ao desejo e ao desgosto. A inquietude dos desejos produz a curiosidade, a inconstância; o vazio dos prazeres turbulentos produz o tédio. Nunca nos entediamos com nossa condição quando não conhecemos outra mais agradável. De todos os homens do mundo, os selvagens são os menos curiosos e os menos entediados; tudo lhes é indiferente: não desfrutam das coisas, mas de si mesmos; passam a vida sem fazer nada e nunca se entediam.

O homem da sociedade reside inteiramente em sua máscara. Não estando quase nunca em si mesmo, sente-se sempre estrangeiro e constrangido quando é forçado a retornar a si. O que ele é não lhe importa; o que ele parece ser é tudo para ele.

Não posso me impedir de imaginar, no rosto do jovem de que falei há pouco, algo de impertinente, de fingido, de afetado, que desagrada, que repele as pessoas unidas; e, no rosto do meu, uma fisionomia interessante e simples que mostra o contentamento, a verdadeira serenidade da alma, que inspira a estima, a confiança e que parece esperar apenas a demonstração da amizade, para dar a sua àqueles que o frequentam. Acredita-se que a fisionomia é apenas um simples desenvolvimento de traços já marcados pela natureza. Quanto a mim, diria que, para além desse desenvolvimento, os traços do rosto de um homem vêm imperceptivelmente se formar e adquirir fisionomia pela impressão frequente e habitual de certas alterações da alma. Essas alterações se marcam no rosto, nada é mais certo; e, quando elas se transformam em hábitos, devem deixar nele impressões duráveis. Por isso acredito que a fisionomia anuncia o caráter e que podemos, por vezes, julgar um pelo outro, sem irmos buscar explicações misteriosas, que supõem conhecimentos que não possuímos.

Uma criança tem apenas duas emoções bem marcadas: a alegria e a dor; ela ri ou chora; os intermediários não são nada para ela: passa sucessivamente de um desses movimentos para outro. Essa alternância contínua impede que deixem, em seu rosto, alguma impressão constante e que ela adquira uma fisionomia; mas, na idade em que, tornando-se mais sensível, ela é afetada mais intensamente ou mais constantemente, as impressões mais profundas deixam vestígios mais difíceis de destruir, e do estado habitual da alma resulta um arranjo de traços que o tempo torna indelével. Entretanto, não é raro ver homens mudarem de fisionomia em idades diferentes. Vi vários nessa situação, e sempre acreditei que aqueles que pude observar e acompanhar também tinham alterado suas paixões habituais. Esta única observação, bem confirmada, me pareceria decisiva, e não está deslocada num tratado de educação, onde importa aprender a julgar as alterações da alma pelos sinais exteriores.

Não sei se, por não ter aprendido a imitar maneiras de convenção e a simular sentimentos que não possui, meu jovem será menos amável; não é disso que se trata aqui; sei apenas que será mais afetuoso, e tenho grande dificuldade em acreditar que aquele que ama apenas a si mesmo possa dissimular-se bem o bastante para agradar tanto quanto aquele que extrai de seu afeto pelos outros um novo sentimento de felicidade. Sobre esse mesmo sentimento, porém, creio ter dito o suficiente para guiar um leitor razoável e mostrar que eu não me contradisse.

Volto, portanto, a meu método e afirmo: quando a idade crítica se aproxima, ofereci aos jovens espetáculos que os contenham, e não espetáculos que os excitem; distraí sua imaginação nascente com objetos que, longe de incendiarem seus sentidos, reprimam sua atividade. Afastai-os das grandes cidades, onde a aparência e imodéstia das mulheres apressam e antecipam as lições da natureza e onde tudo exibe a seus olhos prazeres que somente devem conhecer quando souberem escolhê-los. Reconduzi-os a suas primeiras habitações, onde a simplicidade campestre não deixa as paixões de sua idade se desenvolverem tão depressa; ou, se seu gosto pelas artes ainda os prende à cidade, preveni neles, por esse mesmo gosto, uma perigosa ociosidade. Escolhei com cuidado suas companhias, suas ocupações, seus prazeres; mostrai-lhes apenas quadros tocantes, mas modestos, que os despertem sem perturbá-los e que alimentem sua sensibilidade sem comover seus sentidos. Pensai também que, em todo lugar, se devem temer alguns excessos, e que as paixões imoderadas sempre causam mais dano do que se deseja evitar. Não se trata de fazer de vosso aluno um cuidador de doentes ou um irmão de caridade, de afligir seus olhares por meio de objetos contínuos de dor e de sofrimento, de levá-lo de um enfermo a outro, de um hospital a outro e da Grève[9] às prisões. É preciso comovê-lo, e não endurecê-lo pelo aspecto das misérias humanas. Expostos por muito tempo aos mesmos espetáculos, deixamos de sentir suas impressões; o hábito acostuma a tudo; não imaginamos mais o que vemos em demasia, e é apenas a imaginação que nos faz sentir as dores

---

9. Trata-se aqui da Place de la Grève (hoje, Place de l'Hôtel de Ville), em Paris, que funcionou, sob o Antigo Regime e sob a Revolução, como local de execuções públicas. (N.T.)

de outrem; é assim que, à força de ver morrer e sofrer, os padres e os médicos se tornam impiedosos. Que vosso aluno conheça, portanto, o destino do homem e as misérias de seus semelhantes, mas que não os testemunhe com grande frequência. Um único objeto, bem escolhido e mostrado num dia conveniente, lhe proporcionará o suficiente para um mês de enternecimento e reflexão. Não é tanto o que ele vê, mas o retorno ao que viu, que determina o juízo que faz disso; e a impressão durável que recebe de um objeto lhe vem menos do objeto em si que do ponto de vista sob o qual é levado a rememorá-lo. É assim que, administrando os exemplos, as lições e as imagens, atenuareis, por muito tempo, o estímulo dos sentidos e detereis a natureza, seguindo suas próprias direções.

À medida que ele adquire luzes, escolhei ideias que se relacionem com elas; à medida que seus desejos despertam, escolhei quadros capazes de reprimi-los. Um velho militar que se distinguiu por seus costumes, tanto quanto por sua coragem, me contou que, nos primórdios de sua juventude, seu pai, homem razoável, mas muito devoto, vendo seu temperamento nascente arrastá-lo para as mulheres, não poupou esforços para contê-lo; mas, no fim, apesar de todos seus cuidados, sentindo-o prestes a lhe escapar, decidiu levá-lo a um hospital para sifilíticos e, sem avisá-lo de nada, o fez entrar numa sala onde uma tropa desses infelizes expiava, por um tratamento horrível, a desordem que os expusera a ele. Diante dessa vista horrenda, que revoltava todos os sentidos ao mesmo tempo, o jovem esteve perto de passar mal. "Vai, miserável debochado", disse-lhe então o pai em tom veemente, "segue a vil inclinação que te arrasta; logo, poderás considerar-te muito feliz se fores admitido nesta sala, onde, vítima das mais infames dores, forçarás teu pai a agradecer a Deus por tua morte."

Essas poucas palavras, associadas à enérgica cena que o jovem testemunhava, produziram nele uma impressão que jamais se apagou. Condenado, por sua condição, a passar sua juventude nas guarnições, preferiu suportar todas as zombarias de seus camaradas a imitar sua libertinagem. "Fui homem", disse-me, "tive fraquezas; mas, tendo alcançado minha idade, nunca pude ver uma mulher da vida sem horror". Mestre! Empregai poucas palavras, mas aprendei a escolher os locais, os momentos, as pessoas; então, dai todas vossas lições sob a forma de exemplos, e podeis ter certeza de seu efeito.

O emprego da infância é pouca coisa. O mal que nela se infiltra não é irremediável e o bem que nela se faz pode vir mais tarde; mas esse não é o caso da primeira idade em que o homem começa realmente a viver. Essa idade nunca dura o bastante para o uso que se deve fazer dela, e sua importância exige uma atenção sem descanso: eis a razão por que insisto na arte de prolongá-la. Um dos melhores preceitos da boa cultura consiste em retardar tudo enquanto for possível. Tornai os progressos lentos e seguros; impedi que o adolescente se torne homem no momento em que não lhe resta nada a fazer para sê-lo. Enquanto cresce o corpo, os humores destinados a acalmar o sangue e dar força às fibras se formam e se elaboram. Se fazeis com que sigam um curso diferente e se o que está destinado a aperfeiçoar um indivíduo serve para a formação de outro, ambos permanecem num estado de fraqueza e a obra da natureza permanece imperfeita. As operações do espírito sentem, por sua vez, essa alteração, e a alma, tão débil quanto o corpo, tem somente funções fracas e lânguidas. Membros grossos e robustos não fazem nem a coragem nem o gênio, e eu concebo que a força da alma não acompanha a do corpo, quando, ademais, os órgãos de comunicação das duas substâncias estão mal dispostos. Mas, por mais bem dispostos que possam estar, eles agirão sempre com fragilidade se tiverem por princípio apenas um sangue esgotado, empobrecido e desprovido dessa substância que confere força e vigor a todos os componentes da máquina. Geralmente, percebe-se mais vigor de alma nos homens cujos anos de juventude foram preservados de uma corrupção prematura que naqueles cuja desordem começou com o poder de entregar-se a ela; essa é, por certo, uma das razões pelas quais os povos que têm costumes superam ordinariamente, em bom senso e em coragem, os povos que não os possuem. Estes brilham unicamente por sabe-se lá que pequenas qualidades sutis, a que chamam espírito, sagacidade, fineza; mas essas grandes e nobres funções de sabedoria e de razão que distinguem e honram o homem por belas ações, por virtudes e por cuidados verdadeiramente úteis se encontram somente entre os primeiros.

Os mestres se queixam que o fogo dessa idade torna a juventude indisciplinável, e eu o percebo; mas a culpa não seria deles? Tendo deixado que esse fogo seguisse seu curso pelos sentidos, ignoram que não se pode mais dar-lhe outro? Os longos e frios sermões de um mestre-escola apagarão, no espírito de seu aluno, a imagem dos prazeres que concebeu? Banirão de seu coração os desejos que o atormentam? Acalmarão o ardor de um temperamento cujo uso ele conhece? Não se irritará o aluno com os obstáculos que se opõem à única felicidade de que tenha conhecimento? E o que verá, na dura lei que lhe é prescrita sem que se possa fazê-lo compreendê-la, senão o capricho e o ódio de um homem que procura atormentá-lo? É estranho que se rebele e que, por sua vez, o odeie?

Posso imaginar que, tornando-nos dóceis, podemos nos tornar suportáveis e conservar uma aparente autoridade. Mas não vejo muito bem para que serve a autoridade que somente se exerce sobre o aluno fomentando os vícios que deveria reprimir; é como se, para acalmar um cavalo fogoso, o cavaleiro o fizesse saltar num precipício.

Longe de ser esse fogo da adolescência um obstáculo à educação, é por meio dele que ela se consuma e se completa; é ele que vos dá influência sobre o coração de um jovem, quando ele deixa de ser menos forte que vós. Suas primeiras afeições são as rédeas com que conduzis todos seus movimentos; era livre, e agora o vejo submisso. Enquanto não amava nada, dependia apenas de si mesmo e de suas necessidades; assim que passa a amar, depende de seus afetos. Assim se formam os primeiros laços que o unem a sua espécie. Ao direcionar a esta sua sensibilidade nascente, não acrediteis que tal sensibilidade abraçará desde o início todos os homens e que a expressão gênero humano significará qualquer coisa para ele. Não, essa sensibilidade se limitará primeiramente a seus semelhantes, e seus semelhantes não serão, para ele, desconhecidos, mas aqueles com quem tem vínculos, aqueles que o hábito lhe tornou preciosos ou necessários, aqueles que vê evidentemente terem com ele maneiras de pensar e de sentir comuns, aqueles que vê expostos às dores que sofreu e sensíveis aos prazeres que provou; ou seja, aqueles em quem a identidade de natureza mais manifesta lhe dá uma maior disposição de se amar. É apenas após ter cultivado seu natural de mil maneiras, após muitas reflexões sobre seus próprios sentimentos e sobre aqueles que tiver observado nos outros, que ele poderá chegar a generalizar suas noções individuais, sob a ideia abstrata de humanidade, e a associar a suas afeições particulares as que podem identificá-lo a sua espécie.

Tornando-se capaz de afeto, torna-se sensível ao dos outros[10] e, por esse mesmo motivo, atento aos sinais desse afeto. Vedes que novo império adquirireis sobre ele? Quantos grilhões colocastes em torno de seu coração antes que os percebesse! O que não sentirá quando, abrindo os olhos sobre si mesmo, perceber o que fizestes por ele, quando puder se comparar aos outros jovens de sua idade e vos comparar aos outros governantes? Digo quando ele o perceber, mas eviteis dizer-lho; se o disserdes, ele não o perceberá mais. Se exigirdes obediência em troca dos cuidados que lhe prestastes, acreditará que o surpreendestes: dirá a si mesmo que, fingindo obsequiá-lo gratuitamente, pretendestes impor-lhe uma dívida e sujeitá-lo por um contrato em que não consentiu. Em vão, acrescentareis que o que exigis dele é apenas em seu benefício; afinal, vós exigis, e exigis em virtude do que fizestes sem seu consentimento. Quando um infeliz toma o dinheiro que fingem lhe dar e se vê comprometido contra sua vontade, falais em injustiça; não sois ainda mais injusto ao exigir de vosso aluno o preço de cuidados que não aceitou?

---

10. O afeto pode dispensar reciprocidade, a amizade nunca pode fazê-lo. Ela é uma troca, um contrato, assim como outros; mas é o mais santo de todos. A palavra "amigo" não tem outro correlativo além de si mesma. Todo homem que não é amigo de seu amigo é, muito seguramente, um pérfido; pois é apenas devolvendo ou fingindo devolver a amizade que se pode obtê-la.

A ingratidão seria mais rara se os benefícios usurários fossem menos comuns. Gostamos do que nos faz bem; é um sentimento tão natural! A ingratidão não está no coração do homem, mas o interesse, sim: existem menos beneficiados ingratos que benfeitores interessados. Se me venderdes vossas doações, negociarei seu preço; mas, se fingis dar para em seguida vender segundo vossa vontade, cometeis fraude. É o fato de serem gratuitas que as torna inestimáveis. O coração recebe leis apenas de si mesmo; querendo acorrentá-lo, libertamo-lo; acorrentamo-lo deixando-o livre.

Quando o pescador mergulha sua isca na água, o peixe vem e permanece a sua volta, sem desconfiança; quando, porém, fisgado pelo anzol escondido sob a isca, sente puxar a linha, procura fugir. Seria o pescador o benfeitor, e o peixe um ingrato? Já se viu um homem esquecido por seu benfeitor esquecê-lo? Ao contrário, fala dele sempre com prazer, e não pensa nele sem ternura: se encontra uma ocasião de lhe mostrar, por algum serviço inesperado, que se lembra dos seus, com que contentamento interior ele satisfaz então sua gratidão! Com que doce alegria se faz reconhecer! Com que arrebatamento lhe diz: chegou minha vez! Eis verdadeiramente a voz da natureza; um verdadeiro benefício nunca fez um ingrato.

Se, portanto, o reconhecimento é um sentimento natural, e se não lhe destruirdes o efeito por vossa culpa, podeis ter certeza de que vosso aluno, começando a perceber o valor de vossos cuidados, será a eles sensível, contanto que não estabeleçais vós mesmos o seu preço e que eles vos confiram, em seu coração, uma autoridade que nada poderá destruir. Contudo, antes de vos certificar bem dessa vantagem, evitai perdê-la fazendo-vos valorizar a seus olhos. Vangloriar-vos de vossos serviços junto dele é tornar-lhos insuportáveis; esquecê-los é fazer com que os lembre. Até que venha o momento de tratá-lo como homem, que nunca se fale do que ele vos deve, mas do que deve a si mesmo. Para torná-lo dócil, deixai-lhe toda sua liberdade, esquivai-vos para que vos procure, elevai sua alma ao nobre sentimento do reconhecimento, falando-lhe sempre apenas de seu interesse. Não desejei que lhe dissessem que o que se fazia era para seu bem, antes que estivesse em condições de entendê-lo; nesse discurso, ele teria visto apenas vossa dependência e vos teria considerado apenas como seu criado. Mas, agora que começa a sentir o que é amar, sente também o doce liame que pode unir um homem ao que ele ama; e, no zelo que faz com que cuideis incessantemente dele, não vê mais o apego de um escravo, mas a afeição de um amigo. Ora, nada tem tanto peso no coração humano quanto a voz da amizade bem reconhecida; pois sabemos que ela nunca nos fala senão em nosso próprio interesse. Podemos acreditar que um amigo se engana, mas não que deseja nos enganar. Por vezes, resistimos a seus conselhos, mas nunca os desprezamos.

Entramos, finalmente, na ordem moral: acabamos de dar um segundo passo de homem. Se aqui fosse o lugar adequado, eu procuraria mostrar como dos primeiros movimentos do coração se elevam as primeiras vozes da consciência; e como dos sentimentos de amor e de ódio nascem as primeiras noções do bem e do mal. Faria ver que "justiça" e "bondade" não são apenas palavras abstratas, puros seres morais formados pelo entendimento, mas verdadeiros impulsos da alma esclarecida pela razão e que extrai apenas um progresso ordenado de nossos impulsos primitivos; que não se pode apenas pela razão, independentemente da consciência, estabelecer nenhuma lei natural; e que todo o direito da natureza é apenas uma quimera se não estiver fundado numa necessidade natural ao coração humano.[11] Penso, entretanto, que não tenho de compor aqui tratados de metafísica e de moral nem dar aulas de nenhuma espécie; basta-me marcar a ordem e o progresso de nossos sentimentos e de nossos conhecimentos em relação a nossa constituição. Outros demonstrarão talvez o que me limito a indicar aqui.

Tendo meu Emílio, até agora, observado apenas a si mesmo, o primeiro olhar que lança sobre seus semelhantes o leva a comparar-se a eles; e o primeiro sentimento que essa comparação excita nele consiste em desejar o primeiro lugar. Eis o ponto em que o amor de si se transforma em amor-próprio, e onde começam a nascer todas as paixões que dele provêm. Mas para decidir se, entre essas paixões, aquelas que forem dominantes em seu caráter serão humanas e doces, ou cruéis e maléficas, e se serão paixões de beneficência e de comiseração, ou de inveja e de cobiça, é preciso saber em que lugar ele se sentirá entre os homens e que espécies de obstáculos ele poderá acreditar ter de vencer para alcançar o lugar que deseja ocupar.

---

11. O próprio preceito de agir com outrem como desejamos que aja conosco não encontra verdadeiro fundamento senão na consciência e no sentimento; pois onde está a razão precisa de agir, sendo eu, como se fosse outra pessoa, sobretudo quando estou moralmente certo de nunca me encontrar na mesma situação? E quem me responderá que, seguindo muito fielmente essa máxima, conseguirei que a sigam da mesma forma comigo? O homem mau tira vantagem da probidade do justo e de sua própria injustiça; é-lhe bastante agradável que todo mundo seja justo, exceto ele. Tal acordo, a despeito do que se diga, não é muito vantajoso às pessoas de bem. Mas, quando a força de uma alma expansiva me identifica com meu semelhante e eu me sinto, por assim dizer, nele, é para não sofrer que não quero que sofra; interesso-me por ele por amor a mim, e a razão do preceito está na própria natureza, que me inspira o desejo de meu bem-estar em qualquer lugar que me sinta existir. A partir disso, concluo que não é verdade que os preceitos da lei natural estejam fundados apenas na razão; eles possuem uma base mais sólida e mais segura. O amor dos homens derivado do amor de si é o princípio da justiça humana. O sumário de toda a moral está dado no Evangelho pelo da lei.

Para guiá-lo nessa busca, após ter-lhe mostrado os homens pelos acidentes comuns à espécie, é preciso agora mostrar-lhos por suas diferenças. Surgem aqui a medida da desigualdade natural e civil e o quadro de toda ordem social.

É preciso estudar a sociedade pelos homens, e os homens pela sociedade: aqueles que desejarem tratar separadamente a política e a moral nunca compreenderão nada de nenhuma das duas. Debruçando-se inicialmente sobre as relações primitivas, vê-se como os homens devem ser por elas afetados e que paixões devem delas nascer. Vê-se que é reciprocamente pelo progresso das paixões que essas relações se multiplicam e se estreitam. É menos a força dos braços que a moderação dos corações que torna os homens independentes e livres. Aquele que deseja poucas coisas depende de poucas pessoas; mas, confundindo sempre nossos vãos desejos com nossas necessidades físicas, aqueles que fizeram destas últimas os fundamentos da sociedade humana sempre confundiram os efeitos com as causas e se limitaram a perder-se em todos seus raciocínios.

Existe, no estado de natureza, uma igualdade de fato real e indestrutível, pois é impossível, nesse estado, que a diferença de homem a homem seja grande o bastante para, sozinha, tornar um dependente do outro. Existe, no estado civil, uma igualdade de direito quimérica e vã, pois os próprios meios destinados a mantê-la servem para destruí-la; e a força pública, unida ao mais forte para oprimir o fraco, rompe a espécie de equilíbrio que a natureza havia colocado entre eles.[12] Dessa primeira contradição decorrem todas as que observamos na ordem civil, entre a aparência e a realidade. A multidão será sempre sacrificada ao menor número, e o interesse público ao interesse particular. Estas palavras especiosas, justiça e subordinação, sempre servirão de instrumentos para a violência e de armas para a iniquidade: decorre daí que as ordens distintas que se pretendem úteis às outras são, na verdade, úteis apenas a si mesmas, à custa das outras; por aí se deve julgar a consideração que lhes é devida segundo a justiça e segundo a razão. Resta ver se a posição que elas se atribuíram é mais favorável à felicidade daqueles que a ocupam, para saber que julgamento cada um de nós deve fazer de sua própria condição. Eis, agora, o estudo que nos importa; mas, para bem realizá-lo, é preciso começar por conhecer o coração humano.

Caso se tratasse apenas de mostrar aos jovens o homem por meio de sua máscara, não haveria a necessidade de mostrá-lo, pois o veriam sempre em demasia; mas, como a máscara não é o homem e como não devem ser seduzidos por seu brilho, ao retratardes os homens, retratai-os tais como são; não para

---

12. O espírito universal das leis de todos os países consiste em favorecer sempre o forte contra o fraco, e aquele que tem contra quem não tem nada; esse inconveniente é inevitável e não admite exceção.

que os detestem, mas para que tenham pena e não desejem assemelhar-se a eles. Trata-se, a meu ver, do sentimento mais esclarecido que o homem possa ter em relação a sua espécie.

Tendo isso em vista, importa aqui seguir um caminho oposto ao que seguimos até o momento, e instruir o jovem pela experiência de outrem mais do que pela sua. Se os homens o enganarem, ele os odiará; mas se, respeitado por eles, os vir enganarem-se mutuamente, terá pena deles. O espetáculo do mundo, dizia Pitágoras, se assemelha ao dos jogos olímpicos: uns mantêm nele sua loja e pensam apenas em seu lucro; outros dão tudo de si e procuram a glória; os demais se contentam em ver os jogos, e estes não são os piores.

Eu gostaria que selecionássemos de tal forma as companhias de um jovem que ele pensasse bem daqueles que vivem com ele, e que lhe ensinássemos a conhecer tão bem o mundo que pensasse mal de tudo que nele se faz. Que saiba que o homem é naturalmente bom, que o sinta, que julgue seu próximo com base em si mesmo; mas que veja como a sociedade deprava e perverte os homens e que encontre, em seus preconceitos, a fonte de todos seus vícios; que seja levado a estimar cada indivíduo, mas que despreze a multidão, que veja que todos os homens vestem praticamente a mesma máscara, mas que saiba também que existem rostos mais belos que a máscara que os cobre.

Esse método, é preciso admitir, tem seus inconvenientes e, na prática, não é fácil; pois, se ele se tornar observador cedo demais, se vós o estimulardes a observar as ações alheias de muito perto, torná-lo-eis maldizente e satírico, autoritário e propenso a julgar; sentirá um odioso prazer em procurar sinistras interpretações para tudo e em não considerar bom nem mesmo nada do que é bom. Acostumar-se-á, pelo menos, ao espetáculo do vício e a ver os maus sem horror, assim como nos acostumamos a ver os infelizes sem piedade. Logo, a perversidade geral lhe servirá menos de lição que de exemplo; dirão que, se assim é o homem, ele não deve desejar ser diferente.

Se desejais instruí-lo por meio de princípios e fazer com que conheça, com a natureza do coração humano, a aplicação das causas externas que transformam nossas inclinações em vícios, transportando-o, assim, de repente, dos objetos sensíveis aos objetos intelectuais, vós empregais uma metafísica que não está em condições de compreender; tornais a cair no inconveniente, evitado com tanto cuidado até aqui, de lhe dar lições que se assemelham a lições, de substituir, em seu espírito, sua própria experiência e o progresso de sua razão pela experiência e pela autoridade do mestre.

Para eliminar esses dois obstáculos ao mesmo tempo e para colocar o coração humano a seu alcance sem correr o risco de estragar o seu, eu gostaria de lhe mostrar os homens de longe, mostrá-los em outras épocas ou em outros lugares, e de modo que pudesse ver a cena sem jamais poder agir. Eis o momento da história: é por meio dela que lerá os corações sem as lições da filosofia; é por meio dela que os verá, como simples espectador, sem interesse e sem paixão; como juiz, não como cúmplice nem como acusador.

Para conhecer os homens, é preciso vê-los agir. No mundo, ouvimo-los falar; exibem seus discursos e escondem suas ações; na história, porém, estas são desvendadas e eles são julgados com base nos fatos. Suas próprias palavras ajudam a apreciá-los. Pois, comparando o que fazem com o que dizem, vemos tanto o que são como o que desejam aparentar ser; quanto mais se disfarçam, melhor os conhecemos.

Infelizmente, esse estudo comporta perigos e inconvenientes de mais de uma espécie. É difícil adotar um ponto de vista a partir do qual se possam julgar seus semelhantes com equidade. Um dos grandes vícios da história está no fato de que retrata muito mais os homens por seus aspectos ruins que pelos bons: como ela somente se faz interessante pelas revoluções e pelas catástrofes, nada diz a respeito de um povo que cresce e prospera na calmaria de um governo tranquilo; começa a abordá-lo apenas quando, não podendo mais bastar a si, ele participa dos assuntos de seus vizinhos ou deixa que estes participem dos seus; ela o ilustra apenas quando ele já se encontra em declínio; todas as nossas histórias começam no ponto onde deveriam terminar. Conhecemos com muita exatidão a dos povos que se destroem; o que nos falta é a dos povos que se multiplicam; são felizes e sábios o bastante para que ela não tenha nada a dizer a seu respeito; e, com efeito, vemos, ainda nos dias de hoje, que os governos que se conduzem melhor são os de que menos se fala. Conhecemos, portanto, apenas o mal; o bem pouco marca sua época. Apenas os homens maus são célebres, os bons são esquecidos ou ridicularizados; e é assim que a história, tal como a filosofia, calunia incessantemente o gênero humano.

Ademais, falta muito para que os fatos descritos na história componham o retrato exato dos mesmos fatos assim como ocorreram. Mudam de forma na cabeça do historiador, moldam-se com base em seus interesses, adquirem a aparência de seus preconceitos. Quem sabe transportar exatamente o leitor para o local da cena para ver um acontecimento tal como ocorreu? A ignorância ou a parcialidade disfarçam tudo. Sem mesmo alterar um episódio histórico, estendendo ou estreitando circunstâncias que com ele se relacionam, quantas faces diferentes lhe podemos dar! Colocai um mesmo objeto em diferentes pontos de vista; mal parecerá ser o mesmo e, no entanto, nada, além do olhar do espectador, terá mudado. Basta, para honrar a verdade, relatar-me um fato verdadeiro, fazendo com que o veja de modo inteiramente diferente do ocorrido? Quantas vezes uma árvore a mais ou a menos, um rochedo à direita ou à esquerda ou um turbilhão de poeira levantado pelo vento não decidiram o curso de um combate sem que ninguém o percebesse? Isso impede que o historiador vos diga a causa da derrota ou da vitória com tanta segurança como se tivesse estado em todo lugar? Ora, que me importam os fatos em si quando a razão me permanece desconhecida? E que lições posso extrair de um acontecimento cuja verdadeira causa ignoro? O historiador me oferece uma, mas a inventa, e a própria crítica, que tanto barulho provoca, é apenas uma arte de conjecturar, a arte de escolher, entre várias mentiras, a que mais se assemelha à verdade.

Jamais lestes *Cleópatra* ou *Cassandra*, ou ainda outros livros dessa espécie? O autor escolhe um acontecimento conhecido e, em seguida, acomodando-o a suas opiniões, adornando-o com detalhes de sua invenção, com personagens que nunca existiram e com retratos imaginários, amontoa ficção sobre ficção para tornar sua leitura agradável. Vejo pouca diferença entre esses romances e vossas histórias, além do fato de que o romancista se entrega mais à própria imaginação, enquanto o historiador se sujeita mais à de outrem; ao que acrescentarei talvez que o primeiro se propõe um objeto moral, bom ou mau, que pouco importa ao outro.

Dir-me-ão que a fidelidade da história interessa menos que a veracidade dos costumes e dos caracteres; contanto que o coração humano seja bem retratado, pouco importa que os acontecimentos sejam fielmente relatados; pois, no fim, acrescentarão, em que nos afetam fatos ocorridos há dois mil anos? Têm razão se os retratos são corretamente feitos de acordo com a natureza; mas, se a maioria encontra seu modelo apenas na imaginação do historiador, não seria isso tornar a cair no inconveniente de que se queria fugir, e devolver à autoridade dos escritores o que se quer subtrair à do mestre? Se meu aluno deve ver apenas quadros de fantasia, prefiro que sejam traçados pela minha mão a que o sejam por outra; eles lhe serão, pelo menos, mais apropriados.

Para um jovem, os piores historiadores são os que julgam. Que ele encare os fatos e os julgue por si. Se o juízo do autor o conduz continuamente, ele se limita a ver pelos olhos de outro e, quando estes lhe faltam, não vê mais nada.

Deixo de lado a história moderna; não somente porque ela não tem mais fisionomia e porque nossos homens se assemelham todos, mas porque nossos historiadores, unicamente preocupados em brilhar, pensam apenas em compor retratos fortemente coloridos e que, com frequência, não representam nada.[13]

---

13. Vede Davila, Guicciardin, Strada, Solis, Maquiavel e, por vezes, o próprio de Thou. Vertot é praticamente o único que sabia pintar sem fazer retratos.

Em geral, os antigos fazem menos retratos, introduzem menos espírito e mais sentido em seus julgamentos; ainda assim, há, entre eles, uma grande escolha a ser feita, e não se deve, a princípio, optar pelos mais judiciosos, mas pelos mais simples. Eu não desejaria colocar entre as mãos de um jovem nem Políbio nem Salústio; Tácito é o livro dos idosos, não sendo os jovens feitos para compreendê-lo; é preciso aprender a ver nas ações humanas os primeiros traços do coração do homem antes de querer sondar suas profundezas; é preciso saber ler bem os fatos antes de ler as máximas. A filosofia sob a forma de máximas convém apenas à experiência. A juventude não deve generalizar nada; toda sua instrução deve constituir-se de regras particulares.

Tucídides é, a meu ver, o verdadeiro modelo dos historiadores. Narra os fatos sem julgá-los, mas não omite nenhuma das circunstâncias capazes de nos fazer julgá-los por nós mesmos. Põe tudo que relata diante dos olhos do leitor; longe de interpor-se entre os acontecimentos e os leitores, ele se oculta; não acreditamos mais estar lendo, acreditamos estar vendo. Infelizmente, fala sempre de guerra, e vê-se, em seus relatos, apenas a menos instrutiva das coisas do mundo, isto é, os combates. *Retirada dos dez mil* e *Comentários de César* contêm, praticamente, a mesma sabedoria e o mesmo defeito. O bom Heródoto, sem retratos, sem máximas, mas fluido, ingênuo, repleto dos detalhes mais capazes de interessar e de agradar, seria talvez o melhor dos historiadores, se esses mesmos detalhes não degenerassem, frequentemente, em simplicidades pueris, mais propensas a estragar o gosto da juventude que a formá-lo; é preciso já possuir discernimento para lê-lo. Não digo nada a respeito de Tito-Lívio; sua vez chegará; mas ele é político, é retórico, é tudo que não convém a essa idade.

A história em geral é defeituosa pelo fato de que mantém registro apenas de fatos sensíveis e definidos, que podemos fixar por meio de nomes, lugares e datas; mas as causas lentas e progressivas desses fatos, que não podem ser fixadas da mesma maneira, permanecem sempre desconhecidas. Encontramos, com frequência, numa batalha vencida ou perdida, a razão de uma revolução que, antes mesmo dessa batalha, já se tornara inevitável. A guerra se limita, quando muito, a manifestar acontecimentos mais determinados por causas morais que raramente os historiadores sabem ver.

O espírito filosófico dirigiu para esse lado as reflexões de vários escritores deste século; mas duvido que a verdade ganhe com seu trabalho. Tendo o furor dos sistemas se apropriado de todos eles, ninguém procura ver as coisas como são, mas como se conciliam com seu sistema.

Acrescentai a todas essas reflexões o fato de que a história mostra muito mais as ações que os homens, pois ela não os considera senão em alguns momentos selecionados, em seus trajes de gala; expõe apenas o homem público, que fez tudo para ser visto. Não o segue em seu lar, em seu gabinete, em sua família, entre seus amigos; retrata-o apenas quando representa; pinta muito mais sua roupa que sua pessoa.

Eu preferiria a leitura das vidas particulares para começar o estudo do coração humano; pois, por mais que o homem se esquive, o historiador o segue em todos os lugares; não lhe deixa nenhum momento de descanso, nenhum recanto para evitar o olhar penetrante do espectador, e, quando um acredita se esconder melhor que o outro, faz que se o conheça melhor. "Na medida em que se divertem mais com os conselhos que com os acontecimentos, e mais com o que se passa dentro que com o que ocorre fora, aqueles", diz Montaigne, "que relatam as vidas são os que mais me convêm; eis por que meu homem é Plutarco."[14]

É verdade que o gênio dos homens reunidos ou dos povos é muito diferente do caráter do homem em particular, e não examinar o coração humano também na multidão seria conhecê-lo muito imperfeitamente; mas não é menos verdade que é preciso começar estudando o homem para julgar os homens, e que aquele que conhecesse perfeitamente as inclinações de cada indivíduo poderia prever todos seus efeitos combinados no corpo do povo.

É preciso, aqui também, recorrer aos antigos, pelas razões que já mencionei, e, ademais, porque estando todos os detalhes familiares e baixos, porém verdadeiros e característicos, banidos do estilo moderno, os homens aparecem tão enfeitados por nossos autores em suas vidas privadas quanto no palco do mundo. A decência, não menos severa nos escritos que nas ações, não permite mais dizer em público senão o que permite fazer; e como não se podem mostrar os homens senão sempre representando, não os conhecemos mais pelos livros do que em nossos teatros. Por mais que façamos e refaçamos 100 vezes a vida dos reis, não teremos outros Suetônio.[15]

Plutarco se distingue por esses mesmos detalhes que não ousamos mais abordar. Tem uma graça inimitável ao retratar os grandes homens nas pequenas coisas, e é tão feliz na escolha de seus episódios que frequentemente uma palavra, um sorriso, um gesto lhe bastam para caracterizar seu herói. Com uma palavra agradável, Aníbal tranquiliza seu assustado exército e o faz mar-

---

14. Cf. *Ensaios*, livro II, capítulo 10. (N.T.)

15. Apenas um de nossos historiadores, que imitou Tácito para os grandes episódios, ousou imitar Suetônio e, por vezes, transcrever Commines para os pequenos, e esse mesmo fato, que confere maior valor a seu livro, fez com fosse criticado entre nós. [Rousseau se refere, nesta nota, ao historiador francês Charles Pinot Duclos, 1704-72, autor das *Considérations sur les moeurs de ce siècle*, publicadas em 1751. (N.T.)]

char aos risos rumo à batalha que lhe entregará a Itália; Agesilau cavalgando sobre uma bengala me faz amar o vitorioso do grande rei; César, atravessando uma pobre aldeia e conversando com seus amigos, revela, sem pensar, o velhaco que dizia apenas querer ser igual a Pompeu; Alexandre engole um remédio e não diz uma palavra, e esse é o mais belo momento de sua vida; Aristides escreve seu próprio nome numa concha e justifica, assim, seu apelido; Filopêmen, com o manto abaixado, corta lenha na cozinha de seu anfitrião. Eis a verdadeira arte de retratar. A fisionomia não se revela nos grandes traços nem o caráter nas grandes ações: é nas bagatelas que o natural se descobre. As coisas públicas são comuns demais ou afetadas demais, e é quase somente nestas que a dignidade moderna permite que nossos autores se detenham.

Um dos maiores homens do último século foi incontestavelmente o sr. de Turenne.[16] Tiveram a coragem de tornar sua vida interessante por pequenos detalhes que permitem conhecê-lo e amá-lo; mas quantos destes não tiveram de ser suprimidos e teriam permitido conhecê-lo e amá-lo ainda mais. Citarei apenas um, que recebi de fonte segura e que Plutarco não teria podido omitir, mas que Ramsay[17] não teria podido escrever, ainda que o conhecesse.

Um dia de verão, em que fazia muito calor, o visconde de Turenne, vestindo um pequeno casaco branco e um barrete, se encontrava à janela de sua antecâmara. Surge um de seus serviçais e, enganado pelos trajes, o confunde com um ajudante de cozinha, com quem esse criado tinha familiaridade. Aproxima-se lentamente por trás e, com uma mão que não era leve, desfere um forte golpe em suas nádegas. O homem agredido se vira imediatamente. O criado vê, trêmulo, o rosto de seu senhor. Cai de joelhos, desesperado. "Meu senhor, acreditava tratar-se de George!" "Ainda que fosse George", gritou Turenne enquanto esfregava o traseiro, "não era para bater tão forte." É isso que não ousais dizer? Miseráveis! Permanecei, então, para sempre sem natural, sem entranhas; mergulhai, endurecei vossos corações de ferro em vossa vil decência; tornai-vos desprezíveis com tamanha dignidade. Mas tu, bom rapaz, que lês essa anedota e que sentes, com

---

16. Trata-se de Henri de la Tour d'Auvergne, visconde de Turenne (1611-1675). Sobrinho do príncipe Maurício de Nassau, que lhe ensinou a arte da guerra, Turenne teve distinta carreira militar e é considerado um dos mais hábeis comandantes de seu tempo. Seus sucessos militares lhe renderam a honorífica patente de "marechal-general dos campos e dos exércitos do rei" Luís XIV e, a despeito de alguns revezes e episódios cruentos, ganhou a reputação de homem virtuoso e generoso. Foi morto aos 64 anos numa batalha próxima à aldeia de Saltzbach, por uma bala de canhão, em 27 de julho de 1675 (cf. FELLER, F.-X. de. *Biographie universelle, ou Dictionnaire historique des hommes qui se sont fait un nom*. Besançon, Paris: Outhenin-Chalandre Fils, Editeur, 1839. v. 5, p. 673-674). (N.T.)

17. Trata-se de Andrew Michael Ramsay, escritor e filósofo de origem escocesa e radicado na França, autor de tratados de política, mas também de estudos biográficos. Foi autor de uma extensa biografia de Turenne (*Histoire du Vicomte de Turenne*, 1735), centrada em seus feitos militares. (N.T.)

ternura, toda a doçura de alma que ela revela, mesmo no primeiro movimento, lê também as baixezas deste grande homem quando se tratava de seu nascimento e de seu nome. Pensa que se trata do mesmo Turenne que procurava, em todo lugar, ceder passagem a seu sobrinho, para que vissem que essa criança era chefe de uma casa soberana. Compara esses contrastes, ama a natureza, despreza a opinião e conhece o homem.

Existem pouquíssimas pessoas capazes de conceber os efeitos que leituras assim dirigidas podem operar no espírito absolutamente novo de um jovem. Entorpecidos com livros desde nossa infância e acostumados a ler sem pensar, o que lemos tanto menos nos impressiona quanto, já carregando em nós as paixões e os preconceitos que preenchem a história e a vida dos homens, tudo que eles fazem nos parece natural, pois estamos fora da natureza e julgamos os outros com base em nós mesmos. Mas representemo-nos um jovem educado segundo minhas máximas. Imaginemos meu Emílio, para quem 18 anos de cuidados assíduos tiveram por único objetivo manter um juízo íntegro e um coração saudável; imaginemo-lo, ao erguer-se a cortina, lançando, pela primeira vez, um olhar sobre o palco do mundo; ou, antes, situado atrás do teatro, vendo os atores pegarem e depositarem seus figurinos, e contando as cordas e as roldanas cujo encanto grosseiro engana os olhos dos espectadores. Logo, à sua surpresa inicial sucederão impulsos de vergonha e de desdém por sua espécie; indignar-se-á em ver, assim, todo o gênero humano enganando a si mesmo, aviltando-se com essas brincadeiras de criança; afligir-se-á ao ver seus irmãos dilacerando-se mutuamente por sonhos e transformando-se em animais ferozes por não terem sabido se contentar em serem homens.

Certamente, com as disposições naturais do aluno, por pouco que o mestre introduza prudência e critério em suas leituras, por pouco que ele o coloque no caminho das reflexões que deve extrair delas, esse exercício será para ele um curso de filosofia prática, seguramente melhor e mais esclarecido que todas as especulações vãs com que se turva a mente dos jovens em nossas escolas. Quando, após ter seguido os projetos romanescos de Pirro, Cíneas lhe pergunta que bem real lhe proporcionará a conquista do mundo que não possa usufruir desde já e sem tanto tormento, vemos aí apenas boas palavras que passam, mas Emílio verá nelas uma reflexão muito sábia que ele teria sido o primeiro a fazer e que nunca se apagará de seu espírito, pois ela não encontra neste nenhum preconceito contrário que possa impedir sua impressão. Quando, em seguida, lendo sobre a vida desse insensato, ele concluir que todos seus grandes projetos o levaram a ser morto pela mão de uma mulher, em vez de admirar esse pretenso heroísmo, o que verá em todos os feitos de tão grande capitão, em todas as intrigas de tão grande político, senão tantos passos para procurar essa infeliz telha[18] que deveria pôr fim, por uma morte desonrosa, a sua vida e a seus projetos?

Nem todos os conquistadores foram mortos; nem todos os usurpadores fracassaram em suas empresas; muitos deles parecerão felizes aos espíritos informados por opiniões vulgares; mas aquele que, sem deter-se às aparências, julga a felicidade dos homens somente pelo estado de seus corações verá suas misérias em seus próprios sucessos, verá seus desejos e preocupações devorantes se estenderem e crescerem com sua fortuna; vê-los-á perderem fôlego ao avançarem, sem nunca alcançarem suas metas. Vê-los-á semelhantes a esses viajantes inexperientes que, aventurando-se pela primeira vez nos Alpes, pensam transpô-los a cada montanha e, quando alcançam o cume, encontram com desencorajamento montanhas mais altas diante de si.

Após ter sujeitado seus concidadãos e destruído seus rivais, Augusto administrou, durante 40 anos, o maior império que jamais tinha existido; mas todo esse imenso poder o impedia de golpear os muros com sua cabeça e de encher seu vasto palácio com seus gritos, pedindo a Varo a volta de suas legiões exterminadas?[19] Ainda que tivesse derrotado todos seus inimigos, de que lhe teriam servido seus vãos triunfos enquanto sofrimentos de toda espécie nasciam incessantemente a seu redor, enquanto seus mais caros amigos atentavam contra sua vida e ele se via reduzido a chorar a vergonha ou a morte de todos que lhe eram próximos? O desafortunado quis governar o mundo e não soube governar sua casa! O que lhe adveio dessa negligência? Viu morrerem, na flor da idade, seu sobrinho, seu filho adotivo e seu genro. Seu neto foi reduzido a comer o enchimento de sua cama para prolongar por algumas horas sua miserável vida; sua filha e sua neta, após o terem coberto com sua infâmia, morreram, uma de miséria e de fome numa ilha deserta, a outra na prisão, pelas mãos de um arqueiro. Por fim, ele mesmo, último resquício de sua infeliz família, foi reduzido por sua própria mulher a deixar à posteridade apenas um monstro para sucedê-lo. Esse foi o destino desse senhor do mundo, tão celebrado por

---

18. Embora algumas versões de sua morte afirmem ter sido o rei do Épiro e da Macedônia envenenado, a versão oficial conta que, ao entrar em Argos com suas tropas, Pirro teria sido atingido por uma telha, atirada do alto de um telhado por uma mulher idosa. Derrubado e atordoado com o golpe, Pirro teria enfim sido morto por um soldado chamado Argivo. (N.T.)

19. Públio Quintílio Varo havia sido destacado por Augusto para comandar as legiões romanas na Germânia. Após uma revolta liderada por Armínio, Varo se viu em situação desesperadora, o que o levou ao suicídio. Grande parte de seu exército foi massacrada, o que teria abalado profundamente Augusto. Este teria sido avistado em seu palácio, batendo a cabeça nas paredes e pedindo a Varo que lhe devolvesse suas tropas. (N.T.)

sua glória e por sua felicidade: poderia eu acreditar que um só daqueles que as admiram desejasse adquiri-las ao mesmo preço?

Tomei a ambição como exemplo, mas o jogo de todas as paixões humanas oferece lições similares a quem deseja estudar a história, para se conhecer e se tornar sábio à custa dos mortos. Aproxima-se o momento em que a vida de Antônio oferecerá ao jovem rapaz uma instrução mais próxima que a de Augusto. Emílio mal se reconhecerá nos estranhos objetos com que depararão seus olhares durante esses novos estudos; mas saberá, de antemão, afastar a ilusão das paixões antes de nascerem e, vendo que desde sempre cegaram os homens, estará avisado da maneira como poderão, por sua vez, cegá-lo, caso venha a entregar-se a elas. Sei que tais lições lhe são pouco apropriadas; talvez, segundo a necessidade, elas serão tardias, insuficientes; mas lembrai-vos de que não são as que desejei tirar deste estudo. Ao iniciá-lo, propunha-me outro objetivo e, seguramente, se esse objetivo foi mal cumprido, a culpa caberá ao mestre.

Pensai que, assim que o amor-próprio se encontra desenvolvido, o *eu* relativo se põe continuamente em atividade e que o jovem nunca observa os outros sem retornar a si mesmo e sem comparar-se a eles. Trata-se, portanto, de saber que posição ele ocupará entre seus semelhantes, após tê-los examinado. Vejo, pela maneira como fazemos os jovens lerem a história, que os transformamos, por assim dizer, em todos os personagens que eles veem; que procuramos fazer com que se tornem ora Cícero, ora Trajano, ora Alexandre; procuramos desencorajá-los quando entram em si mesmos e fazer com que cada um lamente ser apenas ele mesmo. Esse método tem certas vantagens que não nego; quanto a meu Emílio, se ocorrer, por uma só vez, nessas comparações, que prefira ser outra pessoa além de si mesmo, quer essa pessoa seja Sócrates ou Catão, tudo estará perdido; aquele que começa a se tornar estranho a si mesmo não tarda a se esquecer inteiramente.

Não são os filósofos que conhecem melhor os homens; eles os veem apenas através dos preconceitos da filosofia, e não conheço nenhum ofício em que se tenha tantos. Um selvagem nos julga mais sensatamente que um filósofo. Este sente seus vícios, se indigna com os nossos, e diz a si mesmo: somos todos maus. O outro nos observa sem se comover e diz: sois loucos. Tem razão, pois ninguém comete o mal pelo mal. Meu aluno é esse selvagem, com a diferença de que Emílio, tendo refletido mais, comparado mais ideias e visto nossos erros de mais perto, desconfia mais de si mesmo e julga apenas o que conhece.

São nossas paixões que nos irritam contra as dos outros; é nosso interesse que nos faz odiar os maus; se não nos fizessem nenhum mal, teríamos por eles mais piedade que ódio. O mal que nos fazem os maus faz com que esqueçamos aquele que fazem a si mesmos. Perdoaríamos mais facilmente seus vícios se pudéssemos saber o quanto seu próprio coração os pune por eles. Sentimos a ofensa e não vemos o castigo; as vantagens são aparentes, o sofrimento é interno. Aquele que acredita gozar o fruto de seus vícios não se encontra menos atormentado do que se não tivesse alcançado êxito; o objeto mudou, a inquietude é a mesma: por mais que exibam sua fortuna e escondam seu coração, sua conduta o revela contra sua vontade; para vê-lo, entretanto, não se deve ter um coração semelhante.

As paixões que compartilhamos nos seduzem; as que atingem nossos interesses nos revoltam e, por uma inconsequência que recebemos delas, condenamos nos outros o que desejaríamos imitar. A aversão e a ilusão são inevitáveis quando somos forçados a sofrer, por parte de outrem, o mal que faríamos se estivéssemos em seu lugar.

O que seria, portanto, preciso para observar bem os homens? Um grande interesse em conhecê-los e uma grande imparcialidade ao julgá-los. Um coração sensível o bastante para conceber todas as paixões humanas e calmo o bastante para não prová-las. Se há, na vida, um momento favorável a esse estudo, é o que escolhi para Emílio; mais cedo, os homens lhe teriam sido estranhos; mais tarde, teria se assemelhado a eles. A opinião cuja ação ele observa ainda não adquiriu império sobre meu aluno. As paixões cujo efeito ele sente ainda não agitaram seu coração. É homem e se interessa por seus irmãos; é justo e julga seus pares. Ora, seguramente, se os julgar bem, não desejará estar no lugar de nenhum deles; pois a meta de todos os tormentos, estando fundada em preconceitos que não possui, lhe parece uma meta vazia. No seu caso, tudo que deseja está a seu alcance. De que dependeria ele, bastando a si mesmo e sendo livre de preconceitos? Tem braços, saúde,[20] moderação, poucas necessidades e meios para satisfazê-las. Criado na mais absoluta liberdade, o maior dos males que concebe é a servidão. Tem pena dos miseráveis reis, escravos de todos que os obedecem; tem pena desses falsos sábios acorrentados a sua vã reputação; tem pena desses ricos tolos mártires de seu fausto; tem pena desses falsos voluptuosos que entregam sua vida inteira ao tédio para parecerem ter prazer. Teria pena do inimigo que lhe fizesse mal, pois, em suas maldades, veria sua miséria. Dir-se-ia: "Ao dar-se a necessidade de me prejudicar, este homem fez com que seu destino dependesse do meu".

Mais um passo, e alcançamos nossa meta. O amor-próprio é um instrumento útil, mas perigoso; frequentemente, fere a mão que o emprega e rara-

---

20. Acredito poder incluir audaciosamente a saúde e a boa constituição entre as vantagens adquiridas por sua educação, ou, antes, entre os dons da natureza que sua educação conservou.

mente faz o bem sem fazer o mal. Emílio, ao considerar sua posição na espécie humana e vendo-se tão felizmente situado, será tentado a atribuir a sua razão o trabalho da vossa, e a atribuir a seu mérito o efeito de sua felicidade. Dirá a si mesmo: "Sou sábio e os homens são loucos". Apiedando-se deles, ele os desprezará; congratulando-se, terá ainda mais estima por si mesmo; e, sentindo-se mais feliz que eles, pensará ser mais digno de sê-lo. Eis o erro que mais se deve temer, pois é o mais difícil de destruir. Se tivesse permanecido nesse estado, pouco proveito teria tirado de nossos cuidados, e, caso fosse preciso escolher, não sei se eu não preferiria a ilusão dos preconceitos à do orgulho.

Os grandes homens não se enganam quanto a sua superioridade; eles a veem, a sentem e nem por isso são menos modestos. Quanto mais têm, mais sabem o que lhes falta. Encontram-se menos orgulhosos de sua elevação sobre nós que humilhados pelo sentimento de sua miséria e, quanto aos bens exclusivos que possuem, são demasiado sensatos para envaidecerem-se por uma dádiva que não fizeram a si mesmos. O homem de bem pode ter orgulho de sua virtude, pois ela lhe pertence; mas de que se orgulha o homem de espírito? O que fez Racine para não ser Pradon?[21] O que fez Boileau para não ser Cotin?[22]

Aqui, trata-se ainda de algo inteiramente diverso. Permaneçamos sempre na ordem comum. Não supus em meu aluno um gênio transcendente nem um entendimento limitado. Escolhi-o entre os espíritos vulgares para mostrar o que a educação pode fazer pelo homem. Todos os casos raros estão fora das regras. Quando, portanto, como consequência de meus cuidados, Emílio prefere sua maneira de ser, de ver e de sentir à dos outros homens, ele tem razão. Mas, quando, por esse mesmo motivo, acredita ser de natureza mais excelente e ser mais dotado que eles, Emílio está errado. Engana-se e é preciso desenganá-lo, ou, antes, prevenir o erro temendo que depois seja tarde demais para destruí-lo.

Não há loucura da qual não se possa livrar um homem que não é louco, exceção feita à vaidade; desta, nada pode curá-lo senão a experiência, se é, todavia, que algo possa curá-lo; quando de seu nascimento, pode-se, pelo menos, impedi-la de crescer. Não vos percais, portanto, em belos raciocínios

---

21. Jacques (ou Nicolas) Pradon (1644-1698), dramaturgo que obteve algum sucesso em sua época e manteve rivalidade com Racine (ver nota 5, p. 206). Em 1677, ambos apresentaram, com pouco tempo de intervalo, suas respectivas versões de *Fedra*. Numa época de intensa concorrência no mundo do teatro, tal concomitância desencadeou uma violenta troca de hostilidades sob a forma de sonetos anônimos, que procuravam prejudicar as duas obras e seus respectivos autores. Se a peça de Pradon, mais romanesca, conheceu inicialmente sucesso maior, foi a versão mais sombria de Racine que acabou, afinal, se impondo com a favorita do público. (N.T.)

22. O abade e poeta Charles Cotin (1604-1682) se notabilizou pelas ferozes trocas de críticas que manteve com Nicolas Boileau (1636-1711), autor das *Sátiras*. (N.T.)

para provar ao adolescente que ele é homem como os outros e está sujeito às mesmas fraquezas. Fazei com que o sinta, ou jamais o saberá. Trata-se, aqui, mais uma vez de um caso de exceção às minhas próprias regras; é o caso de expor voluntariamente meu aluno a todos os acidentes que podem provar-lhe que não é mais sábio que nós. A aventura do saltimbanco seria repetida de mil maneiras: deixaria os bajuladores tirarem toda vantagem dele; se cabeças de vento o arrastassem para alguma extravagância, eu deixaria que corresse o perigo; se vigaristas o explorassem no jogo, eu deixaria que o fizessem de trouxa;[23] deixaria que fosse adulado, depenado, despojado por eles; e ainda que, tendo-o deixado sem nada, acabassem zombando dele, eu lhes agradeceria, na sua presença, pelas lições que aceitaram lhe dar. As únicas armadilhas de que o protegeria com cuidado são as das cortesãs. As únicas deferências que teria para com ele consistiriam em compartilhar todos os perigos que o deixasse correr e todas as afrontas que o deixasse receber. Eu suportaria tudo em silêncio, sem queixas, sem reprimendas, sem jamais dizer-lhe uma única palavra a respeito; e podeis ter certeza de que, com essa discrição bem constante, tudo que me terá visto sofrer por ele produzirá maior impressão em seu coração do que tudo que ele mesmo tiver sofrido.

Não posso me impedir de assinalar aqui a falsa dignidade dos governantes que, para se fazerem tolamente de sábios, rebaixam seus alunos, procuram tratá-los sempre como crianças e distinguir-se deles em tudo que lhes mandam fazer. Longe de depreciar, assim, suas jovens coragens, não poupeis esforços para elevar sua alma; fazei deles vossos iguais, para que o sejam, e, se ainda não puderem elevar-se a vosso nível, descei ao seu sem vergonha, sem escrúpulo. Pensai que vossa honra não se encontra mais em vós, mas em vosso aluno; compartilhai seus erros para corrigi-los; assumi sua vergonha para apagá-la: imitai este bravo romano que, vendo seu exército fugir e não podendo reuni-lo, se pôs a fugir à frente de seus soldados, gritando: "Eles não fogem, seguem seu capitão". Viu-se desonrado por isso? Longe disso: ao sacrificar assim sua glória,

---

23. De resto, nosso aluno cairá pouco nessa armadilha, ele que está cercado de tantos divertimentos, ele que nunca se entediou na vida e que mal sabe para que serve o dinheiro. Sendo o interesse e a vaidade as duas motivações com que se conduzem as crianças, essas duas mesmas motivações servem às cortesãs e aos escroques para, em seguida, apoderarem-se delas. Quando vedes sua avidez ser estimulada por prêmios, por recompensas, quando as vedes serem aplaudidas, aos dez anos, num evento público no colégio, vedes como se fará com que, aos 20, deixem sua bolsa numa casa de jogos e sua saúde num prostíbulo. Pode-se sempre apostar que o mais erudito de sua classe se tornará o mais jogador e o mais debochado. Ora, os meios que não se empregaram na infância não apresentam na juventude o mesmo perigo. Mas deve-se lembrar que, aqui, minha máxima constante é a de sempre imaginar o pior. Procuro, primeiramente, prevenir o vício e, então, eu o suponho, a fim de remediá-lo.

ele a aumentou. A força do dever e a beleza da virtude acarretam nossa aprovação mesmo contra nossa vontade e derrubam nossos insensatos preconceitos. Se eu recebesse um bofetão ao cumprir minhas funções para com Emílio, longe de vingar-me pelo bofetão, iria a todo lugar gabar-me dele, e duvido que houvesse no mundo um homem vil o bastante para não me respeitar ainda mais.

Não é que o aluno deva supor no mestre luzes tão limitadas quanto as suas, e a mesma facilidade para deixar-se seduzir. Essa opinião é boa para uma criança, que, não sabendo ver nada nem comparar nada, põe o mundo inteiro a seu alcance e dá sua confiança somente àqueles que sabem, de fato, assim se colocar. Mas um jovem da idade de Emílio e tão sensato quanto ele não é mais tão tolo para iludir-se dessa maneira e não seria bom que o fizesse. A confiança que deve ter em seu governante é de outra espécie: ela deve basear-se na autoridade da razão, na superioridade das luzes, nas vantagens que o jovem está em condições de conhecer e cuja utilidade sente para si. Uma longa experiência o convenceu de que é amado por seu condutor, que esse condutor é um homem sábio, esclarecido e que, desejando sua felicidade, sabe o que pode proporcioná-la. Deve saber que, para seu próprio interesse, convém-lhe escutar seus conselhos. Ora, se o mestre se deixasse enganar como o discípulo, ele perderia o direito de exigir-lhe deferência e de dar-lhe lições. O aluno deve ainda menos supor que o mestre o deixe intencionalmente cair em armadilhas e prepare emboscadas a sua simplicidade. O que se deve, pois, fazer para evitar, ao mesmo tempo, esses dois inconvenientes? O que há de melhor e de mais natural: ser simples e verdadeiro como ele; adverti-lo dos perigos a que se expõe; mostrar-lhos com clareza e sensibilidade, mas sem exagero, sem humor, sem ostentação pedante e, sobretudo, sem dar-lhe vossos conselhos como ordens até que realmente o sejam e até que esse tom imperioso seja absolutamente necessário. Se depois disso ele ainda se obstinar, como fará com muita frequência, não lhe digais mais nada: deixai-o em liberdade, segui-o, imitai-o; e fazei isso com alegria e franqueza; entregai-vos, diverti-vos tanto quanto ele, se possível. Se as consequências se tornarem consideráveis demais, ainda estareis aí para detê-las; e, no entanto, como o jovem, testemunha de vossa previdência e de vossa complacência, não deverá estar, ao mesmo tempo, impressionado com a primeira e comovido com a segunda! Todos esses erros constituem tantos laços que ele vos fornece para retê-lo quando necessário. Ora, o que faz aqui a maior arte do mestre é o fato de proporcionar as ocasiões e de dirigir as exortações, de modo que saiba, de antemão, quando o jovem irá ceder e quando se obstinará, a fim de cercá-lo, por todos os lados, com as lições da experiência, sem nunca expô-lo a perigos grandes demais.

Avisai-o de seus erros antes que os cometa; quando os cometer, não o repreendais; apenas exaltaríeis e revoltaríeis seu amor-próprio. Uma lição que revolta não tem utilidade. Não conheço nada mais inepto que as palavras "eu bem que avisei". O melhor meio de fazer com que se lembre do que lhe foi dito consiste em parecer tê-lo esquecido. Ao contrário, quando o virdes envergonhado por não ter acreditado em vós, apagai suavemente essa humilhação por meio de palavras gentis. Afeiçoar-se-á seguramente a vós, ao ver que esqueceis de vós em seu proveito e que, em vez de terminar de esmagá-lo, o consolais. Mas, se acrescentardes reprimendas a sua tristeza, odiar-vos-á e impor-se-á como lei nunca mais vos escutar, como que para vos provar que não pensa como vós a respeito da importância de vossos conselhos.

O teor de vossas consolações pode ainda ser para ele uma instrução tanto mais útil quanto não desconfiará delas. Ao dizer-lhe, suponho, que mil outros cometem os mesmos erros, isso vai de encontro a sua expectativa; vós o corrigis parecendo apenas apiedar-vos dele; pois, para aquele que acredita valer mais que os outros homens, consolar-se com seu exemplo é uma desculpa bastante humilhante; é conceber que o máximo a que pode aspirar é que não valham mais que ele.

O tempo dos erros é o das fábulas. Ao censurar o culpado sob uma máscara estranha, instruímo-lo sem ofendê-lo, e compreende então que o apólogo não é uma mentira, pela verdade que aplica a si mesmo. A criança que nunca foi enganada por elogios não compreende nada da fábula que examinei anteriormente; mas o cabeça de vento que acaba de ser enganado por um bajulador compreende maravilhosamente bem que o corvo era apenas um tolo. Assim, de um fato ele extrai uma máxima, e a experiência que logo teria esquecido é gravada em seu juízo por meio da fábula. Não há conhecimento moral que não se possa adquirir pela experiência de outrem ou pela sua. Nos casos em que essa experiência é perigosa, em vez de adquiri-la nós mesmos, extraímos sua lição da história. Quando a provação não tem consequências, é bom que o jovem permaneça a ela exposto. Então, por meio do apólogo, redigimos, sob a forma de máximas, os casos particulares que lhe são conhecidos.

Não pretendo, entretanto, que essas máximas devam ser desenvolvidas ou mesmo enunciadas. Nada é tão fútil e tão mal compreendido quanto a moral pela qual se termina a maioria das fábulas; como se essa moral não fosse ou nem devesse ser entendida na própria fábula, de modo a torná-la sensível ao leitor. Por que, então, privá-lo do prazer de encontrar a moral por si próprio, acrescentando-a ao final? O talento de instruir consiste em fazer com que o discípulo aprecie a instrução. Ora, para que a aprecie, seu espírito não deve permanecer tão passivo diante do que lhe dizeis a ponto de não ter de fazer nada para vos entender. É preciso que o amor-próprio do mestre deixe sempre alguma ação ao seu; é preciso que possa dizer a si mesmo: concebo, penetro, ajo e me instruo. Uma das coisas que tornam tedioso o Pantaleão da *commedia* italiana[24] é o cuidado que sempre toma em interpretar para a plateia banalidades que já se compreendem bem demais. Não quero que um governante seja Pantaleão, menos ainda um autor. É preciso sempre se fazer entender, mas não se deve sempre dizer tudo; aquele que diz tudo diz pouco, pois, no fim, já não o escutam mais. O que significam os quatro versos que La Fontaine acrescenta à fábula da rã que incha? Tem medo de que não o tenham compreendido? Tem necessidade, este grande pintor, de escrever os nomes acima dos objetos que pinta? Longe de generalizar, dessa forma, sua moral, ele a particulariza, de alguma forma a restringe aos exemplos citados e impede que seja aplicada a outros. Eu gostaria que, antes de pôr as fábulas desse autor entre as mãos de um jovem, suprimíssemos todas essas conclusões por meio das quais ele se dá o trabalho de explicar o que acaba de dizer tão clara quanto agradavelmente. Se vosso aluno não entende a fábula senão com a ajuda da explicação, podeis ter certeza de que nem assim a entenderá.

Importaria ainda conferir a essas fábulas uma ordem mais didática e mais conforme o progresso dos sentimentos e das luzes do jovem adolescente. Pode-se conceber algo menos razoável que seguir exatamente a ordem numérica do livro, sem consideração pela necessidade nem pela ocasião? Primeiramente, o corvo; em seguida, a cigarra; depois, a rã; então, as duas mulas etc. Tenho desgosto por essas duas mulas, pois me lembro de ter visto uma criança, educada para as finanças e que era atordoada com o emprego que iria exercer, ler essa fábula, decorá-la, recitá-la, voltar a recitá-la inúmeras vezes, sem nunca extrair-lhe a menor objeção contra o ofício a que estava destinada. Não somente nunca vi crianças fazerem nenhuma aplicação sólida das fábulas que aprendiam como também nunca vi ninguém se preocupar em fazer com que fizessem tal aplicação. O pretexto desse estudo é a instrução moral, mas o verdadeiro objetivo da mãe e da criança é apenas o de fazer com que esta distraia toda uma companhia enquanto recita suas fábulas. Assim, esquece-as todas ao crescer, quando não se trata mais de recitá-las, mas de aproveitá-las. Mais uma vez, cabe apenas aos homens instruírem-se com as fábulas, e eis, para Emílio, o tempo de começar.

Aponto de longe, pois também não quero dizer tudo, as estradas que nos desviam da que é correta, para que aprendamos a evitá-las. Acredito que, se-

---

24. Pantaleão, ou Pantalão (*Pantalone*, em italiano), é um personagem típico da *commedia dell'arte*; um burguês veneziano, dotado de uma grande fortuna herdada dos pais, mas caracterizado pelo estilo de vida libertino. (N.T.)

guindo a que indiquei, vosso aluno comprará o conhecimento dos homens e de si mesmo ao melhor preço possível, que o colocareis no ponto de contemplar os jogos da fortuna sem invejar o destino de seus favoritos e de estar satisfeito consigo sem acreditar ser mais sábio que os outros. Também começastes a fazer dele um ator para que se tornasse espectador; é preciso terminar, pois vemos, da plateia, os objetos tais como parecem ser, mas é do palco que os vemos tais como são. Para abranger o todo, é preciso colocar-se no ponto de vista certo; é preciso aproximar-se para ver os detalhes. Mas a que título um jovem entrará nos assuntos do mundo? Que direito tem ele de ser iniciado nesses mistérios tenebrosos? Intrigas de prazer limitam os interesses de sua idade; ainda dispõe apenas de si; é como se não dispusesse de nada. O homem é a mais vil das mercadorias, e, entre nossos importantes direitos de propriedade, o da pessoa é sempre o menor de todos.

Quando vejo que, na idade de maior atividade, limitamos os jovens a estudos puramente especulativos e que depois, sem a menor experiência, eles são de repente jogados no mundo e nos negócios, penso que não chocamos menos a razão que a natureza, e não fico mais surpreso que tão poucas pessoas saibam se conduzir. Por que estranha maneira de pensar nos ensinam tantas coisas inúteis enquanto não têm pela arte de agir nenhuma consideração? Pretendem nos formar para a sociedade e nos instruem como se cada um de nós devesse passar a vida pensando sozinho em sua célula ou tratando de assuntos vazios com pessoas indiferentes. Acreditais ensinar vossos filhos a viver ao ensinar-lhes certas contorções do corpo e certas frases que não significam nada. Eu também ensinei meu Emílio a viver, pois o ensinei a viver consigo mesmo e, além disso, a saber ganhar seu pão. Contudo, isso não basta. Para viver no mundo, é preciso saber tratar com os homens; é preciso conhecer os instrumentos que permitem influenciá-los; é preciso calcular a ação e a reação do interesse particular na sociedade civil e prever os acontecimentos com tamanha exatidão que raramente sejamos enganados em nossas empresas, ou que tenhamos, pelo menos, sempre adotado os melhores meios para alcançar êxito. As leis não permitem aos jovens celebrarem seus próprios negócios e disporem de seus próprios bens; mas para que lhes serviriam tais precauções se, até a idade prescrita, não pudessem adquirir nenhuma experiência? Não teriam ganhado nada por esperarem e seriam tão novos aos 25 anos quanto aos 15. Certamente, é preciso impedir que um jovem, cegado por sua ignorância ou enganado por suas paixões, prejudique a si mesmo; mas, em todas as idades, é permitido ser benfazejo; em todas as idades, podem-se proteger, sob a direção de um homem sábio, os infelizes que precisam apenas de apoio.

As amas e as mães se afeiçoam às crianças pelos cuidados que lhes prestam; o exercício das virtudes sociais leva ao fundo do coração o amor à humanidade; é fazendo o bem que nos tornamos bons; não conheço outra prática mais segura. Ocupai vosso aluno com todas as boas ações que estão a seu alcance; que o interesse dos indigentes seja sempre o seu; que ele não os assista somente com seu bolso mas também com seus cuidados; que os sirva, que os proteja, que lhes dedique sua pessoa e seu tempo; que se torne seu homem de negócios, e não exercerá, durante toda sua vida, mais nobre emprego. Quantos oprimidos que nunca foram escutados obterão justiça quando ele a pedir para eles com essa intrépida firmeza conferida pelo exercício da virtude; quando forçar as portas dos nobres e dos ricos; quando for, se preciso, até os pés do trono fazer ouvir a voz dos desafortunados, a quem todos os acessos estão fechados por sua miséria e quem o temor de serem punidos pelos males que lhes são feitos impede até mesmo de ousarem queixar-se deles.

Faremos nós de Emílio um cavaleiro errante, um vingador das injustiças, um paladino? Irá ele interferir em assuntos públicos, fazer-se de sábio e de defensor das leis perante os nobres, os magistrados, o príncipe, fazer-se de procurador perante os juízes e de advogado nos tribunais? Nada sei a respeito disso. Os nomes jocosos e ridículos não alteram em nada a natureza das coisas. Fará tudo que sabe ser útil e bom. Não fará nada além disso, e sabe que não há nada de útil e de bom para ele naquilo que não convém a sua idade. Sabe que seu primeiro dever é para consigo mesmo, que os jovens devem desconfiar de si, ser cautelosos em sua conduta, respeitosos diante das pessoas mais idosas, recatados e discretos ao falarem sem assunto; modestos nas coisas indiferentes, mas audaciosos ao agirem bem e corajosos ao dizerem a verdade. Assim eram esses ilustres romanos que, antes de serem admitidos nos cargos, passavam sua juventude perseguindo o crime e defendendo a inocência, sem outro interesse além do de se instruírem servindo a justiça e protegendo os bons costumes.

Emílio desgosta do barulho e das querelas, não somente entre os homens[25] mas também entre os animais: nunca estimulou dois cães a lutarem entre si,

---

25. Mas se procurarem querelar com ele, como se conduzirá? Respondo que nunca terá querelas, que nunca se prestará suficientemente a elas para tê-las. Continuarão: afinal, quem está ao abrigo de um bofetão ou de uma afronta por parte de um bruto, de um bêbado ou de um simples maroto, que, para ter o prazer de matar seu homem, começa por desonrá-lo? Isso é diferente; nem a honra dos cidadãos nem sua vida devem estar à mercê de um bruto, de um bêbado ou de um simples maroto, e não podemos nos preservar de tal acidente mais que da queda de uma telha. Um bofetão e uma afronta recebidos e suportados têm efeitos civis que nenhuma sabedoria pode prevenir e pelos quais nenhum tribunal pode vingar o ofendido. Quanto a isso, portanto, a insuficiência das leis lhe devolve sua independência; é então o único magistrado, o único juiz entre o ofensor e ele; é o único intérprete e ministro da lei natural; deve justiça a si mesmo e somente ele pode fazê-la, e não há, na

nunca fez com que um gato fosse perseguido por um cão. Esse espírito de paz é um efeito de sua educação, que, não tendo fomentado o amor-próprio e a alta opinião de si mesmo, o desviou de procurar seus prazeres na dominação e na infelicidade de outrem. Sofre quando vê sofrer; é um sentimento natural. Um jovem se endurece e se compraz em ver atormentarem um ser sensível apenas quando um acesso de vaidade faz com que se veja isento dos mesmos sofrimentos, por sua sabedoria ou por sua superioridade. Aquele que foi protegido dessa maneira de pensar não poderia cair no vício que dela resulta. Emílio ama a paz, portanto. A imagem da felicidade o encanta, e, quando pode contribuir para produzi-la, encontra um novo meio de partilhá-la. Não supus que, ao ver infelizes, ele teria por eles apenas essa piedade estéril e cruel que se contenta em lamentar os males que ela pode curar. Sua beneficência ativa logo lhe dá luzes que, com um coração mais duro, ele não teria adquirido, ou que teria adquirido muito mais tarde. Se vê reinar a discórdia entre seus camaradas, procura reconciliá-los; se vê homens aflitos, informa-se a respeito de seus sofrimentos; se vê dois homens se odiarem, deseja conhecer a causa de sua inimizade; se vê um oprimido lamentar vexações do poderoso e do rico, procura saber com que manobras se cobrem tais vexações, e, no interesse que desenvolve por todos os miseráveis, os meios de pôr fim a seus males nunca lhe são indiferentes. O que temos, portanto, de fazer para tirar proveito dessas disposições de maneira conveniente a sua idade? Regrar seus cuidados e seus conhecimentos e empregar seu zelo para aumentá-los.

Não me canso de dizê-lo: colocai todas as lições dos jovens sob a forma de ações, em vez de discursos. Que não aprendam pelos livros nada que a experiência lhes puder ensinar. Que extravagante projeto o de exercitá-los a falar sem razão para não dizerem nada; de acreditar fazer com que sintam, nos bancos de um colégio, a energia da linguagem das paixões e toda a força da arte de persuadir, sem interesse de persuadir ninguém de nada! Todos os preceitos da retórica parecem ser apenas uma pura verborreia para todo aquele que não lhes percebe a utilidade. Que importa a um aluno saber o que fez Aníbal para convencer seus soldados a passarem os Alpes? Se, em vez dessas magníficas

---

Terra, nenhum governo suficientemente insensato para puni-lo por tê-la feito em semelhante caso. Não digo que deva lutar, pois é uma extravagância; digo que deve justiça a si mesmo e que é seu único dispensador. Sem tantos editos vãos contra os duelos, se eu fosse o soberano, respondo que nunca haveria bofetadas nem afrontas dadas em meus Estados, e isso por um meio muito simples, em que os tribunais não interviriam. Seja como for, Emílio sabe, em semelhante caso, a justiça que deve a si mesmo e o exemplo que deve à segurança das pessoas honradas. Não depende do homem mais firme impedir que o insultem, mas depende dele impedir que se vangloriem, por muito tempo, de tê-lo insultado.

arengas, lhe dissésseis o que deve fazer para levar seu diretor a dar-lhe uma licença, podeis ter certeza de que prestaria mais atenção em vossas regras.

Se eu quisesse ensinar retórica a um jovem cujas paixões já estivessem todas desenvolvidas, apresentar-lhe-ia sempre objetos capazes de satisfazer suas paixões, e examinaria com ele que linguagem deve empregar com os outros homens para convencê-los a favorecerem seus desejos. Mas meu Emílio não se encontra em situação tão vantajosa à arte oratória. Praticamente limitado ao necessário físico, tem menos necessidade dos outros que os outros dele, e, não tendo nada a lhes pedir para si mesmo, aquilo de que quer persuadi-los não o afeta tanto a ponto de comovê-lo em excesso. Decorre disso que, em geral, deve empregar uma linguagem simples e pouco figurada. Fala, ordinariamente, em sentido próprio e somente para ser compreendido. É pouco sentencioso porque não aprendeu a generalizar suas ideias; emprega poucas imagens porque raro está apaixonado.

Não é, contudo, que ele seja absolutamente fleumático e frio. Nem sua idade, nem seus costumes, nem seus gostos o permitem. No fogo da adolescência, os humores vivificantes, retidos e coobados em seu sangue, levam a seu jovem coração um calor que brilha em seus olhares, que se sente em seus discursos, que se vê em suas ações. Sua linguagem adquiriu acento e, por vezes, veemência. O nobre sentimento que o inspira lhe confere força e elevação; imbuído de um terno amor pela humanidade, transmite, ao falar, os impulsos de sua alma; sua generosa franqueza tem algo de mais encantador que a artificiosa eloquência dos outros, ou melhor, apenas ele é verdadeiramente eloquente, pois tem apenas de mostrar o que sente para comunicá-lo aos que o escutam.

Quanto mais penso nisso, mais entendo que, colocando assim a beneficência em ação e tirando de nossos bons e maus sucessos reflexões sobre suas causas, existem poucos conhecimentos úteis que não se possam cultivar no espírito de um jovem, e que, com todo o verdadeiro saber que se pode adquirir nos colégios, ele adquirirá, além dele, uma ciência ainda mais importante, que é a aplicação desses conhecimentos aos usos da vida. Não é possível que, nutrindo tanto interesse por seus semelhantes, ele não aprenda, desde cedo, a lhes pesar e apreciar as ações, os gostos, os prazeres, e a atribuir, em geral, um valor mais justo ao que pode favorecer ou prejudicar a felicidade dos homens do que aqueles que, não se interessando por ninguém, nunca fazem nada por outrem. Aqueles que cuidam apenas de seus próprios assuntos se entusiasmam demais para julgar sensatamente as coisas. Relacionando tudo apenas a si e regrando, somente com base em seu interesse, as ideias do bem e do mal, eles preenchem o espírito com mil preconceitos ridículos e, em tudo que atenta contra a menor de suas vantagens, logo veem a perturbação de todo o universo.

Estendamos o amor-próprio sobre os outros seres; transformá-lo-emos em virtude, e não há coração humano em que esta virtude não tenha sua raiz. Quanto menos o objeto de nossos cuidados se prende imediatamente a nós mesmos, menos a ilusão do interesse particular deve ser temida; quanto mais se generaliza tal interesse, mais ele se torna justo, não sendo o amor do gênero humano outra coisa, em nós, além do amor da justiça. Se queremos, portanto, que Emílio ame a verdade e que a conheça, mantenhamo-lo, nos negócios, sempre longe de si. Quanto mais seus cuidados forem dedicados à felicidade de outrem, mais serão esclarecidos e sábios, e menos se enganará sobre o que é bom ou mau; mas nunca toleremos nele uma preferência cega fundada unicamente em acepções de pessoas ou em injustas prevenções. E por que ele prejudicaria um para servir outro? Pouco lhe importa quem encontrará maior felicidade na partilha, desde que concorra para a maior felicidade de todos: esse é o interesse primordial do sábio após o interesse privado; pois cada um é parte de sua espécie, e não de outro indivíduo.

Para impedir a piedade de degenerar em fraqueza, é preciso generalizá-la e estendê-la sobre todo o gênero humano. Então, entregamo-nos a ela apenas na medida em que estiver de acordo com a justiça, pois, de todas as virtudes, esta é a que mais concorre para o bem comum dos homens. É preciso, pela razão e por amor a nós, ter piedade de nossa espécie ainda mais que de nosso próximo, e é uma grande crueldade para com os homens ter piedade dos maus.

De resto, é preciso lembrar que todos esses meios pelos quais atiro meu aluno para fora de si guardam sempre uma relação direta com ele, pois não somente resulta disso um prazer interno como também, ao torná-lo benfazejo em proveito dos outros, eu trabalho para sua própria instrução.

Apontei primeiro os meios e, agora, mostro-lhes o efeito. Que grandes ideias vejo se organizarem, pouco a pouco, em sua cabeça! Que sentimentos sublimes sufocam, em seu coração, o germe das pequenas paixões! Que clareza de juízo! Que justeza de razão vejo formar-se nele a partir de suas inclinações cultivadas, da experiência que concentra os desejos de uma grande alma no estreito limite dos possíveis, e faz com que um homem superior aos outros, não podendo elevá-los a sua medida, saiba rebaixar-se à deles! Os verdadeiros princípios do justo, os verdadeiros modelos do belo, todas as relações morais dos seres, todas as ideias de ordem são gravadas em seu entendimento; vê o lugar de cada coisa e a causa que a afasta dele; vê o que pode produzir o bem e o que o impede. Sem ter provado as paixões humanas, conhece suas ilusões e sua ação.

Avanço atraído pela força das coisas, mas sem enganar-me quanto aos juízos dos outros. De há muito, veem-me no país das quimeras; quanto a mim, vejo-os sempre no país dos preconceitos. Ao afastar-me tanto das opiniões vulgares, não deixo de mantê-las presentes em meu espírito; examino-as, medito sobre elas, não para segui-las nem para fugir delas, mas para pesá-las com a balança do raciocínio. Sempre que este me força a afastar-me delas, instruído pela experiência, já posso estar certo de que não me imitarão; sei que, obstinando-se a imaginar apenas o que veem, considerarão o jovem que concebo como um ser imaginário e fantástico, na medida em que difere daqueles a quem o comparam, sem pensar que é de fato preciso que difira deles, pois, educado de modo inteiramente diverso, afetado por sentimentos inteiramente contrários, instruído de modo absolutamente diferente do deles, seria muito mais surpreendente que se assemelhasse a eles que se fosse tal como o suponho. Não se trata do homem do homem, mas do homem da natureza. Seguramente, deve ser muito estranho aos olhos deles.

Ao iniciar este livro, não supunha nada que todo o mundo não pudesse, assim como eu, observar, pois existe um ponto – a saber, o nascimento do homem – do qual partimos todos igualmente; porém, quanto mais avançamos, eu para cultivar a natureza e vós para depravá-la, mais nos afastamos uns dos outros. Com seis anos, meu aluno diferia pouco daqueles, dentre os vossos, que não tivéreis tempo de desfigurar; agora, não têm mais nada de semelhante, e a idade do homem-feito, da qual ele se aproxima, deve mostrá-lo sob uma forma absolutamente diferente, se não desperdicei todos meus cuidados. A quantidade de conhecimentos adquiridos talvez seja bastante igual de um lado e de outro; mas as coisas adquiridas não se assemelham em nada. Estais surpresos por encontrar, num deles, sentimentos sublimes dos quais os outros não possuem o menor germe; mas considerai também que estes já são todos filósofos e teólogos antes que Emílio saiba o que é a filosofia e que tenha até mesmo ouvido falar de Deus.

Se, portanto, viessem me dizer "Nada do que suponhais existe, os jovens não são feitos assim, têm uma paixão ou outra, fazem isto ou aquilo", é como se negassem que alguma pereira já tenha se tornado uma árvore grande, pois somente as vemos pequenas em nossos jardins.

Peço a esses juízes tão propensos à censura que considerem que sei tão bem quanto eles do que falam; que, provavelmente, pensei nisso por mais tempo; e que, não tendo nenhum interesse em enganá-los, tenho o direito de exigir que pelo menos encontrem tempo para identificar em que me engano: que examinem bem a constituição do homem, que sigam os primeiros desenvolvimentos do coração numa circunstância ou noutra, a fim de ver o quanto um indivíduo pode diferir de outro pela força da educação; que, em seguida, comparem a minha aos efeitos que lhe dou, e que digam em que raciocinei mal; não terei nenhuma resposta para lhes dar.

O que me torna mais afirmativo e, creio eu, mais desculpável por sê-lo é o fato de que, em vez de entregar-me ao espírito de sistema, recorro o menos possível ao raciocínio e me fio apenas à observação. Não me baseio no que imaginei, mas no que vi. É verdade que não restringi minhas experiências ao interior dos muros de uma cidade nem a uma única ordem de pessoas; mas, após ter comparado tantas posições sociais e povos quanto pude ver numa vida dedicada a observá-los, suprimi, como algo artificial, o que era de um povo e não de outro, de um estado e não de outro, e vi como pertencendo incontestavelmente ao homem apenas o que era comum a todos, fosse qual fosse a idade, a posição e a nação.

Ora, se, seguindo esse método, acompanhardes, desde a infância, um jovem que não tiver recebido uma forma particular e que depender o menos possível da autoridade e da opinião alheia, a quem, entre meu aluno e os vossos, ele mais se assemelhará? Eis, ao que me parece, a pergunta a que se deve responder para saber se me enganei.

O homem não começa a pensar facilmente; mas, logo que começa, não para mais. Todo aquele que pensou pensará para sempre, e o entendimento, uma vez aplicado à reflexão, não pode mais permanecer em repouso. Poderiam, portanto, pensar que faço demais ou muito pouco, que o espírito humano não é naturalmente tão propenso a se abrir e que, após ter-lhe dado facilidades que não tem, mantenho-o, por tempo demais, inscrito num círculo de ideias que ele deve ter ultrapassado.

Mas considerai primeiro que, desejando formar o homem da natureza, não se trata, com isso, de fazer dele um selvagem e de relegá-lo à profundeza das florestas; porém, preso no turbilhão social, basta que não se deixe arrastar nem pelas paixões nem pelas opiniões dos homens, que veja com seus olhos, que sinta com seu coração, que nenhuma autoridade o governe exceto a de sua própria razão. Nessa posição, está claro que a quantidade de objetos que o atinge, os frequentes sentimentos que o afetam e os diversos meios de prover a suas necessidades reais devem dar-lhe muitas ideias que ele nunca teria tido ou que teria adquirido mais lentamente. O progresso natural do espírito se vê acelerado, mas não invertido. O mesmo homem que deve permanecer estúpido nas florestas deve tornar-se razoável e sensato nas cidades, onde será simples espectador. Nada é mais tendente a tornar sábio que as loucuras que vemos sem partilharmos delas, e mesmo aquele que partilha delas também se instrui, desde que não se deixe enganar por elas e que não carregue o erro daqueles que as cometem.

Considerai também o fato de que, limitados por nossas faculdades às coisas sensíveis, não atribuímos quase nenhuma influência às noções da filosofia e às ideias puramente intelectuais. Para alcançá-las, é preciso ou nos desprender do corpo, a que estamos tão fortemente apegados, ou fazer, de objeto em objeto, um progresso gradual e lento, ou, ainda, percorrer rápido e quase num salto o intervalo, com um passo de gigante de que a infância não é capaz e para o qual até mesmo os homens precisam de degraus feitos especialmente para eles. A primeira ideia abstrata é o primeiro desses degraus, mas tenho muita dificuldade em ver como se propõem a construí-lo.

O Ser incompreensível que abrange tudo, que confere movimento ao mundo e forma todo o sistema dos seres não é visível a nossos olhos nem palpável a nossas mãos; escapa a todos nossos sentidos. A obra se mostra, mas o operário se esconde. Não é pouco descobrir, finalmente, que ele existe; e, quando chegamos a esse ponto, quando nos perguntamos "Quem é ele? Onde está ele?", nosso espírito se confunde, se perde e não sabemos mais o que pensar.

Locke quer que comecemos pelo estudo dos espíritos e que passemos, em seguida, para o do corpo; esse método é o da superstição, dos preconceitos e do erro; não é o da razão nem sequer o da natureza bem ordenada; consiste em tapar os olhos para aprender a ver. É preciso ter estudado os corpos por muito tempo para adquirir uma verdadeira noção dos espíritos e suspeitar que eles existem. A ordem contrária serve apenas para estabelecer o materialismo.

Na medida em que nossos sentidos são os primeiros instrumentos de nossos conhecimentos, os seres corpóreos e sensíveis são os únicos de que temos imediatamente uma ideia. A palavra "espírito" não tem nenhum sentido para aquele que não filosofou. Um espírito é apenas um corpo para o povo e para as crianças. Não imaginam espíritos que gritam, que falam, que batem, que fazem barulho? Ora, há que se reconhecer que espíritos que possuem braços e línguas se assemelham muito a corpos. Eis por que todos os povos do mundo, sem excetuar os judeus, conceberam para si deuses corpóreos. Nós mesmos, com nossos termos "espírito", "trindade" e "pessoas", somos, na maioria, verdadeiros antropomorfistas. Admito que nos ensinam a dizer que Deus está em todo lugar, mas também acreditamos que o ar está em todo lugar, pelo menos em nossa atmosfera, e a própria palavra "espírito", em sua origem, significa apenas "sopro" e "vento". Assim que acostumamos as pessoas a dizerem palavras sem compreendê-las, é fácil, depois disso, fazê-las dizer tudo que queremos.

O sentimento de nossa ação sobre os demais corpos deve, inicialmente, ter-nos feito acreditar que, quando agiam sobre nós, era de maneira semelhante àquela pela qual agimos sobre eles. Assim, o homem começou por animar todos os seres cuja ação ele sentia. Sentindo-se menos forte que a maioria desses seres, por não conhecer os limites do poder destes, ele o supôs ilimitado e fez deles deuses ao mesmo tempo que corpos. Durante as primeiras idades, os homens, assustados com tudo, não viram nada de morto na natureza. A ideia de matéria não se formou menos lentamente neles que a de espírito, pois também essa primeira ideia é uma abstração. Preencheram, assim, o universo com deuses sensíveis. Os astros, os ventos, as montanhas, os rios, as árvores, as cidades e até mesmo as casas, tudo tinha sua alma, seu deus, sua vida. Os pequenos bonecos de Labão, os manitus dos selvagens, os fetiches dos negros, todas as obras da natureza e dos homens foram as primeiras divindades dos mortais; o politeísmo foi sua primeira religião, e a idolatria, seu primeiro culto. Somente puderam reconhecer um único deus quando, generalizando cada vez mais suas ideias, viram-se em condições de remontar a uma causa original, de reunir o sistema total dos seres sob uma única ideia, e de conferir um sentido à palavra "substância", a qual é, no fundo, a maior das abstrações. Toda criança que acredita em Deus é, portanto, necessariamente idólatra, ou pelo menos antropomorfista; quando a imaginação viu Deus, é muito raro que o entendimento o conceba. Eis precisamente o erro a que conduz a ordem de Locke.

Chegando, não sei como, à ideia abstrata de substância, vê-se que, para admitir uma substância única seria preciso supor-lhe qualidades incompatíveis e que se excluem mutuamente, tais como o pensamento e a extensão, sendo o primeiro essencialmente divisível enquanto a outra exclui qualquer divisibilidade. Concebe-se, aliás, que o pensamento, ou talvez o sentimento, seja uma qualidade primitiva e inseparável da substância à qual pertence, e que o mesmo ocorra com a extensão em relação à sua substância. Conclui-se disso que os seres que perdem uma dessas qualidades perdem a substância a que ela pertence; que, por conseguinte, a morte é apenas uma separação de substâncias; e que os seres nos quais essas duas qualidades estão reunidas são compostos das duas substâncias a que essas duas qualidades pertencem.

Ora, considerai agora a distância que ainda existe entre a noção das duas substâncias e a da natureza divina! Entre a ideia incompreensível da ação de nossa alma sobre nosso corpo e a ideia da ação de Deus sobre todos os seres! As ideias de criação, de aniquilação, de ubiquidade, de eternidade, de todo-poder, a dos atributos divinos, todas essas ideias que pouquíssimos homens podem ver tão confusas e tão obscuras quanto são e que nada têm de obscuras para o povo, pois este não compreende absolutamente nada a seu respeito: como se apresentariam elas em toda sua força, isto é, em toda sua obscuridade a jovens espíritos ainda ocupados com as primeiras operações dos sentidos e que concebem apenas o que tocam? É em vão que os abismos do infinito estão abertos a nosso redor; uma criança não pode assustar-se com eles; seus frágeis olhos não podem sondar sua profundidade. Tudo é infinito para as crianças; não sabem estabelecer limites para nada; não porque estabelecem uma medida muito longa, mas porque possuem o entendimento curto. Observei até mesmo que situam o infinito menos além que aquém das dimensões que lhes são conhecidas. Estimarão um espaço imenso muito mais por seus pés que por seus olhos; para elas, ele não se estenderá para além do que puderem ver, mas para mais longe do que puderem ir. Se lhes falamos do poder de Deus, elas o estimarão quase tão forte quanto o de seu pai. Para toda coisa, sendo seu conhecimento, para elas, a medida dos possíveis, julgam o que lhes é dito sempre menor do que o que sabem. Tais são os julgamentos naturais à ignorância e à fraqueza de espírito. Ájax teve medo de medir-se a Aquiles e desafiou Júpiter em combate, pois conhecia Aquiles e não conhecia Júpiter. Um camponês suíço que acreditava ser o mais rico dos homens e a quem procuravam explicar o que era um rei perguntava, com um ar altivo, se o rei podia possuir 100 vacas na montanha.

Prevejo quantos leitores ficarão surpresos por me verem seguir todos os primeiros anos de meu aluno sem falar-lhe de religião. Aos 15 anos, ele não sabia se tinha uma alma, e talvez aos 18 ainda não tenha chegado o momento de sabê-lo; pois, aprendendo-o mais cedo que o necessário, ele corre o risco de nunca sabê-lo.

Se eu tivesse de retratar a deplorável estupidez, retrataria um mestre-escola ensinando o catecismo a crianças; se eu quisesse tornar uma criança louca, obrigá-la-ia a explicar o que diz ao recitar seu catecismo. Objetarão que, sendo a maioria dos dogmas do cristianismo um mistério, esperar que o espírito humano seja capaz de concebê-los não é esperar que a criança seja homem, mas esperar que o homem não o seja mais. A isso respondo, primeiramente, que existem mistérios que, para o homem, não é somente impossível conceber mas também nos quais é impossível acreditar, e que não vejo o que se ganha ensinando-os às crianças senão o fato de ensiná-las a mentir desde cedo. Digo, além disso, que, para admitir os mistérios, é preciso compreender, pelo menos, que são incompreensíveis, e as crianças não são sequer capazes dessa concepção. Para a idade em que tudo é mistério, não há mistérios propriamente ditos.

"É preciso acreditar em Deus para ser salvo." Esse dogma mal concebido é o princípio da sanguinária intolerância e a causa de todas essas instruções vãs que desferem o golpe mortal na razão humana, acostumando-a a contentar-se com palavras. Certamente, não há um momento a perder para merecer a salvação eterna; mas se, para obtê-la, basta repetir certas palavras, não vejo o que nos impede de povoar o céu de estorninhos e pegas tanto quanto de crianças.

A obrigação de acreditar supõe a sua possibilidade. O filósofo que não acredita está enganado, porque emprega mal a razão que cultivou e porque reúne condições para compreender as verdades que rejeita. Mas em que acredita a criança que professa a religião cristã? No que entende, e entende tão pouco o que lhe mandam dizer que, se lhe disserdes o contrário, ela o adotará com a mesma facilidade. A fé das crianças e de muitos homens é uma questão de geografia. Serão recompensadas por terem nascido em Roma, e não em Meca? Dizem a uma que Maomé é o profeta de Deus, e ela diz que Maomé é o profeta de Deus; dizem a outra que Maomé é um velhaco, e ela diz que Maomé é um velhaco. Cada uma das duas teria afirmado o que afirmou a outra caso se tivessem encontrado transpostas. Pode-se partir de duas disposições tão semelhantes para enviar uma ao paraíso e outra ao inferno? Quando uma criança diz que acredita em Deus, não é em Deus que acredita, mas em Pedro ou Tiago, que lhes dizem que existe algo a que se chama Deus; e ela o crê à maneira de Eurípides.

Ó, Júpiter! Porque nada de ti
Conheço, senão o nome.[26]

Consideramos que nenhuma criança morta antes da idade da razão será privada da felicidade eterna; os católicos acreditam a mesma coisa para todas as crianças que receberam o batismo, ainda que nunca tenham ouvido falar de Deus. Existem, portanto, casos em que podemos ser salvos sem acreditarmos em Deus, e esses casos ocorrem seja na infância, seja na demência, quando o espírito humano é incapaz das operações necessárias para reconhecer a Divindade. Toda a diferença que vejo aqui entre vós e eu é que pretendeis que as crianças tenham essa capacidade aos sete anos, enquanto eu sequer lhas concedo aos 15. Quer eu esteja certo ou errado, não se trata aqui de um artigo de fé, mas de uma simples observação de história natural.

Pelo mesmo princípio, fica claro que tal homem, chegando à velhice sem acreditar em Deus, não será, por esse motivo, privado de sua presença na outra vida se sua cegueira não foi voluntária, e digo que ela não o é sempre. Vós o admitis para os insensatos, privados por uma doença de suas faculdades espirituais, mas não de sua qualidade de homens, nem, por conseguinte, do direito às mercês de seu criador. Por que, então, não admiti-lo também para aqueles que, subtraídos de toda sociedade desde a infância, teriam levado uma

---

26. Plutarco, *Tratado sobre o amor*, tradução de Amyot. É assim que, a princípio, se iniciava a tragédia de Menalipo; mas os clamores do povo de Atenas forçaram Eurípides a alterar este começo.

vida absolutamente selvagem, privados das luzes que somente se adquirem no convívio com os homens?[27] Pois é de uma impossibilidade demonstrada que semelhante selvagem pudesse algum dia elevar suas reflexões ao conhecimento do verdadeiro Deus. A razão nos diz que um homem somente é punível pelos erros de sua vontade, e que uma ignorância invencível não poderia ser-lhe imputada como crime. Decorre disso que, perante a justiça eterna, todo homem que acreditasse, se reunisse as luzes necessárias, seria considerado crente, e que os únicos incrédulos punidos serão aqueles cujo coração se fecha à verdade.

Abstenhamo-nos de anunciar a verdade àqueles que não são capazes de entendê-la, pois isso é querer substituí-la pelo erro. Seria melhor não ter nenhuma ideia da Divindade do que ter, a seu respeito, ideias baixas, fantásticas, injuriosas, indignas dela; desconhecê-la é um mal menor que ultrajá-la. Preferiria, disse o bom Plutarco, que acreditassem não haver nenhum Plutarco no mundo a que dissessem que Plutarco é injusto, invejoso e tirano a ponto de exigir mais do que dá o poder de fazer.

O grande mal das imagens disformes da Divindade que são traçadas no espírito das crianças é o fato de que permanecem nelas por toda a vida, e elas não concebem mais, quando adultas, outro Deus além do das crianças. Vi, na Suíça, uma boa e piedosa mãe de família tão convencida dessa máxima que não desejou instruir seu filho sobre religião durante a primeira idade, temendo que, satisfeito com essa instrução grosseira, ele negligenciasse outra melhor na idade da razão. Essa criança somente ouvia falar de Deus com recolhimento e reverência, e quando ela mesma desejava falar a respeito, impunham-lhe o silêncio, como sendo um assunto demasiado sublime e grande para ela. Essa reserva excitava sua curiosidade, e seu amor-próprio ansiava pelo momento de conhecer esse mistério que lhe escondiam com tanto cuidado. Quanto menos lhe falavam de Deus, menos toleravam que ela mesma falasse a respeito, e mais ela se interessava por isso: essa criança via Deus em tudo, e o que eu temeria desse ar de mistério indiscretamente afetado seria que, estimulando demais a imaginação de um jovem, alterássemos sua cabeça e que, por fim, fizéssemos dele um fanático em vez de um crente.

Não temamos, porém, nada de semelhante para meu Emílio, que, recusando constantemente sua atenção a tudo que está acima de seu alcance, escuta com a mais profunda indiferença as coisas que não entende. Existem tantas coisas sobre as quais está acostumado a dizer "Isto não é de minha alçada" que uma a mais pouco o confunde; e quando começa a preocupar-se com essas

---

27. Sobre o estado natural do espírito humano e sobre a lentidão de seus progressos, vede a primeira parte de *Discurso sobre a [origem e os fundamentos da] desigualdade [entre os homens]*.

grandes questões, não é porque as ouviu sendo propostas, mas é quando o progresso de suas luzes leva suas investigações para esse lado.

Vimos por que caminho o espírito humano culto se aproxima desses mistérios, e admitirei de bom grado que ele não os alcança naturalmente no seio da própria sociedade senão numa idade mais avançada. Mas como existe na própria sociedade causas inevitáveis pelas quais o progresso das paixões é acelerado, se não acelerássemos, da mesma forma, o progresso das luzes que servem para regrar essas paixões, é então que realmente sairíamos da ordem da natureza e que o equilíbrio seria rompido. Quando não se é capaz de moderar um desenvolvimento demasiado rápido, é preciso conduzir com a mesma rapidez aqueles que devem corresponder a ele, de modo que a ordem não seja invertida, que o que deve andar junto não seja separado e que o homem, inteiro em todos os momentos de sua vida, não chegue a um ponto por uma de suas faculdades e a outro pelas demais.

Que dificuldade vejo emergir aqui! Dificuldade tanto maior quanto se encontra menos nas coisas do que na pusilanimidade daqueles que não ousam resolvê-la. Comecemos, ao menos, por ousar propô-la. Uma criança deve ser educada na religião de seu pai; provam-lhe sempre muito bem que essa religião, tal como é, é a única verdadeira, e que todas as outras são apenas extravagância e absurdidade. A força dos argumentos depende absolutamente, quanto a isso, do país em que são propostos. Que um turco que acredita ser o cristianismo tão ridículo em Constantinopla veja o que pensam do maometismo em Paris! É, sobretudo, em matéria de religião que a opinião triunfa. Mas nós que pretendemos abalar seu jugo em todas as coisas, nós que não desejamos conceder nada à autoridade, nós que não desejamos ensinar nada a nosso Emílio que não possa aprender por si próprio em qualquer país, em que religião o educaremos? A que seita agregaremos o homem da natureza? A resposta, ao que me parece, é muito simples: não o agregaremos nem a uma nem a outra, mas o colocaremos em condições de escolher aquela a que o melhor uso da razão deve conduzi-lo.

Incedo per ignes
Suppositos cineri doloso.[28]

Não importa. Até aqui, o zelo e a boa-fé substituíram, em meu caso, a prudência. Espero que essas garantias não me abandonarão quando forem

---

28. Trata-se de citação de Horácio (*Odes*, Livro II, I, 7-8): "Avanço em meio a fogos, ocultados sob enganosas cinzas". Note-se, porém, que a transcrição de Rousseau contém um erro: Horácio emprega *incedis* e não *incedo*. (N.T.)

necessárias. Leitores, não temais de minha parte precauções indignas de um amigo da verdade: nunca esquecerei meu lema; mas tenho todo o direito de desconfiar de meus julgamentos. Em vez de vos dizer aqui, de minha iniciativa, o que penso, dir-vos-ei o que pensava um homem que valia mais que eu. Garanto a veracidade dos fatos que serão relatados. Realmente aconteceram ao autor do documento que vou transcrever. Cabe a vós ver se é possível extrair dele reflexões úteis sobre o assunto de que se trata. Não vos proponho o sentimento de outra pessoa ou o meu como regra; ofereço-o a vosso exame.

"Há 30 anos, numa cidade da Itália, um jovem expatriado se via reduzido à mais profunda miséria. Nascera calvinista, mas vendo-se, por consequências de alguma irreflexão, fugitivo, em país estrangeiro e sem recursos, trocou de religião para conseguir pão. Havia nessa cidade um hospício[29] para os prosélitos; foi nele admitido. Instruindo-o sobre a controvérsia, deram-lhe dúvidas que não tinha e ensinaram-lhe o mal que ignorava: ouviu dogmas novos, viu costumes ainda mais novos; viu-os e faltou pouco para tornar-se vítima deles. Quis fugir e foi encarcerado; queixou-se e foi punido por suas queixas; à mercê de seus tiranos, viu-se tratado como criminoso por não ter aceitado ceder ao crime. Que aqueles que sabem o quanto a primeira provação de violência e de injustiça irritam um jovem coração sem experiência imaginem o estado do seu. Lágrimas de raiva corriam de seus olhos, a indignação o sufocava. Implorava aos céus e aos homens, confidenciava-se a todo mundo e ninguém o escutava. Via apenas criados vis submetidos ao infame que o ultrajava, ou cúmplices do mesmo crime, que zombavam de sua resistência e estimulavam-no a imitá-los. Estaria perdido sem um honesto eclesiástico que veio ao hospício por algum motivo e com quem encontrou um meio de consultar-se em segredo. O eclesiástico era pobre e precisava de todo mundo; mas o oprimido tinha ainda mais necessidade dele, e ele não hesitou em favorecer sua evasão, sob o risco de ganhar um perigoso inimigo.

"Tendo escapado do vício para entrar na indigência, o jovem lutava sem sucesso contra seu destino; por um momento, acreditou estar acima dele. Ao primeiro vislumbre de fortuna, seus males e seu protetor foram esquecidos. Foi logo punido por essa ingratidão: todas suas esperanças se dissiparam. Por mais que sua juventude o favorecesse, suas ideias romanescas estragavam tudo. Não tendo nem talento nem destreza suficientes para traçar um caminho fácil para si, não sabendo ser nem moderado nem mau, pretendeu obter tantas coisas que

---

29. A palavra "hospício" designa aqui um edifício religioso destinado a abrigar viajantes e peregrinos. (N.T.)

não pôde conseguir nada. Tornando a cair em sua desgraça anterior, sem pão, sem abrigo e prestes a morrer de fome, lembrou-se de seu benfeitor.

"Ele foi vê-lo, encontrou-o e foi bem recebido; sua presença relembrou ao eclesiástico a boa ação que fizera; tal lembrança sempre alegra a alma. Aquele homem era naturalmente humano e compassivo; sentia os sofrimentos de outrem por meio dos seus, e o bem-estar não endurecera em nada seu coração; por fim, as lições da sabedoria e uma virtude esclarecida haviam fortalecido seu bom natural. Acolheu o jovem, procurou-lhe acomodações e o recomendou; dividiu com ele seu necessário, que mal bastava para os dois. Fez mais; ele o instruiu, consolou-o e lhe ensinou a difícil arte de suportar com paciência a adversidade. Gente preconceituosa, é de um padre, é na Itália que teríeis esperado tudo isso?

"Esse honesto eclesiástico era um pobre vigário saboiano, que se indispusera com seu bispo por uma aventura de juventude e que atravessara os montes para procurar os recursos que lhe faltavam em sua região. Não era destituído de espírito nem de letras, e com uma fisionomia interessante encontrara protetores que o abrigaram na casa de um ministro para educar seu filho. Preferia a pobreza à dependência e ignorava como era preciso conduzir-se entre os nobres. Não permaneceu por muito tempo na casa deste; ao deixá-lo, não perdeu sua estima, e como vivia sabiamente e se fazia apreciar por todos, pretendia recuperar o favor de seu bispo e obter dele algum pequeno curato nas montanhas, para passar o restante de seus dias. Esse era o último termo de sua ambição.

"Uma inclinação natural despertava seu interesse pelo jovem fugitivo e fez com que o examinasse com cuidado. Viu que a má sorte já havia marcado seu coração, que o opróbrio e o desprezo haviam abatido sua coragem, e que seu orgulho, transformado em amargo despeito, lhe mostrava, na injustiça e na dureza dos homens, somente o vício de sua natureza e a quimera da virtude. Havia visto que a religião serve apenas de máscara para o interesse, e o culto sagrado, de salvaguarda para a hipocrisia. Havia visto, na sutileza das disputas fúteis, o paraíso e o inferno estabelecidos como prêmios para trocadilhos; havia visto a sublime e primitiva ideia da Divindade desfigurada pelas fantasiosas imaginações dos homens, e concluindo que, para acreditar em Deus, é preciso renunciar ao juízo dele recebido, desenvolveu o mesmo desdém por nossos ridículos devaneios e pelo objeto a que os aplicamos; sem saber nada sobre o que é, sem imaginar nada sobre a geração das coisas, mergulhou em sua estúpida ignorância com um profundo desprezo por todos aqueles que pensavam saber mais que ele.

"O esquecimento de toda religião conduz ao esquecimento dos deveres do homem. Esse progresso já estava mais que parcialmente feito no coração do libertino. Não se tratava, entretanto, de uma criança mal nascida; mas a incredulidade, a miséria, sufocando pouco a pouco o natural, levavam-no rapidamente a sua ruína, e lhe preparavam apenas os costumes de um miserável e a moral de um ateu.

"O mal, quase inevitável, não estava absolutamente consumado. O jovem tinha conhecimentos, e sua educação não fora negligenciada. Estava nessa idade feliz em que o sangue em fermentação começa a animar a alma, sem sujeitá-la aos furores dos sentidos. A sua ainda mantinha toda sua energia. Uma vergonha nativa e um caráter tímido substituíam o constrangimento e prolongavam para ele essa época na qual mantendes vosso aluno com tantos cuidados. O exemplo odioso de uma depravação brutal e de um vício sem encanto, longe de animar sua imaginação, a acalmara. Por muito tempo, o desgosto cumpriu o papel da virtude para conservar sua inocência; esta somente sucumbiria diante de mais suaves seduções.

"O eclesiástico percebeu o perigo e as soluções. As dificuldades não o desencorajaram; comprazia-se em seu trabalho; resolveu completá-lo e devolver à virtude a vítima que ele arrancara da infâmia. Levou tempo para executar seu projeto; a beleza do motivo animava sua coragem e lhe inspirava meios dignos de seu zelo. Fosse qual fosse o resultado, estava certo de não ter perdido seu tempo: sempre alcançamos êxito quando desejamos apenas agir bem.

"Começou por ganhar a confiança do prosélito, não lhe vendendo suas mercês, não se fazendo inoportuno, não lhe fazendo sermões, mas colocando-se sempre a seu alcance e fazendo-se pequeno para igualar-se a ele. Era, ao que me parece, um espetáculo bastante comovente o de ver um homem grave tornar-se o camarada de um gaiato, e ver a virtude se prestar ao tom da licença para triunfar mais seguramente sobre ela. Quando o estouvado vinha fazer-lhe suas loucas confidências e desabafar com ele, o padre o ouvia, o deixava confortável; sem aprovar o mal, interessava-se por tudo. Nunca uma indiscreta censura vinha interromper a tagarelice do outro e apertar-lhe o coração. O prazer com que acreditava ser ouvido aumentava o prazer que sentia em dizer tudo. Assim se fez sua confissão geral, sem que cogitasse confessar nada.

"Após ter estudado bem seus sentimentos e seu caráter, o padre viu claramente que, sem ser ignorante para sua idade, ele se esquecera de tudo que lhe importava saber, e que o opróbio a que o reduzira a fortuna sufocava nele todo sentimento verdadeiro do bem e do mal. Há um grau de embrutecimento que priva a alma de vida, e a voz interior não sabe se fazer ouvir por aquele que pensa apenas em se alimentar. Para proteger o jovem desafortunado dessa morte moral da qual estava tão perto, começou por despertar nele o amor-próprio e a estima de si mesmo. Mostrava-lhe um futuro mais feliz no bom emprego de seus talentos; reanimava em seu coração um ardor generoso pelo relato das belas ações de outrem; ao fazê-lo admirar quem as haviam realizado, transmitia-lhe o desejo de fazer outras semelhantes. Para desprendê-lo gradualmente de sua vida ociosa e vagabunda, fazia com que copiasse trechos de livros seletos e, fingindo ter necessidade desses trechos, alimentava nele o nobre sentimento do reconhecimento. Instruía-o indiretamente por meio desses livros; fazia com que recuperasse uma opinião assaz boa de si mesmo para não se ver como um ser inútil a todo bem e para não mais desejar se tornar desprezível aos próprios olhos.

"Uma bagatela permitirá julgar a arte que esse homem benfazejo empregava para elevar gradualmente o coração de seu discípulo acima da baixeza, sem parecer pensar em sua instrução. O eclesiástico tinha uma probidade tão bem reconhecida e um discernimento tão seguro que várias pessoas preferiam fazer passar suas esmolas por suas mãos a entregá-las às mãos dos ricos curas das cidades. Um dia em que lhe haviam dado algum dinheiro para distribuir aos pobres, o jovem teve, a esse título, a fraqueza de pedir-lhe algum. Não, respondeu, somos irmãos, pertenceis a mim e não devo tocar neste depósito para meu uso. Em seguida, deu-lhe, de seu próprio dinheiro, a mesma quantia que pedira. Lições dessa espécie raramente se perdem no coração dos jovens que não foram totalmente corrompidos.

"Canso-me de falar na terceira pessoa, e é um cuidado bastante supérfluo, pois podeis sentir, caro concidadão, que esse infeliz fugitivo sou eu mesmo; creio estar suficientemente distante das desordens de minha juventude para ousar confessá-las, e a mão que me livrou delas merece que, à custa de um pouco de vergonha, eu tribute, ao menos, alguma honra a seus favores.

"O que mais me impressionava era ver, na vida privada de meu digno mestre, a virtude sem hipocrisia, a humanidade sem fraqueza, discursos sempre retos e simples, e uma conduta sempre alinhada a esses discursos. Não o via preocupar-se em saber se aqueles que ele ajudava compareciam às Vésperas, se se confessavam com frequência, se jejuavam nos dias prescritos, se se abstinham de comer carne, nem em impor-lhes outras condições semelhantes, sem as quais, ainda que se tivesse de morrer de miséria, não haveria nenhuma assistência a esperar dos devotos.

"Encorajado por essas observações, longe de expor eu mesmo a seus olhos o zelo fingido de um recém-convertido, não lhe escondia muito minhas maneiras de pensar e não o via mais escandalizado com isso. Por vezes, teria podido dizer a mim mesmo: ele considera minha indiferença ao culto que adotei à luz daquela que também me vê manifestar pelo culto em que nasci; sabe que meu desdém não é mais uma questão de partido. Mas o que eu devia pensar quando o ouvia, por vezes, aprovar dogmas contrários aos da Igreja romana e parecer estimar mediocremente todas suas cerimônias? Eu teria acreditado tratar-se de um protestante disfarçado se o tivesse visto menos fiel a esses mesmos usos dos quais parecia fazer pouco-caso; mas, sabendo que cumpria, sem testemunhas, seus deveres de padre tão pontualmente quanto diante dos olhos do público, não sabia mais como julgar suas contradições. Com a única exceção daquilo que, no passado, causara sua desgraça e de que ele ainda não se corrigira muito bem, sua vida era exemplar, seus costumes eram irrepreensíveis, seus discursos eram honestos e judiciosos. Vivendo com ele na maior intimidade, aprendia a respeitá-lo mais a cada dia, e tendo tantas bondades conquistado inteiramente meu coração, eu aguardava, com uma inquietude curiosa, o momento de saber com base em que princípio ele fundava a uniformidade de uma vida tão singular.

"Tal momento não veio tão cedo. Antes de abrir-se com seu discípulo, esforçou-se em fazer germinar as sementes da razão e da bondade que semeava em sua alma. O que havia em mim de mais difícil de destruir era uma orgulhosa misantropia, uma certa amargura contra os ricos e os felizes do mundo, como se o tivessem sido a minha custa e como se sua pretensa felicidade tivesse sido usurpada sobre a minha. A louca vaidade da juventude que se insurge contra a humilhação me dava apenas uma tendência excessiva a esse humor colérico, e, levando-me ao orgulho, o amor-próprio que meu mentor procurava despertar em mim tornava os homens ainda mais vis a meus olhos e apenas acrescentava o desprezo ao ódio por eles.

"Sem combater diretamente esse orgulho, impediu que se transformasse em rigidez de alma, e sem privar-me da estima por mim mesmo, ele a tornou menos desdenhosa para com meu próximo. Afastando sempre a aparência vã e mostrando-me os males reais que ela oculta, ensinava-me a deplorar os erros de meus semelhantes, a comover-me com suas misérias e a apiedar-me deles mais que a invejá-los. Comovido de compaixão pelas fraquezas humanas, em virtude do profundo sentimento das suas, via por todos os lados os homens vítimas de seus próprios vícios e dos de outrem; via os pobres gemerem sob o jugo dos ricos, e os ricos sob o jugo dos preconceitos. Acreditai em mim, dizia, nossas ilusões, longe de esconderem nossos males, os aumentam, dando valor àquilo que não tem nenhum e nos tornando sensíveis a mil falsas privações que não sentiríamos sem elas. A paz da alma consiste no desprezo de tudo que pode perturbá-la; o homem que tem maior consideração pela vida é aquele que menos sabe desfrutá-la, e aquele que aspira mais avidamente à felicidade é sempre o mais miserável.

"Ah! Que tristes cenas, eu gritava com amargura! Se é preciso recusar tudo, de que nos serviu, portanto, nascer? Se é preciso desprezar a própria felicidade, quem é que sabe ser feliz? Sou eu, respondeu, um dia, o padre, com um tom que me impressionou. Feliz, vós! Tão pouco afortunado, tão pobre, exilado, perseguido, vós sois feliz! E o que fizestes para sê-lo? Meu filho, retomou, direi de bom grado.

"Acerca disso, fez-me entender que, após ter recebido minhas confissões, desejava confessar-se comigo. Descarregarei em vosso seio, disse-me enquanto me abraçava, todos os sentimentos de meu coração. Ver-me-eis senão como sou, pelo menos como eu mesmo me vejo. Quando tiverdes recebido toda minha profissão de fé, quando conhecerdes bem o estado de minha alma, sabereis por que me considero feliz e, se pensais como eu, o que tendes de fazer para sê-lo. Mas essas confissões não se resolvem num momento; é preciso tempo para vos expor tudo que penso sobre a condição do homem e sobre o verdadeiro valor da vida; reservemos uma hora e um local cômodos para nos entregarmos tranquilamente a esta conversa.

"Tinha alguma pressa em ouvi-lo. O encontro não foi adiado para além da manhã seguinte. Estávamos no verão; levantamo-nos ao alvorecer da manhã. Levou-me para fora da cidade, em cima de uma elevada colina ao pé da qual passava o Pó, cujo curso víamos entre as férteis margens por ele banhadas. Ao longe, a imensa cadeia dos Alpes coroava a paisagem. Os raios do sol nascente já rasavam as planícies e, projetando sobre os campos, por longas sombras, as árvores, os morros e as casas, enriqueciam, com mil acidentes de luz, o mais belo espetáculo com que possa deparar o olho humano. Poder-se-ia dizer que a natureza exibia, a nossos olhos, toda sua magnificência para oferecer seu texto a nossas conversas. Foi então que, após ter contemplado por algum tempo esses objetos em silêncio, o homem de paz me falou da seguinte maneira."

Profissão de fé do Vigário saboiano

Meu filho, não espereis de mim discursos eruditos nem profundos raciocínios. Não sou um grande filósofo e pouco me importa sê-lo. Mas tenho, por vezes, bom senso e amo sempre a verdade. Não desejo argumentar convosco nem mesmo tentar vos convencer; basta-me expor o que penso na simplicidade de meu coração. Consultai o vosso durante meu discurso; é tudo que peço. Se me engano, é de boa-fé; isso basta para que meu erro não me seja imputado como crime; se vós cometêsseis o mesmo engano, haveria pouco mal nisso. Se penso corretamente, a razão nos é comum, e temos o mesmo interesse em escutá-la; por que não pensaríeis como eu?

Nasci pobre e camponês, destinado, por minha condição, a cultivar a terra; mas acreditaram que seria melhor que eu aprendesse a ganhar meu pão no ofício de padre e encontraram um meio de me fazer estudar. Seguramente, nem meus pais nem eu imaginávamos procurar nisso o que era bom, verdadeiro e útil, mas o que era preciso saber para ser ordenado. Aprendi o que queriam que aprendesse, disse o que desejavam que dissesse; comprometi-me como queriam e tornei-me padre. Mas não tardei a sentir que, obrigando-me a não ser homem, eu prometera mais do que podia cumprir.

Dizem que a consciência é obra dos preconceitos; sei, entretanto, por minha experiência que ela se obstina a seguir a ordem da natureza contra todas as leis dos homens. Por mais que nos proíbam isto ou aquilo, o remorso sempre nos condena fragilmente pelo que a natureza bem-ordenada nos permite fazer e, com mais forte razão, pelo que ela nos prescreve. Ó, meu bom rapaz, ela ainda não disse nada a vossos sentidos; vivei por muito tempo no estado feliz em que sua voz é a da inocência. Lembrai-vos de que a ofendemos mais ainda quando a prevenimos do que quando a combatemos; é preciso começar aprendendo a resistir para saber quando se pode ceder sem crime.

Desde minha juventude, respeitei o casamento como a primeira e mais santa instituição da natureza. Tendo-me privado do direito de sujeitar-me a ele, tomei a decisão de não profaná-lo; pois, a despeito de minhas aulas e de meus estudos, tendo sempre levado uma vida uniforme e simples, eu conservara em meu espírito toda a clareza das luzes primitivas; as máximas do mundo não as haviam obscurecido, e minha pobreza me afastava das tentações que ditam os sofismas do vício.

Essa resolução foi precisamente o que me arruinou; meu respeito pelo leito alheio deixou meus erros expostos. Foi preciso expiar o escândalo; detido, interditado, caçado, fui muito mais vítima de meus escrúpulos que de minha incontinência, e pude compreender, pelas reprimendas que acompanharam minha desgraça, que se deve frequentemente agravar o erro para escapar ao castigo.

Poucas experiências semelhantes conduzem longe um espírito que reflete. Vendo, por tristes observações, serem invertidas as ideias que eu tinha do justo, do honesto e de todos os deveres do homem, eu perdia a cada dia uma das opiniões que recebera; não bastando mais as que me restavam para constituírem, juntas, um corpo que pudesse se sustentar, senti pouco a pouco obscurecer-se em meu espírito a evidência dos princípios, e, reduzido finalmente a não saber mais o que pensar, cheguei ao mesmo ponto em que estais, com a diferença de que minha incredulidade, fruto tardio de uma idade mais madura, se formara com mais dificuldade e seria mais difícil de destruir.

Eu estava nessas disposições de incerteza e de dúvida que Descartes exige para a procura da verdade. Esse estado não é feito para durar muito, é inquietante e penoso; apenas o interesse do vício ou a preguiça da alma faz com que nele permaneçamos. Eu não tinha o coração suficientemente corrompido para deleitar-me nele, e nada conserva melhor o hábito de refletir que estar mais contente consigo mesmo do que com sua fortuna.

Meditava, portanto, sobre a triste condição dos mortais, flutuando nesse mar das opiniões humanas, sem direção, sem bússola, e entregue às paixões tempestuosas, sem outro guia além de um piloto inexperiente que desconhece sua rota e que não sabe de onde vem nem para onde vai. Dizia a mim mesmo: amo a verdade, procuro-a e não consigo reconhecê-la; mostrem-na e permanecerei agarrado a ela; por que é preciso que ela se esquive da solicitude de um coração feito para adorá-la?

Embora eu tenha sofrido com frequência males maiores, nunca levei uma vida tão constantemente desagradável quanto naqueles tempos de perturbação e de ansiedades em que, errando continuamente de dúvida em dúvida, eu extraía de minhas longas meditações apenas incerteza, obscuridade e contradições sobre a causa de meu ser e sobre a regra de meus deveres.

Como se pode ser sistematicamente cético e de boa-fé? Não posso compreendê-lo. Ou esses filósofos não existem ou são os mais infelizes dos homens. A dúvida acerca das coisas que nos importa conhecer é um estado demasiado violento para o espírito humano; este não resiste por muito tempo; decide, a despeito de sua vontade, de uma maneira ou de outra, e prefere enganar-se a não acreditar em nada.

O que redobrava meu embaraço era o fato de que, tendo nascido numa Igreja que decide tudo, que não permite nenhuma dúvida, um único ponto rejeitado me fazia rejeitar todo o resto, e o fato de que a impossibilidade de admitir tantas decisões absurdas me afastava também das que não o eram. Ao me dizerem "Acreditai em tudo", impediam-me de acreditar em qualquer coisa, e eu não sabia mais onde me deter.

Consultei os filósofos, folheei seus livros, examinei suas diversas opiniões. Achei-os todos altivos, afirmativos, dogmáticos, mesmo em seu pretenso ceticismo, não ignorando nada, não provando nada, zombando uns dos outros, e este ponto, comum a todos, me pareceu o único sobre o qual todos têm razão. Triunfantes quando atacam, perdem o vigor ao se defenderem. Se pesais as razões, eles somente as têm para destruir; se contais as vozes, cada qual está reduzido à sua; concordam apenas para querelar-se. Escutá-los não era o caminho para sair de minha incerteza.

Compreendi que a insuficiência do espírito humano é a primeira causa dessa prodigiosa diversidade de sentimentos, e que o orgulho é a segunda. Não temos as medidas dessa imensa máquina; não podemos calcular suas proporções; não conhecemos nem suas primeiras leis, nem sua causa final; ignoramos a nós mesmos; não conhecemos nossa natureza nem nosso princípio ativo; sabemos, quando muito, se o homem é um ser simples ou composto; mistérios impenetráveis nos cercam por todos os lados e estão acima da região sensível; para desvendá-los, acreditamos ter inteligência, quando possuímos apenas imaginação. Cada um abre através desse mundo imaginário uma estrada que acredita ser a certa; ninguém pode saber se a sua conduz à meta. Entretanto, queremos penetrar tudo, conhecer tudo. A única coisa que não sabemos é ignorar o que podemos saber. Preferimos decidir ao acaso e acreditar no que não é a admitir que nenhum de nós possa ver o que é. Pequena parte de um grande todo cujos limites nos escapam, e entregue por seu Autor a nossas loucas disputas, somos presunçosos o bastante para querermos decidir o que é esse todo e o que somos em relação a ele.

Ainda que os filósofos fossem capazes de descobrir a verdade, quem dentre eles se interessaria por ela? Cada qual sabe bem que seu sistema não é mais bem fundamentado que o dos demais; sustenta-o, porém, por ser o seu. Não há nenhum que, vindo a conhecer o verdadeiro e o falso, não preferisse a mentira que encontrou à verdade descoberta por outro. Onde está o filósofo que, por sua glória, não enganaria de bom grado o gênero humano? Onde está aquele que, no segredo de seu coração, se propõe a outro objetivo que não ao de sobressair? Contanto que se eleve acima do vulgar e que apague o brilho de seus concorrentes, o que mais pode querer? O essencial é pensar de modo diferente dos outros. Entre os crentes, é ateu; entre os ateus, seria crente.

O primeiro fruto que extraí dessas reflexões foi o de aprender a limitar minhas pesquisas ao que me interessava imediatamente; a repousar numa profunda ignorância sobre todo o resto, e a não me preocupar, até a dúvida, senão com as coisas que me importava saber.

Compreendi também que, longe de livrar-me de minhas dúvidas inúteis, os filósofos se limitariam a multiplicar as que me atormentavam e não resolveriam nenhuma. Escolhi, portanto, outro guia, e disse a mim mesmo: consultemos a luz interior; ela me desencaminhará menos que eles, ou pelo menos meu erro será meu, e me depravarei menos seguindo minhas próprias ilusões que entregando-me a suas mentiras.

Então, repassando em meu espírito as diversas opiniões que sucessivamente me tinham entusiasmado desde meu nascimento, vi que, embora nenhuma delas fosse evidente o bastante para produzir imediatamente a convicção, elas tinham vários graus de verossimilhança, e que o assentimento interior se prestava a elas ou as recusava em diferentes medidas. A partir dessa primeira observação, comparando, entre elas, todas essas diferentes ideias no silêncio dos preconceitos, concluí que a primeira e mais comum era também a mais simples e a mais razoável, e que lhe faltava, para obter a adesão de todos, apenas ter sido proposta por último. Imaginai todos vossos filósofos antigos e modernos tendo inicialmente esgotado seus estranhos sistemas de forças, de chances, de fatalidade, de necessidade, de átomos, de mundo animado, de matéria viva, de materialismo de toda espécie, e, depois deles, o ilustre Clarke[30] esclarecendo o mundo, anunciando, enfim, o Ser dos seres e o distribuidor das coisas. Com que admiração universal, com que aplausos unânimes não teria sido recebido esse novo sistema tão amplo, tão consolante, tão sublime, tão propício a elevar a alma, a dar uma base à virtude, e ao mesmo tempo tão admirável, tão luminoso, tão simples, e que, ao que me parece, oferece menos coisas incompreensíveis ao espírito humano do que existem coisas absurdas em qualquer outro sistema! Eu me dizia: as objeções insolúveis são comuns a todos, pois o espírito do homem é limitado demais para resolvê-las; elas não derrubam, portanto, nenhum sistema preferencialmente; mas quanta diferença entre as provas diretas! Não se deveria preferir aquele que, sozinho, explica tudo, quando ele não encontra mais dificuldades que os outros?

Carregando, portanto, em mim o amor à verdade como única filosofia, e, como único método, uma regra fácil e simples que me dispensa da sutileza fútil dos argumentos, retomo, com base nessa regra, o exame dos conhecimentos que me interessam, decidido a admitir como evidentes todos aqueles a que, na sinceridade de meu coração, não puder recusar meu consentimento, e como verdadeiros todos os que me parecerem ter uma ligação necessária com os primeiros, e a deixar todos os demais na incerteza, sem rejeitá-los nem admiti-los e sem me atormentar a esclarecê-los quando não conduzem a nada de útil na prática.

Mas quem sou eu? Que direito tenho de julgar as coisas e o que determina meus julgamentos? Se são acarretados e forçados pelas impressões que recebo, esforço-me em vão nessas pesquisas; elas não se farão, ou se farão por si mesmas, sem que eu me meta a dirigi-las. É preciso, portanto, direcionar inicial-

---

30. Trata-se de Samuel Clarke (1675-1729), famoso filósofo inglês e clérigo anglicano que, a partir de modelos filosóficos que prescindiam da transcendência de Deus, rejeitava as tentativas de explicar racionalmente o mundo. Cf. *A Discourse Concerning the Being and Attributes of God, the Obligations of Natural Religion, and the Truth and Certainty of the Christian Revelation* (1704-1706). (N.T.)

mente meus olhares para mim para conhecer o instrumento de que quero me servir, e saber até que ponto posso fiar-me a seu emprego.

Existo e tenho sentidos por meio dos quais sou afetado. Eis a primeira verdade com que deparo e com que sou forçado a concordar. Tenho um sentimento próprio de minha existência, ou sinto-a apenas por meio de minhas sensações? Eis minha primeira dúvida, a qual é impossível resolver no momento presente. Pois, sendo continuamente afetado por sensações, de imediato ou por meio da memória, como posso saber se o sentimento do *eu* é alguma coisa fora dessas sensações e se pode ser independente delas?

Minhas sensações ocorrem em mim, pois me fazem sentir minha existência, mas sua causa me é estranha, pois me afetam contra minha vontade e não depende de mim produzi-las nem suprimi-las. Concebo claramente, portanto, que minha sensação, que sou eu, e sua causa ou seu objeto, que está fora de mim, não são a mesma coisa.

Assim, não somente existo como também existem outros seres, a saber, os objetos de minhas sensações, e ainda que esses objetos sejam apenas ideias, continua sendo verdade que essas ideias não são eu.

Ora, a tudo que sinto fora de mim e que age sobre meus sentidos chamo matéria, e a todas as porções de matéria que concebo reunidas em seres individuais chamo corpos. Assim, todas as disputas dos idealistas e dos materialistas não significam nada para mim. Suas distinções sobre a aparência e a realidade dos corpos são quimeras.

Eis que já estou tão certo da existência do universo quanto da minha. Em seguida, reflito sobre os objetos de minhas sensações e, encontrando em mim a faculdade de compará-las, sinto-me dotado de uma força ativa que antes não pensava possuir.

Perceber é sentir; comparar é julgar: julgar e sentir não são a mesma coisa. Por meio da sensação, os objetos se oferecem a mim separados, isolados, tais como são na natureza; por meio da comparação, eu os desloco, os transporto, por assim dizer, os coloco um sobre o outro para pronunciar-me sobre a diferença ou sobre a semelhança entre eles, e geralmente sobre todas suas relações. Em minha opinião, a faculdade distintiva do ser ativo ou inteligente consiste em poder conferir sentido à palavra "é". Procuro em vão, no ser puramente sensitivo, essa força inteligente que sobrepõe e que, então, se pronuncia; não conseguiria vê-la em sua natureza. Esse ser passivo sentirá cada objeto separadamente, ou até mesmo sentirá o objeto total formado pelos dois, mas, não tendo nenhuma força para dobrá-los um sobre o outro, nunca os comparará e de modo algum os julgará.

Ver dois objetos ao mesmo tempo não é ver suas relações nem julgar as diferenças entre eles; perceber vários objetos uns fora dos outros não é enumerá-los. Posso ter, no mesmo instante, a ideia de uma grande vara e de uma pequena vara, sem compará-las, sem julgar que uma é menor que a outra, assim como posso ver, ao mesmo tempo, minha mão inteira sem contar meus dedos.[31] Essas ideias comparativas, *maior, menor,* assim como as ideias numéricas de *um,* de *dois* etc., certamente não constituem sensações, embora meu espírito não as produza senão por ocasião de minhas sensações.

Dizem que o ser sensitivo distingue as sensações umas das outras pelas diferenças que essas mesmas sensações guardam entre si: isso exige explicação. Quando as sensações são diferentes, o ser sensitivo as distingue por suas diferenças; quando são semelhantes, ele as distingue porque as sente umas fora das outras. Caso contrário, como, numa sensação simultânea, distinguiria dois objetos iguais? Seria preciso, necessariamente, que confundisse esses dois objetos e os tomasse pelo mesmo, sobretudo num sistema em que se pretende que as sensações representativas da extensão não sejam extensas.

Quando as duas sensações a serem comparadas são percebidas, sua impressão é feita, cada objeto é sentido, os dois são sentidos, mas nem por isso sua relação é sentida. Se o julgamento dessa relação fosse apenas uma sensação e me viesse unicamente do objeto, meus julgamentos nunca me enganariam, pois nunca é falso que eu sinta o que sinto.

Por que, então, me engano acerca da relação entre as duas varas, sobretudo se não são paralelas? Por que digo, por exemplo, que a pequena vara corresponde a um terço da grande, quando não é mais do que um quarto dela? Por que a imagem, que é a sensação, não é conforme seu modelo, que é o objeto? É porque sou ativo quando julgo, porque a operação que compara é incorreta e porque meu entendimento, que julga as relações, mescla seus erros à verdade das sensações que mostram apenas os objetos.

Acrescentai a isso uma reflexão que, tenho certeza, vos impressionará quando pensardes nela; é que, se fôssemos puramente passivos no emprego de nossos sentidos, não haveria entre eles nenhuma comunicação; ser-nos-ia impossível saber que o corpo que tocamos e o objeto que vemos são a mesma coisa. Ou nunca sentiríamos nada fora de nós, ou haveria para nós cinco substâncias sensíveis, cuja identidade não teríamos nenhum meio de perceber.

---

31. Os relatos do sr. de La Condamine nos falam de um povo que somente sabia contar até três. Entretanto, possuindo mãos, os homens que compunham esse povo tinham frequentemente percebido seus dedos sem saberem contar até cinco.

Seja qual for o nome que derem a essa força de meu espírito que aproxima e compara minhas sensações, quer lhe chamem atenção, meditação, reflexão ou o que desejarem, ainda será verdade que ela está em mim, e não nas coisas; que apenas eu a produzo, embora a produza somente por ocasião da impressão que os objetos deixam em mim. Sem ter o poder de sentir ou de não sentir, tenho o de examinar, mais ou menos, o que sinto.

Não sou, portanto, simplesmente um ser sensitivo e passivo, mas um ser ativo e inteligente, e, diga o que quiser a filosofia, ousarei pretender à honra de pensar. Sei apenas que a verdade está nas coisas, e não em meu espírito que as julga, e que, quanto menos introduzo o que é meu nos julgamentos que faço delas, mais certo estou de aproximar-me da verdade; assim, minha regra de entregar-me ao sentimento mais do que à razão é confirmada pela própria razão.

Tendo-me, por assim dizer, assenhorado de mim mesmo, começo a olhar para fora de mim, e me considero, com uma espécie de estremecimento, jogado, perdido neste vasto universo e como que afogado na imensidão dos seres, sem saber nada sobre o que são, nem entre eles, nem em relação a mim. Estudo-os, observo-os, e o primeiro objeto que se apresenta a mim, para compará-los, sou eu mesmo.

Tudo que percebo pelos sentidos é matéria, e deduzo todas as propriedades essenciais da matéria das qualidades sensíveis que me fazem percebê-la e que são dela inseparáveis. Vejo-a ora em movimento, ora em repouso,[32] donde infiro que nem o repouso nem o movimento lhe são essenciais; mas o movimento, sendo uma ação, é o efeito de uma causa da qual o repouso é apenas a ausência. Quando, portanto, nada age sobre a matéria, ela não se move, e, pelo mesmo fato de que ela é indiferente ao repouso e ao movimento, seu estado natural consiste em estar em repouso.

Percebo, nos corpos, duas espécies de movimento: movimento comunicado e movimento espontâneo ou voluntário. No primeiro, a causa motriz é estranha ao corpo movimentado e, no segundo, ela se encontra nele mesmo: não concluirei disso que o movimento de um relógio, por exemplo, seja espontâneo, pois, se nada de estranho à engrenagem agisse sobre ele, ele não tenderia a se corrigir e não puxaria a corrente. Pela mesma razão, tampouco atribuirei espontaneidade aos fluidos, nem mesmo ao fogo que faz sua fluidez.[33]

---

32. Esse repouso é, digamos, apenas relativo; mas, como observamos o mais e o menos no movimento, admitidos muito claramente um dos dois termos extremos que é o repouso, e o concebemos tão bem que tendemos até mesmo a considerar como absoluto o repouso, que é apenas relativo. Ora, não é verdade que o movimento seja da essência da matéria, se ela pode ser concebida em repouso.

33. Os químicos encaram o flogístico ou o elemento do fogo como disperso, imóvel e estagnante nos compostos de que faz parte, até que causas estranhas o libertem, o reúnam, o coloquem em movimento e o transformem em fogo.

Perguntar-me-eis se os movimentos dos animais são espontâneos; direi que não sei, mas que a analogia dá razão à afirmativa. Perguntar-me-eis também como sei que existem movimentos espontâneos; responderei que sei porque o sinto. Desejo movimentar meu braço e o faço, sem que esse movimento tenha outra causa imediata além de minha vontade. É em vão que se desejaria argumentar para destruir esse sentimento em mim; ele é mais forte que qualquer evidência; seria o mesmo que provar que não existo.

Se não houvesse nenhuma espontaneidade nas ações dos homens nem em nada do que se faz na Terra, isso só nos deixaria mais embaraçados para imaginar a primeira causa de todo movimento. Quanto a mim, sinto-me tão persuadido de que o estado natural da matéria é de estar em repouso e de que ela não tem, em si mesma, nenhuma força para agir que, vendo um corpo em movimento, julgo imediatamente que se trata de um corpo animado ou que esse movimento lhe foi comunicado. Meu espírito recusa qualquer anuência à ideia da matéria não organizada se movimentando por si mesma ou produzindo alguma ação.

Entretanto, este universo visível é matéria, matéria dispersa e morta[34] que, em seu conjunto, não tem nada da união, da organização e do sentimento comum das partes de um corpo animado; pois é certo que nós que somos partes não nos sentimos, de modo algum, no todo. Este mesmo universo está em movimento, e em seus movimentos regrados, uniformes, sujeitos a leis constantes, ele não tem nada dessa liberdade que aparece nos movimentos espontâneos do homem e dos animais. O mundo não é, portanto, um grande animal que se movimenta por si mesmo; existe, pois, para seus movimentos, alguma causa que lhe é estranha e que não percebo; mas a persuasão interior me torna essa causa tão sensível que eu não poderia ver o sol rodar sem imaginar uma força empurrando-o, ou, se a Terra gira, creio sentir uma mão fazendo-a girar.

Se é preciso admitir leis gerais cujas relações essenciais com a matéria não percebo, em que eu teria avançado? Essas leis, não sendo seres reais ou substâncias, têm, portanto, algum outro fundamento que desconheço. A experiência e a observação nos fizeram conhecer as leis do movimento; essas leis determinam os efeitos sem mostrar as causas; elas não bastam para explicar o sistema do mundo e a marcha do universo. Descartes formava, com dados, o céu e a terra, mas não pôde dar a esses dados seu primeiro impulso nem pôr em jogo sua força centrífuga senão com a ajuda de um movimento de rotação. Newton encontrou a lei de atração; mas, sozinha, a atração logo reduziria o universo a

---

34. Empreendi, sem sucesso, todos os esforços para conceber uma molécula viva. A ideia de a matéria sentindo sem possuir sentidos me parece ininteligível e contraditória; para adotar ou rejeitar essa ideia, seria preciso começar por compreendê-la, e admito que não tenho essa felicidade.

uma massa imóvel; foi necessário juntar a essa lei uma força projétil para fazer com que os corpos celestes traçassem curvas. Que Descartes nos diga que lei física fez girarem seus turbilhões; que Newton nos mostre a mão que lança os planetas sobre a tangente de suas órbitas.

As primeiras causas do movimento não estão na matéria; ela recebe o movimento e o comunica, mas não o produz. Quanto mais observo a ação e a reação das forças da natureza agindo umas sobre as outras, mais penso que é preciso sempre remontar, de efeitos em efeitos, a alguma vontade como primeira causa, pois supor um progresso de causas ao infinito é o mesmo que não supor causa nenhuma. Em suma, todo movimento que não é produzido por outro somente pode vir de um ato espontâneo, voluntário; os corpos inanimados agem apenas pelo movimento, e não há verdadeira ação sem vontade. Eis meu primeiro princípio. Acredito, portanto, que uma vontade move o universo e anima a natureza. Eis meu primeiro dogma, ou meu primeiro artigo de fé.

Como uma vontade produz uma ação física e corporal? Não sei, mas sinto em mim que ela a produz. Quero agir, e ajo; quero movimentar meu corpo, e meu corpo se movimenta; mas que um corpo inanimado e em repouso venha a se movimentar por si mesmo ou produza o movimento, isso é incompreensível e não encontra exemplos. A vontade se revela a mim por seus atos, não por sua natureza. Conheço essa vontade como causa motriz, mas conceber a matéria produtora do movimento é claramente conceber um efeito sem causa; é não conceber absolutamente nada.

Não me é mais possível conceber como minha vontade move meu corpo senão pela maneira como minhas sensações afetam minha alma. Sequer sei por que um desses mistérios pareceu mais explicável que o outro. Quanto a mim, seja quando estou passivo, seja quando estou ativo, o meio de união das duas substâncias me parece absolutamente incompreensível. É bastante estranho que se parta dessa mesma incompreensibilidade para confundir as duas substâncias, como se operações de naturezas tão diferentes se explicassem melhor num único objeto do que em dois.

O dogma que acabo de estabelecer é obscuro, é verdade, mas, no fim, ele oferece um sentido e não comporta nada que cause repugnância à razão nem à observação; podemos dizer o mesmo do materialismo? Não está claro que, se o movimento fosse essencial à matéria, ele seria inseparável desta e estaria sempre presente no mesmo grau, seria sempre o mesmo em cada porção da matéria, seria incomunicável, não poderia aumentar nem diminuir e não poderíamos sequer conceber a matéria em repouso? Quando me dizem que o movimento não lhe é essencial, mas necessário, querem me iludir com palavras que seriam mais fáceis de refutar se tivessem um pouco mais de sentido. Pois ou o movimento da matéria vem dela mesma e então lhe é essencial, ou, se vem de uma causa estanha, somente é necessário à matéria na medida em que a causa motriz age sobre ela: alcançamos a primeira dificuldade.

As ideias gerais e abstratas são a fonte dos maiores erros do homem; o jargão da metafísica nunca fez descobrir nenhuma verdade e preencheu a filosofia de absurdos de que temos vergonha assim que os despojamos de seus termos pomposos. Dizei-me, meu amigo, se, quando vos falam de uma força cega difundida por toda a natureza, alguma ideia verdadeira é levada a vosso espírito? Acreditam dizer alguma coisa por meio destas palavras vagas "força universal" e "movimento necessário", mas não dizem absolutamente nada. A ideia do movimento não é nada mais que a ideia do transporte de um lugar para outro; não há nenhum movimento sem alguma direção, pois um ser individual não poderia se mover, ao mesmo tempo, em todos os sentidos. Em que sentido, portanto, a matéria se movimenta necessariamente? Toda a matéria em corpo possui um movimento uniforme ou cada átomo tem seu próprio movimento? Segundo a primeira ideia, o universo inteiro deve formar uma massa sólida e indivisível; de acordo com a segunda, deve formar apenas um fluido disperso e incoerente sem que jamais seja possível que dois átomos se reúnam. Em que direção se dará esse movimento contínuo de toda a matéria? Será em linha reta, para o alto, para baixo, à direita ou à esquerda? Se cada molécula de matéria tem sua direção particular, quais serão as causas de todas essas direções e de todas essas diferenças? Se cada átomo ou molécula de matéria se limitasse a girar sobre seu próprio centro, nada jamais sairia de seu lugar e não haveria nenhum movimento comunicado; e ainda assim seria preciso que esse movimento circular fosse determinado em algum sentido. Dar à matéria o movimento por abstração é pronunciar palavras que não significam nada, e dar-lhe um movimento determinado é supor uma causa que o determine. Quanto mais multiplico as forças particulares, mais causas novas tenho para explicar, sem nunca encontrar nenhum agente comum que as dirija. Longe de poder imaginar alguma ordem no concurso fortuito dos elementos, sequer posso imaginá-los em combate, e o caos do universo me é mais inconcebível que sua harmonia. Compreendo que o mecanismo do mundo pode não ser inteligível ao espírito humano, mas, quando um homem se mete a explicá-lo, deve dizer coisas que os homens entendam.

Se a matéria movida me mostra uma vontade, a matéria movida segundo certas leis me mostra uma inteligência – é meu segundo artigo de fé. Agir, comparar e escolher são operações de um ser ativo e pensante. Logo, esse ser existe. Perguntareis: onde o vedes existir? Não somente nos céus que giram e no astro que nos ilumina; não somente em mim mesmo, mas na ovelha que pasta, no pássaro que voa, na pedra que cai, na folha levada pelo vento.

Julgo a ordem do mundo, embora ignore seu fim, pois, para julgar esta ordem, basta-me comparar as partes entre si, estudar seu concurso, suas relações, e notar a concertação entre elas. Ignoro por que o universo existe, mas não deixo de ver como ele é modificado; não deixo de perceber a íntima correspondência pela qual os seres que o compõem se prestam um socorro mútuo. Sou como um homem que visse, pela primeira vez, um relógio aberto e que não deixasse de admirar o trabalho, embora não conhecesse a utilidade da máquina e não tivesse visto o mostrador. "Não sei", diria ele, "para que serve o todo, mas vejo que cada peça é feita para as outras; admiro o operário no detalhe de sua obra, e estou bastante certo de que todos estes mecanismos funcionam conjuntamente apenas para um fim comum que me é impossível perceber".

Comparemos os fins particulares, os meios, as relações ordenadas de toda espécie, e escutemos então o sentimento interior; que espírito são pode rejeitar seu testemunho? A que olhos desavisados a ordem sensível do universo não anuncia uma suprema inteligência? E quantos sofismas não se devem amontoar para desconhecer a harmonia dos seres e o admirável concurso de cada peça para a conservação das outras? Falem-me o quanto quiserem de combinações e de chances: de que vos serve reduzir-me ao silêncio se não podeis conduzir-me à persuasão? E como me privareis do sentimento involuntário que sempre vos desmente, a despeito da minha vontade? Se os corpos organizados se combinaram fortuitamente de mil maneiras antes de assumirem formas constantes; se se formaram inicialmente estômagos sem bocas, pés sem cabeças, mãos sem braços, órgãos imperfeitos de toda espécie que pereceram na impossibilidade de se conservarem, por que mais nenhuma dessas informes experiências se expõe a nossos olhares? Afinal, por que a natureza se prescreveu leis a que ela não estava inicialmente sujeita? Admito que não devo me surpreender com a ocorrência de uma coisa quando ela é possível e quando a dificuldade do acontecimento é compensada pela quantidade das tentativas. Entretanto, se viessem me dizer que caracteres de impressão lançados ao acaso produziram a *Eneida* inteiramente arranjada, não me dignaria a dar um passo para ir verificar a mentira. Esqueceis, dirão, a quantidade das tentativas; mas quantas dessas tentativas devo supor para tornar a combinação verossímil? Quanto a mim, vendo apenas uma, tudo me indica que seu produto não é efeito do acaso. Acrescentai que combinações e chances somente gerarão produtos da mesma natureza dos elementos combinados, que a organização e a vida não resultarão de um arremesso de átomos, e que um químico, combinando compostos, não os fará sentir e pensar em seu crisol.[35]

Li Nieuwentyt[36] com surpresa e quase com escândalo. Como pôde esse homem pretender fazer um livro das maravilhas da natureza que mostram a sabedoria de seu Autor? Ainda que fosse tão grande quanto o mundo, seu livro não teria esgotado o assunto, e quando desejamos que entre em detalhes, a maior maravilha, que é a harmonia e o acordo do todo, escapa. A geração dos corpos vivos e organizados constitui, sozinha, o abismo do espírito humano; a barreira insuperável que a natureza introduziu entre as diferentes espécies, para que não se confundam, revela suas intenções da maneira mais evidente. Ela não se contentou em estabelecer a ordem; tomou medidas certas para que nada pudesse perturbá-la.

Não há um ser no universo que não possa, sob algum aspecto, ser encarado como o centro comum de todos os outros, em torno do qual estejam todos ordenados, de modo que sejam todos reciprocamente fins e meios, uns em relação aos outros. O espírito se confunde e se perde nessa infinidade de relações, das quais nenhuma é confundida ou perdida na multidão. Quantas suposições absurdas para deduzir toda essa harmonia do mecanismo cego da matéria movida fortuitamente! Aqueles que negam a unidade de intenção que se manifesta nas relações de todas as partes deste grande todo podem cobrir seu galimatias com abstrações, coordenações, princípios gerais e termos emblemáticos, mas, façam o que fizerem, é-me impossível conceber um sistema de seres tão constantemente ordenados sem conceber uma inteligência que o ordene. Não posso acreditar que a matéria passiva e morta possa ter produzido seres vivos e que sentem, que uma fatalidade cega possa ter produzido seres inteligentes, que algo que não pensa possa ter produzido seres que pensam.

Acredito, portanto, que o mundo seja governado por uma vontade poderosa e sábia; vejo-o, ou, antes, sinto-o, e é o que me importa saber; mas seria este

---

35. Acreditaríamos, se não tivéssemos a prova, que a extravagância humana pudesse ser levada a este ponto? Amatus Lusitanus assegurava ter visto um homem pequeno, de um polegar de altura, trancado dentro de um copo que Julius Camillus, tal como Prometeu, fizera por meio da ciência alquímica. Parecelso ensina, em *De natura rerum*, a maneira de produzir esses pequenos homens, e sustenta que os pigmeus, os faunos, os sátiros e as ninfas foram gerados pela química. Com efeito, não vejo muito bem o que resta a fazer para estabelecer a possibilidade desses fatos senão sustentar que a matéria orgânica resiste ao ardor do fogo e que suas moléculas podem ser conservadas vivas num forno de revérbero.

36. Bernard Nieuwentyt (Nieuwentijt ou Nieuwentijdt, 1654-1718) foi um importante filósofo holandês, cuja principal obra *Het regt gebruik der werelt beschouwingen, ter overtuiginge van ongodisten en ongelovigen* (1715), destinada a demonstrar a existência de Deus pelas maravilhas da natureza, produziu grande impacto entre os filósofos das Luzes, como Rousseau e Voltaire. (N.T.)

mesmo mundo eterno ou criado? Existe um princípio único das coisas? Existem dois ou vários, e qual seria sua natureza? Não sei; e o que isso me importa? À medida que esses conhecimentos se tornarem interessantes, esforçar-me-ei para adquiri-los; até lá, renuncio a perguntas desnecessárias que podem inquietar meu amor-próprio, mas que são inúteis a minha conduta e superiores a minha razão.

Lembrai-vos sempre de que não ensino meu sentimento; exponho-o. Quer a matéria seja eterna ou criada, quer haja um princípio passivo ou não haja nenhum, ainda é certo que o todo é uno e anuncia uma inteligência única; pois não vejo nada que não seja ordenado no mesmo sistema e que não concorra para o mesmo fim – a saber, a conservação do todo na ordem estabelecida. Esse Ser que quer e que pode, esse Ser ativo por si mesmo, esse Ser, enfim, que, seja ele o que for, move o universo e ordena todas as coisas, chamo-lhe Deus. Junto a esse nome as ideias que reuni de inteligência, de poder e de vontade, assim como a de bondade, que é uma consequência necessária delas; mas isso não me faz conhecer melhor o Ser a quem dei tal nome; ele se esconde igualmente de meus sentidos e de meu entendimento; quanto mais penso nele, mais me confundo: sei muito certamente que ele existe, e que existe por si mesmo; sei que minha existência está subordinada à sua, e que todas as coisas que me são conhecidas estão absolutamente na mesma situação. Percebo Deus em todas suas obras; sinto-o em mim, vejo-o a meu redor; mas, assim que desejo contemplá-lo em si mesmo, assim que desejo saber onde está, o que é, qual é sua substância, ele me escapa, e meu espírito perturbado não percebe mais nada.

Imbuído de minha insuficiência, jamais raciocinarei sobre a natureza de Deus, a menos que seja forçado a isso pelo sentimento de suas relações comigo. Esses raciocínios são sempre temerários; um homem sábio não deve entregar-se a eles senão trêmulo e certo de que não foi feito para aprofundá-los, pois o que há de mais injurioso à Divindade não é o fato de não pensar nela, mas de pensar erroneamente a seu respeito.

Após ter descoberto, dentre seus atributos, aqueles por meio dos quais conheço sua existência, retorno a mim mesmo, e procuro saber que posição ocupo na ordem das coisas que ela governa e que posso examinar. Em razão de minha espécie, ocupo incontestavelmente a primeira; pois, por minha vontade e pelos instrumentos que estão em meu poder para executá-la, tenho mais força para agir sobre todos os corpos que me cercam ou para, de acordo com minha vontade, me prestar a sua ação ou me esquivar dela do que qualquer um deles tem para agir sobre mim, contra minha vontade, apenas por impulso físico, e, por minha inteligência, sou o único a ter inspeção sobre o todo. Que ser, aqui na Terra, além do homem, sabe observar todos os demais, medir, calcular, prever seus movimentos, seus efeitos, e juntar, por assim dizer, o sentimento da existência comum ao de sua existência individual? O que há de tão ridículo em pensar que tudo é feito para mim, se sou o único que sabe relacionar tudo a este sentimento?

É, portanto, verdade que o homem é o rei da terra que habita, pois não somente doma todos os animais, não somente dispõe dos elementos por sua indústria, como também é o único sobre a Terra que sabe dispor deles, e se apropria ainda, pela contemplação, até mesmo dos astros de que não pode se aproximar. Que me mostrem outro animal na Terra que saiba empregar o fogo e que saiba admirar o sol. Quê! Posso observar, conhecer os seres e suas relações, posso sentir o que são ordem, beleza e virtude, posso contemplar o universo, elevar-me até a mão que o governa, posso amar o bem e fazê-lo, e eu me compararia aos animais? Alma abjeta, é tua triste filosofia que te torna semelhante a eles; ou, antes, desejas em vão aviltar-te; teu gênio depõe contra teus princípios, teu coração benfazejo desmente tua doutrina, e o próprio abuso de tuas faculdades prova sua excelência, contra tua vontade.

Quanto mim, que não tenho sistema para sustentar, eu, homem simples e verdadeiro que o furor de nenhum partido arrasta e que não aspira à honra de ser chefe de seita, satisfeito com o lugar que Deus me atribuiu, não vejo nada, abaixo dele, de melhor que minha espécie; e, se tivesse de escolher meu lugar na ordem dos seres, o que mais poderia escolher além de ser homem?

Esta reflexão me causa orgulho menos do que me comove; pois este estado não é de minha escolha e não se devia ao mérito de um ser que ainda não existia. Posso ver-me assim distinto sem me felicitar por ocupar este honroso lugar e sem abençoar a mão que nele me colocou? De meu primeiro retorno a mim nasce, em meu coração, um sentimento de reconhecimento e de bênção pelo Autor de minha espécie, e desse sentimento decorre minha primeira homenagem à Divindade benfazeja. Adoro o poder supremo e me enterneço com suas mercês. Não preciso que me ensinem esse culto; ele me é ditado pela própria natureza. Não é por uma consequência natural do amor de si que honramos o que nos protege e amamos o que quer o nosso bem?

Mas quando, para identificar então meu lugar individual em minha espécie, considero as diversas posições e os homens que as ocupam, o que acontece? Que espetáculo! Onde está a ordem que eu observara? O quadro da natureza me oferecia apenas harmonia e proporções, o do gênero humano me oferece apenas confusão e desordem! O concerto reina entre os elementos, e os homens estão no caos! Os animais são felizes, apenas seu rei é miserável! Ó, sabedoria, onde estão tuas leis? Ó, providência, é assim que reges o mundo? Ser benfeitor, o que aconteceu com teu poder? Vejo o mal sobre a Terra.

Acreditaríeis, meu bom amigo, que a partir dessas tristes reflexões e dessas contradições aparentes se formaram em meu espírito as sublimes ideias da alma, que não tinham, até então, resultado de minhas buscas? Meditando sobre a natureza do homem, acreditei descobrir nela dois princípios distintos, dos quais um o elevava ao estudo das verdades eternas, ao amor da justiça e do belo moral, às regiões do mundo intelectual cuja contemplação deleita o sábio, e o outro o reconduzia vilmente a si mesmo, o sujeitava ao império dos sentidos, às paixões que são suas ministras e contrariava, por meio delas, tudo que lhe inspirava o sentimento do primeiro. Sentindo-me arrastado, combatido por esses dois movimentos contrários, eu me dizia: não, o homem não é uno; quero e não quero; sinto-me, ao mesmo tempo, escravo e livre; vejo o bem, amo-o, e faço o mal; sou ativo quando escuto a razão, passivo quando minhas paixões me arrastam, e meu pior tormento, quando sucumbo, consiste em sentir que teria podido resistir.

Jovem, escutai com confiança, pois sempre manterei a boa-fé. Se a consciência é obra dos preconceitos, estou certamente enganado, e não há nenhuma moral demonstrada; mas, se preferir-se a tudo é uma inclinação natural ao homem e se, no entanto, o primeiro sentimento de justiça é inato no coração humano, que então aquele que faz do homem um ser simples suprima essas contradições, e não reconhecerei mais senão uma única substância.

Observareis que, por meio da palavra substância, entendo, em geral, o ser dotado de alguma qualidade primitiva, e sem levar em conta todas as modificações particulares ou secundárias. Se, portanto, todas as qualidades primitivas que nos são conhecidas podem se reunir num mesmo ser, devemos admitir apenas uma substância, mas se existem algumas que se excluem mutuamente, existem tantas substâncias diferentes quanto se podem fazer semelhantes exclusões. Refletireis a respeito; quanto a mim, a despeito do que diga Locke, não preciso conhecer a matéria senão como extensa e divisível para assegurar-me de que não pode pensar, e, quando um filósofo vier me dizer que as árvores sentem e que os rochedos pensam,[37] por mais que ele me confunda com seus

---

37. Parece-me que, longe de dizer que os rochedos pensam, a filosofia moderna descobriu, ao contrário, que os homens não pensam. Ela não reconhece mais senão seres sensitivos na natureza, e toda a diferença que encontra entre um homem e uma pedra consiste em ser o homem um ser sensitivo que tem sensações, e a pedra um ser sensitivo que não as tem. Mas, se é verdade que toda matéria sente, onde conceberei a unidade sensitiva ou o eu individual? Será em cada molécula de matéria ou nos corpos agregativos? Situarei também essa unidade nos fluidos e nos sólidos, nos compostos e nos elementos? Há, dizem, apenas indivíduos na natureza; mas quais são esses indivíduos? Esta pedra é um indivíduo ou uma agregação de indivíduos? É um único ser sensitivo ou contém tantos seres quanto grãos de areia? Se cada átomo elementar é um ser sensitivo, como conceberei essa íntima comunicação por meio da qual um se sente no outro, de modo que seus dois *eu* se confundam num só? A atração pode ser uma lei da natureza cujo mistério nos é desconhecido; mas nós concebemos,

argumentos sutis, não poderei ver nele senão um sofista de má-fé, que prefere conferir sentimento às pedras a atribuir uma alma ao homem.

Suponhamos um surdo que negue a existência dos sons, porque nunca atingiram seu ouvido. Ponho diante de seus olhos um instrumento de corda cujo uníssono faço soar por meio de outro instrumento escondido: o surdo vê a corda vibrar; digo-lhe: "É o som que faz isto". "De modo algum", ele responde; "a causa da vibração da corda está em si mesma; vibrar desta forma é uma qualidade comum a todos os corpos". "Mostrai-me, então", retomo, "essa vibração nos outros corpos, ou, pelo menos, sua causa nesta corda". "Não posso", replica o surdo; "mas por não conceber como vibra esta corda, por que devo explicá-lo por vossos sons, dos quais não tenho a menor ideia? Isso é explicar um fato obscuro por uma causa ainda mais obscura. Ou me tornais vossos sons sensíveis ou digo que não existem".

Quanto mais reflito sobre o pensamento e sobre a natureza do espírito humano, mais penso que o raciocínio dos materialistas se assemelha ao de um surdo. São surdos, com efeito, à voz interna que lhes grita, com um tom difícil de ignorar: "Uma máquina não pensa, não há movimento nem forma que produza a reflexão. Algo em ti procura romper os laços que o comprimem. O espaço não é tua medida, o universo inteiro não é grande o bastante para ti; teus sentimentos, teus desejos, tua inquietude e até mesmo teu orgulho têm outro princípio que não esse corpo estreito ao qual te sentes acorrentado".

Nenhum ser material é ativo por si mesmo, e eu o sou. Por mais que o contestem, eu o sinto, e esse sentimento que fala comigo é mais forte que a razão que o combate. Tenho um corpo sobre o qual os outros agem e que age sobre eles; essa ação recíproca não é duvidosa; mas minha vontade é independente de meus sentidos, consinto ou resisto, sucumbo ou sou vencedor, e sinto perfeitamente em mim mesmo quando faço o que quis fazer ou quando me limito a ceder a minhas paixões. Tenho sempre o poder de querer, não a força de executar. Quando me entrego às tentações, ajo de acordo com o impulso dos objetos externos. Quando me censuro por essa fraqueza, escuto apenas minha vontade; sou escravo por meus vícios e livre por meus remorsos; o sentimento

---

pelo menos, que a atração, agindo segundo as massas, não tem nada de incompatível com a extensão e a divisibilidade. Concebeis a mesma coisa para o sentimento? As partes sensíveis são extensas, mas o ser sensitivo é indivisível e uno; não se divide, é inteiro ou nulo: o ser sensitivo não é, portanto, um corpo. Não sei como nossos materialistas o entendem, mas me parece que as mesmas dificuldades que os fizeram rejeitar o pensamento também deveriam fazê-los rejeitar o sentimento, e não vejo por que, tendo dado o primeiro passo, também não dariam o outro; o que isso lhes custaria a mais? E, como estão certos de que não pensam, como ousam afirmar que sentem?

de minha liberdade somente se apaga em mim quando me depravo e impeço, afinal, a voz de alma de elevar-se contra a lei do corpo.

Conheço a vontade somente por meio do sentimento da minha, e não conheço melhor o entendimento. Quando me perguntam qual é a causa que determina minha vontade, pergunto, por minha vez, qual é a causa que determina meu juízo; pois está claro que essas duas causas formam apenas uma, e, se compreendermos bem que o homem é ativo em seus julgamentos e que seu entendimento é apenas o poder de comparar e de julgar, veremos que sua liberdade é somente um poder semelhante ou derivado daquele; ele escolhe o bom assim como julgou o verdadeiro; se julga errado, escolhe mal. Qual é, portanto, a causa que determina sua vontade? É seu juízo. E qual é a causa que determina seu juízo? É sua faculdade inteligente, é seu poder de julgar: a causa determinante está nele mesmo. Passando este ponto, não entendo mais nada.

Certamente, não sou livre para não querer meu próprio bem, não sou livre para querer meu mal; mas minha liberdade consiste nisto mesmo: que eu somente possa querer aquilo que me é conveniente ou que eu considere como tal, sem que nada que me seja estranho me determine. Decorre disso que eu não seja senhor de mim, pois não sou senhor de ser outro além de mim mesmo?

O princípio de toda ação está na vontade de ser livre; não se pode remontar além desse ponto. Não é a palavra liberdade que não significa nada, mas a palavra necessidade. Supor algum ato, algum efeito que não deriva de um princípio ativo é realmente supor efeitos sem causa, é cair no círculo vicioso. Ou não há primeiro impulso, ou todo primeiro impulso não tem nenhuma causa anterior, e não há verdadeira vontade sem liberdade. O homem é, portanto, livre em suas ações e, como tal, animado por uma substância imaterial; esse é meu terceiro artigo de fé. Deduzireis facilmente desses três primeiros todos os outros sem que eu continue a contá-los.

Se o homem é ativo e livre, age por si mesmo; tudo que faz livremente não entra no sistema ordenado da providência e não pode ser imputado a esta. Ela não deseja o mal que o homem faz ao abusar da liberdade que ela lhe dá, mas não o impede de fazê-lo; seja porque, vindo de um ser tão fraco, esse mal seja nulo a seus olhos, seja porque ela não possa impedi-lo sem perturbar sua liberdade e causar um mal maior degradando sua natureza. Ela o fez livre para que fizesse não o mal, mas o bem por escolha; ela o colocou em condições de fazer tal escolha, empregando bem as faculdades de que o dotou; mas limitou a tal ponto suas forças que o abuso da liberdade que lhe deixa não pode perturbar a ordem geral. O mal que o homem faz recai sobre ele sem alterar em nada o sistema do mundo, sem impedir que a própria espécie humana, a despeito do que ela faça, se conserve. Queixar-se porque Deus não a impede de cometer o mal é queixar-se por tê-la feito de natureza excelente, por ter introduzido em suas ações a moralidade que as enobrece, por ter-lhe dado direito à virtude. O supremo gozo está no contentamento de si mesmo; é para merecer tal contentamento que fomos colocados na Terra e dotados de liberdade, que somos tentados pelas paixões e contidos pela consciência. O que mais podia fazer em nosso favor o próprio poder divino? Podia introduzir contradição em nossa natureza e atribuir a recompensa por ter agido bem a quem não tivesse o poder de agir mal? Quê! Para impedir o homem de ser mau, era preciso limitá-lo ao instinto e transformá-lo em animal? Não, Deus de minha alma, nunca te repreenderei por tê-la feito a tua imagem, para que eu possa ser livre, bom e feliz como tu!

É o abuso de nossas faculdades que nos torna infelizes e maus. Nossas tristezas, nossas preocupações, nossos sofrimentos vêm de nós mesmos. O mal moral é incontestavelmente obra nossa, e o mal físico não seria nada sem nossos vícios, que no-lo tornaram sensível. Não é para nos conservar que a natureza nos fez sentir nossas necessidades? Não constitui a dor do corpo um sinal de que a máquina se desregula e uma advertência para remediá-lo? A morte... Não envenenam os maus sua própria vida e a nossa? Quem desejaria viver para sempre? A morte é o remédio para os males que fazeis a vós mesmos; a nature- za quis que não sofrêsseis para sempre. Como são poucos os males a que está sujeito o homem que vive na simplicidade primitiva! Vive quase sem doenças, assim como sem paixões, e não prevê nem sente a morte; quando a sente, suas misérias lha tornam desejável: a partir de então, ela deixa de ser um mal para ele. Se nos contentássemos em ser o que somos, não teríamos de deplorar nos- so destino; mas, para procurar um bem-estar imaginário, conferimo-nos mil males reais. Quem não sabe suportar um pouco de sofrimento deve esperar sofrer muito. Quando estragamos a nossa constituição por uma vida desre- grada, desejamos restabelecê-la por meio de remédios; ao mal que sentimos, acrescentamos o que tememos; a previdência da morte a torna horrível e a acelera; quanto mais desejamos escapar-lhe, mais a sentimos, e morremos de medo por toda nossa vida, protestando contra a natureza em razão dos males que fizemos a nós ao ofendê-la.

Homem, não procura mais o autor do mal; esse autor és tu mesmo. Não existe nenhum outro mal além daquele que fazes ou que sofres, e ambos vêm de ti. O mal geral somente pode estar na desordem, e vejo no sistema do mundo uma ordem que não se desmente. O mal particular está apenas no sentimento do ser que sofre, e o homem não recebeu esse sentimento da natureza; ele o deu a si mesmo. A dor exerce poder reduzido sobre todo aquele que, tendo refletido pouco, não tem nem lembrança nem previdência. Eliminai nossos funestos progressos, eliminai nossos erros e nossos vícios, eliminai a obra do homem, e tudo estará bem.

Onde tudo está bem, nada é injusto. A justiça é inseparável da bondade. Ora, a bondade é o efeito necessário de um poder sem limites e do amor de si, essencial a todo ser que se sente. Aquele que pode tudo estende, por assim dizer, sua existência com a dos seres. Produzir e conservar formam o ato perpétuo do poder; ele não age sobre o que não é; Deus não é o Deus dos mortos: não poderia ser destruidor e mau sem prejudicar-se. Aquele que pode tudo somente pode querer o que é bom.[38] Portanto, o Ser soberanamente bom, porque é soberanamente poderoso, deve também ser soberanamente justo; caso contrário, contradiria a si mesmo; pois o amor da ordem que o produz se chama *bondade*, e o amor da ordem que o conserva se chama *justiça*.

Deus, dizem, não deve nada a suas criaturas; acredito que lhes deva tudo que lhes prometeu ao dar-lhes o ser. Ora, promete-se um bem quando se lhes dá uma ideia dele e se faz com que sintam necessidade dele. Quanto mais entro em mim, mais me consulto e mais leio estas palavras escritas em minha alma: "Sê justo e serás feliz". Isso não é, entretanto, verdade, considerando o estado atual das coisas: o homem mau prospera, e o justo permanece oprimido. Vede também quanta indignação desperta em nós quando essa expectativa é frustrada! A consciência se eleva e protesta contra seu Autor; grita-lhe gemendo: tu me enganaste!

Enganei-te, temerário! E quem te disse isso? Tua alma está aniquilada? Deixaste de existir? Ó, Bruto! Ó, meu filho! Não manches tua nobre vida ao encerrá-la; não deixes tua esperança e tua glória com teu corpo nos campos de Filipos.[39] Por que dizes "A virtude não é nada" quando vais gozar o preço da tua? Pensas que vais morrer; não, vais viver, e é então que te entregarei tudo que te prometi.

Diríamos, pelas lamentações dos impacientes mortais, que Deus lhes deve a recompensa antes do mérito, e que está obrigado a recompensar sua virtude de antemão. Ó, sejamos primeiramente bons, e depois seremos felizes. Não exijamos o prêmio antes da vitória nem o salário antes do trabalho. Não é na liça, dizia Plutarco, que os vencedores de nossos jogos sagrados são coroados, mas após a terem percorrido.

---

38. Quando os antigos chamavam *Optimus Maximus* ao Deus supremo, estavam muito certos; mas, ao dizerem *Maximus Optimus*, teriam falado com mais exatidão, pois sua bondade vem de seu poder: é bom porque é grande.

39. Cidade do Império romano, situada no leste da Macedônia. Em 42 a.C., seus campos foram palco da batalha que opôs Bruto e Cássio aos que procuravam vingar a morte de Júlio César. (N.T.)

Se a alma é imaterial, ela pode sobreviver ao corpo, e, se ela lhe sobrevive, a providência está justificada. Ainda que eu não tivesse outra prova da imaterialidade da alma além do triunfo do mau e da opressão do justo neste mundo, isso já me impediria de duvidar dela. Tão chocante dissonância na harmonia universal me faria procurar resolvê-la. Diria a mim mesmo: tudo não acaba para nós com a vida, tudo entra na ordem com a morte. Eu teria, na verdade, o embaraço de me perguntar onde está o homem quando tudo que tinha de sensível está destruído. Essa pergunta não é mais uma dificuldade para mim desde que reconheci duas substâncias. É muito simples que, durante minha vida corporal, não percebendo nada senão por meus sentidos, aquilo que não está submetido a eles me escape. Quando a união do corpo e da alma é rompida, concebo que um pode se dissolver e a outra pode se conservar. Por que a destruição de um acarretaria a destruição da outra? Ao contrário, sendo de naturezas tão diferentes, encontravam-se, por sua união, num estado violento, e, quando cessa essa união, ambos entram em seu estado natural. A substância ativa e viva retoma toda a força que empregava para mover a substância passiva e morta. Ah! Sinto-o em demasia por meus vícios, o homem vive apenas parcialmente durante sua vida, e a vida da alma começa apenas com a morte do corpo.

Mas que vida é essa, e seria a alma imortal por sua natureza? Meu entendimento limitado não concebe nada sem limites; tudo a que chamam infinito me escapa. O que posso negar ou afirmar e que raciocínios posso fazer sobre o que não posso conceber? Acredito que a alma sobreviva suficientemente ao corpo para a manutenção da ordem; quem sabe se é o bastante para durar para sempre? Todavia, concebo como o corpo se gasta e se destrói pela divisão das partes, mas não posso conceber uma destruição semelhante do ser pensante, e, não imaginando como ele pode morrer, presumo que não morra. Na medida em que essa presunção me consola e não tem nada de insensata, por que temeria entregar-me a ela?

Sinto minha alma; conheço-a pelo sentimento e pelo pensamento; sei que ela é, sem saber qual é sua essência; não posso raciocinar com base em ideias que não possuo. O que sei bem é que a identidade do *eu* somente se prolonga pela memória, e que, para ser de fato o mesmo, é preciso que me lembre de ter existido. Ora, não poderia me lembrar, após minha morte, do que fui durante a vida sem me lembrar também do que senti e, consequentemente, do que fiz, e não duvido que tal lembrança faça um dia a felicidade dos bons e o tormento dos maus. Aqui neste mundo, mil paixões ardentes absorvem o sentimento interno e dissimulam os remorsos. As humilhações e as desgraças acarretadas pelo exercício das virtudes impedem que se sintam todos seus encantos. Mas quando, livres das ilusões induzidas pelo corpo e pelos sentidos, gozarmos da contemplação do Ser supremo e das verdades eternas das quais ele é a fonte, quando a beleza da ordem alcançar todas as potências de nossa alma e estivermos unicamente ocupados em comparar o que fizemos ao que tínhamos de fazer, é então que a voz da consciência retomará sua força e seu império; é então que a volúpia pura que nasce do contentamento de si mesmo e o arrependimento amargo de ter-se aviltado distinguirão, por sentimentos inesgotáveis, o destino que cada um tiver preparado para si. Não me pergunteis, meu bom amigo, se haverá outras fontes de felicidade e de sofrimentos; ignoro-o, e as que imagino bastam para me consolar desta vida e me fazer esperar outra. Não digo que os bons serão recompensados; pois que outro bem pode alcançar um ser excelente além de existir segundo sua natureza? Mas digo que serão felizes, pois seu autor, o Autor de toda justiça, tendo-os feito sensíveis, não os fez para sofrerem, e, não tendo abusado de sua liberdade na Terra, eles não enganaram seu propósito por sua culpa; sofreram, entretanto, nesta vida e serão, portanto, recompensados noutra. Esse sentimento se baseia menos no mérito do homem que na noção de bondade, que me parece inseparável da essência divina. Limito-me a supor as leis da ordem observadas e Deus coerente consigo mesmo.[40]

Tampouco me pergunteis se os tormentos dos maus serão eternos; também ignoro e não tenho a curiosidade vã de esclarecer questões inúteis. Que me importa o que acontecerá com os maus? Tenho pouco interesse por seu destino. Não obstante, tenho dificuldade em acreditar que sejam condenados a tormentos sem fim. Se a justiça suprema se vinga, ela já o faz nesta vida. Vós e vossos erros, ó nações, sois seus ministros. Ela emprega os males que fazeis a vós mesmos para punir os crimes que os acarretaram. É em vossos corações insaciáveis, corroídos de inveja, de cobiça e de ambição, que, no seio de vossas falsas prosperidades, as paixões vingadoras punem vossas ofensas. Qual é a necessidade de procurar o inferno na outra vida? Ele já se encontra nesta, no coração dos maus.

Onde terminam nossas necessidades transitórias, onde cessam nossos desejos insensatos devem cessar também nossas paixões e nossos crimes. De que perversidade espíritos puros seriam suscetíveis? Não tendo necessidade de nada, por que seriam maus? Se, estando destituídos de nossos sentidos grosseiros, toda sua felicidade está na contemplação dos seres, somente poderiam desejar o bem; e poderia ser miserável para sempre todo aquele que deixa de ser mau? É nisso que tendo a acreditar, sem me dar o trabalho de me decidir a respeito. Ó Ser clemente e bom! Sejam quais forem teus decretos, eu os adoro;

---

40. "Não por nós, não por nós, Senhor,
Mas por teu nome, mas por tua própria honra,
Ó, Deus! Faz-nos reviver!" (Salmo 115).

se punes os maus, silencio minha frágil razão diante de tua justiça. Mas, se os remorsos desses desafortunados devem apagar-se com o tempo, se seus males devem findar e se a mesma paz espera, um dia, a todos nós igualmente, louvo-te por isso. Não é o homem mau meu irmão? Quantas vezes procurei assemelhar--me a ele? Que, livre de sua miséria, ele perca também a malignidade que a acompanha; que seja feliz assim como eu; longe de estimular minha inveja, sua felicidade apenas ampliará a minha.

É assim que, contemplando Deus em suas obras e estudando-o por meio dos seus atributos que me importava conhecer, cheguei a estender e aumentar gradualmente a ideia a princípio imperfeita e limitada que tinha deste Ser imenso. Mas se tal ideia se tornou mais nobre e maior, ela é também menos proporcional à razão humana. À medida que me aproximo em espírito da luz eterna, seu brilho me ofusca, me perturba, e sou forçado a abandonar todas as noções terrestres que me ajudavam a imaginá-la. Deus não é mais corpóreo e sensível; a suprema inteligência que rege o mundo não é mais o próprio mundo. Elevo e extenuo em vão meu espírito concebendo sua essência. Quando penso que é ela que confere vida e atividade à substância viva e ativa que rege os corpos animados, quando ouço dizer que minha alma é espiritual e que Deus é um espírito, indigno-me contra tal aviltamento da essência divina, como se Deus e minha alma fossem da mesma natureza! Como se Deus não fosse o único ser absoluto, o único verdadeiramente ativo, que sente, pensa, quer por si mesmo, e a quem devemos o pensamento, o sentimento, a atividade, a vontade, a liberdade, o ser. Somos livres apenas porque ele deseja que o sejamos, e sua substância inexplicável está para nossas almas como nossas almas estão para nosso corpo. Se criou a matéria, os corpos, o espírito e o mundo, nada sei a respeito. A ideia da criação me confunde e está além de meu alcance; acredito nela tanto quanto posso concebê-la; mas sei que Ele formou o universo e tudo que existe, que fez tudo, ordenou tudo. Deus é, sem dúvida, eterno; mas pode meu espírito abraçar a ideia da eternidade? Por que aceitar palavras sem ideia? O que concebo é que Ele existe antes das coisas, que existirá enquanto subsistirem, e que existirá até mesmo além disso, se tudo tiver de acabar um dia. O fato de um ser que não concebo conferir existência a outros seres é apenas obscuro e incompreensível; mas que o ser e o nada se convertam, por si mesmos, um no outro, isso é uma contradição palpável, é um claro absurdo.

Deus é inteligente; mas de que forma? O homem é inteligente quando raciocina, e a suprema inteligência não tem necessidade de raciocinar; não há, para ela, nem premissas nem consequências; não há sequer proposição; é puramente intuitiva, vê igualmente tudo que é e tudo que pode ser; todas as verdades formam para ela uma única ideia, assim como todos os lugares um único ponto e todos os tempos um único momento. O poder humano age por meios, o poder divino age por si mesmo: Deus pode porque quer, sua vontade faz seu poder. Deus é bom, nada é mais manifesto; mas a bondade no homem é o amor a seus semelhantes, e a bondade de Deus é o amor à ordem; pois é por meio da ordem que mantém o que existe e une cada parte ao todo. Deus é justo; estou convencido disso, é uma consequência de sua bondade; a injustiça dos homens é obra deles, e não sua: a desordem moral que depõe contra a providência aos olhos dos filósofos apenas a demonstra aos meus. Mas a justiça do homem consiste em devolver a cada um o que lhe pertence, e a justiça de Deus em exigir de cada um a contrapartida do que lhe deu.

Se venho a descobrir sucessivamente esses atributos, dos quais não tenho nenhuma ideia absoluta, é por consequências forçadas, é pelo bom uso de minha razão; afirmo-as, porém, sem compreendê-las, e, no fundo, isso não é afirmar nada. Por mais que eu me diga "Deus é assim", que o sinta, que o prove a mim mesmo, não entendo melhor como Deus pode ser assim.

Enfim, quanto mais me esforço para contemplar sua essência infinita, menos a concebo; mas ela é, e isso me basta; quanto menos a concebo, mais a adoro. Humilho-me e lhe digo: Ser dos seres, sou porque és, meditar continuamente é elevar-me a minha fonte. O mais digno emprego da razão consiste em aniquilar-se diante de ti: o fato de sentir-me esmagado por tua grandeza faz o arrebatamento de meu espírito, o encanto de minha fraqueza.

Após ter deduzido assim, da impressão dos objetos sensíveis e do sentimento interno que me leva a julgar as causas segundo minhas luzes naturais, as principais verdades que me importava conhecer, resta-me procurar as máximas que devo extrair disso para minha conduta e as regras que devo me prescrever para cumprir meu propósito na Terra, segundo a intenção daquele que aqui me colocou. Seguindo sempre meu método, não tiro essas regras dos princípios de uma alta filosofia, mas as encontro no fundo de meu coração, escritas pela natureza em caracteres indeléveis. Tenho apenas de me consultar sobre o que desejo fazer: tudo que sinto ser certo é certo; tudo que sinto ser errado é errado; o melhor de todos os casuístas é a consciência, e é apenas quando negociamos com ela que recorremos às sutilezas do raciocínio. O primeiro de todos os cuidados é o de si mesmo; quantas vezes, contudo, a voz interior nos diz que, fazendo nosso próprio bem à custa de outrem, agimos mal! Acreditamos seguir o impulso da natureza e lhe resistimos: escutando o que ela diz a nossos sentidos, desprezamos o que diz a nossos corações; o ser ativo obedece, o ser passivo comanda. A consciência é a voz da alma, as paixões são a voz do corpo.

Surpreende que essas duas linguagens frequentemente se contradigam? E qual delas, então, se deve escutar? Com demasiada frequência, a razão nos engana; já conquistamos todo o direito de recusá-la; mas a consciência nunca engana, ela é o verdadeiro guia do homem; está para a alma como o instinto está para o corpo;[41] aquele que a segue obedece à natureza e não teme se perder. Este ponto é importante, continuou meu benfeitor, vendo que eu ia interrompê-lo; permiti que me detenha um pouco mais para esclarecê-lo.

Toda a moralidade de nossas ações está no julgamento que nós mesmos fazemos delas. Se é verdade que o certo é certo, ele deve sê-lo no fundo de nossos corações, assim como em nossas ações, e o primeiro prêmio da justiça consiste em sentir que a praticamos. Se a bondade moral é conforme nossa natureza, o homem não poderia ser são de espírito nem bem constituído senão na medida em que é bom. Se ela não o é e o homem é naturalmente mau, ele não pode deixar de sê-lo sem se corromper, e a bondade é nele apenas um vício contranatural. Feito para prejudicar seus semelhantes, assim como o lobo para degolar sua presa, um homem humano seria um animal tão depravado quanto um lobo piedoso, e apenas a virtude nos daria remorsos.

Reflitamos a nosso respeito, ó meu jovem amigo! Deixando todo interesse pessoal de lado, examinemos a que nossas inclinações nos levam. Que espetáculo nos encanta mais: o dos tormentos ou o da felicidade de outrem? O que, entre um ato de beneficência e um ato de maldade, nos é mais fácil fazer e nos deixa uma impressão mais agradável após o termos realizado? Por quem vos interessais

---

41. A filosofia moderna, que admite apenas o que ela explica, se abstém de admitir esta obscura faculdade chamada *instinto*, que parece guiar sem nenhum conhecimento adquirido os animais rumo a alguma meta. O instinto, segundo um de nossos mais sábios filósofos, é apenas um hábito destituído de reflexão, mas que se adquire refletindo, e dada a maneira como ele explica esse progresso, deve-se concluir que as crianças refletem mais que os homens; paradoxo estranho o bastante para que valha a pena examiná-lo. Sem entrar aqui nessa discussão, pergunto que nome devo dar ao ardor com que meu cão combate as toupeiras que não come, à paciência com que as espreita, por vezes durante horas inteiras, e à habilidade com que as apanha, as arranca da terra no momento em que crescem e as mata para, em seguida, deixá-las aí, sem que ninguém jamais o tenha treinado para essa caça e lhe tenha ensinado que aí havia toupeiras. Pergunto também, e isto é mais importante, por que a primeira vez que ameacei o mesmo cão, este se jogou de costas para o chão, com as pernas retraídas, numa atitude suplicante e mais tendente a me comover, postura em que teria evitado se manter se, sem me deixar impressionar, eu o tivesse batido nesse estado? Quê! Meu cão, ainda tão pequeno, praticamente tendo acabado de nascer, já tinha adquirido ideias morais, e sabia o que era a clemência e a generosidade? Com base em que luzes adquiridas esperava me acalmar, entregando-se assim a minha discrição? Todos os cães do mundo fazem praticamente a mesma coisa no mesmo caso, e não digo nada aqui que cada um não possa verificar. Que os filósofos, que rejeitam tão desdenhosamente o instinto, aceitem explicar tal fato apenas pelo jogo das sensações e dos conhecimentos que elas nos fazem adquirir: que o expliquem de maneira satisfatória para todo homem sensato; não terei, então, mais nada a dizer, e não falarei mais de instinto. [No início desta nota, Rousseau se refere a Condillac e às reflexões sobre o instinto presentes em seu *Traité des animaux* (1755). Cf. 2ª parte, cap. 5. (N.T.)]

em vossos teatros? Sentis prazer com os crimes? É por seus autores punidos que derramais lágrimas? Tudo nos é indiferente, dizem, exceto nosso interesse; mas, ao contrário, as doçuras da amizade e da humanidade nos consolam em nossas tristezas; e, mesmo em nossos prazeres, seríamos solitários demais, miseráveis demais, se não tivéssemos com quem partilhá-los. Se não há nada que seja moral no coração do homem, de onde vêm, então, esses transportes de admiração pelas ações heroicas, esses arrebatamentos de amor pelas grandes almas? Que relação esse entusiasmo da virtude mantém com nosso interesse privado? Por que eu preferiria ser Catão, que dilacera suas entranhas, ao triunfante César? Suprimi de vossos corações esse amor do belo, e suprimireis todo o encanto da vida. Aquele cujas paixões vis sufocaram em sua alma estreita esses sentimentos deliciosos; aquele que, à força de se concentrar em seu próprio interior, chega ao ponto de amar apenas a si mesmo, não tem mais arrebatamentos, seu coração gelado não palpita mais de alegria, um suave enternecimento jamais umedece seus olhos, não goza mais nada; o infeliz não sente mais, não vive mais; já está morto.

Porém, seja qual for o número dos maus sobre a Terra, existem poucas dessas almas cadaverosas que, excetuado seu interesse, se tornaram insensíveis a tudo que é justo e bom. A iniquidade agrada apenas na medida em que nos beneficiamos dela; em todo o resto, queremos que o inocente seja protegido. Quando vemos, numa rua ou numa estrada, algum ato de violência e de injustiça, num instante, um impulso de ira e de indignação emerge do fundo do coração e nos leva a tomar a defesa do oprimido; mas um dever mais poderoso nos retém, e as leis nos privam do direito de proteger a inocência. Ao contrário, se algum ato de clemência ou de generosidade se produz diante de nossos olhos, que admiração, que amor ele nos inspira! Quem não diz a si mesmo "Gostaria de ter feito a mesma coisa"? Importa-nos, seguramente, muito pouco que um homem tenha sido mau ou justo há dois mil anos; e, no entanto, o mesmo interesse nos afeta na história antiga, como se tudo tivesse ocorrido nos dias de hoje. De que modo me atingem os crimes de Catilina? Temo ser sua vítima? Por que então tenho por ele o mesmo horror que teria se fosse meu contemporâneo? Não odiamos somente os maus porque nos prejudicam, mas porque são maus. Não somente desejamos ser felizes como desejamos também a felicidade de outrem; e quando tal felicidade não custa nada a nossa, ela a aumenta. Temos, por fim, a despeito de nossa vontade, piedade dos desafortunados; quando testemunhamos sua dor, sofremo-la. Os mais perversos não poderiam perder totalmente tal inclinação: frequentemente, ela os coloca em contradição consigo mesmos. O ladrão que despoja os transeuntes ainda cobre a nudez do pobre, e o mais feroz assassino sustenta um homem que cai desmaiado.

Fala-se do grito dos remorsos, que pune em segredo os crimes ocultos e tão frequentemente os evidencia. Ah! Quem de nós nunca ouviu essa voz inoportuna? Fala-se por experiência, e se desejaria sufocar esse sentimento tirânico que tanto tormento nos dá. Obedeçamos à natureza; saberemos com que doçura ela reina, e que encanto encontramos, após tê-la escutado, quando prestamos um bom testemunho de nós mesmos. O mau teme a si mesmo e foge; alegra-se ao atirar-se para fora de si; gira a sua volta com olhos inquietos e procura um objeto que o distraia; sem a amarga sátira, sem a zombaria insultante, estaria sempre triste; o riso escarnecedor é seu único prazer. Ao contrário, a serenidade do justo é interior; seu riso não é de malignidade, mas de alegria; carrega-lhe a fonte em si mesmo; é tão alegre sozinho quanto no centro de uma roda; não tira seu contentamento daqueles que o frequentam, mas lhos comunica.

Olhai para todas as nações do mundo e percorrei todas as histórias. Entre tantos cultos inumanos e estranhos, em meio a essa prodigiosa diversidade de costumes e de caracteres, encontrareis, em todo lugar, as mesmas ideias de justiça e de honestidade e as mesmas noções do bem e do mal. O antigo paganismo concebeu deuses abomináveis que teríamos punido, aqui neste mundo, como celerados e que ofereciam como quadro da felicidade suprema apenas crimes a serem cometidos e paixões a serem satisfeitas. Mas o vício armado de uma autoridade sagrada descia em vão do domínio eterno, pois o instinto moral o repelia do coração dos humanos. Enquanto se celebravam os deboches de Júpiter, admirava-se a continência de Xenócrates; a casta Lucrécia adorava a impudica Vênus; o intrépido Romano oferecia sacrifícios ao medo; invocava o deus que mutilara o próprio pai[42] e morreu sem murmúrio pelas mãos do seu: as mais desprezíveis divindades foram servidas pelos maiores homens. A santa voz da natureza, mais forte que a dos deuses, se fazia respeitar na Terra e parecia relegar ao céu o crime com os culpados.

Há, portanto, no fundo das almas um princípio inato de justiça e de virtude, com base no qual, a despeito de nossas próprias máximas, julgamos nossas ações e as de outrem como boas ou más, e é a esse princípio que dou o nome de consciência.

Basta-me, porém, pronunciar tal palavra para ouvir elevar-se de todas as partes o clamor dos pretensos sábios: "Erros da infância, preconceitos da educação", gritam todos ao mesmo tempo. Não há nada no espírito humano além do que nele se introduz pela experiência, e não julgamos nada senão com base em

---

42. Segundo a mitologia romana, Saturno, deus romano do tempo, mutilou com uma foice seu pai, Urano, e tomou o poder entre os deuses. (N.T.)

ideias adquiridas. Eles vão além: ousam rejeitar esse acordo evidente e universal entre todas as nações e, contra a notável uniformidade do juízo dos homens, vão procurar nas trevas algum exemplo obscuro e que apenas eles conhecem; como se todas as inclinações da natureza fossem aniquiladas pela depravação de um povo, e como se bastasse existirem monstros para que a espécie fosse reduzida a nada. Mas de que servem ao cético Montaigne os tormentos que ele se dá para desenterrar, em algum canto do mundo, um costume oposto às noções de justiça? De que lhe serve dar aos mais suspeitos viajantes a autoridade que recusa aos escritores mais célebres? Alguns usos incertos e estranhos, fundados em causas locais que nos são desconhecidas, destruirão a indução geral extraída do concurso de todos os povos, opostos em todo o resto e de acordo sobre este único ponto? Ó, Montaigne! Tu que te vanglorias de franqueza e de veracidade, sê sincero e verdadeiro, se é que um filósofo possa sê-lo, e diz se existe algum país na Terra onde seja um crime manter sua fé, ser clemente, benfeitor, generoso; onde o homem de bem seja desprezível e o pérfido, honrado.

Cada um, dizem, concorre para o bem público em seu próprio interesse; mas de onde vem, então, que o justo concorre para ele em seu próprio prejuízo? O que é rumar para a morte em seu próprio interesse? Certamente, ninguém age senão para seu bem; mas, se não há um bem moral que se deva levar em consideração, somente se explicarão pelo interesse próprio as ações dos maus. É até mesmo de se acreditar que não se procurará ir mais longe. Seria uma filosofia abominável demais aquela em que as ações virtuosas causassem embaraço, em que somente atribuindo-lhes intenções baixas e motivos sem virtude nos saíssemos de apuros, em que fôssemos forçados a aviltar Sócrates e a caluniar Régulo. Se um dia tais doutrinas pudessem germinar entre nós, a voz da natureza, assim como a da razão, se ergueria imediatamente contra elas e nunca deixaria a um só de seus adeptos a desculpa de sê-lo de boa-fé.

Não tenho o intento de entrar aqui em discussões metafísicas que estão além de meu alcance e do vosso, e que, no fundo, não levam a nada. Já vos disse que não queria filosofar convosco, mas vos ajudar a consultar vosso coração. Ainda que todos os filósofos vos provassem que estou enganado, se sentis que tenho razão, isso é tudo que desejo.

Para isso, basta fazer com que distingais nossas ideias adquiridas de nossos sentimentos naturais; pois sentimos antes de conhecer, e assim como não aprendemos a querer nosso bem e a fugir de nosso mal, mas recebemos essa vontade da natureza, da mesma forma o amor ao bom e o ódio ao mau nos são tão naturais quanto o amor a nós mesmos. Os atos da consciência não constituem julgamentos, mas sentimentos; embora nossas ideias nos venham de fora, os sentimentos que as apreciam estão dentro de nós, e é apenas por meio deles que conhecemos a conveniência ou desconveniência que existe entre nós e as coisas que devemos procurar ou das quais devemos fugir.

Existir, para nós, é sentir; nossa sensibilidade é incontestavelmente anterior a nossa inteligência, e tivemos sentimentos antes das ideias. Seja qual for a causa de nosso ser, ela atendeu a nossa conservação, dando-nos sentimentos convenientes a nossa natureza, e não poderíamos negar que eles, pelo menos, sejam inatos. Tais sentimentos são, quanto ao indivíduo, o temor da dor, o horror à morte, o desejo do bem-estar. Mas se, como não se pode duvidar, o homem é sociável por sua natureza, ou pelo menos feito tornar-se assim, ele não pode sê-lo senão por outros sentimentos inatos, relativos a sua espécie; pois, considerando-se apenas a necessidade física, esta deve certamente dispersar os homens, em vez de aproximá-los. Ora, é do sistema moral formado por esta dupla relação consigo mesmo e com seus semelhantes que nasce o impulso da consciência. Conhecer o bem não é amá-lo; o homem não tem dele um conhecimento inato; mas, assim que a razão faz com que o conheça, sua consciência o leva a amá-lo: é esse sentimento que é inato.

Não creio, portanto, meu amigo, que seja impossível explicar, por meio de consequências de nossa natureza, o princípio imediato da consciência independente da própria razão; ainda que fosse impossível, isso não seria necessário, pois, na medida em que aqueles que negam esse princípio admitido e reconhecido por todo o gênero humano não provam que ele não existe, mas se contentam em afirmá-lo, quando afirmamos que existe estamos tão bem fundamentados quanto eles e contamos, ademais, com o testemunho interior e com a voz da consciência, que depõe em seu próprio favor. Se os primeiros vislumbres do juízo nos ofuscam e confundem inicialmente os objetos a nossos olhares, esperemos que nossos fracos olhos voltem a se abrir e a se fortalecer, e logo tornaremos a ver esses mesmos objetos à luz da razão, tais como no-los mostrava inicialmente a natureza; ou, antes, sejamos mais simples e menos presunçosos; limitemo-nos aos primeiros sentimentos que encontramos em nós mesmos, pois é sempre a eles que o estudo nos leva quando não nos desencaminha.

Consciência, consciência! Instinto divino, imortal e celeste voz, guia seguro de um ser ignorante e limitado, mas inteligente e livre; juiz infalível do bem e do mal, que tornas o homem semelhante a Deus: és tu que fazes a excelência de sua natureza e a moralidade de suas ações; sem tu, não sinto nada em mim que me eleve acima dos animais, senão o triste privilégio de me perder, de erros em erros, com a ajuda de um entendimento desregrado e de uma razão sem princípio.

Graças aos céus, eis-nos livres de todo esse assustador aparato de filosofia; podemos ser homens sem sermos eruditos; dispensados de consumir nossa vida com o estudo da moral, temos, a um custo menor, um guia mais seguro neste dédalo imenso das opiniões humanas. Mas não basta que esse guia exista, é preciso saber reconhecê-lo e segui-lo. Se ele fala a todos os corações, por que então são tão poucos os que o ouvem? Ah, é que nos emprega conosco a língua da natureza, que tudo nos fez esquecer. A consciência é tímida, ama o retiro e a paz; o mundo e o barulho a apavoram, os preconceitos dos quais a fazem nascer são seus mais cruéis inimigos; foge ou se cala diante deles; sua voz ruidosa abafa a dela e a impede de fazer-se ouvir; o fanatismo ousa simulá-la e ditar o crime em seu nome. Ela finalmente se desencoraja, à força de ser repelida. Não nos fala mais; não nos responde mais, e, após tamanhos desprezos por ela, custa tanto chamá-la de volta quando custou bani-la.

Quantas vezes me cansei, em minhas buscas, da frieza que sentia em mim! Quantas vezes a tristeza e o tédio, derramando seu veneno em minhas primeiras meditações, as tornaram insuportáveis! Meu coração árido conferia apenas um zelo lânguido e morno ao amor da verdade. Eu me dizia: por que me atormentar em procurar o que não é? O bem moral é apenas uma quimera; não há nada de bom além dos prazeres dos sentidos. Ó, uma vez perdido o gosto pelos prazeres da alma, como é difícil readquiri-lo! Como é mais difícil ainda adquiri-lo quando nunca o tivemos! Se existisse um homem miserável o bastante para não ter feito, em toda sua vida, nada cuja lembrança o deixasse satisfeito consigo mesmo e bastante contente por ter vivido, tal homem seria incapaz de vir a se conhecer, e por não sentir a bondade que convém a sua natureza permaneceria forçosamente mau e seria eternamente infeliz; mas acreditais que exista, na Terra inteira, um único homem depravado o bastante para nunca ter entregue seu coração à tentação de agir bem? Tal tentação é tão natural e tão doce que é impossível resistir-lhe para sempre, e a lembrança do prazer que ela produziu uma vez basta para sempre tornar a chamá-la. Infelizmente, ela é a princípio difícil de satisfazer; temos mil razões para recusarmos a inclinação de nossos corações; a falsa prudência a restringe aos limites do *eu* humano; são necessários mil esforços de coragem para ousar ultrapassá-los. Sentir prazer ao agir bem é a recompensa por ter agido bem, e tal prêmio somente se obtém após tê-lo merecido. Nada é mais amável que a virtude, mas é preciso desfrutá-la para assim considerá-la. Quando se deseja abraçá-la, ela assume primeiro, assim como o Proteus da fábula, mil formas assustadoras, e não se revela enfim sob a sua senão aos que não desistiram.

Continuamente combatido por meus sentimentos naturais, que falavam pelo interesse comum, e por minha razão, que relacionava tudo a mim, eu teria flutuado por toda minha vida nessa contínua alternância, fazendo o mal, amando o bem, e sempre contrário a mim mesmo, se novas luzes não tivessem iluminado meu coração, se a verdade que fixou minhas opiniões ainda não tivesse firmado minha conduta e me posto de acordo comigo mesmo. Por mais que queiramos estabelecer a verdade apenas pela razão, que base sólida lhe podemos dar? A virtude, dizem, é o amor à ordem; mas então tal amor pode, e deve, prevalecer, em mim, sobre o de meu bem-estar? Que me deem uma razão clara e suficiente para preferi-lo. No fundo, seu pretenso princípio é um puro trocadilho, pois, quanto a mim, digo também que o vício é o amor à ordem, tomado num sentido diferente. Sempre há alguma ordem moral onde há sentimento e inteligência. A diferença é que o bom se ordena em relação ao todo, enquanto o mau ordena o todo em relação a si. Este faz de si mesmo o centro de todas as coisas, enquanto aquele mede seu raio e se mantém na circunferência. Então, é ordenado em relação a todos os círculos concêntricos que são as criaturas. Se a Divindade não é, apenas o homem mau raciocina, e o bom é apenas um insensato.

Ó, meu filho! Se pudésseis um dia sentir de que peso somos aliviados quando, após termos esgotado a vaidade das opiniões humanas e provado a amargura das paixões, encontramos enfim tão perto de nós o caminho da sabedoria, a recompensa pelos trabalhos desta vida e a fonte da felicidade que não esperávamos mais encontrar. Todos os deveres da lei natural, praticamente apagados de meu coração pela injustiça dos homens, são mais uma vez traçados nele em nome da eterna justiça que os impõe e que me vê cumpri-los. Já não sinto mais em mim senão a obra e o instrumento do grande Ser que deseja o bem, que o faz e que fará o meu pelo concurso de minhas vontades com as suas, e pelo bom uso de minha liberdade; aquiesço à ordem que ele estabelece, certo de que eu mesmo um dia gozarei de tal ordem e de que nela encontrarei minha felicidade; pois há felicidade mais doce que a de se sentir ordenado num sistema em que tudo está bem? Sujeito à dor, suporto-a com paciência, acreditando que é passageira e que vem de um corpo que não me pertence. Se realizo uma boa ação sem testemunhas, sei que é vista e registro para a outra vida minha conduta nesta. Ao sofrer uma injustiça, digo a mim mesmo: o Ser justo que tudo rege saberá me compensar por isto; as necessidades de meu corpo, as misérias de minha vida me tornam a ideia da morte mais suportável. Serão tantos laços a menos para romper quando for necessário abandonar tudo.

Por que minha alma está submetida a meus sentidos e acorrentada a este corpo que a sujeita e a embaraça? Não sei nada a respeito; penetrei, por acaso, os decretos de Deus? Posso, porém, sem temeridade, formar modestas conjeturas.

Digo-me: se o espírito do homem tivesse permanecido livre e puro, que mérito ele teria em amar e seguir a ordem que visse estabelecida e que não tivesse qualquer interesse em perturbar? Seria feliz, é verdade; mas faltaria a sua felicidade o grau mais sublime, a glória da virtude e o bom testemunho de si; seria apenas como os anjos, e certamente o homem virtuoso será algo mais que eles. Unida a um corpo mortal por laços não menos poderosos que incompreensíveis, a alma é estimulada, pelo cuidado com a conservação deste corpo, a relacionar tudo a ele, e este lhe dá um interesse contrário à ordem geral que ela é, no entanto, capaz de ver e amar; é então que o bom uso de sua liberdade se torna, ao mesmo tempo, mérito e recompensa, e que ela prepara para si uma felicidade inalterável, combatendo suas paixões terrestres e mantendo-se em sua vontade primitiva.

Se, mesmo no estado de rebaixamento em que nos encontramos durante esta vida, todas as nossas primeiras inclinações são legítimas, e se todos os nossos vícios vêm de nós mesmos, por que lamentamos sermos subjugados por eles? Por que censuramos o Autor das coisas pelos males que nos fazemos e pelos inimigos que armamos contra nós mesmos? Ah! Não estraguemos o homem; ele será sempre bom sem sofrimento e sempre feliz sem remorso! Os culpados que se dizem forçados ao crime são tão mentirosos quanto maus; como não veem que a fraqueza de que se queixam é obra sua, que sua primeira depravação vem de sua vontade e que, à força de quererem ceder a suas tentações, acabam cedendo a estas contra sua vontade e tornando-as irresistíveis? Certamente, não depende mais deles que não sejam maus e fracos; mas dependeu deles que não se tornassem assim. Ó, como permaneceríamos facilmente senhores de nós mesmos e de nossas paixões, mesmo durante esta vida, se, quando nossos hábitos ainda não estivessem adquiridos, quando nosso espírito começasse a se abrir, soubéssemos ocupá-lo com os objetos que deve conhecer para apreciar os que não conhece; e se quiséssemos sinceramente nos esclarecer, não para brilhar aos olhos dos outros, mas para sermos bons e sábios segundo nossa natureza, para nos tornarmos felizes cumprindo nossos deveres! Esse estudo nos pareceria tedioso e penoso, pois somente pensamos nele já corrompidos pelo vício, já entregues a nossas paixões. Fixamos nossos juízos e nossa estima antes de conhecermos o bem e o mal, e então, conformando tudo a essa falsa medida, não damos a nada seu justo valor.

Existe uma idade em que o coração, ainda livre, mas ardente, inquieto e ávido da felicidade que não conhece, a procura com curiosa incerteza e, enganado pelos sentidos, se fixa finalmente em sua imagem vã e acredita encontrá-la onde não está. Essas ilusões duraram em demasia para mim. Infelizmente, eu as descobri tarde demais e não pude destruí-las por completo; durarão tanto quanto este corpo mortal que as causa. Pelo menos, por mais que me seduzam, elas não me enganam mais: conheço-as tais como são; ao segui-las, eu as desprezo. Longe de ver nelas o objeto de minha felicidade, vejo um obstáculo. Anseio pelo momento em que, livre dos entraves do corpo, serei *eu* sem contradições, sem divisões, e precisarei apenas de mim para ser feliz: enquanto isso, já o sou nesta vida, pois dou pouca importância a todos os males, vejo a vida como quase estranha a meu ser e todo o verdadeiro bem que posso extrair dela depende de mim.

Para elevar-me antecipadamente, tanto quanto possível, a esse estado de felicidade, de força e de liberdade, dedico-me às sublimes contemplações. Medito sobre a ordem do universo, não para explicá-la por meio de sistemas vãos, mas para continuamente admirá-la, para adorar o sábio Autor que nela se faz sentir. Converso com ele, imbuo todas minhas faculdades de sua divina essência; enterneço-me com suas mercês, abençoo-o por suas dádivas, mas não lhe suplico; o que eu lhe pediria? Que alterasse para mim o curso das coisas, que fizesse milagres em meu favor? Eu, que devo amar, acima de tudo, a ordem estabelecida por sua sabedoria e mantida por sua providência, desejaria que essa ordem fosse perturbada para mim? Não, tal desejo temerário mereceria ser antes punido que satisfeito. Tampouco lhe peço o poder de agir bem; por que pedir-lhe o que já me deu? Não me deu a consciência para amar o bem, a razão para conhecê-lo e a liberdade para escolhê-lo? Se faço o mal, não tenho nenhuma desculpa; faço-o porque quero; pedir-lhe que altere minha vontade é pedir-lhe o que me pede; é querer que faça meu trabalho, e que eu receba o salário; não estar satisfeito com meu estado é não querer mais ser homem, é querer outra coisa além do que é, é querer a desordem e o mal. Fonte de justiça e de verdade, Deus clemente e bom, em minha confiança em ti, o supremo desejo de meu coração é que tua vontade seja feita. Acrescentando-lhe a minha, faço o que fazes, aquiesço a tua bondade; acredito partilhar antecipadamente da suprema felicidade que é recompensa disso.

Na justa desconfiança de mim mesmo, a única coisa que lhe peço, ou melhor, que espero de sua justiça é que corrija meu erro, caso eu me desencaminhe e meu erro me seja perigoso. Sendo de boa-fé, não me vejo infalível. Minhas opiniões, que me parecem as mais verdadeiras, podem constituir tantas mentiras; pois que homem não sustenta as suas, e quantos homens concordam em tudo? Por mais que a ilusão que me engana venha de mim, apenas ele pode curar-me dela. Fiz o que pude para alcançar a verdade, mas sua fonte é elevada demais: quando me faltam forças para ir além, de que posso ser culpado? Cabe a ela se aproximar.

O BOM PADRE falara com veemência; estava comovido, eu o estava também. Eu acreditava ouvir o divino Orfeu cantar os primeiros hinos e ensinar aos homens o culto dos deuses. Entretanto, eu via muitas objeções a lhe serem feitas; não fiz nenhuma, pois eram menos sólidas que embaraçantes e ele tinha a persuasão a seu lado. À medida que me falava segundo sua consciência, a minha parecia me confirmar o que dissera.

Os sentimentos que acabais de me expor, disse-lhe, me parecem mais novos pelo que admitis ignorar do que por aquilo em que dizeis acreditar. Vejo neles, com algumas poucas diferenças, o teísmo ou a religião natural, que os cristãos fingem confundir com o ateísmo ou a irreligião, que é a doutrina diretamente oposta. Mas no estado atual de minha fé, tenho mais a remontar que a descer para adotar vossas opiniões, e me parece difícil permanecer precisamente no ponto em que estais, a menos que eu fosse tão sábio quanto vós. Para ser pelo menos tão sincero, desejo refletir. É o sentimento interior que deve me conduzir a vosso exemplo, e vós mesmos me ensinastes que, após ter-lhe imposto por muito tempo o silêncio, tornar a chamá-lo não é mais algo que se resolva num momento. Levo vossas palavras em meu coração, tenho de meditar sobre elas. Se, após ter bem refletido, eu continuar tão convencido quanto vós a seu respeito, sereis meu último apóstolo, e serei vosso prosélito até a morte. Continuai, entretanto, a instruir; dissestes-me apenas a metade do que devo saber. Falai-me da revelação, das escrituras, desses dogmas obscuros com base nos quais tenho vagueado desde minha infância, sem poder concebê-los nem acreditar neles, e sem saber admiti-los nem rejeitá-los.

Sim, meu filho, disse-me ao me abraçar, terminarei de vos dizer o que penso; não desejo abrir-vos meu coração pela metade. Mas o desejo que manifestais era necessário para autorizar-me a não ter nenhuma reserva convosco. Não vos disse nada até aqui que não acreditasse vos ser útil e de que não estivesse intimamente persuadido. O exame que me resta a fazer é bem diferente; vejo nele apenas embaraço, mistério, obscuridade; encaro-o apenas com incerteza e desconfiança. Resolvo-me apenas tremendo, e vos enuncio antes minhas dúvidas que minha opinião. Se vossos sentimentos fossem mais estáveis, eu hesitaria em vos expor os meus; mas, no estado em que estais, ser-vos-á benéfico pensar como eu.[43] De resto, dai a minhas palavras apenas a autoridade da razão; ignoro se estou enganado. É difícil, quando conversamos, não adotar, por vezes, o tom afirmativo; lembrai-vos, porém, de que, aqui, todas minhas afirmações constituem apenas razões para duvidar. Procurai vós mesmos a verdade; quanto a mim, prometo-vos apenas boa-fé.

---

43. Eis, penso, o que o bom vigário poderia hoje dizer ao público.

Vedes em minha exposição apenas a religião natural. É bastante estranho que seja necessário outra! De que modo conhecerei tal necessidade? De que posso ser culpado, servindo Deus segundo as luzes que dá a meu espírito e segundo os sentimentos que inspira a meu coração? Que pureza de moral, que dogma útil ao homem e honroso a seu Autor posso extrair de uma doutrina positiva que não possa extrair, na ausência desta, do bom uso de minhas faculdades? Mostrai-me o que se pode acrescentar, para a glória de Deus, para o bem da sociedade e para minha própria vantagem, aos deveres da lei natural e que virtude fareis nascer de um novo culto que não seja uma consequência do meu. As maiores ideias da Divindade nos vêm apenas pela razão. Vede o espetáculo da natureza, escutai a voz interior. Não disse Deus tudo a nossos olhos, a nossa consciência, a nosso juízo? O que os homens nos dirão a mais? Suas revelações apenas degradam Deus, conferindo-lhe paixões humanas. Observo que, longe de esclarecerem as noções do grande Ser, os dogmas particulares as emaranham; que, longe de enobrecê-las, eles as aviltam; que, aos mistérios inconcebíveis que o cercam, acrescentam contradições absurdas; que tornam o homem altivo, intolerante e cruel; e que, em vez de estabelecerem paz na Terra, levam-lhe ferro e fogo. Pergunto-me para que serve tudo isso, sem saber responder. Vejo nisso apenas os crimes dos homens e as misérias de gênero humano.

Dizem-me que era preciso uma revelação para ensinar aos homens a maneira como Deus desejava ser servido; apresenta-se como prova a diversidade dos cultos estranhos que eles instituíram, e não se percebe que essa própria diversidade vem da fantasia das revelações. Assim que os povos decidiram fazer com que Deus falasse, cada um o fez falar a sua maneira e o fez dizer o que quis. Se tivessem escutado apenas o que Deus diz ao coração do homem, nunca teria havido mais que uma religião na Terra.

Era preciso um culto uniforme, posso aceitá-lo; mas era então esse ponto tão importante que foi preciso todo o aparato do poder divino para estabelecê-lo? Não confundamos o cerimonial da religião com a religião. O culto que Deus pede é o do coração; e este, se sincero, é sempre uniforme; é preciso ter uma vaidade bastante considerável para imaginar que Deus tenha tão grande interesse pela forma da vestimenta do sacerdote, pela ordem das palavras que pronuncia, pelos gestos que faz no altar e por todas suas genuflexões. Ah, meu amigo, mantém-te em pé; estarás sempre perto o bastante da terra. Deus deseja ser adorado em espírito e em verdade; esse dever é o de todas as religiões, de todos os países, de todos os homens. Quanto ao culto exterior, se deve ser uniforme para a boa ordem, trata-se puramente de uma questão de polícia; não há necessidade de qualquer revelação para isso.

Não comecei por todas essas reflexões. Arrastado pelos preconceitos da educação e por esse perigoso amor-próprio que deseja sempre conduzir o homem acima de sua esfera, não podendo elevar minhas fracas concepções até o grande Ser, esforçava-me por rebaixá-lo a mim. Aproximava as relações infinitamente distantes que ele introduziu entre sua natureza e a minha. Eu desejava comunicações mais imediatas, instruções mais particulares, e, não satisfeito em fazer Deus semelhante ao homem, eu desejava, para ser eu mesmo privilegiado entre meus semelhantes, luzes sobrenaturais; desejava um culto exclusivo, desejava que Deus me tivesse dito o que não dissera a outros, ou que outros não tivessem entendido como eu.

Encarando o ponto que eu alcançara como o ponto comum de onde partiam todos os crentes para chegar a um culto mais esclarecido, eu encontrava na religião natural apenas os elementos de todas as religiões. Eu considerava essa diversidade de seitas que reinam na Terra e que se acusam mutuamente de mentira e de erro, e perguntava: "Qual é a certa?" Cada qual me respondia: "É a minha";[44] cada um dizia: "Apenas eu e meus partidários pensamos corretamente, os demais estão enganados". "E como sabeis que vossa seita é a certa?" "Porque Deus mo disse." "E quem vos diz que Deus o disse?" "Meu pastor, que realmente o sabe. Meu pastor me diz para acreditar nisso, e nisso acredito; garante-me que todos aqueles que dizem algo diferente mentem, e não os escuto."

Quê! pensei, a verdade não é única, e o que é verdade aqui onde vivo pode ser falso onde viveis. Se o método daquele que segue o caminho certo é o mesmo daquele que se desencaminha, que mérito ou que erro um tem a mais que outro? Sua escolha é efeito do acaso, imputar-lhas é uma iniquidade; é recompensar ou punir por terem nascido num país ou noutro. Ousar dizer que Deus nos julga assim é ultrajar sua justiça.

---

44. "Todos", disse um bom e sábio padre, "dizem que a receberam, e que nela acreditam (e todos empregam este jargão), não dos homens nem de nenhuma criatura, mas de Deus. Mas, para dizer a verdade, sem iludir nem disfarçar nada, isso não é correto; a despeito do que se diga, elas se recebem de mãos e de meios humanos; constitui prova disso, primeiramente, a maneira como as religiões foram recebidas no mundo e ainda o são, todos os dias, pelos particulares: a nação, o país, o local atribuem a religião; seguimos aquela mantida no local em que nascemos e em que fomos educados; somos circuncidados, batizados, judeus, maometanos, cristãos, antes de sabermos que somos homens; a religião não é de nossa escolha e eleição; constituem, em seguida, prova disso a vida e os costumes, tão mal conciliados com a religião; constitui prova o fato de que, por ocasiões humanas e bem leves, age-se contra o teor de sua religião." Charron, Da sabedoria, L. II, cap. 5, p. 257. Bordeaux: Edition de Bordeaux, 1601. Tudo indica que a sincera profissão de fé do virtuoso teologal de Condom não teria sido muito diferente da do vigário saboiano. [Pierre Charron, 1541-1603, autor do trecho aqui citado, exerceu o cargo de teologal em diversas cidades da França, como Condom, o que explica a denominação que Rousseau lhe dá. Muito influenciado por Montaigne, seu tratado sobre a sabedoria, publicado em 1601, exerceu forte influência sobre o autor do Emílio. (N.T.)]

Ou todas as religiões são boas e agradam a Deus, ou, se há uma que ele prescreva aos homens, punindo-os por desconhecê-la, ele lhes deu sinais certos e manifestos para ser identificada e conhecida como a única verdadeira. Esses sinais são, em todas as épocas e em todos os lugares, igualmente sensíveis a todos os homens, grandes e pequenos, eruditos ou ignorantes, europeus, indianos, africanos, selvagens. Se houvesse uma religião na Terra fora da qual existisse apenas sofrimento eterno e se, em algum lugar do mundo, um único mortal de boa-fé não tivesse sido exposto a sua evidência, o Deus de tal religião seria o mais iníquo e o mais cruel dos tiranos.

Procuramos, portanto, sinceramente a verdade? Não concedamos nada ao direito do nascimento e à autoridade dos pais e dos pastores, mas relembremos ao exame da consciência e da razão tudo que nos ensinaram desde nossa infância. Podem gritar o tanto quanto quiserem: "Submete tua razão". O mesmo pode ser dito por quem me engana; necessito de razões para submeter minha razão.

Toda a teologia que posso adquirir por mim mesmo pela inspeção do universo e pelo bom uso de minhas faculdades se limita ao que já vos expliquei anteriormente. Para saber mais a respeito, é preciso recorrer a meios extraordinários. Esses meios não poderiam constituir a autoridade dos homens, pois, não sendo nenhum homem de outra espécie senão da minha, tudo que um homem conhece naturalmente eu também posso conhecer, e outro homem pode enganar-se tanto quanto eu: quando acredito no que diz, não é porque o diz, mas porque o prova. O testemunho dos homens é, no fundo, apenas o da própria razão e não acrescenta nada aos meios naturais que Deus me deu para conhecer a verdade.

Apóstolo da verdade, o que tendes então a me dizer que eu não possa julgar por mim mesmo? "Deus, ele próprio, falou; escutai sua revelação." Isso é diferente. Deus falou! Eis, por certo, grandes palavras. E a quem falou? "Falou aos homens." Por que então não ouvi nada? "Ele encarregou outros homens de vos transmitir sua palavra." Entendo: são homens que vão me dizer o que Deus disse. Preferiria ter ouvido o próprio Deus; isso não lhe teria custado nada a mais, e eu estaria protegido da sedução. "Ele vos protege dela ao manifestar a missão de seus enviados." Como? "Por meio de prodígios." E onde estão esses prodígios? "Em livros." E quem escreve esses livros? "Homens." E quem viu esses prodígios? "Homens que os atestam." Ora! Ainda testemunhos humanos? Sempre homens que me relatam o que outros homens relataram! Quantos homens entre Deus e eu! Vejamos, todavia; examinemos, comparemos, verifiquemos. Ó, se Deus tivesse se dignado a dispensar-me de todo esse trabalho, tê-lo-ia servido com menos boa vontade?

Considerai, meu amigo, em que terrível discussão me vejo envolvido; de que imensa erudição tenho necessidade para remontar às mais altas antiguidades; para examinar, pesar, confrontar as profecias, as revelações, os fatos, todos os monumentos de fé propostos em todos os países do mundo, para identificar suas épocas, seus locais, seus autores, suas circunstâncias! Que exatidão de crítica me é necessária para distinguir as peças autênticas das peças supostas; para comparar as objeções às respostas, as traduções aos originais; para julgar a imparcialidade das testemunhas, seu bom senso, suas luzes; para saber se nada foi omitido, acrescentado, transposto, alterado ou falsificado; para suprimir contradições que permanecem; para julgar o peso que deve ter o silêncio dos adversários nos fatos alegados contra eles; se tiveram conhecimento de tais alegações; se lhes deram atenção suficiente para dignarem-se a respondê-las; se os livros eram suficientemente comuns para que os nossos chegassem até eles; se tivemos boa-fé suficiente para circular os seus entre nós e para preservar suas mais fortes objeções tais como as haviam feito.

Uma vez todos esses monumentos reconhecidos como incontestáveis, é preciso passar, em seguida, para as provas da missão de seus autores; é preciso realmente conhecer as leis do acaso e as probabilidades eventuais para julgar que predição não pode concretizar-se sem milagre; o gênio das línguas originais para distinguir o que é predição nessas línguas e o que é apenas figura oratória; que fatos estão na ordem da natureza e que outros não estão, para dizer até que ponto um homem hábil pode fascinar os olhos dos simples e pode surpreender até mesmos as pessoas esclarecidas; procurar de que espécie um prodígio deve ser e que autenticidade deve possuir, não somente para que acreditem nele mas para que sejamos puníveis por duvidarmos dele; comparar as provas dos verdadeiros e falsos prodígios e encontrar as regras seguras para distingui-los; dizer, finalmente, por que Deus escolheu, para atestar sua palavra, meios que também têm grande necessidade de atestação, como se zombasse da credulidade dos homens e evitasse intencionalmente os verdadeiros meios de persuadi-los.

Suponhamos que a majestade divina se digne a rebaixar-se o bastante para fazer de um homem o órgão de suas vontades sagradas; é razoável, é justo exigir que todo o gênero humano obedeça à voz desse ministro sem fazer com que ele o conheça como tal? Há equidade em dar-lhe como únicas credenciais alguns sinais particulares feitos diante de poucas pessoas desconhecidas e dos quais todos os demais homens nunca saberão nada senão por ouvir dizer? Em todos os países do mundo, se considerássemos verdadeiros todos os prodígios que o povo e os simples dizem ter visto, toda seita seria a certa, haveria mais prodígios que acontecimentos naturais e o maior de todos os milagres seria que, onde há fanáticos perseguidos, não houvesse nenhum milagre. É a ordem inalterável da natureza que revela melhor o Ser supremo; se houvesse muitas exceções, não saberia mais o que pensar a respeito. Quanto a mim, acredito demais em Deus para acreditar em tantos milagres tão pouco dignos dele.

Que um homem venha empregar estas palavras: "Mortais, anuncio-vos a vontade do Altíssimo; reconhecei, pela minha voz, aquele que me envia. Ordeno ao sol que altere seu curso, às estrelas que formem outro arranjo, às montanhas que se aplanem, às ondas que se ergam, à Terra que assuma outro aspecto". Diante dessas maravilhas, quem não reconhecerá num instante o senhor da natureza? Esta não obedece aos impostores; os milagres destes se fazem em cruzamentos, em desertos, em quartos, e é aí que dominam um pequeno número de espectadores já dispostos a acreditar em tudo. Quem ousará me dizer quantas testemunhas oculares são necessárias para tornar um prodígio digno de fé? Se vossos próprios milagres, feitos para provar vossa doutrina, precisam ser provados, para que servem? Melhor seria não fazer nenhum.

Resta, por fim, o exame mais importante na doutrina anunciada; pois, na medida em que os que dizem que Deus faz milagres aqui na Terra pretendem que o diabo por vezes os imita, com os prodígios mais atestados não avançamos mais que antes; e como os magos do Faraó ousavam, até mesmo na presença de Moisés, reproduzir os mesmos sinais que este fazia por ordem expressa de Deus, por que, em sua ausência, não teriam, ao mesmo título, pretendido à mesma autoridade? Assim, após ter provado a doutrina pelo milagre, é preciso provar o milagre pela doutrina,[45] temendo tomar a obra do demônio pela obra de Deus. Que pensais desse dialelo?[46]

---

45. Isto está claro em mil partes da Escritura e, entre outras, no *Deuteronômio*, capítulo XIII, onde está dito que, se um profeta, anunciando deuses estrangeiros, confirma seus discursos por meio de prodígios e tudo que prediz acontece, longe de ter qualquer consideração por ele, deve-se matar tal profeta. Quando então os pagãos matavam os apóstolos, anunciando-lhes um deus estrangeiro e provando sua missão por meio de predições e milagres, não vejo o que se tinha de sólido para lhes objetar que não pudessem imediatamente retorquir contra nós. Ora, o que fazer em semelhante caso? Uma única coisa: retornar ao raciocínio e deixar os milagres para trás. Melhor teria sido não recorrer a eles. Trata-se aqui do mais simples bom senso, que somente obscurecemos à força de distinções, no mínimo, muito sutis. Sutilezas no cristianismo! Mas estava então Jesus Cristo errado ao prometer o reino dos céus aos simples? Estava errado ao começar o mais belo de seus discursos felicitando os pobres de espírito, se é preciso tanto espírito para entender sua doutrina e para aprender a acreditar nele? Quando me tiverdes provado que devo me submeter, tudo estará bem; mas, para prová-lo, colocai-vos a meu alcance; medi vossos raciocínios segundo a capacidade de um pobre de espírito, ou não reconheço mais em vós o verdadeiro discípulo de vosso mestre, e não é sua doutrina que me anunciais.

46. Dialelo: paralogismo por meio do qual a prova de uma proposição se faz por uma segunda proposição, que, por sua vez, somente se prova pela primeira, gerando um círculo vicioso. (N.T.)

Proveniente de Deus, essa doutrina deve trazer o caráter sagrado da Divindade; não somente deve esclarecer as ideias confusas que o raciocínio traça em nosso espírito como também deve nos propor um culto, uma moral e máximas convenientes aos únicos atributos pelos quais concebemos sua essência. Se, portanto, ela nos ensinasse apenas coisas absurdas e sem razão; se nos inspirasse apenas sentimentos de aversão por nossos semelhantes e de temor por nós mesmos; se retratasse somente um Deus colérico, invejoso, vingador, parcial, odiando os homens, um Deus da guerra e dos combates sempre pronto para destruir e fulminar, sempre falando em tormentos, em sofrimentos e vangloriando-se por punir até mesmo os inocentes, meu coração não seria atraído por esse Deus terrível, e eu me absteria de deixar a religião natural para abraçar esta; pois podeis ver que se teria necessariamente de optar. Vosso Deus não é o nosso, eu diria a seus sectários. Aquele que começa escolhendo para si um único povo e proscrevendo o restante do gênero humano não é o pai comum dos homens; aquele que destina ao suplício eterno o maior número de suas criaturas não é o Deus clemente e bom que minha razão me mostrou.

A respeito dos dogmas, ela me diz que devem ser claros, brilhantes e admiráveis por sua evidência. Se a religião natural é insuficiente, é pela obscuridade que deixa nas grandes verdades que nos ensina: cabe à revelação nos ensinar essas verdades de maneira sensível ao espírito do homem, colocá-las a seu alcance, fazer com que ele as conceba de modo a acreditar nelas. A fé se adquire e se consolida pelo entendimento, a melhor de todas as religiões é infalivelmente a mais clara; aquele que recheia de mistérios e de contradições o culto que prega me ensina, por esse mesmo meio, a desconfiar dele. O Deus que adoro não é um Deus de trevas, não me dotou de um entendimento para proibir-me de empregá-lo; mandar-me submeter minha razão é ultrajar seu Autor. O ministro da verdade não tiraniza minha razão; ele a esclarece.

Nós deixamos de lado toda autoridade humana, e, sem ela, eu não poderia ver como pode um homem convencer outro, pregando-lhe uma doutrina insensata. Deixemos, por um momento, estes dois homens se confrontarem e vejamos o que poderão dizer um ao outro nesta aspereza de linguagem ordinária aos dois partidos.

O Inspirado

A razão vos ensina que o todo é maior que sua parte; mas eu vos ensino, em nome de Deus, que a parte é maior que o todo.

O Raciocinador

E quem sois para ousar dizer-me que Deus se contradiz? E em quem acreditarei preferencialmente: nele que me ensina por meio da razão as verdades eternas, ou em vós que me anunciais, em seu nome, um absurdo?

O Inspirado

Em mim, pois minha instrução é mais positiva, e vou provar-vos irrefutavelmente que é ele que me envia.

O Raciocinador

Como! Provar-me-eis que é Deus que vos envia para depor contra ele? E de que gênero serão vossas provas para me convencer de que é mais certo que Deus fala comigo por vossa boca do que pelo entendimento que me deu?

O Inspirado

O entendimento que vos deu! Homem baixo e fútil! Como se fôsseis o primeiro ímpio a se perder em sua razão corrompida pelo pecado!

O Raciocinador

Homem de Deus, tampouco seríeis o primeiro patife a oferecer sua arrogância como prova de sua missão.

O Inspirado

Quê! Os filósofos também pronunciam injúrias?

O Raciocinador

Por vezes, quando os santos lhes dão o exemplo.

O Inspirado

Ó! Quanto a mim, tenho o direito de dizê-las; falo em nome de Deus.

O Raciocinador

Seria bom apresentar vossos títulos antes de exercer vossos privilégios.

O Inspirado

Meus títulos são autênticos. A Terra e os céus testemunharão em meu favor. Peço que acompanheis bem meus raciocínios.

O Raciocinador

Vossos raciocínios! Não pensais neles. Ensinar-me que minha razão me engana não é refutar o que ela me dirá sobre vós? Todo aquele que deseja recusar a razão deve convencer sem recorrer a ela. Pois suponhamos que, raciocinando, me tenhais convencido; como eu saberia que não é minha razão corrompida pelo pecado que me faz aquiescer ao que me dizes? Aliás, que prova, que demonstração podereis empregar que seja mais evidente que o axioma que ela deve destruir? É tão crível que um bom silogismo seja uma mentira quanto que a parte seja maior que o todo.

O Inspirado

Que diferença! Minhas provas não admitem réplica; são de ordem sobrenatural.

O Raciocinador

Sobrenatural! Que significa essa palavra? Não a compreendo.

O Inspirado

Mudanças na ordem da natureza, profecias, milagres, prodígios de toda espécie.

O Raciocinador

Prodígios, milagres! Nunca vi nada disso.

O Inspirado

Outros o viram por vós. Multidões de testemunhas... O testemunho dos povos...

O Raciocinador

O testemunho dos povos é de ordem sobrenatural?

O Inspirado

Não. Quando é unânime, contudo, é incontestável.

O Raciocinador

Não há nada mais incontestável que os princípios da razão, e não se pode autorizar uma absurdidade com base no testemunho dos homens. Mais uma vez, vejamos provas sobrenaturais, pois a atestação do gênero humano não prova nada.

O Inspirado

Ó, coração endurecido! A graça não fala convosco.

O Raciocinador

A culpa não é minha, pois, segundo vós, é preciso já ter recebido a graça para saber pedi-la. Começai, portanto, a falar-me em seu lugar.

O Inspirado

Ah, é o que faço, e não me escutais; mas o que dizeis das profecias?

O Raciocinador

Digo, primeiramente, que não ouvi mais profecias do que vi milagres. Digo, além disso, que nenhuma profecia poderia exercer autoridade sobre mim.

O Inspirado

Satélite do Demônio! E por que as profecias não exercem autoridade sobre vós?

O Raciocinador

Porque, para que o fizessem, seriam necessárias três coisas cujo concurso é impossível: que eu tivesse sido testemunha da profecia, que eu fosse testemunha do evento, e que me fosse demonstrado que tal evento não poderia corresponder fortuitamente à profecia. Pois, ainda que fosse mais precisa, mais clara e mais brilhante que um axioma de geometria, na medida em que a clareza de uma predição feita ao acaso não torna sua concretização impossível, tal concretização, quando ocorre, a rigor não prova nada em favor daquele que a prediz.

Vede, portanto, a que se reduzem vossas pretensas provas sobrenaturais, vossos milagres, vossas profecias: a acreditar em tudo isso com base na fé de outrem, e a submeter à autoridade dos homens a autoridade de Deus falando a minha razão. Se as verdades eternas que meu espírito concebe pudessem ser atingidas, não haveria mais para mim nenhuma espécie de certeza e, longe de estar certo de que me falais em nome de Deus, eu sequer estaria certo de sua existência.

Aí estão verdadeiras dificuldades, meu filho, e isso não é tudo. Entre tantas religiões diferentes que se proscrevem e se excluem mutuamente, apenas uma é a certa, se é que alguma o seja. Para reconhecê-la, não basta examinar uma, é preciso examiná-las todas, e, em qualquer matéria, não se deve condenar sem ouvir;[47] é preciso comparar as objeções às provas, é preciso saber o que cada um

---

47. Plutarco relata que os estoicos, entre outros estranhos paradoxos, sustentavam que, num julgamento contraditório, era inútil ouvir as duas partes; pois, diziam, ou o primeiro provou o que disse, ou não o provou. Se o provou, tudo está dito, e a parte contrária deve ser condenada; se não o provou, está errado e seu pedido deve ser indeferido. Penso que o método de todos aqueles que

opõe aos outros, e o que lhes responde. Quanto mais um sentimento nos parece demonstrado, mais devemos procurar em que se baseiam tantos homens para não considerá-lo assim. Seria preciso ser bastante simples para acreditar que basta ouvir os doutores de seu partido para instruir-se sobre as razões do partido contrário. Onde estão os teólogos que se vangloriam de ter boa-fé? Onde estão aqueles que, para refutar as razões de seus adversários, não começam por enfraquecê-las? Cada um brilha em seu partido, mas aquele que, em meio aos seus, tem orgulho de suas provas pareceria bastante tolo, com essas mesmas provas, entre pessoas de outro partido. Quereis instruir-vos com livros? Quanta erudição é preciso adquirir, quantas línguas é preciso aprender, quantas bibliotecas é preciso folhear, que imensa leitura é preciso fazer! Quem me guiará na escolha? Dificilmente se encontrarão num país os melhores livros do partido contrário e, com mais forte razão, os de todos os partidos; ainda que se encontrassem, seriam logo refutados. O ausente está sempre errado, e razões más ditas com segurança apagam facilmente as boas quando expostas com desprezo. Aliás, frequentemente nada é mais enganoso que os livros nem transmite com menos fidelidade os sentimentos daqueles que os escreveram. Quando quisestes julgar a fé católica a partir do livro de Bossuet,[48] contrariastes vossas expectativas após terdes vivido entre nós. Vistes que a doutrina com que se responde aos protestantes não é a que se ensina ao povo, e que o livro de Bossuet pouco se assemelha às instruções do sermão. Para julgar corretamente uma religião, não se deve estudá-la pelos livros de seus sectários, é preciso aprendê-la entre eles, e isso é muito diferente. Cada um tem suas tradições, seu sentido, seus costumes, seus preconceitos, que fazem o espírito de sua crença e que devem ser considerados para julgá-la.

Quantos grandes povos não imprimem livros e não leem os nossos! Como julgarão nossas opiniões? Como julgaremos as suas? Nós zombamos deles, eles nos desprezam, e, se nossos viajantes os ridicularizam, falta-lhes, para fazer o mesmo conosco, apenas viajar entre nós. Em que país não há pessoas sensatas, pessoas de boa-fé, pessoas honestas, amigos da verdade, que, para professá-la, procuram apenas conhecê-la? Entretanto, cada um a vê em seu culto e acredita serem absurdos os das demais nações. Esses cultos estrangeiros não são, portanto, tão extravagantes quanto nos parecem, ou a razão que encontramos nos nossos não prova nada.

---

admitem uma revelação exclusiva se assemelha muito ao dos estoicos. Assim que cada um pretende ser o único a ter razão, para escolher entre tantos partidos, é preciso escutá-los todos, ou ser injusto.

48. Jacques-Bénigne Bossuet (1627-1704) foi um clérigo e escritor francês, célebre por seu talento oratório. Aqui, Rousseau se refere especificamente a uma de suas obras, *Exposition de la doctrine de l'Église catholique sur les matières de controverse* (1671). (N.T.)

Temos três religiões principais na Europa. A primeira admite uma única revelação, a segunda admite duas e a terceira admite três. Cada uma detesta, amaldiçoa as duas outras, acusa-as de cegueira, de endurecimento, de obstinação, de mentira. Que homem imparcial ousará escolher entre elas se, primeiramente, não pesou bem suas provas nem escutou bem suas razões? A que admite apenas uma revelação é a mais antiga e parece ser a mais segura; a que admite três é a mais moderna e parece ser a mais consequente; a que admite duas e rejeita a terceira pode muito bem ser a melhor, mas certamente tem todos os preconceitos contra ela; a inconsequência salta aos olhos.

No caso das três revelações, os livros sagrados são escritos em línguas desconhecidas dos povos que as seguem. Os judeus não compreendem mais o hebreu; os cristãos não compreendem mais nem o hebreu nem o grego; nem os turcos nem os persas compreendem mais o árabe, e até mesmo os árabes modernos não falam mais a língua de Maomé. Não é esta uma maneira bastante simples de instruir os homens, falando-lhes sempre numa língua que não compreendem? "Traduzimos esses livros", dirão; boa resposta! Quem me garantirá que esses livros são fielmente traduzidos, ou mesmo que seja possível que o sejam? E quando Deus se dá o trabalho de falar aos homens, por que é preciso que tenha necessidade de intérprete?

Nunca conceberei que aquilo que todo homem é obrigado a saber esteja encerrado em livros, e que aquele que não tem a seu alcance nem esses livros nem pessoas que os entendam seja punido por uma ignorância involuntária. Ainda livros! Que mania. Por estar a Europa recheada de livros, os europeus os encaram como indispensáveis, sem imaginar que, em três quartos da Terra, eles nunca foram vistos. Não foram todos os livros escritos por homens? Como, então, teria o homem necessidade deles para conhecer seus deveres e de que meios dispunha para conhecê-los antes que esses livros fossem escritos? Ou ele aprenderá esses deveres por si mesmo ou está dispensado de conhecê-los.

Nossos católicos fazem muito alarde da autoridade da Igreja, mas o que ganham com isso se, para estabelecerem essa autoridade, necessitam de um conjunto tão grande de provas quanto as demais seitas para estabelecerem diretamente sua doutrina? A Igreja decide que a Igreja tem direito de decidir. Não é essa uma autoridade bem provada? Deixai isso para lá, entrais em todas nossas discussões.

Conheceis muitos cristãos que tenham se dado o trabalho de examinar com cuidado o que o judaísmo alega contra eles? Se alguns viram qualquer coisa a respeito, foi nos livros dos cristãos. Boa maneira de se instruir sobre as razões de seus adversários! Mas o que fazer? Se alguém ousasse publicar entre nós livros em que se favoreceria abertamente o judaísmo, puniríamos o autor, o editor e o livreiro.[49] Essa polícia é cômoda e segura para sempre ter razão. É prazeroso refutar pessoas que não ousam falar.

Aqueles de nós que têm a possibilidade de conversar com judeus estão pouco mais avançados. Os infelizes se sentem sob nossa discrição; a tirania que se exerce sobre eles os torna receosos; sabem o pouco que a injustiça e a crueldade custam à caridade cristã; o que ousarão dizer sem se exporem a nos fazer acusá-los de blasfêmia? A avidez nos dá zelo, e eles são ricos demais para não estarem errados. Os mais eruditos, os mais esclarecidos são sempre os mais cautelosos. Convertereis algum miserável pago para caluniar sua seita; fareis com que falem alguns vis plagiários, que aceitarão para vos agradar; triunfareis sobre sua ignorância ou sobre sua covardia enquanto seus doutores escarnecerão em silêncio de vossa inépcia. Mas acreditais que, nos lugares em que se sentissem em segurança, teriam sido tão facilmente dominados? Na Sorbonne, está claro como o dia que as predições do Messias se referem a Jesus Cristo. Entre os rabinos de Amsterdã, está igualmente claro que elas não têm nenhuma relação com ele. Nunca acreditarei ter realmente ouvido as razões dos judeus sem que tenham um Estado livre, escolas e universidades em que possam falar e debater sem riscos. Somente então poderemos saber o que têm a dizer.

Em Constantinopla, os turcos enunciam suas razões, mas não ousamos dizer as nossas; lá, é nossa vez de rastejar. Se os turcos exigem de nós o mesmo respeito por Maomé, em quem não acreditamos, que exigimos por Jesus Cristo dos judeus, que tampouco acreditam nele, os turcos estão errados e nós temos razão? Com base em que princípio equitativo resolveremos essa questão?

Dois terços do gênero humano não são nem judeus, nem maometanos, nem cristãos; e quantos milhões de homens nunca ouviram falar de Moisés, de Jesus Cristo ou de Maomé? Nega-se esse fato e sustenta-se que nossos missionários vão a todos os lugares. Logo vem a pergunta: mas eles vão até o coração da África ainda desconhecida e onde nenhum europeu jamais penetrou até hoje? Vão até a Tartária mediterrânea seguir a cavalo as hordas ambulantes das quais nenhum povo se aproxima e que, longe de terem ouvido falar do papa, mal conhecem o grande lama? Vão até os continentes imensos da América, onde

---

49. Entre mil fatos conhecidos, aqui está um que dispensa comentários. No século XVI, tendo os teólogos católicos condenado ao fogo todos os livros dos judeus sem distinção, o ilustre e erudito Reuchlin, consultado sobre este assunto, enfrentou terríveis problemas que quase o arruinaram, apenas por ter manifestado a opinião segundo a qual podiam ser conservados dois desses livros que não diziam nada contra o cristianismo e que abordavam matérias indiferentes à religião.

nações inteiras ainda não sabem que povos de outro mundo puseram os pés no seu? Vão até o Japão, de onde foram para sempre expulsos por suas manobras e onde seus predecessores são conhecidos pelas gerações nascentes apenas como intrigantes astutos, vindos com um zelo hipócrita para se apoderarem lentamente do império? Vão até os haréns dos príncipes da Ásia para anunciar o Evangelho a milhares de pobres escravas? O que fizeram as mulheres daquela parte do mundo para que nenhum missionário pudesse pregar-lhes a fé? Irão todas elas para o inferno por terem sido reclusas?

Ainda que fosse verdade que o Evangelho tivesse sido anunciado por toda a Terra, o que se ganharia com isso? Na véspera do dia em que o primeiro missionário chegou a um país, seguramente morreu alguém que não tenha podido ouvi-lo. Ora, dizei-me o que faremos com tal pessoa. Ainda que houvesse, em todo o universo, apenas um homem a quem nunca se tivesse pregado Jesus Cristo, a objeção seria tão forte em relação a esse homem quanto para o quarto do gênero humano.

Quando os ministros do Evangelho se fizeram ouvir pelos povos distantes, o que lhes disseram que se poderia razoavelmente admitir com base em sua palavra e que não exigisse a mais exata verificação? Anunciais-me um Deus nascido e morto há dois mil anos na outra extremidade do mundo, em sabe-se lá qual pequena cidade, e me dizeis que todos aqueles que não acreditarem nesse mistério estarão condenados. São essas coisas bastante estranhas para que possa acreditar nelas tão rápido, apenas com base na autoridade de um homem que não conheço! Por que vosso Deus fez com que viessem de tão longe os acontecimentos que queria me obrigar a conhecer? É um crime ignorar o que se passa nos antípodas? Posso adivinhar que houve, num outro hemisfério, um povo hebreu e uma cidade de Jerusalém? Seria o mesmo que me obrigar a saber o que acontece na lua! Dizeis que vindes ensiná-lo; mas por que não viestes ensiná-lo a meu pai? Ou por que condenais o bom velho por nunca ter sabido nada? Deve ele ser eternamente punido por vossa preguiça, ele que era tão bom, tão benfazejo e que procurava apenas a verdade? Tende boa-fé e colocai-vos então em meu lugar: vede se devo, com base apenas em vosso testemunho, acreditar em todas as coisas inacreditáveis que me dizeis, e conciliar tantas injustiças com o Deus justo que me anunciais. Deixai-me, por favor, ir ver esse país distante onde se operaram tantas maravilhas inauditas neste; que eu vá saber por que os habitantes dessa Jerusalém trataram Deus como um bandido. Não o reconheceram, dizeis, como Deus? O que farei eu, então, que nunca ouvi falar dele, senão por vós? Acrescentais que foram punidos, dispersos, oprimidos, sujeitados e que nenhum deles frequenta mais a mesma cidade. Seguramente, mereceram tudo isso; mas o que dizem os habitantes de hoje do deicídio de seus predecessores? Negam-no e tampouco reconhecem Deus como Deus. Melhor teria sido então deixar os filhos dos outros.

Quê! Nessa mesma cidade onde Deus morreu, nem os antigos nem os novos habitantes o reconheceram, e quereis que eu o reconheça, eu que nasci dois mil anos depois, a duas mil léguas[50] de lá? Não vedes que, antes que eu tenha fé nesse livro a que chamais sagrado e do qual não entendo nada, devo saber, por meio de outras pessoas além de vós, quando e por quem foi escrito, como se conservou, como chegou até vós, e que razões apresentam aqueles que o rejeitam, embora saibam tão bem quanto vós tudo que me contais? Percebeis que é preciso que vá para a Europa, para a Ásia, para a Palestina, para examinar tudo por mim mesmo; seria preciso que eu fosse louco para vos escutar antes disso.

Não somente esse discurso me parece razoável mas sustento que todo homem sensato deve, em caso semelhante, falar da mesma forma, e mandar para longe o missionário que, antes da verificação das provas, quiser se apressar em instruí-lo e em batizá-lo. Ora, sustento que não há revelação contra a qual as mesmas objeções não tenham tanta ou mais força do que contra o cristianismo. Donde decorre que, se há apenas uma religião verdadeira e todo homem for obrigado a segui-la sob pena de danação, é preciso passar sua vida estudando todas elas, aprofundando-as, comparando-as, percorrendo os países em que estão estabelecidas: ninguém está isento do primeiro dever do homem, ninguém tem direito de se fiar ao juízo de outrem. O artesão que vive apenas de seu trabalho, o lavrador que não sabe ler, a jovem delicada e tímida, o enfermo que mal pode sair de sua cama, todos, sem exceção, devem estudar, meditar, disputar, viajar, percorrer o mundo: não haverá mais povo fixo e estável; a Terra inteira estará coberta apenas de peregrinos indo, com muito esforço e com consideráveis desgastes, verificar, comparar e examinar por si mesmos os diferentes cultos que nela se seguem. Adeus, então, aos ofícios, às artes, às ciências humanas e a todas as ocupações civis; não pode mais haver outro estudo além do da religião; com grande esforço, aquele que tiver gozado da saúde mais robusta, empregado melhor sua razão e vivido mais anos terá, na velhice, uma opinião formada, e já será muito se souber, antes de sua morte, em que culto deveria ter vivido.

Quereis mitigar esse método e conferir a menor influência à autoridade dos homens? Num instante, devolveis-lhe tudo; e, se o filho de um cristão fez

---

50. Cerca de 7.800 quilômetros. (N.E.)

bem de seguir, sem um exame profundo e imparcial, a religião de seu pai, por que o filho de um turco agiria mal ao seguir, da mesma forma, a religião do seu? Desafio todos os intolerantes do mundo a dar a isto alguma resposta que satisfaça um homem sensato.

Pressionados por essas razões, uns preferem fazer Deus injusto e punir os inocentes pelo pecado de seu pai a renunciar a seu bárbaro dogma. Os outros se livram do problema enviando obrigatoriamente um anjo instruir todo aquele que, numa ignorância invencível, tivesse vivido moralmente bem. Que bela invenção é esse anjo! Não satisfeitos em nos sujeitarem a suas invenções, colocam até mesmo Deus na necessidade de empregá-las.

Vede, meu filho, a que absurdo conduzem o orgulho e a intolerância, quando cada um deseja ater-se a sua própria opinião e acreditar ter razão exclusiva diante do restante do gênero humano. Peço a este Deus de paz que adoro e que vos anuncio que ateste que todas minhas pesquisas foram sinceras, mas, vendo que eram e sempre seriam malsucedidas e que eu me perdia num oceano sem margens, voltei atrás e contive minha fé em minhas noções primitivas. Nunca pude acreditar que Deus me ordenasse, sob pena de ir para o inferno, que eu fosse tão erudito. Fechei, portanto, todos os livros. Existe apenas um que está aberto a todos os olhos: é o da natureza. É com este grande e sublime livro que aprendo a servir e a adorar seu divino Autor: ninguém é desculpável por não lê-lo, pois fala a todos os homens, numa língua inteligível a todos os espíritos. Ainda que eu tivesse nascido numa ilha deserta, ainda que não tivesse visto outro homem além de mim, ainda que nunca tivesse descoberto o que aconteceu antigamente em algum canto do mundo, exercitando minha razão, cultivando-a, empregando bem minhas faculdades imediatas dadas por Deus, aprenderia por mim mesmo a conhecê-lo, a amá-lo, a amar suas obras, a querer o bem que ele quer e a cumprir, para agradar-lhe, todos meus deveres na Terra. O que todo o saber dos homens me ensinará a mais?

A respeito da revelação, se eu fosse um raciocinador melhor ou mais instruído, talvez sentisse sua veracidade e sua utilidade para aqueles que têm a felicidade de reconhecê-la; mas, se vejo em seu favor provas que não posso contestar, vejo também contra ela objeções que não posso resolver. Existem tantas razões sólidas a favor e contra que, não sabendo com base em que me decidir, não a admito nem a rejeito; rejeito somente a obrigação de reconhecê-la, pois tal pretensa obrigação é incompatível com a justiça de Deus e, longe de suprimir com isso os obstáculos à salvação, ele os teria multiplicado, tê-los-ia tornado intransponíveis para a maior parte do gênero humano. Com essa ressalva, permaneço, a esse respeito, numa dúvida respeitosa. Não tenho a presunção de me considerar infalível: outros homens puderam decidir o que parece incerto, mas raciocino para mim, e não para eles; não os condeno nem os imito; seu juízo pode ser melhor que o meu, mas não tenho culpa se não é o meu.

Admito também que a majestade das Escrituras me espanta, a santidade do Evangelho fala a meu coração. Vede os livros dos filósofos com toda sua pompa, como são pequenos perto deste! É possível que um livro ao mesmo tempo tão sublime e tão simples seja obra dos homens? É possível que aquele cuja história é relatada seja apenas um homem? Trata-se aí do tom de um entusiasta ou de um ambicioso sectário? Quanta ternura, quanta pureza em seus costumes! Quanta graça comovente em suas instruções! Quanta elevação em suas máximas! Quanta profunda sabedoria em seus discursos! Quanta presença de espírito, quanta fineza e quanta justeza em suas respostas! Onde está o homem, onde está o sábio que sabe agir, sofrer e morrer sem fraqueza e sem ostentação? Quando Platão retrata seu justo imaginário[51] coberto por todo o opróbio do crime e digno de todos os prêmios da virtude, ele retrata traço por traço Jesus Cristo; a semelhança é tão extraordinária que todos os Pais[52] a sentiram e não é possível se enganar. Que preconceitos, que cegueira não é preciso ter para ousar comparar o filho de Sofronisco ao filho de Maria? Quanta distância entre um e outro! Sócrates, morrendo sem dor e sem ignomínia, desempenhou facilmente seu papel até o fim, e, se essa fácil morte não tivesse honrado sua vida, duvidaríamos que Sócrates, com todo seu espírito, fosse algo mais que um sofista. Inventou, dizem, a moral. Outros, antes dele, a tinham colocado em prática; ele apenas disse o que tinham feito, apenas pôs sob a forma de lições seus exemplos. Aristides havia sido justo antes que Sócrates tivesse dito o que era a justiça; Leônidas morrera por seu país antes que Sócrates tivesse feito do amor à pátria um dever; Esparta era sóbria antes que Sócrates tivesse louvado a sobriedade. Antes que ele tivesse definido a virtude, a Grécia abundava em homens virtuosos. Mas de onde Jesus havia tirado, entre os seus, essa moral elevada e pura da qual apenas ele deu as lições e o exemplo?[53] Em meio ao mais furioso fanatismo, a mais alta sabedoria se fez ouvir, e a simplicidade das mais heroicas virtudes honrou o mais vil de todos os povos. A morte de Sócrates, filosofando tranquilamente com seus amigos, é a mais suave que se possa desejar; a de Jesus, expirando nos tormentos, injuriado, escarnecido, maldito por todo um povo, é a mais horrível que se possa temer;

---

51. *De Rep*. Dial. 2.

52. Isto é, os Pais da Igreja. (N.T.)

53. Vede, no discurso sobre a montanha, o paralelo que ele mesmo faz entre a moral de Moisés e a sua. *Mateus*, 5:21 et seq.

ao erguer o cálice envenenado, Sócrates abençoa aquele que lho entrega e que chora; Jesus, em meio a um terrível suplício, reza por seus obstinados carrascos. Sim, se a vida e a morte de Sócrates são a de um sábio, a vida e a morte de Jesus são a de um Deus. Diremos que a história do Evangelho é inteiramente inventada? Meu amigo, não é assim que se inventa, e os fatos de Sócrates, dos quais ninguém duvida, são menos atestados que os de Jesus Cristo. Isso, no fundo, é adiar a dificuldade sem destruí-la; seria mais inconcebível que muitos homens tivessem, de acordo, fabricado esse livro do que se um só lhe tivesse fornecido o conteúdo. Nunca autores judeus teriam encontrado esse tom nem essa moral, e o Evangelho tem traços de verdade tão grandes, tão impressionantes, tão perfeitamente inimitáveis que o inventor seria ainda mais admirável que o Herói. Dito isso, esse mesmo Evangelho está repleto de coisas incríveis, de coisas que causam repugnância à razão e que é impossível a todo homem sensato conceber e admitir! O que fazer em meio a todas essas contradições? Ser sempre modesto e cauteloso, meu filho; respeitar em silêncio o que não se poderia rejeitar nem compreender, e humilhar-se diante do grande Ser que, sozinho, conhece a verdade.

Eis o ceticismo involuntário em que permaneci; mas tal ceticismo não me é, de modo algum, penoso, porque não se estende aos pontos essenciais à prática, e estou bastante decidido quanto aos princípios de todos meus deveres. Sirvo a Deus na simplicidade de meu coração. Procuro saber somente o que importa a minha conduta; quanto aos dogmas que não influem nas ações nem na moral, e com que tantas pessoas se atormentam, não lhes dou qualquer atenção. Encaro todas as religiões particulares como tantas instituições salutares que prescrevem, em cada país, uma maneira uniforme de honrar a Deus por um culto público, e que podem todas encontrar suas razões no clima, no governo, no gênio do povo e em qualquer outra causa local que torna uma preferível à outra, segundo os tempos e os lugares. Considero-as todas boas quando se serve Deus convenientemente: o culto essencial é o do coração. Deus não rejeita a homenagem quando é sincera, seja qual for a forma sob a qual lhe é oferecida. Chamado, naquela que professo, ao serviço da Igreja, presto, com toda a exatidão possível, os cuidados que me são prescritos, e minha consciência me censuraria por falhar voluntariamente em algum ponto. Após uma longa interdição, sabeis que obtive, por influência do sr. de Mellarède,[54] permissão para retomar minhas funções, para ajudar-me a viver. No passado, eu rezava a missa com a leveza que, com o tempo, conferimos às coisas mais graves quando as fazemos

---

54. Ministro de Estado do rei da Sardenha. (N.T.)

com demasiada frequência. Desde meus novos princípios, celebro-a com mais veneração: imbuo-me da majestade do Ser supremo, de sua presença, da insuficiência do espírito humano que compreende tão pouco o que se relaciona com seu Autor. Pensando que lhe levo os votos do povo sob uma forma prescrita, sigo com cuidado todos os ritos; recito atentamente; esforço-me em nunca omitir a menor palavra nem a menor cerimônia; quando me aproximo do momento da consagração, recolho-me para fazê-la com todas as disposições exigidas pela Igreja e pela grandeza do sacramento; procuro esmagar minha razão diante da suprema inteligência; digo a mim mesmo: quem és tu para medir o poder infinito? Pronuncio com respeito as palavras sacramentais, e dou a seu efeito toda a fé que depende de mim. Seja qual for esse mistério inconcebível, não temo ser, no dia do juízo, punido por tê-lo um dia profanado em meu coração.

Honrado com o ministério sagrado, ainda que na posição mais baixa, nunca farei ou direi nada que me torne indigno de cumprir seus sublimes deveres. Pregarei sempre a virtude aos homens, exortá-los-ei sempre a agir bem e, enquanto puder, dar-lhes-ei o exemplo. Não dependerá de mim tornar-lhes a religião amável; não dependerá de mim fortalecer sua fé em dogmas verdadeiramente úteis e nos quais todo homem é obrigado a acreditar; mas Deus me livre de pregar-lhes um dia o dogma cruel da intolerância, de levá-los a detestarem seu próximo, a dizerem a outros homens: "Sereis condenados".[55] Se eu estivesse numa posição mais notável, tal reserva poderia me causar problemas; mas sou pequeno demais para ter muito a temer e não posso descer mais baixo do que já estou. Aconteça o que acontecer, não blasfemarei contra a justiça divina e não mentirei contra o Espírito Santo.

Ambicionei, por muito tempo, a honra de ser cura; ainda a ambiciono, mas não a espero mais. Meu bom amigo, não creio haver nada mais belo que ser cura. Um bom cura é um ministro de bondade, assim como um bom magistrado é um ministro de justiça. Um cura nunca tem mal algum a fazer; se não pode sempre fazer o bem por si mesmo, está sempre em seu lugar quando ele o solicita, e frequentemente o obtém quando sabe se fazer respeitar. Ó, se por acaso eu tivesse, em nossas montanhas, algum pobre curato de boas pessoas para cuidar, seria feliz, pois me parece que eu faria a felicidade de meus paroquianos. Não os tornaria ricos, mas partilharia de sua pobreza; suprimiria desta a infâmia e o desprezo,

---

55. O dever de seguir e de amar a religião de seu país não se estende aos dogmas contrários à boa moral, tais como o da intolerância. Este é um dogma horrível que arma os homens uns contra os outros e os torna todos inimigos do gênero humano. A distinção entre a tolerância civil e a tolerância teológica é pueril e vã. Essas duas tolerâncias são inseparáveis, e não se pode admitir uma sem a outra. Até mesmo anjos não viveriam em paz com homens que eles encarassem como os inimigos de Deus.

mais insuportável que a indigência. Faria com que amassem a concórdia e a igualdade, que frequentemente afastam a miséria e sempre a tornam suportável. Quando vissem que eu não seria em nada melhor que eles e que, no entanto, viveria contente, aprenderiam a se consolar por sua condição e a viver contentes, assim como eu. Em minhas instruções, apegar-me-ia menos ao espírito da Igreja que ao espírito do Evangelho, no qual o dogma é simples e a moral, sublime; no qual se veem poucas práticas religiosas e muitas obras de caridade. Antes de lhes ensinar o que se deve fazer, esforçar-me-ia sempre em praticá-lo, para que de fato vissem que penso tudo que lhes digo. Se tivesse protestantes em minha vizinhança ou em minha paróquia, não os distinguiria de meus verdadeiros paroquianos, quanto a tudo que diz respeito à caridade cristã; levá-los-ia todos igualmente a amarem uns aos outros, a se encararem como irmãos, a respeitarem todas as religiões e a viverem em paz, cada um na sua. Penso que solicitar a alguém que deixe aquela em que nasceu é solicitar que aja mal e, consequentemente, que faça ele mesmo o mal. Enquanto esperamos maiores luzes, mantenhamos a ordem pública; em todo país, respeitemos as leis, não perturbemos o culto que prescrevem, não levemos os cidadãos à desobediência; pois não sabemos com certeza se lhes é bom abandonar suas opiniões em proveito de outras, mas sabemos, muito certamente, que desobedecer às leis é um mal.

Acabo, meu jovem amigo, de vos recitar minha profissão de fé tal como Deus a lê em meu coração. Sois o primeiro a quem a fiz; sois talvez o único a quem a farei. Enquanto restar alguma boa crença entre os homens, não se devem perturbar as almas tranquilas nem alarmar a fé dos simples com dificuldades que não podem resolver e que os inquietam sem esclarecê-los. Mas, uma vez que tudo estiver abalado, deve-se conservar o tronco em detrimento dos galhos; as consciências agitadas, incertas, quase apagadas e no estado em que vi a vossa precisam ser fortalecidas e despertadas, e para restabelecê-las com base nas verdades eternas, é preciso terminar de arrancar os pilares instáveis em que elas ainda pensam se sustentar.

Estais na idade crítica em que o espírito se abre à certeza, em que o coração recebe sua forma e seu caráter e em que nos determinamos para a vida toda, seja para o bem, seja para o mal. Mais tarde, a substância é enrijecida e as novas impressões não se marcam mais. Jovem, recebei em vossa alma ainda flexível o carimbo da verdade. Se eu estivesse mais certo de mim, teria adotado convosco um tom dogmático e decisivo; mas sou homem, ignorante, sujeito a erro; o que podia fazer? Abri-vos meu coração sem reserva; o que tenho por certo vo-lo dei como tal; dei-vos minhas dúvidas como dúvidas, minhas opiniões como opiniões; disse-vos minhas razões para duvidar e para acreditar. Agora, cabe a vós julgar; tomastes tempo; tal precaução é sábia e me faz pensar bem de vós. Começai colocando vossa consciência em condições de querer ser esclarecida. Sede sincero convosco. Apropriai-vos, entre meus sentimentos, daqueles que vos tiverem persuadido, e rejeitai o resto. Não sois ainda suficientemente depravado pelo vício para correr o risco de escolher mal. Propor-vos-ia conversar a respeito entre nós; mas basta discutir para que nos irritemos; a vaidade, a obstinação interferem, a boa-fé não está mais presente. Meu amigo, nunca debatais; pois não esclarecemos pela disputa nem nós, nem os outros. Quanto a mim, foi apenas após muitos anos de meditação que escolhi meu partido; mantenho-me nele, minha consciência está tranquila, meu coração está satisfeito. Se eu quisesse iniciar um novo exame de meus sentimentos, não lhe traria um amor mais puro da verdade, e meu espírito, já menos ativo, seria menos capaz de conhecê-la. Permanecerei assim como sou, temendo que, gradualmente, o gosto pela contemplação, tornando-se uma paixão inútil, me enfraqueça no exercício de meus deveres, e temendo retornar a meu primeiro pirronismo sem reencontrar força para deixá-lo. Mais da metade de minha vida já passou, resta-me apenas o tempo necessário para tirar proveito do que resta dela e para apagar meus erros por minhas virtudes. Se me engano, é a despeito de meus esforços. Aquele que lê no fundo de meu coração sabe que não aprecio minha cegueira. Na incapacidade de desenrascar-me por meio de minhas próprias luzes, o único meio que me resta para deixá-la é uma boa vida, e, se das próprias pedras Deus pode suscitar filhos para Abraão, todo homem tem direito de esperar ser esclarecido quando se mostra digno de sê-lo.

Se minhas reflexões vos levam a pensar como penso, se meus sentimentos são os vossos e se temos a mesma profissão de fé, eis o conselho que vos dou. Não exponhais mais vossa vida às tentações da miséria e do desespero, não a arrasteis mais com ignomínia à mercê dos estrangeiros e deixai de comer o vil pão da esmola. Retornai à vossa pátria, retomai a religião de vossos pais, segui-a na sinceridade de vosso coração e não a abandoneis mais; ela é muito simples e muito santa; creio que ela seja, de todas as religiões que existem na Terra, aquela cuja moral é a mais pura e com que a razão mais se contenta. Quanto às despesas de viagem, não vos preocupeis, providenciá-las-emos. Tampouco temais a falsa vergonha de um retorno humilhante; é preciso envergonhar-se por cometer um erro, e não por repará-lo. Estai ainda na idade em que tudo se perdoa, mas em que não se peca mais impunemente. Quando quiserdes escutar vossa consciência, mil obstáculos vãos desaparecerão diante de sua voz. Sentireis que, na incerteza em que nos encontramos, é uma indesculpável presunção professar outra religião além daquela em que se nasceu, e uma falsidade não praticar sinceramente a que se professa. Se nos desencaminhamos, privamo-nos de uma grande desculpa no tribunal do soberano juiz. Não perdoará ele antes o erro em que fomos criados do que aquele que nós mesmos ousamos escolher?

Meu filho, mantende vossa alma em condições de desejar sempre que exista um Deus, e nunca duvidareis disso. Ademais, seja qual for o partido que possais tomar, pensai que os verdadeiros deveres da religião são independentes das instituições dos homens, que um coração justo é o verdadeiro templo da Divindade, que, em todo país e em toda seita, amar a Deus acima de tudo e ao próximo como a si mesmo é o sumário da lei, que não há nenhuma religião que dispense dos deveres da moral, que não há outros verdadeiramente essenciais além destes, que o culto interior é o primeiro desses deveres e que, sem a fé, nenhuma verdadeira virtude existe.

Escapai daqueles que, sob o pretexto de explicar a natureza, semeiam nos corações dos homens doutrinas desoladoras e cujo ceticismo aparente é 100 vezes mais afirmativo e mais dogmático que o tom resoluto de seus adversários. Sob o altivo pretexto de que apenas eles são esclarecidos, verdadeiros e de boa-fé, submetem-nos imperiosamente às suas decisões categóricas e pretendem nos apresentar, como os verdadeiros princípios das coisas, os ininteligíveis sistemas que construíram em sua imaginação. De resto, derrubando, destruindo, pisoteando tudo que os homens respeitam, eles privam os aflitos do último consolo de sua miséria, e os poderosos e os ricos, do único freio de suas paixões; arrancam do fundo dos corações o remorso do crime e a esperança da virtude; e se vangloriam também de serem os benfeitores do gênero humano. A verdade, afirmam, nunca é nociva aos homens: acredito nisso assim como eles, e trata-se, em minha opinião, de uma grande prova de que o que ensinam não é a verdade.[56]

---

56. Os dois partidos se atacam reciprocamente por tantos sofismas que seria uma empresa imensa e temerária querer identificar todos; já se faz muito anotando alguns à medida que se apresentam. Um dos mais familiares ao partido filosofista consiste em opor um suposto povo de bons filósofos a um povo de maus cristãos; como se um povo de verdadeiros filósofos fosse mais fácil de fazer que um povo de verdadeiros cristãos! Não sei se, entre os indivíduos, um é mais fácil de encontrar que o outro; mas sei que, quando se trata de povos, é preciso supor alguns que abusarão da filosofia sem religião, assim como os nossos abusam da religião sem filosofia, e isso me parece alterar muito o estado da questão. Bayle [Pierre Bayle (1647-1706), filósofo e escritor protestante francês. (N.T.)] provou muito bem que o fanatismo é mais pernicioso que o ateísmo, e isso é incontestável; mas o que não disse, e que não é menos verdade, é que o fanatismo, embora sanguinário e cruel, é, no entanto, uma paixão grande e forte que eleva o coração do homem, que o faz desprezar a morte, que lhe dá uma força prodigiosa e que se deve apenas dirigir melhor para extrair dela as mais sublimes virtudes; ao passo que a irreligião e, de modo geral, o espírito raciocinador e filosófico prende à vida, enfraquece e avilta as almas, concentra todas as paixões na baixeza do interesse particular, na abjeção do *eu* humano, e mina discretamente os verdadeiros fundamentos de toda sociedade, pois o que os interesses particulares têm em comum é tão pouco que isso jamais compensará o que têm de oposto.

Bom rapaz, sede sincero e verdadeiro sem orgulho, sabei ser ignorante, e não enganareis nem a vós, nem aos outros. Se por acaso vossos talentos cultivados vos deixam em condições de falar aos homens, nunca lhes faleis senão segundo vossa consciência, sem vos preocupar se vos aplaudirão. O abuso do saber produz a incredulidade. Todo erudito despreza o sentimento vulgar, cada um deseja ter um sentimento para si. A orgulhosa filosofia conduz ao espírito forte assim como a devoção cega conduz ao fanatismo. Evitai esses extremos. Permanecei sempre firme na via da verdade ou daquilo que vos parecerá sê-lo na simplicidade de vosso coração, sem nunca vos desviar dela por vaidade ou por fraqueza. Ousai confessar Deus entre os filósofos; ousai pregar a humanidade aos intolerantes. Sereis, talvez, o único de vosso partido; mas carregareis em vós um testemunho que vos dispensará o dos homens. Quer vos amem ou vos odeiem, quer leiam vossos textos ou os desprezem, não importa: dizei o que é verdadeiro, fazei o que é certo; o que importa ao homem é cumprir seus deveres na Terra, e é esquecendo-se de si que se trabalha para si. Meu filho, o interesse particular nos engana; apenas a esperança do justo não engana.

Transcrevi o texto acima não como uma regra para os sentimentos que se devem seguir em matéria de religião, mas como um exemplo da maneira como se pode raciocinar com seu aluno para não se afastar do método que procurei estabelecer. Enquanto não se tiver qualquer consideração pela autoridade dos homens nem pelos preconceitos do país em que se nasceu, as luzes da razão, sozinhas, não podem, na instituição da natureza, nos conduzir mais longe que a religião natural, e é a isso que me limito com meu Emílio. Se deve ter alguma outra religião, não tenho mais, quanto a isso, o direito de ser seu guia; cabe apenas a ele escolhê-la.

Se o ateísmo não faz derramar o sangue dos homens, isso se deve menos ao amor à paz que à indiferença pelo bem; aconteça o que acontecer, pouco importa ao pretenso sábio, desde que permaneça tranquilo em seu gabinete. Seus princípios não levam a matar os homens, mas os impedem de nascer, destruindo os costumes que os multiplicam, destacando-os de sua espécie, reduzindo todas suas afeições a um secreto egoísmo, funesto tanto à população quanto à virtude. A indiferença filosófica se assemelha à tranquilidade do Estado sob o despotismo; é a tranquilidade da morte; é mais destrutiva que a própria guerra.

Assim, embora o fanatismo seja mais funesto em seus efeitos imediatos do que o que se designa hoje por espírito filosófico, ele o é muito menos em suas consequências. Aliás, é fácil expor belas máximas em livros, mas a questão é saber se elas se adequam bem à doutrina, se decorrem necessariamente dela, e é o que não pareceu estar claro até aqui. Resta saber ainda se a filosofia, tão à vontade e em seu trono, se imporia bem à glóriola, ao interesse, à ambição, às pequenas paixões do homem, e se praticaria essa humanidade tão suave da qual, com a pena na mão, ela se vangloria.

Trabalhamos junto com a natureza e, enquanto ela forma o homem físico, procuramos formar o homem moral; mas nossos progressos não são os mesmos. O corpo já é robusto e forte enquanto a alma ainda é lânguida e fraca, e, a despeito do que a arte humana possa fazer, o temperamento sempre precede a razão. É para conter o primeiro e estimular a segunda que oferecemos, até aqui, todos nossos cuidados, para que o homem fosse sempre uno, tanto quanto possível. Desenvolvendo o natural, enganamos sua sensibilidade nascente; regramo-la cultivando a razão. Os objetos intelectuais moderavam a impressão dos objetos sensíveis. Remontando ao princípio das coisas, subtraímo-lo ao império dos sentidos; era simples passar do estudo da natureza à busca de seu Autor.

Quando chegamos a esse ponto, quanta influência adquirimos a mais sobre nosso aluno, quanto meios novos obtivemos para falar a seu coração! É somente então que ele encontra seu verdadeiro interesse em ser bom, em fazer o bem longe dos olhares dos homens e sem ser forçado a isso pelas leis, a ser justo entre Deus e ele, a cumprir seu dever, mesmo à custa de sua vida, e a levar em seu coração a virtude, não somente por amor à ordem, ao qual cada um prefere sempre o amor de si, mas por amor ao Autor de seu ser, amor que se confunde com esse mesmo amor de si, para gozar finalmente da felicidade durável que o repouso de uma boa consciência e a contemplação deste Ser supremo lhe prometem na outra vida, após ter bem empregado esta. Deixai esse lugar, não

---

Pelos princípios, a filosofia não pode fazer nenhum bem que a religião não faça ainda melhor, e a religião faz muitos que a filosofia não poderia fazer.

Pela prática, é outra coisa; mas, ainda assim, seria preciso examiná-la. É verdade que nenhum homem segue, em todos os aspectos, sua religião, quando a tem. Também é verdade que a maioria mal possui uma e não segue, de modo algum, a que tem; mas, enfim, alguns têm uma, a seguem pelo menos em parte, e é indiscutível que motivos de religião frequentemente os impedem de agir mal e obtêm deles virtudes e ações louváveis, que não ocorreriam sem tais motivos.

Se um monge negar um depósito, o que se deduz disso senão que um tolo lho havia confiado? Se Pascal tivesse negado um, isso provaria que Pascal era um hipócrita, e nada mais. Mas um monge!... As pessoas que fazem da religião um comércio estão entre as que têm religião? Todos os crimes que se fazem no clero, assim como alhures, não provam que a religião é inútil, mas que pouquíssimas pessoas têm religião.

Nossos governos modernos devem incontestavelmente ao cristianismo sua mais sólida autoridade e suas revoluções menos frequentes; ele os tornou menos sanguinários; isso se prova pelos fatos, comparando-os aos governos antigos. Afastando o fanatismo, a religião mais conhecida conferiu mais brandura aos costumes cristãos. Essa mudança não é obra das letras, pois, em todo lugar onde brilharam, não foi a humanidade mais respeitada; as crueldades dos atenienses, dos egípcios, dos imperadores de Roma e dos chineses o atestam. Quantas obras de misericórdia são produto do Evangelho! Quantas restituições e reparações a confissão não leva a fazer entre os católicos! Entre nós, quantas reconciliações e esmolas a aproximação dos tempos de comunhão não opera! Como o jubileu dos hebreus não tornava os usurpadores menos ávidos, quantas misérias ele não prevenia! A fraternidade legal unia toda a nação, não se via um mendigo entre eles, tampouco se vê algum entre os turcos, onde as fundações piedosas são inúmeras. Eles são, por princípio de religião, hospitaleiros, mesmo para com os inimigos de seu culto.

vejo mais nada além de injustiça, hipocrisia e mentira entre os homens; o interesse particular que, na concorrência, prevalece necessariamente sobre todas as coisas, ensina cada um deles a esconder o vício sob a máscara da virtude. Que todos os outros homens façam meu bem à custa do seu, que tudo se relacione apenas a mim, que todo o gênero humano morra, se preciso, no sofrimento e na miséria para poupar-me um momento de dor ou de fome: essa é a linguagem interior de todo incrédulo que raciocina. Sim, sustentá-lo-ei por toda minha vida: todo aquele que diz em seu coração "Não existe Deus algum" e pronuncia o contrário é apenas um mentiroso ou um insensato.

Leitor, por mais que me esforce, sinto que vós e eu nunca veremos meu Emílio sob os mesmos traços; imaginá-lo-eis sempre semelhante a vossos jovens; sempre estouvado, petulante, volúvel, errando de festa em festa, de divertimento em divertimento, sem nunca poder se fixar em nada. Rireis ao me verdes fazer um contemplativo, um filósofo, um verdadeiro teólogo de um jovem ardente, impulsivo, irritável, impetuoso, na idade mais escaldante de sua vida. Direis: "Este sonhador ainda persegue sua quimera; ao nos oferecer um aluno de seu feitio, ele não apenas o forma, mas o cria, o tira de seu cérebro e, acreditando sempre seguir a natureza, afasta-se dela a cada instante". Quanto a mim, comparando meu aluno aos vossos, mal encontro o que podem ter em comum. Criado de modo tão diferente, será quase um milagre se guardar com eles qualquer

---

"Os maometanos dizem, segundo Chardin, que, após o exame que seguirá a ressureição universal, todos os corpos irão atravessar uma ponte chamada Poul-Serrho, suspensa sobre o fogo eterno, ponte a que se pode chamar, afirmam, terceiro e último exame e verdadeiro juízo final, pois é lá que se fará a separação dos bons e dos maus... etc. "Os persas, continua Chardin, são muito apegados a essa ponte, e quando alguém sofre uma injúria que não poderá superar por nenhuma via e em nenhuma época, seu último consolo consiste em dizer: 'Pois bem, em nome do Deus vivo, pagar-me-ás em dobro no último dia; jamais atravessarás o Poul-Serrho se não me satisfizeres antes: agarrarei a aba de teu casaco e me jogarei às tuas pernas'. Vi muitas pessoas eminentes, e de todas as espécies de profissão, que, receando que lhes gritassem 'Haro' na passagem dessa temida ponte, solicitavam àqueles que se queixavam delas que as perdoassem: isso aconteceu umas 100 vezes comigo mesmo. Pessoas nobres que me haviam levado a cometer, por importunidade, atos que de outro modo eu não teria desejado realizar me abordavam, após algum tempo, acreditando que a mágoa tinha passado, e me diziam: 'Imploro a ti, *hala lecon antchisra*' isto é, 'torna-me este assunto lícito ou justo'. Alguns até mesmo me deram presentes e me prestaram serviços para que os perdoasse, declarando fazê-lo de bom coração; não há para isso outra causa senão esta crença segundo a qual não passaremos a ponte do inferno sem que tenhamos pagado todas nossas dívidas àqueles que oprimimos." T. 7. in-12. p. 50. Devo acreditar que a ideia dessa ponte, que repara tantas iniquidades, nunca previna nenhuma? Se privássemos os persas dessa ideia, persuadindo-os de que não existe Poul-Serrho nem nada de semelhante em que os oprimidos sejam vingados de seus tiranos após a morte, não está claro que isso deixaria estes muito à vontade e os dispensaria do cuidado de tranquilizar aqueles infelizes? É, pois, falso que essa doutrina não foi nociva; ela não seria, portanto, a verdade.
Filósofo, tuas leis morais são muito belas, mas, por favor, mostra-me sua sanção. Por um momento, deixa de divagar e diz-me claramente o que pões no lugar do Poul-Serrho.

semelhança. Como passou sua infância em toda a liberdade que eles adquirem em sua juventude, ele começa a adquirir na juventude a regra à qual eles se submeteram quando crianças; tal regra se torna o flagelo deles, têm horror dela, veem nela apenas a longa tirania dos mestres, acreditam sair da infância apenas abalando toda espécie de jugo;[57] compensam então o longo constrangimento em que foram mantidos: assim como um prisioneiro livre de seus grilhões, estende, agita e dobra seus membros.

Emílio, ao contrário, tem orgulho de fazer-se homem e de sujeitar-se ao jugo da razão nascente; seu corpo, já formado, não tem mais necessidade dos mesmos movimentos e começa a deter-se por si mesmo, enquanto seu espírito parcialmente desenvolvido procura, por sua vez, progredir. Assim, a idade da razão é, para uns, apenas a idade da licença, enquanto, para o outro, ela se torna a idade do raciocínio.

Quereis saber quem, entre eles e ele, mais se encontra, a este respeito, na ordem da natureza? Considerai as diferenças naqueles que estão mais ou menos distantes dela: observai os jovens entre os aldeões e vede se são tão petulantes quanto os vossos. "Durante a infância dos selvagens", diz o sr. Le Beau, "vemo-los sempre ativos e dedicando-se a diferentes jogos que lhes agitam o corpo; mas, mal atingiram a idade da adolescência, tornam-se tranquilos, sonhadores e dedicam-se, quando muito, a jogos sérios ou de azar."[58] Tendo sido educado em toda a liberdade dos jovens camponeses e dos jovens selvagens, Emílio deve, assim como eles, mudar e parar, ao crescer. Toda a diferença está em que, em vez de agir unicamente para brincar ou para se alimentar, com seus trabalhos e seus jogos, ele aprendeu a pensar. Alcançando, portanto, tal meta por esse caminho, ele se encontra inteiramente disposto para aquele em que o introduzo; os assuntos de reflexão que lhe apresento estimulam sua curiosidade, porque são belos em si mesmos, porque lhe são inteiramente novos e porque é capaz de compreendê-los. Ao contrário, entediados, sobrecarregados por vossas enfadonhas lições, por vossas longas morais, por vossos eternos catecismos, como vossos jovens não se recusariam à aplicação de espírito que lhes foi tornada triste, aos pesados preceitos com que não se deixou de atormentá-los e às meditações sobre o Autor de seu ser, do qual se fez o inimigo de seus prazeres? Desenvolveram por tudo isso apenas aversão e desgosto; a obrigação lhos tornou desagradável; qual será, então, o meio para que se dediquem a isso quando

---

57. Não há ninguém que encare a infância com tanto desprezo quanto os que a deixam, assim como não há país onde as posições sociais sejam mantidas com maior afetação quanto aqueles em que a desigualdade não é grande e cada qual teme sempre ser confundido com seu inferior.

58. *Aventures du Sieur C. Le Beau, avocat en Parlement*. T. II. p. 70.

começarem a dispor de si mesmos? É preciso algo novo para lhes agradar, não necessitam de mais nada do que se diz às crianças. O mesmo ocorre com meu aluno; quando se torna homem, converso com ele como com um homem e lhe digo apenas coisas novas; é precisamente porque entediam os outros que deve considerá-las de seu gosto.

É assim que faço com que ganhe tempo em dobro, retardando, em proveito da razão, o progresso da natureza; mas de fato retardei tal progresso? Não; apenas impedi a imaginação de acelerá-lo; contrabalancei, por meio de lições de outra espécie, as lições precoces que o jovem recebe de outra fonte. Enquanto a torrente de nossas instituições o arrasta, atraí-lo para o sentido contrário, por meio de outras instituições, não é tirá-lo de seu lugar, é mantê-lo nele.

Chega enfim o verdadeiro momento da natureza; é necessário que chegue. Como é preciso que o homem morra, é preciso que se reproduza, para que a espécie dure e que a ordem do mundo seja conservada. Quando, pelos sinais de que falei, pressentirdes o momento crítico, deixai, imediatamente e para sempre, de empregar com ele vosso antigo tom. Ainda é vosso discípulo, mas não é mais vosso aluno. É vosso amigo, é um homem; tratai-o, a partir de então, como tal.

Ora! É preciso abdicar de minha autoridade quando me é mais necessária? É preciso abandonar o adulto a sua sorte no momento em que menos sabe se conduzir e em que comete os maiores desvios? É preciso renunciar a meus direitos quando mais lhe importa que eu os exerça? Vossos direitos! Quem vos manda renunciar a eles? É apenas agora que começam para ele. Até aqui, não obtínheis nada dele senão pela força ou por astúcia; a autoridade e a lei do dever lhe eram desconhecidas; era preciso constrangê-lo ou enganá-lo para que fôsseis obedecido. Mas vede com quantas correntes novas envolvestes seu coração. A razão, a amizade, o reconhecimento, mil afeições lhe falam com um tom que não pode desconhecer. O vício ainda não o tornou surdo a sua voz. Ainda é sensível apenas às paixões da natureza. A primeira de todas, que é o amor de si, vo-lo entrega; o hábito vo-lo entrega de novo. Se o arrebatamento de um momento o arranca, o arrependimento vo-lo traz de volta num instante; o sentimento que o vincula a vós é o único permanente; todos os demais passam e se apagam mutuamente. Não deixai que seja corrompido, e será sempre dócil; começa a ser rebelde apenas quando já está pervertido.

Confesso que se, atingindo frontalmente seus desejos nascentes, tratardes tolamente de crimes as novas necessidades que se fazem sentir por ele, não sereis escutado por muito tempo; assim que deixardes meu método, não me responsabilizarei mais por nada. Pensai sempre que sois o ministro da natureza, e nunca sereis seu inimigo.

Mas que partido tomar? Espera-se aqui apenas a alternativa de favorecer suas inclinações ou de combatê-las, de ser seu tirano ou de ser complacente, e ambas as coisas acarretam consequências tão perigosas que se deve hesitar muito nessa escolha.

O primeiro meio que se apresenta para resolver essa dificuldade consiste em casá-lo bastante rápido; trata-se, incontestavelmente, do expediente mais seguro e mais natural. Duvido, entretanto, que seja o melhor ou o mais útil; apresentarei logo adiante minhas razões; enquanto isso, admito que seja preciso casar os jovens na idade núbil; mas essa idade chega para eles antes do tempo; somos nós que a tornamos precoce; devemos adiá-la até a maturidade.

Se fosse preciso escutar apenas as inclinações e seguir as indicações, isso logo se faria; mas existem tantas contradições entre os direitos da natureza e nossas leis sociais que, para conciliá-los, é preciso incessantemente contornar e tergiversar: é preciso empregar muita arte para impedir o homem social de ser inteiramente artificial.

Sobre as razões antes expostas, considero que, pelos meios que ofereci e outros semelhantes, pode-se, pelo menos, estender até os 20 anos a ignorância dos desejos e a pureza dos sentidos; isso é tão verdadeiro que, entre os germânicos, um jovem que perdesse sua virgindade antes dessa idade seria difamado, e os autores atribuem, com razão, à continência desses povos durante a juventude o vigor de sua constituição e a quantidade de seus filhos.

Pode-se até mesmo prolongar consideravelmente essa época e, há poucos séculos atrás, nada era mais comum até mesmo na França. Entre outros exemplos conhecidos, o pai de Montaigne, homem não menos escrupuloso e verdadeiro que forte e bem constituído, jurava ter-se casado virgem com 33 anos, após ter servido por muito tempo nas guerras da Itália, e podemos ver nos escritos do filho o vigor e a alegria que o pai conservava com mais de 60 anos. Certamente, a opinião contrária se deve mais a nossos costumes e a nossos preconceitos do que ao conhecimento da espécie em geral.

Posso, portanto, deixar de lado o exemplo de nossa juventude, pois não prova nada para quem não foi educado da mesma forma. Considerando que a natureza não tem, a esse respeito, termo fixo que não se possa avançar ou retardar, acredito poder, sem abandonar sua lei, supor que Emílio permaneceu, até então, por meus cuidados, em sua primitiva inocência, e vejo essa feliz época prestes a acabar. Cercado de perigos sempre crescentes, escapar-me-á, a despeito do que eu faça. Na primeira ocasião, e tal ocasião não tardará a aparecer, ele seguirá o instinto cego dos sentidos; tudo indica que se perderá. Refleti demais acerca dos costumes dos homens para não ver a influência invencível desse primeiro momento sobre o resto de sua vida. Se sou dissimulado e finjo não ver nada, ele tira partido de minha fraqueza; acreditando enganar-me, despreza-me e sou cúmplice de sua ruína. Se tento trazê-lo de volta, é tarde demais, não me escuta mais; torno-me incômodo, odioso, insuportável para ele; não tardará muito a livrar-se de mim. Tenho, portanto, apenas um partido razoável a tomar: o que consiste em torná-lo responsável diante de si mesmo por suas ações; em protegê-lo, pelo menos, das surpresas do erro e em mostrar-lhe abertamente os perigos que o cercam. Até aqui, eu o detinha por meio de sua ignorância; agora, é por meio de suas luzes que é preciso detê-lo.

Essas novas instruções são importantes e convém retomar as coisas de mais longe. Eis o momento de lhe prestar, por assim dizer, minhas contas; de mostrar-lhe o emprego de seu tempo e do meu; de lhe declarar o que ele é e o que sou, o que fiz, o que fez, o que devemos um ao outro, todas suas relações morais, todos os compromissos que assumiu, todos os que foram assumidos para com ele, a que ponto chegou no progresso de suas faculdades, que caminho lhe resta, as dificuldades que nele encontrará, os meios de superar tais dificuldades, em que ainda posso ajudá-lo, em que apenas ele pode agora se ajudar, e, por fim, o ponto crítico em que se encontra, os novos perigos que o cercam e todas as sólidas razões que devem motivá-lo a velar atento sobre si mesmo antes de escutar seus desejos nascentes.

Pensai que, para conduzir um adulto, é preciso fazer o contrário de tudo que fizestes para conduzir uma criança. Não hesiteis em instruí-lo a respeito desses perigosos mistérios que lhe ocultastes por tanto tempo com tanto cuidado. Como é preciso que enfim os conheça, importa que não os descubra por meio de outrem nem por si mesmo, mas apenas por vós: na medida em que se encontra agora forçado a combater, é preciso que, temendo alguma surpresa, conheça seu inimigo.

Os jovens que acreditamos serem eruditos sobre essas matérias, sem sabermos como chegaram a sê-lo, nunca o são impunemente. Não podendo ter um objeto honesto, essa imprudente instrução mancha, pelo menos, a imaginação daqueles que a recebem e os predispõe aos vícios daqueles que a oferecem. Isso não é tudo; criados se insinuam assim no espírito de uma criança, conquistam sua confiança, fazem-na encarar seu governante como um personagem triste e inconveniente, e um dos assuntos favoritos de seus colóquios secretos consiste em maldizê-lo. Quando o aluno chega a esse ponto, o mestre pode se retirar, pois não tem mais nada de bom a fazer.

Mas por que a criança escolhe para si confidentes particulares? Sempre em razão da tirania dos que a governam. Por que se esconderia deles se não fosse forçada a fazê-lo? Por que se queixaria deles se não tivesse nenhum motivo para queixar-se? Naturalmente, eles são seus primeiros confidentes; vê-se, pela pressa com que ela vem lhes dizer o que pensa, que acredita tê-lo pensado apenas pela metade até lhes contar. Podeis acreditar que, se a criança não teme de vossa parte nem sermão, nem reprimenda, ela sempre vos dirá tudo, e não ousarão confidenciar-lhe nada que não deva vos contar quando tiverem certeza de que não vos omitirá nada.

O que mais me faz confiar em meu método é o fato de que, seguindo seus efeitos com a maior exatidão possível, não vejo uma situação na vida de meu aluno que não me deixe dele alguma imagem agradável. No mesmo momento em que os furores do temperamento o arrastam e em que, revoltado contra a mão que o detém, ele se debate e começa a me escapar, em suas agitações, em seus arrebatamentos, ainda encontro sua simplicidade original; seu coração, tão puro quanto seu corpo, não conhece mais o disfarce do que o vício; nem as repreensões, nem o desprezo o tornaram covarde; o vil temor nunca o ensinou a se disfarçar. Ele tem toda a indiscrição da inocência; é ingênuo sem escrúpulos; ainda não sabe para que serve enganar. Não ocorre um impulso em sua alma que sua boca ou seus olhos não revelem, e com frequência percebo antes dele os sentimentos que o tomam.

Enquanto continua a me abrir tão livremente sua alma e a me dizer com prazer o que sente, não tenho nada a temer; mas, se ele se torna mais tímido, mais reservado, se percebo em suas conversas o primeiro embaraço da vergonha, o instinto já se desenvolve, não há mais nenhum momento a perder e, se não me apresso em instruí-lo, logo será instruído a minha revelia.

Mais de um leitor, mesmo adotando minhas ideias, acreditará tratar-se aqui apenas de uma conversa tomada ao acaso e que tudo está feito. Ó, mas não é assim que o coração humano se governa! O que dizemos não significa nada se não preparamos o momento de dizê-lo. Antes de semear, é preciso lavrar a terra: a semente da virtude germina com dificuldade; são necessários muitos cuidados para fazer com que deite raízes. Uma das coisas que tornam as pregações mais inúteis é o fato de que são feitas indiferentemente a todo mundo, sem discernimento e sem critério. Como se pode pensar que o mesmo sermão convenha a tantos ouvintes tão diversamente dispostos, tão diferentes quanto ao espírito, ao humor, à idade, ao sexo, à condição e à opinião? Talvez não existam dois a quem o que se diz a todos possa ser conveniente, e todas nossas afeições têm tão pouca constância que talvez não haja dois momentos na vida de cada homem em que o mesmo discurso produza nele a mesma impressão. Julgai, quando os sentidos inflamados alienam o entendimento e tiranizam a vontade, se é o momento de escutar as graves lições da sabedoria. Nunca faleis, portanto, da razão aos jovens, mesmo na idade da razão, sem antes tê-los colocado em condições de compreendê-la. A maioria dos discursos perdidos o é muito mais por culpa dos mestres que dos discípulos. O mestre- -escola e o preceptor dizem praticamente as mesmas coisas, mas o primeiro as diz em qualquer ocasião, enquanto o segundo somente as diz quando está certo de seu efeito.

Assim como um sonâmbulo que erra durante seu sono e caminha enquanto dorme à beira de um princípio no qual cairia se de repente o acordassem, meu Emílio, no sono da ignorância, escapa de perigos que não percebe. Se súbito o acordo, está perdido. Procuremos, primeiro, afastá-lo do precipício, e então o despertaremos para mostrar-lho de mais longe.

A leitura, a solidão, o ócio, a vida indolente e sedentária, o convívio com as mulheres e a gente jovem: eis os caminhos que é arriscado abrir a sua idade e que o mantêm continuamente ao lado do perigo. É por meio de outros objetos sensíveis que detenho seus sentidos; é traçando outro curso para os espíritos que os desvio daquele que começavam a trilhar. É exercitando seu corpo com trabalhos penosos que detenho a atividade da imaginação que o arrasta; quando os braços trabalham muito, a imaginação repousa; quando o corpo está bastante cansado, o coração não se irrita. A precaução mais rápida e mais fácil consiste em livrá-lo do perigo local. Levo-o, primeiramente, para fora das cidades, para longe dos objetos capazes de tentá-lo. Mas não é sufi- ciente; em que deserto, em que asilo selvagem ele escapará das imagens que o perseguem? De nada serve afastar os objetos perigosos se não afasto também sua lembrança, se não encontro a arte de separá-lo de tudo, se não o distraio de si mesmo; melhor seria deixá-lo onde está.

Emílio conhece um ofício, mas esse ofício não é aqui nosso recurso; ama e entende a agricultura, mas a agricultura não nos basta; as ocupações que co- nhece se tornam uma rotina; dedicando-se a elas, é como se não fizesse nada; pensa em qualquer outra coisa, a cabeça e os braços agem independentes. Tem necessidade de uma ocupação nova que lhe interesse por sua novidade, que o mantenha ocupado, pela qual se apaixone e à qual se dedique inteiramente. Ora, a única que me parece reunir todas essas condições é a caça. Se a caça é um prazer inocente e conveniente ao homem, é agora que se deve recorrer a ela. Emílio possui todo o necessário para praticá-la com êxito: é robusto, hábil, paciente e incansável. Infalivelmente, tomará gosto por esse exercício; investirá nele todo o ardor de sua idade; perderá nele, ao menos por um tempo, as perigosas inclinações que nascem da indolência. A caça endurece o coração tanto quanto o corpo; acostuma ao sangue, à crueldade. Fizeram de Diana[59] a inimiga do amor, e a alegoria é muito justa. As languidezes do amor nascem apenas num suave repouso; um violento exercício sufoca os sentimentos ternos. Nos bosques, nos locais campestres, o amante e o caçador são afetados de modo tão diferente que formam, acerca dos mesmos objetos, imagens inteiramente diferentes. As sombras frescas, os arvoredos, os doces abrigos do primeiro constituem, para o segundo, apenas pastos, moitas e poisos; onde um ouve apenas rouxinóis, apenas gorjeios, o outro imagina trombetas e latidos de cães; um imagina apenas dríades e ninfas, o outro apenas condutores, matilhas e cavalos. Passeai no campo com essas duas espécies de homens; pela diferença de sua linguagem, logo percebereis que a terra não tem para eles um aspecto semelhante e que o teor de suas ideias é tão diferente quanto a escolha de seus prazeres.

Compreendo como esses gostos se reúnem e como encontramos, no fim, tempo para tudo. Mas as paixões da juventude não se dividem assim: dai-lhe uma única ocupação de que goste e todo o resto logo será esquecido. A variedade dos desejos vem da dos conhecimentos, e os primeiros prazeres que conhecemos permanecem, por muito tempo, os únicos que procuramos. Não quero que Emílio passe toda sua juventude matando animais e sequer pretendo justificar inteiramente essa feroz paixão; basta que ela permita suspender suficientemente uma paixão mais perigosa para fazer-me escutar com sangue-frio quando ele falar dela e para me dar o tempo de retratá-la sem estimulá-la.

Há épocas na vida humana que são feitas para nunca serem esquecidas. Assim é, para Emílio, a da instrução de que falo; ela deve influir sobre o restante de seus dias. Procuremos, portanto, gravá-la em sua memória, de modo que dela não se apague. Um dos erros de nossa idade consiste em empregar a razão demasiado nua, como se os homens fossem apenas espírito. Ao negligenciarmos a língua dos sinais que falam à imaginação, perdemos a mais enérgica das linguagens. A impressão da palavra é sempre fraca, e falamos ao coração pelos olhos muito melhor que pelos ouvidos. Ao querermos nos limitar ao raciocínio, reduzimos nossos preceitos a palavras e não introduzimos nada nas ações. A razão, sozinha, não é ativa; por vezes ela retém, mas raramente excita e nunca fez nada de importante. Raciocinar sempre é a mania dos pequenos espíritos. As almas fortes empregam outra linguagem; é por meio desta que se persuade e se faz agir.

Noto que, nos séculos modernos, os homens não exercem mais influência uns sobre os outros senão pela força e pelo interesse, ao passo que os antigos

---

59. Na mitologia romana, Diana era a deusa da lua e da caça. (N.T.)

agiam muito mais pela persuasão e pelas afeições da alma, porque não negligenciavam a língua dos sinais. Todas as convenções eram celebradas com solenidade para que se tornassem mais invioláveis; antes que a força fosse estabelecida, os deuses eram os magistrados do gênero humano: é diante deles que os particulares faziam seus tratados, suas alianças, e pronunciavam suas promessas; a face da Terra era o livro em que eram registrados. Rochedos, árvores, montes de pedras, consagrados por tais atos e tornados respeitáveis aos homens bárbaros, eram as folhas desse livro continuamente aberto a todos os olhos. O poço do juramento, o poço do vivente-que-me-vê, o velho carvalho de Mambré, o monte da testemunha:[60] esses eram os monumentos grosseiros, mas augustos da santidade dos contratos; ninguém teria ousado, com uma mão sacrílega, atentar contra esses monumentos, e a fé dos homens era mais atestada pela garantia dessas testemunhas mudas do que o é hoje por todo o vão rigor das leis.

No governo, o augusto aparelho do poder real se impunha aos súditos. Marcas de dignidades, um trono, um ceptro, uma toga de púrpura, uma coroa, uma faixa eram coisas sagradas para eles: esses sinais respeitados tornavam venerável o homem que com eles se enfeitava; sem soldados e sem ameaças, assim que falasse, ele era obedecido. Agora que se procura abolir tais sinais,[61] o que advém de tal desprezo? A majestade real se apaga de todos os corações, os reis não se fazem mais obedecer senão por meio de tropas e o respeito dos súditos reside apenas no temor do castigo. Os reis não se dão mais o trabalho de ostentar seu diadema nem as grandes marcas de suas dignidades; mas é preciso ter 100 mil braços sempre prontos para executar suas ordens. Embora isso talvez lhes pareça melhor, é fácil ver que, com o tempo, essa troca não lhes será benéfica.

---

60. A Bíblia fala do "poço dos sete", ou "poço do juramento", como símbolo da aliança firmada entre o patriarca Abraão e Abimeleque, rei de Gerar. Foi no "poço do vivente-que-me-vê" que Agar, serva fugitiva de Sarai, encontrou o Anjo do Eterno, e são suas águas que lhe revelaram o futuro de seu filho Ismael e seu casamento com Isaac, filho de Abraão. Já o "carvalho de Mambré" testemunhou o encontro entre Abraão e os três anjos enviados por Deus para revelar-lhe a Trindade. Por fim, Gilead, o "monte da testemunha" (ou "monte do testemunho"), foi o local de reconciliação de Jacó com seu tio e sogro Labão. (N.T.)

61. O clero romano habilmente os conservou, e seguiram seu exemplo algumas repúblicas, como, entre outras, a de Veneza. Além disso, o governo veneziano, a despeito da queda do Estado, ainda goza, sob o aparato de sua antiga majestade, de todo afeto, de toda a adoração do povo, e, depois do papa, enfeitado com sua tiara, talvez não haja rei, nem potentado, nem homem no mundo tão respeitado quanto o doge de Veneza, sem poder e sem autoridade, mas tornado sagrado por sua pompa e enfeitado, sob seu chapéu ducal, com uma peruca feminina. A cerimônia do Bucentauro, que tanto faz rir os tolos, faria com que o populacho de Veneza derramasse todo seu sangue pela manutenção de seu tirânico governo.

O que os antigos fizeram com a eloquência é prodigioso; mas tal eloquência não consistia apenas em belos discursos bem organizados, e ela nunca produziu tanto efeito como quando o orador falava menos. O que se dizia mais vivamente não era expresso com palavras, mas por meio de sinais; não o diziam, mostravam-no. O objeto que se expõe aos olhos mina a imaginação, excita a curiosidade, mantém o espírito na expectativa do que se vai dizer e, frequentemente, esse único objeto já disse tudo. Trasíbulo e Tarquínio cortando cabeças de dormideiras, Alexandre aplicando seu selo na boca de seu favorito e Diógenes marchando à frente de Zenão não falavam melhor do que se tivessem proferido longos discursos? Que circuito de palavras teria expressado tão bem as mesmas ideias? Dário, intervindo na Cítia com seu exército, recebe do rei dos citas um pássaro, uma rã, um camundongo e cinco flechas. O embaixador entrega seu presente e retorna sem dizer nada. Nos dias de hoje, esse homem teria sido visto como um louco. Essa terrível arenga foi entendida, e Dário não teve maior pressa do que a de retornar como pôde a seu país. Trocai tais sinais por uma carta. Quanto mais ameaçadora ela for, menos medo causará: será apenas uma fanfarronice, da qual Dário teria apenas rido.

Quanta atenção davam os romanos à linguagem dos sinais! Diferentes vestimentas segundo as idades, segundos as condições, togas, sarjas, pretextas, bulas, laticlavos, púlpitos, lictores, fasces, machados, coroas de ouro, de ervas, de folhas, ovações, triunfos: tudo entre eles era pompa, representação, cerimônia, e tudo deixava uma impressão no coração dos cidadãos. Importava ao Estado que o povo se reunisse num local em vez de outro, que visse ou não visse o Capitólio, que estivesse ou não voltado para o Senado, que deliberasse preferencialmente num dia ou noutro. Os acusados trocavam de roupa, os candidatos também; os guerreiros não se vangloriavam de seus feitos, mostravam suas feridas. Quando da morte de César, imagino um de nossos oradores, querendo comover o povo, esgotar todos os lugares-comuns da arte para fazer uma patética descrição de seus ferimentos, de seu sangue, de seu cadáver; embora eloquente, Antônio não disse nada disso: mandou que trouxessem o corpo. Que retórica!

Mas essa digressão me arrasta gradualmente para longe de meu assunto, assim como fazem muitas outras, e meus desvios são demasiado frequentes para que possam ser longos e toleráveis; volto, portanto, ao tema.

Nunca raciocineis de maneira crua com a juventude. Deveis dotar a razão de um corpo se quereis torná-la sensível. Fazei passar a linguagem do espírito pelo coração, para que se faça ouvir. Repito-o: os argumentos frios podem determinar nossas opiniões, mas não nossas ações; fazem-nos acreditar, e não agir; demonstra-se o que se deve pensar, e não o que se deve fazer. Se isso é verdade para todos os homens, com mais forte razão o será para os jovens ainda envolvidos em seus sentidos e que apenas pensam o tanto quanto imaginam.

Abster-me-ei, portanto, mesmo após os preparativos de que falei, de ir, de repente, até o quarto de Emílio para fazer-lhe pesadamente um longo discurso sobre o assunto de que quero instruí-lo. Começarei por comover sua imaginação. Escolherei o momento, o lugar e os objetos mais favoráveis à impressão que desejo produzir. Invocarei, por assim dizer, toda a natureza como testemunha de nossas conversas; invocarei o Ser eterno, de quem ela é a obra, para atestar a veracidade de minhas palavras; tomá-lo-ei como juiz entre Emílio e eu; marcarei o lugar em que estivermos, os rochedos, os bosques, as montanhas que nos cercam como monumentos de suas promessas e das minhas. Introduzirei em meus olhos, em meu acento, em meus gestos o entusiasmo e o ardor que desejo lhe inspirar. Então, falar-lhe-ei e ele me escutará, enternecer-me-ei e ele se comoverá. Imbuído da santidade de meus deveres, tornarei os seus mais respeitáveis; animarei a força do raciocínio com imagens e figuras; não serei demorado e difuso em máximas frias, mas abundante em sentimentos transbordantes. Minha razão será grave e sentenciosa, mas meu coração nunca terá dito o bastante. É então que, mostrando-lhe tudo que fiz por ele, mostrá-lo-ei como se tivesse sido feito para mim mesmo. Verá na minha terna afeição a razão de todos meus cuidados. Que surpresa, que agitação vou lhe causar mudando, de repente, de linguagem! Em vez de encolher sua alma falando-lhe sempre de seu interesse, é apenas do meu que, a partir de então, lhe falarei, e o comoverei ainda mais; incendiarei seu jovem coração com todos os sentimentos de amizade, de generosidade, de reconhecimento que já fiz nascer e que são tão agradáveis de alimentar. Apertá-lo-ei contra meu seio, derramando sobre ele lágrimas de ternura; dir-lhe-ei: "És meu bem, meu filho, minha obra; é de tua felicidade que espero a minha; se frustras minhas esperanças, roubas-me 20 anos de minha vida e tornas meus últimos dias infelizes". É assim que nos fazemos ouvir por um jovem e que gravamos, no fundo de seu coração, a lembrança do que lhe dissemos.

Procurei, até aqui, dar exemplos da maneira como um governante deve instruir seu discípulo nas ocasiões difíceis. Procurei fazer o mesmo nesta aqui; mas, após muitas tentativas, desisto, convencido de que a língua francesa é preciosa demais para suportar, num livro, a ingenuidade das primeiras instruções sobre certos assuntos.

A língua francesa é, segundo dizem, a mais casta das línguas; quanto a mim, considero-a como a mais obscena; pois me parece que a castidade de uma língua não consiste em cuidadosamente evitar as fórmulas desonestas, mas em não as ter. Com efeito, para evitá-las, é preciso pensar nelas, e não há língua em que seja mais difícil falar puramente em todos os sentidos do que a francesa. O leitor, sempre mais hábil em encontrar sentidos obscenos do que o autor em afastá-los, se escandaliza e se assusta com tudo. Como aquilo que passa por ouvidos impuros não seria por eles manchados? Ao contrário, um povo de bons costumes possui termos adequados para todas as coisas, e esses termos são sempre honestos porque são sempre empregados honestamente. É impossível imaginar uma linguagem mais modesta que a da Bíblia, precisamente porque nela tudo é dito com ingenuidade. Para tornar imodestas as mesmas coisas, basta traduzi-las para o francês. O que devo dizer a meu Emílio não será nada além de honesto e casto a seu ouvido; mas, para considerá-lo assim na leitura, será preciso ter um coração tão puro quanto o seu.

Eu acreditaria até mesmo que reflexões sobre a verdadeira pureza do discurso e sobre a falsa delicadeza do vício poderiam ocupar um lugar útil nas conversas sobre moral a que este assunto nos conduz; pois, ao aprender a linguagem da honestidade, ele deve aprender também a da decência, e é preciso que saiba por que essas duas linguagens são tão diferentes. Seja como for, sustento que, se, em vez de sobrecarregarmos antes da hora os ouvidos da juventude com preceitos vãos que ela desprezará na idade em que aqueles estiverem maduros, nós aguardarmos e prepararmos o momento de nos fazermos ouvir; se lhe expusermos então as leis da natureza em toda sua veracidade; se lhe mostrarmos a sanção dessas mesmas leis nos males físicos e morais que a infração atrai sobre os culpados; se, falando-lhe do inconveniente mistério da geração, acrescentarmos à ideia da atração que o Autor da natureza confere a esse ato a do vínculo exclusivo que o torna delicioso, a dos deveres de fidelidade e de pudor que o cercam e que multiplicam seu encanto ao cumprirem seu objetivo; se, retratando o casamento não somente como a mais agradável das sociedades mas também como o mais inviolável e o mais santo de todos os contratos, lhe apontarmos com força todas as razões que tornam tão sagrado laço respeitável a todos os homens e que cobrem de ódio e de maldições todo aquele que ousa manchar sua pureza; se lhe traçarmos um quadro impressionante e verdadeiro dos horrores do deboche, de seu estúpido embrutecimento, do declive insensível pelo qual uma primeira desordem conduz a todas as outras e arrasta finalmente aquele que se entrega a ela para sua ruína; se, digo, lhe mostrarmos, com evidência, como do gosto da castidade resultam a saúde, a força, a coragem, as virtudes, o próprio amor e todos os verdadeiros bens do homem, sustento que, então, tornar-lhe-emos essa mesma castidade desejável e preciosa, e encontraremos seu espírito dócil aos meios que lhe dermos para conservá-la; pois, enquanto a conservamos, nós a respeitamos; desprezamo-la apenas após tê-la perdido.

Não é verdade que a inclinação para o mal seja indomável e que não sejamos capazes de vencê-la antes de termos adquirido o hábito de sucumbir diante dela. Aurélio Vítor diz que vários homens arrebatados de amor compraram voluntariamente, ao preço de sua vida, uma noite com Cleópatra, e tal sacrifício não é impossível à embriaguez da paixão. Mas suponhamos que o homem mais furioso e que menos domina seus sentidos visse o aparato do suplício, certo de falecer nos tormentos alguns minutos mais tarde; não somente tal homem se tornaria, desde esse instante, superior às tentações como também lhe custaria pouco resistir a elas; logo, a imagem terrível que as acompanhasse o desviaria delas, e, sempre repelidas, elas se cansariam de voltar. É apenas a tepidez de nossa vontade que faz toda nossa fraqueza, e somos sempre fortes para fazer o que fortemente desejamos: *"Volenti nihil difficile"*.[62] Ó, se detestássemos o vício tanto quanto amamos a vida, abster-nos-íamos tão facilmente de um crime agradável quanto de um veneno mortal numa deliciosa iguaria!

Como não veem que, se todas as lições que dão sobre este ponto a um jovem são desprovidas de êxito, é porque carecem de razão para sua idade e porque importa a toda idade revestir a razão de formas que a façam amá-la. Falai-lhe gravemente quando preciso, mas que o que lhe disserdes tenha sempre um atrativo que o force a vos escutar. Não combatais seus desejos com rispidez, não sufoqueis sua imaginação, guiai-a temendo que gere monstros. Falai-lhe de amor, das mulheres, dos prazeres; fazei com que encontre, em vossas conversas, um encanto que deleite seu jovem coração; não poupeis esforços para vos tornar seu confidente, pois é apenas a esse título que sereis realmente seu mestre; então, não mais receais que vossas conversas o aborreçam, pois ele vos fará falar mais do que desejardes.

Se, com base nessas máximas, eu soube tomar todas as precauções necessárias e dirigir a meu Emílio as palavras convenientes à conjuntura a que o progresso dos anos o levou, não duvido por um instante que ele chegue por si mesmo ao ponto a que desejo conduzi-lo, que se coloque com satisfação sob minha salvaguarda e que me diga, com todo o calor de sua idade, impressionado pelos perigos de que se vê cercado: "Ó, meu amigo, meu protetor, meu mestre! Retomai a autoridade de que quereis abdicar, no momento em que mais me importa que ela permaneça convosco; vós a tínheis até aqui apenas por minha fraqueza, tê-la-eis agora por minha vontade, e isso apenas ma tornará mais

---

62. "Nada é difícil a quem quer." (N.T.)

sagrada. Defendei-me contra todos os inimigos que me cercam e sobretudo contra os que carrego comigo e que me traem; velai sobre vossa obra, para que permaneça sempre digna de vós. Desejo obedecer a vossas leis, ainda o desejo, é minha vontade constante; se porventura vos desobedecer, será contra minha vontade; tornai-me livre protegendo-me contra minhas paixões que me agridem; impedi-me de ser seu escravo e forçai-me a ser senhor de mim mesmo, obedecendo não a meus sentidos, mas a minha razão".

Quando tiverdes conduzido vosso aluno a esse ponto (e, se ele não o alcançar, a culpa será vossa), evitai tomá-lo muito rapidamente ao pé da letra, temendo que, se por acaso vosso império lhe parecer demasiado rude, se veja no direito de livrar-se dele, acusando-vos de tê-lo surpreendido. É nesse momento que a reserva e a gravidade estão em seu devido lugar, e este tom tanto mais se imporá a ele quanto será a primeira vez que vos verá empregá-lo.

Dir-lhe-eis então: "Jovem, assumis levianamente compromissos penosos; seria preciso conhecê-los para ter o direito de formá-los; não sabeis com que furor os sentidos arrastam vossos semelhantes para o abismo dos vícios, sob a atração do prazer. Não tendes, por certo, uma alma abjeta; nunca violareis vossa fé, mas quantas vezes talvez vos arrependereis de a ter dado! Quantas vezes amaldiçoareis aquele que vos ama, quando, para vos poupar dos males que vos ameaçam, ele se vir forçado a dilacerar vosso coração! Assim como, comovido com o canto das sereias, Ulisses gritava a seus condutores para que o desacorrentassem, seduzido pela atração dos prazeres, desejareis romper os laços que vos constrangem; importunar-me-eis com vossas queixas, censurar-me-eis por minha tirania quando eu estiver mais ternamente preocupado convosco; pensando apenas em vos tornar feliz, atrairei vosso ódio. Ó, meu Emílio! Nunca suportarei a dor de ser odiado por ti; até mesmo tua felicidade é, a esse preço, demasiado cara. Bom rapaz, não vedes que, obrigando-vos a me obedecer, obrigais-me a vos conduzir, a me esquecer para me dedicar a vós, a não escutar nem vossas queixas, nem vossos murmúrios, a combater continuamente vossos desejos e os meus? Impondes-me um jugo mais duro que o vosso. Antes que nós dois o assumamos, consultemos nossas forças; não tenhais pressa, dai-me tempo para pensar a respeito e sabei que aquele que mais tempo leva para prometer é sempre o mais fiel para cumprir".

Deveis saber também que, quanto mais vos tornais difícil quanto ao compromisso, mais facilitais sua execução. É importante que o jovem sinta que promete muito e que prometeis ainda mais. Quando o momento chegar e ele tiver, por assim dizer, assinado o contrato, mudai então de linguagem; empregai tanta brandura em vosso império quanto havíeis anunciado em termos de severidade. Dir-lhe-eis: "Meu jovem amigo, falta-vos experiência, mas fiz com que não carecêsseis de razão. Sois capaz de ver sempre os motivos de minha conduta; para isso, é preciso apenas aguardar que estejais de sangue-frio. Começai sempre por obedecer, e pedi-me então satisfação de minhas ordens; estarei pronto para justificá-las assim que estiverdes em condições de me entender, e nunca temerei fazer de vós o juiz entre nós dois. Prometeis ser dócil, e prometo empregar tal docilidade apenas para fazer de vós o mais feliz dos homens. Tenho por fiadora de minha promessa a condição de que gozastes até aqui. Encontrai alguém de vossa idade que tenha tido uma vida tão agradável quanto a vossa, e não vos prometo mais nada".

Após o estabelecimento de minha autoridade, meu primeiro cuidado consistirá em afastar a necessidade de empregá-la. Não pouparei esforços para ganhar cada vez mais sua confiança, para me tornar cada vez mais o confidente de seu coração e o árbitro de seus prazeres. Longe de combater as inclinações de sua idade, consultá-las-ei para controlá-las. Entrarei em suas opiniões para dirigi-las, não procurarei para ele uma felicidade distante à custa do presente. Não desejo que seja feliz uma vez, mas, se possível, sempre.

Os que desejam conduzir ajuizadamente a juventude para protegê-la das armadilhas dos sentidos lhe transmitem o horror do amor e tranquilamente fariam deste um crime, caso ele permeasse seus pensamentos, como se o amor fosse feito para os velhos. Todas essas lições enganosas que o coração desmente não persuadem de modo algum. O jovem, conduzido por um instinto mais seguro, ri em segredo das tristes máximas às quais finge aquiescer, e aguarda apenas o momento de torná-las vãs. Tudo isso é contranatural. Seguindo um caminho oposto, chegarei com mais segurança à mesma meta. Não temerei estimular nele o doce sentimento de que é ávido, retratá-lo-ei como a suprema felicidade da vida, porque ele de fato o é; ao retratar-lho, quero que se entregue a ele. Ao fazer com que sinta o encanto que a união dos corações acrescenta à atração dos sentidos, inspirar-lhe-ei repugnância pela libertinagem, e o tornarei recatado fazendo com que se enamore.

Como é preciso ser tacanho para ver nos desejos nascentes de um jovem apenas um obstáculo às lições da razão! Quanto a mim, vejo neles o verdadeiro meio de torná-lo dócil a essas mesmas lições. Não se tem influência sobre as paixões senão pelas paixões; é por meio de seu império que se deve combater sua tirania, é sempre da própria natureza que se devem extrair os instrumentos adequados para regrá-la.

Emílio não foi feito para permanecer sempre solitário; membro da sociedade, ele deve cumprir-lhe os deveres. Feito para viver com os homens, deve conhecê-los. Conhece o homem em geral; resta-lhe conhecer os indivíduos. Sabe o que se faz no mundo; resta-lhe ver como se vive nele. Chegou o momento de lhe mostrar o exterior deste grande palco do qual já conhece todos os truques secretos. Não terá por ele mais a admiração estúpida de um jovem estouvado, mas o discernimento de um espírito reto e justo. Suas paixões certamente poderão iludi-lo; quando é que não iludem aqueles que se entregam a elas? Mas, pelo menos, não será enganado pelas dos outros. Se as vir, vê-las-á com o olhar do sábio, sem ser arrastado por seus exemplos nem seduzido pelos preconceitos.

Assim como existe uma idade adequada ao estudo das ciências, existe uma para compreender bem os usos da sociedade. Todo aquele que aprende tais usos cedo demais os segue por toda a vida sem critério, sem reflexão e, embora com presunção, sem nunca saber bem o que faz. Mas aquele que os aprende e que vê suas razões os segue com mais discernimento e, consequentemente, com mais exatidão e graça. Dai-me uma criança de 12 anos que não saiba absolutamente nada e devo devolvê-la, aos 15 anos, tão sábia quanto a que instruístes desde os primeiros anos, com a diferença de que o saber da vossa estará apenas em sua memória, enquanto o da minha estará em seu juízo. Da mesma forma, mergulhai um jovem de 20 anos na sociedade; bem conduzido, ele será, num ano, mais amável e mais judiciosamente polido que aquele que se tiver criado nela desde a infância, pois o primeiro, sendo capaz de sentir as razões de todos os procedimentos relativos à idade, à condição e ao sexo que constituem esses usos, pode reduzi-los a princípios e estendê-los aos casos não previstos, ao passo que o outro, tendo apenas sua rotina como regra, se vê embaraçado assim que o tiram dela.

As jovens donzelas francesas são todas educadas em conventos até serem casadas. Nota-se, de sua parte, alguma dificuldade em adquirirem maneiras que lhes são tão novas? E acusar-se-ão as mulheres de Paris de terem o ar tão desajeitado e embaraçado e de ignorarem os usos da sociedade por não terem sido expostas a eles desde a infância? Tal preconceito vem da própria gente da sociedade que, não conhecendo nada de mais importante do que essa pequena ciência, imagina, erroneamente, que não se pode começar cedo demais a adquiri-la.

É verdade que tampouco se deve esperar demais. Todo aquele que passou toda sua juventude longe da alta sociedade se apresenta nela, pelo resto de sua vida, com um ar embaraçado, constrangido, com palavras fora de propósito, maneiras pesadas e desajeitadas das quais o hábito de viver em sociedade não o privará mais e que se tornam apenas mais ridículas pelo esforço de livrar-se delas. Cada espécie de instrução tem seu próprio tempo, que se deve conhecer, e seus perigos, que se devem evitar. É, sobretudo, para esta aqui que tais perigos se reúnem, mas não exponho meu aluno a eles sem precauções para protegê-lo.

Quando meu método satisfaz, com um mesmo objeto, todas as perspectivas e quando, ao evitar um inconveniente, ele previne outro, considero então que é bom e que digo a verdade. É o que acredito ver no expediente que ele me sugere aqui. Se eu desejar ser austero e ríspido com meu discípulo, perderei sua confiança e logo se esconderá de mim. Se eu quiser ser complacente, dócil, ou fechar os olhos, de que lhe servirá estar sob minha guarda? Limito-me a autorizar sua desordem e a aliviar sua consciência à custa da minha. Se o introduzir na sociedade com o único intuito de instruí-lo, instruir-se-á mais do que quero. Se o mantiver afastado dela até o fim, o que terá aprendido comigo? Tudo, talvez, exceto a arte mais necessária ao homem e ao cidadão, que é a de saber viver com seus semelhantes. Se confiro a meus cuidados uma utilidade demasiado distante, ela será como que nula para ele, que tem consideração apenas pelo presente; se me contento em lhe fornecer divertimentos, que bem lhe faço? Ele se amolece e não se instrui.

Nada disso. Sozinho, meu expediente proporciona tudo. "Teu coração", digo ao jovem, "necessita de uma companheira: procuremos a que te convém; talvez não a encontremos facilmente; o verdadeiro mérito é sempre raro, mas não nos apressemos nem nos desencorajemos. Existe certamente uma e, no fim, a encontraremos, ou, pelo menos, a que mais se aproximar dela". Com um projeto que lhe é tão encantador, introduzo-o no mundo; o que mais tenho a dizer? Não vedes que fiz tudo?

Ao lhe retratar a amante que lhe destino, podeis imaginar se saberei me fazer ouvir; se saberei lhe tornar agradáveis e preciosas as qualidades que deve amar; se saberei predispor todos seus sentimentos ao que deve procurar ou evitar. É preciso que eu seja o mais desastrado dos homens se não fizer com que se apaixone de antemão, sem saber por quem. Não importa que o objeto que lhe retrato seja imaginário; basta que lhe inspire repulsa pelos que poderiam tentá-lo; basta que encontre em todo lugar comparações que o façam preferir sua quimera aos objetos reais com que depara; o que é o verdadeiro amor em si mesmo senão quimera, mentira e ilusão? Preferimos muito mais a imagem que formamos ao objeto a que a aplicamos. Se víssemos o que amamos exatamente como é, não haveria mais amor na Terra. Quando deixamos de amar, a pessoa que amávamos permanece a mesma de antes, mas não a vemos mais da mesma maneira. O véu do encanto cai e o amor se desvanece. Ora, ao fornecer o objeto imaginário, controlo as comparações e impeço facilmente a ilusão dos objetos reais.

Não quero, com isso, que enganem um jovem rapaz, pintando-lhe um modelo de perfeição que não possa existir; mas escolherei os defeitos de sua amante de modo que lhe convenham, que lhe agradem e que sirvam para corrigir os seus. Tampouco desejo que lhe mintam afirmando, erradamente, que o objeto que pintam existe; mas se ele se comprouver com a imagem, logo desejará um original. Do desejo à suposição, o trajeto é fácil; é o caso de algumas descrições hábeis que, sob traços mais sensíveis, darão a este objeto imaginário uma maior aparência de veracidade. Gostaria de chegar ao ponto de dar-lhe um nome; diria, rindo: "Chamemos *Sofia* à vossa futura amante; Sofia é um nome de bom augúrio; se a que escolherdes não o tiver, ela será, ao menos, digna de tê-lo; podemos dar-lhe esta honra de antemão". Se, após todos esses detalhes, sem afirmar nem negar, nos livrarmos com pretextos, suas suspeitas se transformarão em certeza; acreditará que fazemos mistério da esposa a quem o destinamos, e que a verá quando a hora chegar. Se chegar a esse ponto e se tivermos escolhido bem os traços que devemos lhe mostrar, todo o resto é fácil; podemos expô-lo ao mundo, praticamente sem risco; protegei-o apenas de seus sentidos, pois seu coração estará em segurança.

Mas, quer ele personifique ou não o modelo que eu conseguir lhe tornar amável, tal modelo, se for bem-feito, não o levará menos a apegar-se a tudo que se assemelhar a ele e não o distanciará menos de tudo que não se assemelhar a ele do que se tivesse um objeto real. Que vantagem para preservar seu coração dos perigos a que sua pessoa deve ser exposta, para reprimir seus sentidos por sua imaginação, para arrancá-lo, sobretudo, dessas doadoras de educação que fazem pagá-la tão caro e que somente formam um jovem para a polidez privando-o de qualquer honestidade! Sofia é tão modesta! Com que olhos ele verá as investidas delas? Sofia tem tanta simplicidade! Como ele apreciará a afetação delas? É grande demais a distância entre suas ideias e suas observações para que estas lhe sejam um dia perigosas.

Todos aqueles que falam do governo das crianças seguem os mesmos preconceitos e as mesmas máximas, porque observam mal e refletem ainda pior. Não é nem pelo temperamento nem pelos sentidos que começa o descaminho da juventude, mas pela opinião. Caso se tratasse aqui dos meninos educados nos colégios e das meninas educadas nos conventos, eu mostraria que isso é verdade até mesmo para eles; pois as primeiras lições que uns e outros recebem, as únicas que frutificam, são as do vício; e não é a natureza que os corrompe, mas o exemplo; deixemos, porém, os pensionários dos colégios e dos conventos com seus maus costumes, pois serão sempre irremediáveis. Falo apenas da educação doméstica. Considerai um jovem educado sabiamente na casa de seu pai, no interior do país, e examinai-o no momento em que chega a Paris ou em que entra na sociedade; vê-lo-eis pensando corretamente sobre coisas honestas e tendo a própria vontade tão sã quanto a razão. Vê-lo-eis com desprezo pelo vício e horror ao deboche. Bastará pronunciar o nome de uma prostituta para ver, em seus olhos, o escândalo da inocência. Sustento que não há um jovem que possa se resolver a entrar sozinho nas tristes residências dessas infelizes, ainda que soubesse para que servem e sentisse necessidade delas.

Dali a seis meses, considerai novamente o mesmo jovem; não o reconhecereis mais. Palavras livres, máximas arrogantes e um ar desembaraçado levariam a confundi-lo com outro homem se suas brincadeiras sobre sua antiga simplicidade e sua vergonha quando o lembram dela não revelassem que ele é o mesmo e que se envergonha disso. Ó, como se formou em pouco tempo! De onde vem uma mudança tão grande e brusca? Do progresso do temperamento? Não teria seu temperamento feito o mesmo progresso na casa paterna, e não teria seguramente adquirido esse tom ou essas máximas? Dos primeiros prazeres dos sentidos? Ao contrário. Quando começamos a nos entregar a eles, somos medrosos, inquietos, fugimos dos olhares alheios e do barulho. As primeiras volúpias são sempre misteriosas; o pudor as tempera e as esconde: a primeira amante não torna alguém descarado, mas tímido. Inteiramente absorvido num estado tão novo para ele, o jovem se recolhe para prová-lo e teme sempre perdê-lo. Se é ruidoso, não é voluptuoso nem terno; enquanto se vangloriar, não terá gozado.

Outras maneiras de pensar produziram, sozinhas, essas diferenças. Seu coração ainda é o mesmo, mas suas opiniões mudaram. Seus sentimentos, alterando-se mais devagar, se alterarão finalmente por meio delas, e é somente então que será corrompido de fato. Mal entrou na sociedade e já adquire uma segunda educação inteiramente oposta à primeira, por meio da qual aprende a desprezar o que estimava e a estimar o que desprezava: fazem-no encarar as lições de seus pais e de seus mestres como um jargão pedantesco, e os deveres que lhe pregaram como uma moral pueril que se deve desdenhar quando adulto. Acredita estar obrigado por honra a mudar de conduta; torna-se empreendedor sem desejos e pretensioso por falsa vergonha. Zomba dos bons costumes antes de ter tomado gosto pelos maus, e se entrega ao deboche sem saber ser debochado. Jamais esquecerei a confissão de um jovem oficial da guarda suíça que se entediava muito com os prazeres ruidosos de seus camaradas e não ousava recusá-los, temendo ser por eles escarnecido. "Eu os pratico", dizia, "como se consumisse tabaco a despeito de minha repugnância; o gosto virá pelo hábito: não se deve ser sempre criança".

Assim, é muito menos da sensualidade que da vaidade que se deve preservar um jovem que entra para a sociedade; ele cede mais às inclinações de outrem que às suas, e o amor-próprio faz mais libertinos que o amor.

Dito isso, pergunto se existe algum jovem na Terra inteira mais bem armado que o meu contra tudo que pode atacar seus costumes, seus sentimentos, seus princípios; e se existe algum mais capaz de resistir à torrente. Pois contra que sedução ele não está preparado para se defender? Se seus desejos o arrastam para o sexo, ele não encontra neste o que procura, e seu coração preocupado o retém. Se seus sentidos o agitam e o pressionam, onde encontrará com que contentá-los? O horror ao adultério e ao deboche o afasta igualmente das mulheres da vida e das mulheres casadas, e é sempre por um desses dois estados que começam as desordens da juventude. Uma moça casadoura pode ser coquete, mas não será desavergonhada; não irá se jogar em cima de um jovem que poderá desposá-la se acreditar que seja recatada; ela terá, aliás, alguém para vigiá-la. Emílio, por sua vez, não estará inteiramente entregue a si mesmo; ambos terão como guardas, pelo menos, o temor e a vergonha, inseparáveis dos primeiros desejos; não passarão de repente para as derradeiras familiaridades e não terão tempo de chegar gradualmente a elas sem obstáculos. Para que se comporte de outro modo, é preciso que já tenha recebido lições de seus camaradas, que tenha aprendido com eles a desprezar sua moderação, a tornar-se insolente imitando-os. Mas que homem no mundo é menos imitador que Emílio? Que homem se deixa menos levar pelo tom jocoso do que aquele que não tem preconceitos nem tem qualquer consideração pelos dos outros? Trabalhei por 20 anos para armá-lo contra os zombadores; ser-lhes-á necessário mais de um dia para ludibriá-lo; pois o ridículo é, aos olhos dele, apenas a razão dos tolos, e nada torna mais insensível à troça do que estar acima da opinião. Em vez de brincadeiras, ele precisa de razões, e, enquanto essa for sua postura, não temerei que jovens loucos o tirem de mim; tenho a meu lado a consciência e a verdade. Se é preciso que o preconceito interfira, um afeto de 20 anos não deve ser desprezado; jamais o levarão a acreditar que o aborreci com lições vãs, e, num coração reto e sensível, a voz de um amigo fiel e verdadeiro conseguirá apagar os gritos de 20 sedutores. Como se trata então apenas de lhe mostrar que se enganam e que, fingindo tratá-lo como homem, o tratam, na verdade, como criança, procurarei ser sempre simples, mas sério e claro em meus raciocínios, para que sinta que sou eu que o trato como homem. Dir-lhe-ei: "Vedes que apenas vosso interesse, que também é o meu, dita minhas palavras; não posso ter nenhum outro; mas por que esses jovens querem vos persuadir? É porque querem vos seduzir: não vos amam, não têm nenhum interesse por vós; têm como único motivo um ressentimento secreto por verem que valeis mais do que eles; querem rebaixar-vos a sua pequena medida, e vos censuram por vos deixardes governar apenas para que eles mesmos vos governem. Podeis acreditar que teríeis algo a ganhar com essa mudança? Seria, então, a sabedoria deles tão superior à minha, e a afeição de um dia mais forte? Para conferir algum peso a sua zombaria, seria preciso poder dar algum a sua autoridade; e que experiência possuem para elevarem suas máximas acima das nossas? Limitaram-se a imitar outros cabeças de vento, assim como, por sua vez, querem ser imitados. Para se alçarem acima dos pretensos preconceitos de seus pais, sujeitam-se aos de seus camaradas; não vejo o que ganham com isso, mas vejo que, seguramente, perdem duas grandes vantagens: a da afeição paterna, cujos conselhos são ternos e sinceros, e a da experiência, que faz julgar o que se conhece, pois os pais foram crianças e as crianças não foram pais.

"Mas acreditais que sejam sinceros, ao menos, em suas loucas máximas? Nem mesmo isso, caro Emílio; enganam-se para vos enganar; não estão de acordo consigo mesmos; seu coração sempre os desmente e, frequentemente, sua boca os contradiz. Aquele que escarnece de tudo que é honesto entraria em desespero se sua mulher pensasse como ele. Outro estenderá essa indiferença de costumes aos da mulher que ele ainda não tem ou, cúmulo da infâmia, aos da mulher que já tem; mas ide mais longe, falai-lhe de sua mãe e vede se aceitará de bom grado ser fruto do adultério e filho de uma mulher de má vida, adotar injustamente o nome de uma família, roubar o patrimônio desta ao herdeiro natural, e, por fim, se aceitará pacientemente ser tratado de bastardo! Qual deles desejará que devolvam a sua filha a desonra com que cobre a de outrem? Não há nenhum que não atentasse contra vossa vida caso adotásseis com ele, na prática, todos os princípios que se esforça por vos dar. É assim que enfim descobrem sua inconsequência, e que sentimos que nenhum deles acredita no que diz. Aí estão algumas razões, caro Emílio: pesai as deles, se as tiverem, e comparai. Se eu desejasse recorrer, como eles, ao desprezo e ao escárnio, vê-los-íeis se prestarem ao ridículo, talvez tanto ou mais que eu. Mas não tenho medo de um exame sério. O triunfo dos zombadores é de curta duração; a verdade permanece, e seu riso insensato se desvanece."

Não imaginais como, aos 20 anos, Emílio pode ser dócil? Como pensamos diferente! Não concebo como o pôde ter sido aos dez anos; pois que influência eu exercia sobre ele naquela idade? Foram-me necessários 15 anos de cuidados para adquirir tal influência. Não o educava então; preparava-o para ser educado; ele o é, hoje, o suficiente para ser dócil; reconhece a voz da amizade e sabe obedecer à razão. Deixo-lhe, é verdade, a aparência da independência, mas ele nunca me esteve mais sujeito, na medida em que se sujeita porque quer sujeitar--se. Enquanto não pude me tornar senhor de sua vontade, continuei sendo o de sua pessoa; não me distanciava dele nem de um passo. Agora, deixo-o por vezes sozinho porque ainda o governo. Ao deixá-lo, beijo-o e lhe digo, com um ar resoluto: "Emílio, confio-te a meu amigo; entrego-te a seu coração honesto; diante de mim, é ele que responderá por ti".

Não basta um momento para corromper afeições saudáveis que não recebe-ram nenhuma alteração anterior e apagar princípios imediatamente derivados das primeiras luzes da razão. Se alguma mudança se produz durante minha ausência, esta nunca será longa o suficiente; ele nunca saberá esconder-se bem o bastante de mim para que eu não perceba o perigo antes do mal e não tenha tempo de remediá-lo. Assim como não nos depravamos de repente, não apren-demos de repente a dissimular, e se há algum homem desastrado nessa arte é Emílio, que não teve durante sua vida uma só ocasião de empregá-la.

Por meio desses cuidados e de outros semelhantes, acredito que ele esteja tão bem protegido dos objetos estranhos e das máximas vulgares que preferiria vê-lo no meio da pior companhia de Paris do que sozinho em seu quarto ou num par-que, entregue a toda a inquietação de sua idade. Façam o que fizerem, de todos os inimigos que podem atacar um jovem rapaz, o mais perigoso e o único que não se pode afastar dele é ele mesmo. Esse inimigo, no entanto, somente é perigoso por nossa culpa; pois, como já disse mil vezes, é apenas pela imaginação que se des-pertam os sentidos. A necessidade destes não é propriamente uma necessidade física; não é verdade que seja uma verdadeira necessidade. Se um objeto lascivo nunca tivesse sido exposto a nossos olhos, se uma ideia desonesta nunca tivesse entrado em nosso espírito, talvez essa pretensa necessidade nunca se tivesse feito sentir em nós e teríamos permanecido castos sem tentações, sem esforços e sem mérito. Não sabemos que fermentações imperceptíveis certas situações e certos espetáculos excitam no sangue da juventude, sem que ela possa discernir por si mesma a causa dessa primeira inquietude, que não se acalma facilmente e não tarda a renascer. Quanto a mim, quanto mais reflito a respeito dessa importante crise e de suas causas próximas ou distantes, mais me convenço de que um ho-mem solitário educado num deserto, sem livros, sem instrução e sem mulheres, morreria virgem, fosse qual fosse sua idade.

Mas não se trata aqui de um selvagem dessa espécie. Educando um homem entre seus semelhantes e para a sociedade, é impossível e até mesmo fora de propósito criá-lo sempre nessa salutar ignorância, e o que há de pior para a sa-bedoria é ser sábio pela metade. A lembrança dos objetos com que deparamos e as ideias que adquirimos nos seguem até o retiro, povoam-no, contra nossa vontade, de imagens mais sedutoras que os próprios objetos e tornam a solidão tão funesta àquele que as traz quanto ela é útil àquele que se mantém sempre só.

Velai, portanto, cuidadosamente sobre o jovem; ele poderá se proteger de todo o resto, mas cabe a vós protegê-lo de si mesmo. Não o deixai sozinho nem de dia nem de noite; deveis, ao menos, dormir em seu quarto. Desconfiai do instinto assim que não vos limitardes mais a ele; ele é bom enquanto age só, mas torna-se suspeito assim que se mistura às instituições dos homens; não se deve destruí-lo, mas regrá-lo, e isso pode ser mais difícil que aniquilá-lo. Seria muito perigoso se ele ensinasse vosso aluno a enganar seus sentidos e a suprir as ocasiões de satisfazê-los; se ele vir a conhecer esse perigoso suplemento, estará perdido. A partir de então, terá sempre o corpo e o coração enfraqueci-dos; levará até o túmulo os tristes efeitos desse hábito, o mais funesto a que um jovem possa ser submetido. Decerto seria ainda melhor... Se os furores de um temperamento ardente se tornam invencíveis, meu caro Emílio, tenho pena de ti; mas não hesitarei por um momento, não suportarei que a meta da natureza seja evitada. Se é preciso que um tirano te subjugue, submeto-te preferencial-mente àquele de quem posso livrar-te; aconteça o que acontecer, arrancar-te-ei com mais facilidade das mulheres do que de ti.

Até os 20 anos, o corpo cresce; tem necessidade de toda sua substância; a continência está então na ordem da natureza, e não faltamos com ela senão à custa de nossa constituição. A partir dos 20 anos, a continência é um dever de moral; ela importa para aprender a reinar sobre si mesmo e a manter-se senhor de seus apetites; mas os deveres morais têm suas modificações, suas exceções, suas regras. Quando a fraqueza humana torna uma alternativa inevitável, de dois males preferimos o menor; em todo caso, é melhor cometer um erro que contrair um vício.

Lembrai-vos de que não é mais de meu aluno que falo aqui, mas do vosso. Suas paixões, que deixastes fermentar, vos subjugam? Cedei-lhes, portanto, abertamente a vitória; se souberdes mostrar-lha tal como é, terá menos orgulho que vergonha dela, e conquistareis o direito de guiá-lo durante seu descaminho para fazer, pelo menos, com que evite os precipícios. Importa que o discípulo não faça nada que o mestre não saiba e não queira, nem mesmo o que é errado, e é 100 vezes preferível que o governante aprove um erro e se engane a que seja enganado por seu aluno e que o erro seja cometido sem que o saiba. Aquele que acredita dever fechar os olhos a alguma coisa logo se vê forçado a fechá-los a tudo; o primeiro abuso cometido acarreta outro, e esse encadeamento somente se encerra com a inversão de toda ordem e com o desprezo por toda lei.

Outro erro que já combati, mas que nunca abandonará os pequenos espíri-tos, consiste em sempre simular a dignidade magistral e em querer passar por um homem perfeito na mente de seu discípulo. Esse método produz o resultado inverso. Como não veem que, ao quererem consolidar sua autoridade, eles a destroem? Que, para fazer com que escutem o que dizemos, é preciso que nos ponhamos no lugar daqueles a quem nos dirigimos? E que é preciso ser homem para saber falar ao coração humano? Todas essas pessoas perfeitas não comovem nem persuadem; dizemo-nos sempre que lhes é bastante fácil combater paixões que não sentem. Mostrai vossas fraquezas a vosso aluno, se quereis curá-lo das suas; que veja em vós os mesmos combates que enfrenta, que aprenda a se vencer com base em vosso exemplo, e que não diga, como os outros: "Por não serem mais jovens, esses velhos ressentidos querem tratar os jovens como velhos e, por estarem todos seus desejos extintos, fazem dos nossos um crime".

Montaigne afirma ter perguntado um dia ao sr. de Langey quantas vezes, em suas negociações com a Alemanha, ele se embriagara a serviço do rei. Eu perguntaria de bom grado ao governante de um certo rapaz quantas vezes entrou num lugar escuso a serviço de seu aluno. Quantas vezes? Estou enganado. Se a primeira vez não privar para sempre o libertino do desejo de entrar, se ele não trouxer desse lugar o arrependimento e a vergonha, se não derramar em vosso seio torrentes de lágrimas, abandonai-o imediatamente. Será apenas um monstro, ou sereis apenas um imbecil; não lhe servireis para nada. Mas deixemos esses expedientes extremos, tão tristes quanto perigosos, e que não têm qualquer relação com nossa educação.

Quantas precauções a serem tomadas com um jovem bem-nascido antes de expô-lo ao escândalo dos costumes de nossa época! Tais precauções são penosas, mas indispensáveis: é a negligência quanto a esse ponto que arruína a juventude; é em virtude da desordem da primeira idade que os homens degeneram e que os vemos tornarem-se o que são hoje. Vis e covardes em seus próprios vícios, possuem apenas almas pequenas porque seus corpos esgotados foram corrompidos desde cedo; restou-lhes, quando muito, vida suficiente para se movimentarem. Seus sutis pensamentos revelam espíritos sem envergadura; não sabem sentir nada que seja grande e nobre; não possuem nem simplicidade, nem vigor. Abjetos em todas as coisas e ordinariamente maus, são apenas frívolos, velhacos, falsos, e sequer possuem coragem suficiente para serem ilustres celerados. Esses são os desprezíveis homens formados pela crápula da juventude; se houvesse um só que soubesse ser moderado e sóbrio, e que soubesse, no meio deles, preservar seu coração, seu sangue e seus costumes do contágio do exemplo, com 30 anos ele esmagaria todos esses insetos e se tornaria seu senhor com menos dificuldade do que encontraria para senhorear a si mesmo.

Por pouco que o nascimento ou a fortuna tivesse feito por Emílio, ele seria esse homem, caso quisesse sê-lo; mas ele os desprezaria demais para dignar-se a sujeitá-los. Vejamo-lo agora entre eles, entrando no mundo, não para sobressair, mas para conhecê-lo, e para encontrar uma companheira digna dele.

Seja qual for a posição social em que ele possa ter nascido, seja qual for a sociedade em que ele começa a se introduzir, seu início será simples e sem brilho; Deus o livre de ser infeliz o bastante para brilhar: as qualidades que impressionam ao primeiro olhar não são as suas; não as tem nem deseja tê-las. Confere pouquíssimo valor aos julgamentos dos homens para dar algum a seus preconceitos, e não se preocupa com que o estimem antes de conhecê-lo. Sua maneira de apresentar-se não é modesta nem vaidosa, mas natural e verdadeira; não conhece nem embaraço, nem disfarce, e no meio de uma roda ele é igual ao que é quando está sozinho e sem testemunhas. Será, por isso, grosseiro, desdenhoso, que não dá atenção a ninguém? Ao contrário; se, sozinho, ele não desconsidera os outros homens, por que os desconsideraria vivendo com eles? Não os prefere a ele em suas maneiras, porque não os prefere a ele em seu coração; mas tampouco lhes mostra uma indiferença que está bem longe de ter: se não possui as fórmulas de polidez, possui os cuidados da humanidade. Não lhe agrada ver ninguém sofrer; não oferecerá seu lugar a outra pessoa por afetação, mas cedê-la-á por bondade se, vendo tal pessoa esquecida, julgar que esse esquecimento a humilha, pois custará menos a meu jovem permanecer em pé voluntariamente que ver outra pessoa fazê-lo à força.

Embora, em geral, Emílio não estime os homens, ele não manifestará nenhum desprezo, pois se compadece deles. Não podendo transmitir-lhes o gosto pelos bens reais, deixa-lhes os bens da opinião, com os quais se contentam, pois teme que, privando-os inutilmente deles, os torne mais infelizes que antes. Não é, portanto, altercador ou contraditor; tampouco é complacente e bajulador; manifesta sua opinião sem combater a de ninguém, porque ama a liberdade acima de tudo e porque a franqueza é um dos mais belos direitos desta.

Fala pouco, porque não faz questão que lhe deem atenção; pela mesma razão, diz apenas coisas úteis; caso contrário, o que o motivaria a falar? Emílio é instruído demais para vir a ser tagarela. A grande tagarelice vem necessariamente ou da pretensão ao espírito, da qual falarei logo adiante, ou do valor que atribuímos a bagatelas pelas quais acreditamos tolamente que os outros têm tanta consideração quanto nós. Aquele que conhece coisas suficientes para atribuir a todas seu verdadeiro valor nunca fala em excesso, pois também sabe apreciar a atenção que lhe é dada e o interesse que se pode ter por suas palavras. Geralmente, as pessoas que sabem pouco falam muito, e as pessoas que sabem muito falam pouco. É simples que um ignorante considere importante tudo que sabe e o diga a todo mundo. Mas um homem instruído não abre facilmente seu repertório; teria coisas demais a dizer e veria outras ainda a serem ditas depois dele; e, por isso, se cala.

Longe de chocar as maneiras dos outros, Emílio se conforma a elas com grande facilidade, não para parecer instruído a respeito dos costumes nem para simular a afetação de um homem polido, mas, ao contrário, temendo que o distingam, para evitar ser percebido, e nunca se encontra mais à vontade do que quando não prestam atenção nele.

Embora, ao entrar na sociedade, ele lhe ignore absolutamente as maneiras, isso não o torna tímido e medroso; se se esquiva, não é por embaraço, mas porque, para ver bem, é preciso não ser visto; pois o que pensam dele pouco lhe interessa, e o ridículo não lhe causa nenhum medo. Resulta disso que, estando sempre tranquilo e de sangue-frio, não se perturba pela falsa vergonha. Quer o observem ou não, faz sempre o seu melhor naquilo que faz, e, sempre compenetrado para bem observar os outros, assimila os usos com uma facilidade impossível aos escravos da opinião. Pode-se dizer que assimila rápido os usos do mundo precisamente porque lhes atribui pouca importância.

Não vos enganeis, entretanto, sobre sua continência, e não a compareis à de vossos jovens galantes. É firme, e não presunçoso; suas maneiras são livres, e não desdenhosas: o ar insolente pertence apenas aos escravos, a independência não tem nada de afetada. Nunca vi homem com orgulho na alma mostrá-lo em sua postura: essa afetação corresponde muito mais às almas vis e fúteis que somente podem se impor dessa forma. Leio num livro que, apresentando-se um dia um estrangeiro na sala do famoso Marcel, este lhe perguntou de que país era. "Sou inglês", respondeu o estrangeiro. "Vós, inglês?", replicou o dançarino. "Seríeis da ilha em que os cidadãos participam da administração pública e constituem uma porção do poder soberano?[63] Não, senhor; essa cabeça baixa, esse olhar tímido, esse andar incerto anunciam apenas o escravo dotado de um título de eleitor".

Não sei se tal juízo mostra um grande conhecimento da verdadeira relação que existe entre o caráter de um homem e seu exterior. Quanto a mim, não tendo a honra de ser professor de dança, teria pensado exatamente o contrário. Teria dito: "Este inglês não é cortesão; não ouvi dizer que os cortesãos mantivessem a cabeça baixa e o andar incerto: um homem tímido na casa de um dançarino poderia muito bem não sê-lo na Câmara dos Comuns". Seguramente, este senhor Marcel deve ver seus compatriotas como romanos!

---

63. Como se houvesse cidadãos que não fossem membros da Cidade [*Cité*] e que não participassem, nessa condição, da autoridade soberana! Mas os franceses, tendo julgado adequado usurpar o respeitável nome de cidadãos, antes reservado aos membros das Cidades gaulesas, desnaturaram-lhe a ideia, a ponto de não concebermos mais nada nele. Um homem que acaba de me escrever muitas tolices contra *A nova Heloísa* adornou sua assinatura com o título de *Cidadão de Paimbeuf*, e acreditou fazer uma excelente brincadeira.

Quando amamos, desejamos ser amados; Emílio ama os homens e quer, portanto, agradar-lhes. Com mais forte razão, deseja agradar às mulheres. Sua idade, seus costumes, seu projeto, tudo concorre para alimentar nele esse desejo. Digo seus costumes, pois eles exercem grande influência; os homens que os têm são os verdadeiros adoradores das mulheres. Não possuem como os outros sabe-se lá que jargão zombador de galanteio, mas têm uma solicitude mais verdadeira, mais terna e que vem do coração. Em meio a 100 mil debochados, eu reconheceria, perto de uma jovem, um homem que tem bons costumes e que controla a natureza. Julgai o que deve ser Emílio com um temperamento inteiramente novo e tantas razões para lhe resistir! Estando ao lado delas, creio que será, por vezes, tímido e embaraçado; mas seguramente esse embaraço não lhes desagradará, e as menos marotas ainda terão com muita frequência a arte de aproveitá-lo e de aumentá-lo. De resto, sua solicitude mudará sensivelmente de forma segundo as condições. Será mais modesto e mais respeitoso com as mulheres, mais impulsivo e meigo com as moças casadouras. Não perde de vista o objeto de suas buscas, e é sempre àquilo que as relembra que dá maior atenção.

Ninguém será mais exato em todos os aspectos fundados na ordem da natureza e mesmo na boa ordem da sociedade; mas os primeiros serão sempre preferidos aos demais, e ele respeitará mais um particular mais velho que um magistrado de sua idade. Sendo, portanto, ordinariamente um dos mais jovens das sociedades em que se encontrar, ele será sempre um dos mais modestos, não pela vaidade de parecer humilde, mas por um sentimento natural e fundado na razão. Não terá o impertinente saber-viver de um jovem pretensioso que, para divertir sua companhia, fala mais alto que os sábios e interrompe os anciãos; ele não aprovará, pelo que lhe diz respeito, a resposta de um velho fidalgo a Luís xv, que lhe perguntava, entre seu século e este, qual deles preferia: "Majestade, passei minha juventude respeitando os idosos, e é preciso que passe minha velhice respeitando as crianças".

Tendo uma alma terna e sensível, mas não apreciando nada segundo o valor que lhe atribui a opinião, embora goste de agradar aos outros, pouco se preocupará em ser por eles considerado. Decorre disso que será mais afetuoso que polido, nunca terá afetação ou fausto, e se comoverá mais com uma carícia que com mil elogios. Pelas mesmas razões, não negligenciará nem suas maneiras, nem sua compostura; poderá até ter algum critério em sua vestimenta, não para parecer um homem de gosto, mas para tornar sua aparência mais agradável; não recorrerá à moldura dourada, e a insígnia da riqueza nunca manchará seus trajes.

Vê-se que tudo isso não exige, de minha parte, uma exposição de preceitos e que se trata apenas de um efeito de sua primeira educação. Fazem-nos um grande mistério dos costumes do mundo, como se, na idade em que adquirimos tais costumes, não os adquiríssemos naturalmente, e como se não fosse num coração honesto que se deveriam procurar suas primeiras leis! A verdadeira polidez consiste em manifestar benevolência para com os homens; ela se mostra sem dificuldade quando se a tem; é para aquele que não a tem que somos forçados a reduzir em arte suas aparências.

> O mais infeliz efeito da polidez costumeira consiste em ensinar a arte de dispensar as virtudes que ela imita. Que, na educação, nos seja inspirada a humanidade e a beneficência; teremos a polidez ou não teremos mais necessidade dela.
>
> Se não tivermos a que se anuncia pelas graças, teremos a que anuncia o homem honesto e o cidadão; não teremos necessidade de recorrer à falsidade.
>
> Em vez de ser artificioso para agradar, bastará ser bom; em vez de ser falso para adular as fraquezas dos outros, bastará ser indulgente.
>
> Aqueles com quem empregaremos tais procedimentos não serão por eles envaidecidos nem corrompidos; ficarão apenas agradecidos e se tornarão melhores.[64]

Parece-me que, se alguma educação deve produzir a espécie de polidez que exige aqui o sr. Duclos, trata-se daquela cujo plano tracei até o momento.

Admito, no entanto, que, com máximas tão diferentes, Emílio não será como todo mundo, e Deus o livre de vir a sê-lo; mas, no que for diferente dos outros, não será nem inconveniente, nem ridículo; a diferença será sensível sem ser incômoda. Emílio será, talvez, um amável estrangeiro. Inicialmente, perdoar-lhe-ão suas singularidades, dizendo: "Ele se formará". Em seguida, acostumar-se-ão com suas maneiras, e, vendo que não as muda, perdoá-las-ão novamente, dizendo: "Ele é assim mesmo".

Não será festejado como um homem amável, mas amá-lo-ão sem saberem por quê; ninguém louvará seu espírito, mas tomá-lo-ão frequentemente como juiz entre as pessoas de espírito; o seu será nítido e limitado; terá o sentido reto e o juízo são. Não correndo nunca atrás das ideias novas, ele não saberá vangloriar-se de seu intelecto. Fiz com que sentisse que todas as ideias salutares e verdadeiramente úteis aos homens foram as primeiras a serem conhecidas, que elas constituem, desde sempre, os únicos verdadeiros laços da sociedade e que somente resta aos espíritos transcendentes distinguirem-se por meio de ideias perniciosas e funestas ao gênero humano. Essa maneira de se fazer admirar não o comove: sabe onde deve encontrar a felicidade de sua vida e em que

---

64. *Considération sur les moeurs de ce siècle*, do sr. Duclos, p. 65.

pode contribuir para a felicidade de outrem. A esfera de seus conhecimentos não se estende para além do que é proveitoso. Seu caminho é estreito e bem traçado; não estando tentado a deixá-lo, permanece misturado àqueles que o seguem; não deseja desviar-se nem brilhar. Emílio é um homem de bom senso e não quer ser outra coisa: por mais que tentem injuriá-lo com esse título, considerar-se-á sempre honrado por ele.

Embora o desejo de agradar não o deixe absolutamente mais indiferente à opinião de outrem, ele extrairá dessa opinião apenas o que se relacionar imediatamente com sua pessoa, sem se preocupar com as apreciações arbitrárias, que têm por lei apenas a moda ou os preconceitos. Terá o orgulho de querer fazer bem tudo que faz, e até mesmo de querer fazer melhor que outra pessoa. Na corrida, desejará ser o mais ligeiro; na luta, o mais forte; no trabalho, o mais hábil; nos jogos de destreza, o mais destro; mas procurará pouco as vantagens que não são claras em si mesmas e que precisam ser constatadas pelo juízo de outrem, como a de ter mais espírito que outra pessoa, a de falar melhor, a de ser mais erudito etc.; e ainda menos as que não se devem, de modo algum, à pessoa, como a de pertencer a uma família mais nobre, a de ser considerado mais rico, mais prestigiado ou mais estimado, e a de impor-se por um maior fausto.

Amando os homens porque são seus semelhantes, amará sobretudo aqueles que mais se assemelharem a ele, porque se sentirá bom, e julgando essa semelhança pela conformidade dos gostos nas coisas morais, em tudo que se relacionar ao bom caráter, ele terá muita satisfação em ser aprovado. Não se dirá precisamente "Regozijo-me porque me aprovam, mas regozijo-me porque aprovam o que fiz de bom; regozijo-me pelo fato de que as pessoas que me honram também honram a si mesmas; enquanto julgarem tão sensatamente, será bom obter sua estima".

Estudando os homens por seus costumes no mundo, assim como antes os estudava por suas paixões na história, ele terá frequentemente a ocasião de refletir sobre o que encanta ou choca o coração humano. Ei-lo filosofando sobre os princípios do gosto, e eis o estudo que lhe convém nesta época.

Quanto mais longe vamos buscar as definições do gosto, mais nos perdemos; o gosto é apenas a faculdade de julgar o que agrada ou desagrada ao maior número. Deixando isso de lado, não sabeis mais o que é o gosto. Não decorre disso que haja mais pessoas de gosto que outras; pois, embora a pluralidade julgue sensatamente cada objeto, há poucos homens que julgam como ela todos os objetos; e, embora o concurso dos gostos mais gerais constitua o bom gosto, existem poucas pessoas de gosto, assim como existem poucas pessoas belas, embora a reunião dos traços mais comuns constitua a beleza.

É preciso observar que não se trata aqui do que amamos por nos ser útil, nem do que odiamos porque nos prejudica. O gosto incide apenas sobre as coisas indiferentes ou, no máximo, de um interesse de divertimento, e não sobre as coisas que se vinculam a nossas necessidades; para julgar estas, o gosto não é necessário; sozinho, o apetite basta. Eis o que torna tão difíceis e, ao que parece, tão arbitrárias as puras decisões do gosto, pois, exceção feita ao instinto que o determina, não se vê mais a razão para tais decisões. Devem-se distinguir ainda suas leis nas coisas morais e suas leis nas coisas físicas. Nestas, os princípios do gosto parecem absolutamente inexplicáveis, mas importa observar que existe algo de moral em tudo que resulta da imitação:[65] assim se explicam belezas que parecem ser físicas e que, na verdade, não o são. Acrescentarei que o gosto tem regras locais que o tornam, sob mil aspectos, dependente dos climas, dos costumes, dos governos, das coisas de instituição; e que existem outros que resultam da idade, do sexo, do caráter e que é nesse sentido que não se devem discutir os gostos.

O gosto é natural a todos os homens, mas nem todos o têm na mesma medida; ele se desenvolve em todos no mesmo grau, e em todos ele está sujeito a alterar-se por diversas causas. A medida do gosto que se pode ter depende da sensibilidade que se recebeu; sua cultura e sua forma dependem das sociedades em que se viveu. Primeiramente, é preciso viver em sociedades numerosas para fazer muitas comparações; em segundo lugar, são necessárias sociedades de divertimento e de ócio; pois, nas sociedades de negócios, tem-se como regra não o prazer, mas o interesse; em terceiro lugar, são necessárias sociedades onde a desigualdade não seja muito grande, onde a tirania da opinião seja moderada e onde reine a volúpia mais que a vaidade; pois, caso contrário, a moda sufoca o gosto, e não se busca mais o que agrada, mas o que distingue.

Nesse último caso, não é mais verdade que o bom gosto seja o da maioria. Por que isso? Porque muda o objeto. A multidão não tem, então, mais juízo próprio; não julga mais senão de acordo com aqueles que acredita serem mais esclarecidos que ela; aprova não o que é bom, mas o que aprovaram. Em todas as épocas, fazei com que cada homem tenha seu próprio sentimento, e o que é mais agradável em si mesmo terá sempre a maioria dos votos.

Os homens, em seus trabalhos, não fazem nada que seja belo senão por imitação. Todos os verdadeiros modelos do gosto estão na natureza: quanto mais nos afastamos do mestre, mais nossos quadros são desfigurados. É, pois, dos objetos

---

65. Isto é provado num ensaio sobre *O princípio da melodia* que se encontrará na compilação de meus textos.

que amamos que extraímos nossos modelos, e o belo de fantasia, sujeito ao capricho e à autoridade, não é mais nada senão o que agrada àqueles que nos guiam.

Os que nos guiam são os artistas, os nobres, os ricos, e o que os guia, por sua vez, é seu interesse ou sua vaidade; estes, para exibirem sua riqueza, e os outros, para aproveitá-la, procuram incessantemente novos meios de gastar. Dessa forma, o grande luxo estabelece seu império e faz amar o que é difícil e custoso; então, o pretenso belo, longe de imitar a natureza, somente é belo à força de contrariá-la. É assim que o luxo e o mau gosto se tornam inseparáveis. Em todo lugar em que o gosto é dispendioso, ele é falso.

É, sobretudo, na relação entre os dois sexos que o gosto, bom ou mau, adquire sua forma; sua cultura é um efeito necessário do objeto dessa sociedade. Mas, quando a facilidade de gozar acalma o desejo de agradar, o gosto deve degenerar, e trata-se aí, ao que me parece, de outra razão das mais sensíveis por que o bom gosto resulta dos bons costumes.

Consultai o gosto das mulheres para as coisas físicas e que se vinculam ao julgamento dos sentidos, e o dos homens para as coisas morais e que dependem mais do entendimento. Quando as mulheres forem o que devem ser, elas se limitarão às coisas de sua competência e julgarão sempre corretamente; mas, desde que se estabeleceram como árbitras da literatura, desde que se puseram a julgar os livros e a escrevê-los por todos os meios, elas não são mais competentes para nada. Os autores que consultam as eruditas sobre suas obras estão sempre certos de serem mal aconselhados, os galantes que as consultam sobre sua vestimenta estão sempre ridiculamente trajados. Terei logo a ocasião de falar dos verdadeiros talentos desse sexo, da maneira de cultivá-los e das coisas sobre as quais suas decisões devem então ser escutadas.

Eis as considerações elementares que estabelecerei como princípios ao raciocinar com meu Emílio sobre uma matéria que lhe é tudo menos indiferente na circunstância em que se encontra e na busca em que está envolvido; e a quem deve ela ser indiferente? O conhecimento do que pode ser agradável ou desagradável aos homens não é necessário somente àquele que tem necessidade deles mas também àquele que deseja ser-lhes útil; importa até mesmo agradar-lhes para servi-los, e a arte de escrever é tudo menos um estudo ocioso quando a empregamos para fazer ouvir a verdade.

Se, para cultivar o gosto de meu discípulo, eu tivesse de escolher entre países onde essa cultura ainda está para nascer e outros onde ela já tivesse degenerado, seguiria a ordem retrógrada: eu começaria sua viagem pelos últimos e terminaria com os primeiros. A razão para essa escolha é que o gosto se corrompe por uma delicadeza excessiva que o torna sensível a coisas que a maioria dos homens não percebe: essa delicadeza conduz ao espírito de discussão, pois, quanto mais subtilizamos os objetos, mais eles se multiplicam; essa sutileza torna o tato mais delicado e menos uniforme. Formam-se então tantos gostos quando existem cabeças. Nas disputas sobre a preferência, a filosofia e as luzes se estendem, e é assim que se aprende a pensar. As observações finas podem, quando muito, ser feitas por pessoas muito relacionadas, contanto que apareçam após todas as outras e que as pessoas pouco acostumadas às sociedades numerosas esgotem sua atenção nos grandes traços. Talvez não haja, hoje, na Terra, um lugar policiado onde o gosto geral seja pior do que em Paris. É, entretanto, nessa capital que o bom gosto se cultiva, e surgem poucos livros estimados na Europa cujo autor não tenha ido se formar em Paris. Os que pensam que basta ler os livros que lá se escrevem se enganam; aprende-se muito mais com a conversação dos autores que com seus livros, e os próprios autores não são aqueles com quem mais se aprende. É o espírito das sociedades que desenvolve uma cabeça pensante e que leva a vista para o mais longe possível. Se tiverdes um cintilar de gênio, passai um ano em Paris. Logo sereis tudo que podeis ser, ou nunca sereis nada.

Pode-se aprender a pensar nos lugares onde reina o mau gosto; mas não se deve pensar como aqueles que têm esse mau gosto, e é bastante difícil que isso não ocorra quando permanecemos a seu lado por bastante tempo. É preciso aperfeiçoar, por meio de seus cuidados, o instrumento que julga, mas evitando empregá-lo como eles. Abster-me-ei de polir o juízo de Emílio a ponto de alterá-lo, e, quando tiver o tato fino o bastante para sentir e comparar os diversos gostos dos homens, é a partir dos objetos mais simples que o levarei a fixar o seu.

Procederei com antecedência ainda maior para manter seu gosto puro e são. No tumulto da dissipação, saberei ter com ele conversas úteis e, dirigindo-as sempre para objetos que lhe agradam, tomarei o cuidado de tornar-lhas tão divertidas quanto instrutivas. Eis o tempo da leitura e dos livros agradáveis; eis o tempo de ensinar-lhe a fazer a análise do discurso, de torná-lo sensível a todas as belezas da eloquência e da dicção. É pouco aprender as línguas por si mesmas, seu uso não é tão importante quanto se pensa; mas o estudo das línguas conduz ao da gramática geral. É preciso aprender o latim para saber o francês; é preciso estudar e comparar ambos para entender as regras da arte de falar.

Existe, aliás, certa simplicidade de gosto que vai ao coração e que somente se encontra nos escritos dos antigos. Na eloquência, na poesia e em toda espécie de literatura, assim como na história, ele os verá abundantes em coisas e sóbrios ao julgarem. Nossos autores, ao contrário, dizem pouco e pronunciam muito. Dar-nos continuamente seu juízo como lei não é o meio de formar o nosso.

A diferença entre os dois gostos se faz sentir em todos os monumentos e até nos túmulos. Os nossos são cobertos de elogios; nos dos antigos, liam-se fatos.

Sta viator, Heroem calcas.[66]

Ainda que eu tivesse encontrado esse epitáfio num monumento antigo, eu teria logo adivinhado que era moderno, pois nada é tão comum entre nós quanto os heróis, mas eram raros, porém, entre os antigos. Em vez de dizer que um homem era um herói, teriam dito o que fizera para sê-lo. Ao epitáfio desse jovem, comparai o do efeminado Sardanápalo:[67]

Construí Tarso e Anquiale num dia,
e agora estou morto.

Segundo vós, qual dos dois diz mais? Com seu exagero, nosso estilo lapidário serve apenas para impressionar anões. Os antigos mostravam os homens ao natural e via-se que eram homens. Honrando a memória de alguns guerreiros traiçoeiramente mortos na retirada dos dez mil, Xenofonte disse: "Morreram irrepreensíveis na guerra e na amizade". É tudo; mas considerai, nesse elogio tão curto e tão simples, com que devia encher-se o coração do autor. Infeliz aquele que não considera isso encantador!

Liam-se estas palavras gravadas no mármore nas Termópilas:[68]

Caminhante, diga a Esparta que morremos aqui para obedecer às santas leis.

Vê-se que não é a Academia das inscrições que compôs essa.

Estou enganado se meu aluno, que dá tão pouco valor às palavras, não atenta primeiramente a tais diferenças e se estas não influem na escolha de suas

---

66. "Para, viajante, pisoteias um herói." Trata-se do epitáfio de Franz de Mercy (1590-1645), general do Sacro-Império, morto em combate na batalha de Alerheim, na luta contra os franceses. (N.T.)

67. Assurbanipal (c. 668 a.C.-c. 627 a.C.) ou Sardanápalo, como era conhecido entre os gregos, é tido como o último grande rei da Assíria. Seu tumultuado reinado marcou o apogeu político e cultural do império assírio. Famoso pelos numerosos feitos militares, o monarca notabilizou-se também por promover a arte e a ciência. Extremamente culto, ordenou a construção de uma imensa biblioteca na capital, Nínive, adornando-a com suntuosos palácios e esculturas (cf. *Encyclopaedia Universalis*. Paris: Encyclopaedia Universalis France, 1974. v. 18, p. 120). (N.T.)

68. Rousseau faz referência à batalha das Termópilas (480 a.C.), ocorrida no contexto da Segunda Guerra Médica, opondo os gregos, liderados por Leônidas de Esparta, aos persas de Xerxes I. A pequena força comandada por Leônidas foi capaz de bloquear temporariamente a passagem do enorme exército persa, sendo finalmente dizimada após brava resistência. (N.T.)

leituras. Entusiasmado com a vigorosa eloquência de Demóstenes, ele dirá "É um orador"; mas, ao ler Cícero, dirá "É um advogado".

Em geral, Emílio tomará mais gosto pelos livros dos antigos que pelos nossos, pelo único motivo de que, por serem os primeiros, os antigos estão mais perto da natureza e seu gênio lhes é mais próprio. A despeito do que puderam dizer La Motte e o abade Terrasson,[69] não há verdadeiro progresso da razão na espécie humana, porque tudo que se ganha de um lado se perde do outro, porque todos os espíritos partem sempre do mesmo ponto e porque, estando o tempo que empregamos para descobrir o que outros pensaram perdido para aprendermos a pensar por nós mesmos, temos mais luzes adquiridas e menos vigor de espírito. Nossos espíritos são como nossos braços, acostumados a fazer tudo com ferramentas e nada por si mesmos. Fontenelle dizia que toda essa disputa sobre os antigos e os modernos se reduzia a saber se as árvores de outrora eram maiores que as de hoje;[70] se a agricultura se tivesse transformado, esta não seria uma pergunta impertinente a se fazer.

Após tê-lo feito remontar assim às fontes da pura literatura, mostro-lhe também os escoadouros desta nos reservatórios dos modernos compiladores, nos jornais, nas traduções, nos dicionários; ele dá uma olhadela em tudo isso e deixa então de lado para nunca mais voltar a vê-lo. Para diverti-lo, faço-o ouvir a tagarelice das academias; faço-o observar que cada um dos que as compõem vale sempre mais sozinho que com o conjunto; a partir daí, deduzirá por si mesmo a consequência da utilidade de todas essas belas instituições.

Levo-o aos espetáculos para estudar não os costumes, mas o gosto; pois é lá, sobretudo, que este se revela aos que sabem refletir. "Deixai os preceitos e a moral", direi, "não é aqui que se deve aprendê-los". O teatro não é feito para a verdade; é feito para encantar, para divertir os homens; não há escola onde se aprenda tão bem a arte de agradar-lhes e de interessar o coração humano. O estudo do teatro conduz ao da poesia; eles têm exatamente o mesmo objeto. Se ele tiver um cintilar de gosto por ela, com que prazer cultivará as línguas dos poetas, o grego, o latim, o italiano! Tais estudos constituirão para ele divertimentos sem constrangimento e serão, por isso, mais proveitosos; ser-lhe-ão

---

69. Antoine Houdar de La Motte (1632-1731) foi um escritor e dramaturgo francês, que se envolveu na polêmica entre os antigos e os modernos, tomando o partido dos últimos em *Réflexions sur la critique* (1716). Da mesma forma, o abade Terrasson (1670-1750) sustentou, em *Dissertation critique sur l'Illiade*, que, em razão dos enormes progressos da ciência e da filosofia, a poesia de seu século superara em muito a dos gregos antigos. (N.T.)

70. A exemplo de La Motte, o escritor Bernard Le Bouyer de Fontenelle (1657-1757) tomou, na querela dos antigos e dos modernos, o partido dos segundos. A frase comentada por Rousseau se encontra em *Digression sur les anciens et les modernes* (1688). (N.T.)

deliciosos numa idade e em circunstâncias em que o coração se interessa com o mesmo encanto por todos os gêneros de beleza feitos para comovê-lo. Imaginai, de um lado, meu Emílio e, de outro, um garoto de colégio lendo o quarto livro da *Eneida*, ou Tibulo, ou ainda *O banquete* de Platão: que diferença! Como o coração de um é abalado pelo que nem mesmo afeta o outro! Ó, bom rapaz! Para, suspende tua leitura, vejo-te comovido demais. Posso admitir que a linguagem do amor te agrade, mas não que te desencaminhe. Sê homem sensível, mas sê homem sábio. Se sois apenas um dos dois, não sois nada. De resto, que ele seja bem-sucedido ou não nas línguas mortas e nas belas-letras, pouco me importa. Não terá menos valor se não souber nada disso, e não é de todos esses gracejos que trata minha educação.

Ao ensiná-lo a sentir e a amar o belo em todos os gêneros, meu principal objetivo consiste em fixar nele suas afeições e seus gostos, em impedir seus apetites naturais de se alterarem e em evitar que ele procure um dia na riqueza os meios de ser feliz, os quais deve encontrar mais perto dele. Eu disse, alhures, que o gosto era apenas a arte de se conhecer em pequenas coisas, e isso é muito verdadeiro; mas como é de um tecido de pequenas coisas que depende o encanto da vida, tais cuidados são tudo menos indiferentes; é por meio deles que aprendemos a recheá-la com os bens colocados a nosso alcance, com toda a verdade que podem nos oferecer. Não falo aqui dos bens morais que se devem à boa disposição da alma, mas somente do que resulta da sensualidade, da volúpia real, deixando de lado os preconceitos e a opinião.

Que me seja permitido, para desenvolver melhor minha ideia, abandonar por um momento Emílio, cujo coração puro e são não pode mais servir de regra a ninguém, e procurar em mim mesmo um exemplo mais sensível e mais próximo dos costumes do leitor.

Existem condições que parecem alterar a natureza e refundar, seja para melhor, seja para pior, os homens que nelas se encontram. Um covarde se torna corajoso ao entrar no regimento de Navarra; não é somente no meio militar que se adquire o espírito de corpo, e não é sempre para o bem que seus efeitos se fazem sentir. Por 100 vezes, pensei com pavor que, se eu tivesse de ocupar hoje tal cargo, concebendo-o em certo país, eu seria, amanhã, quase inevitavelmente tirano, concussionário, destruidor do povo, nocivo ao príncipe, inimigo por profissão de toda humanidade, de toda equidade e de toda espécie de virtude.

Da mesma forma, se eu fosse rico, teria feito todo o necessário para sê-lo; seria, portanto, insolente e baixo, sensível e delicado apenas para comigo, impiedoso e duro para com todo mundo, espectador desdenhoso das misérias da canalha; pois eu não daria outro nome aos indigentes, para fazer esquecer que, no passado, eu pertencia a sua classe. Por fim, faria de minha fortuna o instrumento de meus prazeres, aos quais me dedicaria exclusivamente; e até aí, eu seria como todos os outros.

Mas, se há algo que, acredito, muito me diferenciaria, é que eu seria sensual e voluptuoso mais que orgulhoso e vaidoso, e que me entregaria ao luxo de indolência muito mais que ao luxo de ostentação. Teria até mesmo alguma vergonha de exibir em demasia minha riqueza, e acreditaria sempre ver o invejoso que eu esmagaria com meu fausto falar ao ouvido de seus vizinhos: "Aí está um patife que tem muito medo de não ser conhecido como tal!".

Em meio a essa imensa profusão de bens que cobre a terra, eu procuraria o que me é mais agradável e aquilo de que mais posso me apropriar: para isso, o primeiro emprego de minha riqueza consistiria em comprar lazer e liberdade, ao que acrescentaria a saúde, se estivesse à venda; mas como ela somente se compra com temperança, e como não há verdadeiro prazer na vida sem saúde, eu seria temperante por sensualidade.

Permaneceria sempre tão perto da natureza quanto possível para deleitar os sentidos que dela recebi, certo de que, quanto mais ela influísse em meus gozos, mais eu encontraria a realidade neles. Na escolha dos objetos de imitação, tomá-la-ia sempre como modelo; em meus apetites, dar-lhe-ia a preferência; em meus gostos, sempre a consultaria; quanto a meus pratos, desejaria sempre aqueles para os quais ela faz o melhor preparo e que passam por menos mãos até chegarem a nossas mesas. Preveniria as falsificações da fraude, e me anteciparia ao prazer. Minha tola e grosseira gula não enriqueceria um despenseiro; ele não me venderia veneno a peso de ouro como se fosse peixe; minha mesa não estaria pomposamente coberta de magníficas imundícies e de carcaças de terras distantes; eu prodigalizaria meu próprio sofrimento para satisfazer minha sensualidade, pois tal sofrimento também seria então um prazer e se juntaria àquele que dela se espera. Se eu quisesse provar uma iguaria da outra extremidade do mundo, preferiria ir buscá-la como Apício[71] a mandá-la vir. Pois os pratos mais requintados carecem sempre de um tempero que não se traz com eles e que nenhum cozinheiro lhes dá: o ar do clima que os produziu.

Pelo mesmo motivo, eu não imitaria os que, encontrando-se bem apenas onde estão, põem sempre as estações em contradição consigo mesmas e os climas em contradição com as estações; que, procurando o verão no inverno e o inverno no verão, sentirão frio na Itália e calor no norte, sem imaginar

---

71. Marco Gávio Apício (25 a.C.-37 d.C.), famoso gastrônomo romano, suposto autor de *De re coquinaria*, compilação de receitas da Roma antiga e também de outras culinárias de sua época. (N.T.)

que, acreditando fugir do rigor das estações, eles o encontram nos lugares onde não se aprendeu a proteger-se dele. Quanto a mim, não arredaria o pé, ou tomaria o caminho oposto: desejaria extrair de uma estação tudo que ela tem de agradável e de um clima tudo que ele tem de particular. Teria uma diversidade de prazeres e de hábitos, que não se assemelhariam e que estariam sempre na natureza; passaria o verão em Nápoles e o inverno em Petersburgo; ora respirando um doce zefir parcialmente deitado nas grutas frescas de Taranto, ora na iluminação de um palácio de gelo,[72] sem fôlego e extenuado pelos prazeres do baile.

Desejaria, no serviço de minha mesa e na decoração de meu alojamento, imitar, com ornamentos muito simples, a variedade das estações, e tirar de cada uma delas todas suas delícias, sem antecipar as que a seguirão. Encontra-se sofrimento, e não prazer, perturbando assim a ordem da natureza, arrancando--lhe produções involuntárias que, na sua reprovação, ela dá com repugnância e que, não tendo nem qualidade, nem sabor, não podem alimentar o estômago ou deleitar o paladar. Nada é mais insípido que os frutos e legumes temporãos; é apenas a um alto custo que um rico de Paris, com seus fogões e suas estufas quentes, consegue reunir em sua mesa, durante o ano todo, somente maus legumes e maus frutos. Se eu tivesse cerejas em tempo de geada e melões amarelos no coração do inverno, com que prazer os gozaria se meu palácio não tem necessidade de ser umedecido nem refrescado? Nos ardores da canícula, a pesada castanha me seria tão agradável? Preferi-la-ia saindo da frigideira, com groselha, com morango e com frutos refrescantes que me são oferecidos sobre a terra sem tantos cuidados? Cobrir sua chaminé no mês de janeiro com vegetações forçadas, com flores pálidas e sem perfume, é menos enfeitar o inverno que desenfeitar a primavera; é privar-se do prazer de ir até os bosques procurar a primeira violeta, espiar o primeiro botão e gritar, num arrebatamento de alegria: "Mortais, não fostes abandonados, a natureza ainda vive".

Para ser bem servido, eu teria poucos criados; isso já foi dito, e é bom voltar a dizê-lo. Um burguês extrai mais serviço verdadeiro de seu único lacaio que um duque dos dez fulanos que o cercam. Pensei, por 100 vezes, que, tendo à mesa meu copo a meu lado, bebo no instante que quiser, ao passo que, se eu tivesse um grande serviço, seria preciso que 20 vozes repetissem "Bebida", antes que eu pudesse saciar minha sede. Tudo que fazemos por meio de outrem é malfeito, seja como for feito. Eu não enviaria ninguém até os mercadores; iria

---

72. Durante o rigoroso inverno de 1740, um palácio de gelo havia sido construído em São Petersburgo, na Rússia, a pedido da imperatriz. (N.T.)

eu mesmo. Iria para que meus criados não tratassem com eles antes de mim, para escolher com maior segurança e pagar menos; iria para fazer um exercício agradável, para ver um pouco o que se faz fora de casa; isso recreia e, por vezes, instrui; iria, por fim, para sair, o que não é nada. O tédio começa com a vida demasiado sedentária; quando saímos muito, entediamo-nos pouco. O porteiro e os lacaios constituem maus intérpretes; não me agradaria ter sempre tais pessoas entre mim e o resto do mundo, nem andar sempre com o estrondo de um coche, como se tivesse medo de ser abordado. Os cavalos de um homem que se utiliza de suas pernas estão sempre prontos; se estão cansados ou doentes, ele o sabe antes de qualquer outro, e não teme ser obrigado a vigiar a residência sob esse pretexto quando seu cocheiro quiser se dar algum lazer: no caminho, mil embaraços não o fazem aborrecer-se de impaciência nem permanecer imóvel no momento em que gostaria de voar. Enfim, se ninguém nunca nos serve tão bem quanto nós mesmos, ainda que sejamos tão poderosos quanto Alexandre e mais ricos que Creso, não devemos receber dos outros senão os serviços que nós mesmos não podemos realizar.

Não desejaria ter um palácio como morada; pois, em tal palácio, eu ocuparia apenas um quarto; todo cômodo comum não pertence a ninguém, e o quarto de cada um dos meus criados me seria tão estranho quanto o de um vizinho. Os orientais, embora muito voluptuosos, têm alojamentos e mobílias simples. Encaram a vida como uma viagem e sua casa como uma taberna. Essa razão repercute pouco entre nós, ricos, que nos arranjamos para viver para sempre; mas eu teria uma razão diferente que produziria o mesmo efeito. Parecer-me-ia que me instalar com tanta pompa num lugar seria me banir de todos os outros e me encarcerar, por assim dizer, em meu palácio. O mundo é um palácio bastante belo; tudo não pertence ao rico quando ele quer desfrutar? *"Ubi bene, ibi patria"*;[73] esse é seu lema; suas moradas são os lugares em que o dinheiro pode tudo, seu país é todo lugar por onde pode passar sua caixa-forte, assim como Filipe mantinha como sua toda praça-forte onde podia entrar uma mula carregada de dinheiro.[74] Por que então circunscrever-se por meio de muros e de portas, como que para nunca mais sair? Se uma epidemia, uma guerra ou uma revolta me expulsar de um lugar, procurarei outro, e verei que minha

---

73. Trata-se de citação de Cícero: "Aí onde me sinto bem é minha pátria". (N.T.)

74. Aproveitando-se do enfraquecimento das cidades-estado gregas, Filipe da Macedônia comandou um processo de reconquista da região, ocupando as cidades uma por uma. Algumas abriam suas portas a seu exército, sem sequer oferecer resistência. Sobre isso, Filipe, tido comumente como um bárbaro pelos gregos, comentou que não havia cidade que resistisse a uma mula carregada de ouro. (N.T.)

hospedagem chegou antes de mim. Por que tomar o cuidado de construir eu mesmo uma hospedagem quando se constroem outras para mim em todo o universo? Por que, tão apressado em viver, me preparar com tanta antecedência para gozos que posso encontrar desde hoje? Não poderíamos constituir um destino que nos fosse agradável, colocando-nos sempre em contradição com nós mesmos. É assim que Empédocles censurava os agrigentinos por amontoarem os prazeres como se tivessem apenas um dia para viver e por construírem como se nunca fossem morrer.[75]

Aliás, de que me serve um alojamento tão vasto, tendo tão pouco para povoá-lo e ainda menos para enchê-lo? Meus móveis seriam tão simples quanto meus gostos; eu não teria nem galeria, nem biblioteca, sobretudo se eu gostasse de ler e entendesse de quadros. Saberia então que tais coleções nunca estão completas e que a carência do que lhes falta causa mais tristeza que não ter nada. Nesse sentido, a abundância faz a miséria: não há colecionador que não a tenha provado. Quando entendemos de um assunto, não devemos fazer disso uma coleção; temos, quando muito, um gabinete para mostrar aos outros, se soubermos utilizá-lo em nosso proveito.

O jogo não é um divertimento de homem rico; é o recurso de um desocupado, e meus prazeres me causariam problemas demais para me dar tempo suficiente para preenchê-lo tão mal. Sendo solitário e pobre, nunca jogo, exceto, por vezes, xadrez, e isso já é muito. Se eu fosse rico, jogaria ainda menos, somente um pequeníssimo jogo para não desapontar os outros nem eu mesmo. O interesse do jogo, carecendo de motivo na opulência, nunca pode se transformar em furor senão num espírito malformado. Os proveitos que um homem rico pode tirar de um jogo lhe são sempre menos sensíveis que as perdas, e como a forma dos jogos moderados, gastando-lhes o lucro com o tempo, faz com que, em geral, se tenham mais perdas que ganhos, não podemos, raciocinando bem, afeiçoar-nos muito a um divertimento no qual os riscos de toda espécie estão contra nós. Aquele que alimenta sua vaidade com preferências da fortuna pode procurá-las em objetos muito mais excitantes, e tais preferências não se manifestam menos no menor jogo que no maior. O gosto pelo jogo, fruto da ganância e do tédio, somente se desenvolve num espírito e num coração vazios, e me parece que eu teria sentimentos e conhecimentos suficientes para me privar de tal suplemento. Veem-se raramente os pensadores se divertirem muito no jogo, que suspende esse hábito ou o desvia para áridas combinações; além

---

75. Empédocles (490 a.C.-430 a.C.) foi um filósofo grego da cidade de Agrigento, na Sicília. Exerceu forte influência sobre pensadores modernos por sua concepção pluralista da natureza, segundo a qual diversos elementos se combinariam para constituir a realidade. (N.T.)

disso, um dos bens, e talvez o único, que tenha sido produzido pelo gosto das ciências é o de amortecer um pouco essa paixão sórdida: preferirão esforçar-se em provar a utilidade do jogo a entregar-se a ele. Quanto a mim, combateria em meio aos jogadores, e encontraria mais prazer em zombar deles, vendo-os perder, do que em ganhar seu dinheiro.

Eu seria o mesmo em minha vida privada e no convívio com a sociedade. Gostaria que minha fortuna trouxesse sempre conforto e nunca fizesse sentir a desigualdade. O brilho da aparência é incômodo sob mil aspectos. Para manter entre os homens toda a liberdade possível, gostaria de me vestir de modo que, em todas as posições sociais, eu parecesse estar em meu lugar e que não me distinguissem em nenhuma delas; para que, sem afetação e sem alterar minha pessoa, eu fosse povo na Guinguette[76] e companhia distinta no palácio real. Dessa forma, tendo maior controle sobre minha conduta, deixaria sempre a meu alcance os prazeres de todas as condições. Existem, segundo dizem, mulheres que fecham suas portas aos que vestem punhos bordados e recebem apenas os de renda. Irei, então, passar o dia alhures, mas se tais mulheres fossem jovens e belas, eu poderia, por vezes, usar renda para, quando muito, passar a noite com elas.

O único elo de minhas companhias seria a afeição mútua, a conformidade dos gostos, a conveniência dos caracteres; entregar-me-ia a elas como homem, e não como rico, e nunca admitiria que seu encanto fosse contaminado pelo interesse. Se minha opulência me tivesse deixado alguma humanidade, estenderia para longe meus serviços e minhas mercês, mas desejaria ter comigo uma companhia, e não uma corte, amigos, e não protegidos; não seria patrão de meus convivas, seria seu anfitrião. A independência e a igualdade deixariam a meus laços toda a candura da benevolência, e onde nem o dever, nem o interesse entrariam por nada, apenas o prazer e a amizade fariam a lei.

Não se compram o amigo nem a amante. É fácil, com dinheiro, ter mulheres, mas este é o meio de não ser o amante de nenhuma delas. Longe de estar o amor à venda, o dinheiro infalivelmente o mata. Todo aquele que paga, ainda que seja o mais amável dos homens, não pode ser, pelo fato de pagar, amado por muito tempo: logo pagará por outro, ou, antes, este outro será pago com seu dinheiro, e nesse duplo laço formado pelo interesse, pelo debouche, sem amor, sem honra, sem verdadeiro prazer, a mulher ávida, infiel e miserável, tratada pelo homem vil assim como ela trata o tolo que dá, encontra-se desobrigada

---

76. A Guinguette, originalmente, era uma taberna popular situada nos subúrbios parisienses, que funcionava como restaurante e local de festas e bailes. Depois, essa espécie de estabelecimento se difundiu, com o mesmo nome, por toda a França. (N.T.)

em relação aos dois. Seria agradável ser liberal com quem amamos se isso não constituísse uma transação. Conheço apenas um meio de satisfazer essa inclinação com a amante sem contaminar o amor; consiste em dar-lhe tudo e em ser, em seguida, sustentado por ela. Resta saber onde está a mulher com quem tal procedimento não seria extravagante.

Aquele que dizia "Possuo Laís sem que ela me possua", dizia palavras sem espírito.[77] A posse que não é recíproca não é nada; é, quando muito, a posse do sexo, mas não do indivíduo. Ora, onde o aspecto moral do amor não existe, por que fazer tão grande caso do resto? Nada é tão fácil de encontrar. Um muladeiro está, neste ponto, mais perto da felicidade que um milionário.

Ó, se pudéssemos desenvolver suficientemente as inconsequências do vício, com que frequência o encontraríamos frustrado após obter o que queria! Por que essa bárbara avidez de corromper a inocência, de transformar em vítima um jovem objeto que se deveria ter protegido e que, com esse primeiro passo, se arrasta inevitavelmente para um abismo de misérias, do qual não sairá até a morte? Brutalidade, vaidade, tolice, erro e nada mais. Esse mesmo prazer não provém da natureza, mas da opinião, e da opinião mais vil, na medida em que se deve ao desprezo de si. Aquele que se sente o mais baixo dos homens teme a comparação com qualquer outro e deseja ser o primeiro para ser menos odioso. Vede se os mais ávidos desse guisado imaginário são por acaso jovens amáveis, dignos de agradar, e que seriam mais desculpáveis por serem difíceis. Não, com postura, mérito e sentimentos, tememos pouco a experiência de nossa amante; numa justa confiança, dizemos-lhe: "Conheces os prazeres, não importa; meu coração te promete outros que jamais conheceste".

Mas um velho sátiro esgotado de deboche, sem encanto, sem delicadeza, sem consideração, sem nenhuma espécie de honestidade, incapaz, indigno de agradar a qualquer mulher habituada a pessoas amáveis, acredita suprir tudo isso para uma jovem inocente, antecipando a experiência e dando-lhe a primeira emoção dos sentidos. Sua última esperança consiste em agradar pela novidade; esse é incontestavelmente o motivo secreto dessa fantasia, mas ele se engana; o horror que comete não provém menos da natureza que os desejos que gostaria de excitar; engana-se também em sua louca expectativa; essa mesma natureza tem o cuidado de reivindicar seus direitos: toda moça que se vende já se doou e, tendo-se dado por sua escolha, já fez a comparação que ele teme. Compra, portanto, um prazer imaginário, e não é menos detestado por isso.

---

77. Trata-se de Laís de Corinto, famosa cortesã, nascida por volta de 420 a.C. e disputada por muitos homens de sua época. A frase em questão teria sido dita pelo filósofo Aristipo de Cirene a um de seus amigos, que o condenava por sua paixão. (N.T.)

Quanto a mim, por mais que eu mude tornando-me rico, há um ponto em que jamais mudarei. Se não me restarem costumes nem virtude, restar-me-á, pelo menos, algum gosto, algum sentido, alguma delicadeza, e isso me impedirá de gastar tolamente minha fortuna correndo atrás de quimeras, de esgotar meu bolso e minha vida fazendo-me trair e zombar por crianças. Se eu fosse jovem, procuraria os prazeres da juventude, e, querendo-os em toda sua volúpia, não os procuraria como homem rico. Se permanecesse tal como sou, seria outra coisa; limitar-me-ia prudentemente aos prazeres de minha idade; adquiriria os gostos de que posso gozar e abafaria os que causassem apenas meu suplício. Não iria oferecer minha barba grisalha aos desdéns escarnecedores das jovens moças; não suportaria ver minhas repugnantes carícias causarem-lhes náuseas, preparar-lhes a minha custa os relatos mais ridículos, imaginá-las descrevendo os desagradáveis prazeres do velho símio de modo a se vingarem por tê-los suportado. Se hábitos mal combatidos tivessem transformado meus antigos desejos em necessidades, satisfá-los-ia talvez, mas com vergonha, ruborizando--me por mim mesmo. Eu suprimiria a paixão da necessidade, acomodaria-me da melhor forma possível e me limitaria a isso. Não faria mais de minha fraqueza uma ocupação; e, sobretudo, desejaria ter apenas uma testemunha. A vida humana tem outros prazeres quando estes lhe faltam; perseguindo futilmente os que fogem, privamo-nos também dos que nos são deixados. Alteremos nossos gostos com os anos, não desloquemos mais as idades do que as estações; devemos ser nós mesmos em todas as épocas, e não lutar contra a natureza: esses esforços vãos esgotam a vida e nos impedem de aproveitá-la.

O povo pouco se entedia, pois sua vida é ativa; se seus divertimentos não são variados, eles são raros; muitos dias de cansaço o fazem aproveitar com prazer alguns dias de festa. Uma alternância de longos trabalhos e curtos lazeres cumpre o papel de temperar os prazeres de seu estado. No caso dos ricos, seu grande flagelo é o tédio: em meio a tantos divertimentos reunidos a altos custos, em meio a tantas pessoas concorrendo para agradar-lhes, o tédio os consome e os mata; passam sua vida fugindo dele e sendo por ele alcançados, são esmagados por seu peso insuportável; as mulheres, sobretudo, que não sabem mais se ocupar nem se divertir, são por ele devoradas sob o nome de humores; ele se transforma para elas num mal horrível que as priva, por vezes, da razão e, finalmente, da vida. Quanto a mim, não conheço destino mais terrível que o de uma bela mulher de Paris, que, transformando-se também em mulher ociosa, se afasta assim duplamente de sua condição; e, após, o do rapazinho gracioso que se afeiçoa a ela, e a quem a vaidade de ser homem galante faz suportar a duração dos mais tristes dias que jamais tenha passado uma criatura humana.

As conveniências, as modas, os usos que derivam do luxo e da postura elegante encerram o curso da vida na mais enfadonha uniformidade. O prazer que se quer ter aos olhos dos outros está perdido para todos; não se o tem nem para eles, nem para si.[78] O ridículo que a opinião teme acima de todas as coisas está sempre a seu lado para tiranizá-la e puni-la. Nunca se é ridículo senão por formas determinadas; aquele que sabe variar suas situações e seus prazeres apaga hoje a impressão de ontem; ele é como que inexistente no espírito dos homens, mas desfruta, pois se dedica inteiramente a cada hora e a cada coisa; minha única forma constante seria esta; em cada situação, não cuidaria de nenhuma outra, e consideraria cada dia em si mesmo, como sendo independente da véspera e do dia seguinte. Assim como eu seria povo com o povo, seria camponês nos campos, e, quando falasse de agricultura, o camponês não zombaria de mim. Eu não iria construir para mim uma cidade no campo e instalar nas profundezas de uma província as Tulherias[79] diante de meu aposento. Na inclinação de uma colina bem sombreada, teria uma pequena casa rústica, uma casa branca com contraventos verdes, e, embora um telhado de colmo seja o melhor para todas as estações, preferiria magnificamente não a triste ardósia, mas a telha, porque ela tem um aspecto mais limpo e mais alegre que o colmo, porque não se cobrem de outra maneira as casas em meu país e porque isso me relembraria um pouco a feliz época de minha juventude. Teria por átrio um galinheiro e por cavalariça um estábulo com vacas para obter os laticínios que muito aprecio. Teria uma horta como jardim e, como parque, um belo pomar, semelhante àquele de que se falará logo adiante. Os frutos, à discrição dos passeantes, não seriam contados nem colhidos por meu jardineiro, e minha avara magnificência não exporia aos olhos espaldeiras soberbas que mal se ousasse tocar. Ora, essa pequena prodigalidade seria pouco custosa, pois teria escolhido meu asilo em alguma província distante, onde se veem pouco dinheiro e muitos gêneros, e onde reinam a abundância e a pobreza.

Lá, eu reuniria uma companhia, mais seleta que numerosa, de amigos que apreciam o prazer e que sabem apreciá-lo, de mulheres que pudessem deixar sua poltrona e se prestar aos jogos campestres, e pegar, por vezes, em vez da lançadeira e das cartas, a linha de pesca, as varas de visgo, o ancinho das apa-

---

78. Para parecerem estar se divertindo muito, duas mulheres mundanas se impõem como lei nunca irem dormir senão às cinco horas da manhã. No rigor do inverno, seus criados passam a noite na rua, aguardando-as, muito preocupados em evitar serem congelados. Entra-se uma noite, ou, melhor dizendo, uma manhã, no aposento em que essas duas pessoas tão entretidas deixavam passar as horas sem contá-las: encontram-se exatamente sós, dormindo cada uma em sua poltrona.

79. Referência ao palácio das Tulherias, situado em Paris, residência real de muitos soberanos franceses, desde o século XVI até fins do século XIX, quando foi destruído por um incêndio. (N.T.)

nhadoras de feno e o cesto dos vindimadores. Lá, toda a afetação da cidade seria esquecida e, tornando-nos aldeões na aldeia, encontrar-nos-íamos entregues a numerosos divertimentos diferentes, que nos dariam, toda noite, apenas o embaraço da escolha para o dia seguinte. O exercício e a vida ativa nos dariam um novo estômago e novos gostos. Todas as nossas refeições seriam banquetes nos quais a abundância agradaria mais que a delicadeza. A alegria, os trabalhos rústicos, as brincadeiras são os primeiros cozinheiros do mundo, e os guisados finos são bastante ridículos para pessoas ativas desde o nascer do sol. O serviço não teria mais ordem que elegância; a sala de jantar estaria em todo lugar, no jardim, num barco, sob uma árvore; por vezes, ao longe, perto de uma fonte viva, sobre a grama verdejante e fresca, sob ramos de amieiros e de aveleiras; uma longa procissão de alegres convivas traria, cantando, o preparo do banquete; teríamos a grama como mesa e como cadeiras, as bordas da fonte serviriam de aparador e a sobremesa penderia nas árvores. Os pratos seriam servidos sem ordem, e o apetite dispensaria as maneiras; cada um, preferindo-se abertamente a todos os outros, aprovaria que qualquer outro também se preferisse a ele: dessa familiaridade cordial e moderada, nasceria, sem grosseria, sem falsidade, sem constrangimento, um conflito jocoso 100 vezes mais encantador que a polidez, e mais feito para unir os corações. Nenhum lacaio inoportuno espiando nossas conversas, criticando em voz baixa nossa postura, contando nossas porções com olhos ávidos, divertindo-se ao nos fazer esperar as bebidas e queixando-se de um jantar demasiado longo. Seríamos nossos criados para sermos nossos senhores; cada um seria servido por todos; o tempo passaria sem que o percebêssemos; a refeição seria o repouso e duraria tanto quanto o ardor do dia. Se passasse perto de nós algum camponês retornando ao trabalho, com suas ferramentas sobre o ombro, eu lhe alegraria o coração com algumas boas palavras e alguns goles de bom vinho que o fariam suportar mais alegremente sua miséria; e também teria, por minha vez, o prazer de sentir comoverem-se um pouco minhas entranhas e de me dizer secretamente: "Ainda sou homem".

Se alguma festa campestre reunisse os habitantes do local, eu estaria, com meu bando, entre os primeiros a chegar; se alguns casamentos mais abençoados pelo céu que os das cidades fossem celebrados na minha vizinhança, saberiam que aprecio a alegria e seria convidado. Levaria a essa boas pessoas doações, tão simples quanto elas, que contribuiriam para a festa, e receberia em troca bens de valor inestimável, bens tão pouco conhecidos por meus iguais: a sinceridade e o verdadeiro prazer. Jantaria alegremente na ponta da longa mesa, faria coro no refrão de uma velha canção rústica e dançaria na granja com mais gosto que no baile da Ópera.

"Até aqui, tudo é maravilhoso", dirão, "mas e a caça? Pode-se viver no campo e não ir caçar?". Compreendo: eu queria apenas uma meação, e estava enganado. Suponho-me rico e necessito, portanto, de prazeres exclusivos, de prazeres destrutivos; eis problemas inteiramente diversos. Necessito de terras, bosques, guardas, tributos, honras senhoriais e, sobretudo, incenso e água benta.

Pois bem; mas essa terra terá vizinhos zelosos de seus direitos e desejosos de usurpar os dos outros; nossos guardas brigarão, e talvez os senhores também: daí resultam altercações, querelas, ódios ou, pelo menos, processos; isso já não é muito agradável. Meus vassalos não verão com prazer seus campos serem arranhados por minhas lebres e suas favas por meus javalis; não ousando matar o inimigo que destrói seu trabalho, cada um desejará, pelo menos, expulsá-lo de seu campo; após ter passado o dia cultivando suas terras, será preciso que passem a noite vigiando-as; terão cães de guarda, tambores, cornetas, sininhos; com toda essa algazarra, perturbarão meu sono. Pensarei, contra minha vontade, na miséria dessa pobre gente e não poderei me impedir de me culpar por ela. Se eu tivesse a honra de ser príncipe, tudo isso pouco me afetaria; mas eu, recém-promovido, novo-rico, terei o coração ainda um pouco plebeu.

Isso não é tudo; a abundância da caça tentará os caçadores; logo terei infratores para punir e necessitarei de prisões, carcereiros, arqueiros, galés; tudo isso me parece bastante cruel. As mulheres desses infelizes virão sitiar minha porta e me importunar com seus gritos, ou então será preciso expulsá-las, maltratá-las. A pobre gente que não tiver caçado e cuja colheita terá sido remexida por minhas presas virá queixar-se, por sua vez; uns serão punidos por terem matado a caça, outros estarão arruinados por tê-la poupado; que triste alternativa! Verei, por todos os lados, apenas objetos de miséria, ouvirei apenas lamentos: isso deve perturbar consideravelmente, ao que me parece, o prazer de massacrar à vontade multidões de perdizes e de lebres praticamente sob os pés.

Quereis livrar os prazeres de seus sofrimentos? Privai-os da exclusividade; quanto mais os mantiverdes comuns aos homens, mais os provareis sempre puros. Não farei, portanto, tudo que acabo de dizer, mas, sem mudar de gosto, seguirei aquele que suponho custar-me menos. Estabelecerei minha residência campestre numa região onde a caça seja livre a todos e onde eu possa me divertir com ela sem embaraço. A caça será mais rara, mas será preciso mais destreza para procurá-la e haverá maior prazer em alcançá-la. Lembrar-me-ei dos batimentos cardíacos que sentia meu pai diante do voo de sua primeira perdiz e dos arrebatamentos de alegria com que encontrava a lebre que procurara o dia todo. Sim, sustento que apenas com seu cão, munido de sua espingarda, de sua sacola, de seu polvorinho e de sua pequena presa, ele retornava à noite, esgotado de cansaço e dilacerado pelas sarças, mas mais satisfeito de sua jornada do que todos vossos caçadores de alcova, que, em cima de um bom cavalo, seguidos de 20 espingardas carregadas, se limitam a trocá-las, a atirar e a matar a sua volta, sem arte, sem glória e quase sem esforço. O prazer não é, pois, menor e o inconveniente é suprimido quando não se tem nem terra para vigiar, nem caçador clandestino para punir, nem miserável para atormentar. Eis, portanto, uma sólida razão de preferência. Façamos o que fizermos, não atormentamos interminavelmente os homens sem que também recebamos deles algum mal-estar, e as longas maldições do povo tornam, cedo ou tarde, a caça amarga.

Repito: os prazeres exclusivos são a morte do prazer. Os verdadeiros divertimentos são os que compartilhamos com o povo; quanto àqueles que desejamos ter somente para nós, não os temos mais: se os muros que ergo em torno de meu parque formam um triste cercado a meu redor, limitei-me, a altos custos, a privar-me do prazer do passeio; eis-me forçado a ir buscá-lo longe. O demônio da propriedade contamina tudo que toca. Um rico deseja ser senhor em todo lugar, e somente se sente bem onde ele não está; vê-se sempre forçado a fugir de si mesmo. No que me diz respeito, quanto a isso, farei na riqueza o que fiz em minha pobreza. Mais rico agora com os bens dos outros do que jamais serei com os meus, aproprio-me de tudo que me convém em minha vizinhança; não há conquistador mais determinado que eu; usurpo até mesmo os príncipes; acomodo-me, sem distinção, em todos os terrenos abertos que me agradam; atribuo-lhes nomes, faço de um deles meu parque, de outro meu terraço, e eis que me torno seu senhor; a partir daí, passeio-me nele impunemente e a ele retorno com frequência para manter a posse; à força de caminhar, gasto o solo tanto quanto quero, e nunca me convencerão de que o titular do fundo de que me aproprio encontra maior utilidade no dinheiro que ele lhe rende do que extraio de seu terreno. Se vierem me humilhar com fossos e sebes, pouco me importa; carrego meu parque sobre os ombros e vou depositá-lo alhures; os lugares não faltam nas redondezas, e terei muito tempo para pilhar meus vizinhos antes de carecer de abrigo.

Eis uma prova do verdadeiro gosto na escolha dos lazeres agradáveis; eis em que estado de espírito se goza; todo o resto é apenas ilusão, quimera e vaidade tola. Todo aquele que se afastar dessas regras, por mais rico que seja, extrairá apenas esterco de seu ouro e nunca conhecerá o valor da vida.

Objetarão certamente que tais divertimentos estão ao alcance de todos os homens e que não há necessidade de ser rico para prová-los: é precisamente o ponto a que eu queria chegar. Tem-se prazer quando se deseja tê-lo; é apenas a opinião que torna tudo difícil e que afasta a felicidade diante de nós, sendo 100 vezes mais fácil ser feliz do que parecer sê-lo. O homem de gosto e verdadeiramente voluptuoso não tem o que fazer da riqueza; basta-lhe ser livre e senhor de si mesmo. Todo aquele que goza de boa saúde e não carece do necessário, se arrancar de seu coração os bens da opinião, será suficientemente rico: é o *aurea mediocritas* de Horácio.[80] Pessoas com caixas-fortes, procurai então algum outro emprego para vossa opulência, pois ela não serve para o prazer. Emílio não saberá tudo isso melhor que eu, mas, tendo o coração mais puro e mais são, ele o sentirá ainda melhor, e todas suas observações no mundo apenas lho confirmarão.

Passando assim o tempo, ainda procuramos Sofia e não a encontramos. Era importante que não fosse encontrada tão depressa, e procuramo-la onde eu estava bastante certo de que não se encontrava.[81]

Finalmente, chegou o momento; é tempo de encontrá-la de uma vez por todas, temendo que ele invente uma que confundirá com ela e que não descubra seu erro senão tarde demais. Adeus, portanto, Paris, cidade célebre, cidade de ruído, de fumaça e de lama, onde as mulheres não acreditam mais na honra nem os homens na virtude. Adeus, Paris; procuramos o amor, a felicidade, a inocência; nunca estaremos longe o bastante de ti.

---

80. Expressão latina encontrada nas *Odes* de Horácio (ii, 10, 5) e que designa a "mediocridade áurea", isto é, a ideia de que apenas aquele que se contenta com pouco, ou com o pouco que tem, vive em tranquilidade. O estado mediano, daquele que não é rico nem pobre, é aquele que conduz à felicidade. (N.T.)

81. *"Mulierem fortem quis inveniet? Procul, et de ultimis finibus pretium ejus".* ["Mulher virtuosa, quem a encontrará? Seu valor em muito supera o de joias preciosas." Provérbios 31:10. (N.T.)]

LIVRO V

Eis que chegamos ao derradeiro ato da juventude, mas ainda não alcançamos o desfecho. Não é bom que o homem permaneça só. Emílio é homem; prometemos-lhe uma companheira e é preciso dar-lha. Esta companheira é Sofia. Onde estará abrigada? Onde a encontraremos? Para encontrá-la, é preciso conhecê-la. Descubramos, primeiramente, o que é ela é e teremos uma ideia mais clara do lugar onde vive; e, quando a tivermos encontrado, nem tudo estará terminado. Diz Locke: "Como nosso jovem fidalgo está prestes a se casar, é tempo de deixá-lo ao lado de sua amante".[1] E com isso completa sua obra. Quanto a mim, não tendo a honra de educar um fidalgo, evitarei imitar Locke neste ponto.

Sofia, ou a mulher

Sofia deve ser mulher, assim como Emílio é homem; isto é, deve ter tudo que convém à constituição de sua espécie e de seu sexo para ocupar seu lugar na ordem física e moral. Comecemos, portanto, por examinar as conformidades e as diferenças entre seu sexo e o nosso.

Em tudo que não depende do sexo, a mulher é homem; tem os mesmos órgãos, as mesmas necessidades, as mesmas faculdades; a máquina é construída da mesma maneira, as peças são as mesmas, o funcionamento de ambos é o mesmo, a fisionomia é semelhante e, sob qualquer ângulo que se considerem, diferem entre si somente quanto ao grau.

Em tudo que depende do sexo, a mulher e o homem encontram sempre relações e diferenças; a dificuldade de compará-los vem da de determinar, na constituição de um e de outro, o que se deve e o que não se deve ao sexo. Pela anatomia comparada e mesmo pela mera inspeção, encontramos, entre eles, diferenças gerais que não parecem se prender ao sexo; e, no entanto, a ele se prendem, mas por meio de ligações que não somos capazes de perceber. Não sabemos até onde tais ligações podem se estender; a única coisa que sabemos com certeza é que tudo que têm em comum resulta da espécie, e que tudo que

---

1. Cf. LOCKE, John. *De l'éducation des enfants* (tradução francesa de Pierre Coste). Amsterdã: Henri Schelte, 1708. p. 419, § CCXXII. (N.T.)

têm de diferente resulta do sexo; sob esse duplo ponto de vista, encontramos, entre eles, tantas relações quantas oposições, sendo talvez uma das maravilhas da natureza ter ela podido gerar dois seres tão semelhantes, constituindo-os de modo tão diferente.

Essas relações e essas diferenças devem influir no moral; essa consequência é sensível e conforme a experiência, e mostra a futilidade das disputas acerca da preferência e da igualdade dos sexos; como se cada um, cumprindo os fins da natureza segundo sua destinação particular, não fosse mais perfeito dessa forma do que assemelhando-se mais ao outro! No que têm em comum, são iguais; no que têm de diferente, não são comparáveis: uma mulher perfeita e um homem perfeito não devem se assemelhar mais pelo espírito que pela aparência, e a perfeição não admite gradações.

Na união dos sexos, cada um concorre igualmente para o objetivo comum, mas não da mesma maneira. Dessa diversidade, nasce a primeira diferença notável entre as relações morais de um e de outro. Um deve ser ativo e forte, o outro passivo e fraco; é necessário que um queira e possa; basta que o outro resista pouco.

Estabelecido esse princípio, segue-se que a mulher é especialmente feita para agradar ao homem; se o homem deve, por sua vez, lhe agradar, trata-se de uma necessidade menos direta; seu mérito está na potência; agrada unicamente pelo fato de ser forte. Não se trata aqui da lei do amor, admito; mas é a da natureza, anterior ao próprio amor.

Se a mulher é feita para agradar e para ser subjugada, ela deve se mostrar agradável ao homem, em vez de provocá-lo: a violência dela está em seus encantos; é por meio deles que deve forçá-lo a encontrar sua força e a empregá-la. O meio mais seguro de animar essa força consiste em torná-la necessária pela resistência. Então, o amor-próprio se junta ao desejo, e um conquista a vitória que o outro o leva a obter. Nascem daí o ataque e a defesa, a audácia de um sexo e a timidez do outro, e, por fim, a modéstia e a vergonha com que a natureza armou o fraco para sujeitar o forte.

Quem pode pensar que ela tenha atribuído indiferentemente as mesmas iniciativas a uns e outros, e que o primeiro a formar desejos deve ser também o primeiro a manifestá-los? Que estranha depravação de juízo! Tendo a empresa consequências tão diferentes para os dois sexos, é natural que tenham a mesma audácia de entregar-se a ela? Como não ver que, havendo tão grande desigualdade no investimento comum, se a reserva não impusesse a um a moderação que a natureza impõe ao outro, logo resultaria disso a ruína de ambos e que o gênero humano pereceria pelos meios estabelecidos para conservá-lo? Com a facilidade que têm as mulheres de comover os sentidos dos homens e despertar no fundo de seus corações os restos de um temperamento quase extinto, se houvesse algum clima infeliz na Terra em que a filosofia tivesse introduzido esse uso, sobretudo nos países quentes onde nascem mais mulheres que homens, tiranizados por elas, eles se tornariam, por fim, suas vítimas e se veriam arrastados até a morte, sem nunca poderem se defender.

Se as fêmeas dos animais não têm a mesma vergonha, qual é a consequência disso? Possuem elas, assim como as mulheres, os desejos ilimitados para os quais essa vergonha serve de freio? O desejo lhes vem apenas com a necessidade; estando esta satisfeita, cessa o desejo; não repelem o macho por fingimento,[2] mas numa atitude sincera; fazem exatamente o contrário do que fazia a filha de Augusto: não recebem mais passageiros quando o navio recebeu sua carga.[3] Mesmo quando elas são livres, seus momentos de boa vontade são curtos e logo passam; o instinto as impele e as detém; onde estará o suplemento desse instinto negativo nas mulheres, quando as tiverdes privado de seu pudor? Esperar que não se importem mais com os homens é esperar que estes não sirvam mais para nada.

O Ser supremo desejou, em todas as coisas, honrar a espécie humana; conferindo ao homem inclinações desmedidas, ele lhe dá, ao mesmo tempo, a lei que as regra, para que seja livre e senhor de si mesmo; entregando-o a paixões imoderadas, junta a tais paixões a razão, para governá-las; entregando a mulher a desejos ilimitados, junta a esses desejos o pudor, para contê-los. Além disso, acrescenta ainda uma recompensa atual ao bom uso de suas faculdades: o gosto que se adquire pelas coisas honestas quando se faz delas a regra para suas ações. Tudo isso vale, ao que me parece, o instinto dos animais.

Assim, quer a fêmea do homem compartilhe ou não seus desejos e queira ou não satisfazê-los, ela sempre o repele e se defende, mas nem sempre com a mesma força nem, consequentemente, com o mesmo sucesso; para que o atacante seja vitorioso, é preciso que o atacado o permita ou o ordene; pois de quantos meios engenhosos não dispõe para forçar o agressor a utilizar a força? O mais livre e o mais doce de todos os atos não admite violência real; a natureza e a razão a isso se opõem: a natureza, na medida em que dotou o mais fraco de toda a força de que necessita para resistir quando quiser; a razão,

---

2. Já observei que as recusas de fingimento e de provocação são comuns a quase todas as fêmeas, inclusive entre os animais, e isso mesmo quando estão mais dispostas a se entregarem; é preciso nunca ter observado suas artimanhas para discordar disto.

3. Segundo a lenda, Júlia, "a Velha", filha do imperador Augusto, teria tido milhares de amantes ao longo de sua vida, o que teria levado seu pai a exilá-la para a ilha de Pandatária. (N.T.)

na medida em que uma violência real é não somente o mais brutal de todos os atos como também o mais contrário a seus fins, seja porque o homem declara, desse modo, guerra a sua companheira e a autoriza a defender sua pessoa e sua liberdade até mesmo à custa da vida do agressor, seja porque apenas a mulher pode julgar o estado em que se encontra, e uma criança não teria pai se todo homem pudesse usurpar tais direitos.

Eis, portanto, uma terceira consequência da constituição dos sexos: consiste em que o mais forte seja senhor na aparência, mas dependa, na verdade, do mais fraco; e isso não por um frívolo costume de galantaria nem por uma orgulhosa generosidade de protetor, mas por uma invariável lei da natureza, que, dando à mulher mais facilidade de excitar os desejos do que ao homem de satisfazê-los, faz com que este dependa, a despeito de suas reticências, do bom prazer da outra e o obriga, por sua vez, a procurar agradar-lhe, para conseguir que ela consinta em deixá-lo ser o mais forte. Então, o que há de mais doce para o homem em sua vitória consiste em duvidar se é a fraqueza que cede à força ou se é a vontade que se entrega, e a astúcia ordinária da mulher consiste em sempre deixar tal dúvida entre eles. O espírito das mulheres corresponde, neste ponto, perfeitamente a sua constituição: longe de envergonhar-se por sua fraqueza, glorificam-na; seus frágeis músculos não possuem resistência; elas fingem não poderem levantar as mais leves cargas; teriam vergonha de serem fortes; valem-se, de antemão, de desculpas e do direito de serem fracas segundo a necessidade.

Nesse ponto, o progresso das luzes adquiridas por nossos vícios alterou muito, entre nós, as antigas opiniões, e pouco se fala de violências, desde que se tornaram tão pouco necessárias e que os homens não mais acreditam nelas;[4] ao passo que eram muito comuns nas altas antiguidades gregas e judaicas, pois essas mesmas opiniões estão na simplicidade da natureza e somente a experiência da libertinagem pôde desenraizá-las. Se citamos, hoje em dia, menos atos de violência, seguramente não é por serem os homens mais moderados, mas por terem menos credulidade, e porque a queixa que, no passado, teria persuadido povos simples se limitaria, nos dias de hoje, a provocar os risos dos zombadores; é melhor se calar. Há, no *Deuteronômio*,[5] uma lei nos termos da qual uma moça abusada era punida com o sedutor se o delito tivesse sido

---

4. Pode haver tamanha desproporção de idade e de força que uma violência real ocorra, mas, tratando-se aqui, do estado relativo dos sexos segundo a ordem da natureza, considero-os ambos na relação comum que constitui tal estado.

5. O Deuteronômio (a "segunda lei") é o quinto livro da Bíblia e parte do Antigo Testamento. Sua autoria é tradicionalmente atribuída a Moisés. (N.T.)

cometido na cidade; mas, se tivesse sido cometido no campo ou em lugares afastados, apenas o homem era punido; "pois", diz a lei, "a moça gritou, e não foi ouvida". Essa interpretação benigna ensinava as moças a não se deixarem surpreender em locais frequentados.

O efeito dessas diversidades de opiniões sobre os costumes é sensível. Disso resulta a galantaria moderna. Os homens, considerando que seus prazeres dependiam mais da vontade do belo sexo do que pensavam, cativaram essa vontade por meio de complacências, pelas quais foram bem recompensados.

Vede como o físico nos leva gradualmente ao moral, e como da grosseira união dos sexos nascem, pouco a pouco, as mais doces leis do amor. O império das mulheres não lhes pertence porque os homens o quiseram, mas porque assim quer a natureza; ele lhes pertencia antes de parecerem tê-lo; esse mesmo Hércules que acreditou forçar as 50 filhas de Téspio foi, no entanto, constrangido a fugir para junto de Ônfale, e o forte Sansão não era tão forte quanto Dalila. Esse império é das mulheres e não pode ser tirado delas, mesmo quando abusam dele; se por acaso pudessem perdê-lo, já o teriam perdido há muito tempo.

Não há nenhuma paridade entre os dois sexos quanto à consequência do sexo. O macho somente é macho durante alguns instantes; a fêmea é fêmea durante toda sua vida ou, pelo menos, toda sua juventude; tudo a remete continuamente a seu sexo, e, para cumprir-lhe bem as funções, necessita de uma constituição que convenha a estas. Precisa de moderação durante a gravidez; precisa de repouso após seus partos; precisa de uma vida indolente e sedentária para amamentar seus filhos; precisa, para educá-los, de paciência e doçura, um zelo, um afeto que nada desencoraja; ela serve de elo entre eles e o pai; apenas ela o faz amá-los e lhe dá confiança para chamar-lhes seus. Quanta ternura e quantos cuidados não lhe são necessários para manter toda a família unida! E, no fim, tudo isso não deve resultar das virtudes, mas dos gostos, sem os quais a espécie humana estaria logo extinta.

A rigidez dos deveres relativos dos dois sexos não é nem pode ser a mesma. Quando, a partir daí, a mulher se queixa da injusta desigualdade estabelecida pelo homem, ela está errada; essa desigualdade não é uma instituição humana, ou, pelo menos, não é obra do preconceito, mas da razão: cabe àquele que a natureza encarregou da guarda das crianças prestar contas ao outro. Certamente, não é permitido a ninguém violar sua fé, e todo marido infiel que priva sua mulher da única recompensa pelos austeros deveres de seu sexo é um homem injusto e bárbaro; mas a mulher infiel vai além, dissolve a família e rompe todos os laços da natureza; ao dar ao homem filhos que não são dele, trai uns e outros, junta a perfídia à infidelidade. Tenho dificuldade em ver que desordem e que crime não resultam deste. Se existe uma condição horrível no mundo, é a de um pai infeliz que, sem confiança em sua mulher, não ousa se entregar aos mais doces sentimentos de seu coração, que ao beijar seu filho desconfia estar beijando o filho de outro homem, o testemunho de sua desonra, o usurpador dos bens de seus próprios herdeiros. No que se transforma então a família senão numa sociedade de inimigos secretos em que uma mulher culpada arma um contra o outro, forçando-os a fingirem que se amam reciprocamente?

Não importa, portanto, apenas que a mulher seja fiel, mas que seja considerada como tal por seu marido, por seus parentes, por todo o mundo; importa que seja modesta, atenciosa, reservada e que leve aos olhos de outrem, assim como a sua própria consciência, o testemunho de sua virtude: se importa que um pai ame seus filhos, importa também que estime a mãe deles. Essas são as razões que situam a aparência entre os deveres das mulheres e que lhes tornam a honra e a reputação não menos indispensáveis que a castidade. Desses princípios, deriva, com a diferença moral dos sexos, um novo motivo de dever e de conveniência, que prescreve especialmente às mulheres a atenção mais escrupulosa quanto a sua conduta, suas maneiras e sua postura. Sustentar vagamente que os dois sexos são iguais e que seus deveres são os mesmos é perder-se em declamações vãs; é não dizer nada enquanto não se derem respostas a isso.

Não é uma maneira bastante sólida de raciocinar a que consiste em oferecer exceções como resposta a leis gerais tão bem fundamentadas? As mulheres, dizeis, nem sempre geram filhos! Não, mas sua destinação própria consiste em gerá-los. Quê! Por haver no universo uma centena de grandes cidades onde as mulheres, vivendo na licença, geram poucos filhos, pretendeis que a condição das mulheres consiste em gerar poucos! E que fim teriam vossas cidades se os campos distantes, onde as mulheres vivem mais simplesmente e mais castamente, não reparassem a esterilidade das damas? Em quantas províncias as mulheres que geraram apenas quatro ou cinco filhos são tidas como pouco férteis![6] Enfim, que uma mulher ou outra gere poucos filhos, que importância isso tem? A condição da mulher deixa, com isso, de consistir em ser mãe? E não é por leis gerais que a natureza e os costumes devem proporcionar essa condição?

Ainda que houvesse, entre as gravidezes, intervalos tão longos quanto se supõe, uma mulher alterará tão brusca e alternadamente sua maneira de viver, sem perigo e sem risco? Será ela ama hoje e guerreira amanhã? Mudará de tem-

---

6. Sem isso, a espécie necessariamente definharia; para que ela se conserve, é preciso, de modo geral, que cada mulher gere aproximadamente quatro filhos; pois, dos filhos que nascem, perto da metade morre antes que se possam gerar outros, e os dois restantes são necessários para representar o pai e a mãe. Vede se as cidades vos fornecerão essa população.

peramento e de gostos, assim como um camaleão de cores? Passará, de repente, da sombra, do retiro e dos cuidados dos criados para as injúrias do ar, os trabalhos, os cansaços e os perigos da guerra? Será ela ora receosa,[7] ora corajosa; ora delicada, ora robusta? Se os jovens educados em Paris têm dificuldade em suportar os ofícios das armas, como mulheres que nunca enfrentaram o sol e que mal sabem marchar o suportarão após 50 anos de indolência? Exercerão esse duro ofício na idade em que os homens o abandonam?

Há países em que as mulheres dão à luz quase sem sofrimento e criam seus filhos quase sem cuidados; reconheço-o. Mas, nesses países, os homens andam seminus o tempo inteiro, abatem animais ferozes, carregam um bote como se fosse uma sacola, fazem caças de sete ou oitocentas léguas,[8] dormem ao ar livre sobre a terra nua, suportam cansaços incríveis e passam vários dias sem comer. Quando as mulheres se tornam robustas, os homens o são ainda mais; quando os homens amolecem, as mulheres amolecem ainda mais: quando os dois termos se alteram na mesma medida, a diferença permanece a mesma.

Em *A república*, Platão dá às mulheres os mesmos exercícios que aos homens; sim, seguramente! Tendo eliminado de seu governo as famílias particulares e não sabendo o que fazer com as mulheres, viu-se forçado a fazer delas homens. Esse belo gênio combinara e previra tudo: antecipou-se a uma objeção que talvez ninguém tivesse pensado em lhe fazer, mas resolveu mal a que lhe fizeram. Não falo dessa pretensa comunidade de mulheres, objeto de censura que, tantas vezes repetida, prova que aqueles que a fazem nunca o leram; falo dessa promiscuidade civil que confunde, em todo lugar, os dois sexos nos mesmos empregos, nos mesmos trabalhos e não pode deixar de gerar os mais intoleráveis abusos; falo dessa subversão dos mais doces sentimentos da natureza, imolados a um sentimento artificial que não pode subsistir senão por eles; como se não fosse preciso uma influência natural para formar laços de convenção; como se o amor que temos pelos parentes não fosse o princípio daquele que devemos ao Estado; como se não fosse pela pequena pátria que é a família que o coração se apega à grande; como se não fossem o bom filho, o bom marido e o bom pai que fizessem o bom cidadão!

Uma vez demonstrado que o homem e a mulher não são nem devem ser constituídos da mesma forma, nem quanto ao caráter, nem quanto ao temperamento, segue-se que não devem ter a mesma educação. Seguindo as direções da natureza, devem agir de concerto, mas não devem fazer as mesmas coisas; o fim

---

7. A timidez das mulheres também é um instinto da natureza contra o duplo risco que correm durante sua gravidez.

8. Cerca de 28 e 3.120 quilômetros, respectivamente. (N.E.)

dos trabalhos é comum, mas os trabalhos são diferentes e, consequentemente, também o são os gostos que os dirigem. Após ter procurado formar o homem natural, para não deixar nossa obra imperfeita, vejamos como deve se formar também a mulher que convém a esse homem.

Quereis ser sempre bem guiado? Segui sempre as indicações da natureza. Tudo que caracteriza o sexo deve ser respeitado como tendo sido por ela estabelecido. Dizeis sempre: as mulheres têm este e aquele defeito que não temos; vosso orgulho vos engana; seriam defeitos para vós, mas, para elas, são qualidades; tudo seria pior se não os tivessem. Impedi esses pretensos defeitos de degenerarem, mas evitai destruí-los.

As mulheres, por sua vez, não cessam de gritar que as educamos para serem vaidosas e coquetes e que as divertimos continuamente com puerilidades para mais facilmente senhoreá-las; condenam-nos pelos defeitos que nelas censuramos. Que loucura! E desde quando são os homens que interferem na educação das meninas? O que impede as mães de educá-las como quiserem? Não possuem colégios: grande infortúnio! Quisesse Deus que não houvesse nenhum para os meninos; seriam mais sensata e honestamente educados! Forçamos vossas filhas a perderem seu tempo com tolices? Fazemos com que passem, contra sua vontade, a metade da vida se arrumando, segundo vosso exemplo? Impedimos-vos de instruí-las e de mandar instruí-las segundo vossa vontade? Temos culpa se nos agradam quando são belas, se seus trejeitos nos seduzem, se a arte que aprendem convosco nos atrai e nos encanta, se apreciamos vê-las vestidas com gosto, se as deixamos afiar à vontade as armas com que nos subjugam? Pois bem! Tomai a decisão de educá-las como homens; eles consentirão de bom grado! Quanto mais desejarem se assemelhar a eles, menos elas os governarão, e é então que eles serão realmente senhores.

Todas as faculdades comuns aos dois sexos não são igualmente divididas entre eles, mas, no conjunto, elas se compensam; a mulher vale mais que o homem como mulher e menos como homem; onde ela faz valer seus direitos, ela tem a vantagem; onde quer usurpar os nossos, ela permanece abaixo de nós. Não se pode contestar essa verdade geral senão por meio de exceções, maneira constante de argumentar dos galantes adeptos do belo sexo.

Cultivar, nas mulheres, as qualidades do homem e negligenciar as que lhes são próprias é, portanto, visivelmente agir em seu prejuízo: as astutas o percebem bem demais para se deixarem enganar; procurando usurpar nossas vantagens, elas não abandonam as suas; mas decorre disso que, não podendo administrar bem umas e outras, porque são incompatíveis, elas permanecem abaixo de suas capacidades, sem alcançarem as nossas, e perdem a metade de seu valor. Acreditai em mim, mãe judiciosa, não façais de vossa filha um homem honesto, como que para oferecer um desmentido à natureza; fazei dela uma mulher honesta, e podeis ter certeza de que valerá mais, para ela e para nós.

Resulta disso que deva ser educada na ignorância de todas as coisas e limitada apenas às funções do lar? O homem fará de sua companheira sua criada? Privar-se-á, junto dela, do maior encanto da sociedade? Para melhor sujeitá-la, impedi-la-á de sentir qualquer coisa, de conhecer qualquer coisa? Fará dela um verdadeiro autômato? Não, seguramente: assim não lhe falou a natureza, que confere às mulheres um espírito tão agradável e tão perspicaz. Ao contrário, ela quer que pensem, que julguem, que amem, que conheçam e que cultivem seu espírito assim como sua aparência; essas são as armas que lhes dá para suprir a força que lhes falta e para dirigir a nossa. Devem aprender muitas coisas, mas somente as que lhes convém saber.

Quer eu considere a destinação particular do sexo ou observe suas inclinações, ou ainda enumere seus deveres, tudo concorre igualmente para me indicar a forma de educação que lhe convém. A mulher e o homem são feitos um para o outro, mas sua mútua dependência não é igual: os homens dependem das mulheres por seus desejos; as mulheres dependem dos homens por seus desejos e por suas necessidades; subsistiríamos mais sem elas que elas sem nós. Para que elas tenham o necessário, para que estejam em seu estado, é preciso que lhos demos, que queiramos dá-lo, que as consideremos dignas dele; dependem de nossos sentimentos, do valor que atribuímos a seu mérito, da consideração que temos por seus encantos e por suas virtudes. Pela própria lei da natureza, as mulheres, tanto por elas quanto por seus filhos, estão à mercê dos julgamentos dos homens: não basta que sejam estimáveis, é preciso que sejam estimadas; não lhes basta serem belas, é preciso que agradem; não lhes basta serem recatadas, é preciso que sejam assim reconhecidas; sua honra não está somente em sua conduta, mas em sua reputação, e não é possível que aquela que consente em passar por infame possa um dia ser honesta. Ao agir bem, o homem depende apenas de si mesmo e pode enfrentar o julgamento público, mas a mulher, ao agir bem, cumpriu apenas a metade de sua tarefa, e o que pensam dela não lhe importa menos do que o que de fato é. Decorre disso que o sistema de sua educação deve ser, a este respeito, contrário ao da nossa: a opinião é o túmulo da virtude entre os homens, e seu trono entre as mulheres.

Da boa constituição das mães depende, primeiramente, a dos filhos; do cuidado das mulheres depende a primeira educação dos homens; das mulheres dependem ainda seus costumes, suas paixões, seus gostos, seus prazeres, sua própria felicidade. Assim, toda a educação das mulheres deve ser relativa aos homens. Agradar-lhes, ser-lhes úteis, fazer-se amar e honrar por eles, educá-los quando jovens, cuidar deles quando adultos, aconselhá-los, consolá-los, tornar--lhes a vida agradável e doce: eis os deveres das mulheres em todas as épocas, e o que se deve ensinar-lhes desde sua infância. Enquanto não remontarmos a esse princípio, afastar-nos-emos da meta, e todos os preceitos que lhes dermos não servirão para nada, nem para sua felicidade, nem para a nossa.

Contudo, embora toda mulher queira agradar aos homens e o deva querer, há considerável diferença entre querer agradar ao homem de mérito, ao homem verdadeiramente amável, e querer agradar a esses pequenos graciosos que desonram seu sexo e aquele que imitam. Nem a natureza, nem a razão podem levar a mulher a amar nos homens aquilo que se assemelha a ela, e também não é adotando as maneiras deles que ela deve procurar fazer-se amar.

Quando, portanto, deixando o tom modesto e ponderado de seu sexo, elas adquirem a afetação desses cabeças de vento, longe de seguirem sua vocação, renunciam a ela, privam a si mesmas dos direitos que pensam usurpar: "Se fôssemos diferentes", dizem, "não agradaríamos aos homens"; elas mentem. É preciso ser louca para amar os loucos; o desejo de atrair essa gente revela o gosto daquela que a ele se entrega. Se não houvesse homens frívolos, ela teria pressa em fazê--los, e as frivolidades deles são muito mais obra dela que as dela são obra deles. A mulher que ama os verdadeiros homens e que deseja agradar-lhes adota meios adequados a seu intento. A mulher é coquete por sua condição, mas sua coquetaria muda de forma e de objeto de acordo com suas intenções; regremos tais intenções segundo as da natureza, e a mulher terá a educação que lhe convém.

As meninas gostam de se enfeitar praticamente ao nascerem: não satisfeitas em serem belas, querem ser assim consideradas; vê-se, por sua afetação, que tal cuidado já as ocupa e, mal reunindo condições para entenderem o que lhes dizemos, já as governamos falando-lhes o que pensamos delas. O mesmo motivo, indiscretamente proposto aos meninos, está longe de exercer sobre eles o mesmo império. Contanto que sejam independentes e que tenham prazer, preocupam-se muito pouco com o que se poderá pensar deles. É apenas com tempo e dificuldade que se sujeitam à mesma lei.

De onde quer que chegue às meninas essa primeira lição, ela é muito boa. Como o corpo nasce, por assim dizer, antes da alma, a primeira cultura deve ser a do corpo; essa ordem é comum aos dois sexos, mas o objeto dessa cultura é diferente: num deles, esse objeto é o desenvolvimento das forças; no outro, é o dos encantos. Não que essas qualidades devam ser exclusivas em cada sexo; a ordem é apenas invertida: as mulheres precisam de força suficiente para fazerem com graça tudo que fazem, assim como os homens precisam de destreza suficiente para fazerem com facilidade tudo que fazem.

Pela extrema indolência das mulheres começa a dos homens. As mulheres não devem ser robustas como eles, mas para eles, para que os homens que delas nascerem também o sejam. Nesse sentido, os conventos, onde as pensionárias têm uma alimentação grosseira, mas muitos divertimentos, corridas, jogos ao ar livre e nos jardins, são preferíveis ao lar paterno, onde uma menina delicadamente alimentada, sempre adulada ou repreendida, sempre sentada, sob os olhos de sua mãe, num quarto bem fechado, não ousa levantar-se, nem andar, nem falar, nem respirar, e não tem um momento de liberdade para brincar, saltar, correr, gritar e entregar-se à petulância natural de sua idade: sempre um perigoso ócio ou uma equivocada severidade; nunca nada segundo a razão. Eis como se arruínam o corpo e o coração da juventude.

As meninas de Esparta treinavam, assim como os meninos, para os jogos militares, não para irem combater, mas para carregarem um dia crianças capazes de suportar os cansaços da guerra. Não é o que aprovo: não é necessário, para oferecer soldados ao Estado, que as mães tenham carregado o mosquete e se exercitado à moda prussiana; mas penso que, em geral, a educação grega era muito esclarecida neste ponto. As meninas apareciam frequentemente em público, não misturadas aos meninos, mas reunidas entre elas. Não havia praticamente nenhuma festa, nenhum sacrifício, nenhuma cerimônia onde não se vissem bandos de filhas dos cidadãos mais importantes, coroadas de flores, cantando hinos, formando coros de danças, carregando cestos, vasos, oferendas e apresentando aos sentidos depravados dos gregos um espetáculo encantador e capaz de contrabalançar o mau efeito de sua indecente ginástica. Fosse qual fosse a impressão deixada por esse uso nos corações dos homens, ele era excelente para conferir ao sexo uma boa constituição na juventude, por meio de exercícios delicados, moderados, salutares, e para aguçar e formar seu gosto pelo desejo contínuo de agradar, sem nunca comprometer seus bons costumes.

Assim que essas jovens se casavam, não eram mais vistas em público; enclausuradas em suas casas, limitavam todos seus cuidados ao lar e à família. Essa é a maneira de viver que a natureza e a razão prescrevem ao sexo; por isso, dessas mães nasciam os homens mais saudáveis, mais robustos e mais bem constituídos da Terra; e, a despeito da má reputação de algumas ilhas, é certo que, de todos os povos do mundo, sem sequer excetuar os romanos, não se cita nenhum cujas mulheres tenham sido, ao mesmo tempo, mais recatadas e mais amáveis e tenham reunido melhor os bons costumes e a beleza que o da Grécia antiga.

Sabe-se que o conforto das vestimentas, que não incomodavam, contribuía muito para conferir ao corpo, nos dois sexos, estas belas proporções que se veem em suas estátuas e que também servem de modelos à arte, quando a natureza desfigurada deixou de fornecê-los à nossa. Eles não tinham nenhum desses entraves góticos,[9] dessas muitas ataduras que mantêm, em todos os pontos, nossos membros comprimidos. Suas mulheres ignoravam a utilidade desses corpetes de baleia com que as nossas mais deformam sua cintura do que a definem. Não posso conceber que tal abuso, levado na Inglaterra a um ponto inconcebível, não faça, no fim, com que a espécie degenere, e sustento até mesmo que o objeto de encanto que se propõe com isso é de mau gosto. Não é agradável ver uma mulher cortada em dois, como uma vespa; isso choca a vista e faz sofrer a imaginação. A esbelteza da cintura tem, assim como todo o resto, suas proporções e sua medida, e, ultrapassando-se esta, ela se torna certamente um defeito: sendo tal defeito evidente ao olhar na nudez, por que seria belo sob a vestimenta?

Não ouso aprofundar as razões pelas quais as mulheres se obstinam a se encouraçarem assim: um seio que cai, um ventre que engorda etc., admito que isso pode ser muito desagradável numa pessoa de 20 anos, mas isso não choca mais aos 30; e como, em todos os momentos, é preciso que, a despeito de nossa vontade, sejamos o que agrada à natureza e que o olho humano não se engane com isso, esses defeitos são menos desagradáveis em qualquer idade do que a tola afetação de uma menininha de 40 anos.

Tudo que estorva e constrange a natureza é de mau gosto; isso é verdade para os enfeites do corpo assim como para os ornamentos do espírito. A vida, a saúde, a razão e o bem-estar devem prevalecer sobre tudo; a graça não anda sem o conforto; a delicadeza não é a languidez, e não se deve ser doentia para agradar. Estimulamos a piedade quando sofremos, mas o prazer e o desejo procuram o frescor da saúde.

As crianças dos dois sexos possuem muitos divertimentos comuns, e assim deve ser; não os têm também quando adultas? Possuem também gostos próprios que as distinguem. Os meninos procuram o movimento e o barulho: tambores, tamancos, pequenas carruagens. As meninas preferem o que impressiona o olhar e serve ao ornamento: espelhos, joias, fitas e, sobretudo, bonecas; a boneca é o divertimento especial deste sexo; aí está seu gosto muito evidentemente determinado com base em sua destinação. O aspecto físico da arte de agradar reside no enfeite; e é tudo que crianças podem cultivar dessa arte.

---

9. O adjetivo "góticos" aparece aqui com conotação depreciativa, designando o que é antigo e obsoleto. (N.T.)

Vede uma menina passar o dia com sua boneca, mudar-lhe sem cessar as roupas, vesti-la e despi-la repetidamente, procurar continuamente novas combinações de ornamentos, bem ou mal combinados, não importa: os dedos carecem de destreza, o gosto não está formado, mas a inclinação já se revela; nessa eterna ocupação, o tempo transcorre sem que ela o perceba; as horas passam e ela não se dá conta; esquece até mesmo as refeições; tem mais fome de roupas que de alimentos. "Mas", direis, "ela enfeita sua boneca, e não a si mesma". Certamente; vê sua boneca e não se vê, não pode fazer nada para si mesma, não está formada, não tem talento nem força, ainda não é nada; ela está inteiramente em sua boneca; investe nela toda sua coquetaria, mas não a deixará nela para sempre, pois aguarda o momento de ela mesma tornar-se sua boneca.

Eis, portanto, um primeiro gosto bem decidido: tendes apenas de segui-lo e regrá-lo. É certo que a pequena desejaria, com muito gosto, saber enfeitar sua boneca, fazer os laços em suas mangas, sua gravata, seu falbalá, sua renda; para tudo isso, fazem-na depender tão fortemente da vontade de outrem que lhe seria bem mais cômodo dever tudo a sua própria indústria. Assim vem a razão das primeiras lições que lhe são dadas; não são tarefas que lhe são prescritas, mas bondades que se têm para com ela. E, com efeito, quase todas as meninas aprendem com repugnância a ler e a escrever; mas, quanto a segurar a agulha, é o que sempre aprendem de bom grado. Imaginam de antemão serem adultas, e pensam com prazer que esses talentos poderão um dia lhes servir para se enfeitarem.

Essa primeira estrada aberta é fácil de seguir: a costura, o bordado, a renda vêm naturalmente. A tapeçaria já não corresponde tão fortemente a seu gosto. Os móveis estão distantes demais delas; eles não se vinculam à pessoa, mas a outras opiniões. A tapeçaria é o divertimento das mulheres; as meninas nunca adquirirão por ela um prazer muito grande.

Esses progressos voluntários se estenderão facilmente até o desenho, pois essa arte não é indiferente à de se vestir com gosto; mas eu não gostaria que se dedicassem às paisagens e ainda menos aos rostos. Bastam-lhes folhagens, frutos, flores, roupagens, e tudo que puder servir para dar um contorno elegante aos trajes e para fazer por si mesmas um modelo de bordado quando não encontram nenhum de seu gosto. Em geral, se importa aos homens limitarem seus estudos a conhecimentos úteis, isso importa ainda mais às mulheres; pois a vida destas, embora menos laboriosa, sendo ou devendo ser mais assídua em seus cuidados e mais entrecortada de cuidados diversos, não lhes permite entregarem-se voluntariamente a nenhum talento em prejuízo de seus deveres.

Digam o que quiserem os jocosos, o bom senso pertence igualmente aos dois sexos. As meninas, em geral, são mais dóceis que os meninos, e deve-se até mesmo empregar com elas mais autoridade, como explicarei logo adiante; mas não decorre disso que se deva exigir delas aquilo cuja utilidade não possam ver; a arte das mães consiste em mostrar-lhes a utilidade em tudo que prescrevem, e isso é tanto mais fácil quanto a inteligência nas meninas é mais precoce que nos meninos. Essa regra bane de seu sexo, assim como do nosso, não somente todos os estudos desnecessários, que não conduzem a nada de bom e sequer tornam mais agradáveis aos outros aqueles que os fizeram, mas até mesmo todos aqueles cuja utilidade não corresponde a sua idade e não pode ser prevista pela criança para uma idade mais avançada. Se não quero que apressemos um menino a aprender a ler, com mais forte razão não quero que forcemos meninas a isso antes de fazê-las realmente sentir para que serve a leitura, e, na maneira como lhes mostramos ordinariamente tal utilidade, seguimos muito mais nossa própria ideia que a delas. Afinal, onde está a necessidade para uma menina de saber ler e escrever desde tão cedo? Terá ela logo um lar para governar? São poucas as que não tiram mais abusos que utilidade dessa fatal ciência, e todas são um tanto curiosas demais para não aprendê-la, sem serem forçadas, quando encontram tempo e oportunidade. Talvez devessem aprender a calcular antes de tudo, pois nada oferece uma utilidade mais sensível em qualquer época, exige um uso mais demorado e dá tanta margem ao erro quanto as contas. Se a pequena não conseguisse as cerejas de sua merenda senão por meio de uma operação aritmética, respondo que logo saberia calcular.

Conheço uma jovem que aprendeu a escrever antes de aprender a ler, e que começou a escrever com a agulha antes de escrever com a pena. Inicialmente, quis limitar toda sua escrita a fazer a letra "o". Fazia incessantemente "os" grandes e pequenos, "os" de todos os tamanhos, alguns "os" dentro de outros e sempre traçados ao contrário. Infelizmente, um dia em que se dedicava a esse útil exercício, viu-se no espelho e, considerando que essa atitude forçada a tornava desgraciosa, tal como outra Minerva, jogou a pena e não quis mais escrever "os". Seu irmão não gostava mais de escrever do que ela, mas o que o contrariava era o constrangimento, e não a aparência que este lhe dava. Adotou-se outro truque para reconduzi-la à escrita; a menina era delicada e vaidosa, não admitia que suas roupas servissem a suas irmãs: antes eram marcadas, mas deixou-se de marcá-las; foi então preciso que ela mesmo aprendesse a marcar; pode-se imaginar o resto do progresso.

Justificai sempre os cuidados que impondes às meninas, mas imponde-lhes sempre alguns. O ócio e a indocilidade são os dois defeitos mais perigosos para elas e que menos se curam quando contraídos. As meninas devem ser vigilantes e laboriosas; mas não é tudo: devem ser constrangidas desde cedo. Esse infortúnio, se é que se trata de um para elas, é inseparável de seu sexo, e elas nunca se livram dele senão para sofrerem outros bem mais cruéis. Estarão, por toda sua vida, sujeitas ao constrangimento mais contínuo e mais severo, que é o das conveniências: é preciso antes acostumá-las ao constrangimento, para que este nunca lhes custe nada; e a domarem todas suas fantasias para submetê-las à vontade de outrem. Se quisessem sempre trabalhar, deveríamos, por vezes, forçá-las a não fazer nada. A dissipação, a frivolidade e a inconstância são defeitos que nascem facilmente de seus primeiros gostos corrompidos e sempre seguidos. Para prevenir esse abuso, ensinai-as, sobre tudo, a se dominarem. Em nossas insensatas instituições, a vida da mulher honesta é um combate perpétuo contra si mesma; é justo que esse sexo compartilhe o sofrimento dos males que nos causou.

Deveis impedir que as meninas se entediem em suas ocupações e se entusiasmem em seus divertimentos, como sempre ocorre nas educações vulgares, nas quais se põe, como diz Fénelon,[10] todo o tédio de um lado e todo o prazer do outro. Se as regras precedentes forem seguidas, o primeiro desses dois inconvenientes somente ocorrerá quando as pessoas que estiverem com elas lhes desagradarem. Uma menina que amar sua mãe ou sua amiga trabalhará o dia todo a seu lado sem tédio: a tagarelice já a recompensará por todo seu constrangimento. Mas se aquela que a governa lhe for insuportável, desenvolverá o mesmo desgosto por tudo que fizer diante de seus olhos. É muito difícil que as que não se sentem melhor com suas mães do que com qualquer outra pessoa no mundo possam um dia proceder bem; mas, para avaliar seus verdadeiros sentimentos, é preciso estudá-los e não se fiar ao que dizem; pois são bajuladoras, dissimuladas e aprendem, desde cedo, a se disfarçar. Tampouco se deve obrigá-las a amar sua mãe; o afeto não vem por dever, e não é aqui que deve intervir o constrangimento. A afeição, os cuidados e o mero hábito farão com que a filha ame a mãe, se esta não fizer nada para atrair seu ódio. Quando bem dirigido, o próprio constrangimento em que ela a mantiver, longe de enfraquecer essa afeição, apenas a aumentará, pois, sendo a dependência um estado natural às mulheres, as meninas se sentem feitas para obedecer.

---

10. François de Salignac de la Mothe-Fénelon, ou simplesmente Fénelon (1651-1715), foi um importante clérigo, teólogo e escritor de seu tempo. Caiu em desgraça após a publicação de *As aventuras de Telêmaco* (1699), obra que foi interpretada como uma crítica velada ao reinado de Luís xiv, o que levou ao banimento de seu autor. Não obstante, as obras de Fénelon exerceram notável influência sobre o pensamento e a cultura do século xviii. Neste trecho do *Emílio*, Rousseau se refere particularmente a seu tratado *Da educação das meninas* (1687). (N.T.)

Pela mesma razão que têm ou devem ter pouca liberdade, elas levam a que lhes é deixada ao excesso; extremadas em tudo, entregam-se a seus jogos com ainda mais empolgação que os meninos; é o segundo dos inconvenientes de que acabo de falar. Essa empolgação deve ser moderada, pois é a causa de vários vícios particulares às mulheres, como, entre outros, o capricho e o entusiasmo com que uma mulher se extasia hoje por um objeto para o qual sequer olhará amanhã. A inconstância dos gostos lhes é tão funesta quanto seu excesso, e ambos lhes vêm da mesma fonte. Não as priveis da alegria, dos risos, do barulho e das brincadeiras, mas impedi que se fartem de um para correr para o outro; não admiti, nem por um instante de sua vida, que não tenham mais freio. Acostumai-as a verem-se interrompidas no meio de seus jogos e conduzidas a outros cuidados sem se queixarem. Aqui também o mero hábito basta, na medida em que apenas ampara a natureza.

Resulta desse constrangimento habitual uma docilidade de que necessitam as mulheres durante toda sua vida, pois elas nunca deixam de serem sujeitadas a um homem ou aos julgamentos dos homens e nunca lhes é permitido se manterem acima desses julgamentos. A primeira e mais importante qualidade de uma mulher é a doçura; feita para obedecer um ser tão imperfeito quanto o homem, frequentemente tão cheio de vícios e sempre tão repleto de defeitos, ela deve aprender desde cedo a sofrer até mesmo a injustiça e a suportar os erros de um marido sem se queixar; não é para ele, mas para si mesma que deve ser doce. A amargura e a teimosia das mulheres nunca fazem nada além de aumentarem suas dores e o mau comportamento dos maridos; eles sentem que não é com essas armas que elas devem dominá-los. O céu não as fez insinuantes e persuasivas para que se tornassem rabugentas; não as fez frágeis para que fossem imperiosas; não lhes conferiu uma voz tão suave para que dissessem injúrias; não lhes atribuiu traços tão delicados para que fossem desfigurados pela ira. Quando se zangam, esquecem-se de si mesmas; têm frequentemente razão de se queixarem, mas sempre erram ao ralharem. Cada qual deve manter o tom de seu sexo; um marido demasiado doce pode tornar uma mulher impertinente; mas, a menos que um homem seja um monstro, a doçura de uma mulher o acalma e, cedo ou tarde, triunfa sobre ele.

Que as meninas sejam sempre submissas, mas que as mães não sejam sempre inexoráveis. Para tornar uma jovem dócil, não se deve torná-la infeliz; para torná-la modesta, não se deve embrutecê-la. Ao contrário, não me desagradaria que a deixassem empregar alguma habilidade, não para evitar a punição em sua desobediência, mas para fazer-se isentar de obedecer. Não se deve tornar sua dependência penosa; basta fazer com que a sinta. A astúcia é um talento natural ao sexo, e, persuadido de que todas as inclinações naturais são boas e retas em si mesmas, sustento a opinião de que se deva cultivar esta assim como as outras: trata-se apenas de prevenir-lhe os abusos.

Sobre a veracidade dessa observação, confio em todo observador de boa--fé. Não desejo que se examinem, a esse respeito, as próprias mulheres; nossas incômodas instituições podem forçá-las a estimular seu espírito. Quero que examinem as meninas, as menininhas que acabam, por assim dizer, de nascer; que sejam comparadas aos menininhos da mesma idade, e, se estes não parecerem lentos, estouvados e tolos perto delas, estarei incontestavelmente enganado. Permitam-me apresentar um único exemplo, tomado em toda sua ingenuidade pueril.

É muito comum proibir as crianças de pedir qualquer coisa à mesa, pois nunca se acredita obter mais êxito em sua educação senão sobrecarregando-as com preceitos inúteis; como se um pedaço disto ou daquilo não fosse logo concedido ou recusado[11] sem fazer com que uma pobre criança morra continuamente de uma avidez estimulada pela esperança. Todos conhecem a habilidade de um jovem menino submetido a essa lei e que, tendo sido esquecido à mesa, se atreveu a pedir sal etc. Não direi que podiam repreendê-lo por ter pedido diretamente sal e indiretamente carne; a omissão era tão cruel que, quando infringiu abertamente a lei e disse sem rodeios que tinha fome, não posso crer que o tenham punido por isso. Mas eis como se comportou, na minha presença, uma menininha de seis anos, num caso muito mais difícil, pois, além do fato de que lhe era rigorosamente proibido pedir, direta ou indiretamente, qualquer coisa, a desobediência não teria sido agraciável, pois comera de todos os pratos, com a exceção de um só, do qual haviam esquecido de servi-la e que ela desejava muito.

Ora, para conseguir que se reparasse tal esquecimento sem que pudessem acusá-la de desobediência, ela fez, apontando o dedo, a revista de todos seus pratos, dizendo em voz alta, à medida que os mostrava: "Comi disto, comi daquilo"; mas se esforçou tão visivelmente em passar sem dizer nada por aquele de que não comera que alguém, percebendo-o, lhe perguntou: "E disto, comestes?". "Ó, não", respondeu suavemente a pequena gulosa, baixando os olhos. Não acrescentarei nada; comparai: esse truque é uma astúcia de menina; o outro é uma astúcia de menino.

O que é está certo, e nenhuma lei geral é má. Essa destreza particular conferida ao sexo é uma compensação muita justa da força que tem a menos,

---

11. Uma criança se torna inoportuna quando encontra proveito em sê-lo; mas nunca pedirá duas vezes a mesma coisa se a primeira resposta for sempre irrevogável.

sem o que a mulher não seria a companheira do homem, mas sua escrava; é por essa superioridade de talento que ela se mantém igual a ele e o governa ao mesmo tempo que lhe obedece. A mulher tem tudo contra ela: nossos defeitos, sua timidez, sua fraqueza; tem a seu favor apenas sua arte e sua beleza. Não é justo que cultive tanto uma coisa como outra? Mas a beleza não é geral; perece por mil acidentes, passa com os anos, o hábito destrói-lhe o efeito. O espírito é o único verdadeiro recurso do sexo; não esse espírito tolo a que se dá tanto valor no mundo e que nenhuma utilidade tem para tornar a vida feliz; mas o espírito de seu estado, a arte de tirar partido do nosso e de aproveitar-se de nossas próprias vantagens. Não se sabe o quanto essa habilidade das mulheres nos é útil, quanto encanto ela acrescenta à sociedade dos dois sexos, o quanto ela serve para reprimir a petulância das crianças, quantos maridos brutais ela contém, quantos bons lares ela mantém e que, sem isso, seriam abalados pela discórdia. As mulheres artificiosas e más abusam dela, por certo; mas do que o vício não abusa? Não destruamos os instrumentos da felicidade apenas porque os maus por vezes se utilizam deles para prejudicar.

Pode-se brilhar pela aparência, mas somente se agrada pela pessoa; nossos trajes não se identificam conosco; frequentemente, eles desenfeitam de tão esmerados que são, e frequentemente aqueles que mais fazem sobressair aquela que os veste são os que menos se notam. A educação das meninas se faz, neste ponto, em sentido absolutamente inverso. Prometem-lhes ornamentos como recompensa, fazem-nas amar os adornos esmerados; "Como é bela!", dizem-lhes quando estão muito enfeitadas, quando, ao contrário, deveriam fazê-las compreender que tanto enfeite serve apenas para esconder defeitos, e que o verdadeiro triunfo da beleza consiste em brilhar por si mesma. O amor às modas é de mau gosto porque os rostos não mudam com elas e porque, permanecendo a fisionomia a mesma, o que lhe convém uma vez lhe convém sempre.

Se eu visse a jovem se pavonear com seus adornos, eu me mostraria inquieto com seu rosto assim disfarçado e com o que se poderia pensar dele; eu diria: "Todos esses ornamentos a enfeitam demais, é uma pena; acreditais que pudesse suportar outros mais simples? Seria ela bela o bastante para dispensar isto ou aquilo?". Talvez ela será então a primeira a pedir que a privem desse ornamento e que avaliem: será o caso de aplaudi-la, se isso ocorrer. Eu nunca a louvaria mais do que quando estivesse mais simplesmente vestida. Quando ela encarar o adorno apenas como um suplemento às graças da pessoa e como uma confissão tácita de que necessita de socorros para agradar, ela não terá qualquer orgulho de seus trajes, e estes a tornarão humilde; e se, mais enfeitada que de costume, ela ouvir dizer "Como é bela!", enrubescerá por despeito.

De resto, existem fisionomias que necessitam de enfeite, mas não há nenhuma que exija ricos adornos. Os enfeites ruinosos se devem à vaidade da posição social e não à pessoa; resultam unicamente do preconceito. A verdadeira coquetaria é, por vezes, esmerada, mas nunca fastuosa, e Juno se vestia mais soberbamente que Vênus.[12] "Não podendo fazê-la bela, tu a fazes rica", dizia Apeles[13] a um mau pintor, que pintava Helena fortemente carregada de adornos. Também observei que os mais pomposos adornos anunciavam, na maioria das vezes, mulheres feias: não se poderia ter vaidade mais desastrada. Dai a uma jovem que tenha gosto e que despreze a moda fitas, escumilha, musselina e flores; sem diamantes, sem pompons, sem renda,[14] ela fará para si uma vestimenta que a tornará 100 vezes mais encantadora do que o teriam feito todos os brilhantes trapos de Duchapt.[15]

Como o que é certo é sempre certo, e como é sempre preciso ser o melhor possível, as mulheres que entendem de roupas escolhem as certas, atêm-se a elas e, não as trocando todos os dias, ocupam-se menos com elas do que as que não sabem que decisão tomar. O verdadeiro cuidado de se enfeitar exige pouco preparo; as jovens donzelas raramente se enfeitam com cerimônia; o trabalho e as lições preenchem o dia; não obstante, com exceção do arrebique, elas se arrumam, em geral, com tanto esmero quanto as damas, e frequentemente com mais gosto. O abuso do enfeite não é o que se pensa: vem muito mais do tédio que da vaidade. Uma mulher que passa seis horas no toucador não ignora que não o deixará mais bem-arrumada que aquela que não passa mais de meia hora nele, mas é o que se gasta sobre a maçante extensão do tempo, e é melhor divertir-se consigo que entediar-se com tudo. Sem o toucador, o que a mulher faria da vida do meio-dia às nove horas? Reunindo mulheres a seu redor, ela se diverte impacientando-as, e isso já é alguma coisa; evitam-se os encontros a sós com um marido que somente se vê a essa hora, e isso é ainda mais; e então vêm as mercadoras, os adeleiros, os pequenos cavalheiros, os pequenos poetas, os versos, as canções, as brochuras: sem toucador, nunca se reuniria tão bem tudo isso. O único proveito real que resulta disso é o pretexto de se expor um pouco mais do que quando se está vestida; mas tal proveito talvez não seja tão

---

12. Na mitologia romana, Juno é a esposa de Júpiter e rainha dos deuses, enquanto Vênus é a deusa do amor e da beleza. (N.T.)

13. Apeles (século IV a.C.) foi descrito pelo naturalista romano Plínio, o Velho (23-79 d.C.), em sua *História natural* (publicada entre 77-79 d.C.), como o maior pintor da Grécia antiga. (N.T.)

14. As mulheres que possuem a pele suficientemente branca para dispensarem as rendas provocariam considerável ressentimento nas outras se não as usassem. São quase sempre feias as pessoas que trazem as modas às quais as belas cometem a tolice de se sujeitarem.

15. Duchapt era o nome de uma famosa mercadora de roupas de luxo da época de Rousseau. (N.T.)

grande quanto se pensa, e as mulheres que se enfeitam não ganham com isso tanto quanto dizem ganhar. Dai, sem escrúpulos, uma educação de mulher às mulheres, fazei com que amem os cuidados de seu sexo, com que tenham modéstia, com que saibam velar sobre o lar e ocupar-se em sua casa; os grandes adornos cairão por si mesmos, e elas estarão vestidas com mais bom gosto.

A primeira coisa que observam as jovens ao crescerem é que todos esses atrativos estranhos não lhes bastam se não têm outros que lhes sejam próprios. Nunca podemos nos dar a beleza, e não conseguimos tão cedo adquirir a coquetaria; mas já podemos procurar conferir um caráter agradável aos gestos, um acento encantador à voz, compor a postura, andar com leveza, tomar atitudes graciosas e escolher em tudo o que é vantajoso. A voz se estende, se fortalece e adquire timbre; os braços se desenvolvem, o passo se faz mais firme, e percebe-se que, seja qual for a maneira de se vestir, existe uma arte de se fazer notar. A partir de então, não se trata mais apenas de agulha e de indústria; novos talentos se apresentam e já fazem sentir sua utilidade.

Sei que os severos preceptores não querem que se ensinem às jovens nem canto, nem dança, nem qualquer arte agradável. Isso me parece divertido! E a quem querem que se ensinem tais coisas? Aos meninos? A quem, entre os homens e as mulheres, cabe ter preferencialmente esses talentos? A ninguém, responderão. As canções profanas constituem muitos crimes; a dança é uma invenção do demônio; uma jovem não deve ter divertimento além de seu trabalho e de suas orações. Esses são estranhos divertimentos para uma criança de dez anos! Quanto a mim, tenho medo de que todas essas pequenas santas forçadas a passar sua infância rezando a Deus passem sua juventude com qualquer outra coisa e façam tudo para recuperar, quando casadas, o tempo que pensam ter perdido quando meninas. Estimo que se deva ter consideração pelo que convém à idade tanto quanto ao sexo, que uma jovem não deve viver como sua avó, que deve ser viva, jovial, galhofeira, que deve cantar, dançar tanto quanto quiser e provar todos os inocentes prazeres de sua idade: virá cedo demais o tempo de ser ponderada e de adotar uma atitude mais sisuda.

Mas seria de fato real a necessidade dessa própria mudança? Não seria ela talvez mais um fruto de nossos preconceitos? Sujeitando as mulheres honestas apenas a tristes deveres, baniu-se do casamento tudo que podia torná-lo agradável aos homens. Deve surpreender se a taciturnidade que eles veem reinar em sua casa os afasta dela ou se estão pouco tentados a abraçar uma condição tão desagradável? À força de ultrajar todos os deveres, o cristianismo os torna impraticáveis e vãos; à força de proibir às mulheres o canto, a dança e todos os divertimentos do mundo, ele as torna aborrecidas, ralhadoras e insuportáveis em suas casas. Não há nenhuma religião em que o casamento esteja submetido a deveres tão severos, e nenhuma em que um compromisso tão santo seja tão desprezado. Tanto se fez para impedir as mulheres de serem amáveis que os maridos se tornaram indiferentes. Não era para ser assim, compreendo-o muito bem; mas eu digo que tinha de ser assim, pois, afinal, os cristãos são homens. De minha parte, desejaria que uma jovem inglesa cultivasse com tanto cuidado os talentos agradáveis para satisfazer seu futuro marido quanto uma jovem albanesa os cultiva para o harém de Ispaão. "Os maridos", dirão, "não se preocupam em demasia com esses talentos"; assim realmente penso, quando esses talentos, longe de serem empregados para agradar-lhes, servem apenas de isca para atrair, a seu lar, jovens impudentes que os desonram. Mas acreditais que uma mulher amável e recatada, dotada de semelhantes talentos e que os dedicasse ao divertimento de seu marido, não ampliaria a felicidade de sua vida e não o impediria, ao sair de seu gabinete com a cabeça extenuada, de ir procurar distrações fora do lar? Ninguém viu famílias felizes assim reunidas, na qual cada um sabe contribuir para os divertimentos comuns? Que digam se a confiança e a familiaridade que a eles se juntam, e a inocência e a doçura dos prazeres que neles se provam, não compensam o que os prazeres públicos têm de mais ruidoso.

Reduzimos demasiadamente em arte os talentos agradáveis. Generalizamo-los demais; fizemos de tudo máxima e preceito, e tornamos muito tedioso para as pessoas jovens aquilo que deveria ser apenas divertimentos e brincadeiras. Não imagino nada mais ridículo que um velho professor de dança ou de canto abordar, com ar carrancudo, jovens que procuram apenas rir, e assumir, para ensinar sua frívola ciência, um tom mais pedantesco e mais magistral do que se se tratasse de seu catecismo. Estaria, por exemplo, a arte de cantar atrelada à música escrita? Não é possível tornar a voz flexível e afinada, aprender a cantar com gosto e até mesmo a tocar um acompanhamento sem conhecer nenhuma nota? O mesmo gênero de canto se adequa a todas as vozes? O mesmo método convém a todos os espíritos? Nunca me farão crer que as mesmas posturas, os mesmos passos, os mesmos movimentos, os mesmos gestos e as mesmas danças convenham a uma pequena morena viva e espirituosa e a uma grande e bela loura com olhos lânguidos. Quando vejo, portanto, um professor dar a ambas exatamente as mesmas lições, digo: "Este homem segue sua rotina, mas não entende nada de sua arte".

Pergunta-se se as meninas precisam de professores ou professoras? Não sei; gostaria que não precisassem nem de uns, nem de outras, que aprendessem livremente o que têm tanta inclinação em querer aprender e que não víssemos continuamente errarem por nossas cidades tantos bufões grotescos. Tenho alguma dificuldade em acreditar que o convívio com essa gente não seja mais nocivo às jovens do que lhes sejam úteis suas lições, e que seu jargão, seu tom e sua afetação não confiram às alunas o primeiro gosto pelas frivolidades, tão importantes para eles e das quais elas não tardarão a fazer, segundo o exemplo deles, sua única ocupação.

Nas artes que têm apenas a diversão por objeto, tudo pode servir de mestre às jovens. Seu pai, sua mãe, seu irmão, sua irmã, suas amigas, suas governantas, seu espelho e sobretudo seu próprio gosto. Não se deve oferecer-lhes lições; é preciso que elas as peçam: não se deve fazer de uma recompensa uma tarefa, e é principalmente nessas espécies de estudo que o primeiro sucesso consiste em querer obtê-lo. De resto, se são absolutamente necessárias lições em regra, não decidirei a respeito do sexo daqueles que devem dá-las. Não sei se é preciso que um professor de dança tome uma jovem aluna por sua mão delicada e branca, que lhe faça encurtar a saia, erguer os olhos, abrir os braços, avançar um seio palpitante; mas sei bem que, por nada no mundo, desejaria ser tal mestre.

Pela indústria e pelos talentos, o gosto se forma; pelo gosto, o espírito se abre gradualmente às ideias do belo em todos os gêneros e, finalmente, às noções morais que com ele se relacionam. Essa talvez seja uma das razões pelas quais o sentimento da decência e da honestidade se insinua mais cedo nas meninas que nos meninos; pois, para acreditar que esse sentimento precoce seja obra das governantas, seria preciso estar muito mal instruído a respeito do caráter de suas lições e da marcha do espírito humano. O talento de falar ocupa o primeiro lugar na arte de agradar, e é apenas por meio dele que se podem acrescentar novos encantos àqueles a que o hábito acostuma os sentidos. É o espírito que não somente vivifica o corpo mas que, de alguma maneira, o renova; é pela sucessão dos sentimentos e das ideias que ele anima e varia a fisionomia, e é pelas palavras que ele inspira que a atenção, mantida na expectativa, sustenta por muito tempo o mesmo interesse pelo mesmo objeto. É, acredito, por todas essas razões que as jovens desenvolvem tão cedo uma pequena tagarelice agradável, que elas conferem acento a suas palavras antes mesmo de senti-las, e que os homens se divertem tão cedo a escutá-las, mesmo antes que elas possam entendê-los; espiam o primeiro momento dessa inteligência para penetrar, assim, o do sentimento.

As mulheres possuem uma língua flexível; falam mais cedo, mais facilmente e mais agradavelmente que os homens; são acusadas também de falar mais: assim deve ser, e eu transformaria de bom grado essa censura em elogio. A boca e os olhos possuem nelas a mesma atividade, e pela mesma razão. O homem diz o que sabe, a mulher diz o que agrada; para falar, um necessita de conhecimento, a outra, de gosto; um deve ter por objeto principal as coisas úteis, a outra, as agradáveis. Suas palavras devem ter por únicas formas comuns as da verdade.

Não se deve, portanto, conter a tagarelice das meninas como a dos meninos pela dura pergunta "Para que isto serve?", mas por esta outra, à qual não é mais fácil responder: "Que efeito produzirá isto?". Nessa primeira idade em que, não podendo ainda discernir o bem e o mal, elas não são as juízas de ninguém, elas devem impor-se como lei a de nunca dizerem nada que não seja agradável àqueles com quem falam; e o que torna a prática dessa regra mais difícil é o fato de permanecer sempre subordinada à primeira, que é a de nunca mentir.

Vejo ainda muitas outras dificuldades, mas são próprias a uma idade mais avançada. Quanto ao presente, pode bastar às meninas que, sendo verdadeiras, o sejam sem grosseria, e como essa grosseria naturalmente lhes causa repugnância, a educação as ensina facilmente a evitá-la. Observo, em geral, nas relações sociais, que a polidez dos homens é mais oficiosa, e a das mulheres, mais carinhosa. Essa diferença não é de instituição, mas natural. O homem parece mais procurar vos servir, e a mulher, vos agradar. Decorre disso que, seja como for o caráter das mulheres, sua polidez é menos falsa que a nossa, pois se limita a estender seu primeiro instinto; porém, quando um homem finge preferir meu interesse ao seu, seja qual for a demonstração com que ilustra essa mentira, estou muito certo de que mente. Não custa nada, portanto, às mulheres serem polidas nem, por conseguinte, às meninas aprenderem a sê-lo. A primeira lição vem da natureza; a arte se limita a segui-la e a determinar sob que forma ela deve se mostrar, segundo nossos usos. No que se refere à polidez entre elas, é algo inteiramente diverso. Introduzem nela um ar tão constrangido e atenções tão frias que, embaraçando-se mutuamente, não tomam muito cuidado em esconder seu embaraço, e parecem sinceras em sua mentira, mal procurando disfarçá-la. Entretanto, as jovens fazem, por vezes, amizades seriamente mais francas. Em sua idade, a alegria é um dom natural; e, contentes consigo mesmas, elas o são com todo mundo. É certo também que se beijam com mais gosto e se afagam com mais graça diante dos homens, orgulhosas por lhes estimularem impunemente a avidez por meio da imagem dos favores que sabem fazê-los invejar.

Se não se devem permitir aos meninos perguntas indiscretas, com mais forte razão estas devem ser proibidas às meninas, cuja curiosidade satisfeita ou mal desviada é de outra importância, tendo em vista sua perspicácia em pressentir os mistérios que lhes são escondidos e sua habilidade em descobri-los. Mas, sem tolerar suas interrogações, eu gostaria que elas mesmas fossem com frequência interrogadas, que se tomasse o cuidado de fazê-las conversar, que fossem provocadas para exercitá-las a falar facilmente, para torná-las vivas na resposta, para desprender-lhes o espírito e a língua enquanto se puder fazê-lo sem perigo. Essas conversas, sempre conduzidas com alegria, mas administradas com arte e bem dirigidas, constituiriam um divertimento encantador para essa idade e poderiam levar aos corações inocentes dessas jovens as primeiras e talvez as mais úteis lições de moral que receberão durante sua vida, ensinando-lhes, sob a atração do prazer e da vaidade, a que qualidades os homens concedem verdadeiramente sua estima e em que consiste a glória e a felicidade de uma mulher honesta.

Compreende-se bem que, se os meninos não são capazes de formar nenhuma verdadeira ideia de religião, com mais forte razão a mesma ideia está acima da compreensão das meninas; é por essa mesma razão que eu desejaria falar-lhes mais cedo a respeito; pois, se fosse preciso esperar que reunissem condições para discutir metodicamente essas questões profundas, correr-se-ia o risco de nunca lhes falar disso. A razão das mulheres é uma razão prática que as faz encontrar muito habilmente os meios de alcançar um fim conhecido, mas que não as faz encontrar esse fim. A relação social dos sexos é admirável. Dessa sociedade resulta uma pessoa moral da qual a mulher é o olho e o homem, o braço, mas com tamanha dependência recíproca que é com o homem que a mulher aprende o que se deve ver e é com a mulher que o homem aprende o que se deve fazer. Se a mulher pudesse remontar tão bem quanto o homem aos princípios e se o homem tivesse, tanto quanto ela, o espírito dos detalhes, sempre independentes um do outro, viveriam numa discórdia eterna, e sua sociedade não poderia subsistir. Contudo, na harmonia que reina entre eles, tudo tende ao fim comum, e não se sabe qual deles mais contribui para isso; cada qual segue o impulso do outro, cada qual obedece e ambos são senhores.

Pela mesma razão que a conduta da mulher se sujeita à opinião pública, sua crença se submete à autoridade. Toda menina deve ter a religião de sua mãe e toda mulher, a de seu marido. Ainda que essa religião seja falsa, a docilidade que submete a mãe e a filha à ordem da natureza apaga, aos olhos de Deus, o pecado do erro. Incapazes de serem elas mesmas juízas, elas devem receber a decisão dos pais e dos maridos, assim como a da Igreja.

Não podendo encontrar apenas nelas a regra de sua fé, as mulheres não podem dar-lhe como limites os da evidência e da razão, mas, deixando-se arrastar por mil impulsos estranhos, elas estão sempre além ou aquém da verdade. Sempre extremadas, são inteiramente libertinas ou devotas; não se vê nenhuma que saiba reunir o comedimento e a piedade. A fonte do mal não está somente no caráter exagerado de seu sexo, mas também na autoridade mal regrada do nosso: a libertinagem dos costumes leva a desprezar tal autoridade, o pavor do arrependimento a torna tirânica, e é assim que sempre se faz muito ou muito pouco.

Na medida em que a autoridade deve regrar a religião das mulheres, não se trata tanto de explicar-lhes as razões para acreditar quanto de expor-lhes claramente aquilo em que se acredita, pois a fé que se tem em ideias obscuras é a primeira fonte do fanatismo, e a que se exige para coisas absurdas conduz à loucura ou à incredulidade. Não sei a que nossos catecismos conduzem mais, se a ser ímpio ou fanático, mas sei que fazem necessariamente uma coisa ou outra.

Primeiramente, para ensinar a meninas a religião, nunca façais desta um objeto de tristeza e um constrangimento, nem uma tarefa, nem um dever; consequentemente, nunca façais com que aprendam de cor nada relativo à religião, nem mesmo as orações. Contentai-vos em fazer com regularidade as vossas diante delas, sem, no entanto, forçá-las a assistir. Fazei-as curtas, segundo a instrução de Jesus Cristo. Fazei-as sempre com o recolhimento e o respeito adequados; pensai que, pedindo ao Ser supremo atenção para nos escutar, cumpre imprimir tais qualidades ao que lhe diremos.

Não importa tanto que meninas saibam desde cedo sua religião quanto importa que a saibam bem e, sobretudo, que a amem. Quando lhas tornais onerosa, quando lhes retratais Deus zangado com elas, quando lhes impondes, em seu nome, mil deveres penosos que nunca vos veem cumprir, o que podem fazer senão pensar que saber seu catecismo e rezar a Deus são os deveres das menininhas e desejar serem adultas para isentarem-se, como vós, de toda essa sujeição? O exemplo, o exemplo! Sem isso, nunca se consegue nada junto às crianças.

Quando lhes explicardes artigos de fé, que seja sob a forma de instrução direta, e não por meio de perguntas e respostas. Elas devem sempre responder o que pensam, e não o que lhes foi ditado. Todas as respostas do catecismo se dão em sentido inverso: é o aluno que instrui o mestre; são até mesmo mentiras na boca das crianças, pois estas explicam o que não compreendem e afirmam aquilo em que não são capazes de acreditar. Entre os homens mais inteligentes, que me sejam mostrados aqueles que não mentem ao dizerem seu catecismo?

A primeira pergunta que vejo no nosso é esta: "Quem vos criou e vos pôs no mundo?". Ao que a menininha, acreditando, na verdade, ter sido sua mãe, responde, entretanto, sem hesitar, que foi Deus. A única coisa que vê aí é que, para uma pergunta que mal compreende, ela dá uma resposta que absolutamente não entende.

Gostaria que um homem que conhecesse bem o funcionamento do espírito das crianças quisesse compor, para elas, um catecismo. Tal livro talvez fosse o mais útil jamais escrito, e não seria, na minha opinião, o que menos honrasse seu autor. O que há de mais certo é que, sendo esse livro bom, ele não se assemelharia em nada aos nossos.

Tal catecismo será bom apenas quando, com base apenas em perguntas, a criança formular sozinha as respostas, sem aprendê-las. Evidentemente, ela se verá, por vezes, no caso de ela mesma perguntar. Para fazer compreender o que quero dizer, seria preciso uma espécie de modelo e percebo bem o que me falta para traçá-lo. Procurarei, pelo menos, oferecer alguma leve ideia dele.

Imagino, portanto, que, para chegar à primeira pergunta de nosso catecismo, seria preciso que este se iniciasse mais ou menos assim:

Aia
Lembrai-vos da época em que vossa mãe era menina?

Menina
Não, minha aia.

Aia
Por que não? Vós, que tendes tão boa memória?

Menina
É que não tinha vindo ao mundo.

Aia
Não viveste desde sempre?

Menina
Não.

Aia
Vivereis para sempre?

Menina
Sim.

Aia
Sois jovem ou velha?

Menina
Sou jovem.

Aia
E vossa avó, é jovem ou velha?

Menina
É velha.

Aia
Ela já foi jovem?

Menina
Sim.

Aia
Por que não é mais?

Menina
Porque envelheceu.

Aia
Envelhecereis como ela?

Menina
Não sei.[16]

Aia
Onde estão vossos vestidos do ano passado?

Menina
Foram desmanchados.

---

16. Se onde escrevi "Não sei" a pequena der uma resposta diferente, será preciso desconfiar de sua resposta e fazer com que a explique com cuidado.

Aia
E por que foram desmanchados?

Menina
Porque estavam muito pequenos.

Aia
E por que estavam muito pequenos?

Menina
Porque cresci.

Aia
Crescereis ainda mais?

Menina
Ah, sim!

Aia
E o que acontece com as meninas grandes?

Menina
Tornam-se mulheres.

Aia
E o que acontece com as mulheres?

Menina
Tornam-se mães.

Aia
E as mães, o que acontece com elas?

Menina
Tornam-se velhas.

Aia
Tornar-vos-eis, portanto, velha?

Menina
Quando eu for mãe.

Aia
E o que acontece com as pessoas velhas?

Menina
Não sei.

Aia
O que aconteceu com vosso avô?

Menina
Morreu.[17]

Aia
E por que morreu?

Menina
Porque era velho.

Aia
O que acontece, portanto, com as pessoas velhas?

Menina
Morrem.

Aia
E vós, quando fordes velha, o que...

Menina
Ó, minha aia! Não quero morrer.

---

17. A pequena dirá isso pois ouviu dizerem-no, mas é preciso verificar se tem alguma ideia exata da morte, pois essa ideia não é tão simples nem se encontra tão ao alcance das crianças quanto se pensa. Pode-se ver no pequeno poema *Abel* um exemplo da maneira como se deve dar-lhes tal ideia. Essa encantadora obra exala uma deliciosa simplicidade que nunca é excessiva para conversar com as crianças. [Rousseau se refere a *La mort d'Abel*, poema em cinco cantos do suíço Salomon Gessner. (N.T.)].

Aia
Minha criança, ninguém quer morrer, mas todo mundo morre.

Menina
Como? Mamãe morrerá também?

Aia
Assim como todo mundo. As mulheres envelhecem assim como os homens, e a velhice conduz à morte.

Menina
O que se deve fazer para envelhecer bem tarde?

Aia
Viver ajuizadamente quando se é jovem.

Menina
Minha aia, serei sempre ajuizada.

Aia
Tanto melhor para vós. Mas, afinal, acreditais que vivereis para sempre?

Menina
Quando eu estiver bem velha, bem velha...

Aia
Então?

Menina
Enfim, quando se é tão velha, dizeis que é preciso morrer.

Aia
Morrereis, portanto, um dia?

Menina
Infelizmente, sim.

Aia
Quem vivia antes de vós?

Menina
Meu pai e minha mãe.

Aia
E quem vivia antes deles?

Menina
O pai e a mãe deles.

Aia
E quem viverá depois de vós?

Menina
Meus filhos.

Aia
Quem viverá depois deles?

Menina
Os filhos deles etc.

Seguindo esse caminho, encontramos, por meio de induções sensíveis, um começo e um fim para a raça humana, assim como para todas as coisas; isto é, um pai e uma mãe que não tiveram nem pai, nem mãe, e filhos que não terão filhos.[18] É apenas após uma longa sequência de perguntas semelhantes que a primeira pergunta do catecismo estará suficientemente preparada. Apenas então se poderá fazê-la e a criança poderá entendê-la. Mas daí até a segunda resposta, que é, por assim dizer, a definição da essência divina, que salto imenso! Quando será esse intervalo preenchido? Deus é um espírito! E o que é um espírito? Arriscarei o de uma criança nessa obscura metafísica, da qual os homens se livram com tanta dificuldade? Não cabe a uma menininha resolver tais questões; cabe-lhe, no máximo, formulá-las. Responder-lhe-ei então, simplesmente: "Perguntais-me o que é Deus; isso não é fácil dizer. Não se pode ouvir, nem ver, nem tocar Deus; conhecemo-lo apenas por suas obras. Para julgar o que é, esperai saber o que fez".

---

18. A ideia da eternidade não poderia aplicar-se às gerações humanas com o consentimento do espírito. Toda sucessão numérica reduzida em ato é incompatível com essa ideia.

Se nossos dogmas decorrem todos da mesma verdade, nem todos são por isso da mesma importância. É muito indiferente à glória de Deus que ela nos seja conhecida em todas as coisas, mas importa à sociedade humana e a cada um de seus membros que todo homem conheça e cumpra os deveres que lhe impõe a lei de Deus para com seu próximo e para consigo mesmo. Eis o que devemos incessantemente nos ensinar uns aos outros, e eis, sobretudo, o que pais e mães devem ensinar a seus filhos. Quer uma virgem seja a mãe de seu criador; quer ela tenha concebido Deus ou somente um homem a quem Deus se juntou; quer a substância do pai e do filho seja a mesma ou apenas semelhante; quer o espírito provenha de um dos dois, que são o mesmo, ou dos dois conjuntamente, não me parece que a decisão dessas questões aparentemente essenciais importe mais à espécie humana que saber em que dia da lua se deve celebrar a Páscoa, se é preciso dizer o terço, jejuar, abster-se de comer carne, falar latim ou francês na Igreja, adornar os muros com imagens, dizer ou ouvir a missa e não desposar uma mulher. Que cada um reflita sobre isso como quiser; ignoro em que isso possa interessar os outros; quanto a mim, não me interessa nem um pouco. Mas o que me interessa, a mim assim como a todos meus semelhantes, é que cada um saiba que existe um árbitro da sorte dos humanos, do qual somos todos filhos e que prescreve a todos nós que sejamos justos; que amemos uns aos outros; que sejamos benfazejos e misericordiosos; que honremos nossos compromissos para com todos, mesmo para com nossos inimigos e seus próximos; que a aparente felicidade desta vida não é nada; e que existe outra após esta, na qual o Ser supremo será o remunerador dos bons e o juiz dos maus. Esses dogmas e os dogmas semelhantes são os que importa ensinar à juventude e aqueles de que se devem persuadir todos os cidadãos. Todo aquele que os combate certamente merece castigo; é perturbador da ordem e inimigo da sociedade. Todo aquele que os desconsidera e deseja nos sujeitar a suas opiniões particulares chega ao mesmo ponto por um caminho oposto; para estabelecer a ordem à sua maneira, perturba a paz; em seu temerário orgulho, torna-se intérprete da Divindade; exige, em seu nome, as homenagens e os respeitos dos homens; faz tudo para tornar-se Deus em seu lugar; deveriam puni-lo como sacrílego, quando não como intolerante.

Negligenciai, portanto, todos esses dogmas misteriosos que constituem, para nós, apenas palavras sem ideias; todas essas doutrinas estranhas cujo estudo fútil supre as virtudes para aqueles que as adotam e serve antes para torná-los loucos do que bons. Mantende sempre vossos filhos no círculo estreito dos dogmas que se prendem à moral. Persuadi-os de que não há nada que nos seja útil saber além daquilo que nos ensina a agir bem. Não façais de vossas filhas teólogas e raciocinadoras; ensinai-lhes, das coisas do céu, apenas o que serve à sabedoria humana: acostumai-as a se sentirem sempre sob os olhos de Deus; a tê-lo como testemunha de suas ações, de seus pensamentos, de sua virtude, de seus prazeres; a fazerem o bem sem ostentação, porque ele o ama; a suportarem o mal sem se queixarem, porque ele as recompensará por isso; a serem, enfim, todos os dias de sua vida o que estarão muito felizes por terem sido quando comparecerem diante dele. Eis a verdadeira religião, eis a única que não é suscetível nem de abusos, nem de impiedade, nem de fanatismo. Preguem o quanto quiserem outras mais sublimes, mas, quanto a mim, não reconheço outra além desta.

De resto, é bom observar que, até a idade em que se esclarece a razão e em que o sentimento nascente faz falar a consciência, o que é certo ou errado para as jovens é o que as pessoas que as cercam consideraram como tal. O que lhes ordenam é certo, o que lhes proíbem é errado; não devem saber nada além disso; vê-se, com isso, que importância deve ter para elas, mais do que para os meninos, a escolha das pessoas que devem frequentá-las e exercer sobre elas alguma autoridade. Chega, finalmente, o momento em que começam a julgar as coisas por si mesmas, e é tempo, então, de alterar o plano de sua educação.

Talvez eu já tenha falado demais sobre isso. A que nos reduzirão as mulheres se lhes dermos por lei somente os preconceitos públicos? Não rebaixemos a esse ponto o sexo que nos governa e que nos honra quando não o aviltamos. Existe, para toda a espécie humana, uma regra anterior à opinião. É à inflexível direção dessa regra que devem conformar-se todas as demais; ela julga o próprio preconceito, e é somente na medida em que a estima dos homens se concilia com ela que tal estima deve impor-se a nós.

Essa regra é o sentimento interior. Não repetirei o que já foi dito anteriormente a seu respeito: basta-me observar que, se essas duas regras não concorrerem para a educação das mulheres, ela será sempre defeituosa. O sentimento sem opinião não lhes dará essa delicadeza de alma que reveste todos os bons costumes com a honra da sociedade, e a opinião, sem o sentimento, nunca fará senão mulheres falsas e desonestas que põem a aparência no lugar da virtude.

Importa-lhes, portanto, cultivar uma faculdade que serve de árbitro entre os dois guias, que não deixa a consciência se desencaminhar e que corrige os erros do preconceito. Tal faculdade é a razão; mas, diante dessa palavra, quantas perguntas emergem! Seriam as mulheres capazes de um raciocínio sólido? Importa que elas o cultivem? Cultivá-lo-ão com sucesso? Seria essa cultura útil às funções que lhes são impostas? Seria ela compatível com a simplicidade que lhes convém?

As diversas maneiras de considerar e de resolver essas questões fazem com que, ocasionando os excessos contrários, uns limitem a mulher a, com suas criadas, costurar e fiar em seu lar, assim fazendo dela apenas a primeira criada do senhor; os demais, não satisfeitos em garantir-lhe os direitos, fazem também com que ela usurpe os nossos; pois deixá-la acima de nós nas qualidades próprias de seu sexo e torná-la igual a nós em todo o resto: o que é isso senão transferir para a mulher o primado que a natureza confere ao marido?

A razão que conduz o homem ao conhecimento de seus deveres não é muito complexa; a razão que conduz a mulher ao conhecimento dos seus é ainda mais simples. A obediência e a fidelidade que deve a seu marido, a ternura e os cuidados que deve a seus filhos são consequências tão naturais e tão sensíveis de sua condição que ela não pode, sem má-fé, recusar seu consentimento ao sentimento interno que a guia nem desconhecer o dever na inclinação que ainda não foi alterada.

Eu não condenaria, sem distinção, que restringissem uma mulher aos trabalhos de seu sexo e que a deixassem numa profunda ignorância sobre todo o resto; mas seriam necessários, para isso, costumes públicos muito simples, muito sadios, ou uma maneira de viver muito retraída. Em grandes cidades e entre homens corrompidos, tal mulher seria fácil demais de seduzir; frequentemente, sua virtude se deveria apenas às ocasiões; neste século filósofo, ela necessita de uma virtude atestada. É preciso que saiba de antemão o que podem lhe dizer e o que ela deve pensar a respeito.

Aliás, submetida ao julgamento dos homens, ela deve merecer sua estima; deve, sobretudo, obter a de seu esposo; não deve somente fazê-lo amar sua pessoa, mas fazê-lo aprovar sua conduta; deve justificar, perante o público, a escolha que ele fez, e fazer com que honrem o marido assim como honram a mulher. Ora, como fará para obter tudo isso se ignora nossas instituições, se não sabe nada sobre nossos usos, sobre nossas conveniências, se não conhece a fonte dos juízos humanos nem as paixões que os determinam? A partir do momento em que ela depende, ao mesmo tempo, de sua própria consciência e das opiniões dos outros, é preciso que aprenda a comparar essas duas regras, a conciliá-las e a preferir a primeira somente quando elas estiverem em oposição. Ela se torna juíza de seus juízes, decide quando deve submeter-se a eles e quando deve recusá-los. Antes de rejeitar ou admitir seus preconceitos, ela os pesa; aprende a remontar a sua fonte, a preveni-los, a torná-los favoráveis a si mesma; toma o cuidado de nunca atrair a desaprovação quando seu dever permite evitá-la. Nada disso pode ser bem feito sem cultivar seu espírito e sua razão.

Retorno sempre ao princípio e ele me fornece a solução para todas minhas dificuldades. Estudo o que é, procuro-lhe a causa e encontro enfim apenas o que é certo. Entro em casas hospitaleiras, nas quais o senhor e a senhora fazem conjuntamente as honras. Ambos tiveram a mesma educação, ambos são igualmente polidos, ambos são igualmente dotados de gosto e de espírito, ambos animados pelo mesmo desejo de receber bem a todos e de deixá-los satisfeitos. O marido não omite nenhum cuidado para mostrar-se atento a tudo: vai, vem, faz a ronda e faz mil esforços; desejaria ser a própria atenção. A mulher permanece em seu lugar: uma pequena roda se forma em torno dela e parece esconder-lhe o resto da assembleia; não se passa, entretanto, nada que não perceba; ninguém sai sem com ela conversar; ela não omitiu nada do que podia interessar a todos; não disse a cada um nada que não lhe fosse agradável, e, sem perturbar a ordem, o menos importante da companhia não é mais esquecido que o mais importante. Serve-se a refeição, todos se põem à mesa; o homem, instruído sobre as pessoas que convêm umas às outras, as posicionará de acordo com o que sabe; a mulher, sem saber nada, não se enganará. Já terá lido nos olhos e nas posturas todas as conformidades, e cada um se encontrará no lugar que desejava. Não preciso dizer que, no serviço, ninguém é esquecido. Fazendo a ronda, o senhor da casa não terá esquecido ninguém. Mas a mulher adivinha o que se observa com maior prazer e o oferece; conversando com seu vizinho, dirige seu olhar para a ponta de mesa; discerne aquele que não come nada porque não tem fome daquele que não ousa servir-se ou pedir porque é desajeitado ou tímido. Ao deixar a mesa, cada um acredita ter ela pensado apenas nele; todos pensam que não teve tempo de comer um prato sequer; a verdade, porém, é que comeu mais que todos.

Após todos partirem, falam sobre o ocorrido. O homem relata o que lhe disseram, e o que disseram e fizeram aqueles com quem conversou. Se não é sempre a esse respeito que a mulher é mais exata, ela percebeu, em contrapartida, o que foi dito em voz baixa no outro lado da sala; sabe o que um fulano pensou, a que se devia tal palavra ou tal gesto; mal se fez um movimento expressivo para o qual ela não tenha uma interpretação inteiramente pronta e quase sempre conforme a verdade.

A mesma disposição de espírito que faz com que uma mulher da sociedade se distinga na arte de cuidar da casa faz com que uma coquete se sobressaia na arte de divertir vários pretendentes. O jogo da coquetaria exige um discernimento ainda mais fino que o da polidez; pois, se uma mulher polida assim se comportar com todos, ela terá sempre agido bem; mas a coquete logo perderia seu império com essa inábil uniformidade. À força de querer agradar a todos seus amantes, ela os repeliria todos. Na sociedade, as maneiras que se adotam com todos os homens não deixam de agradar a cada um: contanto que sejamos bem tratados, não prestamos maior atenção às preferências; mas, no amor, um favor que não é exclusivo é uma injúria. Um homem sensível preferiria 100 vezes ser o único maltratado a ser acariciado com todos os outros, e o pior que lhe possa acontecer é não ser distinguido. É preciso, portanto, que uma mulher que deseja conservar vários amantes convença cada um deles de que o prefere e que o convença diante dos olhares de todos os outros, a quem convencerá da mesma forma diante dos dele.

Quereis ver um personagem embaraçado? Colocai entre duas mulheres um homem com quem cada uma delas mantém relações secretas, e observai, então, que cara de tolo ele exibirá. Colocai, na mesma situação, uma mulher entre dois homens (e, seguramente, o exemplo não será mais raro) e ficareis maravilhado com a habilidade com que iludirá a ambos e fará com que cada um ria do outro. Ora, se a mulher lhes testemunhasse a mesma confiança e manifestasse com eles a mesma familiaridade, como poderiam ser por ela enganados? Tratando-os igualmente, ela não mostraria que eles detêm os mesmos direitos sobre ela? Ó, mas ela faz melhor do que isso! Longe de tratá-los da mesma maneira, procura introduzir desigualdade entre eles; e o faz tão bem que aquele que ela lisonjeia acreditar tratar-se de ternura, e que aquele que ela maltrata acredita tratar-se de despeito. Assim, cada um, satisfeito com o que lhe é dado, a vê sempre interessar--se por ele, enquanto, na verdade, ela se interessa apenas por si mesma.

No desejo geral de agradar, a coquetaria sugere meios semelhantes; os caprichos apenas repeliriam se não fossem sabiamente administrados, e é dispensando-os com arte que ela faz deles os mais fortes grilhões de seus escravos.

Usa ogn' arte la donna, onde sia colto
Nella sua rete alcun novello amante;
Ne con tutti, ne sempre un stesso volto
Serba, ma cangia a tempo atto e sembiante.[19]

Em que se baseia toda essa arte senão em observações finas e contínuas que lhe fazem ver, a cada instante, o que ocorre nos corações dos homens e que a predispõem a conferir a cada movimento secreto que nota a força necessária para suspendê-lo ou acelerá-lo? Ora, é possível aprender tal arte? Não, ela nasce com as mulheres; todas a possuem, e os homens nunca a têm no mesmo grau. Esse é um dos traços distintivos do sexo. A presença de espírito, a penetração, as observações finas constituem a ciência das mulheres; a habilidade em aproveitar-se dela é seu talento.

---

19. Trata-se de citação do poema épico de Torquato Tasso, *Jerusalém libertada* (1581), canto IV: "Emprega a mulher todos os artifícios para agarrar em suas redes algum novo amante; nem com todos e nem sempre ela mantém a mesma face; mas muda, a cada momento, de atitude e de semblante". (N.T.)

Eis o que é, e vimos por que assim deve ser. "As mulheres são falsas", dizem; elas assim se tornam. O dom que lhes é próprio é a habilidade, e não a falsidade; nas verdadeiras inclinações de seu sexo, mesmo ao mentirem não são falsas. Por que consultais sua boca quando não é esta que deve falar? Consultai seus olhos, sua tez, sua respiração, seu ar receoso, sua frágil resistência: eis a linguagem que a natureza lhes dá para vos responder. A boca sempre diz não, e deve dizê-lo; mas o acento que emprega não é sempre o mesmo, e tal acento não sabe mentir. Não tem a mulher as mesmas necessidades do homem, sem ter o mesmo direito de manifestá-las? Sua condição seria demasiado cruel se, mesmo nos desejos legítimos, ela não tivesse uma linguagem equivalente àquela que não ousa empregar. Deve seu pudor torná-la infeliz? Não necessita de uma arte de comunicar suas inclinações sem revelá-las? De que habilidade não precisa para fazer com que lhe tomem aquilo que anseia em conceder? O quanto não lhe importa aprender a comover o coração do homem sem parecer pensar nele? Que discurso encantador não é o da maçã de Galateia e sua fuga desastrada?[20] Que mais terá de acrescentar a isso? Irá dizer ao pastor que a segue entre os salgueiros que foge apenas no intuito de atraí-lo? Mentiria, por assim dizer, pois não mais o atrairia. Quanto mais reserva tem uma mulher, mais arte deve ter, mesmo com seu marido. Sim, sustento que, mantendo a coquetaria em seus limites, tornamo-la modesta e verdadeira; fazemos dela uma lei da honestidade.

A virtude é uma só, dizia muito bem um de meus adversários; não a decompomos para admitir uma parte e rejeitar outra. Quando amamos, amamos em toda nossa integridade, e recusamos, quando podemos, nosso coração e, sempre, nossa boca aos sentimentos que não devemos ter. A verdade moral não é o que é, mas o que é certo; o que é errado não deveria ser e não deve ser confessado, sobretudo quando tal confissão lhe confere um efeito que, de outro modo, não teria. Se eu estivesse tentado a roubar e se, ao dizê-lo, eu tentasse outro a ser meu cúmplice, declarar-lhe minha tentação não seria sucumbir a ela? Por que dizeis que o pudor torna as mulheres falsas? Seriam, todavia, as que mais o perdem mais verdadeiras que as outras? Longe disso; são mil vezes mais falsas. Chega-se a tal ponto de depravação somente à força de vícios que todos conservam e que reinam somente por meio da intriga e da mentira.[21] Ao contrário, as que ainda têm vergonha,

---

20. Na mitologia grega, Galateia era uma bela e jovem nereida, de quem fala Virgílio em sua terceira Écloga. Conta-se que, certa vez, Galateia teria atirado uma maçã no jovem pastor Dametas, no intuito de provocá-lo, antes de fugir desajeitadamente, de modo que a visse. (N.T.)

21. Sei que as mulheres que tomaram abertamente sua posição sobre certo ponto pretendem de fato se valer dessa franqueza e juram que, com essa única exceção, não há nada de estimável que não se encontre nelas; mas também sei que somente convenceram tolos disso. Tendo sido suprimido o maior freio de seu sexo, o que resta que as retenha e por que honra terão consideração após terem

que não se orgulham de seus erros, que sabem esconder seus desejos até mesmo daqueles que os inspiram, aquelas cuja confissão eles arrancam com mais dificuldade são, de resto, as mais verdadeiras, as mais sinceras, as mais constantes em seus compromissos e aquelas com cuja palavra mais se pode geralmente contar.

Pelo que sei, apenas mademoiselle de l'Enclos[22] pôde ser citada como exceção notória a essas observações; por isso, ela foi considerada um prodígio. No desprezo das virtudes de seu sexo, tinha, segundo dizem, conservado as do nosso: louvam sua franqueza, sua retidão, a firmeza de seu comportamento, sua fidelidade na amizade. Por fim, para completar o quadro de sua glória, dizem que se fizera homem: ainda bem! Mas, mesmo com toda sua boa reputação, eu não teria querido esse homem como amigo mais do que como minha amante.

Tudo isso não é tão fora de propósito quanto parece ser. Vejo para onde tendem as máximas da filosofia moderna, escarnecendo do pudor do sexo e de sua pretensa falsidade, e vejo que o efeito mais certo dessa filosofia será o de privar as mulheres de nosso século do pouco de honra que ainda lhes resta.

Com base nestas considerações, creio que se pode determinar, em geral, que espécie de cultura convém ao espírito das mulheres e para que objetos se devem dirigir suas reflexões desde a juventude.

Já o disse antes, os deveres de seu sexo são mais fáceis de ver do que de cumprir. A primeira coisa que devem aprender é a amá-los pela consideração de suas vantagens; é o único meio de tornar-lhos fáceis. Cada condição e cada idade têm seus deveres. Conhecem-se logo os seus, bastando, para isso, amá-los. Honrai vossa condição de mulher e, seja qual for o lugar que o céu vos reservar, sereis sempre uma mulher de bem. O essencial é ser o que a natureza fez de nós; somos em demasia o que os homens querem que sejamos.

A procura das verdades abstratas e especulativas, dos princípios, dos axiomas nas ciências e de tudo que tende a generalizar as ideias não é da competência das mulheres: seus estudos devem se conformar todos à prática; cabe-lhes fazer a aplicação dos princípios que o homem encontrou, e fazer as observações que conduzem o homem ao estabelecimento dos princípios. Todas as reflexões das mulheres devem, no que não se vincula imediatamente a seus deveres, tender ao estudo dos homens ou aos conhecimentos agradáveis que têm apenas o gosto por

---

renunciado àquela que lhes é própria? Tendo deixado suas paixões à vontade, elas não têm mais nenhum interesse em lhes resistir: *"nec fœmina amissa pudicitia abnuerit"* [Citação de Tácito, *Anais*, IV, 3: "a mulher que sacrificou seu pudor não se recusa a mais nada". (N.T.)]. Nenhum autor conheceu melhor o coração humano nos dois sexos do que aquele que disse isso?

22. Trata-se de Ninon de Lenclos (1620-1705), cortesã, mulher de letras e rainha dos salões parisienses que, por sua longa lista de amantes notórios e por sua atividade literária, se erigiu em símbolo da liberalização dos costumes de seu tempo. (N.T.)

objeto; pois, quanto às obras de gênio, elas estão além de seu alcance; tampouco possuem precisão e atenção suficientes para obter êxito nas ciências exatas, e, quanto aos conhecimentos físicos, eles cabem àquele dos dois sexos que é mais ativo, mais enérgico, que vê mais objetos, que tem mais força e que mais a emprega para avaliar as relações dos seres sensíveis e as leis da natureza. A mulher, que é fraca e que não vê nada no exterior, aprecia e julga os impulsos que ela pode ativar para suprir sua fraqueza, e tais impulsos são as paixões do homem. Sua mecânica é mais forte que a nossa; todas suas alavancas vão abalar o coração humano. É preciso que tenha a arte de fazer com que queiramos tudo que seu sexo não pode fazer por si próprio e que lhe é necessário ou agradável: é preciso, portanto, que ela estude a fundo o espírito do homem; não, por abstração, o espírito do homem em geral, mas o espírito dos homens que a cercam, o espírito dos homens a que está sujeita, seja pela lei, seja pela opinião. É preciso que aprenda a penetrar seus sentimentos por suas palavras, por suas ações, por seus olhares, por seus gestos. É preciso que, por suas palavras, por suas ações, por seus olhares e por seus gestos, ela saiba dar-lhes os sentimentos que lhe agradam, sem sequer parecer pensar nisso. Filosofarão melhor que ela sobre o coração humano; mas ela lerá melhor que eles os corações dos homens. Cabe às mulheres encontrar, por assim dizer, a moral experimental, e a nós transformá-la em sistema. A mulher possui mais espírito, e o homem, mais gênio; a mulher observa, e o homem raciocina; desse concurso resultam a luz mais clara e a ciência mais completa que possa adquirir por si próprio o espírito humano; em suma, o conhecimento mais seguro de si mesmo e dos outros que esteja ao alcance de nossa espécie; e é assim que a arte pode tender continuamente a aperfeiçoar o instrumento dado pela natureza.

O mundo é o livro das mulheres; quando o leem equivocadamente, é por sua culpa ou porque alguma paixão as cega. Entretanto, a verdadeira mãe de família, longe de ser uma mulher da alta sociedade, é pouco menos reclusa em sua casa do que a religiosa em seu claustro. Seria, portanto, preciso fazer com as jovens que se casam assim como se faz, ou como se deveria fazer, com as que são colocadas em conventos: mostrar-lhes os prazeres que abandonam antes de deixar que renunciem a eles, temendo que a falsa imagem desses prazeres que lhes são desconhecidos venha um dia desencaminhar seus corações e perturbar a felicidade de seu retiro. Na França, as meninas vivem em conventos e as mulheres percorrem o mundo. Entre os antigos, era exatamente o contrário. As meninas tinham, como eu disse, muitos jogos e festas públicas. As mulheres viviam retiradas. Esse uso era mais razoável e mantinha melhor os costumes. Uma espécie de coquetaria é permitida às meninas casadouras; divertir-se é sua grande ocupação. As mulheres têm outros cuidados em seu lar e não têm mais maridos para procurar; mas elas se frustrariam com tal reforma e, infelizmente, são elas que impõem sua vontade. Mães, fazei de vossas filhas vossas companheiras, pelo menos. Dai-lhes um sentido reto e uma alma honesta, e, então, não lhes escondais nada que um olho casto possa ver. O baile, os banquetes, os jogos, mesmo o teatro, tudo que, visto equivocadamente, faz o encanto de uma imprudente juventude pode ser oferecido sem risco a olhos sãos. Quanto mais elas virem adequadamente esses ruidosos prazeres, mais cedo se fartarão deles.

Ouço o clamor que se ergue contra mim. Que filha resiste a esse perigoso exemplo? Mal viram o mundo e já se encontram todas atordoadas; nenhuma delas quer deixá-lo. Talvez; mas, antes de lhes oferecer esse quadro enganador, vós as preparastes para vê-lo sem emoção? Anunciastes-lhes os objetos que representa? Vós realmente lhos retratastes tais como são? Vós as armastes contra as ilusões da vaidade? Levastes a seus jovens corações o gosto pelos verdadeiros prazeres, que não se encontram nesse tumulto? Que precauções, que medidas tomastes para preservá-las do falso gosto que as desencaminha? Longe de opor qualquer coisa em seu espírito ao império dos preconceitos públicos, vós os alimentastes nele! Fizestes com que suas filhas amassem de antemão todos os frívolos divertimentos que encontram. Fazeis com que os amem ainda mais entregando-se a eles. Moças entrando na sociedade não possuem outra governanta além de sua mãe, frequentemente mais louca que elas, e que não pode mostrar-lhes os objetos senão como os vê. Seu exemplo, mais forte que a própria razão, as justifica a seus próprios olhos, e a autoridade da mãe constitui para a filha uma desculpa que não admite réplica. Quando quero que uma mãe introduza sua filha na sociedade, é supondo que a faça vê-la tal como é.

O mal começa ainda mais cedo. Os conventos são verdadeiras escolas de coquetaria; não dessa coquetaria honesta de que falei, mas daquela que produz todos os defeitos das mulheres e produz as mais extravagantes pretensiosas. Deixando tal lugar para, de repente, entrarem em ruidosas sociedades, jovens mulheres se sentem inicialmente em seu lugar. Se foram educadas para viverem nelas, é de surpreender que se sintam bem? Não enunciarei o que vou dizer sem temer tomar um preconceito por uma observação; parece-me, porém, que, em geral, nos países protestantes, há mais afeto familiar, mais esposas dignas e mais mães meigas que nos países católicos, e, se assim é, não se pode duvidar que tal diferença se deva, em parte, à educação dos conventos.

Para amar a vida tranquila e doméstica, é preciso conhecê-la; é preciso ter sentido suas doçuras desde a infância. É apenas no lar paterno que se adquire gosto por seu próprio lar, e toda mulher não educada por sua mãe não apreciará educar seus filhos. Infelizmente, não há mais educação privada nas grandes cidades. Nestas, a sociedade é tão geral e tão mesclada que não resta mais asilo para o retiro e permanecemos em público até mesmo em casa. À força de viver com todo mundo, não temos mais família, mal conhecemos os próprios pais; vemo-los como estrangeiros, e a simplicidade dos costumes domésticos se apaga com a doce familiaridade que fazia seu encanto. É assim que se adquire gosto pelos prazeres de nossa época e pelas máximas que vemos nela reinar.

Impõe-se às meninas um aparente constrangimento para encontrar tolos que as desposem com base em sua postura. Mas estudai, por um momento, essas jovens; por trás da aparência constrangida, elas disfarçam mal a cobiça que as devora e já se lê em seus olhos o desejo ardente de imitar suas mães. O que cobiçam não é um marido, mas a licença do casamento. Que necessidade há de ter um marido com tantos recursos para dispensá-lo? Mas necessita-se de um marido para encobrir tais recursos.[23] A modéstia está em seu rosto e a libertinagem, no fundo de seu coração; essa falsa modéstia é ela mesma um sinal disso. Simulam-na apenas para poderem livrar-se dela mais cedo. Mulheres de Paris e de Londres, suplico-vos que me perdoeis por isso. Nenhuma morada exclui os milagres, mas, quanto a mim, não conheço nenhum, e se uma só de vós possui uma alma realmente honesta, não entendo vossas instituições.

Todas essas diferentes educações entregam igualmente as jovens ao gosto pelos prazeres da alta sociedade e às paixões que logo nascem desse gosto. Nas grandes cidades, a depravação começa com a vida e, nas pequenas, começa com a razão. Jovens provincianas instruídas a desprezar a feliz simplicidade de seus costumes se apressam em vir a Paris compartilharem a corrupção dos nossos; os vícios que levam o belo nome de talentos constituem o único objetivo de sua viagem e, envergonhadas por se encontrarem, ao chegar, tão longe da nobre licença das mulheres da região, não tardam a merecerem ser também da capital. Onde, em vossa opinião, começa o mal? Nos lugares onde o projetam ou naqueles onde o realizam?

Não quero que uma mãe sensata traga sua filha do interior para Paris, para mostrar-lhe esses quadros tão perniciosos para outras; mas digo que, se isso ocorrer, ou essa menina é mal-educada ou esses quadros lhe serão pouco perigosos. Com gosto, sentido e amor às coisas honestas, não os consideramos tão atraentes quanto são para aqueles que se deixam seduzir por eles. Notam-se, em Paris, as jovens cabeças de vento que se apressam em adquirir o tom do lugar e em seguir a moda durante seis meses, para serem desprezadas pelo resto de sua vida; mas quem observa aquelas que, rejeitando todo esse tumulto, retornam a sua provín-

---

23. A via do homem em sua juventude era uma das quatro coisas que o sábio não podia compreender; a quinta era a impudência da mulher adúltera, *"quæ comedit, et tergens os suum dicit: non sum operata malum"*. Prov. xxx. 20. ["Ela come, limpa a boca e diz: não fiz nada de errado." (N.T.)]

cia satisfeitas de sua condição, após tê-la comparado à que as outras invejam? Quantas jovens mulheres vi que, trazidas à capital por maridos complacentes e decididos a nela se estabelecerem, os convenceram a abandonar tal projeto, retornaram com mais gosto do que tinham vindo e disseram com ternura na véspera de sua partida: "Ah, retornemos a nossa cabana! Nela, vivemos mais felizes que nos palácios daqui". Não se sabe quantas boas pessoas ainda restam que não se curvaram diante do ídolo e que desprezam seu insensato culto. Apenas as loucas fazem barulho; as mulheres sensatas não fazem qualquer sensação.

Se, a despeito da corrupção, a despeito dos preconceitos universais, a despeito da má educação das meninas, várias ainda mantêm um juízo comprovado, o que ocorrerá quando tal juízo tiver sido alimentado por instruções convenientes ou, melhor dizendo, quando não tiver sido alterado por instruções viciosas, na medida em que tudo consiste sempre em conservar ou restabelecer os sentimentos naturais? Não cumpre, para isso, entediar meninas com longos sermões nem lhes recitar vossas rígidas moralidades. As moralidades, para os dois sexos, são a morte de qualquer boa educação. Tristes lições servem apenas para fazer com que sejam odiados aqueles que as dão e tudo que dizem. Não cumpre, ao falar às jovens, causar-lhes medo de seus deveres nem agravar o jugo que lhes é imposto pela natureza. Expondo-lhes esses deveres, fazei-o com precisão e docilidade, não as deixeis acreditar que se entristecerão ao cumpri-los; nenhum ar zangado, nenhuma arrogância. Tudo que deve entrar no coração deve sair dele; seu catecismo de moral deve ser tão curto e tão claro quanto seu catecismo de religião, mas não deve ser tão grave. Mostrai-lhes, nos mesmos deveres, a fonte de seus prazeres e o fundamento de seus direitos. É mesmo tão penoso amar para ser amada, tornar-se amável para ser feliz, tornar-se estimável para ser obedecida, honrar-se para ser honrada? Como são belos esses direitos! Como são respeitáveis! Como são preciosos ao coração do homem quando a mulher sabe valorizá--los! Não se deve esperar os anos passarem ou a velhice para desfrutá-los. Seu império começa com suas virtudes; mal se desenvolvem seus atrativos, ela já reina pela doçura de seu caráter e torna sua modéstia imponente. Que homem sensível e bárbaro não modera seu orgulho e não adota maneiras mais atenciosas perto de uma menina de 16 anos amável e recatada, que fala pouco, que escuta, que confere decência a sua postura e honestidade a suas palavras, a quem sua beleza não faz esquecer nem seu sexo, nem sua juventude, que sabe cativar por sua própria timidez e conquistar o respeito que tem por todo mundo?

Embora externos, esses testemunhos não são frívolos; não se fundam unicamente na atração dos sentidos; partem desse sentimento íntimo que todos temos, segundo o qual as mulheres são as juízas naturais do mérito dos homens. Quem deseja ser desprezado pelas mulheres? Absolutamente ninguém, nem mesmo aquele que não quer mais amá-las. E eu que lhes digo verdades tão duras, acreditais que seus julgamentos me sejam indiferentes? Não, sua aprovação me é mais preciosa que as vossas, leitores, que sois frequentemente mais mulheres que elas. Desprezando seus costumes, desejo ainda honrar sua justiça. Pouco me importa que me odeiem, se as forço a me estimarem.

Quantas grandes coisas faríamos com esse recurso se soubéssemos empregá--lo! Desgraçado o século em que as mulheres perdem sua ascendência e no qual seus julgamentos não produzem mais qualquer efeito nos homens! Este é o último grau da depravação. Todos os povos que tiveram bons costumes respeitaram as mulheres. Vede Esparta, vede os germânicos, vede Roma; Roma, a sede da glória e da virtude, se é que jamais tiveram uma na Terra. É lá que as mulheres honravam os feitos dos grandes generais, que choravam publicamente pelos pais da pátria, que seus desejos ou seus lutos eram consagrados como o mais solene julgamento da República. Todas as grandes revoluções vieram das mulheres: graças a uma mulher, Roma adquiriu a liberdade; graças a uma mulher, os plebeus obtiveram o consulado; graças a uma mulher, findou a tirania dos Decênviros; graças às mulheres, Roma sitiada foi salva das mãos de um proscrito. Galantes franceses, que teríeis dito ao ver passar essa procissão, tão ridícula a vossos olhos zombadores? Vós a teríeis vaiado. Com que olhos diferentes vemos os mesmos objetos! E talvez tenhamos todos razão. Formai esse cortejo com belas damas francesas; não conheço nenhum que seja mais indecente; mas componde-o apenas de romanas; vós todos tereis os olhos dos volscos e o coração de Coriolano.[24]

Digo mais, e sustento que a virtude não é menos favorável ao amor que aos outros direitos da natureza e que a autoridade das amantes não se beneficia menos dela que a das mulheres e a das mães. Não há verdadeiro amor sem entusiasmo nem verdadeiro entusiasmo sem um objeto de perfeição real ou quimérico, mas sempre existente na imaginação. Com que se inflamarão amantes para quem essa perfeição não é mais nada e que veem no que amam apenas o objeto do prazer dos sentidos? Não, não é assim que a alma se anima e se entrega a esses arrebatamentos sublimes que fazem o delírio dos amantes e o encanto de sua paixão. Tudo é, confesso, apenas ilusão no amor; mas o que é real são os sentimentos com que ele nos anima para o verdadeiro belo que nos faz amar. Esse belo não está no objeto que amamos; ele é obra de nossos erros. Pois bem, que me importa? Deixamos de sacrificar todos nossos sentimentos

---

24. O general romano Caio Márcio Coriolano (século v a.C.) adquiriu esse nome após ter-se sobressaído na tomada de Corioli, cidade dos volscos, povo da península itálica. Foi tal êxito que fez com que o jovem patrício se tornasse general. (N.T.)

baixos a esse modelo imaginário? Deixamos de imbuir nosso coração com as virtudes atribuídas ao que ele preza? Deixamos de nos afastar da baixeza do eu humano? Onde se encontra o verdadeiro amante que não está pronto para imolar sua vida a sua amante, e onde está a paixão sensual e grosseira num homem que quer morrer? Zombamos dos paladinos! É porque conhecem o amor, enquanto nós já não conhecemos mais outra coisa além do deboche. Quando essas máximas romanescas começaram a se tornar ridículas, essa mudança foi menos obra da razão que dos maus costumes.

Qualquer que seja o século, as relações naturais não se alteram; a conveniência ou desconveniência que delas resulta permanece a mesma; sob o nome vão de razão, os preconceitos apenas mudam de aparência; será sempre uma grande e boa coisa reinar sobre si mesmo, ainda que para obedecer a opiniões fantásticas, e os verdadeiros motivos de honra sempre falarão ao coração de toda mulher de juízo que souber procurar em seu estado a felicidade da vida. A castidade deve ser uma virtude deliciosa para uma bela mulher que tem alguma elevação na alma. Enquanto vê toda a Terra a seus pés, ela triunfa sobre tudo e sobre si mesma: ergue em seu próprio coração um trono a que todos vêm prestar homenagem; os sentimentos ternos ou invejosos, mas sempre respeitosos, dos dois sexos, a estima universal e a sua lhe ressarcem continuamente, como tributo de glória, os combates de alguns instantes. As privações são passageiras, mas a recompensa por elas é permanente; que gozo para uma alma nobre é o orgulho da virtude associada à beleza! Imaginai uma heroína de romance; ela provará volúpias mais requintadas que as Laís e as Cleópatra, e, mesmo quando sua beleza se tiver dissipado, sua glória e seus prazeres ainda permanecerão; apenas ela saberá gozar do passado.

Quanto maiores e mais penosos são os deveres, mais devem ser sensíveis e fortes as razões sobre as quais eles se fundam. Há uma certa linguagem devota com que, acerca dos assuntos mais graves, se martelam os ouvidos das jovens, sem persuadi-las. Dessa linguagem demasiado desproporcional às suas ideias, e da pouca consideração que elas secretamente têm por ela, nasce a facilidade de ceder a suas inclinações, não podendo, para resistir a estas, encontrar razões nas próprias coisas. Uma menina educada sensata e piedosamente possui sem dúvida armas fortes contra as tentações, mas aquela cujo coração ou, antes, cujos ouvidos alimentamos apenas com o jargão místico se torna infalivelmente a presa do primeiro sedutor hábil que o emprega. Uma pessoa jovem e bela nunca desprezará seu corpo; nunca se afligirá de boa-fé com os grandes pecados que sua beleza faz cometer; nunca chorará, sinceramente e diante de Deus, por ser um objeto de cobiça; nunca poderá acreditar, em si mesma, que o mais doce sentimento do coração seja uma invenção de Satã. Dai-lhe outras razões que sejam internas e que se relacionem com ela, pois essas não terão qualquer efeito. Será pior ainda se introduzirem, como nunca deixam de fazer, contradição em suas ideias e se, após tê-la humilhado aviltando seu corpo e seus encantos como a mancha do pecado, a fizerem, em seguida, respeitar, como o templo de Jesus Cristo, esse mesmo corpo que lhe tornaram tão desprezível. As ideias demasiado sublimes e demasiado baixas são igualmente insuficientes e não podem se associar: é preciso uma razão ao alcance do sexo e da idade. A consideração do dever somente tem força na medida em que se associam a ela motivos que nos levem a cumpri-lo:

Quæ quia non liceat non facit, illa facit.[25]

Não desconfiaríamos que é Ovídio que emite um juízo tão severo.

Quereis, portanto, inspirar às jovens o amor aos bons costumes? Sem dizer-lhes continuamente "Sede recatadas", dai-lhes um grande interesse em sê-lo; fazei com que sintam todo o valor do recato e fareis com que o amem. Não basta buscar tal interesse longe, no futuro; mostrai-o no momento atual, nas relações de sua idade, no caráter de seus amantes. Descrevei-lhes o homem de bem, o homem de mérito; ensinai-as a reconhecê-lo, a amá-lo, e a amá-lo para elas; provai-lhes que, quer sejam amigas, mulheres ou amantes, apenas tal homem pode torná-las felizes. Trazei a virtude pela razão; fazei com que sintam que o império de seu sexo e todas suas vantagens não se devem somente a sua boa conduta, a seus costumes, mas também aos dos homens; que elas exercem pouca influência sobre almas vis e baixas; e que não sabemos servir a amante senão como sabemos servir a virtude. Podeis ter certeza de que, então, lhes descrevendo os costumes dos dias de hoje, inspirar-lhes-eis um desgosto sincero por eles; mostrando-lhes as pessoas da moda, fareis com que as desprezem; dar-lhes-eis apenas distanciamento de suas máximas, aversão por seus sentimentos, desdém por seus galanteios fúteis; fareis com que desenvolvam uma ambição mais nobre, a de reinar sobre almas grandes e fortes, a das mulheres de Esparta, que era a de comandar os homens. Uma mulher atrevida, descarada, intrigante, que não sabe atrair seus amantes senão pela coquetaria nem conservá-los senão pelos favores, faz com que eles obedeçam como criados nas coisas servis e comuns; mas, nas coisas importantes e graves, ela não tem autoridade sobre eles. Mas a mulher, ao mesmo tempo, honesta, amável e recatada, a que força os seus a respeitá-la, a que tem reserva e modéstia, a que, em suma, sustenta o amor pela estima os envia,

---

25. Citação extraída de Ovídio (*Amores*, III, 4): "Aquela que não peca apenas porque não pode pecar é como se pecasse". (N.T.)

com um sinal, à extremidade do mundo, ao combate, à glória, à morte, aonde ela quiser; parece-me que esse é um belo império, que vale a pena adquirir.[26]

Eis em que espírito Sofia foi educada, com mais cuidado que dificuldade, e seguindo seu gosto mais que o constrangendo. Falemos agora um pouco de sua pessoa, tal como a retratei a Emílio e como ele mesmo imagina a esposa que pode fazê-lo feliz.

Nunca repetirei o bastante que deixo de lado os prodígios. Nem Emílio, nem Sofia então entre eles. Emílio é homem e Sofia é mulher, eis toda sua glória. Na confusão dos sexos que reina entre nós, é quase um prodígio pertencer ao seu.

Sofia é bem-nascida, possui uma boa natureza; tem um coração muito sensível e essa extrema sensibilidade lhe dá, por vezes, uma atividade de imaginação difícil de moderar. Tem um espírito menos exato que penetrante; um humor fácil e, no entanto, desigual; um rosto comum, mas agradável; uma fisionomia que promete uma alma e que não mente; pode-se abordá-la com indiferença, mas não deixá-la sem emoção. Outras possuem boas qualidades que lhe faltam; outras possuem em maior medida as que ela tem; mas nenhuma possui qualidades mais bem combinadas para compor um feliz caráter. Sabe tirar proveito de seus próprios defeitos, e, se fosse mais perfeita, agradaria muito menos.

Sofia não é bela, mas a seu lado os homens esquecem as belas mulheres, e as belas mulheres ficam insatisfeitas consigo mesmas. À primeira vista, é, quando muito, bonita, mas, quanto mais a vemos, mais bela se torna; ganha onde outras perdem, e o que ganha não perde mais. Podem-se ter olhos mais belos, uma boca mais bela, um rosto mais imponente; mas não se poderia ter uma cintura mais bem formada, uma tez mais bela, uma mão mais branca, um pé mais gracioso, um olhar mais doce, uma fisionomia mais comovente. Sem deslumbrar, ela interessa, encanta, e não saberíamos dizer por quê.

Sofia gosta de enfeites e entende do assunto; sua mãe não tem outra criada de quarto além dela: possui muito gosto para vestir-se bem, mas odeia as vestimentas caras; vê-se, na sua, sempre a simplicidade associada à elegância; não aprecia o que brilha, mas o que convém. Ignora quais são as cores da moda,

---

26. Brantôme [Pierre de Bourdeille, conhecido como Brantôme (c. 1537-1614), militar e escritor famoso por suas crônicas e anedotas (N.T.)] diz que, sob o reinado de Francisco i [1494-1547, rei francês, de 1515 até sua morte, pertencente à Casa de Valois, ramo da dinastia capetíngia (N.T.)], uma jovem, tendo um amante tagarela, lhe impôs um silêncio absoluto e ilimitado, que ele manteve tão fielmente por dois anos inteiros que acreditaram ter emudecido por doença. Um dia, diante de todos, sua amante, que, naquele tempo em que o amor se fazia com mistério, não era conhecida como tal, vangloriou-se por de repente curá-lo, e o fez com esta única palavra: "Falai". Não há qualquer coisa de grande e de heroico nesse amor? O que teria feito a filosofia de Pitágoras, com todo seu fausto? Que mulher, hoje, poderia contar com semelhante silêncio, por um só dia, ainda que tivesse de pagar todo o preço que estivesse a seu alcance?

mas conhece maravilhosamente bem as que lhe são favoráveis. Não há nenhuma jovem que pareça estar vestida com menos esmero e cuja vestimenta seja mais esmerada; nenhuma peça é escolhida ao acaso, e a arte não se revela em nenhuma. Sua vestimenta é, na aparência, muito modesta e, na verdade, muito coquete; ela não exibe seus encantos; ela os cobre, mas, ao cobri-los, sabe fazer imaginá-los. Ao vê-la, dizemos: aí está uma menina modesta e recatada; mas, enquanto estamos perto dela, os olhos e o coração percorrem toda sua pessoa sem que possamos desviá-los, e dizemo-nos que todo esse traje tão simples foi colocado em seu lugar apenas para ser retirado, peça por peça, pela imaginação.

Sofia tem talentos naturais; sente-os e não os negligenciou; mas, não tendo podido empregar muita arte para cultivá-los, contentou-se em exercitar sua bonita voz para cantar de modo afinado e com gosto, e seus pequenos pés para andar levemente, sem embaraço e com graça, e para fazer reverência, em situações de toda espécie, sem constrangimento nem estouvamento. De resto, não teve outro professor de canto além de seu pai nem outra professora de dança além de sua mãe, e um organista da vizinhança lhe deu, no cravo, algumas lições de acompanhamento que, desde então, ela desenvolveu sozinha. De início, pensava apenas em fazer aparecer sua mão elegantemente sobre essas teclas pretas; em seguida, pareceu-lhe que o som amargo e seco do cravo tornava mais suave o som da voz e, aos poucos, se tornou sensível à harmonia; finalmente, ao crescer, começou a sentir os encantos da expressão e a amar a música por si mesma. Trata-se, porém, mais de um gosto que de um talento; ela não sabe decifrar uma ária pela partitura.

O que Sofia sabe fazer melhor e o que a fizeram aprender com mais cuidado são os trabalhos de seu sexo, mesmo aqueles que não se esperam, como os de talhar e costurar seus vestidos. Não há trabalho de agulha que não saiba fazer e que ela não faça com prazer; mas o trabalho que prefere a qualquer outro é a renda, pois não há nenhum que confira uma postura mais agradável e em que os dedos se exercitem com mais graça e leveza. Dedicou-se também a todos os detalhes do lar. Conhece bem a cozinha e a despensa; conhece o preço dos alimentos, assim como suas qualidades; sabe muito bem fazer as contas e serve de chefe de mesa para sua mãe. Feita para, um dia, ser ela mesma mãe de família, aprende, governando a casa paterna, a governar a sua; pode desempenhar as funções dos criados e o faz de bom grado. Não sabemos bem ordenar senão aquilo que nós mesmos sabemos executar: é a razão que tem sua mãe para ocupá-la dessa maneira; quanto a Sofia, ela não chega a esse ponto. Seu primeiro dever é o de filha, e é, hoje, o único que ela pretende cumprir. Seu único intento é o de servir sua mãe e de aliviá-la de parte de seus cuidados. Não obstante, é verdade que ela não os cumpre todos com o mesmo prazer. Por exemplo, embora seja gulosa, não lhe agrada a cozinha: os detalhes desta têm algo que a enojam, e ela nunca encontra limpeza suficiente. Sob esse aspecto, ela é de uma delicadeza extrema, e tal delicadeza, levada ao excesso, se tornou um de seus defeitos: preferiria deixar o fogo consumir todo o jantar a manchar suas mangas. Pelo mesmo motivo, nunca quis inspecionar o jardim. A terra lhe parece insalubre; assim que vê esterco, acredita sentir o cheiro.

Ela deve esse defeito às lições de sua mãe. Segundo esta, entre os deveres da mulher, um dos primeiros é a limpeza: dever especial, indispensável, imposto pela natureza; não há no mundo objeto mais repugnante que uma mulher imunda, e o marido que tem repulsa por ela nunca está errado. Ela tanto pregou esse dever à filha, desde a infância, e tanto exigiu limpeza em sua pessoa, em suas roupas, em seu aposento, em seu trabalho e em sua higiene que todas essas atenções, transformadas em hábito, tomam uma parte bastante considerável de seu tempo e presidem ainda o restante, de modo que fazer bem o que faz é apenas o segundo de seus cuidados; o primeiro é sempre o de fazê-lo de modo limpo.

Entretanto, tudo isso não degenerou em afetação fútil nem em indolência; os refinamentos do luxo não tiveram qualquer influência nisso. Nunca entrou em seu aposento senão água simples; não conhece outro perfume além do das flores e seu marido nunca respirará outro mais doce que seu hálito. Enfim, a atenção que dá ao exterior não a faz esquecer que deve sua vida e seu tempo a cuidados mais nobres: ignora ou desdenha essa excessiva limpeza do corpo que mancha a alma; Sofia é muito mais que limpa, é pura.

Disse que Sofia era gulosa. Ela o era naturalmente, mas tornou-se sóbria por hábito e agora o é por virtude. Não se pode fazer com as meninas o mesmo que com os meninos, a quem se pode governar, até certo ponto, pela gula. Essa inclinação não é destituída de consequências para o sexo; é demasiado perigoso deixar que a mantenha. Em sua infância, a pequena Sofia, entrando sozinha no gabinete de sua mãe, não o deixava sempre de mãos vazias e não era de fidelidade inabalável em se tratando de confeitos e bombons. Sua mãe a surpreendeu, a corrigiu, a puniu e a fez jejuar. Conseguiu, finalmente, convencê-la de que os bombons estragavam os dentes e que comer demais engordava a cintura. Assim, Sofia se corrigiu; ao crescer, adquiriu outros gostos que a desviaram dessa sensualidade baixa. Nas mulheres, assim como nos homens, assim que o coração se anima, a gula deixa de ser um vício dominante. Sofia conservou o gosto próprio de seu sexo; ama os laticínios e os doces; ama a confeitaria e as sobremesas, mas aprecia muito pouco a carne; nunca provou o vinho nem os licores fortes. Quanto ao resto, come muito mediocremente de tudo; seu sexo, menos laborioso que o nosso, necessita menos de reparação. Em todas as coisas, gosta do que é bom e sabe saboreá-lo; sabe também acomodar-se ao que não o é, sem que isso lhe seja custoso.

Sofia tem um espírito agradável sem ser brilhante e sólido sem ser profundo; um espírito do qual não se fala, porque nunca se encontra nele nem mais, nem menos que em si mesmo. Ela tem sempre o espírito que agrada às pessoas com quem conversa, embora não seja muito rebuscado, segundo a ideia que temos da cultura de espírito das mulheres; pois o seu não se formou pela leitura, mas somente pelas conversas com seu pai e com sua mãe, por suas próprias reflexões e pelas observações que fez no pouco que viu do mundo. Sofia é naturalmente alegre; era até mesmo galhofeira na infância, mas, aos poucos, sua mãe tomou o cuidado de reprimir sua atitude estouvada, temendo que logo uma mudança súbita demais revelasse o momento que a tornara necessária. Tornou-se, então, modesta e reservada, mesmo antes da hora, e, agora que esse momento chegou, é-lhe mais fácil manter o tom que adquiriu do que lhe seria adquiri-lo sem indicar a razão para essa mudança; é agradável vê-la entregar--se, por um resquício de hábito, a vivacidades da infância e então, de repente, voltar a si, calar-se, baixar os olhos e enrubescer: é realmente preciso que o meio-termo entre as duas idades participe um pouco de cada uma das duas.

Sofia tem uma sensibilidade grande demais para manter uma perfeita igualdade de humor, mas tem doçura demais para que tal sensibilidade seja muito inoportuna aos outros; prejudica apenas a si mesma. Se lhe dizem uma única palavra que a fira, não mostra enfado, mas seu coração é ferido; procura fugir para chorar. Se, em meio a seus choros, seu pai ou sua mãe vier chamá-la e lhe disser uma única palavra, num instante ela virá brincar e rir, enxugando habilmente os olhos e procurando sufocar os soluços.

Ela tampouco está inteiramente isenta de capricho. Quando muito provocado, seu humor degenera em rebelião e, então, ela está sujeita a perder a cabeça. Mas dai-lhe tempo para voltar a si e sua maneira de apagar seu erro fará disso quase um mérito. Se a punem, é dócil e submissa, e vê-se que sua vergonha não vem tanto do castigo quanto da falta. Se não lhe dizem nada, ela nunca deixa de corrigi-la por si mesma, com tanta franqueza e boa graça que não é possível guardar rancor. Ela beijaria a terra diante do menor criado sem que tal rebaixamento lhe causasse a menor tristeza, e, logo que é perdoada, sua alegria e seus afagos mostram de que peso seu coração foi aliviado. Em suma, suporta com paciência os erros dos outros e repara com prazer os seus. Assim é o amável natural de seu sexo, antes de o estragarmos. A mulher é feita para ceder ao homem e até mesmo para suportar sua injustiça; nunca reduzireis os jovens rapazes ao mesmo ponto. O sentimento interno se ergue e se revolta neles contra a injustiça; a natureza não os fez para tolerá-la.

gravem
Pelidæ stomachum ceder nescii.[27]

Sofia tem religião, mas uma religião razoável e simples: poucos dogmas e ainda menos práticas de devoção; ou, antes, não conhecendo prática essencial além da moral, ela devota sua vida inteira a servir Deus fazendo o bem. Em todas as instruções que seus pais lhe deram sobre esse assunto, acostumaram-na a uma submissão respeitosa, dizendo-lhe sempre: "Minha filha, estes conhecimentos não convêm a vossa idade; vosso marido vos instruíra a respeito quando o momento vier". De resto, em vez de longos discursos de piedade, contentam-se em pregá-la pelo exemplo, e tal exemplo se encontra gravado no coração dela.

Sofia ama a virtude; esse amor se tornou sua paixão dominante. Ama-a porque não há nada tão belo quanto a virtude; ama-a porque a virtude faz a glória da mulher, e porque uma mulher virtuosa lhe parece quase igual aos anjos; ama-a como sendo o único caminho para a verdadeira felicidade, e porque vê apenas miséria, abandono, infelicidade e ignomínia na vida de uma mulher desonesta; ama-a, por fim, como sendo preciosa a seu respeitável pai, a sua meiga e digna mãe; não satisfeitos em serem felizes por sua própria virtude, também querem sê-lo pela dela, e a primeira felicidade dela consiste na esperança de fazer a deles. Todos esses sentimentos lhe inspiram um entusiasmo que eleva sua alma e mantém todas suas pequenas inclinações sujeitas a uma paixão tão nobre. Sofia será casta e honesta até seu último suspiro; ela o jurou no fundo de sua alma, e o jurou numa época em que já sentia o quanto custa honrar tal juramento: ela o jurou quando deveria ter-lhe revogado o compromisso, se seus sentidos fossem feitos para reinar sobre ela.

Sofia não tem a felicidade de ser uma amável francesa, fria por temperamento e coquete por vaidade, querendo antes brilhar que agradar, procurando o divertimento, e não o prazer. Apenas a necessidade de amar a devora, vem distraí-la e perturbar seu coração nas festas; perdeu sua antiga alegria; as brincadeiras não são mais feitas para ela; longe de temer o tédio da solidão, ela a busca: pensa naquele que deve tornar-lha doce; todos os indiferentes a importunam; não necessita de uma corte, mas de um amante; prefere agradar um único homem honesto e agradar-lhe sempre a suscitar em seu favor o grito da moda, que dura um dia e, no dia seguinte, se transforma em vaia.

O juízo das mulheres se forma mais cedo que o dos homens; estando na defensiva quase desde a infância e encarregadas de um depósito difícil de guar-

---

27. Citação de Horácio (*Odes*, i, 6, 5-6): "A grave ira do filho de Peleu, que não sabe ceder". (N.T.)

dar, elas necessariamente conhecem o bem e o mal mais cedo. Sofia, precoce em tudo porque seu temperamento a leva a sê-lo, também tem o juízo formado mais cedo que o de outras meninas de sua idade. Não há nada de muito extraordinário nisso: a maturidade não é a mesma para todos ao mesmo tempo.

Sofia está informada dos deveres e dos direitos de seu sexo e do nosso. Conhece os defeitos dos homens e os vícios das mulheres; conhece também as qualidades, as virtudes contrárias, e as tem todas gravadas no fundo de seu coração. Não se pode ter uma ideia mais elevada da mulher honesta do que a que ela concebeu, e tal ideia não a apavora; mas pensa com mais complacência no homem honesto, no homem de mérito; sente que é feita para esse homem, que é digna dele, que pode lhe devolver a felicidade que dele receber. Sente que saberá reconhecê-lo; cumpre apenas encontrá-lo.

As mulheres são as juízas naturais do mérito dos homens, assim como eles o são do mérito das mulheres; isso resulta de seu direito recíproco, e nem eles, nem elas o ignoram. Sofia conhece esse direito e o exerce, mas com a modéstia que convém a sua juventude, a sua inexperiência, a sua condição; julga apenas as coisas que estão a seu alcance, e as julga apenas quando isso serve para desenvolver alguma máxima útil. Não fala dos ausentes senão com a maior circunspeção, sobretudo se são mulheres. Pensa que o que as torna maldizentes e satíricas é o fato de falarem de seu sexo: enquanto se limitam a falar do nosso, são apenas justas. Sofia se limita, portanto, a isso. Quanto às mulheres, nunca fala delas senão para dizer o bem que sabe a seu respeito; é uma honra que acredita dever a seu sexo; e não diz nada sobre aquelas de quem ela não tem nada de bom a dizer, e isso se compreende.

Sofia está pouco habituada à sociedade; mas é obsequiosa, atenciosa e imprime graça a tudo que faz. Um feliz natural lhe serve mais do que muita arte. Tem certa polidez, que não se atém às fórmulas, que não se sujeita às modas, que não se altera com elas, que não faz nada por hábito, mas que vem de um verdadeiro desejo de agradar, e que agrada. Não conhece os cumprimentos triviais e não inventa outros mais rebuscados; não diz estar muito agradecida, que muito a honram, que não se deem o trabalho etc.; atreve-se ainda menos a falar com afetação. Para uma atenção, para uma polidez costumeira, responde com uma reverência ou com um simples "Muito obrigada"; mas tais palavras, vindas de sua boca, valem mais que qualquer outra. Para um verdadeiro serviço, deixa falar seu coração, e não é um cumprimento que ele encontra. Ela nunca tolerou que o costume francês a sujeitasse ao jugo das afetações, como a de estender sua mão, ao passar de um quarto para outro, sobre um braço sexagenário, que ela teria grande vontade de sustentar. Quando um galante almiscarado lhe oferece esse impertinente serviço, ela deixa o oficioso braço sobre a escada e se precipita, com dois saltos, até o quarto, dizendo não ser manca. Com efeito, embora não seja grande, nunca desejou saltos altos: tem os pés pequenos o bastante para dispensá-los.

Mantém-se silenciosa e respeitosa não apenas em relação às mulheres mas também em relação aos homens casados ou muito mais idosos que ela; nunca aceitará um lugar acima deles senão por obediência e retomará o seu, abaixo, assim que puder; pois sabe que os direitos da idade vêm antes dos do sexo, estando aqueles amparados no preconceito da sabedoria, a qual deve ser honrada acima de tudo.

Com os jovens de sua idade, a situação é outra; precisa de um tom diferente para se impor e sabe adotá-lo sem abandonar o ar modesto que lhe convém. Se eles mesmos são modestos e reservados, ela manterá com eles a amável familiaridade da juventude; suas conversas, repletas de inocência, serão jocosas, mas decentes; se se tornam sérias, ela deseja que sejam úteis; se degenerarem em frivolidades, ela logo as interromperá, pois despreza, acima de tudo, o pequeno jargão da galantaria, como sendo muito ofensivo a seu sexo. Sabe bem que o homem que procura não emprega esse jargão, e ela nunca tolera de bom grado por parte de outro o que não convém àquele cujo caráter está gravado no fundo de seu coração. A alta opinião que tem sobre os direitos de seu sexo, o orgulho de alma que lhe confere a pureza de seus sentimentos, essa energia da virtude que sente em si mesma e que a torna respeitável a seus próprios olhos a fazem escutar com indignação as palavras dengosas com que pretendem diverti-la. Não as recebe com uma ira aparente, mas com um irônico aplauso que desconcerta, ou com um tom frio que não se espera. Se um belo falastrão[28] lhe recita suas gentilezas, se louva com espírito o dela, sua beleza, suas graças e o valor da felicidade de lhe agradar, é do feitio dela interrompê-lo, dizendo-lhe educadamente: "Senhor, temo saber tais coisas melhor que vós; se não temos nada de mais curioso a dizer, acredito que podemos terminar aqui nossa conversa". É coisa de um instante, para ela, acompanhar tais palavras com uma grande reverência e, então, encontrar-se a 20 passos dele. Perguntai a vossos galantes se é fácil exibir sua tagarelice a um espírito tão áspero quanto este.

Não é que não lhe agrade muito ser louvada, desde que seja com sinceridade e que possa acreditar que de fato pensam o bem que dizem dela. Para parecer comovido com seu mérito, é preciso começar mostrando algum. Uma homenagem fundada na estima pode lisonjear seu coração altaneiro, mas todo

---

28. No texto original, Rousseau emprega a palavra *"Phébus"* (ou *phœbus*, isto é Febo, em referência ao deus do sol dos romanos), termo empregado então para designar uma figura de estilo que rebusca a forma, pelo emprego de termos eruditos, mas que é obscura quanto ao sentido. O termo "phébus" empregado por Rousseau designa, aqui, aquele que recorre a tais artifícios. (N.T.)

escárnio galante é sempre repelido; Sofia não é feita para exercitar os pequenos talentos de um bufão.

Com tão grande maturidade de juízo e formada, sob todos os aspectos, como uma moça de 20 anos, Sofia, aos 15, não será tratada como criança por seus pais. Mal perceberão nela a primeira inquietação da juventude, apressar-se-ão em remediá-la antes que progrida; dirigir-lhe-ão palavras meigas e sensatas. As palavras meigas e sensatas convêm a sua idade e a seu caráter. Se esse caráter é como o imagino, por que seu pai não lhe falaria mais ou menos assim?

"Sofia, eis que vos tornastes uma moça crescida, e não é para sê-lo sempre que assim vos tornastes. Queremos que sejais feliz; é para nós que o queremos, pois nossa felicidade depende da vossa. A felicidade de uma moça honesta consiste em fazer a de um homem honesto; é preciso, portanto, pensar em vos casar; é preciso pensar nisso desde cedo, pois do casamento depende o destino da vida, e nunca se tem tempo demais para pensar a respeito.

"Nada é mais difícil que a escolha de um bom marido, senão talvez a de uma boa mulher. Sofia, sereis esta rara mulher; sereis a glória de nossa vida e a felicidade de nossos últimos dias; mas, seja qual for vosso mérito, a Terra não carece de homens que têm ainda mais mérito que vós. Não há nenhum que não se honrasse por vos obter; há muitos que vos honrariam ainda mais. Trata-se de encontrar, entre eles, um que vos convenha, de conhecê-lo e de fazer com que vos conheça.

"A maior felicidade do casamento depende de tantas conveniências que é uma loucura querer reuni-las todas. É preciso, primeiramente, certificar-se das mais importantes; quando as demais estão presentes, aproveitamo-las; quando estão ausentes, dispensamo-las. A felicidade perfeita não existe na Terra, mas a maior infelicidade, e a que se pode sempre evitar, é a de ser infeliz por sua própria culpa.

"Existem conveniências naturais, existem outras de instituição e existem algumas que resultam apenas da opinião. Os pais são juízes das duas últimas espécies, apenas as crianças o são da primeira. Nos casamentos que se fazem pela autoridade dos pais, regramo-nos unicamente pelas conveniências de instituição e de opinião; não desposamos pessoas, mas condições e bens; mas tudo isso pode mudar, apenas as pessoas permanecem sempre e se carregam para todos os lugares; a despeito da fortuna, é apenas pelas relações pessoais que um casamento pode ser feliz ou infeliz.

"Vossa mãe era de família nobre, eu era rico; eis as únicas considerações que levaram nossos pais a nos unirem. Perdi meus bens, ela perdeu seu nome; esquecida por sua família, de que lhe serve hoje ter tido pais nobres? Em nossos desastres, a união de nossos corações nos consolou de tudo; a conformidade de nossos gostos nos fez escolher este retiro; vivemos nele felizes na pobreza, suprimos tudo um ao outro. Sofia é nosso tesouro comum; abençoamos o céu por tê-lo dado a nós e por nos ter privado de todo o resto. Vede, minha filha, até onde nos conduziu a providência! As conveniências que fizeram com que nos casássemos se dissiparam; somos felizes apenas em razão daquelas pelas quais não se tinha nenhuma consideração.

"Cabe aos esposos se harmonizarem. A inclinação mútua deve ser seu primeiro laço; seus olhos e seus corações devem ser seus primeiros guias; pois, como seu primeiro dever, estando unidos, é o de se amarem, e amar ou não amar não depende de nós mesmos, esse dever acarreta necessariamente outro, que é o de começar por se amarem antes de se unirem. Esse é o direito da natureza, que nada pode revogar: aqueles que a estorvaram com tantas leis civis tiveram mais consideração pela ordem aparente que pela felicidade do casamento e pelos costumes dos cidadãos. Observai, minha Sofia, que não pregamos uma moral difícil. Ela tende apenas a vos tornar senhora de si mesma e a fazer com que vos confiemos a escolha de vosso esposo.

"Após ter-vos dito nossas razões para vos deixar uma inteira liberdade, é justo falar-vos também das vossas para empregá-la com sabedoria. Minha filha, sois boa e razoável, tendes retidão e piedade, tendes os talentos que convêm a mulheres honestas e não sois desprovida de atrativos; mas sois pobre; tendes os bens mais estimáveis e careceis daqueles que mais se estimam. Aspirai, portanto, apenas ao que podeis conseguir e regrai vossa ambição, não com base em vossos julgamentos nem com base nos nossos, mas com base na opinião dos homens. Se se tratasse apenas de uma igualdade de mérito, ignoro a que eu deveria limitar vossas esperanças, mas não as eleveis acima de vossa fortuna e não esqueçais que ela se encontra na posição mais baixa. Embora um homem digno de vós não considere tal desigualdade como um obstáculo, deveis fazer então o que ele não fará: Sofia deve imitar sua mãe e entrar apenas para uma família que se honre dela. Não vistes nossa opulência, pois nascestes durante nossa pobreza; vós a tornais doce e a compartilhais sem sofrimento. Acreditai em mim, Sofia, não procureis bens de que abençoamos o céu por nos ter livrado; provamos a felicidade apenas após termos perdido a riqueza.

"Sois amável demais para não agradar a ninguém, e vossa miséria não é tanta que chega a embaraçar um homem honesto. Sereis procurada, e podeis sê-lo por pessoas que não estarão a vossa altura. Se se mostrassem a vós tais como são, estimá-los-íeis pelo que valem; todo seu fausto não vos impressionaria por muito tempo; embora tenhais um bom juízo e saibais avaliar o mérito, careceis de experiência e ignorais até que ponto os homens podem se disfarçar. Um velhaco hábil pode estudar vossos gostos para vos seduzir, e simular, diante de vós, virtudes que não possui. Arruinar-vos-ia, Sofia, antes que o percebêsseis, e apenas descobriríeis vosso erro para lamentá-lo. A mais perigosa de todas as armadilhas e a única que a razão não pode evitar é a dos sentidos; se um dia tiverdes a infelicidade de cair nela, não vereis mais nada além de ilusões e quimeras; vossos olhos se fascinarão, vosso juízo se perturbará, vossa vontade será corrompida; até mesmo vosso erro vos será precioso, e, ainda que estivésseis em condições de reconhecê-lo, não desejaríeis escapar-lhe. Minha filha, é à razão de Sofia que vos entrego, e não à inclinação de seu coração. Enquanto mantiverdes o sangue-frio, continuai sendo vossa própria juíza; mas, assim que amardes, retornai aos cuidados de vossa mãe.

"Proponho um acordo que ateste nossa estima por vós e restabeleça, entre nós, a ordem natural. Os pais escolhem o esposo de sua filha e a consultam apenas pela forma; esse é o costume. Faremos, entre nós, todo o contrário; escolhereis e seremos consultados. Exercei vosso direito, Sofia; empregai-o livre e sabiamente. O esposo que vos convém deve ser de vossa escolha, e não da nossa; mas cabe a nós julgar se não vos enganais quanto às conveniências e se, sem saber, não fazeis algo além do que quereis. O nascimento, os bens, a posição social e a opinião não terão qualquer influência em nossas razões. Escolhei um homem honesto cuja pessoa vos agrade e cujo caráter vos convenha, seja ele como for sob outros aspectos, e nós o aceitaremos como nosso genro. Seu patrimônio será sempre grande o bastante se tiver braços, bons costumes e se amar sua família. Sua posição será sempre suficientemente ilustre se a enobrecer pela virtude. Ainda que a Terra inteira nos condenasse, o que importa? Não procuramos a aprovação pública; basta-nos vossa felicidade."

Leitores, ignoro que efeito semelhante discurso produzirá em meninas educadas a vossa maneira. Quanto a Sofia, não poderá responder por meio de palavras. A vergonha e o enternecimento não a deixarão facilmente expressar-se; mas estou bastante certo de que permanecerá gravado em seu coração pelo resto de sua vida, e que, se é possível contar com alguma resolução humana, trata-se daquela que ele a fará adotar para ser digna da estima de seus pais.

Imaginemos o pior e confiramo-lhe um temperamento ardente que lhe torne penosa uma longa espera. Digo que seu juízo, seus conhecimentos, seu gosto, sua delicadeza e, sobretudo, seus sentimentos, com que se alimentou seu coração durante a infância, oporão à impetuosidade dos sentidos um contrapeso que lhe bastará para vencê-los ou, pelo menos, para lhes resistir por muito tempo. Ela preferiria morrer como mártir de sua condição a afligir seus pais, a desposar um homem sem mérito e a expor-se aos infortúnios de um casamento mal combinado. A própria liberdade que recebeu apenas lhe dá uma nova elevação de alma e a torna mais exigente na escolha de seu senhor. Além do temperamento de uma italiana e da sensibilidade de uma inglesa, ela tem para conter seu coração e seus sentidos o orgulho de uma espanhola, que, mesmo procurando um amante, não encontra facilmente aquele que estima ser digno dela.

Nem todos podem sentir a força que o amor às coisas honestas pode conferir à alma e a força que se pode encontrar em si mesmo quando se deseja ser sinceramente virtuoso. Existem pessoas para quem tudo que é grande parece quimérico e que, em sua baixa e vil razão, nunca saberão que influência a própria loucura da virtude pode exercer sobre as paixões humanas. Deve-se falar a essas pessoas apenas por meio de exemplos: tanto pior para elas se se obstinarem a negá-los. Se eu lhes dissesse que Sofia não é um ser imaginário, que apenas seu nome é de minha invenção, que sua educação, seus costumes, seu caráter, seu próprio rosto realmente existiram e que sua memória ainda leva toda uma família honesta às lágrimas, certamente não acreditariam em mim; mas, afinal, que risco correrei terminando sem rodeios a história de uma menina tão semelhante a Sofia que tal história poderia ser a sua sem que isso causasse surpresa? Quer a considerem verdadeira ou falsa, pouco importa; terei, se quiserem, contado ficções, mas terei ainda assim explicado meu método e seguido meu propósito.

A jovem com o temperamento que acabo de atribuir a Sofia tinha, aliás, com ela todas as conformidades que podiam fazê-la merecer seu nome, e deixo que ela o tenha. Após a conversa que relatei, seu pai e sua mãe, considerando que os partidos não viriam se oferecer no lugarejo em que viviam, a enviaram passar um inverno na cidade, na casa de uma tia, secretamente instruída a respeito do objetivo da viagem. Pois a orgulhosa Sofia carregava no fundo de seu coração o nobre orgulho de saber dominar a si mesma, e, fosse qual fosse a necessidade que tivesse de um marido, preferia morrer a decidir procurá-lo.

Para atender aos desejos de seus pais, sua tia a apresentou às grandes famílias, a levou para as reuniões, para as festas, a fez ver a sociedade, ou melhor, fez com que a vissem, pois Sofia pouco se preocupava com todo esse tumulto. Observaram, no entanto, que ela não fugia dos jovens dotados de um rosto agradável e que pareciam ser decentes e modestos. Tinha, na sua reserva, até mesmo certo talento para atraí-los, que se assemelhava bastante à coquetaria; mas, após ter conversado com eles por duas ou três vezes, ela se enfadava. Logo, esse ar de autoridade que parece aceitar as homenagens dava lugar a uma postura mais humilde e a uma polidez mais repelente. Sempre atenta a si mesma, não lhes deixava mais a ocasião de lhe prestar o menor serviço: era o bastante para dizer que não desejava ser sua amante.

Os corações sensíveis nunca apreciaram os prazeres ruidosos, a vã e estéril felicidade das pessoas que não sentem nada e que acreditam que atordoar a própria vida é desfrutá-la. Não encontrando o que procurava e perdendo as esperanças de encontrá-lo assim, Sofia entediou-se com a cidade. Amava ternamente seus pais, nada compensava sua ausência, nada podia fazer com que os esquecesse; voltou para junto deles muito tempo antes do termo fixado para seu retorno.

Mal retomou suas funções na casa paterna, viram que, mantendo a mesma conduta, ela alterara seu humor. Estava distraída, impaciente, triste e sonhadora, escondia-se para chorar. Acreditou-se, inicialmente, que amava e que isso a envergonhava: falaram-lhe a respeito, mas negou. Declarou não ter visto ninguém que pudesse tocar seu coração, e Sofia não mentia.

Não obstante, sua languidez aumentava sem cessar e sua saúde começava a se alterar. Sua mãe, inquieta com essa mudança, resolveu finalmente descobrir--lhe a causa. Falou-lhe em particular, recorrendo à linguagem insinuante e às carícias invencíveis que apenas a ternura materna sabe empregar. "Minha filha, tu que carreguei em minhas entranhas e que carrego continuamente em meu coração, derrama os segredos do teu no seio de tua mãe. Que segredos então são esses que uma mãe não pode saber? Quem lamenta teus sofrimentos? Quem os compartilha? Quem deseja livrar-te deles, senão teu pai e eu? Ah, minha filha, queres que eu morra com tua dor sem conhecê-la?"

Longe de esconder essas mágoas de sua mãe, a jovem não pedia nada além de tê-la como consoladora e como confidente. Mas a vergonha a impedia de falar, e sua modéstia não encontrava nenhuma linguagem para descrever uma condição tão pouco digna dela quanto a emoção que, contra sua vontade, perturbava seus sentidos. No fim, servindo sua própria vergonha de indício à mãe, esta lhe arrancou a humilhante confissão. Longe de afligi-la com injustas reprimendas, consolou-a, apiedou-se dela, chorou por ela; era demasiado sábia para imputar--lhe como crime um mal que apenas sua virtude tornava tão cruel. Mas por que suportar desnecessariamente um mal cujo remédio era tão fácil e tão legítimo? Por que não exercia a liberdade que lhe tinham dado? Por que não aceitava um marido? Por que não o escolhia? Não sabia que seu destino dependia apenas dela e, fosse qual fosse sua decisão, ela seria confirmada, pois ela não era capaz de tomar uma que não fosse honesta? Tinham-na enviado à cidade, mas ela não desejou lá permanecer; vários partidos se apresentaram, mas ela os repeliu todos. O que esperava então? O que queria? Que inexplicável contradição!

A resposta era simples. Se se tratasse apenas de um socorro para a juventude, a escolha logo teria sido feita, mas um senhor para toda a vida não é tão fácil de escolher; e, como não se podem separar essas duas escolhas, é de fato preciso esperar e, frequentemente, perder a juventude antes de encontrar o homem com quem se deseja passar a vida. Esse era o caso de Sofia; necessitava de um amante, mas tal amante deveria ser um marido, e, para o coração de que o seu precisava, um era quase tão difícil de encontrar quanto o outro. Todos esses jovens tão brilhantes tinham, para ela, apenas a conveniência da idade, as demais lhes faltavam sempre; seu espírito superficial, sua vaidade, seu jargão, seus costumes desregrados, suas frívolas imitações lhe causavam repulsa. Procurava um homem e encontrava apenas símios; procurava uma alma, e não encontrava nenhuma.

"Como sou infeliz!", dizia à mãe. "Preciso amar e não vejo nada que me agrade. Meu coração repele todos aqueles que meus sentidos atraem. Não vejo nenhum que não excite meus desejos e nenhum que não os reprima; um gosto sem estima não pode durar." Ah, não é desse homem que vossa Sofia precisa! Seu encantador modelo está gravado fundo demais em sua alma. Não pode amar ninguém além dele, não pode tornar ninguém feliz além dele, não pode ser feliz com ninguém além dele. Prefere se desgastar e combater sem cessar, prefere morrer infeliz e livre a morrer desesperada ao lado de um homem que ela não ama e que ela tornaria infeliz; é preferível deixar de ser do que ser apenas para sofrer.

Espantada com essas singularidades, sua mãe as achou demasiado estranhas para não desconfiar haver nelas algum mistério. Sofia não era afetada nem ridícula. Como pudera essa delicadeza extremada convir-lhe, sendo que não lhe haviam ensinado nada desde sua infância com mais afinco do que acomodar-se às pessoas com quem tinha de viver e fazer da necessidade uma virtude? Esse modelo de homem amável que tanto a encantava e que tão frequentemente retornava em todas suas conversas fez com que sua mãe conjeturasse ter esse capricho algum outro fundamento que ela ainda ignorava, e que Sofia não dissera tudo. A desafortunada, sobrecarregada com seu sofrimento secreto, procurava apenas desabafar. Sua mãe a pressionou, ela hesitou, mas, finalmente, se rendeu e, saindo sem dizer nada, voltou, um momento depois, segurando um livro. "Apiedai-vos de vossa infeliz filha, sua tristeza é irremediável, suas lágrimas não se podem conter. Quereis saber a causa disso? Pois bem, aí está ela", disse, ao jogar o livro sobre a mesa. A mãe tomou o livro e o abriu: eram *As aventuras de Telêmaco*. De início, não compreendeu esse enigma: à força de perguntas e respostas obscuras, viu, enfm, com uma surpresa fácil de conceber, que sua filha era a rival de Eucaris.[29]

---

29. Misto de romance de aventura e de tratado de moral e política, *As aventuras de Telêmaco* (1699), de Fénelon, contam as peregrinações de Telêmaco, acompanhado de Mentor, responsável por sua educação. Procurando seu pai, Odisseu, Telêmaco se apaixona pela ninfa Eucaris, após naufragar

Sofia amava Telêmaco, e o amava com uma paixão que nada podia curar. Assim que seu pai e sua mãe descobriram sua mania, riram e acreditaram livrá-la pela razão. Enganaram-se: a razão não estava inteiramente de seu lado; Sofia também tinha a sua e sabia valer-se dela. Quantas vezes elas os reduziu ao silêncio, voltando seus próprios raciocínios contra eles, mostrando-lhes que eles mesmos haviam causado todo o mal; que não a haviam formado para um homem de seu século; que seria necessariamente preciso que ela adotasse as maneiras de pensar de seu marido ou que ela lhe desse as suas; e que eles haviam tornado o primeiro meio impossível, dada a maneira como a haviam educado, e que o outro era precisamente o que ela procurava. "Dai-me", dizia, "um homem imbuído de minhas máximas ou que eu possa conduzir a elas, e o desposarei; mas, até lá, por que me repreendeis? Tende pena de mim. Sou infeliz, e não louca. Depende o coração da vontade? Meu próprio pai não o disse? Tenho culpa se amo o que não é? Não sou visionária; não desejo um príncipe, não procuro um Telêmaco, sei que se trata apenas de uma ficção: procuro alguém que se assemelhe a ele; e por que esse alguém não pode existir, se eu existo, eu que sinto possuir um coração tão semelhante ao seu? Não, não desonremos assim a humanidade; não pensemos que um homem amável e virtuoso seja apenas uma quimera. Ele existe, vive e talvez me procure; procura uma alma que saiba amar. Mas quem é ele? Onde está? Ignoro-o; não é nenhum daqueles que vi; certamente não é nenhum daqueles que verei. Ó, minha mãe! Por que me tornastes a virtude tão amável? Se é apenas ela que posso amar, a culpa é menos minha que vossa".

Continuarei esse triste relato até sua catástrofe? Falarei dos longos debates que a precederam? Representarei uma mãe impacientada transformando suas primeiras carícias em rigores? Mostrarei um pai irritado esquecendo suas primeiras promessas e tratando como uma louca a mais virtuosa das filhas? Retratarei, por fim, a desafortunada, ainda mais apegada a sua quimera em razão da perseguição que a faz sofrer, marchando a passos lentos rumo à morte e descendo no túmulo no momento em que acreditavam conduzi-la ao altar? Não, afasto esses objetos funestos. Não preciso ir tão longe para mostrar, por um exemplo, ao que me parece, bastante espantoso, que, a despeito dos preconceitos que nascem dos costumes do século, o entusiasmo do honesto e do belo não é mais estranho às mulheres que aos homens, e que não há nada que, sob a direção da natureza, não se possa obter delas, assim como de nós.

---

perto da ilha de Calipso. A obra gerou controvérsia quando de sua publicação, em razão de um subtexto crítico ao absolutismo monárquico, mas foi recuperada posteriormente pela filosofia das Luzes. (N.T.)

Detêm-me aqui para me perguntar se é a natureza que nos prescreve empreender tantos esforços para reprimir desejos imoderados. Respondo que não, mas tampouco é a natureza que nos confere tantos desejos imoderados. Ora, tudo que não vem dela está contra ela; eu o provei por mil vezes.

Devolvamos a nosso Emílio sua Sofia; ressuscitemos essa amável menina para dar-lhe uma imaginação menos vívida e um destino mais feliz. Eu queria retratar uma mulher ordinária e, à força de elevar-lhe a alma, perturbei sua razão; eu mesmo me desviei. Voltemos atrás. Sofia tem apenas uma boa natureza numa alma comum; tudo que tem a mais que as outras é efeito de sua educação.

Propus-me, neste livro, a dizer o que se podia fazer, deixando a cada um a escolha do que está a seu alcance no que posso ter dito de bom. Pensei, desde o início, em formar, de longe, a companheira de Emílio e em educá-los um para o outro e um com o outro. Mas, refletindo, concluí que todos esses arranjos demasiadamente prematuros eram pouco esclarecidos, e que era absurdo destinar duas crianças a se unirem antes de poder saber se tal união estava na ordem da natureza e se teriam entre si as relações convenientes para formá-la. Não se deve confundir o que é natural no estado selvagem e o que é natural no estado civil. No primeiro estado, todas as mulheres convêm a todos os homens, pois umas e outros ainda têm apenas a forma primitiva e comum; no segundo, estando cada caráter desenvolvido pelas instituições sociais e tendo cada espírito recebido sua própria e determinada forma, não somente da educação mas também do concurso bem ou mal-ordenado do natural e da educação, não se pode mais combiná-los senão apresentando-os um ao outro para ver se se convêm sob todos os aspectos, ou, pelo menos, para preferir a escolha que mais conveniências oferece.

O mal está em que, ao desenvolver os caracteres, o estado social distingue as posições e, uma dessas duas ordens não se assemelhando em nada à outra, quanto mais se distinguem as condições, mais se confundem os caracteres; donde os casamentos mal harmonizados e todas as desordens que deles derivam. A partir daí, vemos, por uma consequência evidente, que, quanto mais nos afastamos da igualdade, mais os sentimentos naturais se alteram; quanto mais o intervalo entre os grandes e os pequenos se amplia, mais o laço conjugal se afrouxa; quanto mais são os ricos e os pobres, menos são os pais e os maridos. Nem o senhor, nem o escravo possuem mais família; cada um dos dois vê apenas seu estado.

Quereis prevenir os abusos e constituir casamentos felizes? Sufocai os preconceitos, esquecei as instituições humanas e consultai a natureza. Não unais pessoas que se convêm somente em determinada condição e que não se convirão mais se tal condição vier a se alterar, mas pessoas que se convirão em qualquer situação em que se encontrarem, em qualquer país que habitarem, em qualquer posição social em que puderem cair. Não digo que as relações convencionais sejam indiferentes no casamento, mas digo que a influência das relações naturais prevalece a tal ponto sobre a delas que apenas ela decide o destino da vida, e que existe uma conveniência de gostos, de humores, de sentimentos e de caracteres que deveria convencer um pai sábio, ainda que fosse príncipe ou monarca, a dar, sem hesitar, a seu filho a moça com quem tivesse todas essas conveniências, mesmo que ela tivesse nascido numa família desonesta ou fosse a filha do carrasco. Sim, sustento que, ainda que todos os infortúnios imagináveis devessem cair sobre os dois esposos bem unidos, eles gozarão de maior felicidade chorando juntos do que encontrariam em todas as fortunas da Terra contaminadas pela desunião dos corações.

Em vez, portanto, de destinar, desde a infância, uma esposa a meu Emílio, esperei conhecer a que lhe convém. Não sou eu quem faz essa destinação, mas a natureza; minha tarefa é encontrar a escolha que ela fez. Digo minha tarefa, e não a do pai, pois, ao confiar-me seu filho, cedeu-me seu lugar, substituiu seu direito pelo meu; sou eu o verdadeiro pai de Emílio, pois fiz dele um homem. Eu me teria recusado a educá-lo se não tivesse sido senhor de casá-lo segundo sua escolha, isto é, segundo a minha. Apenas o prazer de fazer alguém feliz pode compensar o que custa para tornar um homem capaz de sê-lo.

Não acrediteis, tampouco, que, para encontrar a esposa de Emílio, eu tenha esperado impor-lhe o dever de procurá-la. Essa falsa procura é apenas um pretexto para fazê-lo conhecer as mulheres, para que sinta o valor da que lhe convém. De há muito que Sofia foi encontrada; talvez Emílio já a tenha visto; mas somente a reconhecerá quando o momento chegar.

Embora a igualdade das condições não seja necessária ao casamento, quando essa igualdade se junta às demais conveniências, ela lhes dá um novo valor; não entra na balança com nenhuma, mas a faz pender para um lado quando tudo é igual.

A menos que seja monarca, um homem não pode procurar uma mulher em todas as condições sociais; pois os preconceitos que não tiver ele os encontrará nos outros e, por isso, talvez não obtivesse uma moça ainda que esta lhe conviesse. Existem, portanto, máximas de prudência que devem limitar as buscas de um pai judicioso. Não deve querer dar a seu aluno um casamento acima de sua posição, pois isso não depende dele. Ainda que o pudesse, mesmo assim não deveria querê-lo; pois que importância tem a posição para um jovem, ou, pelo menos, para o meu? E, no entanto, ao ascender, ele se expõe a mil males reais que sentirá por toda sua vida. Digo até mesmo que não deve querer compensar bens de diferentes naturezas, como a nobreza e o dinheiro, porque cada um deles acrescenta menos valor ao outro do que é por ele alterado; porque, além disso, nunca se concorda quanto à estimação comum; e, por fim, porque a preferência que cada um atribui a sua contribuição prepara a discórdia entre duas famílias e, frequentemente, entre dois esposos.

É, ademais, muito diferente, para a ordem do casamento, que o homem se alie a alguém acima ou abaixo dele. O primeiro caso é inteiramente contrário à razão; o segundo lhe é mais conforme: como a família somente se vincula à sociedade por meio de seu chefe, é a condição desse chefe que determina o de toda a família. Quando se une a alguém de uma posição mais baixa, ele não desce, mas eleva sua esposa. Ao contrário, escolhendo uma mulher acima dele, rebaixa-a sem elevar-se. Assim, no primeiro caso, há bem sem mal e, no segundo, há mal sem bem. Ademais, está na ordem da natureza que a mulher obedeça ao homem. Quando, portanto, ele a escolhe numa posição social inferior, a ordem natural e a ordem civil se conciliam e tudo vai bem. O contrário ocorre quando, unindo-se a alguém acima dele, o homem se põe diante da alternativa de, por um lado, ferir seu direito ou seu reconhecimento e, por outro, ser ingrato ou desprezado. Então, a mulher, aspirando à autoridade, se torna a tirana de seu chefe, e o senhor, convertendo-se em escravo, se torna a mais ridícula e miserável das criaturas. Assim são os infelizes favoritos que os reis da Ásia honram e atormentam com sua aliança, e que, segundo se diz, para dormirem com suas mulheres, não ousam entrar no leito senão pelo pé.

Já espero que muitos leitores, lembrando-se que dou à mulher um talento natural para governar o homem, me acusarão aqui de contradição; estarão, no entanto, enganados. Existe, de fato, uma diferença entre arrogar-se o direito de comandar e governar aquele que comanda. O império da mulher é um império de doçura, de habilidade e de complacência; suas ordens são carícias, suas ameaças são lágrimas. Ela deve reinar na casa, assim como um ministro no Estado, fazendo-se ordenar o que ela deseja fazer. Nesse sentido, é certo que os melhores lares são aqueles em que a mulher tem mais autoridade. Mas, quando ela desconhece a voz do chefe, quando deseja usurpar seus direitos e ela mesma comandar, dessa desordem nunca resulta nada além de miséria, escândalo e desonra.

Resta a escolha entre suas iguais e suas inferiores, e acredito que ainda exista alguma restrição a impor para estas últimas; pois é difícil encontrar na ralé uma esposa capaz de fazer a felicidade de um homem honesto: não porque as pessoas sejam mais viciosas nos últimos escalões da sociedade do que nos primeiros, mas porque naqueles elas têm poucas noções do que seja belo e honesto e porque a injustiça das outras condições faz com esta veja a justiça em seus próprios vícios.

Naturalmente, o homem pouco pensa. Pensar é uma arte que ele aprende como todas as outras e até mesmo com mais dificuldade. Conheço, para os dois sexos, apenas duas classes realmente distintas: a das pessoas que pensam e a das que não pensam, e essa diferença vem quase unicamente da educação. Um homem da primeira dessas duas classes não deve aliar-se a alguém da outra; pois o maior encanto da união está ausente da sua quando, tendo uma mulher, ele se vê reduzido a pensar sozinho. As pessoas que passam exatamente sua vida inteira trabalhando para viver não têm outra ideia além da de seu trabalho e de seu interesse, e todo seu espírito parece estar na ponta de seus braços. Essa ignorância não afeta a probidade nem os costumes; frequentemente, chega até mesmo a servi-los; frequentemente, negocia-se com seus deveres à força de refletir sobre eles e acaba-se introduzindo um jargão no lugar das coisas. A consciência é o mais esclarecido dos filósofos; não é necessário conhecer os *Ofícios* de Cícero para ser um homem de bem, e a mais honesta mulher do mundo talvez seja a que menos saiba o que é a honestidade. Mas não é menos verdade que apenas um espírito culto torna o convívio agradável, e é triste para um pai de família que se sente bem em casa ser forçado a fechar-se em si mesmo e não poder se fazer entender por ninguém.

Além disso, como uma mulher que não tem qualquer hábito de refletir educará seus filhos? Como discernirá o que lhes convém? Como os predisporá às virtudes que ela não conhece e ao mérito do qual não tem nenhuma ideia? Saberá apenas adulá-los ou ameaçá-los, torná-los insolentes ou receosos; fará deles símios afetados ou garotos estouvados, mas nunca bons espíritos nem crianças amáveis.

Portanto, não convém a um homem que tem educação escolher uma mulher que não tem nenhuma, nem, consequentemente, escolhê-la numa posição social onde não se a poderia ter. Mas eu preferiria 100 vezes uma moça simples e grosseiramente educada a uma moça erudita e espirituosa, que viria estabelecer em minha casa um tribunal de literatura, do qual se nomearia presidente. Uma mulher espirituosa é o flagelo de seu marido, de seus filhos, de seus amigos, de seus criados, de todo o mundo. Da sublime altura de seu belo gênio, ela desdenha todos seus deveres de mulher, e começa sempre por fazer-se homem, à maneira de mademoiselle de l'Enclos. Fora de casa, é sempre ridícula e muito justamente criticada, pois não se pode deixar de sê-lo quando se deixa sua condição e quando não se é feito para aquela que se quer assumir. Todas essas mulheres de grandes talentos impressionam apenas os tolos. Sabe-se sempre quem é o artista ou o amigo que segura a pena ou o pincel quando elas trabalham. Sabe-se quem é o discreto homem de letras que lhes dita em segredo seus oráculos. Todo esse charlatanismo é indigno de uma mulher honesta. Ainda que tivesse verdadeiros talentos, sua pretensão os aviltaria. Sua dignidade consiste em ser ignorada: sua glória está na estima de seu marido; seus prazeres estão na felicidade de sua família. Leitor, confio em vós: sede de boa-fé. O que vos dá uma melhor impressão de uma mulher ao entrardes em seu quarto? O que vos faz abordá-la com mais respeito? Vê-la ocupada com os trabalhos de seu sexo, com os cuidados de seu lar, cercada das roupas de seus filhos, ou encontrá-la escrevendo versos sobre o toucador, cercada de brochuras de todos os tipos e de pequenos bilhetes pintados de todas as cores? Toda menina letrada permanecerá menina por toda sua vida, quando houver apenas homens sensatos sobre a Terra:

Quæris cur nolim te ducere, Galla? diserta es.[30]

Após essas considerações, vem a da fisionomia; é a primeira que impressiona e a última que se deve fazer, mas nem por isso se deve desconsiderá-la por completo. Parece-me que, no casamento, se deve mais fugir da grande beleza que procurá-la. A beleza se desgasta rapidamente pela posse; ao cabo de seis semanas, não é mais nada para o possuidor, mas seus perigos duram tanto quanto ela. A menos que uma bela mulher seja um anjo, seu marido é o mais infeliz dos homens; e, ainda que ela fosse um anjo, como impediria que ele estivesse continuamente cercado de inimigos? Se a extrema feiura não fosse repulsiva, eu a preferiria à extrema beleza; pois, em pouco tempo, tornando-se ambas nulas para o marido, a beleza se torna um inconveniente e a feiura, uma vantagem; mas a feiura que produz a repulsa é a maior das infelicidades; esse sentimento, longe de se apagar, aumenta continuamente e se transforma em ódio. Tal casamento é um inferno; seria preferível estarem mortos a unirem-se assim.

Desejai a mediocridade em todos os aspectos, sem excetuar a beleza. Um rosto agradável e simpático, que não inspira o amor, mas a benevolência, é o que se deve preferir; não é prejudicial ao marido, e a vantagem se dá para o proveito comum. As graças não se desgastam como a beleza; possuem vida, renovam-se continuamente e, após 30 anos de casamento, uma mulher honesta com graças agrada a seu marido tal como no primeiro dia.

---

30. Trata-se de citação do epigramatista latino Marco Valério Marcial (Livro IX, 19): "Por que não me caso contigo, Gala? Porque és culta". Trata-se, porém, de uma versão abreviada do texto original; Rousseau suprimiu o restante do epigrama, de caráter mais obsceno: *Sæpe solœcismum mentula nostra facit* ("Minha vara frequentemente comete disparates"). (N.T.)

Tais são as reflexões que me convenceram na escolha de Sofia. Aluna da natureza, assim como Emílio, ela é, mais que qualquer outra, feita para ele; será a mulher do homem. É igual a ele por nascimento e pelo mérito, e inferior pela fortuna. Não fascina à primeira vista, mas a cada dia agrada mais. Seu maior encanto age gradualmente, não se exibe senão na intimidade do convívio, e seu marido o sentirá mais que qualquer pessoa no mundo; sua educação não é nem brilhante, nem negligenciada; possui gosto sem estudo, talentos sem arte, juízo sem conhecimentos. Seu espírito não sabe nada, mas é cultivado para aprender; é como uma terra bem preparada que espera apenas o grão para render. Nunca leu livros além de *Barrême*[31] e de *Telêmaco*, que, por acaso, caiu-lhe entre as mãos; mas será que uma menina capaz de apaixonar-se por Telêmaco teria um coração sem sentimentos e um espírito sem delicadeza? Ó, amável ignorante! Feliz aquele que se destina a instruí-la. Ela não será a professora de seu marido, mas sua discípula; longe de querer sujeitá-lo a seus gostos, ela adquirirá os seus. Será melhor para ele do que se ela fosse erudita: ele terá o prazer de ensinar-lhe tudo. Chegou, finalmente, o momento de se encontrarem; trabalhemos para aproximá-los.

Deixamos Paris tristes e sonhadores. Esse local de tagarelice não é nosso centro. Emílio lança um olhar de desdém na direção dessa grande cidade e diz com despeito: "Quantos dias perdidos em procuras vãs! Ah! Não é aí que está a esposa de meu coração. Meu amigo, vós o sabíeis; mas meu tempo pouco vos custa e meus males pouco vos fazem sofrer". Encaro-o fixamente e lhe pergunto, sem comover-me: "Emílio, acreditais no que dizeis?". Num instante, atira-se em meu pescoço, todo confuso, e me abraça, sem responder. Essa é sempre sua resposta quando está errado.

Eis-nos atravessando os campos como verdadeiros cavaleiros errantes; não procurando aventuras, como eles – pois, ao deixarmos Paris, fugimos delas –, mas imitando bastante sua postura errante, desigual, ora galopando, ora marchando a passos curtos. À força de seguir minha prática, ter-se-á enfim adquirido seu espírito, e não imagino nenhum leitor ainda suficientemente preso aos costumes para nos supor, ambos, adormecidos numa boa caleche bem fechada, avançando sem ver nada, sem observar nada, tornando nulo para nós o intervalo entre a partida e a chegada, e perdendo, na velocidade de nossa marcha, o tempo que queríamos poupar.

---

31. Trata-se de referência a François Barrême (1638-1703), famoso matemático, autor do *Livre nécessaire pour les comptables, avocats, notaires, procureurs, négociants, et généralement à toute sorte de conditions* (1671), obra fundadora da ciência contábil. Tal livro ficou conhecido como *Barrême universel*, ou simplesmente *Barrême*, tal como citado por Rousseau. (N.T.)

Os homens dizem que a vida é curta, e vejo que se esforçam para torná-la assim. Não sabendo empregá-la, queixam-se da rapidez do tempo, mas vejo que este transcorre com demasiada lentidão para seu gosto. Sempre inteiramente voltados para o objeto a que tendem, veem com pesar o intervalo que os separa dele: um desejaria estar no dia seguinte, outro no mês seguinte, outro dali a dez anos; ninguém quer viver o hoje; ninguém está feliz com a hora presente, todos consideram que ela passa muito devagar. Quando se queixam que o tempo passa com demasiada rapidez, mentem; pagariam de bom grado pelo poder de acelerá-lo. Empregariam de bom grado sua fortuna para consumir sua vida inteira, e talvez não haja nenhum homem que não tivesse reduzido seus anos a pouquíssimas horas se tivesse tido o poder de suprimir, ao sabor de seu tédio, as que lhe eram penosas e, ao sabor de sua impaciência, as que o separavam do momento desejado. Há quem passe a metade da vida indo de Paris a Versalhes, de Versalhes a Paris, da cidade para o campo, do campo para a cidade, e de um bairro para outro, e ficaria extremamente embaraçado com suas horas se não tivesse o segredo de desperdiçá-las assim, e se distancia propositalmente de seus negócios para cuidar de ir buscá-los. Acredita ganhar o tempo que dedica a isso e que, de outro modo, ele não saberia como empregar. Ou então o contrário: corre por correr, e vem a cavalo sem outro objetivo além de retornar da mesma forma. Mortais, não deixareis nunca de caluniar a natureza? Por que vos queixar que a vida é tão curta se, para vosso gosto, ela não o é suficientemente? Se houver um só entre vós que saiba imprimir moderação suficiente a seus desejos para nunca desejar que o tempo se esgote, tal pessoa não a estimará demasiado curta. Viver e gozar serão para ele a mesma coisa e, se tiver de morrer jovem, morrerá fartado de dias.

Ainda que essa fosse a única vantagem de meu método, ela bastaria para que se tivesse de preferi-lo a qualquer outro. Não eduquei meu Emílio para desejar nem para esperar, mas para gozar, e, quando ele leva seus desejos para além do presente, não é com um ardor impetuoso o bastante para importunar-se com a lentidão do tempo. Não gozará somente o prazer de desejar mas também o de ir até o objeto que deseja, e suas paixões são tão moderadas que ele está sempre mais onde se encontra do que onde estará.

Não viajamos, portanto, como mensageiros, mas como viajantes. Não pensamos apenas nos dois termos mas também no intervalo que os separa. A viagem em si mesma é, para nós, um prazer. Não a fazemos tristemente sentados e como que aprisionados numa pequena gaiola bem fechada. Não viajamos na indolência e no repouso das mulheres. Não nos privamos nem do ar livre, nem da vista dos objetos que nos cercam, nem da comodidade de contemplá-los à vontade, quando queremos. Emílio nunca entrou numa caleche e não corre a cavalo se não estiver apressado. Mas de que Emílio pode ter pressa? Apenas de uma coisa: de gozar a vida. Deveria eu acrescentar fazer o bem quando pode? Não, pois até mesmo isso é gozar a vida.

Concebo apenas uma maneira de viajar mais agradável do que ir a cavalo: é ir a pé. Partimos quando nos convém, paramos quando temos vontade, fazemos tanto ou tão pouco exercício quanto queremos. Observamos toda a região, desviamo-nos para a direita, para a esquerda, examinamos tudo que nos encanta, paramos em todos os pontos de vista. Se percebo um rio, costeio-o; se vejo um bosque denso, ponho-me sob sua sombra; se encontro uma gruta, visito-a, e tratando-se de uma pedreira, examino os minerais. Permaneço em todo lugar onde me sinto bem. No instante em que me entedio, parto. Não dependo nem dos cavalos, nem do postilhão. Não preciso escolher caminhos inteiramente prontos e estradas cômodas; passo por qualquer lugar por onde um homem pode passar; vejo tudo que um homem pode ver e, dependendo apenas de mim, gozo de toda a liberdade de que um homem pode gozar. Se o mau tempo me detém e o tédio toma conta de mim, monto então a cavalo. Se estou aborrecido... Mas Emílio mal se aborrece; é robusto; e por que se aborreceria? Não está apressado. Se para, como pode entediar-se? Leva sempre com ele do que se entreter. Entra na casa de um mestre e trabalha; exercita seus braços para descansar os pés.

Viajar a pé é viajar como Tales, Platão, Pitágoras. Tenho dificuldade em compreender como um filósofo pode se resolver a viajar de outro modo e privar-se do exame das riquezas que pisoteia e que a terra prodigaliza a sua vista. Quem, amando um pouco a agricultura, não deseja conhecer as produções particulares do clima dos lugares que atravessa e a maneira de cultivá-las? Quem, tendo um pouco de gosto pela história natural, pode se resolver a passar por um terreno sem examiná-lo, por um rochedo sem mutilá-lo, por montanhas sem herborizar, por pedras sem procurar fósseis? Vossos filósofos de alcova estudam a história natural em gabinetes; possuem pequenas fichas, conhecem os nomes e não têm nenhuma ideia da natureza. Mas o gabinete de Emílio é mais rico que o dos reis; esse gabinete é a Terra inteira. Cada coisa está em seu lugar: o naturalista dedicado pôs tudo em belíssima ordem; D'Aubenton não faria melhor.[32]

Quantos prazeres diferentes se reúnem por essa agradável maneira de viajar! Isso sem contar a saúde que se fortalece, o humor que se alegra. Sempre achei que aqueles que viajavam em belos e suaves carros parecem sonhadores,

---

32. Louis Jean-Marie D'Aubenton (ou Daubenton) (1716-1799) foi um naturalista francês, renomado por suas descrições de anatomia, e um importante colaborador de Buffon. (N.T.)

tristes, ralhadores ou sofredores, e os pedestres parecem sempre alegres, leves e satisfeitos com tudo. Como ri o coração quando nos aproximamos do abrigo! Como uma refeição grosseira parece saborosa! Com que prazer descansamos à mesa! Como dormimos bem num mau leito! Quando desejamos apenas chegar, podemos correr numa caleche; mas, quando desejamos viajar, é preciso ir a pé.

Se, antes que tenhamos percorrido 50 léguas[33] segundo a maneira que imagino, Sofia não foi esquecida, é preciso que eu seja pouco hábil ou que Emílio seja muito pouco curioso; pois, com tantos conhecimentos elementares, é difícil que não esteja tentado a adquirir outros. Somente somos curiosos na medida em que nos instruímos; ele sabe precisamente o bastante para querer aprender.

Não obstante, um objeto atrai outro, e ainda avançamos. Impus a nossa primeira viagem um termo distante; o pretexto para isso é fácil; saindo de Paris, é preciso ir buscar uma mulher longe.

Um dia, após nos termos perdido mais que de costume em valezinhos, em montanhas onde não se percebe nenhum caminho, não sabemos retornar ao nosso. Pouco nos importa; todos os caminhos são bons, contanto que se chegue; mesmo assim, é preciso chegar a algum lugar quando se tem fome. Felizmente, encontramos um camponês que nos conduz a sua cabana; comemos com grande apetite seu magro jantar. Vendo-nos tão cansados, tão esfomeados, ele nos diz: "Se o bom Deus vos tivesse conduzido ao outro lado da colina, teríeis sido mais bem recebidos... teríeis encontrado uma casa de paz... pessoas tão caridosas... pessoas tão boas!... Não têm um coração melhor que o meu, mas são mais ricas, embora se diga que o eram muito mais no passado... Não padecem, graças a Deus, e toda a região se beneficia do que lhes resta".

Ao ouvir sobre essa boa gente, o coração do bom Emílio se alegra. "Meu amigo", diz olhando para mim, "vamos até essa casa cujos donos são abençoados na vizinhança; terei grande prazer em vê-los; talvez também tenham grande prazer em nos ver. Estou certo de que nos receberão bem: se gostarem de nós, gostaremos deles".

A casa tendo sido bem indicada, partimos, erramos pelos bosques; uma grande chuva nos surpreende no caminho e nos retarda, mas sem nos deter. Finalmente, reencontramos nosso caminho e, à noite, chegamos à casa designada. No lugarejo que a cerca, esta única casa, embora simples, tem boa aparência; apresentamo-nos e pedimos hospitalidade; levam-nos até o senhor, que nos questiona, mas polidamente; sem revelar o motivo de nossa viagem, dizemos o de nosso desvio. Ele manteve de sua antiga opulência a facilidade

---

33. Cerca de 195 quilômetros. (N.T.)

de reconhecer a condição das pessoas em suas maneiras: todo aquele que viveu na alta sociedade raramente se engana a esse respeito; com base nesse salvo--conduto, somos recebidos.

Mostram-nos um aposento bastante pequeno, mas limpo e cômodo; acendem a lareira e encontramos toalhas, roupas, todo o necessário. "Quê!", diz Emílio todo surpreso, "é como se nos esperassem! Ó, como tinha razão o camponês! Quanta atenção, quanta bondade, quanta previdência! E para com desconhecidos! Acredito estar na época de Homero". "Sede sensível a tudo isto", eu lhe disse; "mas não vos surpreendais; em todo lugar em que são raros os estrangeiros, eles são bem-vindos; nada torna mais hospitaleiro que não ter frequentemente necessidade de sê-lo: é a afluência dos hóspedes que destrói a hospitalidade. Na época de Homero, pouco se viajava, e os viajantes eram bem recebidos em todo lugar. Talvez sejamos os únicos passageiros que tenham sido vistos aqui durante o ano inteiro". "Não importa", retomou; "até mesmo isso é um elogio, isto é, saber privar-se de hóspedes e recebê-los sempre bem".

Secos e arrumados, vamos nos juntar ao senhor da casa; ele nos apresenta sua mulher; ela nos recebe não somente com polidez mas com bondade. A honra de seus olhares é para Emílio. Uma mãe na situação em que ela está raramente vê sem inquietude ou, pelo menos, sem curiosidade entrar em seu lar um homem dessa idade.

Mandam antecipar a ceia em nossa honra. Entrando na sala de jantar, vemos uma mesa para cinco; sentamo-nos e um lugar permanece vazio. Uma jovem entra, faz uma grande reverência e se senta modestamente, sem falar. Emílio, ocupado com sua fome ou com suas respostas, a cumprimenta, fala e come. O principal objetivo de sua viagem está tão longe de seu pensamento que acredita ainda estar longe da meta. A conversa se desvia para o descaminho de nossos viajantes. "Senhor", diz o chefe da casa, "pareceis ser um jovem amável e sensato, e isso me fez pensar que chegastes aqui, vosso governante e vós, cansados e molhados como Telêmaco e Mentor na ilha de Calipso." "É verdade", responde Emílio, "que encontramos aqui a hospitalidade de Calipso." Seu Mentor acrescenta: "E os encantos de Eucaris". Emílio conhece a *Odisseia*, mas não leu *Telêmaco*; não sabe quem é Eucaris. Quanto à jovem, eu a vejo enrubescer até os olhos, baixá-los sobre seu prato e não ousar respirar. A mãe, que nota seu embaraço, faz um sinal ao pai e este muda o assunto da conversa. Falando de sua solidão, ele inicia, aos poucos, o relato dos acontecimentos que o confinaram nela; os infortúnios de sua vida, a constância de sua esposa, os consolos que encontraram em sua união, a vida doce e tranquila que levam em seu retiro, e sempre sem dizer uma palavra sequer sobre a jovem; tudo isso forma um relato agradável e comovente que não se pode ouvir sem interesse. Emílio, comovido, enternecido, para de comer para ouvir. Por fim, onde o mais honesto dos homens se estende com maior prazer sobre a afeição da mais digna das mulheres, o jovem viajante, fora de si, aperta a mão do marido e, com a outra, toma também a mão da mulher, sobre a qual se inclina com arrebatamento, regando-a de lágrimas. A ingênua vivacidade do jovem encanta a todo mundo, mas a menina, mais sensível do que todos a essa prova de seu bom coração, acredita ver Telêmaco afetado pelos malogros de Filoctetes. Dirige-lhe furtivamente os olhos, para examinar melhor seu rosto; não encontra nele nada que desminta a comparação. Seu ar abastado denota liberdade sem arrogância; suas maneiras são vivas sem estouvamento; sua sensibilidade torna seu olhar mais doce, sua fisionomia mais tocante: vendo--o chorar, a jovem está pronta para misturar suas lágrimas às dele. Em tão belo pretexto, uma vergonha secreta a retém: já se condena pelas lágrimas prontas para escaparem de seus olhos, como se fosse errado derramá-las por sua família.

A mãe, que, desde o início da ceia, não deixou de velar sobre ela, vê seu constrangimento e a livra dele enviando-a para cumprir alguma tarefa. Um minuto depois, a jovem entra, mas tão mal restabelecida que sua desordem é visível a todos os olhares. A mãe lhe diz com doçura: "Sofia, recomponde-vos; não cessareis de chorar os infortúnios de vossos pais? Vós que os consolais, não vos sensibilizeis com isso mais que eles".

Ao ouvir o nome Sofia, teríeis visto Emílio estremecer. Surpreendido com um nome tão precioso, desperta num sobressalto e lança um olhar ávido para aquela que ousa usá-lo. "Sofia, ó, Sofia! Sois vós que meu coração procura? Sois vós que meu coração ama?" Ele a observa e a contempla com uma espécie de temor e de desafio. Não vê exatamente o rosto que tinha imaginado; não sabe se aquela que vê vale mais ou menos. Estuda cada traço, espia cada movimento, cada gesto, e encontra, para tudo, mil interpretações confusas; daria metade de sua vida para que ela desejasse dizer uma única palavra. Olha-me inquieto e per- turbado; seus olhos me fazem, ao mesmo tempo, 100 perguntas e 100 reprimen- das. Parece me dizer, com cada olhar: "Guiai-me enquanto ainda há tempo; se meu coração se entregar e se enganar, não me recuperarei até o fim de meus dias".

Emílio é, no mundo inteiro, o homem que menos sabe se disfarçar. Como se disfarçaria na maior perturbação de sua vida diante de quatro espectadores que o examinam e dos quais o mais distraído é, na verdade, o mais atento? Sua desordem não escapa aos olhos penetrantes de Sofia; os dele lhe informam que ela é o motivo da desordem; ela vê que essa inquietude ainda não é amor; mas o que importa? Ele se interessa por ela e isso basta; ela será bastante infeliz se ele se interessar por ela impunemente.

Assim como suas filhas, as mães possuem olhos, mas, além disso, têm experiência. A mãe de Sofia sorri com o sucesso de nossos projetos. Lê os corações dos dois jovens; vê que chegou o momento de fixar o do novo Telêmaco; faz com que sua filha fale. Sua filha, com sua doçura natural, responde com um tom tímido que apenas lhe aumenta o efeito. Ao primeiro som dessa voz, Emílio se rende; é Sofia, não duvida mais disso. Ainda que não fosse, seria tarde demais para desdizer-se.

É então que os encantos dessa menina sedutora põem torrentes a seu coração e que ele começa a engolir, com longos tragos, o veneno com que ela o inebria. Ele não fala mais, não responde mais; vê apenas Sofia, ouve apenas Sofia: se ela diz uma palavra, ele abre a boca; se ela baixa os olhos, ele também os baixa; se a vê respirar, também suspira; é a alma de Sofia que parece animá-lo. Como a dele mudou em poucos instantes! Não é mais a vez de Sofia de tremer, mas a de Emílio. Adeus à liberdade, à ingenuidade, à franqueza! Confuso, embaraçado, receoso, não ousa mais observar a seu redor, temendo ver que o observam. Envergonhado por deixar-se penetrar, desejaria se tornar invisível a todo mundo, para se fartar de contemplá-la sem ser observado. Sofia, ao contrário, se tranquiliza com o temor de Emílio; vê seu triunfo e o goza:

Nol mostra già, ben che in su cor ne rida.[34]

Ela não alterou sua atitude; a despeito desse ar modesto e desses olhos baixos, seu terno coração palpita de alegria e lhe diz que Telêmaco foi encontrado.

Se inicio aqui a história, talvez demasiado ingênua e simples, de seus inocentes amores, encarar-se-ão esses detalhes como um jogo frívolo, e estarão enganados. Não se considera suficientemente a influência que deve ter o primeiro elo de um homem com uma mulher no curso da vida de ambos. Não veem que uma primeira impressão tão intensa quanto a do amor ou da inclinação que ocupa seu lugar produz efeitos duradouros, cujo encadeamento não se percebe no progresso dos anos, mas que não deixam de agir até a morte. Oferecem-nos, nos tratados de educação, grandes verborreias inúteis e pedantescas sobre os quiméricos deveres das crianças, e não nos dizem uma só palavra sobre a parte mais importante e mais difícil de toda a educação: a crise que serve de passagem da infância para a condição de homem. Se eu puder tornar este ensaio útil de alguma maneira, será, sobretudo, por ter-me estendido consideravelmente

---

34. Citação de Tasso (*Jerusalém libertada*, IV, 33): "Ela não o mostra, embora se regozije em seu coração". (N.T.)

nesta parte essencial, omitida por todos os demais, e por não me ter deixado desencorajar nesta empresa por falsas delicadezas nem assustar por dificuldades linguísticas. Se eu disse o que se deve fazer, disse o que tive de dizer; importa-me muito pouco ter escrito um romance. O da natureza humana é um romance suficientemente belo. Tenho culpa se ele se encontra somente neste livro? Deveria ser a história de minha espécie: sois vós, que a depravais, que fazeis de meu livro um romance.

Outra consideração que reforça a primeira é que não se trata, aqui, de um jovem entregue, desde a infância, ao temor, à cobiça, à inveja, ao orgulho e a todas as paixões que servem de instrumento às educações comuns; trata-se de um jovem para quem este é não somente o primeiro amor mas a primeira paixão de toda espécie; que dessa paixão, talvez a única que sentirá intensamente por toda a vida, depende a última forma que deve assumir seu caráter. Suas maneiras de pensar, seus sentimentos, seus gostos, fixados por uma paixão durável, vão adquirir uma consistência que não lhes permitirá mais se alterarem.

Pode-se imaginar que Emílio e eu não passamos toda a noite que seguiu essa recepção dormindo. Quê? Deve a conformidade de um nome exercer, sozinha, tanto poder sobre um homem sábio? Há apenas uma Sofia no mundo? Assemelham-se todas, pela alma assim como pelo nome? Toda as que encontrar serão a sua? É louco para apaixonar-se assim por uma desconhecida, com quem nunca conversou? Esperai, jovem rapaz; examinai, observai. Desconheceis ainda onde estais, e, ouvindo-vos, acreditaríamos já estardes em casa.

Este não é o momento para lições, e estas não são feitas para serem escutadas. Limitam-se a dar ao jovem um novo interesse por Sofia, pelo desejo de justificar sua inclinação. Essa relação dos nomes, esse encontro que acredita ser fortuito e minha própria reserva apenas estimulam sua vivacidade: Sofia já lhe parece estimável demais para que não esteja certo de fazer com que eu a ame.

Desconfio que, em seus maus trajes de viagem, Emílio procurará, pela manhã, arrumar-se com mais cuidado. Não deixa de fazê-lo; mas rio de sua prontidão em acomodar-se ao enxoval da casa. Penetro seu pensamento; leio com prazer que procura, ao preparar restituições e trocas, estabelecer uma espécie de correspondência que lhe confira o direito de devolver e de retornar.

Eu também esperava encontrar Sofia, por sua vez, um pouco mais arrumada; enganei-me. Essa vulgar coquetaria é boa para aqueles que se deseja apenas agradar. A do verdadeiro amor é mais refinada; tem outras pretensões. Sofia está vestida de modo ainda mais simples que na véspera, e até mesmo com maior negligência, embora com uma limpeza sempre escrupulosa. Vejo coquetaria nessa negligência somente porque vejo nela afetação. Sofia sabe que uma vestimenta mais esmerada é uma declaração, mas não sabe que uma vestimenta mais negligenciada constitui outra: mostra que não se contenta em agradar para aparência, que quer agradar também pela pessoa. Pois que importa ao amante como está vestida, contanto que veja que se interessa por ele? Já certa de seu império, Sofia não se limita a impressionar, por seus encantos, o olhar de Emílio, sem que o coração dele vá buscá-los; não lhe basta que os veja, quer que os suponha. Não viu ele o suficiente para ter de adivinhar o resto?

É de acreditar que, durante nossas conversas dessa noite, Sofia e sua mãe tampouco permaneceram caladas. Confissões foram arrancadas, instruções foram dadas. No dia seguinte, reunimo-nos bem preparados. Antes das 12 horas, nossos jovens já se encontraram; não disseram ainda uma única palavra, mas já se vê que se entendem. Seu trato não é familiar, é embaraçado e tímido; não se falam; seus olhos, baixos, parecem se evitar, mas até mesmo isso é um sinal de inteligência. Evitam-se, mas conjuntamente; já sentem a necessidade do mistério antes de dizerem qualquer coisa um ao outro. Ao partirmos, pedimos permissão para virmos nós mesmos devolver o que levamos. A boca de Emílio pede tal permissão ao pai e à mãe, enquanto seus olhos inquietos, voltados para a menina, lho pedem com mais insistência. Sofia não diz nada, não dá nenhum sinal, não parece ver nada nem ouvir nada; mas se ruboriza, e esse rubor constitui uma resposta ainda mais clara que a dos pais.

Dão-nos permissão para voltar, sem nos convidarem a permanecer. Essa conduta é apropriada; oferece-se abrigo a passantes preocupados com seu alojamento, mas não é decente que um amante durma na casa de sua amada.

Mal nos encontramos fora desse lar querido, Emílio pensa em nos instalar nas redondezas; a choupana mais próxima já lhe parece demasiado distante. Desejaria dormir nos fossos do castelo. "Jovem irrefletido!", digo-lhe com um tom de piedade; "Quê! A paixão já vos cega? Já não vedes mais as conveniências nem a razão? Infeliz! Acreditais amar e quereis desonrar vossa amada! O que dirão dela quando souberem que um jovem que acaba de deixar sua casa vive nas redondezas? E dizeis amá-la! Cabe-vos então arruinar sua reputação? É essa a recompensa pela hospitalidade que seus pais vos concederam? Fareis o opróbio daquela de quem esperais vossa felicidade?". "Mas que importam", responde com vivacidade, "as palavras vãs dos homens e suas injustas suspeitas? Vós mesmos não me ensinastes a não ter por elas qualquer consideração? Quem melhor que eu sabe o quanto honro Sofia e o quanto desejo respeitá-la? Minha afeição não fará sua vergonha, fará sua glória, será digna dela. Quando meu coração e meus cuidados lhe prestarem, de todos os modos, a homenagem que merece, em que poderei ultrajá-la?". "Caro Emílio", retomo, abraçando-o, "raciocinais para vós; aprendei a raciocinar para ela. Não compareis a honra de um sexo à do outro; eles têm princípios inteiramente diferentes. Esses princípios são igualmente sólidos e razoáveis, pois derivam ambos da natureza e mesmo a virtude que vos faz desprezar, para vós, as palavras dos homens vos obriga a respeitá-las para vossa amada. Vossa honra está apenas em vós e a dela depende de outrem. Negligenciá-la seria ferir também a vossa, e não dais a vós mesmo o que vos deveis se sois a causa de não lhe darem o que lhe é devido".

Então, explicando-lhe as razões dessas diferenças, faço com que sinta a injustiça que haveria em querer desconsiderá-las por completo. Quem lhe disse que ele será o esposo de Sofia, ela cujos sentimentos ele ignora, ela cujo coração ou cujos pais talvez tenham compromissos anteriores, ela que ele não conhece e que talvez não tenha com ele conveniências que possam tornar um casamento feliz? Ele ignora que todo escândalo é, para uma menina, uma mancha indelével, que nem mesmo o casamento com quem o causou pode apagar? Pois quem é o homem sensível que deseja arruinar aquela que ele ama? Quem é o homem honesto que deseja fazer com que uma desafortunada chore para sempre a infelicidade de ter-lhe agradado?

O jovem, assustado com as consequências que o faço considerar e sempre extremado em suas ideias, já acredita nunca estar longe o bastante da residência de Sofia; acelera o passo para fugir mais rapidamente; olha ao redor, para ver se não nos escutam; sacrificaria mil vezes sua felicidade à honra daquela que ele ama; preferiria não revê-la até o fim da vida a causar-lhe um único desprazer. É o primeiro fruto dos cuidados que tomei desde sua infância para lhe formar um coração capaz de amar.

Trata-se, portanto, de encontrar um asilo distante, mas acessível. Procuramos, informamo-nos e descobrimos que, a duas léguas[35] de distância, existe uma cidade; procuraremos antes nos alojar nela que nas aldeias mais próximas, onde nossa estadia se tornaria suspeita. É aí que chega finalmente o novo amante repleto de amor, de esperança, de alegria e, sobretudo, de bons sentimentos; e eis como, conduzindo pouco a pouco sua paixão nascente ao que é bom e honesto, disponho gradualmente todas suas inclinações a adquirirem a mesma disposição.

Aproximo-me do fim de minha carreira; já o percebo de longe. Todas as grandes dificuldades foram vencidas, todos os grandes obstáculos foram superados; não resta mais nada de penoso a fazer senão estragar minha obra apressando-me em consumá-la. Na incerteza da vida humana, evitemos, sobretudo, a falsa prudência de imolar o presente ao futuro; isso é, frequentemente,

---

35. Cerca de 7,8 quilômetros. (N.E.)

imolar o que é ao que nunca será. Tornemos o homem feliz em todas as idades, temendo que, após tantos cuidados, ele morra antes de tê-lo sido. Ora, se há uma época para gozar a vida, é seguramente o fim da adolescência, quando as faculdades do corpo e da alma adquiriram seu maior vigor e quando o homem, no meio de sua trajetória, vê de mais longe os dois termos que lhe fazem sentir sua brevidade. Se a imprudente juventude se engana, não é por querer gozar, é por procurar o gozo onde ele não se encontra e, preparando para si um futuro miserável, por não saber sequer aproveitar o momento presente.

Considerai meu Emílio após os 20 anos, bem formado, bem constituído de espírito e de corpo, forte, saudável, disposto, hábil, robusto, cheio de sentido, de razão, de bondade, de humanidade, tendo costumes, gosto, amando o belo, fazendo o bem, livre do império das paixões cruéis, isento do jugo da opinião, mas submetido à lei da sabedoria e dócil à voz da amizade, possuindo todos os talentos úteis e vários talentos agradáveis, preocupando-se pouco com as rique- zas, carregando seus recursos na ponta de seus braços e, aconteça o que aconte- cer, não temendo carecer de pão. Ei-lo agora inebriado de uma paixão nascente: seu coração se abre às primeiras chamas do amor; suas doces ilusões lhe fazem um novo universo de delícia e de gozo; ama um objeto amável, e ainda mais amável por seu caráter que por sua pessoa; espera, aguarda um retorno que sente lhe ser devido; é a partir da relação dos corações e do concurso dos sen- timentos honestos que se formou a primeira inclinação deles. Essa inclinação deve ser durável; ele se entrega com confiança e até mesmo com razão ao mais encantador delírio, sem temor, sem arrependimento, sem remorso, sem outra inquietação além daquela de que o sentimento de felicidade é inseparável. O que pode faltar ao seu? Vede, procurai, imaginai o que ainda lhe falta e que se possa conciliar com o que tem. Ele reúne todos os bens que se podem obter ao mes- mo tempo; não se pode acrescentar-lhes nenhum senão à custa de outro; é tão feliz quanto um homem pode ser. Irei, neste momento, abreviar um destino tão doce? Irei perturbar uma volúpia tão pura? Ah, todo o valor da vida está na felicidade que ele prova! O que eu poderia lhe dar que compensasse o que lhe tivesse tomado? Mesmo elevando ao cúmulo sua felicidade, eu destruiria seu maior encanto: essa felicidade suprema é 100 vezes mais doce de esperar que de obter; gozamos mais dela melhor quando a esperamos do que quando a provamos. Ó, bom Emílio, ama e sê amado! Goza por muito tempo antes de possuir; goza, ao mesmo tempo, do amor e da inocência; faz teu paraíso na Terra enquanto esperas o outro. Não abreviarei este feliz momento de tua vida. Estenderei para ti o seu encanto; prolongá-lo-ei tanto quanto possível. Infelizmente, é preciso que acabe, e que acabe em pouco tempo; mas farei, pelo menos, com que dure para sempre em tua memória, e com que nunca te arrependas por tê-lo provado.

Emílio não esquece que temos restituições a fazer. Assim que estão prontas, pegamos cavalos e partimos com toda a pressa; desta vez, ao sair, ele desejava já ter chegado; quando o coração se abre às paixões, ele se abre ao tédio da vida. Se não perdi meu tempo, a sua não transcorrerá toda assim.

Infelizmente, o caminho é bastante acidentado e a região, difícil. Perdemo-nos; ele é o primeiro a percebê-lo e, sem impacientar-se, sem queixar-se, investe toda sua atenção para reencontrar seu caminho; erra por muito tempo antes de saber onde está, e sempre com o mesmo sangue-frio. Isso não é nada para vós, mas é muito para mim, conhecendo seu natural exaltado: vejo o fruto dos cuidados que tomei desde sua infância para endurecê-lo aos golpes da necessidade.

Enfim, chegamos. A recepção que nos é oferecida é muito mais simples e mais atenciosa que na primeira vez; já somos velhos conhecidos. Emílio e Sofia se cumprimentam com um pouco de embaraço e ainda não se falam; o que diriam um ao outro na nossa presença? A conversa de que necessitam não requer testemunhas. Caminhamos pelo jardim: esse jardim tem como solo uma horta muito bem cuidada, como parque um pomar coberto de grandes e belas árvores frutíferas de toda espécie, cortado em vários sentidos por belos riachos e canteiros cheios de flores. "Que belo lugar!", exclama Emílio, imbuído de seu Homero e sempre entusiasmado; "acredito ver o jardim de Alcínoo".[36] A menina gostaria de saber quem é Alcínoo, e a mãe o pergunta. "Alcínoo", respondo, "era um rei da Córcira, cujo jardim, descrito por Homero, é criticado por pessoas de gosto como sendo demasiado simples e muito pouco ornamentado.[37] Este Alcínoo tinha uma filha amável que, no dia anterior àquele em que um estrangeiro

---

36. Na mitologia grega, Alcínoo (ou Alcino) era o rei dos felácios, habitantes da ilha de Esquéria (atual Córcira). No sétimo livro da *Odisseia*, Ulisses é recebido por Alcínoo, após ser socorrido pela filha deste, Nausícaa (ou Nausica), na costa da ilha. (N.T.)

37. "Saindo do palácio, encontra-se um vasto jardim de quatro jeiras, cercado e fechado em todo o entorno, plantado com grandes árvores floridas, produzindo peras, granadas e outras das mais belas espécies, figueiras de fruto doce e oliveiras verdejantes. Nunca, durante o ano inteiro, essas belas árvores careceram de frutos; no inverno e no verão o doce sopro do vento do oeste faz, ao mesmo tempo, com que uns fecundem e outros amadureçam. Veem-se a pera e a maçã envelhecerem e secarem em sua árvore, o figo na figueira e o cacho no cepo. A inesgotável videira não cessa de trazer novas uvas; umas são cozidas e confeitas ao sol, sobre uma eira, enquanto outras são vindimadas, deixando na planta aquelas que ainda estão florescendo, que estão verdes ou que começam a enegrecer. Numa das pontas, dois canteiros bem cultivados e cobertos de flores durante o ano todo são adornados de duas fontes, das quais uma se distribui por todo o jardim e outra, após ter atravessado o palácio, é conduzida a um prédio erguido na cidade para dessedentar os cidadãos."

Essa é a descrição do jardim real de Alcínoo, no sétimo livro da *Odisseia*, no qual, para a vergonha deste velho sonhador chamado Homero e dos príncipes de sua época, não se veem nem caniçadas, nem estátuas, nem cascatas, nem tabuleiro de relva.

recebeu a hospitalidade de seu pai, imaginou que teria logo um marido". Sofia, perturbada, enrubesce, baixa os olhos, morde a língua; não se pode imaginar tamanha confusão. O pai, que se diverte aumentando-a, toma a palavra e diz que a jovem princesa iria ela mesma lavar a roupa no rio: "Acreditais", continua, "que ela teria desdenhado tocar as toalhas sujas, dizendo que cheiravam a gordura?". Sofia, a quem o golpe era dirigido, esquecendo sua timidez natural, desculpa-se com vivacidade; seu pai bem sabe que toda a pequena roupa branca não teria tido outra lavandeira além dela se a tivessem deixado fazer,[38] e que ela teria com prazer feito ainda mais, caso lho tivessem ordenado. Ouvindo tais palavras, ela me olha de esguelha com uma inquietação da qual não pude me impedir de rir, lendo em seu coração ingênuo os alarmes que a fazem falar. Seu pai tem a crueldade de assinalar esse estouvamento, perguntando-lhe, com um tom zombador, sobre o que fala a si mesma e o que tem em comum com a filha de Alcínoo. Envergonhada e trêmula, não ousa mais respirar nem olhar ninguém. Encantadora menina, não é mais o momento de fingir; eis que vos declarastes, contra vossa vontade.

Essa pequena cena é logo esquecida, ou parece sê-lo; muito felizmente para Sofia, Emílio é o único que não compreendeu nada. O passeio prossegue, e nossos jovens que, de início, estavam a nosso lado penam em acompanhar a lentidão de nosso andar; gradualmente, adiantam-se a nós, aproximam-se um do outro e, por fim, se juntam, e os vemos bastante longe a nossa frente. Sofia parece atenta e ponderada; Emílio fala e gesticula com ardor: não parecem entediados pela conversa. Ao cabo de uma hora, no mínimo, retornamos; chamamo-los e eles voltam, mas devagar agora, e vê-se que aproveitam o tempo. Finalmente, sua conversa de repente cessa, antes que possamos escutá-la, e eles aceleram o passo para juntarem-se a nós. Emílio nos aborda com um ar cordial e afetuoso; seus olhos cintilam de alegria; ele os dirige, entretanto, com alguma inquietação para a mãe de Sofia, para ver a recepção que ela lhe dará. Sofia está longe de ter uma postura tão descontraída; ao aproximar-se, parece toda confusa por ver-se frente a frente com um rapaz, ela que tantas vezes se encontrou nessa situação com outros sem embaraçar-se com isso e sem que o tivessem considerado inapropriado. Apressa-se em acorrer à mãe, um tanto ofegante, dizendo algumas palavras que não significam grande coisa, como para dar a impressão de estar aí há bastante tempo.

Dada a serenidade que se desenha no rosto dessas amáveis crianças, vê-se que essa conversa aliviou seus jovens corações de um grande peso. Não são

---

38. Confesso que fico feliz que a mãe de Sofia não a tenha deixado estragar, com sabão, mãos tão suaves quanto as suas, as quais Emílio deverá tantas vezes beijar.

menos reservados um com o outro, mas sua reserva é menos embaraçada. Ela se deve apenas ao respeito de Emílio, à modéstia de Sofia e à honestidade de ambos. Emílio ousa dirigir-lhe algumas palavras; por vezes, ela ousa responder, mas nunca abre a boca com esse intento sem antes encarar os olhos de sua mãe. A mudança que parece mais sensível é em relação a mim. Manifesta por mim uma consideração mais solícita, encara-me com interesse, fala-me com afeto, é atenta ao que pode me agradar; vejo que me honra com sua estima e que não lhe é indiferente obter a minha. Compreendo que Emílio lhe falou a meu respeito, é como se tivessem conspirado para me conquistar; nada disso, entretanto, é verdade, e mesmo Sofia não se conquista tão rapidamente. Ele terá talvez mais necessidade de meu favor junto a ela do que do dela junto a mim. Casal encantador!... Pensando que o coração sensível de meu jovem amigo me reservou um lugar tão considerável em sua primeira conversa com sua amada, desfruto do prêmio de meus esforços; sua amizade me recompensou por tudo.

As visitas se reiteram. As conversas entre nossos jovens se tornam mais frequentes. Emílio, inebriado de amor, acredita já alcançar sua felicidade. No entanto, não obtém uma declaração formal de Sofia; ela o escuta e não lhe diz nada. Emílio conhece toda sua modéstia; tanta reserva pouco o surpreende; sente que não é mal considerado por ela; sabe que são os pais que casam os filhos; supõe que Sofia aguarda uma ordem de seus pais, pede-lhe permissão para solicitá-la; ela não se opõe; ele me fala a respeito e falo em seu nome, mesmo na sua presença. Que surpresa para ele descobrir que Sofia depende apenas de si mesma, e que, para torná-lo feliz, ela deve apenas querê-lo. Começa a não compreender mais nada da conduta dela. Sua confiança diminui. Alarma-se, vê-se menos avançado do que pensava e é então que o amor mais meigo emprega sua mais comovente linguagem para convencê-la.

Emílio não é feito para adivinhar o que o prejudica: se não lho disserem, não o saberá até o fim de seus dias, e Sofia é orgulhosa demais para dizer-lho. As dificuldades que a detêm fariam a prontidão de outra; não esqueceu as lições de seus pais. Sabe que é pobre e que Emílio é rico. Como ele precisa fazer-se estimar por ela! De que mérito não necessita para fazer apagar essa desigualdade? Mas como ele poderia pensar nesses obstáculos? Emílio sabe que é rico? Ousa sequer informar-se a respeito? Graças ao céu, não tem qualquer necessidade de sê-lo; sabe ser benfeitor sem isso. Tira o bem que faz de seu coração, e não de seu bolso. Dá aos desafortunados seu tempo, seus cuidados, seu afeto, sua pessoa, e, na estimação de suas mercês, mal ousa ter qualquer consideração pelo dinheiro que distribui aos indigentes.

Não sabendo a que atribuir sua desgraça, culpa a si mesmo; pois quem ousaria acusar de capricho o objeto de suas adorações? A humilhação do amor-próprio aumenta os arrependimentos do amor rejeitado. Não se aproxima mais de Sofia com essa amável confiança de um coração que se sente digno do dela; é receoso e trêmulo diante dela. Não espera mais comovê-la pela ternura, procura convencê-la pela piedade. Por vezes, sua paciência se esgota; o despeito está prestes a lhe suceder. Sofia parece pressentir esses arrebatamentos e o observa. Seu olhar basta para desarmá-lo e intimidá-lo: está mais submisso que antes.

Perturbado com essa resistência obstinada e com esse silêncio invencível, desabafa com seu amigo. Revela-lhe as dores desse coração desolado de tristeza; implora por sua assistência e seus conselhos. "Que impenetrável mistério! Ela se interessa por meu destino, não posso duvidar disso: longe de me evitar, sente-se bem a meu lado. Quando chego, manifesta alegria e, quando parto, arrependimento; recebe meus cuidados com bondade; meus serviços parecem agradar-lhe; ousa dar-me opiniões e, por vezes, até mesmo ordens. Não obstante, rejeita minhas solicitações, minhas súplicas. Quando ouso falar de união, impõe-me imperiosamente o silêncio, e, se acrescento uma palavra, abandona-me no mesmo instante. Por que estranha razão aceita ouvir que lhe pertenço sem querer ouvir falar de me pertencer? Vós que ela honra, vós que ela ama e que ela não ousará silenciar, fazei-a falar; servi vosso amigo, coroai vosso trabalho; não torneis vossos cuidados funestos a vosso aluno. Ah! O que ele recebeu de vós fará sua miséria se não completardes sua felicidade!"

Converso com Sofia e arranco-lhe, com alguma dificuldade, um segredo que eu já conhecia antes que o revelasse. Com mais dificuldade, procuro obter permissão para instruir Emílio a respeito; finalmente, obtenho-a e a utilizo. Essa explicação o deixa num espanto do qual não consegue sair. Não compreende nada dessa delicadeza; não imagina que diferença algumas moedas a mais ou a menos fazem para o caráter e o mérito. Quando o faço ouvir o que elas fazem para os preconceitos, põe-se a rir e, arrebatado de alegria, deseja partir no mesmo instante, para rasgar tudo, jogar tudo fora, renunciar a tudo, para ter a honra de ser tão pobre quando Sofia e retornar digno de ser seu esposo.

"Quê!", digo, detendo-o e rindo, por minha vez, de sua impetuosidade; "esta jovem cabeça não amadurecerá? Após ter filosofado por toda vossa vida, nunca aprendereis a raciocinar? Como não vedes que, seguindo vosso insensato projeto, piorareis vossa situação e tornareis Sofia mais intratável? É uma pequena vantagem ter alguns bens a mais que ela, seria uma grande vantagem sacrificar-lhos todos; e, se seu orgulho não pode se resolver a vos dever o primeiro reconhecimento, como poderia se resolver a vos dever o outro? Se ela não pode tolerar que um marido possa censurá-la por ela ter-se enriquecido com ele, como suportará que ele possa censurá-la por ter-se empobrecido por ela? Pois bem, infeliz! Temei que ela desconfie que tenhais concebido tal projeto. Tornai-vos, ao contrário, econômo e cuidadoso por amor a ela, temendo que vos acuse de querer conquistá-la pela habilidade de sacrificar-lhe voluntariamente o que perdereis por negligência.

"Acreditais que, no fundo, grandes bens lhe causem medo e que suas oposições se devam precisamente às riquezas? Não, caro Emílio, elas encontram uma causa mais sólida e mais grave no efeito que produzem essas riquezas na alma do possuidor. Ela sabe que os bens da fortuna são sempre preferidos a tudo por aqueles que os têm. Todos os ricos consideram o ouro acima do mérito. No investimento comum do dinheiro e dos serviços, concluem sempre que estes nunca compensam o outro e pensam que lhes devemos de sobra quando passamos a vida servindo-os e comendo seu pão. Que tendes, portanto, de fazer, ó Emílio, para tranquilizá-la em relação a seus temores? Fazei com que vos conheça bem; não é tarefa para um dia. Mostrai-lhe, nos tesouros de vossa alma, com que compensar aqueles que tendes a infelicidade de herdar. Com constância e tempo, superai sua resistência. Com sentimentos grandes e generosos, forçai-a a esquecer vossas riquezas. Amai-a, servi-a, servi seus respeitáveis pais. Provai-lhe que esses cuidados não são efeito de uma paixão louca e passageira, mas dos princípios indeléveis gravados no fundo de vosso coração. Honrai dignamente o mérito ultrajado pela fortuna; é o único meio de reconciliá-lo com o mérito que ela favoreceu."

Podem-se imaginar os arrebatamentos de alegria que esse discurso provoca no jovem rapaz, quanta confiança e quanta esperança lhe devolve; como seu coração honesto se felicita por ter de fazer, para agradar a Sofia, tudo que faria por si mesmo ainda que Sofia não existisse ou ele não estivesse enamorado dela. Por pouco que se tenha compreendido seu caráter, quem não imaginará sua conduta nessa ocasião?

Eis-me, então, confidente de meus dois jovens e o mediador de seus amores! Belo emprego para um governante! Tão belo que nunca em minha vida fiz algo que me elevasse tanto a meus próprios olhos e que me deixasse tão satisfeito comigo mesmo. De resto, esse emprego não deixa de ter seus atrativos: venho com frequência à casa; confiam em mim para que mantenha os amantes na ordem; temendo desagradar-me, Emílio nunca foi tão dócil. A pequena me inunda com bondades que não me enganam e das quais aproveito apenas as que me cabem. É assim que ela se recompensa indiretamente pelo respeito em que mantém Emílio. Faz-lhe, em mim, mil ternos afagos que preferiria morrer a fazer nele mesmo, e ele, sabendo que não desejo prejudicar seus interesses, se encanta com meu bom entendimento com ela. Consola-se quando ela lhe recusa seu braço na caminhada para preferir o meu. Distancia-se sem murmúrio, apertando-me a mão e dizendo-me em voz baixa, com a boca e os olhos: "Amigo, falai por mim". Com interesse, ele nos segue com os olhos. Procura ler nossos sentimentos em nossos rostos e interpretar nossas palavras por nossos gestos: sabe que nada do que é dito entre nós lhe é indiferente. Boa Sofia, como vosso sincero coração está à vontade quando, sem ser ouvida por Telêmaco, podeis conversar com seu Mentor! Com que amável franqueza o deixais ler nesse terno coração tudo que nele ocorre! Com que prazer lhe mostrais toda vossa estima por seu aluno! Com que tocante ingenuidade o deixais penetrar sentimentos mais doces! Com que falsa ira repelis o inoportuno quando a impaciência o força a vos interromper! Com que encantador despeito o censurais por sua indiscrição, quando procura vos impedir de elogiá-lo, de ouvir elogios a seu respeito e de extrair sempre de minhas respostas alguma razão nova para amá-lo!

Chegando, assim, a fazer-se aceitar como amante declarado, Emílio exerce todos seus direitos: fala, pressiona, solicita, importuna. Pouco lhe importa que lhe falem duramente ou que o maltratem, desde que se faça ouvir. Finalmente, consegue, não sem dificuldade, que Sofia, por sua vez, aceite exercer abertamente sobre ele a autoridade de uma amada, que lhe prescreva o que deve fazer, que ordene em vez de pedir, que aceite em vez de agradecer, que fixe o número e a duração das visitas, que o proíba de vir até determinado dia e de permanecer após determinada hora. Tudo isso não se faz por brincadeira, mas muito séria, e, se ela aceitou esses direitos com dificuldade, ela os exerce com um rigor que frequentemente reduz o pobre Emílio ao arrependimento por tê-los dado. Mas, sejam quais forem suas ordens, ele não replica e, não raro, ao partir para obedecer, olha-me com olhos repletos de alegria, que me dizem: "Vedes que ela se apoderou de mim". Contudo, a orgulhosa o observa discretamente, e a altivez de seu escravo a faz sorrir.

Albani e Rafael,[39] emprestai-me o pincel da voluptuosidade. Divino Milton,[40] ensinai minha grosseira pena a descrever os prazeres do amor e da inocência. Mas não: ocultai vossas artes mentirosas diante da santa verdade da natureza. Tende apenas corações sensíveis e almas honestas e deixai, então, vossa imaginação errar sem constrangimento pelos arrebatamentos de dois jovens amantes que, sob os olhos de seus pais e de seus guias, se entregam, sem

---

39. Rafael Sanzio (mais conhecido, simplesmente, como Rafael) (1483-1520) foi um dos maiores nomes do Renascimento italiano, enquanto Francesco Albani (1578-1660) foi um dos principais expoentes do barroco. (N.T.)

40. O poeta inglês John Milton (1608-1674) se tornou particularmente célebre por seu poema épico *Paraíso perdido* (1667), centrado no tema da queda do homem. (N.T.)

perturbação, à doce ilusão que os encanta e, avançando lentos na embriaguez dos desejos rumo ao fim, entrelaçam com flores e grinaldas o feliz laço que deve uni-los até o túmulo. Tantas imagens encantadoras me inebriam; reúno--as sem ordem e sem sequência, pois o delírio que provocam em mim me impede de uni-las. Ó, quem é que, tendo um coração, não saberá compor em si mesmo o quadro delicioso das diferentes situações do pai, da mãe, da filha, do governante, do aluno e do concurso de uns e outros para a união do mais encantador casal que o amor e a virtude possam tornar feliz?

É agora que, tornando-se verdadeiramente solícito em agradar, Emílio começa a sentir o valor dos talentos agradáveis que deu a si mesmo. Sofia ama cantar, ele canta com ela; faz mais, ensina-lhe música. Ela é viva e ligeira, ama pular; ele dança com ela, transforma seus saltos em passos e a aperfeiçoa. Essas lições são encantadoras, a alegria galhofeira os anima e suaviza o tímido respeito do amor; é permitido a um amante dar essas lições com volúpia; é permitido ser o mestre de sua amada.

Temos um velho cravo todo danificado. Emílio o conserta e o afina. É organeiro e violeiro, tanto quanto marceneiro; sempre teve como máxima aprender a dispensar o socorro de outrem para tudo que podia fazer por si mesmo. A casa está em situação pitoresca; ele lhe extrai diferentes quadros, dos quais Sofia, por vezes, se apoderou e com os quais decora o gabinete de seu pai. Suas molduras não são douradas e não precisam sê-lo. Vendo Emílio desenhar, ela o imita e se aperfeiçoa segundo seu exemplo, cultiva todos os talentos e seu encanto os embeleza todos. Seu pai e sua mãe se recordam de sua antiga opulência, vendo novamente brilharem a seu redor as belas-artes, que, sozinhas, a tornavam preciosa; o amor enfeitou sua casa inteira; apenas ele faz reinar, sem custos e sem esforço, os mesmos prazeres que, no passado, somente se reuniam à força de dinheiro e de tédio.

Assim como o idólatra enriquece o objeto de seu culto com tesouros que estima, e enfeita, sobre o altar, o deus que adora, o amante, por mais que veja sua amada perfeita, deseja continuamente acrescentar-lhe novos ornamentos. Ela não tem necessidade deles para lhe agradar; mas ele tem necessidade de enfeitá-la: trata-se de uma nova homenagem que acredita lhe prestar; é um novo interesse que confere ao prazer de contemplá-la. Parece-lhe que nada que é belo está em seu lugar quando ele não adorna a suprema beleza. É um espetáculo ao mesmo tempo comovente e risível o de ver Emílio solícito em ensinar a Sofia tudo que sabe sem perguntar se o que quer ensinar-lhe é de seu gosto ou lhe convém. Fala-lhe de tudo, explica-lhe tudo com uma solicitude pueril; acredita que lhe basta dizer e, num instante, ela entenderá. Imagina de antemão o prazer que terá em raciocinar, em filosofar com ela; encara como inútil todo conhecimento que não puder expor a seus olhos: quase enrubesce por saber algo que ela não saiba.

Ei-lo, portanto, dando-lhe lições de filosofia, de física, de matemática, de história, de tudo, em suma. Sofia se presta com prazer a seu zelo e procura aproveitá-lo. Quando consegue dar suas lições de joelho diante dela, como Emílio está contente! Acredita ver os céus abertos. Entretanto, essa situação, mais embaraçosa para a aluna que para o mestre, não é a mais favorável à instrução. Não se sabe então muito bem o que fazer com os olhos para evitar os que os perseguem, e, quando se encontram, isso tampouco favorece a lição.

A arte de pensar não é estranha às mulheres, mas elas devem apenas roçar as ciências de raciocínio. Sofia concebe tudo e não retém grande coisa. Seus maiores progressos residem na moral e nas coisas de gosto; quanto à física, retém apenas alguma ideia das leis gerais e do sistema do mundo; por vezes, em seus passeios, ao contemplarem as maravilhas da natureza, seus corações inocentes e puros ousam elevar-se até seu Autor. Não temem sua presença, exprimem-se conjuntamente diante dele.

Quê! Dois amantes na flor da idade usam seu encontro para falar de religião? Passam seu tempo dizendo seu catecismo? Para que serve aviltar o que é sublime? Sim, certamente, dizem-no na ilusão que os encanta; veem-se perfeitos, amam-se, conversam com entusiasmo sobre o que recompensa a virtude. Os sacrifícios que lhe fazem a tornam preciosa. Em arrebatamentos que é preciso vencer, derramam, por vezes juntos, lágrimas mais puras que o orvalho do céu, e essas doces lágrimas fazem o deleite de sua vida; encontram-se no mais encantador delírio que almas humanas jamais tenham provado. As próprias privações ampliam sua felicidade e os honram, a seus próprios olhos, com seus sacrifícios. Homens sensuais, corpos sem almas, eles conhecerão um dia vossos prazeres, mas se lembrarão por toda a vida da feliz época em que os recusaram.

A despeito desse bom entendimento, não deixa de haver, por vezes, algumas dissensões e até mesmo querelas; a amada não é destituída de capricho nem o amante, de exaltação; mas essas pequenas tormentas passam depressa e apenas fortalecem a união; a própria experiência ensina Emílio a não mais temê-las tanto; as reconciliações lhe são sempre mais vantajosas que são nocivas as desavenças. O fruto da primeira o leva a esperar o mesmo das outras; enganou-se; mas, enfim, se não obtém sempre um proveito tão sensível, ganha sempre ao ver confirmar por Sofia o amor sincero que ela guarda em seu coração. Deseja-se saber então de que proveito se trata. É com muito gosto que consinto em dizê-lo, pois tal exemplo me permitirá expor uma máxima muito útil e combater uma muito funesta.

Emílio ama; não é, portanto, temerário; e pode-se imaginar ainda mais que não é do feitio da imperiosa Sofia admitir familiaridades. Como a sabedoria encontra seu termo em todas as coisas, acusá-la-iam antes de ser cruel demais que de ser indulgente demais, e seu próprio pai teme, por vezes, que seu extremo orgulho degenere em altivez. Nos encontros mais secretos, Emílio não ousaria solicitar o menor favor, nem mesmo parecer aspirar a ele, e, por vezes, quando ela aceita passar seu braço sob o dele durante a caminhada, uma graça que ela não permite transformar em direito, ele ousa, quando muito, encostar, suspirando, esse braço contra seu peito. Entretanto, após um longo constrangimento, ele arrisca beijar furtivamente seu vestido, e por diversas vezes é feliz o bastante para que ela aceite não percebê-lo. Um dia, desejando ele tomar um pouco mais abertamente a mesma liberdade, ela decide mostrar-se muito ofendida. Ele se obstina, ela se irrita: o despeito lhe dita algumas palavras mordazes; Emílio não as suporta sem réplica; o restante do dia transcorre com amuo e os dois se separam muito descontentes.

Sofia está embaraçada. Sua mãe é sua confidente; como poderia esconder-lhe sua mágoa? É sua primeira desavença, e uma desavença de uma hora é um grande problema! Arrepende-se de seu erro; sua mãe lhe permite repará-lo, seu pai lho ordena.

No dia seguinte, Emílio, inquieto, retorna mais cedo que de costume. Sofia está no toucador de sua mãe; o pai também está no mesmo quarto. Emílio entra com respeito, mas com um triste semblante. O pai e a mãe mal o viram, Sofia se volta e, estendendo-lhe a mão, lhe pergunta, carinhosa, como está. Está claro que esta bela mão não se estende assim senão para ser beijada; ele a recebe, mas não a beija; Sofia, um tanto envergonhada, a retrai com toda a boa graça que lhe é possível. Emílio, que não é afeito às maneiras das mulheres e que não sabe para que serve o capricho, não o esquece tão facilmente e não se acalma tão rapidamente. O pai de Sofia, vendo-a embaraçada, termina de desconcertá-la com zombarias. A pobre menina, confusa, humilhada, não sabe mais o que faz e daria tudo para ousar chorar. Quanto mais ela se constrange, mais seu coração é ferido; uma única lágrima escapa, a despeito de seus esforços. Emílio vê a lágrima, se joga a seus pés, toma-lhe a mão e a beija por diversas vezes, com comoção. "Palavra de honra, sois muito bom", diz o pai estourando de riso, "eu seria menos indulgente com todas essas loucas, e puniria a boca que me tivesse ofendido". Emílio, encorajado por essas palavras, dirige um olhar suplicante à mãe e, acreditando ver um sinal de consentimento, se aproxima, trêmulo, do rosto de Sofia, que desvia a cabeça e, para salvar a boca, expõe um bochecha rosada. O indiscreto não se contenta com isso; ela resiste fragilmente. Que beijo, se não tivesse sido dado diante dos olhos de uma mãe! Severa Sofia, tomai cuidado: pedir-vos-ão frequentemente para beijar vosso vestido, contanto que o recuseis algumas vezes.

Após essa exemplar punição, o pai sai para resolver algum assunto, a mãe pede a Sofia que saia sob algum pretexto; dirige, então, a palavra a Emílio e lhe diz, com um tom bastante sério: "Senhor, acredito que um jovem tão bem--nascido, tão bem-educado quanto vós, que tem sentimentos e costumes, não desejaria recompensar, com a desonra de uma família, a amizade que ela lhe testemunha. Não sou atrevida nem pudica, sei o que se deve tolerar da inconsequente juventude, e o que suportei diante de meus olhos basta para prová-lo. Consultai vosso amigo sobre vossos deveres, ele vos dirá a diferença que existe entre os jogos que a presença de um pai e de uma mãe autoriza e as liberdades que se tomam longe deles, abusando de sua confiança e transformando em armadilhas os mesmos favores que, diante de seus olhos, são apenas inocentes. Dir-vos-á, senhor, que minha filha cometeu convosco o único erro de não ter visto, desde a primeira vez, o que nunca deveria tolerar: dir-vos-á que tudo que se toma como favor assim se torna, e que é indigno de um homem de honra abusar da simplicidade de uma jovem para usurpar em segredo as mesmas liberdades que ela pode suportar diante de todos. Pois sabemos o que o decoro pode tolerar em público, mas ignoramos até onde vai, na sombra do mistério, aquele que se faz juiz de suas próprias fantasias".

Após essa justa reprimenda, muito mais dirigida a mim que a meu aluno, a sábia mãe parte e me deixa na admiração de sua rara prudência, que pouco se importa que beijem, na sua frente, a boca de sua filha, mas que se assusta por ousarem beijar seu vestido em particular. Refletindo sobre a loucura de nossas máximas, que sacrificam sempre a verdadeira honestidade à decência, compreendo por que a linguagem é tanto mais casta quanto os corações são mais corrompidos e por que os comportamentos são tanto mais exatos quanto aqueles que os empregam são mais desonestos.

Imbuindo, por essa ocasião, o coração de Emílio dos deveres que eu deveria ter-lhe ditado antes, vem-me uma nova reflexão, que talvez honre mais ainda Sofia e que me abstenho, no entanto, de comunicar a seu amante. É que está claro que esse pretenso orgulho por que a censuram é apenas uma precaução muito sábia para proteger-se de si mesma. Tendo a infelicidade de sentir que possui um temperamento inflamável, teme a primeira fagulha e a afasta de todo seu poder. Não é por orgulho que é severa, mas por humildade. Exerce sobre Emílio o império que teme não ter sobre Sofia; serve-se de um para combater o outro. Se ela fosse mais confiante, seria muito menos orgulhosa.

Eliminando esse único ponto, que menina no mundo é mais acessível e mais doce? Quem suporta com mais paciência uma ofensa? Quem mais teme ofender a outrem? Quem tem menos pretensões de todas as espécies, exceção feita à virtude? Mesmo assim, não é sua virtude que a torna orgulhosa; ela o é apenas para conservá-la; e quando pode entregar-se sem risco à inclinação de seu coração, afaga até mesmo seu amante. Mas sua discreta mãe não relata todos esses detalhes ao pai: os homens não devem saber tudo.

Longe até mesmo de parecer orgulhar-se de sua conquista, Sofia se tornou mais afável e menos exigente com todo mundo, exceto talvez com aquele que produziu tal mudança. O sentimento de independência não enche mais seu nobre coração. Ela triunfa com modéstia com uma vitória que lhe custa sua liberdade. Adota uma atitude menos livre e um falar mais tímido desde que não ouve mais a palavra "amante" sem enrubescer. Mas o contentamento trespassa seu embaraço e até mesmo essa vergonha não é um sentimento desagradável. É, sobretudo, com os jovens pretendentes que a diferença de sua conduta é mais sensível. Desde que ela não os teme mais, a extrema reserva que mantinha com eles se abrandou consideravelmente. Resoluta em sua escolha, ela se mostra, sem escrúpulos, graciosa com os indiferentes; e menos rigorosa quanto a seu mérito desde que não se interessa mais por eles, considera-os sempre bastante amáveis para pessoas que nunca serão nada para ela.

Se o verdadeiro amor pudesse recorrer à coquetaria, eu acreditaria até mesmo ver-lhe alguns traços na maneira como Sofia se comporta com eles na presença de seu amante. É como se, não satisfeita com a ardente paixão com que o abrasa, por uma requintada mistura de reserva e de carinho, tampouco lhe desagradasse estimular essa mesma paixão por alguma inquietação. É como se, distraindo propositalmente seus jovens hóspedes, ela destinasse ao tormento de Emílio as graças de uma jovialidade que não ousa ter com ele; mas Sofia é demasiado atenciosa, boa e judiciosa para de fato atormentá-lo; para moderar esse perigoso estimulante, o amor e a honestidade suprem a prudência: sabe alarmá-lo e confortá-lo precisamente quando necessário, e se, por vezes, o inquieta, ela nunca o entristece. Perdoemos a preocupação que dá àquele que ela ama, pelo temor que tem de que ele nunca esteja suficientemente cativado.

Mas que efeito essa pequena artimanha produzirá em Emílio? Será ciumento ou não? É o que se deve examinar; pois tais digressões também integram o objeto de meu livro e me afastam pouco de meu assunto.

Anteriormente, fiz ver como, nas coisas que se prendem apenas à opinião, essa paixão se introduziu no coração do homem. Mas, tratando-se do amor, a situação é outra; o ciúme parece então resultar tão diretamente da natureza que temos dificuldade de acreditar que não provenha dela, e o próprio exemplo dos animais, entre os quais muitos são ciumentos até o furor, parece deixar o sentimento oposto sem réplica. É a opinião dos homens que ensina os galos a se despedaçarem e os touros a lutarem entre si até a morte?

A aversão a tudo que perturba e combate nossos prazeres é um impulso natural; isso é incontestável. Até certo ponto, o desejo de possuir exclusivamente o que nos agrada ainda está no mesmo caso. Mas, quando esse desejo, tornando-se uma paixão, se transforma em furor ou numa fantasia melindrosa e triste chamada ciúme, trata-se, então, de outra coisa; essa paixão pode ser natural ou não; é preciso distinguir.

O exemplo tirado dos animais foi anteriormente examinado no *Discurso sobre a desigualdade*,[41] e voltando, agora, a refletir a respeito, esse exame me parece suficientemente sólido para ousar indicá-lo aos leitores. Acrescentarei apenas às distinções que fiz naquele texto que o ciúme que vem da natureza se deve muito ao poder do sexo e que, quando tal poder é ou parece ser ilimitado, esse ciúme atinge seu cúmulo; pois o macho, medindo então seus direitos com base em suas necessidades, nunca pode ver outro macho senão como um inoportuno concorrente. Nessas mesmas espécies, as fêmeas, obedecendo sempre ao primeiro a chegar, pertencem aos machos apenas pelo direito de conquista e causam combates eternos entre eles.

Ao contrário, nas espécies em que um macho se une a uma fêmea, onde o acasalamento produz uma espécie de laço moral, uma espécie de casamento, a fêmea, pertencendo por sua escolha ao macho que ela deu a si mesma, recusa comumente qualquer outro, e o macho, tendo como garantia de sua fidelidade essa afeição de preferência, também se preocupa menos com a vista de outros machos e vive mais tranquilamente com eles. Nessas espécies, o macho participa da criação dos filhotes e, por uma dessas leis da natureza que não se observam sem ternura, parece que a fêmea devolve ao pai o afeto que tem por seus filhos.

Ora, considerando a espécie humana em sua simplicidade primitiva, é fácil ver, pela potência limitada do macho e pela temperança de seus desejos que ele está destinado pela natureza a se contentar com uma única fêmea; o que é confirmado pela igualdade numérica entre indivíduos dos dois sexos, pelo menos em nossos climas; igualdade que não se verifica, longe disso, nas espécies onde a maior força dos machos reúne várias fêmeas em torno de um só.

---

41. Rousseu cita aqui seu *Discurso sobre a origem e os fundamentos da desigualdade entre os homens*. São Paulo: Edipro, 2015. (N.E.)

Embora o homem não choque como o pombo e, carecendo também de seios para amamentar, ele pertença, sob este aspecto, à classe dos quadrúpedes, os filhos permanecem, por tanto tempo, rastejantes e fracos que sua mãe e eles dificilmente dispensariam a afeição do pai e os cuidados que dela resultam.

Todas as observações concorrem, portanto, para provar que o furor ciumento dos machos em algumas espécies de animais não permite tirar quaisquer conclusões para o homem e a própria exceção dos climas meridionais, onde a poligamia está estabelecida, apenas confirma o princípio, pois é da pluralidade das mulheres que vem a tirânica precaução dos maridos e o sentimento de sua própria fraqueza leva o homem a recorrer ao constrangimento para desviar-se das leis da natureza.

Entre nós, onde essas mesmas leis, menos evitadas sob este aspecto, o são num sentido contrário e mais odioso, o ciúme encontra seu motivo nas paixões sociais mais que no instinto primitivo. Na maioria das relações de galantaria, o amante odeia seus rivais muito mais que ama sua amada; se teme não ser o único escutado, isso é efeito desse amor-próprio cuja origem assinalei, e a vaidade padece nele muito mais que o amor. Aliás, nossas desastradas instituições tornaram as mulheres tão dissimuladas[42] e despertaram a tal ponto seus apetites que mal podemos nos fiar a sua afeição mais atestada e elas não podem mais manifestar preferências que dissipem o temor em relação aos concorrentes.

Quanto ao verdadeiro amor, é outra coisa. Fiz ver, no texto já citado, que esse sentimento não é tão natural quanto se pensa; e existe, de fato, diferença entre o doce hábito que leva um homem a afeiçoar-se a sua companheira e esse ardor desenfreado que o inebria com os quiméricos atrativos de um objeto que ele não vê mais tal como é. Essa paixão, que exala apenas exclusões e preferências, difere, sob este aspecto, da vaidade apenas porque esta, exigindo tudo e não concedendo nada, é sempre iníqua, ao passo que o amor, dando sempre tanto quanto exige, é, em si mesmo, um sentimento repleto de equidade. Aliás, quanto mais exigente, mais crédulo ele é: a mesma desilusão que o causa o torna fácil de persuadir. Se o amor é inquieto, a estima é confiante, e o amor nunca existiu sem a estima num coração honesto, pois ninguém ama naquele que ama senão as qualidades pelas quais tem consideração.

Estando tudo isso bem esclarecido, pode-se dizer, com certeza, de que espécie de ciúme Emílio será capaz; pois, tendo essa paixão, quando muito,

---

42. A espécie de dissimulação de que falo aqui é oposta à que lhes convém e que devem à da natureza; uma consiste em disfarçar os sentimento que têm e a outra, em simular os que não têm. Todas as mulheres do mundo passam sua vida fazendo de sua pretensa sensibilidade um troféu e nunca apreciam nada além de si mesmas.

um germe no coração humano, sua forma é determinada unicamente pela educação. Emílio, enamorado e ciumento, não será colérico, suspicaz, desconfiado, mas delicado, sensível e receoso, estará mais alarmado que irritado, esforçar-se-á muito mais para conquistar sua amada que para ameaçar seu rival; afastá-lo-á, se puder, como um obstáculo, sem odiá-lo como a um inimigo; se o odiar, não será pela audácia de disputar com ele o coração pretendido, mas pelo perigo real que o faz correr de perdê-lo; seu injusto orgulho não se ofenderá tolamente se ousarem entrar em concorrência com ele; compreendendo que o direito de preferência é unicamente fundado no mérito e que a honra está no sucesso, ele redobrará seus esforços para tornar-se amável, e provavelmente terá êxito. A generosa Sofia, estimulando seu amor por alguns alarmes, saberá bem regrá-los e recompensá-lo por eles, e os concorrentes que eram tolerados apenas para pô-lo à prova não tardarão a serem afastados.

Mas para onde me sinto gradualmente arrastado? Ó, Emílio, o que aconteceu contigo? Posso reconhecer em ti meu aluno? Como te vejo degradado! Onde está aquele jovem formado tão estritamente, que enfrentava os rigores das estações, que entregava seu corpo aos mais rudes trabalhos e sua alma apenas às leis da sabedoria, inacessível aos preconceitos e às paixões, que amava apenas a verdade, que cedia somente à razão e não se prendia a nada que não fosse seu? Amolecido agora numa vida ociosa, deixa-se governar por mulheres; os divertimentos destas são suas ocupações; as vontades delas são suas leis; uma jovem menina é árbitra de seu destino; rasteja e se curva diante dela; o grave Emílio é o joguete de uma criança!

Essa é a mudança das cenas da vida; cada idade tem mecanismos que a fazem mover-se, mas o homem permanece sempre o mesmo. Aos dez anos, é motivado por bolos, aos 20 por uma amante, aos 30 pelos prazeres, aos 40 pela ambição, aos 50 pela avareza; quando é que corre apenas atrás da sabedoria? Feliz aquele que, contra sua vontade, é conduzido a ela! Que importância tem o guia que se emprega, contanto que o conduza até a meta? Os heróis e até mesmo os sábios pagaram esse tributo à fraqueza humana, e aquele que quebrou fusos com os dedos não deixou, com isso, de ser um grande homem.

Quereis estender por toda a vida o efeito de uma feliz educação? Prolongai, durante a juventude, os bons hábitos da infância e, quando vosso aluno for o que deve ser, fazei com que seja o mesmo em todas as épocas; eis o último aperfeiçoamento que deveis conferir a vosso trabalho. É sobretudo por isso que importa dar um governante aos jovens, pois, de resto, não se deve temer muito que não saibam fazer amor sem ele. O que engana os preceptores e principalmente os pais é que acreditam que uma maneira de viver exclui outra e que, assim que nos tornamos adultos, devemos renunciar a tudo que fazíamos quando éramos crianças. Se isso fosse verdade, para que serviria cuidar da infância, na medida em que o bom e o mau uso que dela se fizesse se apagaria com ela e que, adotando maneiras de viver absolutamente diferentes, adotar-se-iam necessariamente outras formas de pensar?

Assim como apenas grandes doenças interrompem a continuidade na memória, apenas grandes paixões o fazem nos costumes. Embora nossos gostos e nossas inclinações mudem, essa mudança, por vezes bastante abrupta, é suavizada pelos hábitos. Na sucessão de nossas inclinações, assim como num bom esbatimento de cores, o hábil artista deve tornar as passagens imperceptíveis, confundir e misturar as tintas e, para que nenhuma se destaque, espalhar várias delas por todo seu trabalho. Essa regra é confirmada pela experiência: as pessoas imoderadas alteram todos os dias suas afeições, seus gostos, seus sentimentos, e somente têm constância no hábito da mudança; mas o homem regrado volta sempre a suas antigas práticas e nem mesmo na velhice perde o gosto pelos prazeres que tinha quando criança.

Se fazeis com que, passando para uma nova idade, os jovens não passem a desprezar aquela que a precedeu e com que, contraindo novos hábitos, eles não abandonem os antigos e continuem amando fazer o que é certo, sem consideração pelo tempo em que começaram, somente então tereis salvo vosso trabalho e vos tereis certificado dele até o fim de seus dias; pois a mais temível revolução é a da idade sobre a qual velais agora. Como esta nunca abandona nossos pensamentos, dificilmente perdemos depois os gostos que nela mantivemos; ao passo que, quando são interrompidos, não os readquirimos mais até o fim da vida.

Os hábitos que acreditais instilar nas crianças e nos jovens não são, na sua maioria, verdadeiros hábitos, pois eles os adquirem somente à força e, seguindo-os contra sua vontade, esperam apenas a ocasião de se livrarem deles. Não se adquire o gosto de estar na prisão à força de nela permanecer: então, longe de diminuir a aversão, o hábito a aumenta. O mesmo não ocorre com Emílio, que, não tendo feito nada durante sua infância senão voluntariamente e com prazer, apenas acrescenta, ao continuar a agir da mesma forma quando adulto, o império do hábito às doçuras da liberdade. A vida ativa, o trabalho braçal, o exercício e o movimento se tornaram tão necessários que ele não poderia renunciar a eles sem sofrer. Reduzi-lo, de repente, a uma vida indolente e sedentária seria aprisioná-lo, acorrentá-lo, mantê-lo num estado violento e forçado; não duvido que seu humor e sua saúde fossem igualmente alterados por isso. Mal consegue respirar à vontade num quarto bem fechado; necessita do céu aberto, do movimento, do cansaço. Até mesmo aos pés de Sofia, ele não pode, por vezes, impedir-se de observar de esguelha o campo e de desejar percorrê-lo com ela. Permanece, contudo, quando tem de permanecer, mas fica inquieto, agitado, parece se debater; permanece porque está acorrentado. Aí estão, direis, necessidades às quais o submeti, sujeições que lhe dei, e tudo isso é verdade; sujeitei-o à condição de homem.

Emílio ama Sofia; mas quais são os primeiros encantos que o afeiçoaram? A sensibilidade, a virtude, o amor às coisas honestas. Amando este amor em sua amada, ele o teria perdido para si mesmo? Que preço, por sua vez, Sofia atribuiu a si mesma? O de todos os sentimentos que são naturais ao coração de seu amante: a estima dos verdadeiros bens, a frugalidade, a simplicidade, o generoso altruísmo, o desprezo pelo fausto e pelas riquezas. Emílio tinha essas virtudes antes que o amor lhas tivesse imposto. Em que, portanto, Emílio verdadeiramente mudou? Tem novas razões para ser ele mesmo; é neste único ponto que ele é diferente do que era.

Não imagino que, lendo este livro com alguma atenção, alguém possa acreditar que todas as circunstâncias da situação em que ele se encontra se tenham reunidas assim a seu redor, por acaso. É por acaso que, oferecendo as cidades tantas meninas amáveis, a que lhe agrada se encontra apenas no fundo de um retiro distante? É por acaso que ele a encontra? É por acaso que se convêm um ao outro? É por acaso que não podem alojar-se no mesmo local? É por acaso que ele não encontra um abrigo senão tão longe dela? É por acaso que ele a vê tão raramente e que é forçado a comprar, por meio de tantos esforços, o prazer de, por vezes, encontrá-la? Ele se efemina, dizeis? Ao contrário, endurece-se; é preciso que seja tão robusto quanto o fiz para resistir aos cansaços que Sofia lhe faz suportar.

Ele vive a, pelo menos, duas léguas[43] dela. Essa distância é o fole da forja; é por meio dela que dou força aos traços do amor. Se fossem vizinhos ou se ele pudesse tranquilamente ir vê-la sentado numa boa carroça, amá-la-ia à vontade, amá-la-ia como parisiense. Teria Leandro desejado morrer por Hero se o mar não o tivesse separado dela?[44] Leitor, não me obrigueis a me alongar; se sois feito para me entender, seguireis suficientemente minhas regras em meus detalhes.

As primeiras vezes que fomos ver Sofia, pegamos cavalos para ir mais rápido. Consideramos tal expediente cômodo; na quinta vez, continuamos a ir a

---

43. Cerca de 7,8 quilômetros. (N.E.)

44. Na mitologia grega, Leandro, um jovem grego de Abidos, atravessava todas as noites o mar para alcançar a outra margem, onde vivia sua amada, Hero, sacerdotisa de Afrodite. Certa vez, atingido por uma tempestade durante a travessia, Leandro acabou se afogando, motivando Hero a lançar-se no mar para juntar-se a seu amado. (N.T.)

cavalo. Somos esperados; a mais de meia légua[45] da casa, percebemos pessoas no caminho. Emílio observa, seu coração bate forte, aproxima-se, reconhece Sofia, atira-se de seu cavalo, parte, voa e se vê aos pés da amável família. Emílio ama os belos cavalos; o seu está alerta, sente-se livre e foge pelos campos: sigo-o, alcanço-o com dificuldade e o trago de volta. Infelizmente, Sofia tem medo de cavalos, e não ouso aproximar-me dela. Emílio não vê nada, mas Sofia conta a seu ouvido sobre a dificuldade que causou a seu amigo. Emílio acorre todo envergonhado, toma os cavalos e permanece retraído; é justo que cada um tenha sua vez. Parte em primeiro para livrar-se de nossas montarias. Deixando assim Sofia para trás, não considera mais o cavalo uma condução tão cômoda. Volta ofegante e nos encontra na metade do caminho.

Na viagem seguinte, Emílio não quer mais cavalos. "Por quê?", pergunto. "Basta levarmos um lacaio para cuidar deles." "Ah!", diz, "sobrecarregaremos assim a respeitável família? Vedes que ela deseja alimentar a todos, homens e cavalos". "É verdade", respondo, "que eles têm a nobre hospitalidade da indigência. Os ricos, avaros em seu fausto, abrigam apenas seus amigos, mas os pobres abrigam também os cavalos de seus amigos". "Vamos a pé", diz; "não tendes coragem para isso, vós que partilhais com tanto gosto os extenuantes prazeres de vosso aluno?". "De muito bom grado", respondo de imediato; "pois o amor, ao que me parece, não deseja ser feito com tanto barulho".

Ao nos aproximarmos, encontramos a mãe e a filha ainda mais longe que na primeira vez. Viemos como uma flecha. Emílio está encharcado de suor: uma mão querida se digna a passar-lhe um lenço sobre a face. O mundo teria de encher-se de cavalos antes que fôssemos tentados a montá-los.

É, entretanto, bastante cruel não poderem nunca passar o fim da tarde juntos. O verão avança, os dias começam a diminuir. Digamos o que quisermos, nunca nos deixam partir à noite e, quando não chegamos desde a manhã, é preciso quase que partamos logo após chegarmos. Finalmente, à força de se apiedarem de nós e de se preocuparem conosco, a mãe pensa que, na verdade, não podem nos abrigar decentemente na casa, mas podem encontrar um alojamento para nós na aldeia, para que, por vezes, possamos lá dormir. Ao ouvir essas palavras, Emílio bate palmas e estremece de alegria; sem se dar conta, Sofia beija sua mãe com mais frequência no dia em que encontrou tal expediente.

Pouco a pouco, a doçura da amizade e a familiaridade da inocência se estabelecem e se consolidam entre nós. Nos dias prescritos por Sofia ou por sua mãe, venho ordinariamente com meu amigo; por vezes, deixo-o ir sozinho. A

---

45. Cerca de 1,95 quilômetro. (N.E.)

confiança eleva a alma e não se deve mais tratar um homem como criança; e que progresso eu teria feito até então se meu aluno não merecesse minha estima? Acontece também que eu vá sem ele: isso, então, o entristece, mas não se queixa; para que serviriam as queixas? Além disso, ele sabe que não vou prejudicar seus interesses. De resto, quer vamos juntos ou separados, pode-se imaginar que nenhum tempo nos detém, orgulhosos por chegarmos num estado de dar pena. Infelizmente, Sofia nos veda tal honra e nos proíbe de vir em mau tempo. Trata-se da única vez em que a vejo rebelde às regras que lhe dito em segredo.

Um dia em que foi sozinho, e esperando revê-lo apenas no dia seguinte, vejo-o chegar na mesma noite e lhe digo, abraçando-o: "Quê, caro Emílio, retornas a teu amigo!". Mas, em vez de responder a meus afagos, diz com algum humor: "Não acrediteis que volto tão cedo porque quero; venho contra minha vontade. Ela desejou que eu viesse; venho por ela, e não por vós". Comovido com essa ingenuidade, beijo-o imediatamente, dizendo-lhe: "Alma franca, amigo sincero, não me prives do que me pertence. Se vens por ela, é por mim que o dizes; teu retorno é obra dela, mas tua franqueza é a minha. Guarda para sempre esta nobre candura das belas almas. Podemos deixar os indiferentes pensarem o quiserem, mas é um crime tolerar que um amigo nos atribua um mérito pelo que não fizemos por ele".

Abstenho-me de aviltar a seus olhos o valor dessa confissão, encontrando nela mais amor que generosidade e dizendo-lhe que deseja menos privar-se do mérito desse retorno que atribuí-lo a Sofia; mas eis como, sem dar-se conta, me revela o fundo de seu coração. Se veio tranquilamente, a passos curtos e sonhando com seus amores, Emílio é apenas o amante de Sofia; se chega a passos largos, enervado, embora um tanto zangado, Emílio é o amigo de seu Mentor.

Vê-se, por esses arranjos, que meu jovem está muito longe de passar sua vida ao lado de Sofia e de vê-la tanto quanto gostaria. Dão-lhe permissão de fazer apenas uma ou duas viagens por semana; e suas visitas, muitas vezes de apenas meio dia, raramente se estendem até o dia seguinte. Ele passa muito mais tempo esperando vê-la ou felicitando-se por tê-la visto do que a vendo de fato. Até mesmo o tempo dedicado às suas viagens são passadas menos ao lado dela que se aproximando ou se afastando dela. Seus prazeres, verdadeiros, puros, deliciosos, mas menos reais que imaginários, estimulam seu amor sem efeminar seu coração.

Os dias em que não a vê, ele não se mantém ocioso e sedentário. Nesses dias, ele ainda é Emílio, não se transformou. Na maioria das vezes, percorre os campos das redondezas, segue sua história natural, observa, examina as terras, suas produções, sua cultura; compara os trabalhos que vê aos que conhece; procura as razões para as diferenças; quando considera outros métodos preferíveis ao do local, oferece-os aos cultivadores; se propõe uma forma melhor de charrua, faz com que as façam com base em seus desenhos; se encontra uma pedreira de marga, ensina-lhes uma utilidade desconhecida na região; frequentemente, ele mesmo põe mãos à obra; surpreendem-se por vê-lo manejar suas ferramentas mais facilmente que eles mesmos, traçar sulcos mais profundos e mais retos que os deles, semear com mais igualdade e dispor, com mais inteligência, taludes de terra na horta. Não zombam dele como de um diletante de agricultura; veem que de fato a conhece. Em suma, ele estende seu zelo e seus cuidados a tudo que é de utilidade primordial e geral, e tampouco se limita a isso. Visita as casas dos camponeses, informa-se a respeito de sua condição, de suas famílias, do número de seus filhos, da quantidade de suas terras, da natureza do produto, de seu escoamento, de suas faculdades, de seus tributos, de suas dívidas etc. Dá pouco dinheiro, sabendo que, ordinariamente, é mal--empregado; mas ele mesmo orienta seu emprego e lhos torna útil, a despeito da vontade deles. Fornece-lhes operários e, com frequência, paga suas próprias jornadas para os trabalhos de que necessitam. Faz com que um reconstrua ou cubra sua choupana parcialmente derrubada, faz com que outro arroteie sua terra abandonada por falta de recursos e fornece a um terceiro uma vaca, um cavalo ou gado de qualquer espécie para substituir o que perdeu. Se dois vizinhos estão prestes a se enfrentar num processo, ele os convence e os concilia; se um camponês adoece, ele faz com que seja tratado ou ele mesmo o trata;[46] se algum outro é vexado por um vizinho poderoso, ele o protege e o recomenda; se pobres jovens sentem uma atração mútua, ajuda-os a se casarem; se uma boa mulher perdeu seu filho querido, vai vê-la, consola-a e não a deixa logo após ter chegado; não desdenha os indigentes, não tem pressa em deixar os desafortunados; não raro faz suas refeições com os camponeses que assiste, e as aceita também daqueles que não precisam dele; tornando-se benfeitor de uns e amigo dos outros, não deixa de ser seu igual. Enfim, faz sempre com sua pessoa o mesmo bem que com seu dinheiro.

Por vezes, direciona suas caminhadas para o lado da feliz residência: poderia esperar ver Sofia às escondidas, vê-la passeando sem ser visto. Mas Emílio não tem desvios em sua conduta; não sabe e não quer eludir nada. Possui essa amável delicadeza que encanta e alimenta o amor-próprio com o bom testemunho de

---

46. Tratar um camponês doente não é purgá-lo, dar-lhe drogas, enviar-lhe um cirurgião. Não é de tudo isso que necessita essa pobre gente em suas doenças, mas de melhor e mais abundante alimentação. Jejuai, vós, quando tiverdes febre; mas, quando os camponeses a têm, dai-lhes carne e vinho: quase todas suas doenças vêm da miséria e do esgotamento; sua melhor tisana está em vossa adega; seu único boticário deve ser vosso açougueiro.

si. Mantém com rigor seu exílio e nunca se aproxima para receber do acaso o que deseja dever apenas a Sofia. Em contrapartida, erra com prazer pelas redondezas, procurando rastros dos passos de sua amada, enternecendo-se com os esforços que ela fez e com os deslocamentos que aceitou fazer por complacência a ele. Na véspera dos dias em que deve vê-la, vai a alguma fazenda vizinha encomendar uma colação para o dia seguinte. O passeio se desvia para esse lado, sem parecê-lo; entramos como que por acaso e encontramos frutas, bolos, creme. A gulosa Sofia não é insensível a essas atenções e honra com muito gosto nossa previdência; pois sempre tenho minha parte nos cumprimentos, ainda que não tenha nenhuma no zelo que os motiva; trata-se de um subterfúgio de jovem moça para embaraçar-se menos ao agradecer. O pai e eu comemos bolos e bebemos vinho; mas Emílio faz companhia às mulheres, sempre vigiando para furtar algum prato de sopa em que a colher de Sofia tenha mergulhado.

A propósito de bolos, falo a Emílio de suas antigas corridas.[47] Querem saber o que eram; explico, e riem; perguntam-lhe se ainda sabe correr: "Melhor que nunca", responde; "eu ficaria bastante desolado se o tivesse esquecido". Alguém da companhia teria muita vontade de vê-lo correr, mas não ousa dizê-lo; outro se encarrega da proposta e ele aceita; reúnem-se dois ou três jovens das redondezas, fixa-se um prêmio e, para imitar melhor os antigos jogos, coloca-se um bolo sobre a meta; cada qual se prepara; o pai dá o sinal batendo palmas. O ágil Emílio fende o ar e já se encontra na extremidade da pista enquanto os três molengas mal largaram. Emílio recebe o prêmio das mãos de Sofia e, não menos generoso que Eneias,[48] presenteia todos os vencidos.

Em meio ao brilho do triunfo, Sofia ousa desafiar o vencedor e se vangloria de correr tão bem quanto ele. Ele não se recusa a competir com ela; enquanto ela se prepara na entrada da pista, arregaça seu vestido nos dois lados e, mais preocupada em expor uma perna delicada aos olhos de Emílio que em vencê-lo nessa disputa, verifica se suas saias estão suficientemente curtas, ele diz algumas palavras ao ouvido da mãe; esta sorri e faz um sinal de aprovação. Ele vem então se posicionar ao lado de sua concorrente, e, logo que o sinal é dado, vemo-la partir e voar como um pássaro.

As mulheres não são feitas para correr; quando fogem, é para serem alcançadas. A corrida não é a única coisa que fazem desajeitadamente, mas é a única que fazem desgraciosamente: seus cotovelos retraídos e colados ao corpo lhes

---

47. Trata-se aqui de um estranho esquecimento por parte de Rousseau, pois as corridas aqui mencionadas não envolviam Emílio, mas um jovem bem-nascido cujo nome não era mencionado. (N.T.)

48. Rousseau faz referência à personagem da *Ilíada*, de Homero, e, sobretudo da *Eneida*, de Virgílio. (N.T.)

dão uma aparência risível, e os saltos altos sobre os quais estão empoleiradas fazem com que pareçam gafanhotos que desejariam correr sem pular.

Não imaginando que Sofia corra melhor que outra mulher, Emílio não ousa se mexer e a vê partir com um sorriso escarnecedor. Mas Sofia é ligeira e calça saltos baixos; não precisa de artifícios para parecer ter pés pequenos; ela toma a dianteira com tamanha rapidez que, para alcançar esta nova Atalanta,[49] ele dispõe apenas do tempo necessário quando a percebe longe a sua frente. Parte, então, por sua vez, tal como a águia que investe contra sua presa; persegue-a, vai a seu encalço e, finalmente, a alcança, toda ofegante; passa suavemente seu braço esquerdo em torno dela, ergue-a como uma pena e, pressionando contra seu coração essa doce carga, termina assim a corrida, fazendo-a tocar a meta em primeiro; gritando, então, "A vitória é de Sofia", põe, diante dela, um joelho sobre a terra e reconhece a derrota.

A essas diversas ocupações, junta-se a do ofício que aprendemos. Um dia por semana, pelo menos, e todos aqueles em que o mau tempo não nos permite percorrer os campos, vamos, Emílio e eu, trabalhar para um mestre. Não o fazemos pela forma, como pessoas acima dessa condição, mas seriamente e como verdadeiros operários. Certa vez, ao vir nos visitar, o pai de Sofia nos encontra trabalhando, e não deixa de relatar com admiração a sua mulher e a sua filha o que viu. "Ide ver", diz, "esse jovem na oficina, e vereis se despreza a condição do pobre!". Pode-se imaginar se Sofia ouve essas palavras com prazer! Tornam a falar a respeito, desejariam surpreendê-lo no trabalho. Questionam-me sem simular nada, e, após terem se certificado quanto ao dia, a mãe e a filha pegam uma caleche e vão até a cidade nessa data.

Ao entrar na oficina, Sofia percebe, na outra extremidade, um jovem de casaco, com os cabelos negligentemente presos e tão ocupado com o que faz que não a vê; ela se detém e faz um sinal à mãe. Com uma tesoura numa mão e um maço na outra, Emílio termina um encaixe. Em seguida, serra uma prancha e prende-lhe um pedaço sobre o banco, para poli-lo. Esse espetáculo não faz Sofia rir; comove-a, pois é respeitável. Mulher, honra teu chefe; é ele que trabalha para ti, que ganha teu pão, que te alimenta; eis o homem.

Enquanto o observam atentamente, eu as percebo e puxo Emílio pela manga; ele se vira e as vê, atira suas ferramentas e se precipita com um grito de alegria; após ter-se entregue a seus primeiros arrebatamentos, convida-as a se sentarem e retoma o trabalho. Mas Sofia não pode permanecer sentada; levanta-se com vivacidade, percorre a oficina, examina as ferramentas, toca o

---

49. Na mitologia grega, segundo a tradição beócia, a fisicamente dotada heroína Atalanta decidiu desposar apenas aquele que a vencesse na corrida. (N.T.)

lustro das pranchas, recolhe aparas no chão, olha para nossas mãos e diz, então, que aprecia esse ofício, pois é limpo. A brincalhona tenta até mesmo imitar Emílio. Com sua branca e débil mão, empurra uma plaina sobre a prancha; a plaina desliza e não morde. Acredita ver o amor nos ares, rindo e batendo asas; acredito ouvi-lo soltar gritos de alegria e dizer: "Hércules foi vingado".

Entrementes, a mãe questiona o mestre. "Senhor, quanto pagais a esses rapazes?" "Senhora, dou a cada um deles 20 soldos por dia e os alimento; mas, se este jovem quisesse, ganharia muito mais, pois é o melhor operário da região." "Vinte soldos por dia, e os alimentais!", diz a mãe, olhando-nos com ternura. "Senhora, é assim", retoma o mestre. Ao ouvir essas palavras, ela corre até Emílio, beija-o e o aperta contra seu seio derramando lágrimas nele, sem poder dizer outra coisa além de repetir: "Meu filho! Ó, meu filho!".

Após ter passado algum tempo conversando conosco, mas sem nos distrair, a mãe diz à filha: "Vamos, já é tarde, não podemos nos fazer esperar". Então, aproximando-se de Emílio, desfere-lhe um leve tapa na bochecha, dizendo: "Pois bem, bom operário, não quereis vir conosco?". Ele responde com um tom bastante triste: "Estou comprometido, perguntai ao mestre". Perguntam ao mestre se aceita nos dispensar. Responde que não pode. Diz: "Tenho trabalho urgente que devo entregar depois de amanhã. Contando com esses senhores, recusei operários que se apresentaram; se estes me faltarem, não saberei mais onde encontrar outros e não poderei entregar o trabalho no dia prometido". A mãe não replica; espera que Emílio fale. Emílio baixa a cabeça e se cala. "Senhor", diz-lhe um pouco surpresa com esse silêncio, "não tendes nada a dizer sobre isto?". Emílio observa ternamente a filha e responde apenas com estas palavras: "Vedes que devo ficar". Com isso, as damas partem e nos deixam. Emílio as acompanha até a porta, segue-as com os olhos tanto quanto pode, suspira e volta ao trabalho, sem falar.

No caminho, a mãe, ofendida, fala à filha da estranheza desse comportamento. "Quê!", diz, "era tão difícil contentar o mestre sem ser obrigado a ficar? E esse jovem tão pródigo, que distribui dinheiro sem necessidade, não sabe mais encontrá-lo nas ocasiões convenientes?". "Ó, mãe", responde Sofia, "Deus não queira que Emílio atribua tanta força ao dinheiro a ponto de empregá-lo para romper um compromisso pessoal, para descumprir impunemente sua palavra e fazer descumprir a de outrem! Sei que ele indenizaria facilmente o operário pelo leve prejuízo que sua ausência lhe causasse; entretanto, ele sujeitaria sua alma às riquezas, acostumar-se-ia a situá-las no lugar de seus deveres e a acreditar que estamos dispensados de tudo, contanto que paguemos. Emílio tem outras maneiras de pensar e espero não levá-lo a mudá-las. Acreditais que não lhe custou nada permanecer? Mamãe, não vos enganeis; é por mim que permanece; eu o vi em seus olhos".

Não é que Sofia seja indulgente quanto aos verdadeiros cuidados do amor. Ao contrário, é imperiosa, exigente; preferiria não ser amada a sê-lo moderadamente. Tem o nobre orgulho do mérito que se sente, que se estima e que deseja ser honrado como honra a si mesmo. Ela desdenharia um coração que não sentisse todo o valor do seu, que não a amasse por suas virtudes tanto quanto por seus encantos, ou ainda mais; um coração que não preferisse seu próprio dever a ela e que não a preferisse a qualquer outra coisa. Não quis um amante que não conhecesse outra lei além da sua: deseja reinar sobre um homem que ela não desfigurou. É assim que, tendo aviltado os companheiros de Ulisses, Circe os desdenha e se oferece apenas àquele que não pôde mudar.[50]

Contudo, exceção feita a esse direito inviolável e sagrado, excessivamente zelosa de todos os seus, ela observa com que escrúpulo Emílio os respeita, com que zelo realiza suas vontades, com que destreza as adivinha, com que vigilância chega no momento prescrito; ela não quer que ele se atrase nem que se antecipe; quer que seja exato. Antecipar-se é preferir-se a ela, atrasar-se é negligenciá-la. Negligenciar Sofia! Isso não aconteceria duas vezes. A injusta suspeita de uma ocorrência quase arruinou tudo; mas Sofia é justa e sabe bem reparar seus erros.

Uma tarde, somos esperados: Emílio recebeu a ordem. Vêm a nosso encontro, mas não chegamos. "O que lhes aconteceu? Que infortúnio sofreram? Ninguém da parte deles!" Passam a tarde nos esperando. A pobre Sofia acredita estarmos mortos; está desolada, atormenta-se, passa a noite chorando. Desde o fim da tarde, mandaram um mensageiro ir se informar a nosso respeito e trazer informações na manhã seguinte. O mensageiro retorna acompanhado de outro de nossa parte, que apresenta oralmente nossas desculpas e diz estarmos em boa saúde. Um momento depois, nós mesmos aparecemos. A cena, então, muda; Sofia enxuga suas lágrimas, ou, se as derrama, são de raiva. Seu coração altaneiro não se acalmou ao constatar que estávamos em vida: Emílio vive e se fez esperar inutilmente.

Ao chegarmos, ela deseja se trancar. Desejamos que fique; é preciso ficar; mas, tomando de imediato sua decisão, ela simula um ar tranquilo e contente

---

50. Na *Odisseia*, Ulisses e seus companheiros de viagem desembarcam na ilha de Eana, morada da feiticeira Circe, filha do Sol. Enviados por Ulisses para inspecionar a ilha, seus homens são vítimas da magia do Circe, que os transforma em porcos. Alertado por Hermes, que lhe entrega uma planta capaz de protegê-lo dos encantos da feiticeira, Ulisses enfrenta Circe, que, pedindo clemência, desfaz o feitiço e liberta seus companheiros. (N.T.)

que enganaria outros. O pai se aproxima de nós e diz: "Fizestes sofrer vossos amigos; há aqui pessoas que não o perdoarão facilmente". "Mas quem, papai?", diz Sofia com a maneira de sorrir mais graciosa que possa simular. "Que vos importa isso", responde o pai, "contanto que não sejais vós?". Sofia não replica e baixa os olhos para o que estava costurando. A mãe nos recebe com um ar frio e grave. Embaraçado, Emílio não ousa abordar Sofia. Ela lhe fala em primeiro, pergunta como está, convida-o a sentar-se e finge tão bem que o pobre rapaz, que ainda não entende a linguagem das paixões violentas, é enganado por esse sangue-frio e está quase a ponto de irritar-se com ele.

Para desenganá-lo, tomo a mão de Sofia para beijá-la, como por vezes faço: ela a retira bruscamente, pronunciando a palavra "senhor" de modo tão singular que esse movimento involuntário a denuncia imediatamente aos olhos de Emílio.

Sofia também, vendo que se traiu, se constrange menos. Seu aparente sangue-frio se transforma em desprezo irônico. Responde a tudo que lhe dizem por monossílabos pronunciados em voz lenta e incerta, como que temendo deixar transparecer em demasia o acento da indignação. Emílio, quase morto de medo, a observa com dor, e procura induzi-la a olhá-lo nos olhos, para ler melhor seus verdadeiros sentimentos. Sofia, mais irritada com sua confiança, lança um olhar que o priva da vontade de solicitar um segundo. Perturbado e trêmulo, Emílio não ousa mais, muito felizmente para ele, lhe falar nem olhá--la; pois, não tivesse ele sido culpado e se tivesse podido suportar sua ira, ela nunca o teria perdoado.

Vendo, então, que é minha vez e que é tempo de nos explicarmos, volto a me dirigir a Sofia. Retomo sua mão, que ela não retrai mais, pois está prestes a passar mal. Digo-lhe com doçura: "Cara Sofia, estamos infelizes; mas sois razoável e justa; não nos julgareis sem nos ouvir: escutai-nos". Ela não responde, e assim prossigo.

"Partimos ontem às quatro horas; tínhamos de chegar às sete, e saímos sempre mais cedo que o necessário, a fim de descansarmos à proximidade daqui. Já havíamos percorrido três quartos do caminho quando lamentações dolorosas alcançaram nossos ouvidos; partiam de um desfiladeiro da colina, a alguma distância de nós. Acorremos aos gritos; encontramos um infeliz camponês que, retornando a cavalo da cidade, após tomar um pouco de vinho, caíra tão violentamente que quebrara a perna. Gritamos, pedimos ajuda, mas ninguém respondeu; procuramos recolocar o ferido sobre seu cavalo, sem sucesso: ao menor movimento, o infeliz sentia dores horríveis; tomamos a decisão de amarrar o cavalo no bosque ao lado; então, fazendo uma maca com nossos braços, erguemos o ferido e o levamos o mais suavemente possível, seguindo suas indicações sobre o caminho que era preciso tomar para chegar a sua casa. O trajeto era longo; foi preciso que repousássemos por diversas vezes. Chegamos, enfim, entregues de cansaço; descobrimos, com amarga surpresa, que já conhecíamos a casa e que esse miserável que trazíamos com tanta dificuldade era o mesmo que tão cordialmente nos recebera no dia de nossa primeira chegada aqui. Na perturbação em que estávamos todos, não nos reconhecêramos até esse momento.

"Tinha apenas dois pequenos filhos. Prestes a dar-lhe um terceiro, sua mulher ficou tão surpresa ao vê-lo chegar que sentiu dores agudas e deu à luz poucas horas depois. O que fazer nessa situação, numa cabana afastada, na qual não se podia esperar nenhum socorro? Emílio tomou a decisão de ir buscar o cavalo que havíamos deixado no bosque, montá-lo e correr à rédea solta para procurar um cirurgião na cidade. Cedeu o cavalo ao cirurgião e, não podendo encontrar rapidamente uma guarda, retornou a pé com um criado, após vos ter enviado expressamente outro, enquanto eu, embaraçado, como podeis imaginar, entre um homem com uma perna quebrada e uma mulher em trabalho de parto, preparava na casa tudo que podia prever fosse necessário para o socorro de ambos.

"Não vos darei os detalhes do resto; não é disso que se trata aqui. Já passavam de duas horas da madrugada quando tivemos, eu e ele, um momento de descanso. Finalmente, retornamos antes da alvorada a nosso abrigo, próximo daqui, onde aguardamos a hora de vosso despertar para vos relatar nosso acidente."

Calo-me sem acrescentar nada. Antes que alguém fale, porém, Emílio se aproxima de sua amada, eleva a voz e lhe diz com mais firmeza do que eu teria esperado: "Sofia, sois árbitra de meu destino, sabeis disso. Podeis me fazer morrer de dor; mas não espereis fazer com que eu esqueça os direitos da humanidade: eles me são mais sagrados que os vossos; nunca renunciarei a eles por vós".

Ao ouvir essas palavras, Sofia, em vez de responder, se levanta, passa um braço em volta de seu pescoço, dá-lhe um beijo na face e, então, estendendo-lhe a mão com uma graça inimitável, lhe diz: "Emílio, toma esta mão, ela te pertence. Sê, quando quiserdes, meu esposo e meu senhor. Esforçar-me-ei para merecer esta honra".

Mal o beijou, o pai, encantado, bate palmas, gritando "Mais uma vez!"; e Sofia, sem deixar-se pressionar, lhe dá imediatamente dois beijos sobre a outra face; mas quase no mesmo instante, assustada com tudo que acaba de fazer, se refugia nos braços da mãe e esconde, nesse seio materno, seu rosto inflamado de vergonha.

Não descreverei a alegria comum; todo mundo a deve sentir. Após o jantar, Sofia pergunta se a distância era demasiado grande para ir ver esses pobres doentes. Sofia quer fazê-lo, e é uma boa obra; assim, partimos. Encontramo-los em dois leitos separados; Emílio mandara trazer um; encontramos a seu redor pessoas para confortá-los; Emílio o providenciara. Mas, quanto ao resto, ambos se encontram em condições tão más que sofrem tanto pelo mal-estar quanto por seu estado. Sofia pede que lhe deem um avental da boa mulher e vai arrumá-la em sua cama; faz, em seguida, o mesmo com o homem; sua mão doce e leve sabe encontrar tudo que os machuca e faz deitar mais suavemente seus membros doloridos. Sentem-se já aliviados com sua aproximação; é como se ela adivinhasse tudo que lhes causa dor. Essa menina tão delicada não se desencoraja nem com a sujidade, nem com o mau cheiro, e sabe fazer ambos desaparecerem, sem solicitar ninguém e sem que os doentes sejam atormentados. Ela que víamos sempre tão modesta e, por vezes, tão desdenhosa, ela que em nenhum lugar do mundo teria encostado a ponta do dedo no leito de um homem, vira o ferido e troca-lhe as roupas sem nenhum escrúpulo, e o põe numa posição mais cômoda para que nela permaneça por um bom tempo. O zelo da caridade vale tanto quanto a modéstia; ela faz o que faz tão ligeiramente e com tanta destreza que ele se sente aliviado quase sem perceber que o tocaram. A mulher e o marido abençoam conjuntamente a amável menina que os serve, que se apieda deles e que os consola. É um anjo do céu que Deus lhes envia; tem dele o rosto e a boa graça, a doçura e a bondade. Enternecido, Emílio a contempla em silêncio. Homem, ama tu companheira; Deus a dá para consolar-te em tuas mágoas, para confortar-te em tuas dores: eis a mulher.

Fazem batizar o recém-nascido. Os dois amantes o apresentam, ansiando, no fundo de seus corações, por dar o mesmo trabalho a outros. Aspiram ao momento desejado; acreditam alcançá-lo; todos os escrúpulos de Sofia foram suprimidos, mas os meus emergem. Ainda não chegaram ao ponto em que pensam estar: é preciso que cada um tenha sua vez.

Uma manhã, depois de dois dias sem se verem, entro no quarto de Emílio com uma carta na mão e lhe digo, olhando-o fixamente: "O que faríeis se vos informassem que Sofia está morta?". Solta um grande grito, levanta-se batendo as mãos e, sem dizer uma única palavra, me observa com um olhar perdido. "Respondei", continuo, com a mesma tranquilidade. Então, irritado com meu sangue-frio, aproxima-se com os olhos incendiados de raiva e se detém numa postura quase ameaçadora: "O que eu faria... não sei; mas o que sei é que não tornaria a ver, até o fim de minha vida, aquele que mo informasse". "Tranquilizai-vos", respondo sorrindo, "ela vive, está em boa saúde, pensa em vós e somos esperados hoje à noite. Façamos, porém, uma pequena caminhada, para conversarmos".

A paixão que o preocupa não lhe permite entregar-se como antes a conversas puramente racionais; é preciso interessá-lo, por meio dessa mesma paixão, a manter-se atento a minhas lições. É o que fiz por meio desse terrível preâmbulo; estou muito certo agora de que me escutará.

"É preciso ser feliz, caro Emílio; é o fim de todo ser sensível; é o primeiro desejo que nos conferiu a natureza, e o único que nunca nos abandona. Mas onde está a felicidade? Quem o sabe? Cada um a procura e ninguém a encontra. Gasta-se a vida perseguindo-a e morre-se sem tê-la alcançado. Meu jovem amigo, quando, ao nasceres, tomei-te em meus braços e, atestando ao Ser supremo o compromisso que ousei contrair, devotei meus dias à felicidade dos teus, eu sabia a que me comprometia? Não, sabia apenas que, tornando-te feliz, estava certo de sê-lo. Fazendo para ti essa útil busca, eu a tornava comum a nós dois.

"Enquanto ignoramos o que devemos fazer, a sabedoria consiste em permanecer na inação. De todas as máximas, essa é a de que o homem tem mais necessidade e a que menos sabe seguir. Procurar a felicidade sem saber onde está é expor-se a fugir dela, é correr tantos riscos contrários quantos são os caminhos para se perder. Mas não está ao alcance de todos saber não agir. Na inquietude em que nos mantém o ardor do bem-estar, preferimos nos enganar perseguindo-o a não fazer nada para procurá-lo, e, uma vez fora do lugar em que podemos conhecê-lo, não sabemos mais a ele retornar.

"Com a mesma ignorância, procurei evitar o mesmo erro. Cuidando de ti, resolvi não dar um passo inútil e te impedir de fazê-lo. Mantive-me no caminho da natureza esperando que ela me mostrasse o da felicidade. Constatei que era o mesmo e que, sem me dar conta, eu o trilhara.

"Sê minha testemunha, sê meu juiz, nunca te recusarei. Teus primeiros anos não foram sacrificados aos que devem segui-los; gozaste de todos os bens que a natureza te dera. Dos males a que ela te sujeitou e dos quais não pude te preservar, sentiste apenas os que podiam te endurecer aos outros. Nunca sofreste nenhum senão para evitar outro maior. Não conheceste nem ódio, nem escravidão. Livre e contente, permaneceste justo e bom; pois o sofrimento e o vício são inseparáveis, e o homem nunca se torna mau senão quando está infeliz. Possa a lembrança de tua infância se prolongar até tua velhice; não temo que teu bom coração venha um dia a recordá-la sem oferecer algumas bênçãos à mão que a governou.

"Quando entraste na idade da razão, protegi-te da opinião dos homens; quando teu coração se tornou sensível, preservei-te do império das paixões. Se eu tivesse podido prolongar essa calma interior até o fim de tua vida, teria deixado meu trabalho em segurança, e ainda serias tão feliz quanto um homem pode ser; mas, caro Emílio, por mais que eu tenha mergulhado tua alma no

Estige, não pude torná-la invulnerável a tudo; emerge um novo inimigo que ainda não aprendeste a vencer e do qual não posso mais te salvar. Esse inimigo és tu mesmo. A natureza e a fortuna te haviam deixado livre. Podias aguentar a miséria, podias suportar as dores do corpo, as da alma te eram desconhecidas; não te prendias a nada senão à condição humana, e agora te prendes a todas as afeições que deste a ti mesmo; aprendendo a desejar, tornaste-te escravo de teus desejos. Sem que nada se altere em ti, sem que nada te ofenda, sem que nada atinja teu ser, quantas dores podem atacar tua alma! Quantos males podes sentir sem adoeceres! Quantas mortes podes sofrer sem morreres! Uma mentira, um erro ou uma dúvida podem levar-te ao desespero.

"Assistias, no teatro, aos heróis entregues a dores extremas fazerem ressoar o palco com seus gritos insensatos, afligirem-se como mulheres, chorarem como crianças e merecerem, assim, os aplausos públicos. Lembra-te do escândalo que te causavam essas lamentações, esses gritos, essas queixas, em homens de quem se deviam esperar apenas atos de constância e de firmeza? Quê!, dizias todo indignado, são estes os exemplos que nos oferecem para que os sigamos, os modelos que nos oferecem para que os imitemos! Teme-se que o homem não seja suficientemente pequeno, infeliz e fraco se não vierem ainda lisonjear sua fraqueza sob a falsa imagem da virtude? Meu jovem amigo, sê a partir de agora mais indulgente com o palco: eis que te tornaste um de seus heróis.

"Sabes sofrer e morrer; sabes suportar a lei da necessidade nos males físicos, mas ainda não impuseste leis aos apetites de teu coração, e é de nossas afeições muito mais que de nossas necessidades que nasce a perturbação de nossa vida. Nossos desejos são extensos, nossa força é quase nula. Por suas vontades, o homem se prende a mil coisas e, por si mesmo, não se prende a nada, nem mesmo a sua própria vida; quanto mais ele aumenta suas afeições, mais multiplica seus sofrimentos. Tudo está apenas de passagem na Terra. Todas as coisas que amamos, cedo ou tarde, nos escaparão, e nos prendemos a elas como se devessem durar eternamente. Quanto medo pela mera suspeita da morte de Sofia! Esperavas então que ela viveria para sempre? Não morre ninguém com sua idade? Ela deve morrer, meu filho, e talvez antes de ti. Quem sabe se está viva neste mesmo momento? A natureza te sujeitou a uma única morte; sujeitas-te a uma segunda; eis-te no caso de morrer duas vezes.

"Submetido assim a tuas paixões desregradas, como serás digno de pena! Sempre privações, sempre perdas, sempre alarmes; não gozarás sequer do que te deixarem. O temor de perder tudo te impedirá de possuir qualquer coisa; por ter querido seguir apenas tuas paixões, nunca poderás satisfazê-las. Procurarás sempre o repouso, mas este sempre fugirá diante de ti; serás miserável e te tornarás mau; e como poderias não sê-lo, tendo como lei apenas teus desejos desenfreados? Se não podes suportar privações involuntárias, como te imporás outras voluntariamente? Como saberás sacrificar a inclinação ao dever e resistir a teu coração para escutar tua razão? Tu que já não desejas mais ver aquele que te informará da morte de tua amada, como verias aquele que desejasse privar-te dela ainda viva? Ou aquele que ousasse te dizer: ela está morta para ti, a virtude te separa dela? Se é preciso viver com ela, aconteça o que acontecer, quer Sofia esteja casada ou não, quer sejas livre ou não, quer ela te ame ou te odeie, quer a concedam ou a recusem a ti, não importa: tu a desejas e é preciso possuí-la a qualquer preço. Ensina-me, portanto, a que crime se detém aquele que tem por únicas leis os desejos de seu coração e não sabe resistir a nada do que deseja?

"Meu filho, não há felicidade sem coragem, nem virtude sem combate. A palavra 'virtude' vem de 'força'; a força é a base de toda virtude. A virtude pertence apenas a um ser fraco por sua natureza e forte por sua vontade; é nisso que consiste o mérito do homem justo, e, embora chamemos a Deus bom, não lhe chamamos virtuoso, pois não necessita de esforço para agir bem. Para te explicar essa palavra tão profanada, esperei que estivesses em condição de me entender. Enquanto a virtude não custa nada para ser praticada, temos pouca necessidade de conhecê-la. Essa necessidade vem quando as paixões despertam; ela já chegou para ti.

"Educando-te em toda a simplicidade da natureza, em vez de pregar-te deveres penosos, preservei-te dos vícios que tornam esses deveres penosos, tornei a mentira menos odiosa que inútil, ensinei-te menos a devolver a cada um o que lhe pertence que a te preocupar com o que é teu. Eu te fiz antes bom que virtuoso; mas aquele que é apenas bom não permanece assim senão enquanto tem prazer em sê-lo; a bondade se rompe e perece sob o choque das paixões humanas; o homem que é apenas bom é bom apenas para si.

"Quem é, então, o homem virtuoso? É aquele que sabe vencer suas afeições; pois segue, então, sua razão, sua consciência, faz seu dever, mantém-se na ordem e nada pode afastá-lo dela. Até aqui, eras livre apenas na aparência; tinhas apenas a liberdade precária de um escravo, a quem não se ordenou nada. Agora, sê de fato livre; aprende a tornar-te teu próprio senhor; comanda teu coração, Emílio, e serás virtuoso.

"Eis, portanto, outro aprendizado a fazer, e esse aprendizado é mais penoso que o primeiro; pois a natureza nos livra dos males que ela nos impõe ou nos ensina a suportá-los, mas não nos diz nada sobre os que vêm de nós; ela nos abandona a nossa sorte; ela nos deixa, vítimas de nossas paixões, sucumbir a nossas dores vãs e ainda nos glorificar das lágrimas que deveriam nos envergonhar.

"Esta é tua primeira paixão. É a única, talvez, que seja digna de ti. Se sabes regê-la como homem, ela será tua última; subjugarás todas as demais e obedecerás apenas à da virtude.

"Esta paixão não é criminosa, sei disso; é tão pura quanto as almas que a sentem. A honestidade a formou, a inocência a alimentou. Felizes amantes! Os encantos da virtude apenas se juntam, para vós, aos do amor, e o doce laço que vos espera não é menos a recompensa de vossa sabedoria que a de vosso afeto. Mas, diz-me, homem sincero: foste menos subjugado por esta paixão tão pura? És menos seu escravo? E se amanhã ela deixasse de ser inocente, sufocá-la--ias? Este é o momento de testar tuas forças; será tarde demais quando tiveres de empregá-las. Esses perigosos testes se devem fazer longe do perigo. Não treinamos para o combate diante do inimigo; preparamo-nos antes da guerra; apresentamo-nos a ela já inteiramente prontos.

"É um erro distinguir as paixões entre permitidas e proibidas para entregar-se às primeiras e recusar as demais. Todas são boas quando as senhoreamos, todas são más quando nos deixamos sujeitar por elas. O que nos é proibido pela natureza é estender nossos afetos para além de nossas forças; o que nos é proibido pela razão é desejar o que não podemos obter; o que nos é proibido pela consciência não é sermos tentados, mas nos deixarmos vencer pelas tentações. Não depende de nós ter ou não ter paixões, depende de nós reinar sobre elas. Todos os sentimentos que dominamos são legítimos, todos os que nos dominam são criminosos. Um homem não é culpado por amar a mulher de outro se mantém essa infeliz paixão sujeita à lei do dever; é culpado de amar sua própria mulher a ponto de imolar tudo a esse amor.

"Não esperes de mim longos preceitos de moral, pois tenho apenas um para te dar, e este compreende todos os outros. Sê homem; retrai teu coração dentro dos limites de tua condição. Estuda e conhece tais limites; por mais estreitos que sejam, não somos infelizes enquanto nos atemos a eles; somente o somos quando desejamos ultrapassá-los; somo-lo quando, em nossos desejos insensatos, situamos entre os possíveis o que não o é. Somo-lo quando esquecemos nossa condição de homem para forjar outras imaginárias, das quais retornamos sempre a nossa. Os únicos bens cuja privação é custosa são aqueles a que acreditamos ter direito. A evidente impossibilidade de obtê-los faz com que nos desapeguemos deles; os desejos sem esperança não causam qualquer tormento. Um pobre não é atormentado pelo desejo de ser rei; um rei não deseja ser Deus senão quando acredita não ser mais homem.

"As ilusões do orgulho são a fonte de nossos maiores males; mas a contemplação da miséria humana torna o sábio sempre moderado. Ele se mantém em seu lugar, não se agita para deixá-lo, não utiliza inutilmente suas forças para gozar do que não pode conservar e, empregando-as todas para realmente possuir o que tem, é de fato mais poderoso e mais rico por tudo que deseja a menos que vós. Formarei para mim, um ser mortal e transitório, laços eternos nesta terra onde tudo muda, onde tudo passa e da qual desaparecerei amanhã? Ó Emílio, ó meu filho, perdendo-te, o que restaria de mim? E, no entanto, é preciso que eu aprenda a te perder; pois quem sabe quando me privarão de ti?

"Desejas, então, viver feliz e sábio? Afeiçoa teu coração apenas à beleza que não perece; que tua condição limite teus desejos, que teus deveres se antecipem a tuas inclinações; estende a lei da necessidade às coisas morais; aprende a perder o que pode ser tomado de ti; aprende a abandonar tudo quando a virtude o ordena, a colocar-te acima dos acontecimentos, a desprender teu coração sem que o dilacerem, a ser corajoso na adversidade a fim de nunca ser miserável; a ser firme em teu dever a fim de nunca ser criminoso. Serás, então, feliz a despeito da fortuna, e sábio a despeito das paixões. Encontrarás, então, na própria posse dos bens frágeis uma volúpia que nada poderá perturbar; possui-los-á sem que te possuam, e sentirás que o homem a quem tudo escapa goza apenas do que sabe perder. Não terás, é verdade, a ilusão dos prazeres imaginários, tampouco terás as dores que deles provêm. Ganharás muito com essa troca, pois essas dores são frequentes e reais, e esses prazeres são raros e vãos. Derrotando tantas opiniões enganosas, derrotarás também a que confere tão grande valor à vida. Passarás a tua sem perturbação e a terminarás sem medo: desapegar-te-ás dela assim como de todas as coisas. Enquanto outros, tomados de horror, pensam, ao deixá-la, que cessam de existir, instruído a respeito de sua nulidade, acreditarás começar. A morte é o fim da vida do mau e o começo da do justo."

Emílio me escuta com um misto de atenção e inquietude. Teme que este preâmbulo tenha alguma conclusão sinistra. Pressente que, mostrando-lhe a necessidade de exercitar a força da alma, desejo submetê-lo a esse duro exercício, e, assim como um ferido que estremece ao ver aproximar-se o cirurgião, acredita já sentir em sua ferida a mão dolorosa mas salutar que o impede de cair em corrupção.

Incerto, perturbado e apressado em saber aonde quero chegar, em vez de responder, ele me interroga, mas com temor. "O que se deve fazer?", pergunta-me quase trêmulo e sem ousar erguer os olhos. "O que se deve fazer!", repondo com um tom firme; "é preciso deixar Sofia". "Que dizeis?", gritou com exaltação; "deixar Sofia! Deixá-la, enganá-la, ser um traidor, um velhaco, um perjuro!...". "Quê!", retomei, interrompendo-o; "é comigo que Emílio teme aprender a merecer tais epítetos?". "Não", continua com a mesma impetuosidade, "nem de vós nem de qualquer outro: saberei, contra vossa vontade, preservar vossa obra; saberei não merecê-los".

Eu esperava essa fúria inicial. Deixo-a passar sem me comover. Se eu não tivesse a moderação que lhe prego, com que autoridade a pregaria? Emílio me conhece bem demais para acreditar que sou capaz de exigir dele algo que seja errado, e sabe bem que seria errado deixar Sofia no sentido que atribui a essa palavra. Espera, portanto, que eu me explique. Assim, retomo meu discurso.

"Acreditais, caro Emílio, que um homem, em qualquer situação que se encontre, possa ser mais feliz do que tendes sido nos últimos três meses? Se acreditais nisso, desenganai-vos. Antes de provar os prazeres da vida, esgotastes-lhe a felicidade. Não existe nada além do que sentistes. A felicidade dos sentidos é passageira. O estado habitual do coração sempre perde com ela. Gozastes mais por esperança que jamais gozareis na realidade. A imaginação que enfeita o que se deseja o abandona com a posse. Exceção feita ao único Ser que existe por si mesmo, nada é belo senão o que não é. Se esse estado tivesse podido durar para sempre, teríeis encontrado a felicidade suprema. Mas tudo que se prende ao homem sofre de sua caducidade; tudo é finito, tudo é passageiro na vida humana, e, ainda que o estado que nos torna felizes durasse incessantemente, o hábito de desfrutá-lo nos privaria do gosto por ele. Se nada se altera no exterior, o coração se altera; a felicidade nos deixa ou a deixamos.

"O tempo que não medíeis se esgotava durante vosso delírio. Encerrando-se o verão, o inverno se aproxima. Ainda que pudéssemos continuar nossos deslocamentos numa estação tão rude, nunca os suportaríamos. É de fato preciso, a despeito de nossa vontade, mudar a maneira de viver, pois esta não pode durar. Vejo, em vossos olhos impacientes, que esta dificuldade pouco vos incomoda: a confissão de Sofia e vossos próprios desejos vos sugerem um meio fácil de evitar a neve e de não ter de fazer mais nenhuma viagem. O expediente é certamente cômodo; mas, chegando a primavera, derrete a neve e permanece o casamento; é preciso pensar em todas as estações.

"Quereis desposar Sofia, e não faz cinco meses que a conheceis! Quereis desposá-la, não porque ela vos convém, mas porque vos agrada; como se o amor nunca se enganasse sobre as conveniências e como se aqueles que começam se amando nunca acabassem se odiando. Sei que é virtuosa; mas isso é suficiente? Basta que pessoas sejam honestas para convirem umas às outras? Não é sua virtude que ponho em dúvida, mas seu caráter. O de uma mulher algum dia se revela? Sabeis em quantas situações é preciso tê-la visto para conhecer a fundo seu humor? Quatro meses de afeto vos dão certeza para a vida toda? Talvez dois meses de ausência vos farão esquecer dela; talvez algum outro espere vosso distanciamento para apagar-vos do coração dela; talvez, ao retornardes, a encontrareis tão indiferente quanto a considerastes sensível até o momento. Os sentimentos não dependem dos princípios; ela pode permanecer muito honesta e deixar de vos amar. Tendo a acreditar que será constante e fiel; mas quem responderá por ela e quem responderá por vós, enquanto não fordes testados? Aguardareis, para esse teste, que ela se torne inútil para vós? Aguardareis, para vos conhecer, que não possais mais vos separar?

"Sofia não tem 18 anos, mal ultrapassastes os 22; essa é a idade do amor, mas não a do casamento. Que pai e que mãe de família! Pois para saber educar crianças, aguardai, pelo menos, que deixais de sê-lo! Sabeis para quantas jovens os cansaços da gravidez, suportados antes da idade, enfraqueceram a constituição, arruinaram a saúde, abreviaram a vida? Sabeis quantas crianças permaneceram lânguidas e fracas por não terem sido alimentadas num corpo suficientemente formado? Quando a mãe e a criança crescem ao mesmo tempo e a substância necessária ao crescimento de cada uma se divide, nem uma, nem outra têm o que lhe destinava a natureza: como não sofreriam ambas com isso? Ou conheço muito mal Emílio, ou ele preferirá ter uma mulher e filhos robustos a contentar sua impaciência à custa de sua vida e de sua saúde.

"Falemos de vós. Aspirando à condição de esposo e de pai, meditastes bem sobre os deveres correspondentes? Tornando-vos chefe de família, tornar-vos-eis membro do Estado; e sabeis o que é ser membro do Estado? Sabeis o que são governo, leis e pátria? Sabeis a que preço vos é permitido viver e por quem deveis morrer? Acreditais ter aprendido tudo, mas ainda não sabeis nada. Antes de ocupar um lugar na ordem civil, aprendei a conhecê-la e a saber que posição vos convém.

"Emílio, é preciso deixar Sofia. Não digo abandoná-la; se fôsseis capaz de fazê-lo, ela teria muita sorte de não vos ter desposado; é preciso deixá-la para retornar digno dela. Não sejais vaidoso a ponto de acreditar já merecê-la. Quanto vos resta a fazer! Vinde cumprir essa nobre tarefa; vinde aprender a suportar a ausência; vinde ganhar o prêmio da fidelidade, para que, em vosso retorno, possais vos glorificar de alguma coisa diante dela, e pedir sua mão não como uma graça, mas como uma recompensa."

Ainda despreparado para lutar consigo mesmo, ainda não acostumado a desejar uma coisa e a querer outra, o jovem não se rende; resiste, discute. Por que recusaria a felicidade que o espera? Não estaria desdenhando a mão que lhe é oferecida ao tardar a aceitá-la? Por que teria de se afastar dela para instruir-se sobre o que deve saber? E, ainda que isso fosse necessário, por que não lhe deixaria, sob a forma de laços indissolúveis, a garantia certa de seu retorno? Que se case com ela, e estará pronto para me seguir; que estejam unidos, e ele a deixará sem medo... Unir-vos para vos separar, caro Emílio, que contradição! É bom que um amante possa viver sem sua amada, mas um marido nunca deve deixar sua mulher sem necessidade. Para vos livrar de vossos escrúpulos, vejo que vossos afastamentos devem ser involuntários: é preciso que possais dizer a Sofia que a deixais contra vossa vontade. Pois bem, podeis ficar satisfeito, e, como não obedeceis à razão, reconhecei outro senhor. Não esquecestes o compromisso que assumistes comigo. Emílio, é preciso deixar Sofia: eu o quero.

Ao ouvir essas palavras, Emílio baixa a cabeça, se cala, reflete por um momento e, então, olhando-me com firmeza, pergunta: "Quando partimos?". "Dentro de oito dias", respondo; "é preciso preparar Sofia para essa partida. As mulheres são mais fracas; devemos-lhes delicadezas e, não sendo tal ausência um dever para ela como para vós, é-lhe permitido suportá-la com menos coragem".

Estou muito tentado a prolongar até a separação de meus jovens o diário de seus amores, mas há muito tempo que abuso da indulgência dos leitores; sejamos breves desta vez, para terminar. Ousará Emílio levar aos pés de sua amada a mesma segurança que acaba de mostrar a seu amigo? Quanto a mim, acredito que sim; é da própria veracidade de seu amor que deve tirar essa segurança. Estaria mais confuso diante dela se lhe custasse menos deixá-la; deixá-la-ia como culpado, e esse papel é sempre embaraçoso para um coração honesto. Mas, quanto mais lhe custa o sacrifício, mais ele se honra aos olhos daquela que o torna penoso. Não teme que ela se engane sobre o motivo que o faz agir. Parece lhe dizer, a cada olhar: "Ó, Sófia! Lê meu coração e sê fiel; não tens um amante sem virtude".

A orgulhosa Sofia, por sua vez, procura suportar com dignidade o golpe imprevisto que a atinge. Esforça-se por parecer insensível; mas como não tem, como Emílio, a honra do combate e da vitória, sua firmeza se sustenta menos. Chora e lamenta a despeito de seus esforços, e o medo de ser esquecida torna mais amarga a dor da separação. Não é diante de seu amante que ela chora, não é a ele que mostra seus temores; preferiria sufocar a deixar escapar um suspiro em sua presença; sou eu que recebo suas queixas, que vejo suas lágrimas, que ela finge tomar como confidente. As mulheres são hábeis e sabem se disfarçar; quanto mais ela protesta em segredo contra minha tirania, mais se dedica a me lisonjear; sente que a sorte dele está em minhas mãos.

Consolo-a, conforto-a e respondo-lhe por seu amante, ou, antes, por seu esposo: que mantenha por ele a mesma fidelidade que ele terá por ela, e em dois anos juro que ele o será. Tem estima suficiente por mim para acreditar que não desejo enganá-la. Sou fiador de cada um dos dois em relação ao outro. Seus corações, sua virtude, minha probidade, a confiança de seus pais, tudo os tranquiliza; mas para que serve a razão contra a fraqueza? Separam-se como se não fossem mais se ver.

É então que Sofia se lembra dos arrependimentos de Eucaris, e se vê realmente em seu lugar. Não deixemos, durante a ausência, esses fantasiosos amores despertarem. "Sofia", digo-lhe um dia, "fazei com Emílio uma troca de livros. Dai-lhe vosso *Telêmaco*, para que aprenda a assemelhar-se a ele, e que ele vos dê *O espectador*,[51] cuja leitura vos agrada. Estudai nele os deveres das mulheres honestas, e pensai que, dentro de dois anos, esses deveres serão os vossos". Essa troca agrada aos dois e lhes dá confiança. Chega, finalmente, o triste dia; eles devem se separar.

O digno pai de Sofia, com quem combinei tudo, me abraça ao receber minha despedida; então, chamando-me de lado, me diz estas palavras, com um tom grave e um acento um tanto insistente: "Fiz tudo para vos comprazer; sabia que tratava com um homem honrado; resta-me apenas uma coisa a vos dizer. Lembrai-vos de que vosso aluno assinou seu contrato de casamento na boca de minha filha".

Que diferença na atitude dos dois amantes? Impetuoso, ardente, agitado, fora de si, Emílio profere gritos, derrama torrentes de lágrimas nas mãos do pai, da mãe e da filha, beija soluçando todas as pessoas da casa e repete mil vezes as mesmas coisas, com uma desordem que, em qualquer outra ocasião, levaria ao riso. Abatida, pálida, com o olhar amortecido e o semblante sombrio, Sofia permanece inerte, não diz nada, não chora, não vê ninguém, nem mesmo Emílio. Por mais que este lhe segure as mãos e a abrace, ela permanece imóvel, insensível a suas lágrimas, a suas carícias, a tudo que faz; para ela, ele já partiu. Como essa cena é mais comovente que a lamentação inoportuna e os arrependimentos ruidosos de seu amante! Ele o vê, o sente e isto o desola: arrasto-o com dificuldade; se eu o deixar por mais um momento, não desejará mais partir. Estou encantado que leve consigo essa triste imagem. Se por acaso se vir tentado a esquecer-se do que deve a Sofia, lembrando-o de como a viu no momento de sua partida, terá de ter um coração bastante transformado para que eu não o traga de volta a ela.

---

51. Trata-se de *The Spectator* (1711-14), do poeta e ensaísta inglês Joseph Addison. (N.T.)

Das viagens

Questiona-se se é bom que os jovens viajem, e muito se debate a respeito. Se formulassem a pergunta de outro modo e se perguntassem se é bom que os homens tenham viajado, talvez não se debatesse tanto.

O abuso dos livros mata a ciência. Acreditando saber o que se leu, acredita-se estar dispensado de aprendê-lo. Leitura em demasia serve apenas para fazer ignorantes presunçosos. Entre todos os séculos de literatura, não houve nenhum em que se tivesse lido tanto quanto neste, e nenhum em que se fosse menos erudito. Entre todos os países da Europa, não há nenhum onde sejam impressas tantas histórias e relatos de viagens quanto na França, e nenhum onde se conheçam menos o gênio e os costumes das outras nações. Tantos livros nos fazem negligenciar o livro do mundo; mesmo quando o lemos, cada um se atém a sua própria página. Ainda que as palavras "Pode-se ser persa?"[52] me fossem desconhecidas, eu adivinharia, ao ouvi-las, serem provenientes do país onde os preconceitos nacionais são dominantes e do sexo que mais os difunde.

Um parisiense acredita conhecer os homens, quando conhece apenas os franceses; em sua cidade sempre repleta de estrangeiros, ele encara cada estrangeiro como um fenômeno extraordinário, que não encontra nada de equivalente no restante do universo. É preciso ter visto de perto os burgueses dessa grande cidade e é preciso ter vivido entre eles para acreditar que, com tanto espírito, possam ser tão estúpidos. O que é estranho é que cada um deles talvez tenha lido por dez vezes a descrição do país cujo habitante tanto irá maravilhá-lo.

É muito ter de trespassar tanto os preconceitos de nossos autores como os nossos para chegar à verdade. Passei minha vida lendo relatos de viagem, e nunca encontrei dois que me dessem a mesma ideia do mesmo povo. Comparando o pouco que podia observar com o que tinha lido, acabei deixando os viajantes de lado e lamentando o tempo que investira para instruir-me com sua leitura, bastante convencido de que, tratando-se de observações de toda espécie, não se deve ler, mas ver. Isso seria verdade ainda que todos os viajantes fossem sinceros, dissessem apenas o que viram ou aquilo em que acreditam, e disfarçassem a verdade apenas com as falsas cores que ela assume a seus olhos. O que acontece quando se deve também discerni-la através de suas mentiras e de sua má-fé?

---

52. Rousseau se refere, aqui, à pergunta que fazem os parisienses nas famosas *Cartas persas*, romance epistolar de Montesquieu, publicado em 1721. Na verdade, na sua formulação original, a pergunta era: "Como se pode ser persa?" (Carta XXX). (N.T.)

Deixemos, portanto, o recurso dos livros que tanto nos recomendam àqueles que são feitos para com eles se contentarem. Ele é tão útil quanto a arte de Raimundo Lúlio[53] para aprender a tagarelar sobre o que não se sabe. É útil para treinar Platões de 15 anos para filosofarem em rodas e instruir uma companhia acerca dos costumes do Egito e das Índias, com base na palavra de Paul Lucas ou de Tavernier.[54]

Tenho por incontestável a máxima segundo a qual todo aquele que viu apenas um povo, em vez de conhecer os homens, conhece apenas as pessoas com quem viveu. Eis, portanto, mais uma maneira de formular a mesma questão das viagens. Basta a um homem bem-educado conhecer apenas seus compatriotas ou importa-lhe conhecer os homens em geral? Não resta aqui mais nenhuma disputa ou dúvida. Vede como a solução para uma pergunta difícil depende, por vezes, da maneira de formulá-la!

Mas, para estudar os homens, é preciso percorrer a Terra inteira? É preciso ir ao Japão observar os europeus? Para conhecer a espécie, é preciso conhecer todos os indivíduos? Não, existem homens que tanto se assemelham que não é preciso estudá-los separadamente. Quem viu dez franceses os viu todos; embora não se possa dizer o mesmo dos ingleses e de alguns outros povos, é, no entanto, certo que cada nação tenha seu próprio e específico caráter, que se encontra por indução não a partir da observação de apenas um de seus membros, mas de vários. Aquele que comparou dez povos conhece os homens como aquele que viu dez franceses conhece os franceses.

Para instruir-se, não basta percorrer os países. É preciso saber viajar. Para observar, é preciso ter olhos e direcioná-los ao objeto que se quer conhecer. Existem muitas pessoas que se instruem ainda menos com as viagens que com os livros, porque ignoram a arte de pensar; porque, na leitura, pelo menos seu espírito é guiado pelo autor, e, em suas viagens, não sabem ver nada por si mesmas. Outras não se instruem porque não querem se instruir. Seu objetivo é tão diferente que este pouco as afeta; é apenas por um grande acaso que vemos exatamente aquilo que não nos preocupamos em observar. De todos os povos do mundo, o francês é o que mais viaja, mas, imbuído de seus costumes, confunde tudo que não se assemelha a eles. Existem franceses em

---

53. Raimundo Lúlio (Raimon Llull, em catalão, ou Raymundus Lullus, em latim) foi um importante filósofo, poeta e teólogo nascido na cidade de Maiorca. Escreveu as primeiras novelas em catalão literário e, em virtude de sua proximidade aos franciscanos, atuou também como missionário, sobretudo entre os muçulmanos. (N.T.)

54. Paul Lucas (1664-1737) e Jean-Baptiste Tavernier (1605-1689) foram dois viajantes famosos de seu tempo, autores de relatos que tiveram grande difusão entre os meios eruditos da alta sociedade francesa. (N.T.)

todos os cantos do mundo. Não há país onde encontremos mais pessoas que tenham viajado do que encontramos na França. A despeito disso, de todos os povos da Europa, aquele que mais povos vê é o que menos os conhece. O inglês também viaja, mas de outra maneira; é preciso que esses dois povos sejam contrários em tudo. A nobreza inglesa viaja, a nobreza francesa não viaja; o povo francês viaja, o povo inglês não viaja. Tal diferença me parece honrosa ao último. Os franceses quase sempre têm algum motivo de interesse em suas viagens; mas os ingleses não vão procurar fortuna nas outras nações, senão pelo comércio e com as mãos cheias; quando as visitam, é para investir seu dinheiro, e não para viver de indústria; são demasiado orgulhosos para irem rastejar fora de seu país. Isso também faz com que se instruam melhor no exterior do que os franceses, que têm um objetivo inteiramente diverso em mente. Os ingleses também têm, entretanto, seus preconceitos nacionais; eles os têm até mesmo mais do que ninguém; mas tais preconceitos se devem menos à ignorância que à paixão. O inglês tem os preconceitos do orgulho, e o francês, os da vaidade.

Assim como os povos menos cultos são geralmente os mais sábios, os que viajam menos são os que viajam melhor, pois, estando menos avançados que nós em nossas frívolas buscas e menos ocupados com os objetos de nossa curiosidade fútil, dão toda sua atenção ao que é verdadeiramente útil. Conheço, quando muito, os espanhóis que viajam dessa maneira. Enquanto um francês corre para ver os artistas de um país, um inglês manda desenhar alguma relíquia e um alemão leva seu *album*[55] a todos os eruditos, o espanhol estuda em silêncio o governo, os costumes, a polícia, e é o único dos quatro que, retornando ao lar, traz do que viu alguma observação útil a seu país.

Os antigos viajavam pouco, liam pouco, escreviam poucos livros e, no entanto, vemos, nos que nos restam, que se observavam melhor uns aos outros do que observamos nossos contemporâneos. Sem remontar aos escritos de Homero, o único poeta que nos transporta para os países que descreve, não se pode recusar a Heródoto a honra de ter retratado melhor os costumes em sua história, mesmo compondo-se esta mais de narrações que de reflexões, do que fazem todos nossos historiadores, enchendo seus livros de retratos e caracteres. Tácito descreveu melhor os germânicos de sua época do que qualquer escritor descreveu os alemães de hoje. Incontestavelmente, os que são versados em his-

---

55. Um *album amicorum* (ou *liber amicorum*, isto é, livro de amizade) era, segundo a tradição humanista, um caderno pessoal em que se recolhiam, muitas vezes por ocasião de viagens, recordações de toda espécie daqueles que se encontravam pelo caminho. Tal tradição ainda se mantém viva em alguns países, especialmente na Alemanha. (N.T.)

tória antiga conhecem melhor os gregos, os cartaginenses, os romanos, os gauleses e os persas do que qualquer povo dos dias de hoje conhece seus vizinhos.

É preciso admitir também que os caracteres originais dos povos, apagando-se mais a cada dia, se tornam, pela mesma razão, mais difíceis de discernir. À medida que as raças se misturam e que os grupos se confundem, vemos, pouco a pouco, desaparecerem essas diferenças nacionais que outrora impressionavam à primeira vista. No passado, cada nação permanecia mais fechada em si mesma; havia menos comunicações, menos viagens, menos interesses comuns ou contrários, menos vínculos políticos ou civis entre os povos; não havia tantas arrelias reais chamadas negociações, nem embaixadores ordinários ou residentes contínuos; as grandes navegações eram raras, havia pouco comércio distante e o pouco que havia era feito pelo próprio príncipe, recorrendo a estrangeiros, ou por pessoas desprezadas que não serviam de modelo a ninguém e não aproximavam as nações. Existem 100 vezes mais vínculos hoje entre a Europa e a Ásia do que havia, no passado, entre a Gália e a Espanha: a Europa, sozinha, era mais dispersa que a Terra inteira o é hoje.

Acrescente-se a isso que os antigos povos, encarando-se, em sua maioria, como autóctones ou originários de seu próprio país, o ocupavam há tempo suficiente para terem perdido a memória dos séculos distantes em que seus ancestrais se tinham estabelecido e para terem dado ao clima tempo suficiente para deixar neles impressões duráveis, ao passo que, entre nós, após as invasões dos romanos, as recentes emigrações dos bárbaros misturaram e confundiram tudo. Os franceses de hoje não são mais esses grandes corpos louros e brancos de outrora; os gregos não são mais esses belos homens feitos para servirem de modelo à arte; a fisionomia dos próprios romanos mudou de caráter, assim como seu natural; os persas originários da Tartária perdem, a cada dia, sua feiura primitiva pela mistura do sangue circassiano. Os europeus não são mais gauleses, germânicos, ibéricos ou alóbrogos; são todos apenas citas,[56] diversamente degenerados quanto à fisionomia e ainda mais quanto aos costumes.

Eis por que as antigas distinções das raças, as qualidades do ar e do terreno marcavam mais fortemente, de um povo para outro, os temperamentos, as fisionomias, os costumes e os caracteres, e por que tudo isso não se pode marcar nos dias de hoje, onde a inconstância europeia não deixa a nenhuma

---

56. Os citas eram um povo nômade do norte da Europa e da Ásia. Durante a Antiguidade Clássica, dominaram uma larga região, a estepe pôntico-cáspia, a que se dava então o nome de Cítia. A palavra "citas" foi, posteriormente, muito empregada para designar povos semelhantes. Aqui, Rousseau a utiliza para ressaltar o caráter indefinido, no plano étnico e dos costumes, dos povos europeus de seu tempo. (N.T.)

causa natural tempo para deixar suas impressões, e onde as florestas abatidas, os pântanos ressecados, a terra mais uniformemente e mal cultivada não deixam mais, nem mesmo ao físico, a mesma diferença entre uma terra e outra e entre um país e outro.

Talvez, com semelhantes reflexões, teríamos menos pressa em ridicularizar Heródoto, Ctésias e Plínio por terem representado os habitantes de diversos países com traços originais e diferenças pronunciadas que não reconhecemos mais neles. Seria preciso reencontrar os mesmos homens para reconhecer neles as mesmas fisionomias; seria preciso que nada os tivesse mudado para que tivessem permanecido os mesmos. Se pudéssemos considerar, ao mesmo tempo, todos os homens que existiram, pode-se duvidar que nos pareceriam mais variados entre um século e outro do que nos parecem hoje entre uma nação e outra?

Ao mesmo tempo que as observações se tornam mais difíceis, elas se fazem com mais negligência e mais inexatidão; é outra razão para o pouco sucesso de nossas pesquisas na história natural do gênero humano. A instrução que se extrai das viagens se conforma ao motivo que faz com que sejam empreendidas. Quando tal motivo é um sistema de filosofia, o viajante nunca vê senão o que quer ver; quando tal motivo é o interesse, ele absorve toda a atenção daqueles que se entregam a ele. O comércio e as artes que mesclam e confundem os povos também os impedem de se estudarem uns aos outros. Quando sabem o lucro que um pode obter com o outro, o que mais têm para saber?

É útil ao homem conhecer todos os lugares onde se pode viver, a fim de escolher, em seguida, aqueles onde se pode viver mais comodamente. Se cada um bastasse a si mesmo, importar-lhe-ia conhecer apenas o país que pode alimentá-lo. O selvagem que não necessita de ninguém e não cobiça nada no mundo não conhece e não procura conhecer outros países além do seu. Se é forçado a estender-se para subsistir, foge dos locais habitados pelos homens; procura apenas os animais e só tem necessidade deles para se alimentar. Mas, entre nós, para quem a vida civil é necessária e que não podemos mais nos privar de devorar homens, o interesse de cada um consiste em frequentar os países onde mais se encontram. Eis por que tudo aflui para Roma, para Paris, para Londres. É sempre nas capitais que o sangue humano se vende ao melhor preço. Assim, conhecemos apenas os grandes povos, e os grandes povos se assemelham todos.

Temos, dizem, eruditos que viajam para se instruírem; é um erro. Os eruditos viajam por interesse, assim como os outros. Os Platões e os Pitágoras não se encontram mais, ou, se existem, estão muito longe de nós. Nossos eruditos somente viajam por ordem da corte; são enviados, custeados e pagos para verem um objeto ou outro, que seguramente não é um objeto moral. Devem todo seu tempo a esse único objeto, são pessoas demasiado honestas para roubarem seu dinheiro. Se, num país qualquer, alguns curiosos viajam a sua própria custa, nunca é para estudarem os homens, mas para instruí-los. Não é de ciência que necessitam, mas de ostentação. Como aprenderiam, em suas viagens, a abalar o jugo da opinião? Fazem-nas apenas em função dela.

Existe de fato diferença entre viajar para ver o país ou para ver os povos. O primeiro objetivo é sempre o dos curiosos, o segundo é para eles apenas acessório. Deve ser exatamente o contrário para aquele que deseja filosofar. A criança observa as coisas enquanto ainda não consegue observar os homens. O homem deve começar por observar seus semelhantes, para então, se tiver tempo, observar as coisas.

Raciocina-se mal, portanto, quando se conclui, do fato de viajarmos mal, serem as viagens inúteis. Entretanto, reconhecida a utilidade das viagens, decorre disso que convenham a todo mundo? Longe disso; convêm, ao contrário, a pouquíssimas pessoas: convêm apenas aos homens suficientemente seguros de si para escutarem as lições do erro sem se deixarem seduzir e para verem o exemplo do vício sem se deixarem arrastar. As viagens impelem o natural a seguir sua inclinação e acabam por tornar o homem bom ou mau. Todo aquele que acaba de percorrer o mundo é, ao voltar, o que será por toda sua vida; voltam mais homens maus que bons, porque partem mais homens inclinados ao mal que ao bem. Os jovens mal-educados e mal conduzidos contraem, em suas viagens, todos os vícios dos povos que frequentam e nenhuma das virtudes que se mesclam a tais vícios; mas aqueles que tiveram um nascimento feliz, aqueles cujo natural foi bem cultivado e que viajam com o verdadeiro intuito de se instruírem retornam todos melhores e mais sábios do que quando tinham partido. Assim viajará meu Emílio; assim viajara aquele jovem digno de um melhor século e cujo mérito a Europa, espantada, admirou; que morreu por seu país na flor da idade, mas que merecia viver e cujo túmulo, adornado apenas com suas virtudes, esperava, para ser honrado, apenas que uma mão estrangeira nele semeasse flores.[57]

Tudo que se faz por uma razão deve ter regras. As viagens, consideradas como parte da educação, devem ter as suas. Viajar por viajar é errar, é ser vagabundo; viajar para se instruir ainda é um objetivo demasiado vago: a instrução que não tem uma meta não é nada. Eu gostaria de dar ao jovem um interesse

---

57. Pode tratar-se de Louis-Marie Fouquet de Belle-Isle, conde de Gisors (1732-1758), militar francês letalmente ferido durante a Guerra dos Sete Anos. Sua morte foi recebida com grande pesar por Rousseau. (N.T.)

sensível em se instruir, e, bem escolhido, tal interesse ainda fixaria a natureza da instrução. Ainda é a sequência do método que procurei pôr em prática.

Ora, após ter-se considerado por suas relações físicas com os outros seres e por suas relações morais com os outros homens, resta-lhe considerar-se por suas relações civis com seus concidadãos. É preciso, para isso, que comece por estudar a natureza do governo em geral, as diversas formas de governo e, por fim, o governo particular sob o qual nasceu, para saber se lhe convém viver nele; pois, por um direito que nada pode ab-rogar, cada homem, ao se tornar maior e senhor de si mesmo, se torna senhor também de renunciar ao contrato por meio do qual se vincula à comunidade, deixando o país em que esta se encontra estabelecida. É apenas pela residência que mantém nele após a idade da razão que deve confirmar tacitamente o compromisso que firmaram seus ancestrais. Adquire o direito de renunciar a sua pátria, assim como à sucessão de seu pai; ademais, sendo o local de nascimento um dom da natureza, cede--se algo de si renunciando a ele. Pelo direito rigoroso, cada homem permanece livre, por sua conta e risco, em qualquer lugar que nasça, a menos que se submeta voluntariamente às leis para adquirir o direito de ser por elas protegido.

Dir-lhe-ei, então, por exemplo: "Até aqui, viveste sob minha direção; não tínheis condições de vos governar vós mesmo. Mas vós vos aproximais da idade em que as leis, deixando-vos a disposição de vossos bens, vos tornam senhor de vossa pessoa. Encontrar-vos-eis sozinho na sociedade, dependendo de tudo, até mesmo de vosso patrimônio. Tendes em vista um casamento. Tal perspectiva é louvável e é um dos deveres do homem; mas, antes de vos casar, é preciso saber que homem quereis ser, como quereis passar vossa vida, que medidas quereis tomar para garantir pão para vós e vossa família; pois, embora não se deva fazer de tal cuidado sua principal preocupação, é preciso, contudo, pensar nisso uma vez. Quereis vos submeter à dependência dos homens que desprezais? Quereis estabelecer vossa fortuna e fixar vosso estado por meio de relações civis que vos colocarão incessantemente sob a discrição de outrem e vos forçarão, para escapar aos velhacos, a também vos tornar velhaco?".

Acerca disso, descrever-lhe-ei todos os meios possíveis de valorizar seus bens, seja no comércio, seja nos tributos, seja na finança, e lhe mostrarei que não há nenhum que não o deixe correr riscos, que não o ponha num estado precário e dependente e não o force a regrar seus costumes, seus sentimentos e sua conduta com base no exemplo e nos preconceitos de outrem.

Existe, direi, outro meio de empregar seu tempo e sua pessoa; consiste em alistar-se, isto é, em arrendar-se a baixo custo para ir matar pessoas que não nos fizeram mal algum. Esse ofício goza de grande estima entre os homens e estes têm extraordinária consideração pelos que servem apenas para isso. De resto, longe de vos dispensar dos outros recursos, ele apenas os torna mais necessários; pois integra também a honra desse emprego arruinar aqueles que a ele se dedicam. É verdade que nem todos se arruínam. Até mesmo a moda vem lentamente enriquecer-se nele, assim como nos outros. Mas duvido que, explicando-vos o que fazem para isso aqueles que alcançam êxito, eu vos torne curioso em imitá-los.

Sabereis ainda que, nesse mesmo ofício, não se trata mais de coragem nem de valor, senão talvez junto às mulheres; que, ao contrário, o mais rastejante, o mais baixo, o mais servil é sempre o mais honrado; que, se vos atreveis a exercer honestamente vosso ofício, sereis desprezado, odiado, talvez expulso ou, pelo menos, sucessivamente preterido e suplantado por todos vossos camaradas, por terdes prestado vosso serviço na trincheira enquanto prestavam o deles no toucador.

Pode-se imaginar que todos esses diferentes empregos não serão muito do gosto de Emílio. "O quê!", ele dirá, "teria eu esquecido os jogos de minha infância? Teria perdido meus braços? Teria minha força se esgotado? Não sei mais trabalhar? Que me importam todos os vossos belos empregos e todas as tolas opiniões dos homens? Não conheço outra glória além da de ser benfazejo e justo, não conheço outra felicidade além da de viver independente com o que se ama, ganhando todos os dias apetite e saúde por meio do trabalho. Todos esses embaraços de que me falais pouco me afetam. Desejo, como único bem, uma pequena meação em algum lugar no mundo. Investirei toda minha avidez em fazê-la render e viverei sem inquietação. Com Sofia e meu campo, serei rico".

Sim, meu amigo, bastam para a felicidade do sábio uma mulher e um campo que sejam seus. Mas esses tesouros, embora modestos, não são tão comuns quanto pensais. Já encontrastes o mais raro; falemos do outro.

Um campo que seja vosso, caro Emílio! E onde o escolhereis? Em que canto da Terra podereis dizer: "Aqui, sou meu senhor e senhor do terreno que me pertence?". Sabemos em que lugares é fácil fazer-se rico, mas quem sabe onde podemos nos privar de sê-lo? Quem sabe onde podemos viver independentes e livres, sem termos necessidade de fazer mal a ninguém e sem temer que o façam a nós? Acreditais que o país onde é sempre permitido ser um homem honesto seja tão fácil de encontrar? Se existe algum meio legítimo e seguro de subsistir, sem intriga, sem problema, sem dependência, ele consiste, admito, em viver do trabalho de suas mãos, cultivando sua própria terra; mas onde está o Estado em que se possa dizer "A terra em que piso é minha"? Antes de escolher essa feliz terra, certificai-vos de nela encontrar a paz que procurais;

atentai para que um governo violento, uma religião perseguidora ou costumes perversos não venham vos perturbar. Abrigai-vos dos impostos desmedidos que devorariam o fruto de vossos esforços, dos intermináveis processos que consumiriam vossa propriedade. Fazei com que, vivendo justamente, não tenhais de cortejar intendentes, seus substitutos, juízes, padres, poderosos vizinhos e patifes de toda espécie, sempre prontos para vos atormentar se os negligenciardes. Colocai-vos, sobretudo, ao abrigo das vexações dos nobres e dos ricos; pensai que, em todo lugar, suas terras podem confinar à vinha de Nabote.[58] Se vossa infelicidade quiser que um homem importante compre ou construa uma casa perto de vossa cabana, acreditais que não encontrará algum meio, sob qualquer pretexto, de invadir vosso terreno para aumentar o seu, ou que não vereis, talvez já no dia seguinte, todos vossos recursos serem absorvidos numa larga estrada? Se conservardes crédito para atender a todos esses inconvenientes, melhor seria conservar também vossas riquezas, pois elas não vos custarão mais para serem guardadas. A riqueza e o crédito se apoiam mutuamente; um sempre se sustenta mal sem o outro.

Tenho mais experiência que vós, caro Emílio; percebo melhor a dificuldade de vosso projeto. Ele, no entanto, é belo, é honesto e de fato vos faria feliz; esforcemo-nos em executá-lo. Tenho uma proposta a vos fazer. Dediquemos os dois anos que tomamos até vosso retorno para escolher um lugar na Europa onde possais viver feliz com vossa família, ao abrigo de todos os perigos de que acabo de falar. Se conseguirmos, tereis encontrado a verdadeira felicidade, pro-curada em vão por tantos outros, e não lamentareis ter perdido vosso tempo. Se não conseguirmos, ter-vos-eis livrado de uma quimera; consolar-vos-eis de um infortúnio inevitável, e vos submetereis à lei da necessidade.

Não sei se todos meus leitores perceberão até onde nos levará a busca assim proposta; mas sei que, se, retornando de suas viagens iniciadas e continuadas nessa perspectiva, Emílio não voltar versado em todas as matérias de governo, de costumes públicos e de máximas de Estado de toda espécie, será preciso que ele ou eu sejamos desprovidos um de inteligência e o outro de juízo.

O direito político ainda está para nascer, e é de se presumir que nunca nasce-rá. Grócio, o mestre de todos os eruditos nesse campo, é apenas uma criança, e, pior, uma criança de má-fé. Quando ouço elevarem Grócio às nuvens e cobrirem

---

58. No Primeiro Livro dos Reis da Bíblia, Nabote era proprietário de uma vinha situada ao lado do palácio de Acabe, rei de Israel, que se propõe a comprá-la. Tratando-se de herança de seus pais, in-transferível pela lei mosaica, Nabote se recusa a alienar seu bem. Jezabel, esposa de Acabe, conspira, entretanto, para que Nabote seja condenado à morte. Após tomar posse da vinha, Acabe recebe a visita do profeta Elias, que o avisa de sua perdição. Arrependido, Acabe se humilha perante Deus e é perdoado. (N.T.)

Hobbes de execração, vejo quantos homens sensatos leem ou compreendem esses dois autores. A verdade é que seus princípios são exatamente semelhantes; diferem apenas pelas expressões. Diferem também pelo método. Hobbes se sustenta em sofismas, e Grócio em poetas: todo o resto lhes é comum.

O único moderno capaz de criar essa grande e inútil ciência teria sido o ilustre Montesquieu. Mas não teve o cuidado de tratar dos princípios do direito político; contentou-se em tratar do direito positivo dos governos estabelecidos, e nada no mundo difere mais que esses dois estudos.

Aquele, contudo, que deseja avaliar sensatamente os governos tais como existem é obrigado a reunir os dois; é preciso saber o que deve ser para avaliar bem o que é. A maior dificuldade para esclarecer essas importantes matérias consiste em estimular um particular a discuti-las, e em responder a estas duas perguntas: Que me importa? E o que posso fazer? Tornamos Emílio capaz de responder a ambas.

A segunda dificuldade vem dos preconceitos da infância, das máximas em que fomos criados e, sobretudo, da parcialidade dos autores que, falando sempre da verdade, com a qual pouco se importam, pensam apenas em seu interesse, a respeito do qual não dizem nada. Ora, o povo não dá nem cátedras, nem pensões, nem lugares em academias; que julguem como esses direitos devem ser estabelecidos por essa gente! Fiz com que essa dificuldade fosse ainda inexistente para Emílio. Mal sabe o que é o governo; a única coisa que lhe importa é encontrar o melhor; seu objetivo não é escrever livros, e, se um dia escrever algum, não será para fazer a corte aos poderes, mas para estabelecer os direitos da humanidade.

Resta uma terceira dificuldade, mais especiosa que sólida, e que não quero resolver nem propor; basta-me que não assuste meu zelo; é claro que, em pesquisas dessa espécie, grandes talentos são menos necessários que um amor sincero à justiça e um verdadeiro respeito pela verdade. Se, portanto, as matérias de governo podem ser equitativamente tratadas, penso ser agora ou nunca a ocasião de fazê-lo.

Antes de observar, é preciso formular regras para suas observações: é preciso estabelecer uma escala para conformar-lhe as medidas que se tomam. Nossos princípios de direito político são essa escala. Nossas medidas são as leis políticas de cada país.

Nossos elementos são claros, simples e imediatamente extraídos da natureza das coisas. Eles se formarão a partir das questões discutidas entre nós e que não converteremos em princípios senão quando estiverem suficientemente resolvidas.

Por exemplo, remontando inicialmente ao estado de natureza, examinaremos se os homens nascem escravos ou livres, associados ou independentes; se se reúnem voluntariamente ou à força; se a força que os reúne pode vir a formar um direito permanente, por meio do qual essa força obriga, mesmo quando é superada por outra, de modo que, desde a força do rei Ninrode,[59] que, dizem, lhe submeteu os primeiros povos, todas as outras forças que a destruíram se tornaram iníquas e usurpatórias, não existindo outros reis legítimos além dos descendentes de Ninrode ou seus herdeiros. Ou então se, vindo a cessar essa primeira força, a força que lhe sucede obriga, por sua vez, e destrói a obrigação da outra, de modo que não sejamos obrigados a obedecer senão na medida em que somos forçados a fazê-lo e que sejamos dispensados disso assim que podemos resistir: direito que, ao que me parece, não acrescentaria grande coisa à força e que seria, quando muito, apenas um jogo de palavras.

Examinaremos se não se pode dizer que toda doença vem de Deus e se decorre disso que seja um crime chamar o médico.

Examinaremos ainda se somos obrigados em consciência a dar nossa bolsa a um bandido que a exige na estrada, ainda que pudéssemos escondê-la. Afinal, a pistola que ele segura também é um poder.

Se a palavra "poder" significa, nessa ocasião, outra coisa além de um poder legítimo e, consequentemente, submetido às leis a que deve sua existência.

Supondo que se rejeite esse direito de força e que se admita o da natureza ou a autoridade paterna como princípio das sociedades, procuraremos a medida dessa autoridade, como ela está fundada na natureza e se tem outra razão além da utilidade da criança, de sua fraqueza e do amor universal que o pai tem por ela; se, então, vindo a fraqueza da criança a cessar e sua razão a amadurecer, ela não se torna o único juiz natural do que convém a sua conservação, tornando-se, consequentemente, seu próprio senhor e independente de qualquer outro homem, até mesmo de seu pai. Pois é ainda mais certo que o filho ame a si mesmo do que é certo que o pai ame o filho.

Se, morrendo o pai, os filhos são obrigados a obedecer ao primogênito ou a qualquer outro que não tiver por eles o afeto natural de um pai, e se, de raça em raça, haverá sempre um chefe único, ao qual toda a família terá de obedecer. Nesse caso, questionaríamos como a autoridade poderia vir a ser partilhada, e segundo que direito haveria, na Terra inteira, mais de um chefe que governasse o gênero humano.

---

59. Segundo a Bíblia, o cruel e poderoso Ninrode, bisneto de Noé, foi o primeiro grande rei na Terra. (N.T.)

Supondo que os povos se tenham formado por escolha, distinguiremos então o direito do fato, e questionaremos se, tendo-se submetido assim a seus irmãos, tios ou pais, não porque estivessem obrigados a isso, mas porque o aceitaram, essa espécie de sociedade não se encaixa sempre na associação livre e voluntária.

Passando então ao direito de escravidão, examinaremos se um homem pode legitimamente alienar-se a outro, sem restrição, sem reserva, sem nenhuma espécie de condição; isto é, se pode renunciar a sua pessoa, a sua vida, a sua razão, a seu *eu*, a toda moralidade em suas ações e deixar, em suma, de existir antes de sua morte, a despeito da natureza que o encarrega imediatamente de sua própria conservação e a despeito de sua consciência e de sua razão, que lhe prescrevem o que deve fazer e aquilo de que deve se abster.

Se houver alguma reserva, alguma restrição no ato de escravidão, discutiremos se tal ato não se torna então um verdadeiro contrato, no qual os dois contratantes, não tendo, nessa qualidade, um superior comum,[60] permanecem seus próprios juízes quanto às condições do contrato e, consequentemente, livres cada um nesse tocante e senhores de rompê-lo assim que se estimarem lesados.

Se, portanto, um escravo não pode alienar-se sem reserva a seu senhor, como pode um povo alienar-se sem reserva a seu chefe? E se o escravo permanece juiz da observação do contrato por seu senhor, como não permanecerá o povo juiz da observação do contrato por seu chefe?

Forçados, assim, a recuar e considerando o sentido da palavra coletiva "povo", examinaremos se, para estabelecê-la, não é preciso um contrato, ao menos tácito, anterior ao que supomos.

Na medida em que, antes de eleger um rei para si, o povo é um povo, o que o torna assim senão o contrato social? O contrato social é, portanto, a base de toda sociedade civil, e é na natureza desse ato que é preciso procurar a da sociedade que ele forma.

Examinaremos o teor desse contrato e se não podemos enunciá-lo por esta fórmula: "Cada um de nós põe em comum seus bens, sua pessoa, sua vida e todo seu poder sob a suprema direção da vontade geral, e recebemos coletivamente cada membro como parte indivisível do todo".

Isso suposto, para definir os termos de que necessitamos, observaremos que, no lugar da pessoa particular de cada contratante, esse ato de associação produz um corpo moral e coletivo composto de tantos membros quanto são as vozes da assembleia. Essa pessoa pública assume, em geral, o nome de "corpo

---

60. Se tivessem algum, esse superior não seria outro além do soberano, e, então, o direito de escravidão, fundado no direito de soberania, não seria seu princípio.

político", a que seus membros chamam "Estado" quando é passivo, soberano quando é ativo, e "poder" ao compará-lo a seus semelhantes. Quanto aos próprios membros, eles assumem coletivamente o nome de "povo" e, em particular, se chamam "cidadãos", enquanto membros da "cidade" [*cité*] ou participantes da autoridade soberana, e "súditos", enquanto submetidos à mesma autoridade.

Observaremos que esse ato de associação encerra um compromisso recíproco do público e dos particulares, e que cada indivíduo, por assim dizer contratando consigo mesmo, encontra-se comprometido sob um duplo aspecto: como membro do soberano em relação aos particulares, e como membro do Estado em relação ao soberano.

Observaremos ainda que, não estando ninguém preso aos compromissos contraídos apenas consigo mesmo, a deliberação pública que pode obrigar todos os súditos em relação ao soberano, em razão dos dois diferentes aspectos pelos quais cada um deles é encarado, não pode obrigar o Estado em relação a si mesmo. Donde se vê que não há nem pode haver outra lei fundamental propriamente dita além do pacto social. O que não significa que o corpo político não possa, sob certos aspectos, comprometer-se com outrem; pois, em relação a um estrangeiro, ele se torna então um ser simples, um indivíduo.

Não tendo as duas partes contratantes, isto é, cada particular e o público, nenhum superior comum que possa julgar suas contendas, examinaremos se cada um dos dois permanece senhor de romper o contrato quando quiser; isto é, de renunciar a ele, no que lhe diz respeito, assim que se considerar lesado.

Para esclarecer essa questão, observaremos que, segundo o pacto social, não podendo o soberano agir senão por vontades comuns e gerais, seus atos devem, da mesma forma, ter apenas objetos gerais e comuns; decorre disso que um particular não poderia ser diretamente lesado pelo soberano sem que todos o fossem, o que não pode ocorrer, pois isso seria querer causar mal a si mesmo. Assim, o contrato social nunca necessita de outra garantia além da força pública, pois a lesão nunca pode vir senão dos particulares, e então eles não se veem, com isso, livres de seu compromisso, mas punidos por tê-lo violado.

Para decidir corretamente todas as questões semelhantes, tomaremos o cuidado de lembrar sempre que o pacto social é de natureza particular e própria apenas a ele, na medida em que o povo contrata apenas consigo mesmo, isto é, o povo coletivamente como soberano com os particulares como súditos. Essa é a condição que faz todo o artifício e o jogo da máquina política, e que, sozinha, torna legítimos, razoáveis e sem perigo compromissos que, de outro modo, seriam absurdos, tirânicos e sujeitos aos maiores abusos.

Tendo os particulares se submetido apenas ao soberano e não sendo a autoridade soberana outra coisa além da vontade geral, veremos como cada homem, obedecendo ao soberano, obedece apenas a si mesmo, e como se é mais livre no pacto social que no estado de natureza.

Após ter comparado a liberdade natural à liberdade civil quanto às pessoas, compararemos, quanto aos bens, o direito de propriedade ao direito de soberania, o domínio particular ao domínio eminente. Se é no direito de propriedade que se funda a autoridade soberana, esse direito é o que ela mais deve respeitar; é inviolável e sagrado para ela enquanto ele permanece um direito particular e individual; assim que é considerado comum a todos os cidadãos, ele se submete à vontade geral e essa vontade pode aniquilá-lo. Assim, o soberano não tem direito algum de atingir os bens de um particular ou de vários; mas pode legitimamente apropriar-se dos bens de todos, como se fez em Esparta, no tempo de Licurgo; ao passo que a abolição das dívidas por Sólon foi um ato ilegítimo.[61]

Na medida em que nada além da vontade geral obriga os súditos, pesquisaremos como se manifesta essa vontade, por que sinais estamos certos de reconhecê-la, o que é uma lei e quais são os verdadeiros traços dessa lei. Tal assunto é inteiramente novo: a definição da lei ainda há de ser feita.

No instante em que povo considera em particular um ou vários de seus membros, o povo se divide. Forma-se, entre o todo e sua parte, uma relação que faz deles dois seres separados, dos quais um é a parte e o outro é o todo menos essa parte. Mas o todo menos uma parte não é o todo; enquanto subsiste essa relação, não há mais todo, mas duas partes desiguais.

Ao contrário, quando todo o povo estatui sobre todo o povo, ele considera apenas a si mesmo, e, se uma relação se forma, é entre o objeto inteiro sob um ponto de vista e o objeto inteiro sob outro ponto de vista, sem nenhuma divisão do todo. Então, o objeto sobre o qual se estatui é geral, e a vontade que estatui também é geral. Examinaremos se há alguma outra espécie de ato que possa levar o nome de lei.

Se o soberano não pode falar senão por meio de leis, e se a lei nunca pode ter senão um objeto geral e relativo igualmente a todos os membros do Estado, segue-se que o soberano nunca tem o poder de estatuir sobre um objeto particular, e, como importa, entretanto, para a conservação do Estado que

---

61. No tempo de Licurgo, grande legislador de Esparta, os cidadãos foram levados a pôr suas terras à disposição da coletividade, para que, em seguida, fossem divididas entre os homens, estabelecendo um regime de igualdade de bens. Já o legislador ateniense Sólon (c. 640 a.C.-c. 558 a.C.) aboliu, num contexto de profunda crise social, a escravidão por dívidas, libertou os que estavam presos por esse motivo, reduziu as dívidas privadas e públicas e desonerou as terras de parte do campesinato; não recorreu, entretanto, à divisão das terras, como Licurgo. (N.T.)

também se decida sobre as coisas particulares, pesquisaremos como isso pode ser feito.

Os atos do soberano podem apenas ser atos de vontade geral, as leis; são, em seguida, necessários atos determinantes, atos de força ou de governo para a execução dessas mesmas leis, e tais atos, ao contrário, somente podem ter objetos particulares. Assim, o ato pelo qual o soberano estatui que se elegerá um chefe é uma lei, e o ato pelo qual se elege esse chefe, na execução da lei, é apenas um ato de governo.

Eis, portanto, uma terceira relação sob a qual o povo reunido pode ser considerado: como magistrado ou executor da lei que adotou como soberano.[62]

Examinaremos se é possível que o povo se despoje de seu direito de soberania para atribuí-lo a um homem ou vários; pois, não sendo o ato da eleição uma lei e não sendo o povo ele mesmo soberano nesse ato, não vemos como ele pode então transferir um direito que não possui.

Consistindo a essência da soberania na vontade geral, tampouco vemos como se pode garantir que uma vontade particular estará sempre de acordo com essa vontade geral. Deve-se, antes, presumir que será frequentemente contrária a esta, pois o interesse privado tende sempre às preferências e o interesse público, à igualdade; e, ainda que esse acordo fosse possível, bastaria que não fosse necessário e indestrutível para que o direito soberano não pudesse resultar dele.

Investigaremos se, sem violar o pacto social, os chefes do povo, sob qualquer nome que sejam eleitos, possam vir a ser outra coisa além de oficiais do povo, a quem este ordena que façam executar as leis; se esses chefes não devem prestar-lhe contas de sua administração; e se não estão eles mesmos submetidos às leis que estão encarregados de fazer observar.

Se o povo não pode alienar seu direito supremo, ele poderia confiá-lo temporariamente? Se não pode dar-se um senhor, poderia dar-se representantes? Essa questão é importante e merece discussão.

Se o povo não pode ter nem soberano, nem representantes, examinaremos como pode adotar por si mesmo suas leis; se deve ter muitas leis; se deve mudá-las com frequência; se é fácil que um grande povo seja seu próprio legislador.

Se o povo romano não era um grande povo.

Se é bom que haja grandes povos.

---

62. Essas questões e propostas foram, em sua maioria, extraídas do tratado *O contrato social*, o qual foi, por sua vez, extraído de uma obra maior, empreendida sem consultar minhas forças e de há muito abandonada. O pequeno tratado que dela destaquei, e cujo resumo aqui se encontra, será publicado à parte.

Decorre das considerações precedentes que existe no Estado um corpo intermediário entre os súditos e o soberano; e esse corpo intermediário, formado por um ou vários membros, é encarregado da administração pública, da execução das leis e da manutenção da liberdade civil e política.

Os membros desse corpo se chamam "magistrados" ou "reis", isto é, governantes. O corpo inteiro, considerado pelos homens que o compõem, se chama "príncipe" e, considerado por sua ação, se chama "governo."

Considerando a ação do corpo inteiro agindo sobre si mesmo, isto é, a relação do todo ao todo, ou do soberano ao Estado, podemos comparar essa relação à dos extremos de uma proporção contínua, para a qual o governo dá o meio-termo. O magistrado recebe do soberano as ordens que dá ao povo, e, no fim, seu produto ou seu poder se encontra no mesmo grau que o produto ou o poder dos cidadãos, que são súditos por um lado e soberanos por outro. Não se poderia alterar nenhum dos três termos sem romper imediatamente a proporção. Se o soberano deseja governar, ou se o príncipe deseja dar ordens, ou se o súdito se recusa a obedecer, a desordem sucede à regra e o Estado dissolvido cai no despotismo e na anarquia.

Suponhamos que o Estado seja composto de 10 mil cidadãos. O soberano somente pode ser considerado coletivamente e como corpo; mas cada particular tem, na condição de súdito, uma existência individual e independente. Assim, o soberano está para o súdito como 10 mil para um: isto é, cada membro do Estado tem, no que lhe diz respeito, apenas a décima milésima parte da autoridade soberana, embora lhe esteja inteiramente submetido. Se o povo se compuser de 100 mil homens, o estado dos súditos não se altera, e cada um carrega sempre todo o império das leis, enquanto seu sufrágio, reduzido ao centésimo milésimo, exerce dez vezes menos influência em sua redação. Assim, continuando o súdito a ser apenas um, a relação do soberano aumenta em razão do número dos cidadãos. Decorre disso que, quanto mais o Estado cresce, mais a liberdade diminui.

Ora, quanto menos as vontades particulares se conformam à vontade geral, isto é, os costumes às leis, mais a força repressiva deve aumentar. Por outro lado, dando a grandeza do Estado aos depositários da autoridade pública mais tentações e meios de abusar desta, quanto mais força tem o governo para conter o povo, mais força deve ter, por sua vez, o soberano para conter o governo.

Decorre dessa dupla relação que a proporção contínua entre o soberano, o príncipe e o povo não é uma ideia arbitrária, mas uma consequência da natureza do Estado. Decorre ainda que, sendo fixo um dos extremos, a saber, o povo, todas as vezes que a razão dobrada aumenta ou diminui, a razão simples aumenta ou diminui por sua vez, o que não pode ocorrer sem que o meio-termo se altere com a mesma frequência. Donde podemos concluir que não existe uma constituição de governo única e absoluta; mas que deve haver tantos governos diferentes em natureza quando existem Estados diferentes em grandeza.

Se quanto mais o povo é numeroso, menos os costumes se conformam às leis, examinaremos se, por uma analogia bastante evidente, não se pode dizer também que, quanto mais numerosos os magistrados, mais fraco o governo.

Para esclarecer essa máxima, distinguiremos, na pessoa de cada magistrado, três vontades essencialmente diferentes: primeiro, a vontade própria do indivíduo, que tende apenas a sua vantagem particular; segundo, a vontade comum dos magistrados, que se conforma unicamente ao proveito do príncipe; vontade a que se pode chamar vontade de corpo, e que é geral em relação ao governo e particular em relação ao Estado de que o governo faz parte; e, terceiro, a vontade do povo ou vontade soberana, que é geral tanto em relação ao Estado considerado como o todo quanto em relação ao Estado considerado como parte do todo. Numa legislação perfeita, a vontade particular e individual deve ser quase nula, a vontade de corpo própria ao governo muito subordinada e, consequentemente, a vontade geral e soberana é a regra de todas as demais. Ao contrário, segundo a ordem natural, essas diferentes vontades se tornam mais ativas à medida que se concentram; a vontade geral é sempre a mais fraca, a vontade de corpo ocupa a segunda posição, e a vontade particular é preferida a tudo; de modo que cada um é primeiramente ele mesmo, depois magistrado e, finalmente, cidadão: gradação diretamente oposta à que a ordem social exige.

Isso posto, suporemos o governo nas mãos de um homem só. Eis a vontade particular e a vontade de corpo perfeitamente reunidas e, consequentemente, no mais alto grau de intensidade que possa alcançar. Ora, como é desse grau que depende o uso da força, e como não varia a força absoluta do governo, sendo sempre a do povo, segue-se que o mais ativo dos governos é o de um só.

Unamos, ao contrário, o governo à autoridade suprema: façamos do soberano o príncipe, e dos cidadãos tantos magistrados. Então, a vontade de corpo, confundindo-se perfeitamente com a vontade geral, não terá mais atividade que ela e deixará à vontade particular toda sua força. Assim, o governo, sempre com a mesma força absoluta, estará em seu *mínimo* de atividade.

Essas regras são incontestáveis, e outras considerações servem para confirmá-las. Vê-se, por exemplo, que os magistrados são mais ativos em seu corpo que o cidadão o é no dele, e que, consequentemente, a vontade particular exerce nele muito mais influência. Pois cada magistrado está quase sempre encarregado de alguma função particular de governo; ao passo que cada cidadão, individualmente considerado, não tem nenhuma função da soberania. Aliás, quanto mais o Estado se estende, mais sua força real aumenta, embora não aumente em razão de sua extensão; contudo, permanecendo o Estado o mesmo, por mais que os magistrados se multipliquem, o governo não adquire uma maior força real, pois é depositário da força do Estado, que supomos sempre igual. Assim, por essa pluralidade, a atividade do governo diminui sem que sua força possa aumentar.

Após termos observado que o governo se afrouxa à medida que se multiplicam os magistrados, e que, quanto mais numeroso é o povo, mais a força repressiva do governo deve aumentar, concluiremos que a relação dos magistrados ao governo deve ser inversa à dos súditos ao soberano: isto é, quanto mais cresce o Estado, mais o governo deve se estreitar, a tal ponto que o número dos chefes diminui em razão do aumento do povo.

Para fixar, então, essa diversidade de formas sob denominações mais precisas, observaremos, em primeiro lugar, que o soberano pode confiar o depósito do governo a todo o povo ou à maior parte do povo, de modo que haja mais cidadãos magistrados que cidadãos simples particulares. Dá-se então o nome de "democracia" a essa forma de governo.

Ou então ele pode concentrar o governo nas mãos do menor número, de modo que haja mais simples cidadãos que magistrados, e essa forma leva o nome de "aristocracia".

Pode, por fim, concentrar todo o governo nas mãos de um único magistrado. Essa terceira forma é a mais comum e se chama "monarquia" ou governo real.

Observaremos que todas essas formas, ou pelo menos, as duas primeiras, podem variar quanto ao grau e gozam até mesmo de uma flexibilidade bastante grande. Pois a democracia pode abarcar todo o povo ou se estreitar até a metade. A aristocracia, por sua vez, pode se estreitar indeterminadamente da metade do povo até os menores números. A própria realeza admite, por vezes, uma divisão, seja entre o pai e o filho, seja entre dois irmãos, seja de alguma outra forma. Sempre havia dois reis em Esparta, e vimos no Império romano até oito imperadores ao mesmo tempo, sem que se pudesse dizer que o império estivesse dividido. Existe um ponto em que cada forma de governo se confunde com a seguinte; e, sob três denominações específicas, o governo é realmente capaz de assumir tantas formas quanto forem os cidadãos do Estado.

Isso não é tudo; podendo cada um desses governos se subdividir, sob certos aspectos, em diferentes partes, uma administrada de uma maneira e outra de outra, pode resultar dessas três formas combinadas uma grande quantidade de formas mistas, sendo cada uma multiplicável por todas as formas simples.

Debateu-se, desde sempre, acerca da melhor forma de governo, sem considerar que cada uma é a melhor em certos casos e a pior em outros. Quanto a nós, se, nos diferentes Estados, o número dos magistrados[63] deve ser inverso ao dos cidadãos, concluiremos que, em geral, o governo democrático convém aos pequenos Estados, o aristocrático aos médios e o monárquico aos grandes.

É pelo encadeamento dessas investigações que chegaremos a saber quais são os deveres e os direitos dos cidadãos e se podemos separar uns dos outros; o que é a pátria, em que precisamente ela consiste e de que modo cada um pode saber se tem uma pátria ou se não tem nenhuma.

Após ter considerado assim cada espécie de sociedade civil em si mesma, compará-las-emos para observarmos suas diferentes relações. Umas grandes, outras pequenas; umas fortes, outras fracas, atacando-se, ofendendo-se, destruindo-se umas às outras e, nessa ação e reação contínua, fazendo mais miseráveis e custando a vida de mais homens do que se todos tivessem mantido sua liberdade original. Examinaremos se não se faz de mais ou de menos na instituição social; se os indivíduos submetidos às leis e aos homens, enquanto as sociedades mantêm entre elas a independência da natureza, não permanecem expostos aos males desses dois Estados sem gozarem de suas vantagens; e se não seria melhor não haver nenhuma sociedade civil no mundo em vez de existirem várias. Não é esse Estado misto que participa de ambos e não garante nem um, nem outro, *"per quem neutrum licet, nec tanquam in bello paratum esse, nec tanquam in pace securum"*?[64] Não é essa associação parcial e imperfeita que produz a tirania e a guerra? E não são a tirania e a guerra os maiores flagelos da humanidade?

Examinaremos, por fim, a espécie de remédio que se procurou para esses inconvenientes por meio de ligas e confederações, as quais, mantendo cada Estado senhor de seus assuntos internos, o armam externamente contra todo agressor injusto. Pesquisaremos como se pode estabelecer uma boa associação federativa, o que pode torná-la durável e até que ponto se pode estender o direito da confederação sem prejudicar o da soberania.

---

63. É preciso lembrar-se de que pretendo falar aqui apenas de magistrados ou chefes da nação, sendo os demais apenas seus substitutos numa parte ou noutra.

64. Citação de Sêneca (*Da tranquilidade da alma*, i, 1): "Que não permite manter-se pronto como em tempos de guerra nem viver em tranquilidade como em tempos de paz". (N.T.)

O abade de São Pedro propusera uma associação de todos os Estados da Europa para manter uma paz perpétua entre eles. Era tal associação praticável e, supondo que tivesse sido estabelecida, era de se presumir que teria durado?[65] Estas investigações nos conduzem diretamente a todas as questões de direito público que podem acabar esclarecendo as de direito político.

Por fim, estabeleceremos os verdadeiros princípios do direito da guerra, e examinaremos por que Grócio e os outros ofereceram apenas princípios falsos.

Não me surpreenderei se, em meio a todos os nossos raciocínios, meu jovem, que tem bom senso, me disser, interrompendo-me: "É como se construíssemos nosso edifício com madeira, e não com homens, tanto alinhamos exatamente cada peça de acordo com a regra!". É verdade, meu amigo, mas pensai que o direito não se curva às paixões dos homens, e que se tratava, entre nós, de estabelecer, primeiramente, os verdadeiros princípios do direito político. Agora que nossos fundamentos foram estabelecidos, vinde examinar o que os homens construíram sobre eles, e vereis belas coisas!

Então, faço-o ler *Telêmaco* e seguir seu caminho: procuramos a feliz Salento e o bom Idomeneu, que, à força de infortúnios, tornou-se sábio. No meio do caminho, encontramos muitos Protesilaus e nenhum Fílocles. Adrasto, rei dos Daunos, também pode ser encontrado. Deixemos, porém, os leitores imaginarem nossas viagens ou fazê-las em nosso lugar, com *Telêmaco* à mão, e não lhes sugiramos quaisquer aplicações angustiantes que o próprio autor afasta ou faz contra sua vontade.

De resto, não sendo Emílio rei, nem eu Deus, não nos atormentamos por não podermos imitar Telêmaco e Mentor no bem que faziam aos homens: ninguém melhor que nós sabe manter-se em seu lugar e deseja menos deixá-lo. Sabemos que a mesma tarefa é dada a todos, que todo aquele que ama o bem com todo seu coração e o faz com todo seu poder a cumpriu. Sabemos que Telêmaco e Mentor são quimeras. Emílio não viaja como homem ocioso e faz mais o bem do que se fosse príncipe. Se fôssemos reis, não seríamos mais benfeitores; se fôssemos reis e benfeitores, faríamos, sem nos darmos conta, mil males reais para o bem aparente que acreditaríamos fazer. Se fôssemos reis e sábios, o primeiro bem que desejaríamos fazer a nós mesmos e aos outros consistiria em abdicar da realeza e em voltarmos a ser o que somos.

Eu disse o que torna as viagens infrutuosas a todo mundo. O que as torna ainda mais infrutuosas à juventude é a maneira como esta é levada a fazê-las.

---

65. Desde que escrevi isto, as razões *a favor* foram expostas no texto extraído deste projeto; as razões *contra*, ou, pelo menos, as que me pareceram sólidas, se encontrarão na coletânea de meus textos, na sequência desse mesmo extrato.

Os governantes, mais curiosos com seu divertimento que com sua instrução, a conduzem de uma cidade para outra, de um palácio para outro, de um círculo para outro, ou, se são eruditos e letrados, fazem-na passar seu tempo percorrendo bibliotecas, visitando antiquários, procurando velhos monumentos, transcrevendo velhas inscrições. Em cada país, dedicam-se a outro século; é como se se dedicassem a outro país; de modo que, após terem, a alto custo, percorrido a Europa entregues às frivolidades ou ao tédio, retornam sem terem visto nada do que lhes possa interessar, nem aprendido nada do que lhes possa ser útil.

Todas as capitais se assemelham; nelas, todos os povos se misturam, todos os costumes se confundem; não é lá que se deve ir estudar as nações. Paris e Londres são, a meus olhos, apenas a mesma cidade. Seus habitantes têm alguns preconceitos diferentes, mas uns não os têm menos que os outros, e todas suas máximas práticas são iguais. Sabe-se que espécies de homens devem se reunir nas cortes. Sabe-se que costumes o amontoamento do povo e a desigualdade das fortunas devem produzir em todos os lugares. Logo que me falam de uma cidade composta de 200 mil almas, sei de antemão como se vive nela. O que eu descobriria a mais sobre os lugares não compensaria o esforço de ir aprendê-lo.

É nas províncias afastadas, onde há menos movimento e comércio, onde os estrangeiros viajam menos e cujos habitantes se deslocam menos, mudam menos de fortuna e de condição, que se deve ir estudar o gênio e os costumes de uma nação. Vede, de passagem, a capital, mas ide longe observar o país. Os franceses não estão em Paris, mas em Touraine; os ingleses são mais ingleses na Mércia que em Londres, e os espanhóis mais espanhóis na Galícia que em Madri. É nessas grandes distâncias que um povo se caracteriza e se mostra tal como é sem mistura; é lá que os bons e os maus efeitos do governo se fazem mais sentir, assim como na ponta de um raio maior a medida dos arcos é mais exata.

As relações necessárias entre os costumes e o governo foram tão bem expostas no livro *Do espírito das leis*[66] que não se pode fazer mais do que recorrer a essa obra para estudar tais relações. Mas, em geral, existem duas regras fáceis e simples para julgar a bondade relativa dos governos. Uma é a população. Em todo país que se despovoa, o Estado tende a sua ruína, e o país que mais se povoa, ainda que seja o mais pobre, é infalivelmente o mais bem governado.

Mas é preciso, para isso, que essa população seja um efeito natural do governo e dos costumes; pois se ela se fizesse por colônias ou por outras vias acidentais e passageiras, estas provariam o mal pelo remédio. Quando Augusto adotou leis contra o celibato, essas leis já mostravam o declínio do Império

---

66. MONTESQUIEU. *Do espírito das leis*. São Paulo: Edipro, 2004. (N.E.)

romano. É preciso que a bondade do governo leve os cidadãos a se casarem, e não que a lei os obrigue a isso; não se deve examinar o que se faz à força, pois a lei que combate a constituição é evitada e se torna vã, mas o que se faz por influência dos costumes e pela inclinação natural do governo, pois apenas esses meios têm um efeito constante. A política do bom abade de São Pedro consistia em procurar sempre um pequeno remédio para cada mal particular, em vez de remontar a sua fonte comum e ver que somente se podiam curar todos ao mesmo tempo. Não se trata de cuidar separadamente de cada úlcera que aparece no corpo de um doente, mas de depurar a massa do sangue que as produz todas. Dizem que existem prêmios na Inglaterra para a agricultura; não exijo mais nada: isso me basta para provar que ela não brilhará nesse setor por muito tempo.

A segunda marca da bondade relativa do governo e das leis também se extrai da população, mas de outra maneira: isto é, de sua distribuição, e não de sua quantidade. Dois Estados iguais em tamanho e em número de homens podem ser muito desiguais em força, e o mais poderoso dos dois é sempre aquele cujos habitantes estão mais igualmente distribuídos pelo território; aquele que não tem cidades tão grandes e que consequentemente brilha menos sempre superará o outro. São as cidades grandes que esgotam um Estado e fazem sua fraqueza, a riqueza que produzem é uma riqueza aparente e ilusória; é muito dinheiro e pouco efeito. Dizem que a cidade de Paris vale uma província para o rei da França; quanto a mim, acredito que lhe custe várias, que é sob mais de um aspecto que Paris é alimentada pelas províncias, e que a maioria de suas receitas verte para essa cidade e nela permanece, sem nunca retornarem ao povo nem ao rei. É inconcebível que, neste século de calculadores, não haja um só que consiga ver que a França seria muito mais poderosa se Paris fosse aniquilada. Não somente o povo mal distribuído não é vantajoso ao Estado como também é mais ruinoso que o próprio despovoamento, na medida em que o despovoamento gera apenas um produto nulo enquanto a distribuição desigual gera um produto negativo. Quando ouço um francês e um inglês, orgulhosos da grandeza de suas capitais, debaterem se Paris ou Londres contém mais habitantes, é, para mim, como se discutissem qual dos dois povos tem a honra de ser o mais mal governado.

Estudai um povo fora de suas cidades; apenas assim o conhecereis. Não é nada ver a forma aparente de um governo dissimulada pelo aparato da administração e pelo jargão dos administradores se não estudamos também sua natureza pelos efeitos que ele produz no povo e em todos os graus da administração. Encontrando-se a diferença entre a forma e o fundo dividida entre esses graus, é apenas abrangendo-os todos que se conhece essa diferença. Num país, é pelas manobras dos subdelegados que se começa a sentir o espírito do ministério; noutro, é preciso ver elegerem-se os membros do parlamento para julgar se é verdade que a nação é livre; seja qual for o país, é impossível que aquele que viu apenas as cidades conheça o governo, visto que o espírito deste não é nunca o mesmo para a cidade e para o campo. Ora, é o campo que faz o país e é o povo do campo que faz a nação.

Este estudo dos diversos povos em suas províncias afastadas e na simplicidade de seu gênio original oferece uma observação geral bastante favorável a minha epígrafe[67] e bastante consolante ao coração humano. É que todas as nações assim observadas parecem ter muito mais mérito; quanto mais se aproximam da natureza, mais a bondade domina em seu caráter; é apenas fechando-se nas cidades, é apenas alterando-se pela cultura que elas se depravam e que transformam em vícios agradáveis e perniciosos alguns defeitos mais grosseiros que malfazejos.

Dessa observação resulta uma nova vantagem na maneira de viajar que proponho, na medida em que os jovens, permanecendo pouco nas grandes cidades, onde reina uma horrível corrupção, expõem-se menos a contraí-la e, entre homens mais simples e em sociedades menos numerosas, conservam um juízo mais seguro, um gosto mais são e costumes mais honestos. De resto, esse contágio é pouco temível para meu Emílio; dispõe de todo o necessário para se proteger dele. Entre todas as precauções que tomei para isso, atribuo grande importância ao afeto que ele tem no coração.

Não se sabe mais que influência tem o verdadeiro amor nas inclinações dos jovens, pois, não o conhecendo melhor que eles, aqueles que os governam os desviam dele. É preciso, contudo, que um jovem ame ou que seja debochado. É fácil impor-se pelas aparências. Citar-me-ão mil jovens que, dizem, vivem muito castamente sem amor; mas que me citem um homem-feito, um verdadeiro homem que diga ter passado assim sua juventude e que seja de boa-fé. Em todas as virtudes, em todos os deveres, procura-se apenas a aparência; quanto a mim, procuro a realidade, e estou enganado se existem, para alcançá-la, outros meios além dos que ofereço.

A ideia de fazer com que Emílio se enamore antes de fazê-lo viajar não é invenção minha. Eis a anedota que ma sugeriu.

---

67. Rousseau remete aqui à citação de Sêneca, que abre *Emílio*: "Sofremos de males curáveis; se desejarmos nos corrigir, virá a natureza em nosso auxílio, pois nascemos para a saúde". (N.T.)

Eu estava em Veneza, visitando o governante de um jovem inglês. Era durante o inverno; estávamos em volta da lareira. O governante recebeu suas cartas do correio. Ele as leu e, então, releu uma delas em voz alta a seu aluno. Estava escrita em inglês: não compreendi nada, porém, durante a leitura, vi o jovem rasgar os belíssimos punhos de renda que vestia e atirá-los ao fogo, um após o outro, da maneira mais suave possível, para que ninguém o percebesse. Surpreso com esse capricho, observei seu rosto e acreditei ver emoção, mas os sinais exteriores das paixões, embora bastante semelhantes em todos os homens, têm diferenças nacionais sobre as quais é fácil se enganar. Os povos têm diversas linguagens no rosto, tanto quanto na boca. Aguardei o fim da leitura e, então, mostrando ao governante os punhos nus de seu aluno, os quais, no entanto, ele fazia de tudo para esconder, disse: "Podemos saber o que isto significa?".

O governante, vendo o que acontecera, pôs-se a rir, beijou seu aluno com um ar de satisfação e, após ter obtido seu consentimento, deu-me a explicação que eu desejava.

"Os punhos", disse, "que o sr. John acaba de rasgar foram um presente que uma dama desta cidade lhe deu há não muito tempo. Ora, sabei que o sr. John está prometido em seu país a uma jovem donzela por quem tem muito amor e que merece ainda mais. Esta carta é da mãe de sua amada, e vou traduzir o trecho que causou o dano que testemunhastes:

"Lucy não abandona os punhos da camisa de lorde John. Ontem, a srta. Betty Roldham veio passar a tarde com ela e quis, por todos os meios, trabalhar no que ela estava costurando. Sabendo que Lucy acordara hoje mais cedo do que de costume, eu quis ver o que fazia, e a encontrei ocupada desfazendo tudo que fizera ontem a srta. Betty. Ela não quer que haja, em seu presente, um ponto sequer de outra mão além da sua."

O sr. John saiu por um momento para pegar outros punhos, e eu disse a seu governante: "Tendes um aluno de excelente natural, mas dizei-me a verdade. Não teria a carta da mãe da srta. Lucy sido arranjada? Não se trata de um expediente de vossa autoria contra a dama dos punhos?". "Não", respondeu, "a coisa é real; não introduzi tanta arte em meus cuidados; empreguei simplicidade e zelo, e Deus abençoou meu trabalho".

O episódio desse jovem nunca saiu de minha memória; não era feito para não produzir nenhum efeito na cabeça de um sonhador como eu.

Chegou o momento de terminar. Reunamos lorde John e a srta. Lucy, isto é, Emílio e Sofia. Ele lhe traz, com um coração não menos terno que antes de sua partida, um espírito mais esclarecido, e traz a seu país a vantagem de ter conhecido os governos por todos seus vícios, e os povos por todas suas virtudes. Tomei até mesmo cuidado para que se relacionasse, em cada nação, com algum homem de mérito por um acordo de hospitalidade, à maneira dos antigos, e não lamentarei se ele cultivar tais relações por meio de uma comunicação epistolar. Além do fato de que esta pode ser útil e de que é sempre agradável ter correspondentes em países distantes, trata-se de uma excelente precaução contra o império dos preconceitos nacionais, que, atacando-nos por toda a vida, exercem, cedo ou tarde, alguma influência sobre nós. Nada é mais capaz de privar-nos dessa influência que a comunicação desinteressada com pessoas sensatas por quem se tem estima e que, não tendo tais preconceitos e combatendo-os pelos delas, nos oferecem meios de opor continuamente uns aos outros e de, assim, nos proteger de todos. Conviver com estrangeiros em nosso país ou no deles não é a mesma coisa. No primeiro caso, eles sempre têm pelo país em que vivem uma consideração que os faz dissimular o que pensam dele ou que os faz pensar favoravelmente a seu respeito enquanto nele permanecem; ao voltar para casa, mudam de postura e são apenas justos. Agradar-me-ia que o estrangeiro que consulto tivesse visto meu país, mas pedir-lhe-ei sua opinião apenas quando estiver no seu.

Após ter empregado quase dois anos percorrendo alguns dos grandes Estados da Europa e muitos dos pequenos, após ter aprendido duas ou três de suas principais línguas e após ter visto o que há neles de realmente curioso, seja em história natural, seja em governo, seja em artes, seja em homens, Emílio, consumido pela impaciência, me avisa que nosso termo se aproxima. Digo-lhe, então: "Pois bem, meu amigo, vós vos lembrais do objetivo principal de nossas viagens; vistes e observastes. Qual é, afinal, o resultado de vossas observações? A que decisão chegastes?". Ou me enganei em meu método, ou ele deve me responder mais ou menos assim:

"Qual é minha decisão! A de permanecer tal como me fizestes ser, e a de não acrescentar voluntariamente nenhuma outra corrente além daquela que me conferem a natureza e as leis. Quanto mais examino a obra dos homens em suas instituições, mais vejo que, à força de quererem ser independentes, fazem-se escravos, e que utilizam sua própria liberdade em esforços vãos para assegurá-la. Para não cederem à torrente das coisas, formam mil vínculos para si, e, então, assim que desejam dar um passo, não conseguem fazê-lo e se espantam por dependerem de tudo. Parece-me que, para tornar-se livre, não há nada a ser feito; basta não querer deixar de sê-lo. Sois vós, meu mestre, que me fizestes livre, ensinando-me a me curvar à necessidade. Que esta venha quando quiser, deixo-me arrastar por ela sem constrangimento, e, como não quero combatê-la, não me apego a nada que me retenha. Procurei, em nossas viagens, encontrar algum canto de terra em que eu pudesse ser absolutamente meu; mas em que lugar entre os homens não dependemos mais de suas paixões? Tendo bem examinado tudo, concluí que meu próprio desejo era contraditório; pois, mesmo que não me prendesse a outra coisa, prender-me-ia à terra em que me tivesse fixado: minha vida estaria vinculada a essa terra, assim como a dos dríades se prendia a suas árvores; concluí que, sendo império e liberdade duas palavras incompatíveis, eu somente poderia me tornar senhor de uma cabana deixando de sê-lo de mim mesmo.

Hoc erat in votis modus agri non ita magnus.[68]

"Lembro-me de que meus bens foram a causa de nossas buscas. Havíeis provado muito solidamente que eu não podia manter, ao mesmo tempo, minha riqueza e minha liberdade; todavia, quando queríeis que eu fosse, ao mesmo tempo, livre e destituído de necessidades, queríeis duas coisas incompatíveis, pois eu não poderia me livrar da dependência dos homens senão submetendo-me à da natureza. O que farei, portanto, com a fortuna que meus pais me deixaram? Começarei por não depender dela; afrouxarei todos os laços que me vinculam a ela; se ma deixarem, ficará comigo; se a tomarem de mim, não me arrastarão com ela. Não me atormentarei para conservá-la, mas permanecerei firme em meu lugar. Rico ou pobre, serei livre. Não o serei apenas em determinado país ou em determinada região, mas na Terra inteira. Para mim, todas correntes da opinião foram rompidas; conheço apenas as da necessidade. Aprendi a carregá-las desde meu nascimento e carregá-las-ei até a morte, pois sou homem; e por que não saberia carregá-las sendo livre, na medida em que, como escravo, também seria preciso carregá-las, com a da escravidão?

"Que me importa minha condição na Terra? Que me importa onde estou? Onde existem homens, estou entre meus irmãos; onde não há nenhum, estou em casa. Enquanto puder permanecer independente e rico, terei bens para viver, e viverei. Quando meus bens me sujeitarem, abandoná-los-ei sem sofrimento; tenho braços para trabalhar, e viverei. Quando me faltarem braços, viverei se me alimentarem; morrerei se me abandonarem; também morrerei

---

68. Citação de Horácio (*Sátiras*, ii, 6, 1): "Era um de meus desejos: uma terra não muito grande". (N.T.)

se não me abandonarem, pois a morte não é uma pena para a pobreza, mas uma lei da natureza. Venha quando vier a morte, eu a desafio; nunca me surpreenderá fazendo preparativos para viver; nunca me impedirá de ter vivido.

"Aí está, meu pai, a opinião a que cheguei. Se não tivesse paixões, eu seria, na minha condição de homem independente, como Deus, pois, desejando apenas o que é, eu nunca teria de lutar contra o destino. Pelo menos, tenho apenas uma corrente; é a única que carregarei, e da qual posso me glorificar. Vinde, portanto; dai-me Sofia, e serei livre."

"Caro Emílio, é com muito gosto que ouço saírem de tua boca palavras de homem e que vejo os sentimentos correspondentes em teu coração. Esse desinteresse exagerado não me desagrada em tua idade. Ele diminuirá quando tiverdes filhos, e serás então precisamente o que deve ser um bom pai de família e um homem sábio. Antes de tuas viagens, eu sabia que efeito produziriam; sabia que, examinando de perto nossas instituições, estarias bastante longe de adquirir por elas a confiança que não merecem. É em vão que se aspira à liberdade sob a salvaguarda das leis. As leis! Onde é que elas existem e onde são respeitadas? Em todo lugar onde, sob esse nome, viste reinar apenas o interesse particular e as paixões dos homens. Mas as leis eternas da natureza e da ordem existem. Substituem a lei positiva para o sábio; estão escritas no fundo de seu coração, pela consciência e pela razão; é a elas que ele se deve sujeitar para ser livre, e é escravo apenas aquele que age mal, pois age sempre contra sua vontade. A liberdade não está em nenhuma forma de governo; está no coração do homem livre, que a leva consigo para todo lugar. O homem vil leva a todo lugar a servidão. Um seria escravo em Genebra, o outro livre em Paris.

"Se eu te falasse dos deveres do cidadão, perguntar-me-ias talvez onde está a pátria e acreditarias ter-me confundido. Enganar-te-ias, entretanto, caro Emílio, pois aquele que não tem uma pátria tem, pelo menos, um país. Sempre há um governo e simulacros de leis sob as quais ele viveu tranquilamente. Que importa que o contrato social não tenha sido observado se o interesse particular o protegeu como teria feito a vontade geral, se a violência pública o garantiu contra as violências particulares, se o mal que viu ser feito o fez amar o que era certo e se nossas próprias instituições o fizeram conhecer e odiar suas próprias iniquidades? Ó, Emílio! Onde está o homem de bem que não deve nada a seu país? Seja ele quem for, ele lhe deve o que há de mais precioso para o homem, a moralidade de suas ações e o amor à virtude. Nascendo nas profundezas de um bosque, teria vivido mais feliz e mais livre; contudo, não tendo nada a combater para seguir suas inclinações, teria sido bom sem mérito, não teria sido virtuoso, e agora sabe sê-lo, a despeito de suas paixões. A mera aparência da ordem o leva a conhecê-la, a amá-la. O bem público, que serve apenas de pretexto aos outros, é, somente para ele, um motivo real. Aprende a combater-se, a vencer-se, a sacrificar seu interesse ao interesse comum. Não é verdade que não tira nenhum proveito das leis; estas lhe dão a coragem de ser justo, mesmo entre os maus. Não é verdade que elas não o tornaram livre; ensinaram-no a reinar sobre si mesmo.

"Não digas, portanto: 'Que me importa onde estou?'. Importa-te estar onde podes cumprir todos teus deveres, e um desses deveres é a afeição pelo local de teu nascimento. Teus compatriotas te protegeram quando eras criança, deves amá-los agora que és homem. Deves viver entre eles ou, pelo menos, num lugar onde possas ser-lhes tão útil quanto puderes, e onde saibam encontrar-te se por acaso tiverem necessidade de ti. Existe uma circunstância em que o homem pode ser mais útil a seus concidadãos fora de sua pátria do que se vivesse em seu seio. Ele deve, então, escutar apenas seu zelo e suportar seu exílio sem se queixar; até mesmo esse exílio é um de seus deveres. Mas tu, bom Emílio, a quem nada impõe esses dolorosos sacrifícios, tu que não escolheste o triste emprego de dizer a verdade aos homens, vai viver entre eles, cultiva sua amizade numa doce comunicação, sê seu benfeitor, seu modelo; teu exemplo lhes servirá mais que todos os nossos livros, e o bem que te verão fazer os comoverá mais que todos nossos discursos vãos.

"Não exorto, com isso, que vás viver nas grandes cidades; ao contrário, um dos exemplos que os bons devem dar aos outros é o da vida patriarcal e campestre, a primeira vida do homem, a mais tranquila, a mais natural e a mais doce àquele que não tem o coração corrompido. Feliz, meu jovem amigo, o país onde não se tem de ir buscar a paz num deserto! Mas onde está esse país? Um homem benfazejo satisfaz mal sua inclinação no seio das cidades, onde praticamente só consegue exercer seu zelo em favor de intrigantes e velhacos. A acolhida que nelas se faz aos preguiçosos que vêm procurar fortuna apenas acaba devastando o país, que, ao contrário, se deveria repovoar à custa das cidades. Todos os homens que se retiram da grande sociedade são úteis precisamente porque dela se retiram, pois todos seus vícios decorrem de ser ela numerosa demais. São úteis ainda quando podem trazer de volta aos lugares desertos a vida, a cultura e o amor de seu primeiro estado. Enterneço-me ao imaginar quantas mercês Emílio e Sofia podem, desde seu simples retiro, distribuir a seu redor; o quanto podem revigorar o campo e reanimar o zelo apagado do desafortunado aldeão. Acredito ver o povo se multiplicando, os campos se fertilizando, a terra adquirindo uma nova aparência, a multidão e a abundância transformando os trabalhos em festas, os gritos de alegria e as bênçãos se elevando em meio aos jogos, em volta do amável casal que os reanimou. Chamam à idade de ouro uma quimera, e ela sempre o será para todo aquele que tiver o coração e o gosto estragados. Sequer é verdade que lamentem a sua ausência, pois tais lamentos são sempre vãos. O que se deveria, portanto, fazer para ajudá-la a renascer? Apenas uma coisa, mas é impossível: deveríamos amá-la.

"Ela já parece renascer em torno da habitação de Sofia; apenas terminareis juntos o que seus dignos pais começaram. Mas, caro Emílio, que uma vida tão doce não te cause desgosto pelos deveres penosos se por acaso te forem impostos: lembra-te que os romanos passavam da charrua para o Consulado. Se o príncipe ou o Estado te chamarem para o serviço da pátria, deixa tudo para ir cumprir, no cargo que te for atribuído, a honrosa função de cidadão. Se tal função te for onerosa, existe um meio honesto e seguro de te livrar dela; consiste em cumpri-la com suficiente integridade para que não te seja imposta por muito tempo. De resto, teme pouco o embaraço de semelhante obrigação: enquanto houver homens deste século, não és tu que virão buscar para servir ao Estado."

Antes me fosse permitido pintar o retorno de Emílio para junto de Sofia e o fim de seus amores, ou melhor, o início do amor conjugal que os une! Amor fundado na estima que dura tanto quanto a vida, nas virtudes que não se apagam com a beleza, nas conveniências dos caracteres que tornam a convivência amável e prolongam, na velhice, o encanto da primeira união. Mas todos esses detalhes poderiam agradar sem serem úteis, e, até aqui, autorizei-me apenas os detalhes agradáveis cuja utilidade acreditei ver. Abandonarei tal regra no fim de minha tarefa? Não, sinto também que minha pena está extenuada. Demasiado fraco para trabalhos de tão longo fôlego, eu abandonaria este se estivesse menos avançado: para não deixá-lo imperfeito, chegou o momento de terminá-lo.

Enfim, vejo nascer o mais encantador dos dias de Emílio, e o mais feliz dos meus; vejo meus cuidados serem coroados e começo a saborear-lhes o fruto. O digno casal se une com uma indissolúvel corrente, sua boca pronuncia e seu coração confirma juramentos que não serão vãos: são esposos. Ao retornarem do templo, deixam-se conduzir: não sabem onde estão, para onde vão, o que se faz a seu redor. Não entendem nada, respondem apenas palavras confusas, seus olhos perturbados não veem mais nada. Ó, delírio! Ó, fraqueza humana! O sentimento da felicidade esmaga o homem; este não é forte o bastante para suportá-lo.

Existem poucas pessoas que sabem, num dia de casamento, adotar um tom conveniente com os recém-casados. A melancólica decência de uns e as levianas palavras de outros me parecem igualmente deslocadas. Preferiria que deixassem esses jovens corações se fecharem em si mesmos e se entregarem a uma agitação que não é destituída de encanto a distraí-los tão cruelmente, para entristecê-los com um falso decoro ou para embaraçá-los com gracejos inadequados que, por mais que lhes agradassem em qualquer outro momento, lhes são, muito seguramente, inoportunos neste dia.

Vejo meus dois jovens na doce languidez que os perturba não escutarem nenhum dos discursos que lhes são dirigidos: eu que desejo que gozem de todos os dias da vida deixaria que perdessem um tão precioso? Não, quero que o provem, que o saboreiem, e que encontrem nele suas volúpias. Arranco-os da massa indiscreta que os atormenta e, levando-os a passear de parte, reconduzo-os a si falando-lhes deles. Não é somente a seus ouvidos que quero falar mas a seus corações, e não ignoro qual é o único assunto que pode interessá-los neste dia.

"Meus filhos", digo-lhes agarrando ambos pela mão, "há três anos vi nascer esta chama intensa e pura que faz, hoje, vossa felicidade. Ela apenas aumentou sem cessar; vejo em vossos olhos que ela está em seu último grau de veemência, podendo agora apenas se enfraquecer". Leitor, não vedes os transportes, os arrebatamentos, os juramentos de Emílio, o ar desdenhoso com que Sofia livra sua mão da minha e as ternas promessas que seus olhos se fazem mutuamente de se adorarem até o último suspiro? Deixo-os agir e, então, retomo.

"Com frequência, pensei que, se pudéssemos prolongar a felicidade do amor no casamento, teríamos o paraíso na Terra. Isso nunca foi visto até aqui. Se, porém, a coisa não é absolutamente impossível, sois ambos bastante dignos para dar um exemplo que não tereis recebido de ninguém e que poucos esposos saberão imitar. Quereis, meus filhos, que vos indique o meio que imagino para isso e que acredito ser o único possível?"

Olham-se sorrindo e zombando de minha simplicidade. Emílio me agradece distintamente pela receita, dizendo que acredita que Sofia tem outra melhor e que, para ele, a dela basta. Sofia aprova, e parece igualmente confiante. Entretanto, por trás de seu ar de escárnio, acredito discernir alguma curiosidade. Examino Emílio: seus olhos ardentes devoram os encantos da esposa; é a única coisa que suscita sua curiosidade, e todas as minhas palavras pouco o embaraçam. Sorrio, por minha vez, dizendo a mim mesmo: logo saberei chamar sua atenção.

A diferença quase imperceptível desses movimentos secretos marca outra diferença bastante característica nos dois sexos e bastante contrária aos preconceitos admitidos: é que, geralmente, os homens são menos constantes que as mulheres e se enfadam mais cedo que elas do amor feliz. A mulher pressente de longe a inconstância do homem e isso a inquieta; é também o que a torna mais ciumenta. Quando ele começa a perder o fervor, ela se vê forçada, para mantê-lo, a prestar-lhe todos os cuidados que ele tomava no passado para agradar-lhe, então chora, se humilha por sua vez, e raramente com o mesmo sucesso. O afeto e os cuidados conquistam os corações, mas não os recuperam. Retorno a minha receita contra o esfriamento do amor no casamento.

"Ela é simples e fácil", retomo; "consiste em continuarem a ser amantes quando forem esposos". "Com efeito", diz Emílio, rindo do segredo, "ela não nos será penosa".

"Talvez mais penosa para vós, que falais, do que imaginais. Dai-me, por favor, tempo para que me explique.

"Os laços que queremos apertar em demasia se rompem. Eis o que acontece com o do casamento quando desejamos dar-lhe mais força do que deve ter. A fidelidade que ele impõe aos dois esposos é o mais santo de todos os direitos, mas o poder que confere a cada um dos dois sobre o outro é excessivo. O constrangimento e o amor andam mal juntos, e o prazer não se pode comandar. Não enrubesçais, ó, Sofia, e não penseis em fugir. Deus não permita que eu ofenda vossa modéstia; mas trata-se do destino de vossos dias. Para tão grande objeto, suportai, entre um esposo e um pai, palavras que não suportaríeis alhures.

"Não é tanto a posse quanto a sujeição que farta, e mantemos por uma amante um afeto muito mais prolongado que por uma esposa. Como puderam transformar em dever as mais meigas carícias, e em direito os mais doces testemunhos de amor? É o desejo mútuo que faz o direito; a natureza não conhece nenhum outro. A lei pode restringir esse direito, mas não poderia estendê-lo. A volúpia é tão doce em si mesma! Deveria ela receber do triste constrangimento a força que não teria conseguido extrair de seus próprios atrativos? Não, meus filhos, no casamento os corações estão atados, mas os corpos não estão submissos. Deveis fidelidade um ao outro, não complacência. Cada um dos dois pode pertencer somente ao outro; mas nenhum dos dois deve pertencer ao outro senão o tanto quanto lhe agradar.

"Se é, portanto, verdade, caro Emílio, que quereis ser o amante de vossa mulher, que ela seja sempre vossa amante e senhora de si; sede um amante feliz, mas respeitoso; obtende tudo do amor sem exigir nada do dever, e que os menores favores nunca sejam para vós direitos, mas graças. Sei que o pudor foge das confissões formais e pede para ser vencido; porém, com delicadeza e verdadeiro amor, engana-se o amante sobre a vontade secreta? Ignora quando o coração e os olhos concedem o que a boca finge recusar? Que cada um dos dois, sempre senhor de sua pessoa e de suas carícias, tenha direito de dispensá-

-las ao outro apenas segundo sua própria vontade. Lembrai-vos sempre de que, mesmo no casamento, o prazer somente é legítimo quando o desejo é compartilhado. Não temais, meus filhos, que essa lei vos mantenha afastados; ao contrário, ela vos tornará, ambos, mais dedicados a vos agradar e prevenirá a saciedade. Limitados um ao outro, a natureza e o amor vos aproximarão suficientemente."

Ao ouvir tais palavras e outras semelhantes, Emílio se zanga e protesta; envergonhada, Sofia mantém seu leque sobre os olhos e não diz nada. O mais descontente dos dois talvez não seja o que mais se queixa. Insisto impiedosamente. Faço com que Emílio se envergonhe de sua pouca delicadeza; dou por certo que Sofia aceita, no que lhe diz respeito, o tratado. Incito-a a falar; é de imaginar que não ousa me desmentir. Inquieto, Emílio consulta os olhos de sua jovem esposa: ele os vê, por trás de seu embaraço, repletos de uma voluptuosa perturbação que o tranquiliza contra o risco da confiança. Joga-se a seus pés, beija com arrebatamento a mão que ela lhe estende, e jura que, exceção feita à fidelidade prometida, renuncia a qualquer outro direito sobre ela. "Cara esposa", diz, "sê a árbitra de meus prazeres, assim como és a de meus dias e de meu destino. Ainda que tua crueldade me custe a vida, devolvo-te meus direitos mais preciosos. Não quero dever nada a tua complacência; quero receber tudo de teu coração".

"Bom Emílio, tranquiliza-te: Sofia é demasiado generosa para te deixar morrer vítima de tua generosidade."

À noite, prestes a deixá-los, digo-lhes, com o tom mais grave possível: "Lembrai-vos, ambos, de que sois livres e que não se trata aqui dos deveres de esposos; acreditai em mim, nenhuma falsa deferência. Emílio, queres vir?". Sofia o permite. Furioso, Emílio quer me bater. "E vós, Sofia, o que dizeis? Devo levá-lo?" A mentirosa, ruborizando-se, diz sim. Encantadora e doce mentira, que vale mais que a verdade!

No dia seguinte... A imagem da felicidade não encanta mais os homens; a corrupção do vício não depravou seu gosto menos que seus corações. Não sabem mais sentir o que é comovente nem ver o que é amável. Vós que, para pintar a volúpia, imaginais apenas felizes amantes nadando no seio das delícias, como são ainda imperfeitos vossos quadros! Tendes dela apenas a metade mais grosseira; os mais doces atrativos da volúpia não se encontram nesses quadros. Ó, quem de vós nunca viu dois jovens esposos, unidos sob felizes auspícios, saindo do leito nupcial e carregando, ao mesmo tempo, em seus olhares lânguidos e castos a embriaguez dos doces prazeres que acabam de provar, a amável segurança da inocência e a certeza, então tão encantadora, de passarem juntos o resto de seus dias? Eis o mais belo objeto que possa ser oferecido ao coração do homem; eis o verdadeiro quadro da volúpia! Vós o vistes 100 vezes sem reconhecê-lo; vossos corações endurecidos não são mais feitos para amá-lo. Feliz e tranquila, Sofia passa o dia nos braços de sua terna mãe; é um lugar bastante doce para repousar, após ter passado a noite nos braços de um esposo.

Dois dias depois, já percebo alguma mudança de cena. Emílio quer mostrar--se um pouco descontente; mas, por trás dessa afetação, noto uma solicitude tão terna e até mesmo tanta submissão que não auguro nada de muito inconveniente. Quanto a Sofia, está mais alegre que na véspera; vejo brilhar em seus olhos um ar satisfeito. É encantadora com Emílio; ela lhe faz algumas pequenas provocações, que apenas o deixam mais contrariado.

Essas mudanças são pouco sensíveis, mas não me escapam; inquieto-me, interrogo Emílio em particular; descubro que, para sua grande frustração e a despeito de toda sua insistência, foi preciso dormir em camas separadas na noite anterior. A imperiosa teve pressa de exercer seu direito. Esclarecemo-nos: Emílio se queixa amargamente, Sofia brinca; mas, enfim, vendo-o prestes a zangar-se de vez, ela lhe dirige um olhar repleto de doçura e de amor e, apertando-me a mão, pronuncia apenas esta única palavra, mas com um tom que penetra até a alma: "Ingrato!". Emílio é tão tolo que não compreende nada. Eu o compreendo; afasto Emílio, e, desta vez, é com Sofia que converso em particular.

"Percebo", digo, "a razão deste capricho. Não se poderia ter mais delicadeza nem empregá-la com menos propósito. Cara Sofia, tranquilizai-vos; é um homem que vos dei, não temais tratá-lo como tal: tivestes as primícias de sua juventude; ele não a prodigalizou a ninguém e a conservará por muito tempo para vós.

"É preciso, minha querida filha, que eu vos explique meu intento na conversa que nós três tivemos anteontem. Talvez tenhais percebido nela apenas uma arte de administrar vossos prazeres para torná-los duráveis. Ó, Sofia! Ela teve um motivo mais digno de meus cuidados. Ao tornar-se vosso esposo, Emílio se tornou vosso chefe; cabe a vós obedecer, pois assim quis a natureza. Quando a mulher se assemelha a Sofia, é, entretanto, bom que o homem seja por ela conduzido; trata-se também de uma lei da natureza; e é para vos dar sobre seu coração tanta autoridade quanto seu sexo lhe dá sobre vossa pessoa que fiz de vós a árbitra de seus prazeres. Isso vos custará privações penosas, mas reinareis sobre ele, se souberdes reinar sobre vós, e o que aconteceu me indica que essa difícil arte não está acima de vossa coragem. Reinareis por muito tempo por amor se tornardes vossos favores raros e preciosos, se souberdes bem valorizá-los. Quereis ver vosso marido continuamente a vossos pés? Mantende-o sempre a alguma distância de vossa pessoa. Mas, em vossa severidade, empregai modéstia, e não capricho; que vos veja reservada, e não extravagante; tomai cuidado para que, dirigindo seu amor, não o façais duvidar do vosso. Fazei com que vos queira bem por vossos favores e que vos respeite por vossas recusas; que honre a castidade de sua mulher sem ter de queixar-se de sua frieza.

"É assim, minha filha, que ele vos dará sua confiança, que escutará vossas opiniões, que vos consultará em seus negócios e que não resolverá nada sem deliberar convosco a respeito. É assim que podeis reconduzi-lo à sensatez quando se desencaminha, chamá-lo à razão por uma doce persuasão, vos tornar amável para vos tornar útil, empregar a coqueteria no interesse da virtude e o amor em proveito da razão.

"Não acrediteis, com tudo isso, que essa mesma arte possa sempre vos servir. Por mais que se tomem precauções, o gozo dilui os prazeres, e o amor antes de todos os outros. Entretanto, quando o amor durou bastante, um doce hábito preenche o vazio, e o atrativo da confiança sucede aos arrebatamentos da paixão. Os filhos formam, com os que lhes deram existência, um vínculo não menos doce e frequentemente mais forte que o próprio amor. Quando deixardes de ser a amada de Emílio, sereis sua mulher e sua amiga; sereis a mãe de seus filhos. Então, no lugar de vossa reserva inicial, estabelecei entre vós a maior intimidade; nada de camas separadas, nenhuma recusa, nenhum capricho. Tornai-vos sua metade, de modo que não possa privar-se de vós e que baste vos deixar para que se sinta longe de si mesmo. Vós que fizestes tão bem com que os encantos da vida doméstica reinassem na casa paterna, fazei com que reinem assim na vossa. Todo homem que se sente bem em sua casa ama sua mulher. Lembrai-vos de que, se vosso esposo viver feliz em seu lar, sereis uma mulher feliz.

"No momento presente, não sejais tão severa com vosso amante: ele mereceu mais complacência; ofender-se-ia com vossos alarmes; não cuideis tanto de sua saúde à custa de sua felicidade, e gozai da vossa. Não se deve esperar o desgosto nem repelir o desejo; não se deve recusar por recusar, mas para valorizar o que se concede."

Em seguida, reunindo-os, digo, diante dela, a seu jovem esposo: "É preciso suportar o jugo que impusemos a nós mesmos. Merecei que vos seja tornado leve. Acima de tudo, comportai-vos graciosamente e não imagineis vos tornar mais amável amuando". As pazes não se fazem com dificuldade, e cada um pode imaginar com facilidade as condições. O tratado se celebra com um bei-